박문각 임용 동영상강의 www.pmg.co.kr

KORea Special Education Teacher

2026 특수교사임용

김남진 편저

김남진 KORSET 특수교육 1

Part 01
행동지원

Part 02
통합교육

Part 03
특수교육평가

이 책의
머리말

본 교재는 대한민국 특수교사를 꿈꾸는 예비특수교사들의 임용시험 준비를 위한 수험서이다. 이에 저명한 영역별 전공서적을 참고하여 핵심 개념들을 중심으로 재구조화하였으며 편저자의 개인적인 의견은 추가하지 않음을 원칙으로 함으로써 사실 그대로를 전달하는 데 초점을 두고자 하였음을 우선적으로 언급하고자 한다. 개정판에서 중점을 둔 부분은 다음과 같다.

첫째, 기본 개념에 대한 이해를 바탕으로 지식을 적용하고 활용하는 능력을 키우도록 하였다. 요약 · 정리된 교재는 학습에 있어 시간을 절약해 주는 이점이 있음은 인정하는 바이나 해당 개념을 충분히 이해하는 데는 한계가 있을 수밖에 없으며 연속선상에서 해당 개념을 활용하는 데도 동일한 문제가 수반될 수밖에 없다. 따라서 주요 개념의 전후 맥락을 충분히 설명하는 데 집중하였다.

둘째, 특수교육학에서 사용되고 있는 다양한 용어, 개념들을 비교할 수 있도록 함으로써 자기주도적 학습을 가능하게 하였다. 특수교육학은 최상위의 응용학문으로 다양한 용어들이 혼재되어 사용되고 있다. 뿐만 아니라 개별화를 특성으로 하는 만큼 학자들의 입장 차이도 다양하다. 아이러니하게도 이와 같은 특수교육학의 학문적 특성은 수험생들의 자기주도적 학습을 가로막는 장애물로 작용하고 있다. 이에 본문을 중심으로 지나치지 않은 선에서 용어의 개념, 여타 문헌의 내용, 내용 간 비교, 동의어 등을 제시하여 수험생들의 자기주도적 학습에 도움을 주고자 하였다.

셋째, 기출연도를 추가하였다. 기출연도의 추가 여부는 장단점이 분명한 만큼 다년간 편저자가 고민해 온 요소이다. 그러나 많은 수험생들의 요구가 있었고, 기본이론을 학습하는 데 있어 주요 내용을 중심으로 큰 틀을 잡을 수 있다는 장점을 우선적으로 감안하여 이번 개정판에는 기출연도를 2009년도부터 제시하였다.

이전의 교재에 더해 이상의 세 가지 사항을 수정 · 보완하였으나 아쉬움은 여전할 것이란 것을 과거의 경험에 비추어 너무나 잘 알고 있다. 이는 순전히 원고를 작성한 편저자의 능력이 부족한 것인 만큼 지속적으로 보완해 나갈 것임을 약속한다.

마지막으로 다시 시작하는 마음으로 집필한 개정판이 대한민국의 특수교사가 되고자 하는 이 땅의 모든 예비교사들에게 조금이나마 도움이 되었으면 하는 소박한 바람을 가져본다.

2024년 12월

김남진

이 책의
구성과 특징

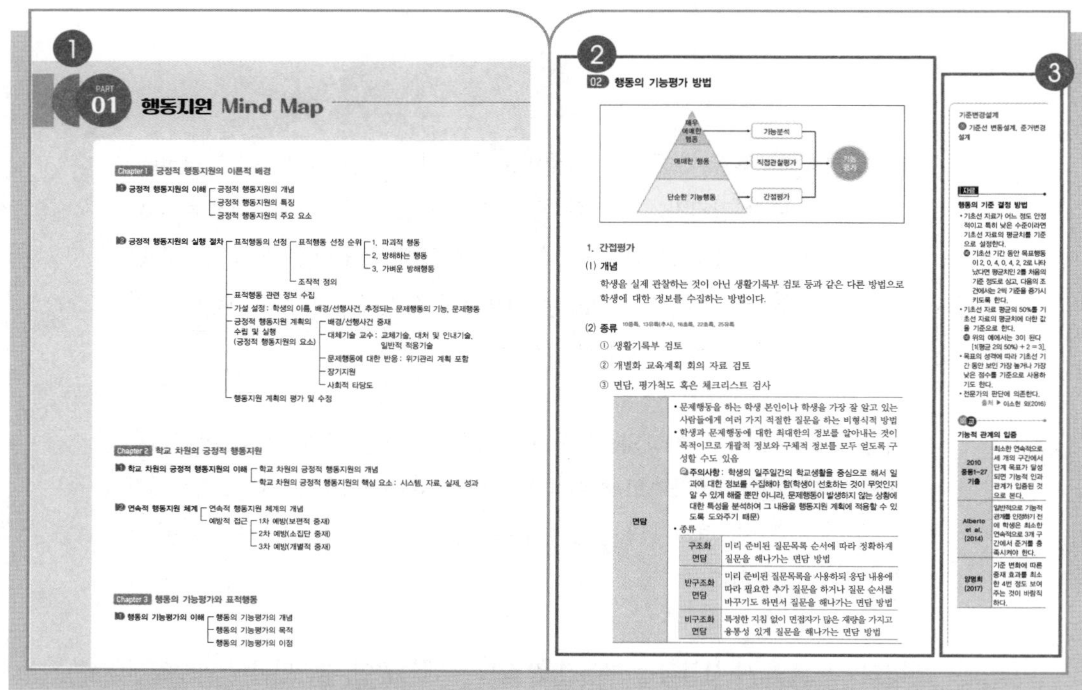

1

PART 01 행동지원 Mind Map

Chapter 1 긍정적 행동지원의 이론적 배경

01 긍정적 행동지원의 이해
- 긍정적 행동지원의 개념
- 긍정적 행동지원의 특징
- 긍정적 행동지원의 주요 요소

02 긍정적 행동지원의 실행 절차
- 표적행동의 선정
  - 표적행동 선정 순위
    - 1. 파괴적 행동
    - 2. 방해하는 행동
    - 3. 가벼운 방해행동
  - 조작적 정의
- 표적행동 관련 정보 수집
- 가설 설정: 학생의 이름, 배경/선행사건, 추정되는 문제행동의 기능, 문제행동
- 긍정적 행동지원 계획의 수립 및 실행 (긍정적 행동지원의 요소)
  - 배경/선행사건 중재
  - 대체기술 교수: 교체기술, 대처 및 인내기술, 일반적 적응기술
  - 문제행동에 대한 반응: 위기관리 계획 포함
  - 장기지원
  - 사회적 타당도
- 행동지원 계획의 평가 및 수정

Chapter 2 학교 차원의 긍정적 행동지원

01 학교 차원의 긍정적 행동지원의 이해
- 학교 차원의 긍정적 행동지원의 개념
- 학교 차원의 긍정적 행동지원의 핵심 요소: 시스템, 자료, 실제, 성과

02 연속적 행동지원 체계
- 연속적 행동지원 체계의 개념
- 예방적 접근
  - 1차 예방(보편적 중재)
  - 2차 예방(소집단 중재)
  - 3차 예방(개별적 중재)

Chapter 3 행동의 기능평가와 표적행동

01 행동의 기능평가의 이해
- 행동의 기능평가의 개념
- 행동의 기능평가의 목적
- 행동의 기능평가의 이점

2

02 행동의 기능평가 방법

1. 간접평가

(1) 개념

학생을 실제 관찰하는 것이 아닌 생활기록부 검토 등과 같은 다른 방법으로 학생에 대한 정보를 수집하는 방법이다.

(2) 종류 10중특, 13유특(추시), 16초특, 22초특, 25유특

① 생활기록부 검토

② 개별화 교육계획 회의 자료 검토

③ 면담, 평가척도 혹은 체크리스트 검사

면담	• 문제행동을 하는 학생 본인이나 학생을 가장 잘 알고 있는 사람들에게 여러 가지 적절한 질문을 하는 비형식적 방법 • 학생과 문제행동에 대한 최대한의 정보를 알아내는 것이 목적이므로 개괄적 정보와 구체적 정보를 모두 얻도록 구성할 수도 있음 주의사항: 학생의 일주일간의 학교생활을 중심으로 해서 일과에 대한 정보를 수집해야 함(학생이 선호하는 것이 무엇인지 알 수 있게 해줄 뿐만 아니라, 문제행동이 발생하지 않는 상황에 대한 특성을 분석하여 그 내용을 행동지원 계획에 적용할 수 있도록 도와주기 때문) • 종류 구조화 면담: 미리 준비된 질문목록 순서에 따라 정확하게 질문을 해나가는 면담 방법 반구조화 면담: 미리 준비된 질문목록을 사용하되 응답 내용에 따라 필요한 추가 질문을 하거나 질문 순서를 바꾸기도 하면서 질문을 해나가는 면담 방법 비구조화 면담: 특정한 지침 없이 면접자가 많은 재량을 가지고 융통성 있게 질문을 해나가는 면담 방법

3

기준변경설계

동 기준선 변동설계, 준거변경설계

자료

행동의 기준 결정 방법

• 기초선 자료가 어느 정도 안정적이고 특히 낮은 수준이라면 기초선 자료의 평균치를 기준으로 설정한다.

예 기초선 기간 동안 목표행동이 2, 0, 4, 0, 4, 2, 2로 나타났다면 평균치인 2를 처음의 기준 정도로 삼고, 다음의 조건에서는 2씩 기준을 증가시키도록 한다.

• 기초선 자료 평균의 50%를 기초선 자료의 평균치에 더한 값을 기준으로 한다.

예 위의 예에서는 3이 된다 [1(평균 2의 50%) + 2 = 3].

• 목표의 성격에 따라 기초선 기간 동안 보인 가장 높거나 가장 낮은 점수를 기준으로 사용하기도 한다.

• 전문가의 판단에 의존한다.

출처 ▶ 이소현 외(2016)

비교

기능적 관계의 입증

2010 중등1-27 기출	최소한 연속적으로 세 개의 구간에서 단계 목표가 달성되면 기능적 인과관계가 입증된 것으로 본다.
Alberto et al. (2014)	일반적으로 기능적 관계를 인정하기 전에 학생은 최소한 연속적으로 3개 구간에서 준거를 충족시켜야 한다.
양명희 (2017)	기준 변화에 따른 중재 효과를 최소한 4번 정도 보여주는 것이 바람직하다.

❶ 마인드 맵 — 학습 시 해당 영역의 내용을 언제나 확인할 수 있도록 함과 동시에 영역의 체계를 명확히 수립할 수 있도록 구성하였다.

❷ 본문 — 영역별 관련 내용을 빠짐없이, 쉽게 그리고 풍부한 예시를 제시함으로써 어렵고 복잡했던 특수교육학의 개념들을 정리할 수 있도록 하였다.

❸ 날개 — 본문과 관련하여 알아 두어야 할 개념을 다양한 방법을 통해 보강 · 설명하였다.

Tip	학습 시 유의사항
✎	용어의 보충 설명
비교	문헌 간 내용 비교
자료	관련 본문의 위치, 내용 이해를 위한 추가 내용
동	동의어

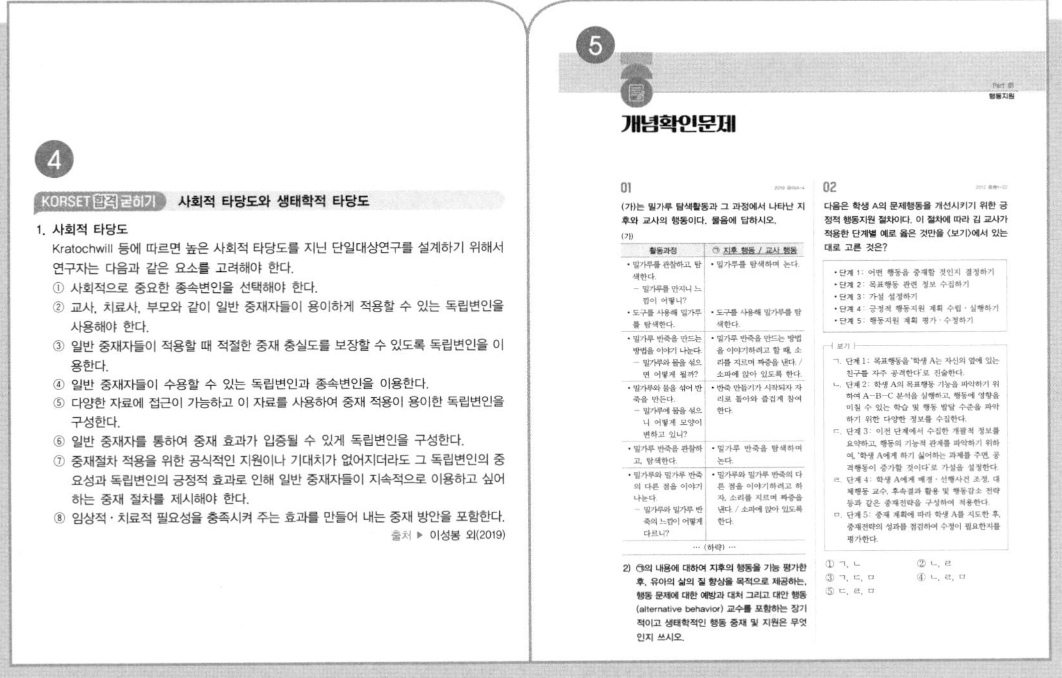

4

KORSET 합격 굳히기 **사회적 타당도와 생태학적 타당도**

1. 사회적 타당도

Kratochwill 등에 따르면 높은 사회적 타당도를 지닌 단일대상연구를 설계하기 위해서 연구자는 다음과 같은 요소를 고려해야 한다.

① 사회적으로 중요한 종속변인을 선택해야 한다.
② 교사, 치료사, 부모와 같이 일반 중재자들이 용이하게 적용할 수 있는 독립변인을 사용해야 한다.
③ 일반 중재자들이 적용할 때 적절한 중재 충실도를 보장할 수 있도록 독립변인을 이용한다.
④ 일반 중재자들이 수용할 수 있는 독립변인과 종속변인을 이용한다.
⑤ 다양한 자료에 접근이 가능하고 이 자료를 사용하여 중재 적용이 용이한 독립변인을 구성한다.
⑥ 일반 중재자를 통하여 중재 효과가 입증될 수 있게 독립변인을 구성한다.
⑦ 중재절차 적용을 위한 공식적인 지원이나 기대치가 없어지더라도 그 독립변인의 중요성과 독립변인의 긍정적 효과로 인해 일반 중재자들이 지속적으로 이용하고 싶어 하는 중재 절차를 제시해야 한다.
⑧ 임상적 · 치료적 필요성을 충족시켜 주는 효과를 만들어 내는 중재 방안을 포함한다.

출처 ▶ 이성봉 외(2019)

5

Part 01 행동지원

개념확인문제

01 2019 유아A-4

(가)는 밀가루 탐색활동과 그 과정에서 나타난 지후와 교사의 행동이다. 물음에 답하시오.

(가)

활동과정	㉠ 지후 행동 / 교사 행동
• 밀가루를 관찰하고, 탐색한다. – 밀가루를 만지니 느낌이 어떻니? • 도구를 사용해 밀가루를 탐색한다.	• 밀가루를 탐색하며 논다. • 도구를 사용해 밀가루를 탐색한다.
• 밀가루 반죽을 만드는 방법을 이야기 나눈다. – 밀가루와 물을 섞으면 어떻게 될까?	• 밀가루 반죽을 만드는 방법을 이야기하려고 할 때, 소리를 지르며 짜증을 낸다. / 소파에 앉아 있도록 한다.
• 밀가루와 물을 섞어 반죽을 만든다. – 밀가루에 물을 섞으니 어떻게 모양이 변하고 있니?	• 반죽 만들기가 시작되자 자리로 돌아와 즐겁게 참여한다.
• 밀가루 반죽을 관찰하고, 탐색한다.	• 밀가루 반죽을 탐색하며 논다.
• 밀가루와 밀가루 반죽의 다른 점을 이야기 나눈다. – 밀가루와 밀가루 반죽의 느낌이 어떻게 다르니?	• 밀가루와 밀가루 반죽의 다른 점을 이야기하려고 하자, 소리를 지르며 짜증을 낸다. / 소파에 앉아 있도록 한다.

… (하략) …

2) ㉠의 내용에 대하여 지후의 행동을 기능 평가한 후, 유아의 삶의 질 향상을 목적으로 제공하는, 행동 문제에 대한 예방과 대처 그리고 대안 행동(alternative behavior) 교수를 포함하는 장기적이고 생태학적인 행동 중재 및 지원은 무엇인지 쓰시오.

02 2012 중등1-22

다음은 학생 A의 문제행동을 개선시키기 위한 긍정적 행동지원 절차이다. 이 절차에 따라 김 교사가 적용한 단계별 예로 옳은 것만을 〈보기〉에서 있는 대로 고른 것은?

• 단계 1: 어떤 행동을 중재할 것인지 결정하기
• 단계 2: 목표행동 관련 정보 수집하기
• 단계 3: 가설 설정하기
• 단계 4: 긍정적 행동지원 계획 수립 · 실행하기
• 단계 5: 행동지원 계획 평가 · 수정하기

보기

ㄱ. 단계 1: 목표행동을 '학생 A는 자신의 옆에 있는 친구를 자주 공격한다'로 진술한다.
ㄴ. 단계 2: 학생 A의 목표행동 기능을 파악하기 위하여 A–B–C 분석을 실행하고, 행동에 영향을 미칠 수 있는 학습 및 행동 발달 수준을 파악하기 위한 다양한 정보를 수집한다.
ㄷ. 단계 3: 이전 단계에서 수집한 개괄적 정보를 요약하고, 행동의 기능적 관계를 파악하기 위하여, '학생 A에게 하기 싫어하는 과제를 주면, 공격행동이 증가할 것이다'로 가설을 설정한다.
ㄹ. 단계 4: 학생 A에게 배경 · 선행사건 조정, 대체행동 교수, 후속결과 활용 및 행동감소 전략 등과 같은 중재전략을 구성하여 적용한다.
ㅁ. 단계 5: 중재 계획에 따라 학생 A를 지도한 후, 중재전략의 성과를 점검하여 수정이 필요한지를 평가한다.

① ㄱ, ㄴ ② ㄴ, ㄹ
③ ㄱ, ㄷ, ㅁ ④ ㄴ, ㄹ, ㅁ
⑤ ㄷ, ㄹ, ㅁ

❹ KORSET 합격 굳히기 — 본문의 기본 개념을 좀 더 깊이 이해할 수 있도록 보충 · 심화 부분을 설정하여 충분한 예를 중심으로 설명하였다.

❺ 개념확인문제 — 본문에서 학습한 핵심 개념과 내용을 기출문제를 통해 확인하며 기본을 튼튼히 할 수 있도록 하였다.

이 책의 차례

KORea Special Education Teacher

Part × 01 행동지원

Part × 03 특수교육 평가

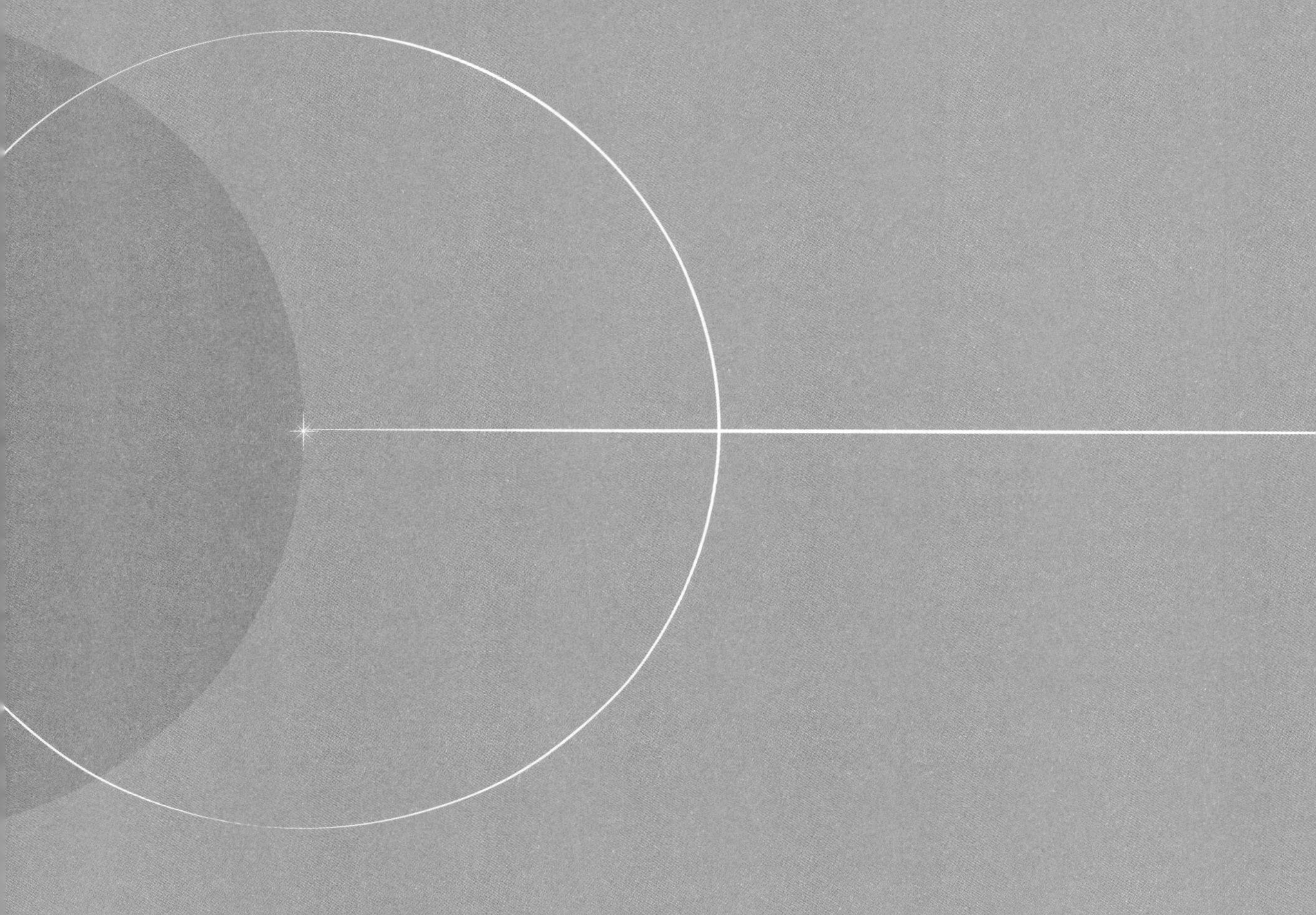

김남진

KORSET

특수교육 ①

PART 01

행동지원

Chapter 01
긍정적 행동지원의 이론적 배경

Chapter 02
학교 차원의 긍정적 행동지원

Chapter 03
행동의 기능평가와 표적행동

Chapter 04
바람직한 행동의 증가

Chapter 05
바람직하지 않은 행동의 감소

Chapter 06
새로운 행동의 습득

Chapter 07
유지와 일반화

Chapter 08
인지적 행동주의 중재

Chapter 09
행동의 관찰

Chapter 10
행동의 관찰·측정 방법

Chapter 11
단일대상연구

PART 01 행동지원 Mind Map

Chapter 1 긍정적 행동지원의 이론적 배경

1 긍정적 행동지원의 이해
- 긍정적 행동지원의 개념
- 긍정적 행동지원의 특징
- 긍정적 행동지원의 주요 요소

2 긍정적 행동지원의 실행 절차
- 표적행동의 선정
  - 표적행동 선정 순위
    - 1. 파괴적 행동
    - 2. 방해하는 행동
    - 3. 가벼운 방해행동
  - 조작적 정의
- 표적행동 관련 정보 수집
- 가설 설정 : 학생의 이름, 배경/선행사건, 추정되는 문제행동의 기능, 문제행동
- 긍정적 행동지원 계획의 수립 및 실행 (긍정적 행동지원의 요소)
  - 배경/선행사건 중재
  - 대체기술 교수 : 교체기술, 대처 및 인내기술, 일반적 적응기술
  - 문제행동에 대한 반응 : 위기관리 계획 포함
  - 장기지원
  - 사회적 타당도
- 행동지원 계획의 평가 및 수정

Chapter 2 학교 차원의 긍정적 행동지원

1 학교 차원의 긍정적 행동지원의 이해
- 학교 차원의 긍정적 행동지원의 개념
- 학교 차원의 긍정적 행동지원의 핵심 요소 : 시스템, 자료, 실제, 성과

2 연속적 행동지원 체계
- 연속적 행동지원 체계의 개념
- 예방적 접근
  - 1차 예방(보편적 중재)
  - 2차 예방(소집단 중재)
  - 3차 예방(개별적 중재)

Chapter 3 행동의 기능평가와 표적행동

1 행동의 기능평가의 이해
- 행동의 기능평가의 개념
- 행동의 기능평가의 목적
- 행동의 기능평가의 이점

2 행동의 기능평가 방법

- 간접평가
  - 개념
  - 종류
  - 장단점
- 직접 관찰 평가
  - 개념
  - 종류: 일화기록, 행동분포 관찰, A-B-C 관찰기록, A-B-C 행동관찰 검목표, 행동의 기능평가 관찰지
  - 장단점
- 기능분석
  - 개념
  - 장점
  - 제한점

3 문제행동의 기능

- 문제행동 기능의 종류: 관심 끌기, 회피하기, 물건/활동 획득, 자기조절, 놀이나 오락
- 문제행동 기능의 분류

Chapter 4 바람직한 행동의 증가

1 강화

- 강화의 이해
  - 개념
  - 종류
- 강화제의 이해
  - 개념
  - 종류
    - 근원에 따른 강화제의 분류: 무조건 강화제, 조건 강화제
    - 물리적 특성에 따른 강화제의 종류: 음식물 강화제, 감각적 강화제, 물질 강화제, 활동 강화제, 사회적 강화제
- 강화제의 판별 및 선정(선호도 평가 방법)
  - 질문하기
  - 관찰하기
  - 시행 기반 평가하기
- 효과적인 강화제의 특성 및 사용
  - 효과적인 강화제의 특성
  - 강화제의 효과적인 사용을 위한 조건
- 강화계획
  - 연속 강화계획
  - 간헐 강화계획
    - 비율 강화계획: 고정비율, 변동비율
    - 간격 강화계획: 고정간격, 변동간격
    - 지속시간 강화계획: 고정 지속시간, 변동 지속시간

2 토큰제도

- 토큰제도의 이해
  - 개념
  - 목적
  - 구성 요소: 목표행동, 토큰, 교환 강화제
- 토큰제도의 실행 절차
- 토큰의 장점
- 토큰제도 실행 시 고려사항

PART 01 행동지원 Mind Map

03 행동계약
- 행동계약의 이해
  - 개념
  - 구성 요소: 학생의 표적행동, 표적행동의 조건과 준거, 강화내용과 방법, 계약 기간, 계약자와 피계약자의 서명
- 행동계약의 실행 절차

04 집단강화
- 집단강화의 이해
  - 개념
  - 목적
- 집단강화의 유형
  - 독립적 집단강화
  - 종속적 집단강화
  - 상호 종속적 집단강화
- 집단강화 실행을 위한 지침
- 집단강화의 장단점
  - 장점
  - 단점

05 고확률 요구 연속
- 고확률 요구 연속의 개념
- 고확률 요구 연속에 사용되는 과제의 조건
- 고확률 요구 연속의 효과적인 활용법
- 고확률 요구 연속의 사용 시 고려할 점

Chapter 5 바람직하지 않은 행동의 감소

01 행동 감소를 위한 중재
- 행동 감소를 위한 수준별 대안
- 행동 감소를 위한 원칙
  - 최소 강제성 대안의 원칙
  - 행동의 기능에 근거한 중재

02 차별강화
- 차별강화의 이해
  - 개념
  - 장점
- 차별강화의 유형
  - 저비율 행동 차별강화: 전체 회기 저비율 행동 차별강화, 간격 저비율 행동 차별강화, 반응시간 저비율 행동 차별강화
  - 타행동 차별강화: 고정-간격 타행동 차별강화, 변동-간격 타행동 차별강화, 고정-순간 타행동 차별강화, 변동-순간 타행동 차별강화
  - 대체행동 차별강화
    - 대체행동 선택 기준: 기능의 동일성, 수행의 용이성, 사회적 수용 가능성, 동일한 반응노력
    - 대체행동 선택 시 고려사항: 반응 효율성, 반응 수용성, 반응 인식성
  - 상반행동 차별강화

3 비유관 강화
- 비유관 강화의 개념
- 비유관 강화의 특징
- 비유관 강화의 장단점
  - 장점
  - 단점

4 소거
- 소거의 이해
  - 개념
  - 적용
- 소거 사용의 장단점
  - 장점
  - 단점
- 소거 관련 용어
  - 소거 폭발
  - 자발적 회복
  - 소거 저항
- 소거 사용 시 고려할 사항

5 벌
- 벌의 이해
  - 개념
  - 벌의 효과에 영향을 미치는 요소
- 부적 벌
  - 반응대가
  - 타임아웃
- 정적 벌
  - 과잉교정
  - 혐오자극 제시
  - 단점과 윤리적 지침

Chapter 6 새로운 행동의 습득

1 변별훈련과 자극통제
- 변별훈련
  - 개념
    - 변별자극
    - 델타자극
    - 변별훈련
  - 변별훈련 시 주의사항
- 자극통제
  - 개념
  - 자극통제의 중요성

2 촉진
- 촉진의 개념과 목표
  - 개념
  - 목표
- 촉진의 종류
  - 반응촉진 : 시각적, 언어적, 몸짓, 모델링, 신체적 촉진
  - 자극촉진 : 자극 내 촉진, 가외 자극촉진
  - 자연적 촉진
- 촉진 적용 시 고려사항

행동지원 Mind Map

3 촉진체계
- 촉진의 용암
- 반응촉진의 점진적 변화 방법
  - 최소－최대 촉구법
  - 최대－최소 촉구법
  - 시간 지연법: 지속적 시간 지연, 점진적 시간 지연
  - 점진적 안내: 그림자 방법
- 자극촉진의 점진적 변화 방법
  - 자극 용암법
  - 자극 모양 변형

4 행동연쇄법
- 행동연쇄법의 이해
  - 개념
  - 과제분석
  - 행동연쇄의 효과를 극대화하기 위한 방법
- 성취 수준의 평가
  - 단일기회법
  - 다수기회법
- 행동연쇄법의 유형
  - 전진 행동연쇄법
  - 후진 행동연쇄법
  - 전체 과제제시법
- 연쇄를 가르치는 방법

5 행동형성법
- 행동형성법의 개념: 표적행동에 가까운 행동, 차별강화
- 행동형성법의 절차
- 행동형성법의 장단점
  - 장점
  - 단점
- 행동형성법 대 자극 용암법

6 모델링
- 모델링의 이해
  - 개념
  - 모델링이 아닌 경우
- 효과적인 모델링
  - 관찰자의 특성
  - 최적의 모델이 갖는 특성: 연령과 특성의 유사성, 문제의 공유성, 능력의 우월성
- 비디오 모델링
  - 자기 관찰
  - 자기 모델링

Chapter 7 유지와 일반화

1 유지
- 유지의 개념
- 유지를 위한 전략
  - 전략: 과잉학습, 분산 시행, 간헐강화, 연습기회 삽입, 유지 스케줄
  - 시행 방식: 집중 시행 방식, 간격 시행 방식, 분산 시행 방식

2 자극 일반화
- 자극 일반화의 개념: 장소/상황, 대상/사람, 자료/사물에 대한 일반화
- 자극 일반화에 영향을 주는 요인
- 자극 일반화를 위한 전략

- **3 반응 일반화**
  - 반응 일반화의 개념
  - 반응 일반화에 영향을 주는 요인
  - 반응 일반화를 위한 전략

- **4 과잉 일반화**

Chapter 8 인지적 행동주의 중재

- **1 자기관리 기술에 대한 이해**
  - 자기관리 기술의 개념
  - 자기관리 기술의 장점

- **2 자기관리 기술의 유형**
  - 목표설정
    - 개념
    - 적용 방법
  - 자기기록
    - 개념
    - 적용 방법
    - 장점
  - 자기평가
    - 개념
    - 적용 방법
  - 자기강화/자기처벌
    - 개념
    - 자기강화 적용 방법
    - 자기처벌 적용 방법

Chapter 9 행동의 관찰

- **1 행동의 차원** ─ 행동의 여섯 가지 차원: 빈도, 지속시간, 지연시간, 위치, 형태, 강도

- **2 행동목표**
  - 행동목표 세우기의 필요성
  - 행동목표의 구성 요소
    - 일반적인 요소: 학습자, 조건, 기준, 행동
    - Mager 방식: 조건, 기준, 행동
  - 행동목표 양식

- **3 행동의 직접 관찰과 측정**
  - 행동의 관찰과 측정
  - 관찰 및 측정 단위와 요약
    - 행동의 직접적 측정 단위
    - 측정된 행동의 요약 방법: 행동의 직접적 측정 단위로 요약, 비율, 백분율

- **4 측정의 타당도**
  - 타당도의 개념
  - 측정의 타당도를 훼손하는 요인
    - 간접 측정
    - 목표행동의 차원 잘못 측정하기
    - 측정의 인위적 산물: 불연속 측정, 잘못 선택된 측정기간, 민감하지 않거나 제한된 측정도구

- **5 측정의 신뢰도**
  - 신뢰도의 개념
  - 측정의 신뢰도를 훼손하는 요인
    - 잘못 고안된 측정체계
    - 불충분한 관찰자 훈련: 관찰자 선정, 관찰자 훈련, 관찰자 표류
    - 의도하지 않은 관찰자 영향: 관찰과 기대, 관찰자 반응성
  - 관찰자 간 일치도: 관찰자 간 일치도를 구하는 목적

Chapter 10 행동의 관찰 · 측정 방법

- **1 행동 묘사 관찰기록**

- **2 행동 결과물 중심 관찰기록**
  - 행동 결과물 중심 관찰기록의 개념
  - 행동 결과물 중심 관찰기록의 장점
  - 행동 결과물 중심 관찰기록의 단점

- **3 사건기록법**
  - 사건기록법의 개념
  - 사건기록법의 장단점
    - 장점
    - 단점
  - 사건기록법의 유형별 특징
    - 빈도 기록법
    - 지속시간 기록법
    - 지연시간 기록법
    - 반응기회 기록법
    - 기준치 도달 기록법

- **4 시간표집법**
  - 시간표집법의 개념
  - 시간표집법의 유형
    - 전체 간격 기록법
    - 부분 간격 기록법
    - 순간표집기록법
  - 시간 간격의 결정
  - 시간 간격별 행동 발생의 시각적 표현과 행동 발생률
    - 시각적 표현
    - 행동 발생률
  - 관찰자 간 일치도
    - 간격 대 간격 관찰자 간 일치도
    - 발생 · 비발생 간격 관찰자 간 일치도
      - 발생 간격 관찰자 간 일치도
      - 비발생 간격 관찰자 간 일치도

Chapter 11 단일대상연구

- **1 단일대상연구의 개념 및 특성**
  - 단일대상연구의 개념
  - 단일대상연구의 특성

2 기본 개념 및 용어
- 독립변인과 종속변인
- 실험조건
  - 기초선
  - 중재
  - 유지와 일반화
- 신뢰도와 타당도
  - 신뢰도 : 중재 충실도(독립변인 신뢰도), 종속변인 신뢰도
  - 타당도 : 내적 타당도, 외적 타당도

3 그래프 그리기와 자료의 시각적 분석
- 그래프 그리기
  - 자료를 그래프로 제시하는 목적
  - 그래프의 주요 구성 요소
- 자료의 시각적 분석 방법
  - 자료의 수준
  - 자료의 경향
  - 자료의 변화율
  - 상황 간 자료의 중첩 정도
  - 효과의 즉각성 정도

4 단일대상연구 설계의 종류
- 반전설계
  - 반전설계의 이해
  - 반전설계의 하위 유형 : AB 설계, ABA 설계, ABAB 설계
- 중다기초선설계
  - 개념
  - 기본 가정
  - 내적 타당도를 높이기 위해 반드시 이루어져야 하는 특성
  - 장단점
  - 유형 : 행동 간, 상황 간, 대상자 간 중다기초선설계
- 중다간헐기초선설계
  - 개발 배경
  - 중다기초선설계와의 차이점
  - 장단점
  - 유의점
- 기준변경설계
  - 개념
  - 실행 : 내적 타당도를 높이기 위한 방법
  - 장단점
  - 유의점
- 조건변경설계
  - 개념
  - 기본형
  - 기본형의 문제점
  - 변형
  - 장단점
- 중재교대설계
  - 개념
  - 특징
  - 실행 절차
  - 내적 타당도를 높이기 위한 방법
  - 중재 효과의 입증
  - 장단점

Chapter

01 긍정적 행동지원의 이론적 배경

01 긍정적 행동지원의 이해

1. 긍정적 행동지원의 개념 10중특, 12유특, 19유특

긍정적 행동지원
아동의 행동을 기능 평가한 후, 유아의 삶의 질 향상을 목적으로 제공하는, 행동 문제에 대한 예방과 대처 그리고 대안 행동(alternative behavior) 교수를 포함하는 장기적이고 생태학적인 행동 중재 및 지원(2019 유아A-4 기출)

① 긍정적 행동지원이란 문제행동의 이유를 이해하고 문제행동이 왜 발생하는지에 대한 가설에 따라 개인의 독특한 사회적, 환경적, 문화적 배경에 적합한 종합적인 중재를 고안하는 문제해결 접근방법을 의미한다.

② 긍정적 행동지원은 가정, 학교, 지역사회에서 문제행동을 보이는 개인은 물론 행동을 지원하는 사람들의 삶의 질을 높이는 것을 목표로 한다.

③ 행동의 기능평가에서 나온 결과를 사용하며, 문제행동의 원인이 될 수 있는 환경을 재구성하여 문제행동을 예방하고, 문제행동을 대체할 수 있는 기술을 가르친다.

응용행동분석
- 환경에 적응하는 인간 행동의 기본 원리를 이용하여 바람직한 행동을 향상시키거나 문제행동을 감소시키기 위해 사용되는 중재전략이다. 응용행동분석은 직접관찰, 측정, 환경과 행동 사이의 기능적 관계 분석을 포함한다(특수교육학 용어사전, 2018).
- 행동수정 내용에 개별화 원리가 합해지면서 행동의 기능에 대한 관심이 더해진 개념이다(윤현숙, 2014).

④ 응용행동분석의 내용에 문제행동 예방의 원리가 더해진 개념이다.
- 선행사건 중재와 후속결과 중재 모두를 고려한다.

⑤ 전통적인 행동수정 방법에 대한 대안적 접근법이다.

KORSET 합격 굳히기 **전통적인 행동수정 방법의 문제점**

1. 제한된 장기 효과 및 성과
전통적인 행동수정 방법은 장기적인 효과 및 장애인을 위한 의미 있는 삶의 성과를 촉진하는 능력과 관련해서 제한된다. 전통적인 행동 관리 접근들은 그 특성상 반응적이고 결과 중심적이며 단기간에 이루어진다. 전통적인 행동 관리의 주요 목표는 문제행동의 미래 발생을 신속하게 중단시키거나 조절함으로써 가능한 한 빨리 중재를 소거하는 것이다. 문제행동을 감소시키기 위해서 대부분의 전통적인 방법들은 학생이 행동을 하고 있거나 한 후에 즉각적으로 처벌적인 결과를 제시하는 것에 의존한다.

2. 비기능적인 중재
대부분의 전통적인 행동 관리 방법들은 문제행동이 기능적이며 환경적으로 결정된다는 사실을 완전히 인식하기 전에 개발되었다. 그러므로 전통적인 접근을 사용할 때 교사들은 문제행동의 이유나 환경적인 영향에 대하여 거의 또는 전혀 고려하지 않고 행동의 유형이나 형태에 근거해서 중재를 선택하곤 하였다.

3. 도덕적 · 윤리적 문제
비기능적인 방법을 사용하는 가장 불행하고 우려할 만한 부수적인 결과는 중재자들이 문제행동을 한 번에 그리고 모두 중단시키기에 충분한 강력한 방법을 발견하기 위한 노력으로 점점 더 개입적인 중재를 사용하게 된다는 것이다.

행동수정
- 개인의 외적, 내적 행동을 증진시키기 위하여 학습 원리와 다양한 기법들을 체계적으로 적용하는 것이다. 즉, 행동의 후속결과를 변화시키는 절차나 행동을 유발하는 자극의 조건을 변화시키는 것에 관한 용어로서, 바람직한 행동으로의 변화를 유도하기 위하여 사용되는 모든 방법이나 절차를 통칭한다(특수교육학 용어사전, 2018).
- 행동원리를 적용하여 사람의 구체적 행동을 체계적으로 변화시키는 것이다(윤현숙, 2014).

전통적 행동수정과 긍정적 행동지원 비교

전통적 행동수정	긍정적 행동지원
문제행동 자체에 대한 반응적이고 성과 중심적인 접근	문제행동이 기능적인 역할을 수행한다는 점을 수용
문제행동의 발생 상황을 고려하지 않음	장애학생 개인의 문제행동뿐만 아니라 문제행동이 발생하는 전후 상황을 파악하여 중재계획을 수립
문제행동을 감소시키기 위해 체벌 중심의 중재를 사용하여 윤리적 비판이 제기됨	학생의 존엄을 기초로 긍정적인 중재 방법만을 사용
문제행동의 중재에만 관심을 둠	학생의 문제행동뿐만 아니라 주변 환경까지도 고려하는 생태학적 접근을 시도
문제행동이 발생한 후에 중재가 이루어짐	문제행동의 예방에 초점을 둠

2. 긍정적 행동지원의 특징

① 긍정적 행동지원은 행동은 학습된다는 원리에 근거한다.

② 긍정적 행동지원은 실용적인 중재를 강조한다.

- ‘실용적’이라는 표현은 문제행동과 문제행동이 발생하는 환경과 적용되는 중재 간의 상황적 적합성을 강조하는 전략을 의미한다.

③ 긍정적 행동지원은 사회적 가치에 초점을 둔다.

- 행동의 변화가 학생의 하루 생활의 전 시간대와 장소에서 영향을 미치고 그 효과가 지속적이며 궁극적으로 현재와 미래의 삶에 긍정적인 영향을 미쳐야 한다.

④ 긍정적 행동지원은 문제행동을 지도하는 개인이 아닌 체계에 초점을 맞춘다.

- 학생의 문제행동에 대해 학교의 어느 한 전문가가 개입하여 문제를 해결하는 방법은 장기적인 문제를 해결해 주지 못하므로 학교 안의 모든 사람들이 협력하여 학생의 문제행동에 접근하는 체계의 변화가 요구된다.

Tip

'긍정적 행동지원의 주요 요소'와 '긍정적 행동지원의 요소'는 서로 다르기 때문에 구분하여야 한다.

3. 긍정적 행동지원의 주요 요소 11초특

주요 요소	설명
생태학적 접근	문제행동은 장애 때문이 아니라 환경적 사건이나 조건 때문에 발생할 수 있으며, 문제행동은 개인에게 자신이 원하는 결과를 주는 역할을 하기도 한다는 전제하에, 문제행동을 이해하기 위해 환경을 살필 것을 요구한다.
진단을 기반으로 하는 접근	환경적 사건들과 그에 대한 반응을 분석하여 문제행동의 기능을 이해하고, 학생의 선호도와 강점을 강조한다.
맞춤형 접근	중재는 학생 개인의 필요와 학생이 처한 환경에 맞추어 실제적이고 현실적으로 구성한다.
예방 및 교육 중심의 접근	학생이 어려워하는 환경에 변화를 주어 문제행동을 예방하고, 학생에게 문제 상황에 대처하거나 그 상황을 바꿀 수 있는 기술을 교육한다.
삶의 방식 및 통합 중심의 접근	문제행동의 감소만을 목적으로 하는 것이 아니라, 삶의 방식이 변하는 좀 더 넓은 성과를 목적으로 한다. 예 진수가 축구를 좋아하지만 체육 시간이나 쉬는 시간에 친구들이 축구에 잘 끼워 주지 않는다는 것을 행동지원 계획 과정에서 알게 되었다. 이에 행동지원팀은 행동지원 외에도 진수를 지역 스포츠 센터의 축구 교실에 참여시켜, 동네의 또래도 사귀고 건강을 유지할 수 있도록 하였다.
종합적인 접근	문제행동의 예방, 대체기술의 교수, 문제행동에 대한 반응, 개인 삶의 방식의 개선을 이루기 위해 다양한 중재를 적용한다.
팀 접근	중재의 목표와 가치에 동의하는 팀의 협력이 요구된다.
대상을 존중하는 접근	학생의 입장에서 문제행동을 이해하고 학생의 필요와 선호도에 관심을 갖는다.

02 긍정적 행동지원의 실행 절차 10유특, 12중특

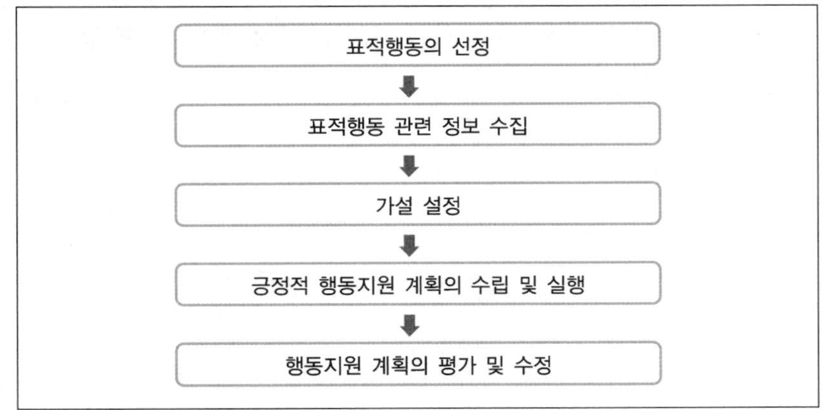

비교

긍정적 행동지원 실행 절차

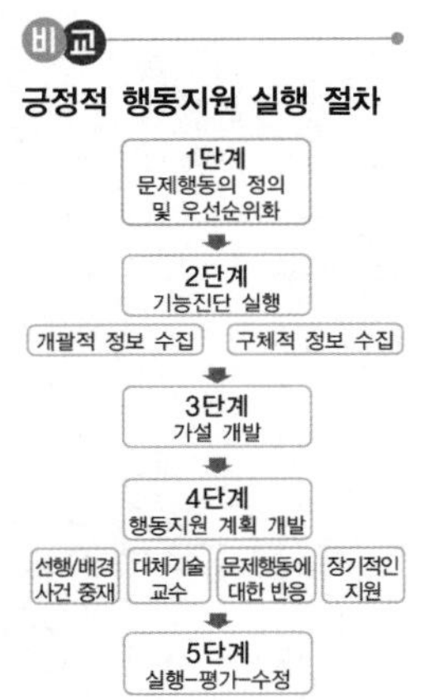

출처 ▶ Bambara et al.(2017)

1. 표적행동의 선정

① 긍정적 행동지원을 실행하기 위해서는 가장 먼저 표적행동이 무엇인지를 명확히 해야 한다.

㉠ 표적행동은 바람직한 행동일 수도 있고 바람직하지 않은 행동일 수도 있다.

㉡ 바람직한 행동이 너무 적게 나타나고 있기 때문에 증가시켜야 할 필요가 있다면 그 행동은 표적행동이 되며, 이런 경우는 표적행동을 '목표행동'이라고 부르는 경우도 있다.

② 표적행동을 선정하는 데 있어서는 문제행동의 심각성이나 관심의 정도를 고려하여야 한다. 따라서 다음과 같은 순위에 따라 결정하는 것이 바람직하다. 14유특, 15유특, 22중특, 25유특

1순위	파괴적 행동	• 자신이나 다른 사람에게 해가 되거나 위협이 되는 행동 예 자신이나 타인의 신체에 상처를 내는 행동
2순위	방해하는 행동	• 직접적으로 또는 즉각적으로 자신이나 다른 사람을 해롭게 하는 것은 아니지만 지속된다면 학습에 부정적 영향을 미치거나 다른 사람과 긍정적 상호작용을 하는 데 방해가 될 뿐만 아니라 파괴행동으로 발전할 가능성이 있는 행동 • 방해가 되는 방법으로 물건을 망가뜨리는 행동 포함 예 옷이나 책을 찢는 행동, 함께 사용할 물건을 나누어 쓰지 않는 것과 같이 규칙을 어기는 행동
3순위	가벼운 방해행동	• 학습이나 사회적 상호작용에 직접 방해가 되지는 않지만 다른 사람으로부터 사회적 수용을 어렵게 하거나 자신의 이미지에 부정적 영향을 주기 때문에 계속된다면 방해행동으로 발전할 수 있는 행동 • 기물을 파괴하지는 않지만 손상을 입히는 행동 포함 예 이상한 옷차림을 하는 것, 자폐성장애 학생들이 흥분을 하면 보이는 손동작이나 몸동작 등의 상동행동

③ 표적행동이 정해진 후에는 해당 표적행동에 대한 조작적 정의가 이루어져야 한다.

㉠ 조작적 정의란 해당 표적행동을 관찰 가능하고 측정 가능한 구체적인 형태로 명확히 정의하는 것이다. 18유특, 22중특, 23유특

- 행동의 관찰이 가능하다는 것은 한 행동의 시작과 끝이 분명하여 관찰자가 행동의 정도를 분별할 수 있다는 의미이다.

㉡ 표적행동을 조작적으로 정의하는 것은 학생의 행동을 일관성 있게 측정하였다는 것을 나타내는 지표인 신뢰도를 높이기 위한 것이다. 13유특(추시), 18유특, 23유특

표적행동

행동지원을 통해 향상되도록 변화시키기 위해 관찰하고 측정할 행동

자료

중재의 우선순위

1순위	• 자신이나 다른 사람에게 해롭거나 건강을 위협하거나 생명을 위협하는가?
2순위	• 자신이나 다른 학생의 학습을 방해하는가? • 사회적 관계를 방해하는가? • 매일의 학교, 가정 또는 지역사회에서의 활동 참여를 방해하는가? • 위험하고 방해가 되는 방법으로 물건을 망가뜨리는가?(예 옷 찢기, 책 찢기) • 효과적인 중재가 주어지지 않는다면 파괴행동이 될 가능성이 있는가?
3순위	• 사회적 수용을 방해하는가? • 학생의 이미지에 부정적인 영향을 미치는가? • 물건에 손상을 입히는가?(파괴하지는 않음) • 그냥 둔다면 방해행동이 될 가능성이 있는가?

출처 ▶ Bambara et al.(2017)

조작적 정의

사물 또는 현상의 범위와 한계를 객관적이고 경험적으로 기술하기 위한 정의로, 대개 수량화할 수 있도록 진술된다. 기능적 정의라고도 하며, 주어진 연구의 맥락 속에서 그 개념이 무엇을 의미하는지를 명백하게 드러낼 수 있다. 행동은 관점이나 관찰자의 성향에 따라 서로 다르게 진술될 수 있으므로 행동 변화를 관찰하는 모든 사람이 동의할 수 있는 일반적인 진술, 즉 조작적 정의가 필요하다. 예를 들어, 언어적 공격성은 '다른 사람에게 소리를 지르거나 욕을 하는 것'으로 조작적으로 정의할 수 있다(특수교육학 용어사전, 2018).

ⓒ 행동을 조작적으로 정의하는 경우의 장점은 다음과 같다.

- 행동에 대한 객관적이고 구체적인 정보를 제공해 주기 때문에 행동을 직접 관찰하고 측정하기 쉽게 해준다.
- 행동에 대한 개인의 주관적 편견을 최소화해 준다.
- 관찰된 행동과 그 상황에만 관심의 초점이 모아지게 한다.

2. 표적행동 관련 정보 수집

① 표적행동 관련 정보는 간접 혹은 직접적인 방식으로 이루어지는 행동의 기능평가를 통해 이루어진다.

② 행동의 기능평가란 문제행동과 기능적 관계가 있는 선행사건이나 후속결과에 관한 정보를 수집하는 것을 의미한다.

3. 가설 설정 11유특, 14유특, 19초특, 23유특

① 행동의 기능평가 결과를 토대로 행동과 환경의 관계에 대한 가설, 즉 문제행동에 대한 검증 가능한 가설을 만들 수 있다.

② 가설은 기능평가 과정에서 알게 된 행동발생 패턴을 정확하게 요약해야 한다.

③ 가설은 기능평가에서 얻은 정보와 행동지원 계획 간의 관련성을 확인해 주어 행동지원 계획을 안내하는 역할을 한다.

④ 가설 문장에는 다음과 같은 요소를 포함해야 한다.

ⓐ 학생의 이름

ⓑ 배경/선행사건(배경사건은 필요한 경우 포함)

ⓒ 추정되는 문제행동의 기능

ⓓ 문제행동

어머니께 야단을 맞고 등교한 날(배경사건), 지각하여 선생님의 벌점 지시를 들으면(선행사건),
길동(학생명)이는 지시 수행을 피하기 위해(추정 기능) 자신의 머리를 때리는 행동(문제행동)을 한다.

| 가설문장의 예 1 |

다른 친구가 자기가 좋아하는 장난감을 갖고 놀고 있으면(선행사건)
길동(학생명)이는 그 장난감을 갖기 위해(추정 기능) 친구의 팔을 깨문다(문제행동).

| 가설문장의 예 2 |

기능적 관계

- 기능적 관계란 독립변수의 변화에 따라 종속변수가 체계적으로 변화하는 관계, 즉 독립변수의 변화로 종속변수의 변화를 예측할 수 있는 관계를 뜻한다(양명희, 2018).
- 한 사건(종속변인)에서의 특정한 변화는 다른 사건(독립변인)을 조작함으로써 발생할 수 있고, 그 변화는 또 다른 요소(혼재변인들)의 결과일 가능성이 적다는 것을 밝히기 위해, 실험 내에서 하나 이상의 통제된 특정 변인 조작의 기능으로써 연구하여 현상의 발생을 설명하는 실험(연관된 실험들의 집합)의 결과 요약(Cooper et al., 2017)
- 종속변인과 독립변인 간 준-인과관계. 이 관계는 독립변인의 도입과 조작의 결과로 종속변인이 바람직한 방향으로 체계적 변화를 이룰 때 존재한다. 종속변인의 변화가 동일한 독립변인이 실행될 때마다 반복적으로 일어난다면, 기능적 관계가 존재한다고 말할 수 있다(Alberto et al., 2014).

선행사건

어떤 특별한 행동이 발생하기 직전에 발생한 사건이나 자극이다. 선행사건은 대부분 행동 발생에 직접적인 영향을 미친다. 선행사건은 문제행동이 특정 시간, 활동, 장소, 사람, 기타 특정 환경 요소와 함께 발생하는지를 나타낸다(특수교육학 용어사전, 2018).

배경사건

문제행동이 일어나기 전 어느 정도의 기간(몇 시간, 혹은 며칠 전)에 학생이 경험한 사회적, 환경적, 생리적 상태이다. 배경사건은 문제행동의 직접적 유발 요인은 아니지만 같은 선행사건에 대해서 반응하는 정도에 영향을 미친다(특수교육학 용어사전, 2018).

⑤ 가설을 개발하는 것 외에도 이 단계에서 하게 되는 또 다른 중요한 활동은 기능평가 과정 중에 수집한 개괄적인 정보를 요약하는 것이다.

㉠ 의학적 정보, 선호도, 삶의 방식 등은 문제행동에 대한 가설과 결합될 때 어떤 중재를 선택해야 하는지와 학생을 위한 바람직한 성과를 촉진하기 위해 필요한 삶의 방식에서의 변화가 무엇인지를 결정하는 데 도움이 된다.

㉡ 개괄적 정보를 요약하는 것은 왜 문제행동이 발생하게 되었는가와 어떤 조건이 그 행동을 지지하였는지를 알게 해준다.

KORSET 합격 굳히기 배경사건

1. 배경사건은 선행사건이나 즉각적인 환경적 사건이 문제행동의 촉발요인으로 작용할 가능성에 영향을 미치는 사건을 의미한다. 다시 말하면 선행사건에 대한 반응 가치를 높임으로써 행동의 발생 가능성을 높여 주는 환경적 사건이나 상태, 자극을 말한다.
2. 예를 들어, 교실 밖에서 또래와 큰 싸움을 하고 교실에 들어왔는데 교사가 힘든 과제를 제시했다고 하자. 이때 큰 싸움은 학생에게 힘든 과제를 피하고 싶은 마음이 커지도록 작용하며, 평소처럼 주어지는 교사의 칭찬은 크게 효과를 거두지 못하도록 작용할 것이다. 따라서 학생은 교사의 힘든 과제 제시에 대해 소리를 지르고, 과제 재료를 바닥에 집어던지며, 교실 구석으로 가서 앉아 있는 것으로, 결국 힘든 과제를 피할 수 있게 된다. 여기서 친구와의 싸움이 과제를 거부하는 행동의 선행사건은 아니지만, 과제 거부의 발생 가능성을 높여 준 것을 알 수 있다.
3. 배경사건은 평소의 강화나 벌의 가치를 일시적으로 바꾸어 버리고 문제행동의 촉발요인으로 작용하게 되어 평소와 똑같은 교사의 과제 제시에 대해 학생의 전혀 다른 반응을 가져오게 할 수 있다.
4. 배경사건이 될 수 있는 것으로는 피곤, 질병, 마약, 음식의 포만이나 박탈, 수면이나 월경 같은 생리적 주기, 온도나 소음 수준 같은 환경 특성, 한 가지 활동에서 다른 활동으로의 전이, 누가 함께 있는지에 따른 사회적 상호작용의 어려움 같은 사회문화적 상황, 약물 부작용, 물리적 배치 등 여러 가지가 될 수 있다.
5. 배경사건이 학생의 행동에 영향을 준다는 것을 안다고 할지라도, 배경사건은 시간적으로 선행사건보다 앞서며 공간적으로는 문제행동 발생 장소와 다른 경우가 많고, 교사의 통제권 밖에 있어 직접 제거하기 어려운 경우가 많아서 대부분의 교사는 배경사건에 대한 정보 수집에는 소극적이다.

출처 ▶ 양명희(2018)

> **Tip**
> 배경/선행사건 중재, 대체기술 교수, 문제행동에 대한 반응, 장기지원의 네 가지 중재 요소를 '긍정적 행동지원의 요소'라고 하며 '3. 긍정적 행동지원의 주요 요소'와는 구분되어야 한다.

4. 긍정적 행동지원 계획의 수립 및 실행

문제행동의 발생과 관련된 가설을 수립한 후에는 긍정적 행동지원을 위한 계획을 세워야 한다. 긍정적 행동지원을 위한 계획을 수립할 때는 배경/선행사건 중재, 대체기술 교수, 문제행동에 대한 반응, 장기지원의 네 가지 중재 요소를 종합적으로 고려해야 한다. 단, 네 가지 중재 요소는 동시에 수행될 수도 있고 그렇지 않을 수도 있다.

✿ 긍정적 행동지원의 요소

배경/선행사건 중재	대체기술 교수	문제행동에 대한 반응	장기지원
• 문제를 유발하는 배경 및 선행사건을 수정 또는 제거 • 바람직한 행동을 유발할 수 있는 긍정적인 배경 및 선행사건 적용	• 문제행동과 동일한 기능을 수행하는 교체기술 지도 • 어려운 상황에 대처할 수 있는 기술 및 인내심 지도 • 전반적인 능력 신장을 위한 일반적인 기술 지도	• 문제행동으로 인한 성과 감소 • 교육적 피드백 제공 또는 논리적인 후속결과 제시 • 위기관리 계획 개발	• 삶의 양식을 변화 • 지속적인 지원을 위한 전략 수행

(1) 배경/선행사건 중재 09유특, 12유특 · 중특, 15초특, 22중특

① 배경/선행사건 중재란 문제행동을 일으키는 사건을 변화시키기 위한 전략으로, 문제행동 발생을 예방할 수 있도록 환경을 재구성하는 것이다.

배경사건 중재	배경사건을 제거하거나 변화시켜서 더 이상 문제행동을 일으키는 요인으로 작용하지 못하도록 하는 것을 의미한다.
선행사건 중재	문제행동의 발생 원인이 될 수 있는 선행사건들을 수정하거나 제거하여 더 이상 문제행동을 일으키는 요인으로 작용하지 않도록 하는 것을 의미한다.

② 배경/선행사건 중재에서는 문제행동을 일으키는 요인으로 파악된 특정한 사건을 제거하거나 수정하는 것은 물론 바람직한 행동과 관련한 사건들을 도입하거나 증가시키기도 한다.

③ 행동의 기능에 따른 대표적인 선행사건 중재 전략은 다음과 같다.
14유특, 17유특

행동의 기능	중재 전략	예시
관심 끌기	성인의 관심 시간 계획	• 성인과 함께 작업한다. • 성인이 주기적으로 관심을 제공한다.
	또래의 관심 시간 계획	• 또래와 짝을 지어준다. • 또래가 교수한다.
	학생에 대한 접근성 증가	• 좌석 배치를 바꿔준다. • 주기적으로 교실을 돌아다닌다.
	좋아하는 활동 제공	• 교사가 자리를 비울 때는 더 좋아하는 과제를 하게 한다.
회피하기	과제의 난이도 조절	• 쉬운 과제를 제시한다.
	선택 기회 제공	• 학생에게 선택의 기회를 제공한다. – 수행할 과제 – 수행할 과제의 순서 – 사용할 재료 – 과제 수행 장소 – 과제 수행 시기 – 함께 수행할 사람
	학생의 선호도와 관심사를 활동에 추가	• 학생의 취미나 관심사를 활동에 포함시킨다.
	활동을 통하여 의미 있고 기능적인 성과를 얻게 함	• 가치 있는 성과가 이루어질 수 있는 활동을 제공한다.
	과제의 길이 조절	• 짧은 활동을 제공한다. • 쉬는 시간을 자주 제공한다.
	과제 수행 양식 조절	• 자료/매체를 변경한다. • 필기도구 대신 컴퓨터를 사용하도록 한다. 예 지필 과제는 소근육 운동 기술을 필요로 하며 시간이 지나면 힘들어질 수 있다. 따라서 일반적인 필기구 대신 컴퓨터나 녹음기 등이 사용될 수 있다.
	행동적 모멘텀 및 과제 분산 사용	• 어려운 과제를 제시하기 전에 쉬운 과제를 제시한다.
	예측 가능성 향상	• 앞으로 할 일이나 활동의 변화에 대한 단서를 제공한다(교수적, 시각적, 청각적).
	교수 전달방식 변경	• 즐거운 톤의 목소리를 사용한다.

계획에 따른 관심 제공

관심을 끌기 위한 문제행동에 관여하는 조건을 변화시킬 수 있는 중재방법 중 하나는 성인이나 또래의 관심을 일정한 계획에 따라 사용하는 것이다. 이를 계획에 따른 관심 제공이라고 한다. 이와 같은 중재의 효과는 문제행동이 발생하기 전에 관심이 제공되는지에 달려 있다. 다시 말해서 이 중재는 관심을 받기 위해서 문제행동을 할 필요를 없애는 것이다(Bambara et al., 2017).

행동 모멘텀

도전적인 과제에 참여하도록 촉진되기 전에 신속하고 연속적으로 몇 가지 쉬운 과제를 제시할 때 개인이 도전적인 과제에 더 잘 참여할 수 있는 경향을 말한다. 더 도전적인 과제에 참여하기 전에 쉬운 과제에 빨리 참여할 수 있도록 학습자를 촉진함으로써 행동 모멘텀을 구축하는 현상은 응용행동분석 용어로 고확률 요구 연속이라고 알려져 있다(Gargiulo et al., 2021).

동 행동타성, 행동관성, 행동유도

물건/활동 획득

좋아하는 물건을 빼앗기거나 즐거워하는 활동을 못하게 할 때 문제행동이 발생할 수 있다. 이때 발생하는 문제행동은 그 활동이나 물건을 되돌려 달라는 의미를 담고 있다. 문제행동이 원하는 물건이나 활동을 제공하지 않거나 뺏은 후에 발생하는 경우 그 행동은 원하는 것을 얻기 위한 기능으로 작용한다고 볼 수 있다(Bambara et al., 2017).

물건/활동 획득 (구체물)	미리 알려줌	• 활동을 마칠 시간이 다 되어 감을 알려준다.
	전이 활동 계획	• 아주 좋아하는 활동과 좋아하지 않는 활동 사이에 보통으로 좋아하는 활동을 계획한다. 예 배 교사는 길동이가 체육 수업 후 읽기 수업을 위하여 교실로 돌아와야 할 때 이동을 거부한다는 것을 알게 되었다. 길동이는 읽기 수업을 하러 가자고 하면 바닥에 누워서 소리를 지르곤 하였다. 길동이가 좋아하는 체육실에서 싫어하는 읽기 교실로의 이동을 용이하게 하기 위해서 교사는 읽기 수업 전에 간단한 게임을 하도록 계획하였다. 길동이는 빙고 게임을 하기 위하여 체육실을 떠나는 것을 더 이상 싫어하지 않게 되었다. 게임 후, 길동이는 좋아하지 않는 읽기 활동을 시작하였다.
	접근성 증가시키기	• 매우 선호하는 물건을 학생의 손이 닿는 범위에 둔다.
자기조절 (감각자극)	대안적 감각 강화 제공	• 청각적 자극을 강화하기 위하여 라디오를 제공하거나 시각적 강화를 제공하기 위하여 시각적 자극을 제공한다.
	풍부한 환경 제공	• 흥미롭고 자극이 많은 활동으로 환경을 구성한다.

출처 ▶ Bambara et al.(2017)

비교

대체기술

양명희(2016)의 「행동수정이론에 기초한 행동지원」에서는 대체기술의 세분화된 세 가지 유형(교체기술, 대처 및 인내기술, 일반적 적응기술)을 종합하여 대체행동이라고 명하고 있다.

(2) 대체기술 교수 12유특, 13유특, 19유특, 25중특

① 대체기술 교수란 문제행동을 대체할 수 있는 바람직한 행동을 교수하기 위한 전략을 의미한다.

② 대체기술 교수의 목표는 학생에게 문제행동을 대체하면서도 사회적으로 적절한 기술을 가르치는 것이다.

③ 선행/배경사건 중재가 다른 사람의 행동에 의존하는 것과는 달리, 대체기술 교수는 학생에게 바람직한 성과를 성취하고 문제행동이 더 이상 필요하지 않도록 상황을 변화시키는 능력을 제공하는 방법이다.

④ 대체기술 교수는 각각 목표가 다른 세 가지 유형의 기술(교체기술, 대처 및 인내기술, 일반적 적응기술)로 분류된다.

㉠ 교체기술 14초특, 15유특 · 초특, 19중특, 20초특, 22초특, 23유특

- 교체기술이란 문제행동과 동일한 기능을 지닌 대안적 행동을 의미한다.
- 교체기술을 가르칠 때의 교수 목표는 문제행동과 동일한 성과를 가져올 수 있으면서 사회적으로 바람직한 기술을 파악하는 것이다.

  예 길동이는 수학 시간에 두 자릿수 계산 문제가 어렵기 때문에 소리를 지른다. 그때 교사는 길동이에게 소리 지르기를 대신할 수 있도록 도움을 요청하는 방법을 가르칠 수 있다.

- 교체기술 선택 기준은 노력, 결과의 질, 결과의 즉각성, 결과의 일관성, 처벌 개연성의 다섯 가지이다.

노력	학생이 습득해야 할 교체기술은 학생이 나타내고 있는 문제행동보다 최소한 더 어렵지 않아야 한다.
결과의 질	교체기술은 문제행동과 동일하거나 더 나은 결과를 가져와야 한다.
결과의 즉각성	초기에는 교체기술을 사용했을 때 즉각적인 긍정적 반응을 받을 수 있어야 효과적이다.
결과의 일관성	교체기술의 계속적 사용을 위해서는 학생이 교체기술을 사용했을 때, 주변 사람들이 일관되게 적극적이며 즉각적으로 반응해 주는 것이 필요하다.
처벌 개연성	문제행동에 대해서는 혐오적 결과가 주어지고, 교체기술에 대해서는 언제나 긍정적 경험이 주어지도록 해야 한다.

- 노력, 결과의 질, 결과의 즉각성, 결과의 일관성, 처벌 개연성은 반응 효율성으로 통칭될 수 있는 것으로 대체행동을 가르칠 때 고려해야 하는 부분이다.
- 효율성을 점검하기 위한 점검표는 다음과 같다.

> - 교체기술은 문제행동보다 노력을 덜 해도 되는가? 학생의 입장에서 볼 때 교체기술은 사용하기 쉬운가?
> - 교체기술은 문제행동과 동일한 질 또는 강도의 결과를 가져올 수 있는가?
> - 다른 사람들은 학생이 교체기술을 사용할 때 즉각적으로 반응하는가, 특히 초기 교수과정에서 즉각적으로 반응하는가?
> - 학생이 교체기술을 사용할 때 다른 사람들은 일관된 반응을 보이는가?
> - 교체기술의 사용을 격려하고 교체기술의 사용이 의도하지 않은 벌을 받지 않도록 적절한 교수 절차가 적용되고 있는가?
>
> 출처 ▶ Bambara et al.(2017)

자료

대체행동의 선택 기준과 선택 시 고려사항

'Chapter 05. 바람직하지 않은 행동의 감소' 중 '대체행동 차별강화' 참조

Tip

반응 효율성은 대체행동 선택 시 고려사항 중 하나인 동시에 교체기술 선택 시 기준에 해당하는 노력, 결과의 질, 결과의 즉각성, 결과의 일관성, 처벌 개연성을 모두 포함하여 명명할 때도 사용되는 용어이다. 따라서 반응 효율성의 점검은 교체기술 선택 기준의 점검과 동일한 의미를 가진다.

✎ 대처하기와 인내하기

대처하기	불편하거나 어려운 상황에 접했을 때, 자기관리나 자기통제 전략을 사용하는 방법을 가르치는 것이다.
인내하기	특정 상황을 회피하거나 물건 또는 관심 얻기를 원하지만 즉각적으로 제시되지 못하고 제시될 수 없을 때 '기다리거나' 강화 지연을 견딜 수 있도록 가르치는 방법이다.

출처 ▶ Bambara et al.(2017)

ⓛ 대처 및 인내기술 19중특

- 대처 및 인내기술은 학생들이 어려운 상황에 대처하고 문제행동을 하지 않고 인내할 수 있게 하기 위한 것이다.

  예 선생님에게 도움을 요청하는 교체기술을 사용했으나 즉각적인 도움을 받지 못했을 때 이를 수용하고 기다릴 수 있어야 한다. / 스트레스 상황 속에서 안정을 취하는 방법

- 교체기술의 교수가 어렵거나 할 수 없는 상황에서 이러한 대처기술이나 인내기술을 가르치는 것은 효과적이다.
- 교체기술이 즉각적으로 사용될 수 없는 경우에도 이와 같은 대처기술이나 인내기술을 가르치게 된다.

ⓒ 일반적 적응기술

- 일반적 적응기술은 문제행동에 영향을 미치는 요인이나 부족한 기술 등을 파악하고 보완하는 것을 말한다.
  - 일반적 적응기술의 교수는 일반적인 의사소통 기술 및 학업 능력의 강화, 과제를 효율적으로 수행하고 완수하기 위한 관리기술 및 시간 관리 전략의 교수, 또래 및 성인과의 사회적 기술 확장 등을 포함한다.
- 문제 상황을 예방하고 학생이 자신의 선호도와 흥미를 추구할 수 있도록 사회적, 의사소통적, 학업적 능력을 향상시키는 것을 목적으로 한다.
- 일반적 적응기술이 습득되면 문제행동과 관련된 상황이나 조건들을 변화시킬 수 있는 방법들을 알게 되기 때문에 문제행동을 할 필요가 없어진다.

  예 길동이가 두 자릿수 계산법을 습득한 후에는 더 이상 교사의 도움을 받기 위한 문제행동을 할 필요가 없다.

✿ 대체기술 교수의 유형별로 고려해야 할 질문, 목적, 제한점

유형	고려할 질문	목적 및 제한점(주의사항)
교체기술	• 문제행동과 동일한 기능으로 작용할 수 있는 기술은 무엇인가?	• 목적: 문제행동과 동일한 결과를 가져올 수 있는 효과적인 방법을 학생에게 제공한다. • 제한점 – 문제행동의 기능을 언제나 존중해 줄 수 있는 것은 아니다. – 하나의 교체기술만으로는 문제 상황(예 과제가 너무 어려운 경우)을 예방하거나 변형시키기가 매우 어렵다.
대처 및 인내기술	• 어떤 기술을 가르치는 것이 어렵고 즐겁지 않은 상황에 적응하거나 대처할 수 있도록 학생을 도울 수 있을 것인가?	• 목적: 변경이 어렵거나 변화될 수 없는 상황에서 사회적으로 수용 가능한 대처방법을 교수한다. • 제한점: 대개는 이것 하나만으로는 효과적이지 않다. 원하는 성과를 얻을 수 있는 대처방법을 습득하거나 문제 상황을 변화시킬 수 있을 때(예 어려운 일을 할 수 있는 기술을 지니고 있는 경우) 더 잘 적용될 수 있다. • 주의사항: 교체기술이나 일반적인 적응기술을 가르치지 않거나 배경/선행사건을 변화시키지 않고 학생에게 불편한 상황을 견디도록 하는 것은 비윤리적이다.
일반적 적응기술	• 문제행동의 발생 가능성을 예방할 수 있는 관련 기술은 무엇인가? • 학생에게 의미 있는 생활을 향상시킬 수 있는 기술은 무엇인가?	• 목적: 문제 상황을 예방하고 학생이 자신의 선호도나 흥미를 추구할 수 있도록 사회적, 의사소통적, 학업적 능력을 향상시킨다. • 제한점 – 교체기술을 가르치는 것보다 많은 노력을 필요로 하는 교수이다. – 즉각적인 필요에 의하여 먼저 교체기술의 학습이 필요할 수도 있다.

출처 ▶ Bambara et al.(2017)

문제행동에 대한 반응
동 반응 중재, 반응 전략, 후속 결과 중재

(3) 문제행동에 대한 반응 11중특, 23유특

① 문제행동에 대한 반응이란 문제행동에 대한 다른 사람들의 반응을 효과적이고 교육적인 방향으로 전환시키기 위한 전략을 말한다.

- 문제행동에 대한 반응은 주로 대상학생의 문제행동을 유지 및 지속시킨 후속 결과로 작용한 타인(예 교사, 부모, 또래 등)의 반응을 조절하여 문제행동을 감소시키는 것이다.

② 학생의 문제행동에 반응하는 방법을 결정하기 위하여 다음과 같은 문제행동에 대한 반응의 네 가지 목표를 고려하여야 한다.

㉠ 첫 번째 목표이자 가장 중요한 목표는 문제행동이 가져다주는 긍정적이거나 원하는 결과를 감소시키는 것이다.

- 문제행동은 어떤 방법으로든 강화를 받게 되는 한 계속될 것이다. 문제행동을 더 이상 강화하지 않는 방법을 결정할 때는 문제행동이 왜 발생했는지 또는 문제행동의 목적, 결과, 기능이 무엇인지를 알아야 한다. 학생에게 문제행동이 원하는 결과를 가져다주지 않는다는 것을 알게 하는 것은 매우 중요한 일이다.

㉡ 문제행동이 악화되는 것을 예방함으로써 자신과 다른 사람에게 해를 끼치지 않게 하는 것이다.

㉢ 학생에게 자연스럽고 합리적인 후속결과를 제시하는 것이다.

- 문제행동과 밀접한 관련이 있고 자연스럽게 발생하는 후속결과는 학생이 교내외에서의 규칙들을 이해하게 해주며, 규칙이나 기대의 위반과 후속결과 간의 관계도 이해하게 해준다.

  예 학교 장비들을 파괴하는 행위에 대하여 정학과 같은 극단적인 결과를 부과하기보다는 방과 후나 주말에 일을 해서 파괴한 기물을 배상하게 하는 것이 학생에게는 더 자연스럽고 합리적인 결과가 될 수 있다. 이러한 결과는 학생에게 규칙의 중요성 외에 기물의 가치를 가르치기 때문에 일상생활에서도 중요한 교훈이 될 수 있다.

㉣ 대안적이고 좀 더 적절한 방법으로 행동하도록 가능할 때마다 격려하는 것이다.

③ 문제행동에 대한 반응 전략은 교수적 접근, 소거, 차별강화, 정적 처벌, 부적 처벌 등의 전략을 포함한다.

전략	어떻게 작용하는가	예	주의사항
교수적 접근	대체기술을 가르친다.	• 촉진 • 토론 • 복원 • 문제해결 • 또래의 칭찬	• 문제행동에 관심 기울이기 • 대체기술은 아동의 행동 목록 내에 있는 것이어야 함
소거	부적절한 행동을 더 이상 강화하지 않는다.	• 계획된 무시	• 행동의 빈도 증가 • 행동의 강도 증가
차별 강화	적절한 행동에 대한 강화를 제공한다.	• 일정에 따른 관심 제공	• 아동이 원할 때 강화가 제공되지 못할 수도 있음
부적 처벌	선호하는 활동이나 물건을 없앤다.	• 시간 차감 • 타임아웃 • 특권 또는 선호하는 활동 제거하기	• 행동의 강도 상승
정적 처벌	싫어하는 것을 제공한다.	• 피드백 • 꾸짖음 • 집으로 전화하기	• 역공격 • 행동의 강도 상승

출처 ▶ Bambara et al.(2017)

④ 문제행동에 대한 반응은 위기관리 계획을 포함한다. 14중특, 17유특

㉠ 위기관리 계획이란 대상학생의 문제행동으로 인한 위기 및 응급 상황에 대비한 절차를 수립하는 것이다.

㉡ 위기관리 계획의 목적은 공격적이거나 난폭한 행동이 발생하는 환경에서 학생이나 다른 사람의 안전을 보호하는 데 있다(또는 문제행동이 발생했을 때 누군가가 다칠 가능성을 줄이기 위한 것이다).

㉢ 가능한 한 위기 상황이 발생하지 않도록 앞서 언급한 다요소 중재를 시행하지만, 위기에 도달한 문제행동에 대해서는 위기관리가 실행되어야 한다. 따라서 위기관리 계획은 다음과 같은 내용을 포함한다.

- 위험한 물건을 미리 치운다.
- 위기 상황 및 대처 결과를 기록에 남긴다.
- 교사는 교실에서 학생의 문제행동에 대해 집중적으로 대처하고, 위기 상황이 종료될 때까지 다른 학생들의 안전을 보호한다.

㉣ 위기관리는 위기 상황을 통제하기 위해 사용되는 일시적인 절차일 뿐이다. 긍정적 행동지원이 체계적으로 적용된다면 이러한 위기관리 실행 상황은 점차 줄어들거나 없어지게 될 것이다.

비교

위기관리의 목적

위기관리의 주요 목적에 재산을 포함하여 '사람들과 중요한 재산을 보호하는 것'으로 제시되는 경우(Bambara et al., 2017)도 있다.

교실 내 위기 발생 시 대처 방법

교실에서 위기 발생 시 회복기까지 해당 교실에서 대상학생의 문제행동에 집중적으로 대처하고 다른 학생들은 교실에서 자습을 하는 것은 교실에 있는 학생들의 안전에 해가 될 수 있으므로 적절하지 않다. 대상학생을 다른 조용한 장소로 데리고 가는 것이 대상학생과 학급 학생 모두에게 보다 안전한 조치가 될 뿐만 아니라 학급 학생들의 학업 방해도 최소화할 수 있다(이성봉 외, 2022).

(4) 장기지원

① 장기지원은 삶의 형태를 변화시키고 지속적인 지원을 위한 전략 실행을 포함한다.

② 문제행동이 장기적인 측면에서 예방되고 기타 중재요소들이 시간이 흘러도 지원되고 유지되게 할 수 있는 한 가지 방법은 학생의 삶의 양식을 변화시키는 것이다.

- 일반적으로 삶의 형태에 있어서 문제행동에 긍정적인 영향을 미치는 요소는 선택의 기회, 학교 및 지역사회 통합, 다른 사람과의 관계, 가치 있는 역할 수행, 전반적인 건강과 안녕 등의 다섯 가지를 포함하며, 지속적인 지원 전략은 학생 지원, 교사 및 또래를 포함하는 주변인들에 대한 지원, 환경 수정을 위한 전략 등을 포함한다.

③ 삶의 양식을 변화시키는 것 외에도 장기적인 지원이라는 요소는 지원과 긍정적인 성과가 시간이 지나도 유지되게 하는 전략을 포함한다. 지원이 새로운 환경이나 상황으로 어떻게 적용될 수 있는지, 지원이 새로운 교사나 기타 다른 지원자에게 어떻게 학습되고 서로 의사소통할 수 있는지, 학생이 새로운 환경에 적용하기 위해서 학습해야 하는 대체기술은 무엇인지 등을 고려함으로써 장기적으로 계획을 세워야 한다.

(5) 사회적 타당도 13유특(추시), 17중특

사회적 타당도
중재를 하는 사람뿐 아니라 도움을 받고 있는 내담자(학생, 부모, 교사)가 (1) 중요한 문제가 다루어지고 있고, (2) 중재 절차가 수용할 만하며, (3) 중재의 결과가 만족스럽다는 것에 대해 확신한다는 것을 의미한다(Kauffman, 2020).

① 중재 방법을 선정할 때는 사회적 타당도를 고려해야 한다.

② 사회적 타당도란 목표행동의 개선이나 학생의 전반적인 삶의 질 향상을 주관적으로 평가하는 것이다.

㉠ 부모나 주변 사람들이 학생의 변화를 느끼고 있는지, 이런 변화가 생활 속에서 의미 있다고 생각하는지를 알아보는 것이다.

㉡ 목표행동의 개선을 보여 주는 객관적인 자료 수집 결과도 중요하지만, 그 학생의 삶에 중요한 개인들(예 부모, 지원 제공자, 교사 등)이 그러한 행동의 변화를 체감할 수 있어야 그 중재가 의미 있다고 할 수 있다.

- 사회적 타당도의 측정은 학생의 삶에 중요한 개인들이 그 학생의 행동이 정말 개선되었다고 판단하는지와 그러한 행동의 변화에 만족하는지를 알 수 있게 해준다. 또한 그 중재가 학생에게 가져다준 여러 가지 주요 성과도 알게 해준다.

③ 일반적 적응기술의 교수는 일반적인 의사소통 기술 및 학업 능력의 강화, 과제를 효율적으로 수행하고 완수하기 위한 관리기술 및 시간 관리 전략의 교수, 또래 및 성인과의 보상적인 사회적 관계 촉진을 위한 사회적 기술 확장 등을 포함한다.

④ 중재 결과에 대한 사회적 타당도는 학생의 주요 주변인들에게 몇몇 질문으로 이루어진 질문지를 배부하여 평정척도 형식으로 답하게 함으로써 측정할 수 있다.

⑤ 사회적 타당도의 평가 기준은 다음과 같다. 19초특, 24중특

중재 목표의 중요성	중재 목표가 사회적으로 얼마나 중요한가?
중재 절차의 적절성	중재 과정은 사회적으로 수용 가능하고 합리적인가?
중재 결과의 의미성	중재 효과는 개인의 삶을 개선할 수 있는가?

5. 행동지원 계획의 평가 및 수정

① 긍정적 행동지원 실행 과정 및 결과를 평가하고 필요한 수정을 한다. 이 단계에서는 행동지원 계획이 효과가 있는지, 학생에게 원하는 변화가 나타나고 있는지, 행동지원이 좀 더 효과적이기 위해서는 어떤 수정이 필요한지 등을 결정하게 된다.

② 행동지원의 성과를 평가하기 위해서는 절대적인 기준이 적용되어서는 안 된다. 개별 학생의 상황이나 특성 등에 따라 그 기준을 달리해야 한다.

③ 긍정적 행동지원의 성과는 일반적으로 ㉠ 문제행동이 만족할 만한 정도로 변화했는가?, ㉡ 대체행동을 사용하도록 교수하였는가?, ㉢ 사회적 및 학업 성과에 좀 더 폭넓은 영향을 미쳤는가? 등과 같은 세 가지 기준에 대한 평가를 통하여 결정될 수 있다.

④ 긍정적 행동지원은 학생의 행동 및 삶의 질에서 나타나는 변화 외에도 지원을 제공한 교사와 학교 전반에 걸쳐 긍정적인 영향을 미치게 된다. 긍정적 행동지원을 통하여 일반적으로 기대할 수 있는 포괄적 성과는 다음과 같다.

요소	구체적인 성과
학생의 행동 변화	• 문제행동 감소 및 유지 • 의사소통 기술 향상 • 사회적 기술 및 자기관리 기술 증가
학생의 삶의 질 변화	• 가정, 학교, 지역사회에서의 활동 참여 증가 • 또래 상호작용 및 관계 증가 및 향상 • 자율성을 위한 더 많은 기회 • 건강 증진
개별 교사의 변화	• 교수전략 향상 • 의사소통 기술 향상 • 문제해결력 향상
기관 차원의 효율성	• 팀 효율성 증진 • 상호작용적 문제해결력 증진 • 행동 문제 예방을 위한 체계 향상

자료

사회적 타당도의 평가

Wolf는 그의 고전적인 논문에서 응용행동분석 분야에 사회적 타당도 개념을 소개한 바 있다. 그는 사회적으로 중요한 성과를 올리기 위해서는 측정 가능한 행동에 대한 평가뿐 아니라 소비자의 주관적인 관점도 중요하게 생각해야 한다고 주장했다. 그는 추구하는 목표의 사회적 중요성, 사용하는 절차의 사회적 적절성, 효과의 사회적 중요성을 평가해야 한다고 했다(Brown et al., 2017).

중재 목표의 중요성

동 중재 목표의 사회적 중요성

중재 절차의 적절성

동 중재 절차의 사회적 적절성, 중재 절차의 사회적 수용성

중재 결과의 의미성

동 중재 결과의 사회적 중요성, 중재 효과의 사회적 중요성

Chapter

02 학교 차원의 긍정적 행동지원

01 학교 차원의 긍정적 행동지원의 이해

1. 학교 차원의 긍정적 행동지원의 개념

① 학교 차원의 긍정적 행동지원(SW-PBS)이란 모든 학생들의 사회적·학업적 성취 달성을 위해 필요한 행동을 지원하고 긍정적 사회문화를 정착시키기 위한 체계적 접근 방식을 의미한다.

② 긍정적 행동지원의 적용을 개인에서 학교 단위로 확장한 것이라고 볼 수 있다.

2. 학교 차원의 긍정적 행동지원의 핵심 요소

Tip

학교 차원의 긍정적 행동지원의 핵심 요소는 '학교 차원의 긍정적 행동지원의 4가지 구성 요소'(2014 중등B-논2 기출)라고 표현되기도 한다.

① 긍정적 행동지원을 학교 차원으로 확장하자고 주장한 Sugai 등은 학교를 하나의 조직으로 보고 이에 대해 체계적으로 접근하기 위해서는 시스템, 자료, 실제, 성과라는 네 가지 핵심 요소들을 통합해야 한다고 했다.

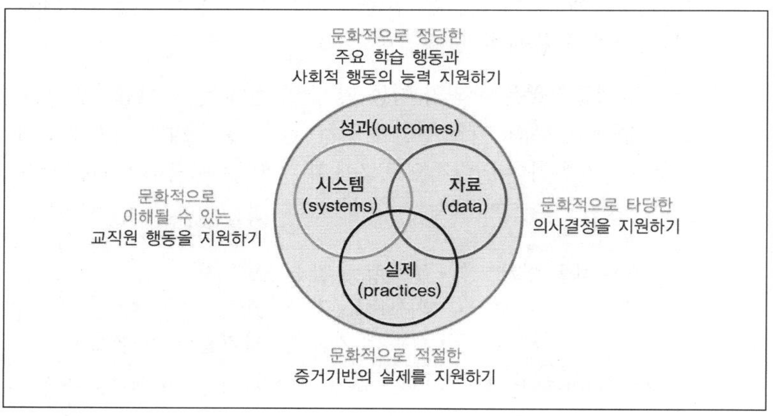

요소	설명
시스템	• 시스템이란 긍정적 행동지원의 실제를 정확하게 지속적으로 적용하기 위해 스텝들에게 필요한 교수적 또는 제도적 지원을 할 수 있는 조직기반을 의미한다. • 시스템 내에는 정책, 지원 배치 유형, 예산, 팀 조직, 행정가의 지도력, 경영 과정, 직원 훈련, 학교 내 성인들의 행동에 영향을 주는 행동 계획이 포함된다.
자료	• 자료란 증거 기반의 실제들을 적용하면서 상태를 확인하고, 변화가 필요한지 진단하고, 중재의 효과를 결정하기 위해 수집되어야 할 정보를 의미한다. • 학교 내에서 학생들의 학업 성취, 사회적 능력, 안전에 관한 자료들이 수집되어야 한다.
실제	• 실제란 학교가 지향하는 성과를 이루기 위한 증거 기반의 중재와 전략을 의미한다. – 실제란 교사가 학생의 행동을 형성하고 행동에 영향을 주기 위해 사용해야 하는 것으로, 학급 관리와 행동 관리를 위한 다양한 노력을 의미한다. – 연구 결과로 입증된 실제에는 학생의 능력을 형성하고 유지시키기 위해 매일 사용되는 교육과정, 학급 관리, 교수적 절차, 보상, 후속결과 등이 포함된다. **증거 기반 실제(과학적으로 검증된 교수법)**: 우수한 여러 연구에서 효과가 있는 것으로 입증된 교육방법(또는 과학적인 방법을 통하여 일정 기준을 만족시킴으로써 그 성과가 입증된 교수방법)
성과	• 성과란 학생과 가정과 교육자가 모두 인정하고 강조하는 학생의 사회적 능력 향상과 학업성취를 의미한다. – 학교 차원의 긍정적 행동지원 체계의 근본적인 목적은 성과를 성취하는 데 필요한 행동지원을 제공하는 것이다.

출처 ▶ 양명희(2018), Bambara et al.(2017), 내용 요약정리

② 핵심 요소들 간의 관계는 다음과 같이 요약할 수 있다.

- 학교 차원의 긍정적 행동지원의 실행을 위한 핵심은 학생의 사회적 능력 향상과 학업성취를 위한 성과를 이루기 위해서는 학생들의 행동을 지원하는 증거 기반의 실제와 그 실제의 적용에 대한 의사결정을 지원하는 근거 자료와 그 실제가 효율적으로 적용되도록 학교의 교직원을 지원하는 시스템을 갖추어야 한다.

③ 학교 차원의 긍정적 행동지원이 바르게 실행되려면 학교는 문제행동 예방을 위한 연속적 행동지원 체계를 갖추어야 한다.

과학적으로 검증된 교수법(증거 기반 실제)

- 우수한 여러 연구에서 효과가 있는 것으로 입증된 교육 방법(2017 유아A-8 기출)
- 명백하게 설명되고 실증적으로 뒷받침되는 이론 혹은 근거에서 도출된 신뢰롭고 타당한 방법들을 사용했던 믿을 수 있는 자료 출처들에서 얻어진 현재의 최선의 증거에 기반한 실제로 정의된다(AAIDD, 2021).
- 과학적인 방법을 통하여 일정 기준을 만족시킴으로써 그 성과가 입증된 교수방법을 의미한다(이소현 외, 2011).
- 증거 기반의 교육은 "교수(instruction)를 어떻게 전달할 것인가에 대해 결정을 할 때 최선으로 유용 가능한 실증적 증거와 전문가의 지혜를 통합한 것"이다(미국 교육부, 2002; Gargiulo et al., 2021).
- 데이터를 과학적·체계적으로 수집하여 효과가 충분히 검증된 실천적 방법으로, 중재반응(RTI) 준거의 각 단계에 적용할 수 있는 연구 기반 교수법이다. 증거 기반 실제의 목적은 과학적 연구로 효과성이 검증된 교수와 프로그램으로 학생의 학업 성취도를 향상하는 데 있다(특수교육학 용어사전, 2018).

동 과학적 기반의 실제, 증거 기반의 실제, 연구 기반의 실제

연속적 행동지원 체계

㊐ 긍정적 행동지원 3단계 예방모델, 긍정적 행동지원의 다단계 모형, 학교 차원의 긍정적 행동지원의 연속체

02 연속적 행동지원 체계

1. 연속적 행동지원 체계의 개념 17초특

① 연속적 행동지원 체계란 전체를 위한 보편적 중재가 시행되는 틀 안에서 소집단을 위한 집중적 중재나 개인을 위한 개별적 중재를 포함한 모든 강도의 행동지원이 연결되어 있는 것으로, 각 중재에 대한 학생의 반응에 따라 적절한 지원을 받을 수 있도록 하는 체계를 의미한다.

② 행동지원을 '학교/학급 차원의 보편적 지원체계 – 소집단 지원체계 – 개별화된 지원체계'의 3단계 수준으로 구성한다.

㉠ 먼저 모든 학생을 대상으로 문제행동을 예방하기 위한 중재를 제공한다.

㉡ 다음으로 위험 가능성이 있는 학생들을 대상으로 소집단을 구성하여 그들의 목표행동에 초점을 맞춘 중재를 적용한다.

㉢ 마지막으로 앞 단계에서의 예방 노력에도 불구하고 만성적이고 심각한 문제를 지닌 소수의 학생들을 대상으로 지속적으로 집중적 중재를 개별적이며 체계적인 방법으로 적용한다.

③ 각 단계가 진행될수록 중재의 강도는 강해지고 지원의 범위는 좁아진다.

자료

연속적 행동지원 체계

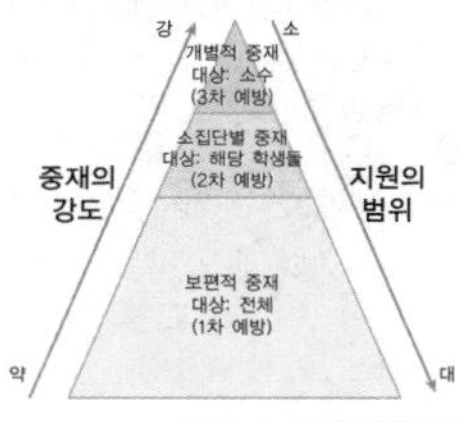

출처 ▶ 양명희(2018)

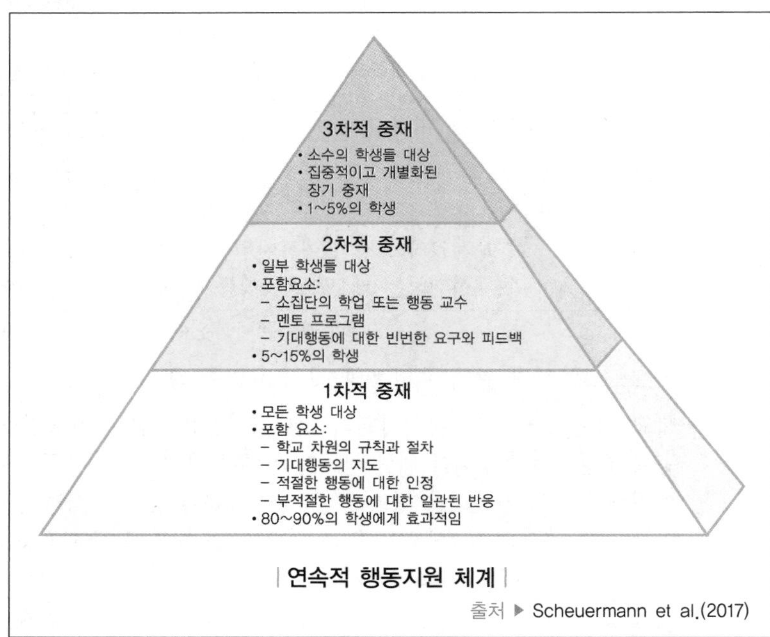

| 연속적 행동지원 체계 |

출처 ▶ Scheuermann et al.(2017)

2. 예방적 접근

(1) 1차 예방(보편적 중재) 13유특, 16초특, 19초특, 20유특

① 1차 예방의 핵심은 새로운 문제행동이 발생하거나 증가하지 않도록 학교 구성원 모두가 적절한 행동을 기대하고 지지하며, 학생들의 친사회적 행동과 학업성취를 최대화하는 학교 문화를 조성하는 데 있다.

② 학교의 모든 환경에서 모든 시간대에 전체 교직원에 의해 모든 학생을 대상으로 친사회적 행동을 습득하고 사용할 수 있도록 공동의 가치나 기대행동을 가르치고 강화하는 보편적 중재를 사용한다.

③ 1차 예방에서 문제행동을 감소/제거하며 바람직한 행동을 증가시켜 긍정적인 학교 분위기를 만들기 위해 사용하는 전략은 모든 학생에게 적용된다는 점에서 보편적 중재라고 하고, 새로운 문제행동이 발생하거나 커지지 않도록 하는 분위기 조성에 주력한다는 점에서 예방적 접근이라고 할 수 있다.

④ 1차 예방의 핵심 개념은 학생들이 어떻게 행동해야 할지를 알고 있다고 가정하지 말고 기대행동을 직접 가르쳐야 한다는 것이다.

⑤ 1차 예방 단계에서의 구체적인 활동 내용은 다음과 같다.

긍정적 행동지원팀 구성 및 목표 공유	• 학기 초 혹은 학기가 시작되기 전에 교사들은 행동지원을 위한 팀을 구성 • 팀 구성원들은 행동지원에 대한 연수와 교육을 받고, 회의를 통해서 긍정적 행동 지도에 대한 목표를 공유
학생에 대한 기대행동 수립	• 행동지원팀은 학생에 대한 기대행동을 수립 • 기대행동은 대부분 모든 학생에게 해당되는 규칙, 장소, 시간에 관계없이 지켜야 하는 행동들을 의미
기대행동 교수, 감독 및 강화	• 교사는 학생들에게 기대행동을 교수하여 학생들이 행동을 준수하도록 지도 • 교사는 체계적이고 명시적인 교수법을 사용하고 학생들이 실제상황에서 연습해 볼 수 있는 기회를 제공 • 학생들이 적절한 행동을 보였을 때 강화를 제공해 주는 것이 중요
지속적인 관찰을 통한 평가	• 학생들이 목표한 대로 기대행동을 보이는지에 대해 지속적으로 관찰 • 학교 차원의 행동지원에서는 다양한 행동 척도, 혹은 사회성 척도를 이용하여 학생들의 행동을 측정

출처 ▶ 김주혜(2014). 내용 요약정리

자료

SW-PBS 내 1차 예방의 실제와 체계

실제	체계
• 기대하는 바를 정의하기 • 기대하는 바를 가르치기 • 기대하는 행동을 감독하고 격려하기 • 문제행동을 예방하고 막기 • 의사결정을 위한 자료를 수집하고 사용하기	• 팀 중심의 실행 • 행정적 리더십 • 문서화된 책무성 • 적절한 인력과 시간 • 재정적 지원 • 정보 체계

출처 ▶ Bambara et al.(2017)

비교

2차 예방의 목표

다음과 같이 표현되기도 한다: 1차 예방에 적절히 반응하지 않거나 고위험 문제행동으로 발전할 가능성이 있는 문제행동에 대해 소집단 중재를 자주 제공하여 그 출현율을 감소시키고자 한다.

(2) 2차 예방(소집단 중재)

① 주된 목표는 1차 예방에서 보편적 중재가 주어졌음에도 불구하고 여전히 학교 내에 존재하는 문제행동의 빈도나 강도를 줄이는 것이다.

② 대상은 만성적 또는 심각한 문제행동이나 학업실패를 보일 위험이 있다고 판단되거나 보편적 중재에도 불구하고 학업기술의 부족이나 부적절한 행동을 자주 지속적으로 보이는 학생들이다.

③ 1차 예방의 보편적 중재보다는 더 많은 행동지원을 실시하게 되기는 하지만, 고도로 개별화된 집중적 중재를 적용하는 것은 아니다. 다만 문제가 되는 학생들에게 교사의 관심과 점검을 더 많이 제공하고, 대상학생들의 필요에 맞는 사회적 또는 학업적 기술 향상을 위한 지도가 소집단 단위로 자주 실시되는 것을 의미한다.

④ 2차 예방 단계에서의 구체적인 활동 내용은 다음과 같다.

집중 교수	• 소그룹을 대상으로 보다 강도 높은 교수 제공 • 보충 수업과 더 많은 교수 자원 지원
팀 접근	• 학교심리학자, 상담가, 특수교사, 치료사 등의 전문가로 이루어진 행동지원팀 • 팀 구성원들의 정기적 의사소통과 공동 목표 설정 • 전문가들의 학생과 부모에 대한 많은 상호작용
평가	• 학생의 행동을 자주 점검하고 파일로 보관하여 기록 • 적응행동 혹은 부적응행동을 측정하거나 학습 지속시간을 측정하는 등 다양한 형태로 이루어질 수 있음 • 형식적인 평가를 실시하여 학생의 문제행동을 체계적으로 진단하고 개별단위 행동지원을 필요로 하는 학생을 선정

출처 ▶ 김주혜(2014). 내용 요약정리

(3) 3차 예방(개별적 중재)

① 주된 목표는 1차와 2차 예방의 노력에도 불구하고 여전히 존재하는 문제행동의 강도나 복잡성을 경감하려는 것에 있다.

② 높은 강도로 만성적인 문제행동을 보이는 소수의 학생들을 대상으로 구체적이고 개별화된 지원을 집중적으로 실행한다.

③ 개별 중재를 실시할 때 중요한 것은 학생이 중재를 통해서 배운 새로운 기술로는 자신의 욕구가 충족되는 반면, 기존의 문제행동으로는 자신의 욕구가 충족되지 않는 환경을 경험해야 한다는 것이다.

④ 3차 예방 단계에서의 구체적인 활동 내용은 다음과 같다.

개별화 교수	• 각 학생의 요구에 따른 개별화 교육계획 • 특수학급에서 개별화 지도 • 문제행동뿐만 아니라 사회성 기술 및 자기관리 기술도 포함
행동의 기능평가	• 개별단위 행동지원은 행동의 기능평가에 기반하여 행동 지원 전략을 개발하고 제공
전문가 집단과의 협력	• 소그룹단위 행동지원에 비해 전문가의 비중이 높아짐 • 전문상담교사, 장애진단·평가를 위한 검사자와 의사 등과의 효과적이고 능률적인 협력이 강조됨
구체적 측정	• 일반적인 평가 방법 외에도 행동지도와 측정을 함께하는 전략을 사용 • 비디오 녹화를 사용한 평가, 행동빈도 기록법, 시험지/과제 분석법 등

출처 ▶ 김주혜(2014). 내용 요약정리

연속적 행동지원 체계의 내용 비교

단계	목표	중재			
		대상 범위	강도	성격	적용 방법
1차 예방	새로운 문제행동 발생 예방	학교 전체 학생	하	보편적	범단체적
2차 예방	기존 문제행동 빈도 감소시키기 (출현율 감소)	고위험 학생과 위험 가능 학생	중	목표 내용 중심적	소집단적
3차 예방	기존 문제행동 강도와 복잡성 경감시키기	고위험 학생	강	집중적	개별적

출처 ▶ 양명희(2018)

03 행동의 기능평가와 표적행동

행동의 기능평가
동 기능평가, 기능행동평가, 기능적 행동평가, FBA

01 행동의 기능평가의 이해

1. 행동의 기능평가의 개념 10중특

① 행동의 기능평가란 문제행동과 기능적 관계가 있는 선행사건이나 후속결과에 관한 정보를 수집하는 것을 의미한다.

② 특정 행동을 신뢰할 수 있게 예언하고, 그 행동을 지속시키는 환경 내의 사건을 정의하기 위해 이루어지는 일련의 활동 과정이다.

2. 행동의 기능평가의 목적

문제행동에 대한 기능평가의 목적은 문제행동을 유발 또는 유지하는 환경적 원인을 찾아 그에 대한 가장 효과적인 중재를 적용하는 데 있다.

3. 행동의 기능평가의 이점

① 문제행동을 유지하게 하는 사건에 대한 가정적 진술(즉, 가설)을 만들 수 있다: 문제행동과 문제행동을 예측하게 하는 사건, 즉 문제행동을 유지하게 하는 사건에 대한 가정적 진술을 만들 수 있다.

② 행동의 기능평가를 통해 만들어진 가정적 진술을 지지하는 관찰 자료를 얻을 수 있다: 기능평가 과정에서 수집한 관찰 결과들을 모아서 가설을 개발하기 때문에 가설을 지지하고 입증하는 관찰 자료 수집이 가능하다.

③ 행동의 기능평가의 자료를 기반으로 행동지원을 계획할 수 있다: 행동의 기능평가 자료를 통해 알게 된 문제행동의 의사소통 기능과 학생의 전반적인 삶의 질과 관련된 정보를 가지고 구체적으로 어떻게 학생의 환경을 변화시키고 필요한 대체기술을 가르칠지에 대한 행동지원 계획을 세우게 된다.

02 행동의 기능평가 방법

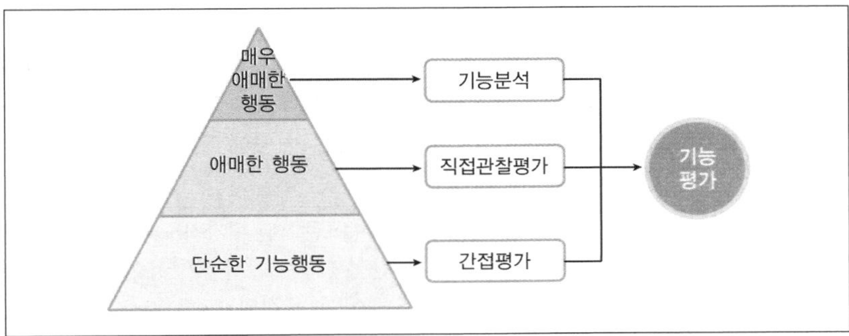

1. 간접평가

(1) 개념

학생을 실제 관찰하는 것이 아닌 생활기록부 검토 등과 같은 다른 방법으로 학생에 대한 정보를 수집하는 방법이다.

(2) 종류 10중특, 13유특(추시), 16초특, 22초특, 25유특

① 생활기록부 검토

② 개별화 교육계획 회의 자료 검토

③ 면담, 평가척도 혹은 체크리스트 검사

<table>
<tr><td rowspan="4">면담</td><td colspan="2">• 문제행동을 하는 학생 본인이나 학생을 가장 잘 알고 있는 사람들에게 여러 가지 적절한 질문을 하는 비형식적 방법
• 학생과 문제행동에 대한 최대한의 정보를 알아내는 것이 목적이므로 개괄적 정보와 구체적 정보를 모두 얻도록 구성할 수도 있음
주의사항: 학생의 일주일간의 학교생활을 중심으로 해서 일과에 대한 정보를 수집해야 함(학생이 선호하는 것이 무엇인지 알 수 있게 해줄 뿐만 아니라, 문제행동이 발생하지 않는 상황에 대한 특성을 분석하여 그 내용을 행동지원 계획에 적용할 수 있도록 도와주기 때문)
• 종류</td></tr>
<tr><td>구조화 면담</td><td>미리 준비된 질문목록 순서에 따라 정확하게 질문을 해나가는 면담 방법</td></tr>
<tr><td>반구조화 면담</td><td>미리 준비된 질문목록을 사용하되 응답 내용에 따라 필요한 추가 질문을 하거나 질문 순서를 바꾸기도 하면서 질문을 해나가는 면담 방법</td></tr>
<tr><td>비구조화 면담</td><td>특정한 지침 없이 면접자가 많은 재량을 가지고 융통성 있게 질문을 해나가는 면담 방법</td></tr>
</table>

비교

행동의 기능평가 방법

행동의 기능평가 방법에 해당하는 간접평가, 직접 관찰 평가, 기능분석은 간접평가, 기술적 평가, 기능(실험)분석으로 번역(Cooper et al., 2017)되기도 한다.

자료

정보 수집 방법

개괄적 정보와 구체적 정보를 수집하는 데 사용되는 주요한 두 가지 방법이 있다. 간접적 방법은 이미 존재하는 기록이나 많은 정보를 가지고 있는 사람들의 말에 의존하는 방법이다. 이 접근법은 목표행동이 실제 발생한 시간이 아닌 다른 시간에 정보를 수집하기 때문에 '간접적'이라고 부른다. 반면에 직접적 방법은 문제행동이 발생한 바로 그 시간에 정보를 수집하는 데 사용된다. 이 접근에서는 문제행동을 직접 관찰하는 사람이 문제행동 발생 직후에 정보를 기록하게 된다(Bambara et al., 2017).

자료

면담

'Part 03. 특수교육평가'의 'Chapter 02. 사정방법'에서 구체적으로 다루어진다.

척도
사물이나 사람의 특성을 수량화하기 위해 체계적인 단위를 가지고 그 특성에 숫자를 부여한 것이다(특수교육학 용어사전, 2018). 보다 자세한 내용은 'Chapter 03. 특수교육평가' 참조

<table>
<tr><td rowspan="3">평가척도 혹은 체크리스트</td><td colspan="2">• 행동이 얼마나 자주 일어나는지 또는 얼마나 심각한지를 척도에 따라 또는 주어진 내용 목록에 동의하는 정도에 따라 평가자의 기억에 의존하여 작성하는 것
• 문제행동의 기능을 평가하기 위한 도구: 동기평가척도(MAS), 동기분석측정도구(MARS), 문제행동설문(PBQ), 기능분석스크리닝척도(FAST), 행동기능에 관한 설문 등
• 장단점</td></tr>
<tr><td>장점</td><td>면담에 비하여 표준화된 평가척도나 체크리스트를 사용하는 간접평가는 실시하기 용이하고 시간이 적게 소요되어 효율적임</td></tr>
<tr><td>단점</td><td>문제행동을 유발하는 구체적인 선행사건을 파악하지 못하는 경우가 있음</td></tr>
</table>

(3) 장단점 13유특(추시)

① 장점

㉠ 개인이나 행동에 관한 전체적인(또는 개괄적인) 정보를 제공한다.
㉡ 자세한 진단이 필요한 것인지 신속히 알려 준다.
㉢ 다양한 시간대와 환경에 대한 정보를 수집할 수 있다.
㉣ 학생 본인의 관점을 알려 준다.

② 단점

㉠ 평가자의 정보 수준에 의존할 수밖에 없다. 즉, 정보 제공자가 학생을 아는 정도에 따라 정보의 수준이 달라질 수 있다.
㉡ 피면담자나 질문지 또는 평가척도 작성자의 기억에 기초하기 때문에 그 결과가 객관적이거나 정확하지 않을 수 있다.
㉢ 구체적 정보를 구하기 어려울 수 있다.
㉣ 상업적으로 제작된 평가척도 혹은 체크리스트의 경우 모든 학생에게 적용 가능한 것은 아니다.

2. 직접 관찰 평가

(1) 개념

① 자연스러운 상황에서 학생의 문제행동을 직접 관찰하고 기록하는 방법을 의미한다.

② 직접 관찰 평가는 주관적 해석이나 순위 매기기나 행동에 대한 질적 지표가 아니라 학생 개인의 실제 수행에 대한 객관적 자료를 제공한다.

(2) 종류

① 일화기록 24유특

㉠ 학생의 행동을 직접 관찰한 내용을 이야기식으로 기록한 것이다.

㉡ 일정한 형식이 없는 비공식적인 방법이다.

㉢ 일화기록에서의 구체적인 관찰 지침은 다음과 같다. 12유특, 17유특

- 사건이나 행동이 발생한 후 즉시 기록한다.
  - 일화기록은 어떤 일화나 사건이 발생한 후 될 수 있는 대로 즉시 기록해야 한다. 관찰자는 항상 필기도구와 메모지를 준비하여 주머니 속이나 교실 내의 선반 또는 적당한 위치에 놓아두었다가 관찰자가 관심을 갖고 있던 학생의 행동이 발생하면 즉시 내용을 기록하여야 한다.
- 관찰대상의 말과 행동을 구별해서 기록한다: 관찰대상이 한 말과 행동을 구별하여 구체적으로, 간단명료하게 기록한다.
- 관찰대상이 사용한 말을 인용부호(" ")를 사용해서 그대로 인용한다: 대화의 정확한 의미를 파악하기 위해 관찰대상이 한 말과 행동을 그대로 기록하는 것이 중요하다.
- 관찰대상의 말과 행동뿐만 아니라 다른 사람의 반응도 기록한다: 관찰대상이 처한 상황에 포함된 또래들의 응답이나 반응 역시 행동과 말로 구분하여 있는 그대로 기술한다.
- 일화기록지에 관찰 학생의 이름, 생년월일, 관찰 날짜, 관찰 시간, 관찰 장소, 관찰 장면, 관찰자 등은 반드시 기록한다: 관찰 장면이나 장소, 시간, 날짜 등을 기록해 둠으로써 그때의 상황이나 사건의 배경 등을 잘 알 수 있는 지침이 되기 때문이다.
- 일관성 있게 기록한다: 관찰대상의 행동에 대해 기록할 때 동일한 용어로 일관성 있게 기록해야 한다. 그리고 발생 순서대로 기록한다.
- 객관적이고 사실적으로 기록한다: 관찰자의 주관적인 편견이 들어가지 않도록 관찰대상의 행동에 대해 객관적이고 사실적으로 기록한다. 관찰자의 주관적인 편견이 개입되면 관찰결과는 학생의 일화기록이 아닌 연구자 또는 상담자의 감상문으로 변질될 가능성이 있으므로 주의해야 한다.
- 관찰자의 해석이나 평가는 명확하게 구분하여 기록한다: 일화기록은 사건이나 행동에 대한 사실적 기록에 의의가 있으므로, 실제 발생한 내용의 기록과 관찰자의 의견이나 해석을 구별하여 기록해 혼동을 주지 않도록 한다. 사건과 해석이 혼합되어 있으면 관찰내용에 대한 객관성을 잃을 뿐만 아니라 해석이나 진단이 곤란하고 사람에 따라 다르게 해석할 가능성이 있기 때문이다.

일화기록
동 일화 관찰기록

비교

일화기록법의 시제

2012 유아1-30 기출	현재형으로 작성된 예시
2017 유아B-1 기출	현재형으로 작성된 예시
이승희 (2021)	일화기록법은 사건이 발생한 후에 기록하게 되므로 과거형으로 서술되는데, 사건이 발생한 후 가능한 한 빠른 시간 내에 기록하는 것이 바람직하다.
송현종 외 (2021)	일화기록은 일상에서 발생하는 일들에 대하여 기록하기 때문에 일반적으로 과거형으로 서술한다.
전남련 외 (2014)	• 시제 언급 없음. • 현재형으로 작성된 예시 제시
성미영 외 (2018)	• 시제 언급 없음. • 현재형으로 작성된 예시, 현재형과 과거형이 같이 사용된 예시 제시

일화기록의 옳은 예와 나쁜 예

옳은 예	나쁜 예
밀가루 점토를 주먹만큼 떼어 친구에게 주었다.	채은이는 밀가루놀이를 좋아한다.
하품을 한다.	채은이는 너무 수줍어한다.
채은이는 지윤이 어깨에 손을 올렸다.	채은이는 놀란 것처럼 보였다.
"친구에게 미안하다고 사과했어요."	채은이는 항상 친구들을 괴롭힌다.
"선생님, 기분이 좋아요."	채은이는 행복한 얼굴이다.
"선생님, 배가 아파요."	채은이는 배가 아프다고 말했다.

출처 ▶ 성미영 외(2018)

㉣ 일화기록법을 사용할 때 주의해야 할 점은 다음과 같다.

- 어떤 행동 또는 사건이 언제, 어떤 상황에서 발생되었는지를 사실적으로 진술한다. 따라서 일화가 발생한 후 될 수 있는 한 바로 기록해 두는 것이 좋다.
- 객관적 사실과 이에 관한 관찰자의 해석이나 처리방안을 명확히 구분하여 기록한다. 구체적인 특수한 사건을 기록하고, 일반적이거나 평가적인 서술은 피하는 것이 좋다.
- 여러 시기에 일어난 서로 다른 일화들은 총괄적으로 기록하지 말고, 각각의 일화를 독립적으로 기록하고, 일화는 그것이 일어난 순서대로 기록한다.

㉤ 일화기록 방법의 작성 예시를 살펴보면 다음과 같다.

아동이름: 홍길동	**생년월일:** 2010. 2. 1.
관찰시간: 2015. 3. 2. 11:00~11:15	**관찰장소:** ○○유치원 사슴반(6세반)

〈상황〉

자유놀이 시간이 끝날 무렵 가지고 놀던 장난감을 정리하고 이야기 시간을 준비하라는 선생님의 지시가 주어졌다. 교실에는 15명의 유아들이 있다.

〈관찰 내용〉

선생님의 장난감을 정리하라는 지시와 함께 장난감을 정리하는 시간임을 알리는 피아노 연주 소리가 들리자 다른 아이들은 가지고 놀던 장난감을 정리하고 자기 자리를 찾아 앉고 있다. 그러나 길동이는 정리 시간이 끝났는데도 장난감 놀이를 계속하고 있자 선생님이 제자리에 가서 앉을 것을 요구했다. 길동이는 아무 반응 없이 장난감 놀이를 계속하고 있다. 선생님이 길동이가 가지고 놀던 장난감을 정리하자 길동이는 두 다리를 뻗고 소리를 지르며 울었다. 선생님이 제자리로 가서 앉으라고 지시하자 길동이는 두 발로 바닥을 크게 두드리며 더 큰 소리로 울었다. 그러자 선생님은 길동이를 두 팔로 들어 제자리로 옮기려고 했다. - (하략) -

ㅂ 장점 20유특, 22초특

- 학생들의 언어나 행동을 집중적으로 관찰함으로써 좀 더 명확하게 그때의 상황을 기록으로 남길 수 있다.
- 사전 준비나 별도의 계획 없이도 진행될 수 있기 때문에 다른 관찰 기록방법에 비해 실시하기가 간편하다.
- 아주 간결한 형태로 기록하므로 표본기록에 비해 시간을 많이 필요로 하지 않는다.
  - 일화기록 양식지는 특별한 형식이 없으므로 교사가 기록하기 좋은 형식을 만들어 사용하면 된다.
- 여러 번에 걸쳐 관찰된 일화기록은 다른 관찰 기록들과 비교될 수 있으며 교사가 학생의 독특한 발달 패턴, 행동 변화, 흥미, 학생의 능력, 필요로 하는 것 등을 정확하게 이해할 수 있다.

ㅅ 단점

- 정확하고 객관적인 관찰 기록이 아닐 경우 오히려 학생에 대한 잘못된 인상을 심어줄 우려가 있다.
- 시간이 지난 후에 기록하게 되는 경우에 관찰자의 편견이 들어가거나 그때의 상황을 잊어버리는 경우가 생길 수 있다.
- 표본기록보다는 덜 하지만 일화기록은 기록하는 데 시간이 많이 소요되기 때문에 관찰자가 부담을 가질 수 있다.
- 학생들의 행동 중 일부만(한 가지 사건) 기록하기 때문에 해석할 때 오류를 범할 가능성이 있다. 바람직하지 못한 행동이나 관찰자의 눈에 띄는 행동일 경우에 그같은 행동이 관찰대상 학생의 모든 것을 대표하는 것처럼 판단될 가능성이 있다.
- 표본기록에 비해 상황 묘사가 적다.

자료

표본기록

'[KORSET 합격 굳히기] 표본기록' 참조

표본기록

표본기록은 미리 정해 놓은 시간, 인물, 상황 등에 따라 관찰된 행동이나 사건내용을 기록하고, 그것이 일어나게 된 환경적 배경을 상세하게 이야기하는 식으로 서술하는 방법이다. 현장에서 일어나는 행동의 진행상황을 이야기식으로 기록하기 때문에 진행기록 또는 설화적 기술이라고도 한다. 표본기록은 수집된 정보를 서로 비교할 수 있고, 진행상황을 도표화하거나 변화양상을 검토하고 평가할 수 있어 어떤 계획을 수립하고 문제를 해결하기 위한 정보를 수집하는 방법으로 가치가 있다(성태제 외, 2009).

KORSET 합격 굳히기 표본기록

1. 정의

① 미리 정한 어떤 기준에 따라 관련된 행동이나 사건내용을 기록하고, 그것이 일어나게 된 환경적 배경을 상세하게 이야기식으로 서술하는 것이다.

② 서술 형식의 기록이라는 점에서 일화기록과 비슷하지만, 행동의 일화를 더욱 자세하고 완전하게 기록한다는 점에서는 일화기록과 차이가 있다. 표본기록은 관찰대상 학생, 관찰 장소, 관찰 시간 등을 미리 선정한 후 그 상황에서 일어나는 학생들의 행동과 주변 상황을 상세하게 서술하는 방식이다.

> 표본기록은 세 가지 점에서 일화기록과 차이가 있다. 20유특
> - 첫째, 일화기록과는 달리 표본기록은 사전에 관찰 시간과 관찰 장소를 선정한다.
> - 둘째, 관찰자가 관찰대상의 의미 있는 행동을 선택하여 기록하는 일화기록과는 달리 표본기록은 정해진 시간 내에 발생하는 관찰대상의 모든 행동과 주변 상황을 상세하게 서술한다.
> - 셋째, 사건이 발생한 후에 기록되는 일화기록과는 달리 표본기록은 사건들이 진행되는 동안 기록되므로 현재형으로 서술된다. 이때 사건의 발생 순서대로 기록하되 사건이 바뀔 때마다 시간을 기록하게 되는데, 관찰 시간은 보통 10분 내외가 적당하며 30분을 초과하지 않도록 한다.
>   - 일화기록과 마찬가지로 객관적인 사실만 기록하고 관찰자의 해석이나 주관적인 판단을 기록해서는 안 되며, 꼭 필요한 경우에는 관찰지의 오른쪽 한 면을 이용하여 보충설명이나 관찰자의 해석을 별도로 기록함으로써 객관적인 자료와 구분하도록 한다.

③ 정해진 시간 내에 발생하는 관찰대상 학생의 모든 행동을 충실히 기록하기 때문에 관찰자가 관찰대상 학생의 특별한 행동이나 의미 있게 보이는 여러 가지 행동을 선택하여 기록하는 일화기록과는 차이가 있다.

④ 행동의 일화를 가장 자세하고 완전하게 기술하는 방법이다. 그러므로 관찰대상 학생의 행동이 일어난 상황을 지켜보지 않은 사람도 표본기록만을 보고도 그 당시의 상황을 그대로 재현할 수 있다. 또한 표본기록은 어떤 계획을 수정하고 문제를 해결하기 위한 정보를 수집하는 방법으로서도 유용한 가치가 있다.

2. 특징과 목적

① 표본기록은 서술적 관찰 방법 중에서도 행동의 일화를 가장 자세하고 완전하게 표현하는 방법이다. 관찰자는 관찰대상 학생의 관찰 장면, 관찰 시간을 미리 선정한 후 그 장면에서 일어나는 학생들의 행동과 상황을 있는 그대로 집중적으로 기록한다.

② 표본기록은 학생들의 행동이나 어떤 사건이 일어난 상황을 보지 않은 사람도 그 기록만을 보고도 그 당시의 상황을 그대로 재현할 수 있을 정도로 자세하게 쓴다는 것이 특징이다. 어느 정도로 자세하게 기록해야 한다는 정해진 규칙은 없지만 가능한 한 내용을 자세하게 기록해야 평가 시에 많은 도움이 된다.

③ 표본기록의 목적은 관찰대상 학생들의 행동이나 상황을 있는 그대로 기록한 원자료를 가능한 한 많이 수집하려는 것이다.

④ 표본기록의 또 다른 목적은 학생들의 행동과 언어를 자세하고 객관적으로 기록함으로써 관찰대상 학생의 발달을 여러 측면에서 볼 수 있도록 하는 것이다.

출처 ▶ 전남련 외(2014)

3. 표본기록 관찰지 양식의 예

관찰대상: 성명(　　)	성별:(　)	생년월일:(　　)	현재연령:(　　)
관찰일자:			
관찰시간:			
관찰장소:			
관찰장면:			
관 찰 자:			

〈시 간〉	〈기 록〉	〈주 석〉
〈요 약〉		

출처 ▶ 이승희(2021)

② **행동분포 관찰** 09유특, 13유특(추시), 15초특, 18초특, 19초특, 25유특

행동분포 관찰
동 산점도, 산포도

㉠ 문제행동이 자주 발생하는 시간과 자주 발생하지 않는 시간대를 시각적으로 쉽게 알아볼 수 있도록 표로 작성된 것이다.

㉡ 한 학급과 같이 여러 명이 함께 있을 때 그 학급에서 문제행동이 주로 발생하는 시간대를 알고자 하거나, 한 학생의 일과 중에서 문제행동이 가장 빈번히 발생하는 시간을 찾고자 할 때 사용 가능하다.

- 보다 자세한 진단을 실시해야 할 시간대를 파악하고자 할 때 사용한다.

㉢ 검목표(체크리스트)와 마찬가지로 문제행동이 발생할 때 주변에 있었던 사람, 특정 활동, 구체적 교수형태나 후속결과 등에 대한 자세한 정보를 제공하지는 않는다.

㉣ 관찰기록 결과를 분석한 다음에는 학생 개인의 실제 수행에 대한 객관적 정보(예 선행사건, 문제행동, 후속결과 등)를 얻기 위해 다른 방식의 직접 관찰을 할 필요가 있다.

- 행동분포 관찰을 실시하면 면담 정보를 보충할 수 있고 보다 효율적이고 효과적인 직접 관찰을 유도할 수 있다. 따라서 행동분포 관찰은 간접적인 기능적 행동사정 방법을 수행한 다음에 사용하는 것이 유익하며, A-B-C 관찰이나 학생이나 또래에 대한 직접 관찰을 실시하기 전에 하는 것이 바람직하다.

ⓜ 행동분포 관찰 작성 예는 다음과 같다.

대상: 홍길동 **문제행동:** 수업 방해 행동

╱ 1회 ☒ 2회 ■ 3회 이상

시간 \ 날짜	5/6 수	5/7 목	5/8 금	5/11 월	5/12 화	5/13 수	5/14 목	5/15 금
8:30~9:00 수업준비			╱					
9:00~9:40 1교시	☒				╱			
9:50~10:30 2교시		╱		╱			╱	■
10:40~11:20 3교시	■		■			■		
11:30~12:10 4교시	■	╱	☒		☒	■		■
12:10~13:00 점심시간								
13:00~13:40 5교시		☒		╱			╱	

A-B-C 관찰기록
ⓢ ABC 서술 기록, ABC 서술식 사건표집법

③ A-B-C 관찰기록 11유특, 16초특, 17중특

㉠ 자연스러운 상황에서 문제행동의 선행사건, 문제행동, 후속결과를 시간의 흐름에 따라 직접 관찰하며 기록하는 방법을 말한다.

㉡ 하루 일과를 모두 기록하는 것이 아니라 문제행동이 발생할 때 문제행동을 중심으로 전후사건을 기록한다.

㉢ 다음과 같은 장점을 갖는다. 19유특

- 문제행동의 발생원인, 유지 요인을 찾는 데 도움이 된다.
- 어떤 문제행동이 함께 일어났는지, 언제, 어디서, 누구와 있을 때 가장 많이 발생하는지, 어떤 결과를 얻게 되는지에 대한 정보도 알 수 있다.

㉣ A-B-C 관찰기록 방법을 적용한 구체적인 예시는 다음과 같다.

A-B-C 관찰지

아동: 홍길동 날짜: 2021. 3. 2. 시간: 11:00~11:15
관찰자: 이순신 관찰장소: ○○유치원 사슴반(6세반)

상황: 자유놀이 시간이 끝나고 가지고 놀던 장난감을 정리하고 이야기 시간을 준비하라는 선생님의 지시가 주어졌다. 교실에는 15명의 유아들이 있다.

시간	선행사건(antecedents)	행동(behaviors)	후속결과(consequences)
11:00	교사(T)가 장난감을 정리하라고 지시함	H는 장난감을 가지고 놂	
	T, 장난감 정리 시간을 알리는 피아노를 연주함	H는 장난감을 가지고 놂	
	T의 연주가 끝나자 다른 아이들은 제자리로 돌아감	H는 장난감을 가지고 놂	T, 자리에 앉을 것을 요구
	✓	H는 장난감을 가지고 놂	T, H의 장난감을 치움
11:04	✓	H는 두 다리를 뻗고 소리 지르며 울	T, H에게 제자리로 가라고 지시함
	✓	H는 두 발로 바닥을 크게 두드리며 더 큰소리로 울	T, H를 두 팔로 들어 제자리로 옮기려 함

④ A–B–C 행동 관찰 검목표

> A–B–C 행동 관찰 검목표
> 동 ABC 연속 기록

㉠ 관찰자가 면담 등을 통해 이미 확인한 것으로, 있을 수 있는 선행사건이나 문제행동, 후속결과 등을 관찰 검목표에 미리 기록해 놓고 관련 사건이 나타날 때마다 해당 칸에 체크 표시를 하여 기록하는 것이다. 즉, 직접 관찰 방법을 적용하는 체크리스트이다.

㉡ A–B–C 관찰기록을 발전시킨 것으로 다음과 같은 장단점을 갖는다.

장점	• 관찰자가 학생의 계속되는 행동에 크게 방해받지 않고 빨리 기재할 수 있다. • 문제행동이 발생한 맥락에서 평가가 실시되기 때문에 필요한 경우 후속적인 기능분석을 고안하는 데 유용한 정보를 제공할 가능성이 높다.
단점	• 행동에 대한 자세한 정보는 제공하지 못한다.

㉢ A–B–C 행동 관찰 검목표 작성 예시는 다음과 같다.

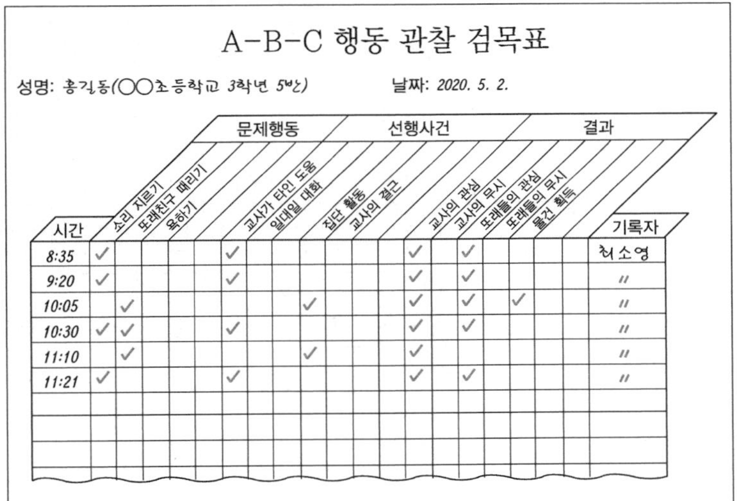

A–B–C 행동 관찰 검목표

성명: 홍길동(○○초등학교 3학년 5반)　　날짜: 2020. 5. 2.

	문제행동					선행사건							결과							
시간	소리 지르기	또래친구 때리기	욕하기			교사가 타인 도움	일대일 대화		집단 활동	교사의 결근			교사의 관심	교사의 무시	또래들의 관심	또래들의 무시	물건 획득			기록자
8:35	✓					✓							✓		✓					허소영
9:20	✓					✓							✓		✓					〃
10:05		✓							✓				✓		✓		✓			〃
10:30	✓	✓				✓							✓		✓					〃
11:10		✓							✓				✓							〃
11:21	✓					✓							✓		✓					〃

⑤ 행동의 기능평가 관찰지

㉠ 관찰을 통해 어떤 행동의 전후에 반드시 그 행동이 일어나도록 작용하는 선행사건이나 후속결과를 찾기 쉽도록 제작된 것이다.

㉡ A–B–C 행동 관찰 검목표를 더욱 발전시킨 것이다.

- 타당도와 신뢰도를 갖춘 관찰 자료 수집 방법으로 입증되었다.
- 시간과 노력이 많이 요구되지만 정확한 정보를 얻을 수 있다.

- 행동의 기능평가 관찰지 양식은 다음과 같다.

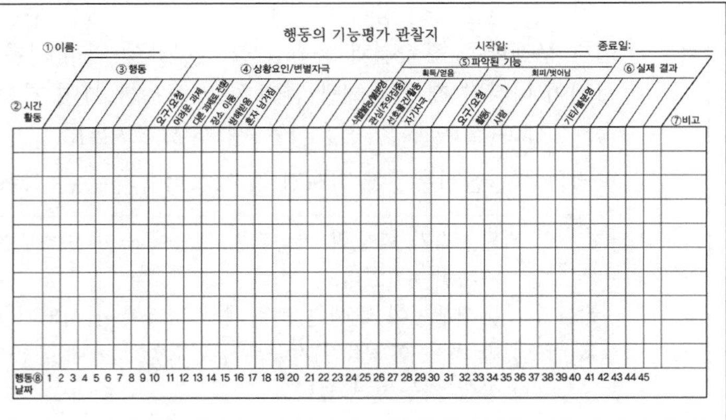
행동의 기능평가 관찰지
①이름: ______ 시작일: ______ 종료일: ______
②시간 활동 | ③행동 | ④상황요인/변별자극: 요구/요청, 어려운 과제, 다른 과제로 전환, 장소 이동, 방해받음, 혼자 남겨짐 | ⑤파악된 기능 — 획득/얻음: 사물(활동)/물품명, 관심(주의집중), 선호물건/활동, 자기자극 — 회피/벗어남: 요구/요청, 활동(　), 사람, 기타/불분명 | ⑥실제 결과 | ⑦비고
행동⑧ 날짜 1 2 3 4 5 6 7 8 9 10 11 12 13 14 15 16 17 18 19 20 21 22 23 24 25 26 27 28 29 30 31 32 33 34 35 36 37 38 39 40 41 42 43 44 45

- 행동의 기능평가 관찰지 작성 예는 다음과 같다.

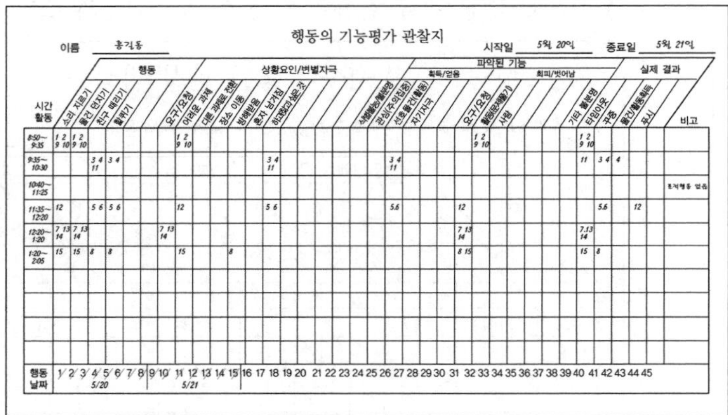
행동의 기능평가 관찰지
이름 홍길동 시작일 5월 20일 종료일 5월 21일
시간 활동 | 행동: 소리 지르기, 물건 던지기, 친구 때리기, 할퀴기 | 상황요인/변별자극: 요구/요청, 어려운 과제, 다른 과제로 전환, 장소 이동, 방해받음, 혼자 남겨짐, 하고 싶은 것 | 파악된 기능 — 획득/얻음: 사물(활동)/물품명, 관심(주의집중), 선호물건(활동), 자기자극 — 회피/벗어남: 요구/요청, [illegible], 사람 — 기타 불분명 | 실제 결과: 타임아웃, 꾸중, 물건/활동회득, 무시 | 비고
시간: 8:50~9:35, 9:35~10:30, 10:40~11:25, 11:35~12:20, 12:20~1:20, 1:20~2:05
행동 날짜 1 2 3 4 5 6 7 8 9 10 11 12 13 14 15 16 17 18 19 20 21 22 23 24 25 26 27 28 29 30 31 32 33 34 35 36 37 38 39 40 41 42 43 44 45 (5/20, 5/21)

자료

행동의 기능평가 관찰지 작성 방법

첫 문제행동이 발생하면 관찰지의 해당 영역(행동, 예언 요소, 파악된 기능, 실제 결과 등)마다 1이라고 기록하고 맨 하단의 행동에 있는 1이라는 숫자 위에 대각선을 긋는다. 두 번째 문제행동이 발생하면 해당 영역마다 2라고 기록하고 하단의 행동에 있는 숫자 2라는 숫자 위에 대각선을 긋는다. 계속하여 이런 방식으로 문제행동을 기록하고 하루의 관찰이 끝나면 대각선이 그어진 마지막 숫자의 오른쪽에 아래 칸까지 수직선을 긋고 아래 칸에 해당 날짜를 기록한다.

(3) 장단점

① 장점

㉠ 행동 발생 당시의 정보를 직접 수집한다.

㉡ 자연스러운 환경에서 실시할 수 있다.

㉢ 환경, 선행사건, 행동, 후속결과에 대한 구체적 정보를 제공한다.

② 단점

㉠ 시간이 많이 걸린다.

㉡ 행동의 직접 관찰이 다른 일과에 방해가 된다.

㉢ 문제행동 발생을 놓칠 수 있다.

㉣ 자주 발생할수록 관찰과 기록이 어려워진다.

㉤ 발생빈도가 낮은 행동은 수집된 정보가 충분하지 않을 수 있다.

3. 기능분석

(1) 개념 10중특, 11초특, 20초특

① 문제행동의 기능을 검증하기 위해 선행사건과 후속결과를 실험·조작하는 활동이다.

- 문제행동을 둘러싼 환경을 체계적으로 조작하여 행동과 환경 사이의 기능적 관계를 입증하는 방법이다.

② 기능평가에 대한 하위개념으로, 기능평가를 실행하는 한 가지 방법이다.

③ 다음과 같은 경우에 실시한다.

㉠ 간접평가 혹은 직접 관찰 평가 등을 통해 정보를 수집해도 명확한 가설을 세우기 어려운 경우

㉡ 간접평가 혹은 직접 관찰 평가에 근거한 중재가 효과적이지 않을 때

KORSET 합격 굳히기 기능분석을 하는 이유

기능분석을 하는 이유는 다음 중 하나다.

1. 간접평가와 직접 관찰 평가의 결과로 설정된 가설을 증명하기 위함이다. 예를 들어, 간접평가와 직접 관찰 평가 결과 부적절한 행동이 교사의 관심으로 정적 강화되어 유지된다는 가설이 설정되었다면 행동이 발생할 때 학생을 교사의 관심이 주어지는 조건과 교사의 관심이 철회되는 조건에 둔다.
2. 간접평가와 직접 관찰 평가로 설정된 가설을 정교화하기 위함이다. 예를 들어, 행동이 관심으로 정적 강화되어 유지된다는 가설이 설정되었다면 추가 분석을 통하여 관심의 근원을 규명한다.
3. 간접평가와 직접 관찰 평가의 불분명한 결과를 분명하게 하기 위함이다. 간접적 및 직접적 전략의 결과로 얻어진 자료는 분명하지 않다. 그 자료는 특정 기능을 제안해 주지 못한다.
4. 기능에 대한 가설 설정의 첫 단계로서의 역할을 한다.

출처 ▶ Alberto et al.(2014)

(2) 장점 13유특(추시)

기능분석의 가장 큰 이점은 문제행동의 발생과 관련된 변인들을 명확히 보여 준다는 것이다. 기능분석은 문제행동을 유지시키는 변인에 관하여 타당한 결론을 낼 수 있기 때문에, 효과적인 강화를 기본으로 하는 치료의 개발을 가능하게 하였고 벌에 대한 의존을 줄여 주었다.

(3) 제한점

① 많은 시간적, 경제적 비용과 인력이 요구된다.

- 기능분석은 체계적인 여러 단계의 실행과정을 거쳐야 하기 때문에 많은 시간과 경비, 인력이 요구된다.

② 빈번히 나타나는 문제행동에 한해 적용이 가능하다.

- 기능분석은 빈번하게 나타나는 행동에만 주로 사용되고, 행동의 원인에 대한 타당한 결론을 찾기 위해 많은 자료와 시간이 요구되는 문제행동(예 심각하지만 빈번하게 발생하지 않는 행동)에는 사용하기 어렵다.

③ 위험한 행동에는 적용이 불가능하다.

- 기능분석은 심한 자해행동이나 자살과 같이 위험한 행동에는 윤리적인 이유에서 적용할 수 없다.

④ 인위적인 환경에서 실시하는 기능분석에서는 자연스러운 환경에서 발생하는 문제행동에 관한 변인, 특히 기능분석 조건에서 행동을 재현할 수 없는 특이한 변인은 찾아내기 어렵다.

03 문제행동의 기능

1. 문제행동 기능의 종류 11유특, 12유특, 13유특, 14유특 · 초특, 19유특, 21유특 · 중특, 22초특, 23유특, 25초특 · 중특

Tip
문제행동 기능의 종류와 문제행동 기능의 분류 중 현재까지는 문제행동 기능의 종류를 중심으로 출제되고 있다.

여러 연구자가 분류해 놓은 문제행동 기능의 종류는 다음과 같다.

기능	설명
관심 끌기	행동의 목적이 다른 사람의 관심을 끌기 위한 것 예 통합학급의 길동이는 교사가 다른 일을 수행하는 동안 길동이에게 관심을 보이지 않으면 소리를 지른다. 이때 교사가 길동이에게 관심을 보이면 소리를 지르지 않는다.
회피하기	행동의 목적이 특정 사람이나 활동을 피하기 위한 것 예 교실에서 특수교육 보조원과 함께 개별활동을 하려고 하면 길동이는 특수교육 보조원을 발로 찬다. 특수교육 보조원과의 활동을 중단하면 발로 차는 행동을 하지 않는다.
물건/활동 획득	행동의 목적이 원하는 것(물건/활동)을 얻기 위한 것 예 길동이는 자신이 좋아하는 물건을 친구가 가지고 있으면 그 친구를 강하게 밀치고 빼앗는 행동을 자주 보인다.
자기조절	행동의 목적이 자신의 각성 수준을 조절하기 위한 것 예 자폐성장애인 길동이는 장난감 자동차의 바퀴를 자기의 눈앞에 대고 자꾸만 돌린다(감각자극 추구).
놀이나 오락	• 심심하거나 무료해서 놀이나 오락으로 행동을 하는 것 • 자기조절과 유사하게 보이지만 완전히 몰입되는 경우가 많아 다른 활동이나 과제에 집중할 수 없게 만듦

2. 문제행동 기능의 분류

① 문제행동의 기능의 종류와 관련된 연구들을 종합해 보면, 문제행동의 기능은 크게 유쾌자극을 얻으려는 것과 혐오자극을 피하려는 것의 두 가지로 나누어진다.

② 유쾌자극의 획득과 혐오자극의 회피는 다시 얻으려는 것과 피하려는 것이 무엇인가에 따라 각기 세 종류씩으로 분류할 수 있다.

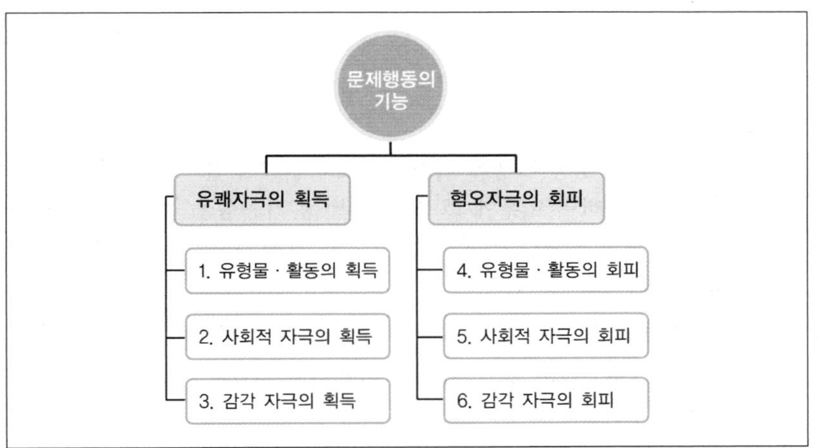

기능		설명
유쾌자극의 획득 기능	유형물 · 활동의 획득	음식이나 장난감, 게임 같은 구체적 물건이나 활동을 얻으려는 것(강화제 획득 정적 강화)
	사회적 자극의 획득	관심과 같은 사회적 자극을 얻으려는 것(사회적 정적 강화)
	감각 자극의 획득	엔돌핀과 같은 생물학적인 내적 자극이나 감각적 자극을 얻으려는 것(자동적 정적 강화)
혐오자극의 회피 기능	유형물 · 활동의 회피	어려운 과제나 싫은 요구와 같은 구체적 활동을 피하려는 것(활동 회피 부적 강화)
	사회적 자극의 회피	모든 사람이 자기를 바라보는 것과 같이 자신에게 주어지는 사회적 관심이나 찡그린 얼굴표정이나 꾸중과 같은 부정적인 사회적 자극을 피하려는 것(사회적 부적 강화)
	감각 자극의 회피	고통, 가려움과 같은 내적 자극이나 감각적인 자극을 피하려는 것(자동적 부적 강화)

자동적 정적 강화

'자동적'이란 사회적 상황에서 다른 사람에 의하여 정적 강화되는 것이 아니라, 어떠한 행동을 수행함으로써 자동적으로 강화가 뒤따르는 것을 일컫는다. 대부분의 자기 자극적 행동은 그 자체로 어떤 감각적 자극이 즉시 자동적으로 수반된다. 이러한 감각적 자극을 자동적 정적 강화자극이라 한다(홍준표, 2017).

자동적 부적 강화

사회적 관계에서 타인에 의하여 불쾌한 자극이 제거되는 것이 아니라, 특정 행동을 함으로써 불쾌한 상황이나 혐오스러운 자극 또는 신체적 불편이나 고통이 자동적으로 제거되는 것을 의미한다(홍준표, 2017).

Chapter

04 바람직한 행동의 증가

01 강화

1. 강화의 이해

(1) 개념

① 강화란 어떤 행동 발생에 뒤이어 선호하는 자극을 제시하거나 혐오하는 자극을 제거하여 이후에 그 행동의 발생 가능성을 높이는 과정을 의미한다. 이러한 강화를 통해 행동의 빈도, 강도, 비율, 지속시간 등을 유지 또는 증가시킬 수 있다.

- 강화 여부를 결정하는 것은 행동 발생 가능성의 증가 여부이다.

② 행동의 후속결과란 행동 직후에 뒤따르는 결과로 유쾌자극과 혐오자극으로 구분한다.

유쾌자극	후속결과로 주어지는 긍정적이고 유쾌한 자극
혐오자극	후속결과로 주어지는 부정적이고 불유쾌한 자극

Tip

어떤 행동에 대해 유쾌자극(정적 자극)을 주었고, 그 결과로 그 행동이 증가한 경우 주어진 자극은 정적 강화제, 이때 정적 강화가 일어났다고 할 수 있다.

유쾌자극
동 정적 자극

혐오자극
동 불쾌 자극

(2) 종류 23유특

① 정적 강화

바람직한 행동(표적행동)이 발생하면 즉시 유쾌하고 정적인 자극을 제시함으로써, 그 표적행동의 미래 발생률이 증가되는 것이다.

② 부적 강화

행동 후에 즉시 혐오자극을 제거(철회)하여 앞으로 그 행동의 발생 가능성을 증가시키는 것이다.

정적 강화와 부적 강화의 비교

구분	정적 강화	부적 강화
차이점	유쾌자극 제시(+)	혐오자극 제거(−)
공통점	미래의 행동 발생 가능성 증가	

2. 강화제의 이해

(1) 개념

① 강화제란 행동의 후속결과로 제시되거나 제거되어 이후의 행동 증가에 책임이 있는 자극이다.

② 어떤 행동 후에 주어지거나 철회되어서 행동을 증가시키는 결과를 가져오게 하는 후속결과라고 할 수 있다.

(2) 종류 13중특, 19유특

① 근원에 따른 강화제의 분류

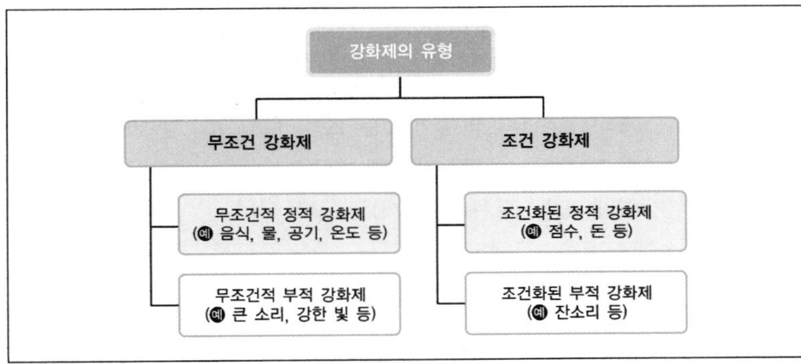

㉠ 무조건 강화제

- 학습이나 조건화 없이 자연적으로 생존을 위해 필요한 자극이나 생물학적 가치를 갖는 자극을 의미한다.
- 음식, 음료, 잠, 감각 등과 같이 학습할 필요가 없이 생득적으로 동기부여가 되는 자극이다.
- 학습되지 않은 강화제 또는 일차 강화제라고도 한다.
  - 예 대표적으로 씹거나, 빨아먹거나, 마실 수 있는 음식 강화제와 감각(시각 · 청각 · 미각 · 촉각 · 후각) 관련 자극제인 감각 강화제
- 자폐성장애 학생 및 청소년이 보이는 손가락 흔들기, 제자리에서 뱅뱅 돌기, 몸을 앞뒤로 흔들기 등의 상동행동이나 자신의 손 물기, 자신의 뺨 때리기, 물건으로 자신의 머리 치기 등과 같은 자해행동이 이들에게는 무조건 강화제로 기능하기도 한다.
- 무조건 강화제는 매우 제한된 상황에서만 사용하는 것이 좋다.
  - 무조건 강화제는 표적행동에 매우 강력하면서도 즉각적인 영향을 미치기 때문에 연령이 낮거나 장애 정도가 심한 학생이 보이는 표적행동이나 심각한 공격행동 또는 자해행동에 한정하여 적용해야 한다.
  - 무조건 강화제의 장기적 사용을 제한해야 하며, 가능한 한 조건 강화제(이차 강화제)와 함께 사용하는 것이 바람직하다.

강화제

 강화물, 강화인

강화와 강화제

임상현장에서는 강화와 강화제의 용어가 구분 없이 혼용되기도 한다. 그러나 강화와 강화제의 개념을 명확히 구분할 필요가 있다. 강화는 행동(반응)에 뒤이어 후속결과로서 자극의 제시 또는 제거를 통해 미래의 행동 발생을 증가시키는 행동(반응)과 후속결과 간의 관계 또는 과정을 의미하는 것이고, 강화제는 강화의 과정에서 후속결과로 제시 또는 제거되는 자극을 의미한다(이성봉 외, 2019).

Tip

강화제의 종류를 묻는 질문에 대해서는 분류 기준이 무엇인지를 우선적으로 확인하는 것이 중요하다.

ⓛ 조건 강화제

- 원래 중립적이었던 자극이 다른 강화제와 짝지어지는 과정을 통해 강화제로서 기능하게 되는 것을 말한다.
- 자연적으로 강화되지 않는 자극으로 학습된 강화제 또는 이차 강화제라고도 한다.
- 조건 강화제는 생존을 위해 필요하거나 생물학적 가치를 갖는 무조건 강화제(일차 강화제)처럼 학습이 없이도 강화제로 작용할 수 있는 것이 아니기 때문에, 무조건 강화제와 연합시키는 짝짓기 과정을 통해 강화제로서의 가치를 갖게 된다.

예 학생이 바람직한 행동을 했을 때, 학생이 좋아하는 사탕(일차 강화제)과 함께 구체적인 칭찬의 말(잠재적 이차 강화제)을 짝지어 제공하면 잠재적 이차 강화제인 칭찬이 일차 강화제인 사탕과 연합된 강화제로 기능을 하게 된다. 점진적으로 일차 강화제의 사용을 줄이면서 잠재적 이차 강화제의 가치를 증진시키면, 칭찬의 말이 표적행동을 유지 및 증가시키는 조건 강화제(이차 강화제)가 될 수 있다.

- 조건 강화제는 물질 강화제, 활동 강화제, 사회적 강화제, 일반화된 강화제(또는 토큰 강화제)로 구분된다.

물질 강화제	학생이 좋아하는 물건이나 사물로, 장난감, 스티커, 책, 학용품 등이 해당된다.
활동 강화제	학생이 좋아하는 활동을 할 수 있는 기회, 임무, 특권을 제공하는 것으로, 칠판 지우기, 학급 우유 가져오기, 점심 급식 때 제일 앞에 서기, 자료 나눠 주기, 앞자리에 앉기, 영화 보기, 늦잠 자기, 컴퓨터 게임하기 등이 해당된다.
사회적 강화제	부모 또는 교사 등 타인으로부터 제공되는 다양한 형태의 인정과 관련된 강화제로, 미소, 고개 끄덕임, 손바닥 마주치기, 손잡기, 어깨 다독이기, 안아 주기, 칭찬 등이 해당된다.
일반화된 강화제 또는 토큰 강화제	토큰, 쿠폰, 점수, 현금 등과 같이 강화제로서의 내재적 가치를 가진 것은 아니지만 일차 또는 이차 강화제로 교환할 수 있기 때문에 그 가치를 갖는다.

사회적 강화제

사회적 강화제는 학생이 속한 사회적 상황의 규준에 적합하며 사회적으로 타당한 강화제를 의미한다. 학생이 속한 사회 문화, 연령, 상황, 사회적 관계에 근거하여 사회적 강화제의 타당도가 결정된다. 학생의 머리를 쓰다듬는 것은 어린 연령의 학생에게는 사회적으로 타당한 강화제가 될 수 있으나 청소년들에게 타당한 강화제라 할 수 없다. 따라서 사회적 강화제를 선정하고 강화 목록을 개발할 때에는 사회적으로 수용될 수 있는 타당한 강화제인지를 고려하는 것이 무엇보다도 중요하다(이성봉 외, 2019).

KORSET 합격 굳히기 일반화된 강화제(일반화된 조건 강화제)

1. 일반화된 강화제는 조건 강화제로 다양한 무조건 또는 조건 강화제와 교환 가능한 강화제를 의미한다. 대표적인 것이 토큰 강화제이며, 일상생활에서는 현금이 일반화된 강화제의 예이다.
2. 일반화된 강화제는 그 자체가 강화제는 아니지만 무조건 또는 조건 강화제로 교환할 수 있는 도구이기에 강화제와 같은 유인력을 갖는 것이다.
3. 일반화된 강화제의 장점으로는 학생의 강화제 포만 상태에 상관없이 제공할 수 있다는 점, 포만 효과가 덜 나타난다는 점, 강화제의 개별화에 신경쓰지 않고도 사용할 수 있다는 점을 들 수 있다.

출처 ▶ 이성봉 외(2019)

② 물리적 특성에 따른 강화제의 종류 20유특, 24유특

물리적 특성에 따른 강화제의 종류
동 강화 형태에 따른 강화제의 종류

강화제의 종류	설명
음식물 강화제	씹거나 빨아먹거나 마실 수 있는 것 예 과자 등
감각적 강화제	시각, 청각, 후각, 미각, 촉각에 대한 자극제 예 동영상 등
물질 강화제	학생이 좋아하는 물건들 예 장난감 등
활동 강화제	• 학생이 좋아하는 활동을 하도록 기회, 임무, 특권을 주는 것 • 학생들이 좋아하는 모든 활동은 활동 강화제가 될 수 있다. 예 밖에 나가 놀기, 컴퓨터 게임하기, 외식하기, 함께 요리하기 등 • 학생이 자주 자발적으로 참여하는 활동은 거의 참여하지 않는 활동에 대한 강화제로 사용할 수 있으며, 이를 프리맥 원리라고 한다. 13유특, 14초특, 20유특, 24유특 · 초특 – 프리맥(premack) 원리: 발생 가능성이 높은 활동(즉, 고빈도 행동)을 발생 가능성이 낮은 활동 뒤에 오게 하여 발생 가능성이 낮은 행동(즉, 저빈도 행동)의 발생률을 증가시키는 정적 강화 기법을 의미한다. 예 숙제(발생 가능성이 낮은 행동)보다 게임(발생 가능성이 높은 활동)을 좋아하는 길동이 숙제시키기 → 숙제를 마치고 게임하게 하기
사회적 강화제	여러 가지 방법으로 학생을 인정해 주는 것 예 긍정적 감정 표현, 신체적 접촉(악수하기, 손바닥 마주치기 등), 물리적 접근(학생 옆에 앉기, 함께 식사하기 등), 칭찬과 인정 등

프리맥 원리

선호하는 반응은 덜 선호하는 반응을 강화하여 행동의 발생 빈도를 증가시킬 수 있다는 원리이다. 강화의 상대성을 이용한 것으로 프리맥(D. Premack)이 제안하였다. 아동이 컴퓨터 게임을 선호하고 수학을 공부하는 것을 별로 원하지 않는 경우, 아동이 수학을 스스로 하는 행동을 증가시키기 위하여 수학을 한 뒤에 컴퓨터 게임을 하도록 하는 것은 프리맥 원리를 이용하는 것이다(특수교육학 용어사전, 2018).

비교

강화물과 선호도

선호도(preference)라는 용어는 강화물(reinforcer)이라는 용어보다 더 새로운 것이나, 그것들은 종종 부적절하게 동의어로 사용된다. 선호도는 강화물과 같이 직접 관찰을 통해 판단할 수 있다. 두 용어 사이의 구별은 누가 통제를 하느냐와 관련이 있는 것으로 보인다: 어떤 것을 선호하는 학생 또는 강화를 제공하는 성인(예 교사, 치료사, 부모). 전통적으로, 강화는 목표행동의 빈도나 강도의 증가를 목적으로 성인에 의해 다뤄진다. 대조적으로, 선호하는 일을 경험하는 기회는 성인이나 또래(활동, 장소, 또래의 선택)가 제공하는 선택권을 통하여 매일의 일과의 맥락에서 이용 가능하게 형성되고, 자기강화와 같이 학생에 의해 스스로 시작될 수 있다(Brown et al., 2017).

3. 강화제의 판별 및 선정(선호도 평가 방법)

- 대상 학생에게 효과적인 강화제를 판별 및 선정하여 적용하는 것은 행동지원·중재 효과와 직접적으로 관련이 있다. 행동지원·중재 계획을 위해 기능평가 시 대상 학생의 선호 또는 비선호 강화제에 대한 정보를 함께 수집해야 한다.
- 효과적인 강화제를 판별하기 위해 선호도 평가를 할 수 있다. 선호도 평가는 영향력 있는 강화제 목록 개발을 위해 선호 강화제와 행동에 대한 강화제의 영향력을 평가하는 것이다.
- 선호도 평가의 세 가지 방법으로는 대상자 또는 관련인에게 질문하기, 관찰하기, 시행 기반 평가하기가 있다.

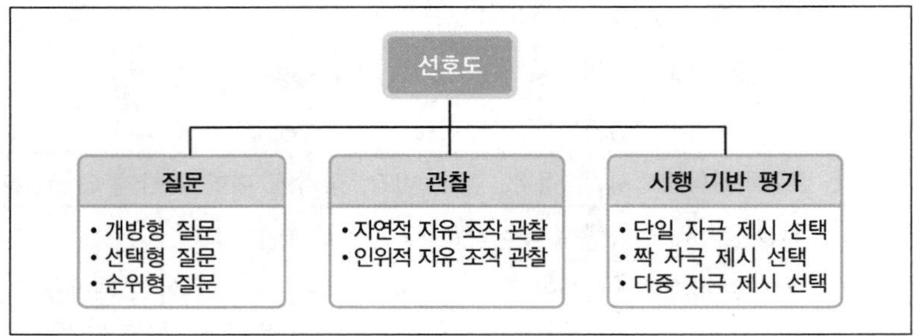

(1) 질문하기

① 질문하기는 강화 체계가 적용되는 대상자와 관련인에게 잠재적 강화제에 대해 직접 알아보는 기본적인 방법이다.

- 대상자가 의사소통에 제한이 있는 경우 교사, 부모 등 대상자의 삶에서 중요한 의미 있는 관련인을 대상으로 질문하기가 이루어져야 한다.

② 질문하기와 같은 선호도 평가의 간접 전략은 시행이 용이하고 빠르게 관련 자료를 수집할 수 있다는 장점이 있으나, 자극 선호를 판별하기 위해 직접적인 전략으로 활용할 수 있는 관찰과 시행 기반 평가에 비해 수집된 자료의 정확성이 낮다.

③ 질문하기는 다음과 같이 분류된다.

개방형 질문	대상자 또는 관련인에게 "쉬는 시간에 무엇을 하기를 좋아하니?" "선호하는 음식과 음료는 무엇이니?" 등과 같이 자유반응이 나올 수 있는 개방형 질문을 통해 조사한다.
선택형 질문	"과자, 사탕, 초콜릿 중에서 어떤 것을 좋아하니?" "연필, 색연필, 사인펜, 볼펜 중에서 어떤 것을 좋아하니?" 등과 같이 대상자가 선택할 수 있는 형태의 질문을 통해 잠재적 강화제로 고려될 수 있는 선호 강화제를 조사한다.
순위형 질문	여러 가지 음식, 사물, 활동 목록을 대상자에게 제시하고 가장 선호하는 것에서부터 가장 선호하지 않은 것 순으로 번호를 매겨 보도록 한다. 대상자가 선정한 순위의 결과를 이후 관련인을 대상으로 질문을 하여 확인할 수 있다.

(2) 관찰하기

① 다양한 강화제를 선택할 수 있는 자연적인 상황 또는 인위적인 상황을 제시하여 대상자가 무엇에 관심을 가지고 어떤 활동에 참여하며 얼마나 오랫동안 참여하는지 등에 관해 관찰한다.

- 이러한 관찰 기록을 '자유 조작 관찰'이라고 한다.

② 관찰하기(자유 조작 관찰)는 다음과 같이 분류된다.

자연적 자유 조작 관찰	가능한 한 관찰자가 드러나지 않게 대상자의 집 또는 학교 등 일상적으로 생활하는 자연적인 상황에서 대상자가 자신의 시간에 무엇을 하면서 보내는지를 관찰하고 대상자가 몰두하거나 선호하는 각 사물이나 활동과 참여 시간을 기록한다.
인위적 자유 조작 관찰	대상자는 사전에 결정된 일련의 사물 또는 활동을 접한다. 관찰 기록을 하기 전에 제시되는 사물을 짧게 접할 수 있는 기회가 제공된다. 그런 다음 대상자의 흥미를 이끌 수 있는 사물 또는 활동 자료를 인위적으로 환경에 배치해 놓고 대상자가 이러한 사물 또는 활동에 어떻게 그리고 어느 정도 관심을 보이며 얼마간 참여를 하는지를 관찰 기록한다.

(3) 시행 기반 평가하기

① 시행 기반 평가하기는 대상자가 선호도의 위계 또는 순위를 표시할 수 있도록 사물 또는 활동들을 대상자에게 체계적으로 제시하는 것이다.

② 시행 기반 평가하기는 선호도 평가방법 중에서 가장 체계적인 평가방법이라 할 수 있다.

시행 기반 평가
동 강화 표집

③ 시행 기반 평가하기의 종류는 다음과 같다.

㉠ 단일 자극 제시 선택

- '연속적 선택'이라고도 하며, 한 번에 하나씩 자극(예 사물, 활동 등)을 제시하고 대상자의 반응을 기록한다. 대상자가 제시되는 것에 접근하는지 또는 거절하는지, 대상자가 해당 자극에 참여하는 시간은 어느 정도인지를 기록한다.
- 빠르고 쉽게 제시된 자극에 대한 대상자의 선호 여부를 파악할 수는 있으나 자극의 선호 순위에 대한 정보를 알 수는 없다.
- 두 가지 자극을 변별하여 선택하는 데 어려움이 있는 대상자에게 적합한 방법이다.

㉡ 짝 자극 제시 선택

- '강요된 선택'이라고도 하며, 두 가지 자극을 동시에 제시하고 대상자가 선택한 자극을 기록한다.
- 준비된 자극을 최소한 한 번씩은 다른 자극과 짝으로 제시하여 대상자가 보이는 상대적 선호를 기록한다. 가장 높은 비율로 선택된 자극이 가장 영향력 있는 강화제가 될 수 있다.
  - 대략 75% 이상의 선호를 보인 자극이 높은 행동(반응)의 비율과 관련된 고선호 자극이 될 수 있다.
- 짝 자극 제시 방법은 단일 자극 제시 방법보다 효과적인 잠재적 강화제를 판별하는 데 보다 정확한 방법이다.

다중 자극 제시 선택
동 복합 자극 제시법, 중다 자극 제시 방법

㉢ 다중 자극 제시 선택

- 짝 자극 제시 선택의 변형으로, 세 가지 이상의 자극을 동시에 제시하고 학생이 선택한 자극을 기록한다.
- 자극 교체 여부에 따라 자극 교체를 적용하는 다중 자극 제시 방법과 자극 교체를 적용하지 않는 다중 자극 제시 방법의 두 가지 변형이 있다.

자극 교체를 적용하는 다중 자극 제시 방법
동 중다 자극 대체 평가

자극 교체를 적용하지 않는 다중 자극 제시 방법
동 중다 자극 비대체 평가

자극 교체를 적용하는 다중 자극 제시 방법	대상자가 선택한 자극을 제외한 선택하지 않은 자극들을 다음 시행에서 제시하지 않고 제시하는 모든 자극을 새로운 자극으로 교체하는 것이다.
자극 교체를 적용하지 않는 다중 자극 제시 방법	대상자가 선택한 자극을 제거하고 새로운 자극의 교체 없이 선택하지 않은 자극들의 순서 또는 배치를 재배열한 후에 자극을 선택하도록 하는 것이다.

(4) 강화제 선호도 평가 시행 시 고려사항

강화제 선호도 평가를 시행할 때는 다음과 같은 개별 대상자의 요인을 고려할 필요가 있다.

① 대상자의 강화 경험: 이전에 받았던 강화제가 무엇인지 고려한다.

② 대상자의 요구 및 관심: 학생이 원하지만 쉽게 얻을 수 없는 것에는 어떤 것이 있는지를 고려한다.

③ 강화제의 가치: 학생이 표적행동을 하려고 할 만큼 강화제가 학생에게 가치가 있는 것인지를 고려한다.

④ 지속성: 학생에게 지속적으로 제공할 수 있는 것인지를 고려한다.

⑤ 연령의 적합성: 학생의 나이에 적절한 것인지를 고려한다.

4. 효과적인 강화제의 특성 및 사용

(1) 효과적인 강화제의 특성

① 준비와 저장이 용이하다.

② 비용이 저렴하다.

③ 휴대가 간편하다.

④ 교사의 통제(관리)가 가능하다.

⑤ 소단위 사용이 가능하다.

⑥ 수업을 방해하거나 주의산만을 일으키지 않는다.

비교

다중 자극 제시 선택 방법 비교

이성봉 외 (2019)	본문 참조
Alberto et al. (2014)	• 하위 유형에 대한 구체적인 설명 없이 복합 자극 제시법에 대해 설명하고 있다. "일단 하나의 항목이 선정되고 체험되면 그것은 제거된다. 이 과정이 모든 항목이 선정될 때까지 혹은 반응이 없을 때까지 계속된다. 보통 이 과정은 학생의 선호를 확인하기 위해 몇 차례에 걸쳐 반복된다."
Cooper et al. (2017)	• 중다 자극 제시 방법에서 대상자는 3개 이상의 자극 중에서 선호하는 하나의 자극을 선택한다. • 중다 자극 선호도 평가의 두 가지 방법은 반복 제시 여부에 따라 구분된다. 둘 간의 차이점은 대상자가 제시된 항목에서 하나를 선택한 후에 그 자극이 다음 시행에서 반복 제시되는가의 여부이다. – 대체 있는 중다 자극 절차에서는 학습자가 선택한 항목과 선택되지 않은 항목 모두가 새로운 항목으로 대체된다. – 대체 없는 중다 자극 절차에서는 선택된 항목이 제거되고, 남아 있는 항목의 순서나 위치가 재배열된다. 그리고 다음 시행은 항목의 수가 줄어든 상태로 시작한다.
Gargiulo et al. (2021)	• 중다 자극 대체 평가에서 선택된 자극은 대체되고, 배열 순서는 각 시도가 시작될 때마다 재배열된다. • 중다 자극 비대체 평가에서는 선택된 자극을 대체하지 않고 선택하지 않고 남겨둔 자극들을 재배열하여 다음 시도에 제시한다. – 중다 자극 비대체 평가 절차의 장점은 시행하는 데 최소한의 시간을 요하고 강화제로 사용할 수 있는 자극을 정확히 판별할 수 있다는 것이다.

포만
강화제가 강화의 가치를 상실한 상태
동 포화

⑦ 포만을 지연시킨다. 13중특

㉠ 강화제 선호도 평가를 통해 선정되어 개별 대상자에게 매우 가치 있고 유인력이 큰 강화제라 하더라도 대상자가 싫증을 느끼는 물림의 현상이 나타날 수 있다. 이를 '포만'이라 한다.

㉡ 포만을 예방하기 위해서는 다음을 고려할 수 있다.

- 다양한 강화제 제공
- 표적행동에 따라 다른 강화제 사용
- 강화의 양에 대한 모니터링
- 표적행동 유지에 충분한 양만 사용
- 음식 강화제 사용 자제
- 연속 강화 스케줄에서 간헐 강화 스케줄로 변경
- 일차 강화제에서 이차 강화제로 변경
- 칭찬과 같은 사회적 강화제를 함께 사용

⑧ 행동과 후속 강화 사건 간의 연결 다리 역할을 한다.

(2) 강화제의 효과적인 사용을 위한 조건 23유특

강화의 즉각성	• 강화제는 행동/반응이 발생했을 때 즉각적으로 제시되어야 한다. • 강화는 지연하는 시간이 증가할수록 강화의 직접적인 효과는 급격히 떨어진다. • 행동을 습득하는 시기에는 행동 뒤에 즉시 강화제를 제공해야 한다.
강화의 유관성	• 강화제는 강화되는 그 행동 직전에 발생한 유관 자극과 관련하여 주어져야 한다. • 강화제는 표적행동 발생과 관련 있는 선행자극 조건과 연관하여 주어져야 한다. – 강화제는 행동을 했다고 무조건 제공하는 것이 아니라 관련 자극(유관 자극)에 대해서만 행동했을 때 제공해야 한다. 예 표적행동–전화 수화기 들기, 선행사건–벨 울리기, 후속결과–목소리 들리기의 경우 : 전화 수화기를 드는 행동이 강화되려면 먼저 전화벨이 울리는 선행자극에서만 상대방의 목소리가 들려져야 한다. 이때 상대방의 목소리가 들리는 것은 수화기 드는 행동의 증가에 책임 있는 자극, 즉 강화제이다. 전화벨이 울리지 않는 상황에서는 수화기를 들어도 상대방 목소리를 들을 수 없음을 경험해야 한다.
동기화	• 강화제가 효과가 있으려면 학생을 동기화시키는 힘이 있어야 한다. • 강화제를 효과적으로 사용하기 위해서는 주기적으로 강화제를 재평가하는 것이 좋다. • 학생이 강화제에 대해 어느 정도 박탈 상태이어야 한다. – 강화제를 제공할 때 학생이 박탈 상태이면 효과를 높일 수 있는 반면 포만 상태에서는 효과가 떨어진다. • 학생은 강화제를 강화체계 내에서만 제한된 시간에 제한된 양밖에 얻을 수 없게 하는 것이 좋다.

유관 강화
목표로 하는 반응이 일어났을 경우 강화가 제공됨으로써 반응과 강화 사이에 일정한 인과관계가 형성되었음을 의미하는 용어이다. 비유관 강화와 대립되는 개념으로 특별히 비유관 강화라고 명명하지 않는 한 대부분의 강화는 유관 강화를 의미한다. 유관은 행동과 후속되는 사건의 전달 간의 구조화된 관계, 즉 반응과 결과 간의 관계이다. 이러한 관계가 존재할 때 결과가 반응에 유관되어 있다고 한다(특수교육학 용어사전, 2018).

5. 강화계획 13중특

강화계획(또는 강화 스케줄)이란 강화제를 제공하는 시기에 관한 것으로, 연속 강화계획과 간헐 강화계획으로 분류한다.

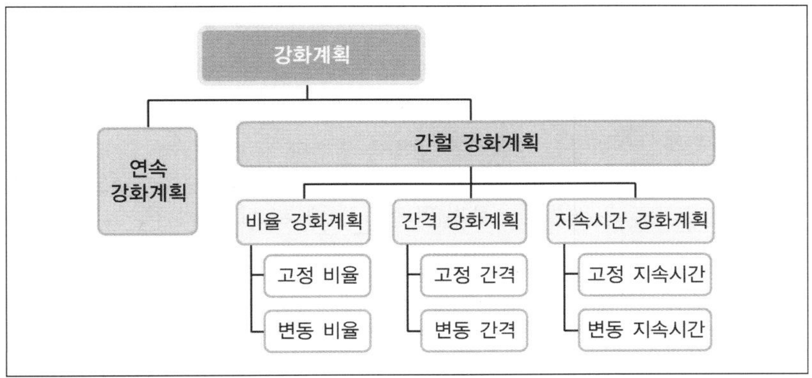

> ✎ 강화계획
> 언제 어떻게 강화를 제공할지 계획하는 것으로 연속 강화와 간헐 강화로 구분한다. 새로운 행동을 습득하도록 할 때는 연속 강화를 사용하고, 습득된 행동을 유지하도록 할 경우에는 간헐 강화를 사용하는 것이 효과적이다(특수교육학 용어사전, 2018).

PART 01

1) 연속 강화계획 22유특

① 학생이 표적행동을 할 때마다 매번 강화가 적용된다.

② 학생의 행동에 대해 많은 강화가 주어지기 때문에 학생이 새로운 행동을 습득하는 시기에 유용하다.

- 나이가 어린 학생, 지적 능력이 낮은 학생, 만성적 문제행동을 오랫동안 보이고 있는 학생에게 새 행동을 가르칠 때 적절한 방법이다.

③ 학생이 새로운 행동을 습득하게 되면, 그 행동을 유지하게 하기 위해서는 연속 강화계획을 조금씩 약화시켜 나가야 할 필요성이 있다.

- 연속 강화계획에서 간헐 강화계획으로 옮겨가야 한다.

④ 연속 강화계획은 다음과 같은 단점이 있다.

㉠ 강화에 대한 강한 의존성을 보일 수 있다.

㉡ 습득된 행동을 유지하기 위해 계속해서 연속 강화계획을 실행하기가 어렵다.

㉢ 강화받는 학생도 곧 포만을 경험하게 되어 강화제가 효력을 잃게 될 수도 있다.

비교

간헐 강화계획의 유형

간헐 강화계획의 유형으로 기본적 간헐 강화계획(비율 강화계획, 간격 강화계획)만 제시하는 경우(예 이성봉 외, 2019 ; Cooper et al., 2017)도 있고, 간헐 강화계획에 지속시간 강화계획을 포함하여 제시하는 경우(예 양명희, 2018 ; Alberto et al., 2014)도 있다.

2) 간헐 강화계획

- 간헐 강화계획은 표적행동을 했을 때 가끔씩 강화해 주는 것으로 비율 강화계획, 간격 강화계획, 지속시간 강화계획으로 구분된다.

비율 강화계획	반응이 일정한 횟수만큼 발생한 경우 강화하는 것을 말한다. 예 비율 조건이 10개의 정반응이라면 10번째 정반응만이 강화를 받는다.
간격 강화계획	반응 빈도와 상관없이 일정한 시간이 지난 후 첫 번째 발생한 반응을 강화하는 방법을 말한다. 예 간격 조건이 5분이라면, 마지막 강화받은 반응으로부터 5분이 지난 후에 발생한 첫 정반응에 대해 강화를 받는다.
지속시간 강화계획	표적 행동을 일정한 시간 동안 계속해야만 강화가 제시되는 것을 말한다. 예 의자에 1분 30초 동안 앉아 있을 때마다 강화를 제공한다.

- 비율, 간격, 지속시간 강화계획은 고정 강화계획과 변동 강화계획의 유형을 갖는다.

고정 강화계획	고정된 발생 횟수 또는 고정된 시간 간격에 근거하여 강화가 이루어지는 것이다.
변동 강화계획	평균 발생 횟수 또는 평균 시간 간격에 근거하여 강화가 이루어지는 것이다.

(1) 비율 강화계획

비율 강화계획은 표적행동의 발생 횟수(빈도)에 따라 강화가 주어지는 것으로 표적행동이 특정 횟수만큼 발생했을 때 강화가 주어진다. 표적행동의 발생 빈도를 짧은 시간에 빠르게 증가시키고자 할 때에는 간격 강화계획보다는 비율 강화계획을 적용하는 것이 보다 효과적일 수 있다. 강화를 받는 행동 발생 횟수의 유형은 고정비율 또는 변동비율로 구분된다.

① 고정비율 강화계획 22초특

강화방법	• 표적행동이 정해진 수, 즉 고정된 횟수만큼 발생했을 때 강화제가 주어진다. 예 김 교사는 길동이가 네 문제를 풀 때마다 강화를 제공하였다.
장점	• 표적행동의 고정된 발생 횟수에 근거하여 언제 표적행동을 강화해야 하는지를 정확하게 알 수 있어서 교사 및 부모가 사용하기에 용이하다. • 표적행동의 비율을 높일 수 있다.

단점	• 학생이 표적행동을 하는 데 걸리는 시간을 고려하지 않고 그 행동의 횟수만 고려하기 때문에 결과적으로 표적행동을 하는 횟수만 부적절하게 높일 수 있다. 즉, 부적절한 유창성의 문제가 생길 수 있다. 예 올림이 있는 덧셈문제 네 문제를 풀 때마다 강화를 받을 경우, 문제를 빨리 풀다보니 실수도 많이 하고 글씨도 엉망일 수 있다. 결국 횟수는 증가하지만 정확하게 푼 문제는 적을 수 있다. • 강화제를 받은 후에 일시적으로 표적행동을 하지 않는 '강화 후 휴지'가 나타날 수 있다. 이는 강화계획에서 요구되는 반응의 수가 많을수록 휴지 시간이 더 길게 나타난다. 예 덧셈문제 네 문제를 풀어야 강화제가 주어진다는 것을 인식하게 된 경우, 한 번 강화제를 받고 나면 또다시 네 문제를 풀어야만 강화제가 주어진다는 것을 알기 때문에 일시적으로 수학문제 푸는 것을 중단한다.

② 변동비율 강화계획 15유특

강화방법	표적행동이 정해진 평균 발생 횟수만큼 나타날 때 강화가 주어진다. 예 김 교사가 길동이에게 올림이 있는 덧셈문제 풀이를 위해 변동비율 강화계획을 적용하여 수학문제 중 평균 네 문제를 푼 후에 강화제를 주도록 계획했다고 하자. 처음에는 네 문제, 다음에는 두 문제, 네 문제, 여섯 문제, 세 문제, 다섯 문제를 각각 풀었을 때 강화했다면, 길동이가 푼 전체 문제는 24문제이고 강화가 주어진 것은 6회이므로 평균 네 문제를 풀 때마다 강화가 주어진 셈이다.
장단점	변동비율 강화계획은 고정비율 강화계획에 비해 교사, 부모, 치료사가 실행하기에 다소 용이하지 않지만, 대상자가 강화계획을 예상하기 어렵기 때문에 고정비율 강화계획을 적용했을 때 나타나는 강화 후 휴지를 방지할 수 있는 장점이 있다.

(2) 간격 강화계획

간격 강화계획은 일정 시간의 경과를 기준으로 강화의 시기를 결정한다. 간격 강화계획은 설정된 시간 간격이 경과한 후에 처음 표적행동이 발생한 것에 유관하여 강화가 주어진다. 강화가 주어지는 시간 간격의 유형은 고정간격 강화계획과 변동간격 강화계획으로 구분된다.

① 고정간격 강화계획

강화방법	• 사전에 정해진 일정 시간 간격이 지난 후에 첫 번째 발생한 표적행동을 강화한다. 예 5분이라는 고정간격 강화계획을 적용하였을 경우, 길동이는 매 5분이 지난 후 손을 처음 들었을 때 강화를 받을 수 있다.
장점	• 정해진 시간 간격에 근거하여 언제 표적행동을 강화해야 하는지를 정확하게 알 수 있어서 교사 및 부모가 사용하기에 용이하다.
단점	• 학생이 정해진 시간 간격을 알고 있다면, 그 시간 간격 동안에는 표적행동을 하지 않고 있다가 정해진 시간 간격이 지나고 나서야 표적행동을 하여 강화를 받으려고 할 수 있다. 그렇게 되면 학생의 표적행동 발생비율을 낮추는 결과를 가져올 수 있다. • 학생이 한 번 강화를 받은 직후에는 정해진 시간 간격이 지나가기 전에는 강화받을 수 없다는 것을 알아차린 경우에는, 강화를 받고 난 직후에 학생의 표적행동이 급격히 감소하고 강화받을 시간이 되어 가면 갑자기 표적행동이 증폭하는 현상이 나타날 수 있다. 이러한 현상을 '고정간격 스캘럽'이라고 한다.

스캘럽 효과

고정간격 강화에서는 강화 후 반응의 중단이 비교적 길게 나타난다. 그리고 간격의 중반에 이르러 서서히 반응이 시작되어 종반부에 가면서 가속화되고, 강화가 제공되기 직전의 반응률은 절정에 이른다. 이와 같은 특성을 누가빈도 그래프로 그리면 다음 그림에 제시된 바와 같이, 마치 가리비 모양 또는 부채꼴의 연속 무늬처럼 나타난다. 고정간격 강화가 생성하는 이러한 특정한 형태가 가리비 무늬와 같다 하여 '스캘럽 효과(가리비 효과)'라고 한다(홍준표, 2017).

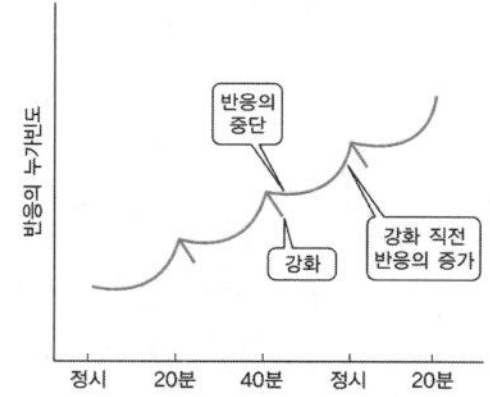

예 20분 간격으로 배차되는 버스 종점에서 승객들의 승차 행동은 버스가 출발하는 정시, 20분, 40분 정각이 임박할수록 급격히 증가하고, 버스가 출발하면(강화) 승객들의 승차 행동은 일시 중단된다. 그러나 다시 버스의 출발시간(강화)이 임박하면 승차 행동은 급격히 증가한다.

② 변동간격 강화계획 [23중특]

강화방법	• 강화의 기준이 되는 시간 간격의 평균을 미리 정한 후에 해당 간격이 지난 후에 처음 발생한 표적행동에 대해 강화를 한다. • 변동간격 강화계획이 고정간격 강화계획과 다른 점은 강화제가 주어지는 시간 간격이 일정치 않다는 것이다. 예 5분의 변동간격 강화계획을 적용하면, 길동이는 평균 5분 간격으로 강화를 받게 된다. 길동이는 수업시간에 처음 손을 들어 발표한 후 각각 3분, 7분, 4분, 6분, 4분, 6분의 시간 간격이 지나고 난 후에 처음 손을 들었을 때 강화를 받도록 계획할 수 있다.
장단점	• 고정간격 강화계획에 비해 교사, 부모, 치료사가 실행하기에 다소 용이하지 않지만, 대상자가 강화계획을 예상하기 어렵기 때문에 고정간격 강화계획을 적용했을 때 나타나는 고정간격 스캘럽을 예방할 수 있는 장점이 있다.

지속시간 강화계획
동 반응 지속시간 강화계획

(3) 지속시간 강화계획 [20중특, 25초특]

① 표적행동을 일정한 시간 동안 계속해야만 강화가 제시되는 것이다.

② 정한 시간이 고정인가 또는 변동인가에 따라 고정 지속시간과 변동 지속시간 강화계획으로 나뉜다.

고정 지속시간 강화계획	• 학생이 표적행동을 일정한 시간 동안 지속하였을 때 강화가 주어지는 것이다. 예 5분 이상 의자에 앉아 있지 못하는 길동이에게 5분의 고정 지속시간 강화계획을 적용하면, 길동이가 5분 이상 의자에 앉아 있을 때마다 강화가 주어져야 한다. 이 강화계획이 시작되고 난 후 길동이가 의자에서 일어나면, 다시 의자에 앉을 때부터 시간을 새로 측정하기 시작해야 한다.
변동 지속시간 강화계획	• 학생이 표적행동을 평균 지속시간 동안 하고 있으면 강화가 주어지는 것이다. • 강화가 주어지는 지속시간 간격이 일정하지 않고 평균 지속시간 간격을 기준으로 한다. 예 5분 이상 의자에 앉아 있지 못하는 길동이에게 5분의 변동 지속시간 강화계획을 적용하면, 지속시간을 3분, 6분, 5분, 4분, 7분으로 설정하여 강화한 경우 길동이는 평균 5분의 지속시간 강화계획에 의해 강화받은 것이다.

강화계획의 유형별 설명

강화계획			강화시기	장점	단점
연속			표적행동이 발생할 때마다	새로운 행동 습득에 유용함	포화 문제가 생길 수 있음
간헐	비율	고정 비율	표적행동이 정해진 수만큼 발생할 때	표적행동 비율을 높일 수 있음	부적절한 유창성 문제나 강화 후 휴지 기간 현상이 나타남
		변동 비율	표적행동이 정해진 평균 수만큼 발생할 때	부정확한 반응이나 강화 후 휴지 기간을 방지할 수 있음	많은 학생에게 동시에 적용하기 어려움
	간격	고정 간격	표적행동이 정해진 시간 간격이 경과한 후, 처음 표적행동이 발생할 때	여러 학생에게 1인 교사가 실행 가능함	• 표적행동 발생비율을 낮추게 됨 • 고정간격 스캘럽 현상이 나타남
		변동 간격	표적행동이 정해진 평균 시간 간격이 경과한 후, 처음 표적행동이 발생할 때	낮아지는 행동 발생률이나 고정간격 스캘럽 문제를 방지할 수 있음	간격의 길이가 다양하도록 관리하는 어려움이 있음
	지속 시간	고정 지속 시간	표적행동을 일정 시간 동안 지속하고 있을 때	비교적 실행이 쉬움	요구하는 지속시간이 길어지면 강화 후 휴지 기간도 길어질 수 있음
		변동 지속 시간	표적행동을 지정된 평균시간만큼 지속하고 있을 때	강화 후 휴지 기간의 예방이 가능함	지속시간을 다양하게 관리하는 어려움이 있음

출처 ▶ 양명희(2018)

3) 강화계획의 체계적 약화

(1) 개념

강화받기 위해 필요한 표적행동의 횟수, 강화받기 전에 경과하는 시간, 강화받기 전에 표적행동이 지속되어야 하는 시간을 체계적으로 증가시키는 것을 의미한다.

(2) 목적

① 변동 강화계획으로 바꾸고 더 높고 안정된 수준의 표적행동을 한다.

② 강화에 대한 기대를 약화시킨다.

③ 학생이 좀 더 긴 시간 동안 표적행동을 지속하게 한다.

④ 교사의 행동 감시자 역할을 철수시킨다.

⑤ 사회적 강화제만으로 행동 통제가 되게 한다.

⑥ 약화된 강화계획으로도 바람직한 수행 수준이 유지되게 한다.

⑦ 더 많은 표적행동을 했을 때 주어지는 강화제가 효력을 갖게 한다.

02 토큰제도

1. 토큰제도의 이해

(1) 개념 10유특, 11초특

토큰제도(또는 토큰경제)란 학생이 바람직한 행동을 하면 토큰을 받아 나중에 학생이 원하는 강화제와 교환할 수 있게 하는 것이다.

(2) 목적

궁극적으로 토큰제도를 제거하는 데 있다. 따라서 토큰은 항상 사회적 칭찬과 짝지어서 제공되어 나중에는 칭찬이 토큰과 동일한 강화 능력을 갖게 해야 한다.

(3) 구성 요소 22유특

목표행동	• 토큰제도를 통해 달성하고 싶은 행동 • 모든 학생에게 동일한 행동을 요구할 필요는 없으며, 집단 내의 학생들 각자에 대해 다른 목표행동을 선정할 수 있음
토큰	• 가시적인 상징물로서 표적행동에 수반하여 즉시 제공되고 차후에 가치 있는 것과 교환할 수 있는 매개체로 사용

	• 토큰 선정 기준 – 안전한 것 – 다른 곳에서 쉽게 구할 수 없는 것 – 튼튼한 것 – 운반하거나 보관하기 쉬우며 다루기 편리한 것 – 값싼 것 – 그 자체의 가치가 크지 않은 것
교환 강화제	• 토큰을 일정량 모았을 때 교환할 수 있는 강화제 • 학생의 목표행동을 동기화시킬 만큼 충분히 다양해야 함 • 교환 강화제의 값은 학생의 노력을 통해 얻은 토큰으로 그것을 획득하는 것에 도전해 볼 가치가 있는 만큼이어야 함

교환 강화제
동 지원강화, 지원강화자극

2. 토큰제도의 실행 절차

① 목표행동의 선정, 목표행동에 대한 토큰의 양을 결정한다.

② 무엇을 토큰으로 사용할 것인지 결정하고 토큰을 구입하거나 제작한다.

③ 교환 강화제와 바꿀 때까지 토큰을 보관할 수 있는 방법과 획득된 토큰의 양을 기록할 방법을 결정한다.

④ 교환 강화제를 선정하여 그 값어치를 결정한다.

㉠ 주로 학생들이 선호하는 것으로 교환 강화제를 선정하고, 교환 강화제마다 목표행동으로 얻을 수 있는 토큰의 양을 결정한다.

㉡ 처음에는 적은 토큰의 양으로도 교환할 수 있게 해주는 것이 좋다.

⑤ 교환 강화제 메뉴판을 만들어 종류별로 그 값어치와 함께 잘 볼 수 있는 곳에 게시한다.

⑥ 언제 어디서 토큰을 교환 강화제와 바꿀 수 있는지 결정한다.

⑦ 학생에게 토큰제도를 가르친다.

⑧ 목표행동에 대한 자료를 수집하면서 토큰제도를 실행한다.

⑨ 목표행동이 향상을 보이면 강화계획을 약화한다.

㉠ 처음에는 자주 토큰과 강화제를 교환할 수 있게 해주다가 점차 강화계획의 비율을 늘려 가는 것이 좋다.

㉡ 초기에는 교환비율을 낮게 하여 적은 수의 토큰으로 작은 강화제들을 쉽게 교환할 수 있게 하다가, 목표행동의 발생률이 증가하여 토큰을 잘 모을 수 있게 되면 교환 강화제의 값을 올리고 교환 강화제의 양도 늘려 갈 뿐 아니라 높은 가격의 강화제를 추가하는 것이 좋다.

- 교환 강화제의 양은 그대로 두고 강화제 값만 너무 올려 토큰의 가치를 지나치게 떨어뜨리면 안 된다.

3. 토큰의 장점

토큰제도는 다음과 같은 세 가지 이유로 응용 현장에서 효과적이다.

① 토큰은 행동과 교환 강화제가 제공되는 시간 간격을 연결해 주는 역할을 한다. 예를 들어, 토큰을 오후에 얻고 다음날 아침 교환 강화제를 제공할 수 있다.

② 토큰은 행동과 교환 강화제가 제공되는 상황을 연결해 준다. 예를 들어, 학교에서 받은 토큰을 집에 있는 강화제와 교환할 수 있게 하거나 오전에 일반교실에서 받은 토큰을 오후에 특수학급에서 교환하게 할 수도 있다.

③ 토큰은 일반화된 조건 강화제이기 때문에 학생들의 동기부여를 위한 노력이 덜 필요하다.

4. 토큰제도 실행 시 고려사항 16중특

토큰제도가 효과를 거두기 위해서는 다음과 같은 사항이 고려되어야 한다.

① 참여자들의 욕구를 충족시킬 수 있는 다양한 교환 상품과 활동을 준비하여야 한다.

- 토큰은 제한된 특정 상품만 교환 가능하다든지, 특정 활동에 국한하여 선택의 폭을 좁힐수록 가치가 그만큼 떨어진다. 참여자들의 발달연령과 사회경제적 신분에 따른 독특한 욕구를 충족시킬 수 있는 다양한 상품과 활동의 기회를 마련할 필요가 있다.

② 사용될 토큰은 가시적이고 유형의 것이 효과적이다.

- 어린 유아들에게는 점수제도보다는 실제로 보고 만질 수 있는 가시적인 물건을 토큰으로 활용하는 것이 좋다.

③ 목표행동이 발생한 후 즉시, 또는 목표행동을 수행하고 있을 때 토큰을 제공한다.

- 토큰은 목표행동의 출현과 정적 강화 간의 시간적 지연과 상황적 차이를 메워 주는 중요한 매개요인이다. 따라서 교환 강화제와의 교환은 차후로 미루더라도 토큰의 제공은 목표행동에 뒤따라 즉시 수반되어야 한다.

④ 큰 보상을 한번에 제공하는 것보다는 작은 보상을 자주 제공하는 방식으로 토큰제도를 구성한다.

- 큰 행동에 대하여 큰 보상을 약속하는 것보다 작은 보상을 자주 제공하는 방식으로 약속하는 것이 더 효과적이다.

⑤ 모아 둔 토큰으로 원하는 교환 상품이나 활동을 구매(교환)할 수 있는 시간과 장소를 마련한다.

- 참여자들이 원하는 시간에 원하는 곳에서 벌어들인 토큰으로 원하는 교환 상품과 쉽게 교환할 수 있도록 한다.

⑥ 목표행동과 교환 강화제 메뉴를 설정하고, 토큰의 비율을 결정할 때 참여자의 의견을 적극적으로 반영한다.

- 목표행동의 설정, 행동과 토큰의 비율 및 교환 가치를 설정할 때 학생을 협상에 참여시켜 의견을 듣고 가능하면 그들의 요구를 수용하는 것이 효과적이다.

⑦ 목표행동과 토큰의 비율, 교환 상품과 토큰의 비율을 수시로 개정할 필요가 있다.

- 필요한 경우 행동과 토큰의 비율, 교환 상품과 토큰의 비율을 수시로 조절함으로써 토큰과 교환 상품의 유통과정을 원활히 할 수 있다. 참여자들이 선호하지 않는 행동에 대해서는 토큰의 수를 올리고, 잘 팔리지 않는 상품은 값을 내리는 것이 필요하다.

⑧ 적은 양의 토큰으로도 교환 가능한 교환 강화제를 준비한다.

03 행동계약

1. 행동계약의 이해 21유특

(1) 개념

행동계약이란 행동목표를 달성했을 때 주어지는 강화에 대해 학생과 교사가 동의한 내용을 문서로 작성하는 것을 의미한다.

(2) 구성 요소 13초특, 20중특, 23중특

① 학생의 표적행동

② 표적행동의 조건과 준거

③ 강화 내용과 방법: 강화의 원리에 따라 강화자극(보상)은 항상 과제(표적행동)가 수행된 후 즉시 제공되어야 한다. 그러나 많은 경우 여러 가지 이유로 과제가 수행된 후 즉시 보상을 제공하기 어렵다. 가능한 한 과제가 완수된 후 빠른 시간 내에 보상을 받을 수 있도록 사전에 계획하는 것이 필요하다.

④ 계약 기간

⑤ 계약자와 피계약자의 서명

행동계약

당사자가 어떤 행동을 할 것이며 결과에 대하여 누구에 의해서 어떻게 보상 혹은 처벌될 것인지를 상호 동의한 서면계약이다. 표적행동과 결과의 관계를 구체화시킨 문서화된 동의로서, 행동계약의 기본 구성 요소를 갖추어야 한다. 이때 각 요소들은 명확하고 구체적으로 진술되어야 한다. 행동계약에서 책임을 명확하게 하기 위해 관계된 모든 사람들의 서명이 요구되기도 하며, 글을 읽지 못하는 경우 그림 등의 방법으로 확인하는 절차를 갖는다(특수교육학 용어사전, 2018).

동 유관계약

행동계약서

행동계약의 구성 요소를 모두 갖춘 내용을 문서화한 것

비교

행동계약의 구성 요소

행동계약의 구성 요소는 문헌마다 각기 다르게 제시되어 있다.

- 특수교육학 용어사전(2018): 행동계약의 기본 구성 요소는 표적행동, 표적행동 수행 결과, 각각의 표적행동과 그 결과에 대한 명확한 조건들이 갖추어져야 한다.
- 양명희(2018): 행동계약의 구성 요소는 과제에 대한 설명, 과제 완성에 따라 주어지는 보상에 대한 설명, 과제 수행 여부에 대한 기록, 계약자와 피계약자의 서명으로 나누어 볼 수 있다.
- 홍준표(2017): 모든 계약에는 과제(표적행동)에 관한 진술, 보상에 관한 진술, 과제 수행에 관한 기록 등이 주요 구성 요소로 포함된다.
- Cooper et al.(2018): 전형적으로 행동계약의 세 가지 주요 구성 요소는 과제 설명, 보상 설명, 과제 기록이다. 본질적으로 계약은 과제를 실행할 사람(들), 과제의 범위 및 순서, 과제 완수에 대한 조건 또는 기준을 포함한다.
- Scheuermann et al.(2017): 일반적으로 계약서에는 학생이 수행해야 하는 행동, 행동의 양과 계약 기간, 교사 및 성인이 목표행동을 지원하고 강화하는 방법이 기록되어 있다.

비교

행동계약의 구성 요소

양명희(2018)는 행동계약의 구성 요소를 다음과 같이 네 가지로 제시하였다.

1. 과제에 대한 설명
2. 과제 완성에 따라 주어지는 보상에 대한 설명
3. 과제 수행 여부에 대한 기록
4. 계약자와 피계약자의 서명으로 구성

과제에 대한 설명	'누가 무엇을 얼마만큼 수행해야 하는지'로 구성 – 누가: 과제를 수행하고 보상을 받게 될 사람(학생) – 무엇: 학생이 수행해야 할 과제 – 얼마만큼: 과제의 수행 정도 – 언제: 과제가 완성되어야 하는 때
보상에 대한 설명	'누가 무엇을 얼마만큼 언제까지 수행해야 하는지'로 구성 – 누가: 과제 완수 여부를 판단하고 보상을 결정하고 시행할 사람(교사 혹은 부모) – 무엇: 보상의 내용 – 얼마만큼: 보상의 형태, 방법, 양을 구체적으로 설명하는 것 – 언제: 보상받을 수 있는 때
과제 수행의 기록	학생의 과제 수행 여부와 교사/부모의 보상 제공 여부를 기록할 수 있도록 구성
서명	학생과 교사/부모가 서로 내용을 확인하고 동의했음을 알려 주는 것

행동계약서

과제	보상
누구: 김○○	누구: 박○○
무엇: 제시간에 학교에 도착하기	무엇: 선생님과 함께 보드 게임하기
얼마큼: 일주일의 휴일을 제외한 모든 등교일에 정해진 시간 8시 40분에 교실에 도착한다. 이 계약은 이번 학기가 끝나는 날까지다.	얼마큼: 선생님이 가지고 있는 것이나 김○○이 가져온 것 중에서 선택하여 한 가지 보드 게임을 한다. 시간은 1시간을 원칙으로 하되 30분 전에 게임이 종료되면 또 다른 게임 때까지 할 수 있다. 4주 연속으로 제시간에 등교하면 보너스로 피자를 먹으면서 보드 게임을 한다.
언제: 학교 등교일	언제: 모든 등교일에 지각하지 않은 주의 금요일 방과 후

서명: ______________ 날짜: ______________

서명: ______________ 날짜: ______________

| 행동계약서 예시 |

출처 ▶ 양명희(2018). 수정 후 인용

2. 행동계약의 실행 절차 11초특, 20중특

① 행동계약이 무엇인지 설명하고 학생의 동의를 얻는다.

② 계약서에 명시될 표적행동을 선정한다.

㉠ 학생이 하기를 바라는 바람직한 행동을 중심으로 하되, 하나의 계약에서 세 가지 이하의 행동을 다루는 것이 좋다.

㉡ 학생과 교사 간에 행동 발생 여부에 대한 불일치를 막기 위해 행동은 조작적으로 정의되어야 한다.

③ 주어질 강화제의 내용을 결정하고, 강화제를 받을 수 있는 기준과 계약의 기한을 결정한다.

㉠ 계약 조건은 계약 당사자 모두에게 공정해야 한다.

㉡ 계약 초기에는 낮은 수준을 설정하여 목표가 달성되도록 한다.

④ 계약서에 서명하고 복사하여 한 부씩 나눠 갖고, 각자 보관한다.

- 계약서는 잘 보이는 곳에 공개적으로 붙여 놓는다. 계약서를 공개적으로 붙여 놓으면 서로 목표에 대한 향상 정도를 볼 수 있어 동기 부여가 될 수 있다.

⑤ 표적행동의 발생에 대한 정보를 수집하면서 계약서에 명시된 기한에 계약서 내용을 검토하고 그대로 이행한다.

• 계약 내용의 수행은 미루지 않고 계약서의 내용대로 즉각 이루어져야 한다.

3. 행동계약 가이드라인 및 규칙

계약 가이드라인 및 규칙	설명
공평한 계약을 하라.	과제의 난이도와 보상의 관계는 공평해야 한다. 어느 한쪽만 유리한 것이 아니라 모두가 윈윈(win-win)하는 상황을 만드는 것이 목표이다.
명확한 계약을 하라.	계약의 가장 큰 장점은 각 개인의 기대치를 확고히 한다는 것이다. 교사 또는 부모의 기대치가 확실하면 행동 개선 가능성이 높아진다. 행동계약에서는 있는 그대로를 설명해야 하며 설명한 대로 실행해야 한다.
정직한 계약을 하라.	과제 완성 시 협의된 보상을 지정된 시간 내에 제공할 때 그 계약은 정직하다고 볼 수 있다. 또한 정직한 계약에서는 과제가 정해 놓은 대로 실행되지 않았으면 보상을 주지 않는다.
보상을 여러 단계로 만들어라.	일일, 주간, 또는 매월 최고 기록을 갱신했을 때 주는 보너스 보상도 계약에 포함할 수 있다. 이와 같은 보너스는 동기 효과를 증가시킨다.
반응 대가 유관을 포함하라.	때로 합의된 과제가 완성되지 않을 경우에 대비해 '벌금', 즉 보상 제거를 포함할 수도 있다.
계약을 잘 보이는 곳에 붙여라.	계약을 공개적으로 붙임으로써 계약 목표를 향한 향상 정도를 쌍방이 볼 수 있게 한다.
한쪽이라도 계약에 대해 불만을 보인다면 다시 합의하여 이를 변경하라.	• 계약 맺기는 누가 지루함을 이길 수 있는 인내력을 갖췄는지를 보기 위한 도구가 아니다. • 계약을 맺는 이들에게 긍정적인 경험을 제공하기 위해 설계된 것이므로 계약이 효과적이지 않다면 과제, 보상, 또는 이 둘 모두를 다시 고려해 볼 필요가 있다.
행동계약을 종결하라.	행동계약은 목표를 달성하기 위한 수단일 뿐 결과물이 아니다. 독립적이며 능숙한 수행을 할 수 있게 되면 계약을 종결해도 좋다. 더 나아가 계약의 한쪽 또는 쌍방이 계약 조건을 지키지 않으면 계약을 종결한다.

출처 ▶ Cooper et al.(2018)

4. 행동계약의 장점

① 학생의 참여가 가능하다.

② 행동지원의 개별화가 용이하다.

③ 계약의 내용이 영구적으로 남을 수 있다.

④ 교사와 학생 모두 자신의 역할에 대해 구체적으로 알고 시행할 수 있다.

⑤ 개별화교육계획을 작성할 때 학생의 현재 수준과 목표를 진술하는 데 사용될 수 있다.

04 집단강화

집단강화
동 집단유관

1. 집단강화의 이해

(1) 개념

집단강화란 집단 구성원 중 특정인이나 일부 구성원, 또는 전체 구성원의 행동에 수반하여 어떤 공통적 후속자극(일반적 강화자극)을 집단 전체에 제공함으로써 집단 구성원 중 한 사람이나 일부 또는 전체 구성원의 행동을 변화시키는 강화 기법이다.

(2) 목적

① 집단강화는 집단 내 모든 학생을 대상으로 한 개 이상의 목표행동 향상을 목적으로 한다.

② 집단강화는 일부 유형에서 집단 구성원들이 동일한 공동의 목표를 위한 작업을 해야 하므로 집단 응집력과 협력을 촉진할 수 있다.

2. 집단강화의 유형 14초특

(1) 독립적 집단강화 18초특, 22중특

① 집단 전체에게 동일한 목표행동을 설정하고, 그 목표행동을 수행하는 사람에게만 강화가 주어지는 제도를 말한다.

- 집단 전체에게 동일한 성취 기준이 제시된다.

② 독립적 집단강화는 행동계약 및 토큰 강화 프로그램과 함께 결합되는데, 그 이유는 이 프로그램에서는 집단 내 다른 구성원의 수행과는 상관없이 강화계획을 적용할 수 있기 때문이다.

예 "금요일 시험 시 10단어 중 9단어를 정확히 철자하는 학생은 각각 보너스 점수 10점을 받게 된다."

(2) 종속적 집단강화 22중특

① 집단 내 한 학생 또는 일부 학생이 목표행동을 수행하면 집단 전체가 강화받도록 하는 것이다.

- 집단 내 한 학생 또는 일부 학생이 도달해야 될 성취 기준이 제시된다.

② 개인(또는 집단 일부)의 행동이 주어진 특정한 기준을 달성하면 집단 전체가 강화를 받고, 수행이 기준을 달성하지 못하면 강화제를 받지 못한다.

예 "길동이가 목표에 도달하면 길동이가 속한 모둠의 모든 학생들이 강화를 받을 수 있어요."

(3) 상호 종속적 집단강화 22유특, 25중특

상호 종속적 집단강화
동 상호 의존적 집단강화

① 집단의 구성원 전체가 기준을 달성해야만 보상을 받는 것이다.

예 "길동이가 속한 모둠이 다 같이 노력해서 목표에 도달하면 모둠 전체가 강화를 받을 수 있어요."

② 집단 전체에게 동일한 목표행동을 설정하되, 집단 전체의 수행 수준에 따라 구성원 개인 또는 집단 단위로 강화받을 수 있는지가 결정된다.

③ 상호 종속적 집단강화는 동료 압력과 집단 응집성을 이용하여 학생들이 공통된 목표를 달성하도록 요구한다.

④ 상호 종속적 집단강화는 항상 전부 혹은 전무의 법칙을 따른다. 즉, 학생 모두가 보상을 받거나 아니면 그 누구도 받을 수 없다는 것이다.

예 "우리 교실이 견학을 가려면 이번 학기의 여섯째 주까지 모든 학생들이 과학 프로젝트 중 최소 4개를 제출해야 한다."

KORSET 합격 굳히기 집단의 수행 수준 형태

Litow와 Pumroy는 집단의 수행 수준을 세 가지 형태로 제시하였다.

1. 각 집단 구성원이 준거 수준을 성취해야 되도록 유관이 진술된다. 집단이 이 준거 수준을 성취하지 못하면 구성원 모두가 강화인자를 받지 못한다.
   예 특별 체육시간의 기회는 각 집단 구성원이 금요일의 철자법 시험에서 최소한 90점을 받는 것에 유관된다.
2. 각 집단 구성원의 수행이 집단 전체의 평균을 충족시키도록 유관이 진술된다.
   예 특별 체육시간의 기회는 작문의 학습 평균이 90점인 것에 유관된다.
3. 학습이 집단으로서 최고 혹은 최저의 수행 수준에 도달해야 되도록 유관이 진술된다.
   예 특별 체육시간의 기회는 큰 소리로 말하는 것이 학습 전체에서 12회 이하인 경우와 유관된다.

출처 ▶ Alberto et al.(2014), Scheuermann et al.(2017)

3. 집단강화 실행을 위한 지침

집단강화를 응용하기 전과 시행 중에 따라야 할 여섯 가지 지침은 다음과 같다.

① 강력한 보상을 선택한다: 강화제는 효과적인 보상으로 작동할 수 있을 만큼 강도가 높아야 한다. 가능하면 일반화된 조건 강화제나 강화제 목록을 사용할 것을 권장한다.

② 변화시킬 행동과 영향을 받을 수 있는 모든 부수적인 행동을 정한다.

예 발달장애 학생의 학업 개선에 수반하여 교실 전체에 휴식 시간을 10분 추가하는 종속적 집단강화를 실시한다고 가정하자. 당연히 교사는 장애학생들의 학업 수행에 대한 자료를 수집할 것이다. 하지만 이 외에도 교실 내외에서 발생하는 장애학생과 다른 학생 간의 긍정적인 상호작용의 빈도 자료도 수집할 필요가 있다. 발달장애 학생이 다른 학생들에게 받는 긍정적인 관심과 격려는 집단유관 사용의 추가적인 장점이기 때문이다.

③ 적절한 수행 기준을 정한다.

㉠ 집단강화를 사용할 때 유관이 적용될 대상자들이 특정한 행동에 요구되는 기술을 갖추고 있는지를 우선적으로 확인해야 한다. 선행 요구 기술이 없는 학생들은 기준에 도달하지 못할 것이며 비웃음 또는 학대의 대상이 될 수도 있다.

㉡ 집단의 평균 수행 수준, 높은 수행 수준, 또는 낮은 수행 수준에 의거하여 집단강화 기준을 정할 수 있다.

④ 적합할 때 다른 절차와 결합한다: 성과를 체계적으로 변화시키기 위해 집단강화를 독립적으로 또는 다른 절차와 결합하여 사용할 수 있다.

예 높은 수준의 단체 행동 수행이 바람직한 경우 높은 행동 비율에 대해 차별화된 강화제를 제공하는 과정(고비율 차별강화)을 집단강화에 결합할 수 있다.

⑤ 가장 적절한 집단강화를 선택한다: 어떤 집단강화를 사용할지는 교사, 부모(적용 가능한 경우), 참가자들이 프로그램을 통해 달성하고자 하는 목표가 무엇인지에 따라 결정되어야 한다.

예 개인 또는 집단 내 일부 학생의 행동 개선을 위한 집단강화를 설계한다면 종속 집단강화를 적용하는 것이 좋다. 교사가 적절한 행동을 차별화된 방식으로 강화하고 싶다면 독립 집단강화를 고려한다. 하지만 교사가 집단의 각 구성원 모두가 어느 특정 수준의 수행을 달성하길 원한다면 상호 종속적 집단강화를 선택해야 할 것이다.

⑥ 개인 수행과 집단 수행을 모두 관찰한다: 집단강화의 경우 치료사는 집단과 개인의 성과 모두를 관찰해야 한다. 전반적인 집단 수행에는 개선이 보이지만 개별적으로는 개선이 이뤄지지 않거나 집단 수행의 개선 속도에 뒤처지는 구성원이 있을 수도 있기 때문이다.

4. 집단강화의 장단점

(1) 장점

① 전체를 대상으로 하므로 시간이 절약된다: 참가자 한 사람 한 사람에게 결과물을 반복적으로 주는 대신 하나의 결과를 집단 내 모든 참가자들에게 적용할 수 있다. 논리적으로 강화 제공자(교사, 치료사 등)가 할 일에 대한 부담을 줄일 수 있음을 뜻한다.

② 개별적 행동관리가 어려운 상황에서 집단강화는 아주 편리하게 활용될 수 있다.

③ 수업분위기를 와해하는 것과 같은 심각한 집단의 문제행동을 신속히 해결하는 데 효과적으로 활용될 수 있다.

④ 또래들을 행동치료자 및 행동관리자로 활용할 수 있기 때문에 또래압력과 영향력을 긍정적으로 극대화할 수 있다.

⑤ 집단 내에서 긍정적인 사회적 상호작용과 행동적 지원을 촉진하는 데 효과적으로 활용될 수 있다.

(2) 단점 14초특, 25중특

종속적 집단강화나 상호 종속적 집단강화의 경우 다음과 같은 부작용이 있을 수 있다.

① 또래의 부당한 압력이 있을 수 있다.

② 한 구성원이 집단의 노력을 고의로 방해할 수 있다.

③ 집단의 수준을 높이기 위해 몇몇이 다른 사람들을 위해 목표행동을 대신할 수 있다.

KORSET 합격 굳히기 **종속적/상호 종속적 집단강화의 단점 해결책**

종속적 또는 상호 종속적 집단강화에서 한두 명의 학생이 집단을 의도적으로 방해하는 문제에 대한 해결책은 다음과 같다.

1. 집단을 방해하는 학생을 대집단 강화에서 제외시키고 대상 학생 한 명만으로 구성된 집단을 만드는 것이다. 이 경우 대상 학생의 수행은 학생 자신에게만 영향을 미치고 다른 학생에게는 영향을 미치지 않는다.
2. 집단의 노력을 방해하는 학생을 위한 기능 중심의 강화제를 판별하는 것이다.

(예시)

김 교사는 중학교 특수학급의 수학시간에 상호 의존적 집단강화를 시행하였다. 매일 학급 구성원들은 수업시간 동안에 부적절한 언어(학생들이 정확하게 부적절한 언어가 무엇인지를 알고 있다고 확인함)를 3회 이하로 보이면 학급 게시판에 별표시를 받았다. 별표시가 15개 모이면 농구를 하면서 남은 시간을 보낼 수 있었다. 그러나 길동이는 지속적으로 큰 소리로 말하고, 부적절한 언어를 사용하여 집단이 최대 획득한 별표시가 겨우 3개 정도였다. 그로 인해 또래들이 길동이에 대해 불평을 함에도 불구하고 길동이는 지속적으로 문제행동을 보였다. 김 교사는 길동이가 자신의 부적절한 행동으로 인해 집단을 장악하는 힘을 좋아하고 그러한 상태가 길동이의 문제행동을 지속시켰다고 판단하였다. 그래서 이러한 기능을 확인하기 위해 강화 계획을 수정하였다. 우선 김 교사는 길동이 한 명으로만 구성된 집단을 만들었다. 길동이가 매일 부적절한 행동을 3회 이하로 보이면 자신의 차트에 별표시를 받았다. 별표시가 15개 되면 다음번 농구시간 집단활동에 참여할 수 있었다. 그러나 금요일까지 차트에 별표시가 4개이면 길동이는 금요일의 일정 시간 동안 교무실에서 과제를 수행해야 한다. 교무실에서 길동이가 해야 하는 일은 교사들에게 온 메시지를 전달하거나 전화를 받거나 학교 방문자에게 이름표를 달아 주는 등의 학교 업무를 보고하는 것이었다. 길동이의 부적절한 행동은 하루에 평균 12회에서 2회로 감소하였다.

출처 ▶ Scheuermann et al.(2017)

고확률 요구 연속
동 고확률 절차

05 고확률 요구 연속 12유특

1. 고확률 요구 연속의 개념 20중특, 25유특·중특

① 고확률 요구 연속이란 학습자에게 일련의 고확률 요구들을 먼저 제시한 후에 즉시 계획된 저확률 요구를 제시하는 연속적인 과정을 말한다. 즉, 학습자가 연속되는 여러 개의 고확률 요구에 성공적으로 반응할 때 계획된 저확률 요구를 순간적으로 빨리 삽입하여 반응을 유도하는 방법이다.

고확률 요구	학습자의 능력으로 쉽게 수행할 수 있으며, 실제로 학습자가 잘 반응하는 것으로 알려진 요구를 말한다. 즉, 순응할 확률이 높은 요구를 일컫는다.
저확률 요구	무엇을 요구하면 잘 순응하지 않고 불응할 확률이 더 높은 요구를 말한다.

② 고확률 요구 연속은 도피에 의해 유지되어 온 문제행동을 감소시킴으로써 순응을 높이는 비혐오적 절차이다.

③ 고확률 요구 연속은 요구에 대해 지나치게 느리게 반응하는 것과 과제를 완성하는 데 걸리는 시간을 줄여 준다.

④ 고확률 요구 연속의 행동적 효과가 나타나는 것은 다음과 같은 이유 때문이다.

㉠ 저확률 요구에 대해 불순응으로 얻는 강화의 가치를 줄이기 때문이다.

- 즉, 요구로부터 도피할 가치를 감소시킨다.

㉡ 저확률 요구와 관련된 공격행동이나 자해행동을 감소시키는 동기해지 조작의 제지효과를 갖기 때문이다.

> 고확률 요구 연속 예시

자폐성장애 홍길동의 특성

- 고확률(고확률 요구, 순응하는 과제): 손뼉치기, 하이파이브, 점프하기, 악수하기
- 저확률(저확률 요구, 거부하는 과제): 의자에 앉기

적용 사례

교사: 야, 손뼉 치자.
길동: (손뼉 친다.)
교사: 잘했어. (손을 내밀며) 악수할까?
길동: (악수한다.)
교사: 참 잘했어! (손을 들어) 하이파이브!
길동: (하이파이브 한다.)
교사: 좋아요. 이제 점프!
길동: (점프한다.)
교사: 멋지다. 의자에 앉자.
길동: (의자에 앉는다.)
교사: 우와! 멋지다. 최고!

KORSET 합격 굳히기 동기조작

1. 동기조작의 개념

① 동기조작이란 어떤 자극, 사물, 사건의 강화효과를 변화(증가 혹은 감소)시키고, 자극, 사물, 사건으로 인해 강화된 모든 행동의 현재 발생빈도를 변화(증가 혹은 감소)시키는 환경적 변인이다.

② 선행자극 통제 방법의 하나로 환경적 상황을 조작해서 행동을 수정하는 방법이다(이성봉 외, 2019 : 48).

③ 동기설정 조작과 동기해지 조작의 두 가지 형태를 취한다.

㉠ 동기설정 조작: 강화제의 즉각적인 효과성을 증가시키는 동기조작을 의미한다.
예 음식 결핍은 음식을 강화제로서 더욱 효과적이게 한다.

㉡ 동기해지 조작: 강화제의 즉각적인 효과성을 감소시키는 동기조작을 의미한다.
예 포만감은 강화제로서 음식의 효과성을 감소시킨다.

2. 동기조작의 영향

동기조작(MO)은 행동에 두 가지 영향을 미치는 환경적인 변인이다.

① 가치변화 효과는 (a) 어떤 자극, 사물, 사건이 강화제로서 효과가 증가되거나[이때 MO는 동기설정 조작(EO)임], 또는 (b) 효과가 감소[이때 MO는 동기해지 조작(abolishing operation, AO)]되는 것을 말한다.

② 행동변화 효과는 (a) 어떤 자극, 사물, 사건에 의해 강화된 행동의 현재 발생빈도가 증가하는 유발효과, 또는 (b) 어떤 자극, 사물, 사건에 의해 강화된 행동의 현재 발생빈도가 감소되는 제지효과를 지칭한다.

- 동기설정 조작(EO)
  - 가치변화 효과: 어떤 자극, 사물, 사건이 강화제로서 가지는 효과를 증가시키는 것
  - 행동변화 효과: 그 자극, 사물, 사건에 의해 강화된 모든 행동의 현재 빈도수를 증가시키는 것(즉, 유발효과 또는 동기유발효과)
- 동기해지 조작(AO)
  - 가치변화 효과: 어떤 자극, 사물, 사건이 강화제로서 가지는 효과를 감소시키는 것
  - 행동변화 효과: 그 자극, 사물, 사건에 의해 강화된 모든 행동의 현재 빈도수를 감소시키는 것(즉, 제지효과)

3. 동기조작의 예

예를 들어, 배고픈 상태는 동기설정 조작(EO)으로, 음식의 강화제로서의 효과를 증가시키고 음식에 의해 강화되었던 모든 행동을 유발한다. 반면, 음식의 섭취는 동기해지 조작(AO)으로, 음식이 강화제로서 가진 효과를 감소시키고 음식으로 강화된 모든 행동을 감소시킨다.

- 동기설정 조작(EO)으로 작용하는 배고픔
  - 가치변화 효과: 음식이라는 강화제의 효과를 증가시킴
  - 행동변화 유발효과: 음식에 의해 강화된 모든 행동의 현재 빈도수를 증가시킴
- 동기해지 조작(AO)으로 작용하는 음식 섭취
  - 가치변화 효과: 음식이라는 강화제의 효과를 감소시킴
  - 행동변화 제지효과: 음식에 의해 강화된 모든 행동의 현재 빈도수를 감소시킴

출처 ▶ Cooper et al.(2018)

2. 고확률 요구 연속에 사용되는 과제의 조건 [20중특]

① 학습자의 현재 레퍼토리에 포함되어 있는 것이어야 한다.

② 일정한 순응을 보여야 한다.

- 요구에 대한 순응이 보장되는 행동 중에서 선택한다.

③ 짧은 시간 안에 순응해야 한다.

- 반응 시간이 짧아야 한다.

3. 고확률 요구 연속의 효과적인 활용법 [20중특]

① 고확률 요구 연속에서 사용될 과제는 이미 학습되어 학생의 현재 레퍼토리에 존재하는 것이어야 한다.

㉠ 고확률 요구의 수가 증가함에 따라 고확률 요구 연속의 효과성이 증진된다.

㉡ 참가자들이 지속적으로 저확률 요구에 순응하게 되면 훈련자는 고확률 요구의 수를 점진적으로 줄여야 한다.

② 고확률 요구를 빠르게 제시한다.

- 고확률 요구들은 요구 간 간격을 짧게 하여 빠르게 잇달아 제시되어야 한다. 첫 번째로 제시되는 저확률 요구는 고확률 요구 순응에 따른 강화에 바로 뒤따라야 한다.

③ 학습자의 순응은 즉각적으로 강화되어야 한다.

- 교사가 다음 요구를 제시하기에 앞서 학생의 순응을 인정하며 칭찬한다(좋아, 잘했어!).

④ 강력한 강화제를 사용한다.

- 내담자는 저확률 요구로부터 도피하기 위해 공격행동이나 자해행동을 보일 수 있다. Mace 등은 도피행동에 대한 동기가 강할 경우 사회적 칭찬만으로는 순응을 증가시킬 수 없다고 경고했다. 따라서 순응 이후 즉각적으로 양질의 긍정적 자극을 제시하면 고확률 요구 개입의 효과성이 증가한다.

레퍼토리

행동분석가는 레퍼토리라는 단어를 최소한 두 가지 의미로 사용한다. 레퍼토리는 한편으로는 개인이 할 수 있는 모든 행동을 가리킬 때 사용된다. 더 일반적으로 이 용어는 개인이 학습한, 특정 상황이나 과제와 관련되어 있는 지식이나 기술의 집합체를 의미한다(Cooper et al., 2017).

비교

과제의 조건

Cooper et al. (2017)	• 고확률 요구 연속에 사용되는 과제의 조건으로 세 가지를 제시하고 있다. • 세 가지 조건: 본문 참조
홍준표 (2017)	• 고확률 요구 연속에 사용될 과제는 이미 학습되어 아동의 행동저장고에 존재하는 것이어야 한다. • 고확률 요구로 사용되는 과제는 반응 시간이 짧고, 요구에 대한 순응이 보장되는 행동 중에서 선택한다.

4. 고확률 요구 연속의 사용 시 고려할 점

① 문제행동의 발생 직후에는 고확률 요구 연속을 사용하지 말아야 한다. 저확률 요구에 대해 문제행동으로 반응하면 더 쉬운 요구가 뒤따른다는 것을 학생들이 학습할 수 있기 때문이다.

② 시작할 때와 지시하는 동안에 걸쳐 고확률 요구를 제시해 문제행동이 강화될 가능성을 줄여야 한다.

- 처음부터 일정한 단계까지는 고확률 요구를 제시함으로써 문제행동의 발생 가능성을 줄여야 한다.

③ 의식적 또는 무의식적으로 저확률 요구보다는 고확률 요구만을 하게 하거나 요구로부터 도피하려는 목적으로 공격행동이나 자해행동을 보이려는 학생의 도피행동을 피하기 위해 쉬운 과제를 선택하지 말아야 한다.

Chapter

05 바람직하지 않은 행동의 감소

01 행동 감소를 위한 중재

1. 행동 감소를 위한 수준별 대안

① 문제행동의 감소를 위한 중재는 가장 긍정적인 것부터 적용해야 한다. Alberto 등은 최소한의 혐오적 중재부터 적용할 것을 주장하면서 이를 '최소 강제성 대안의 원칙'이라고 하였다.

② 행동 감소를 위한 절차를 실행하는 데에는 몇 가지 요구사항이 충족되어야 한다.

㉠ 체계에 따른 이동은 자료에 근거해야 한다: 즉 현재 적용하고 있는 절차가 효과적이지 않아서 좀 더 강제적인 절차를 사용해야겠다는 것을 결정하기 전에 중재 중에 수집된 자료로 절차가 비효과적이었음을 입증해야 한다.

㉡ 전문가의 지적과 허용이 있어야 한다: 어떤 경우 교사는 현재 수행 중인 중재의 진행사항을 검토하고 다음의 계획에 동의를 구하기 위해 자신의 상사, 학생의 부모 등의 의견을 들어야 한다. 그러한 계획에는 기능평가나 기능분석의 수행, 행동지원계획에 대한 계획 등이 포함될 수 있다.

③ 부적절한 행동을 감소하기 위한 네 가지 수준의 선택적 대안은 다음과 같은 체계를 따른다.

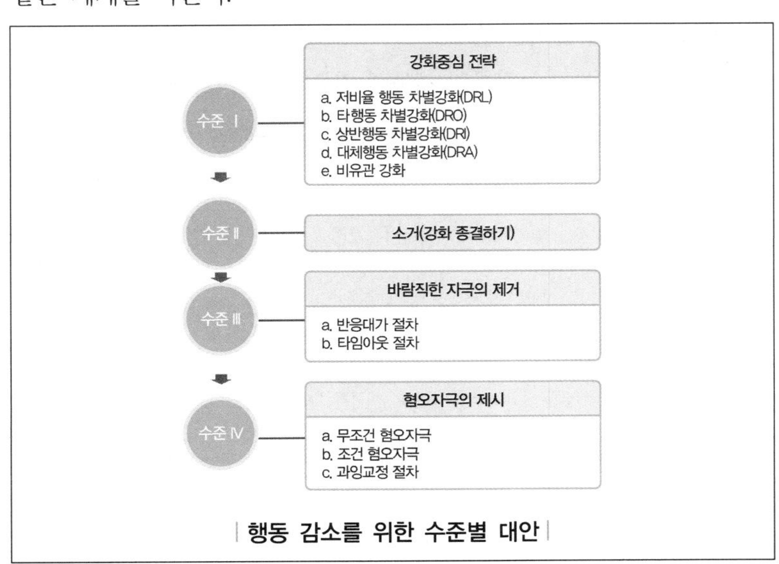

| 행동 감소를 위한 수준별 대안 |

㉠ 수준 Ⅰ은 차별강화를 사용하는 다섯 가지 전략이다. 이러한 전략은 행동 감소를 위한 정적 (강화)접근법이기 때문에 첫 번째 선택적 대안이다.

㉡ 수준 Ⅱ는 소거절차다. 소거 사용은 행동을 유지시키는 강화인자를 더 이상 주지 않거나 보류하는 것을 의미한다.

㉢ 수준 Ⅲ은 벌을 주는 후속결과로서의 첫 번째 선택사항이다.

- 선택사항은 여전히 혐오자극의 적용을 필요로 하지 않는다.
- 수준 Ⅲ은 행동을 감소시키기 위해서 바람직한 자극을 제거하거나 자제하는 것이다.

㉣ 수준 Ⅳ는 앞의 세 가지 수준에서 실패한 후에, 혹은 어떤 행동의 지속이 학생이나 다른 사람에게 절박한 위험을 가져올 때 선택되는 것이다.

2. 행동 감소를 위한 원칙

(1) 최소 강제성 대안의 원칙

① 행동을 감소시키고자 할 때는 최소 강제성부터 시작하여 최대 강제성에 이르는 체계적 절차(수준 Ⅰ → 수준 Ⅳ)에 근거하여 가능한 가장 최소 수준의 강제성을 가진 체계가 선택되어야 한다.

② 동일하게 효과적인 절차들 중에서 하나를 선택해야 한다면 최소한의 혐오적 절차가 선택되어야 한다.

③ 덜 강제적이지만 비효과적인 절차와 더 혐오적이지만 효과적인 절차 중에 선택해야 한다면 효과적인 절차가 이루어져야 한다.

(2) 행동의 기능에 근거한 중재

① 기능 확인이 가능하다면 행동의 기능에 근거한 중재가 결정되어야 한다.

② 행동의 기능에 대한 고려 없이 행동의 형태만 보고 중재가 결정된다면 행동은 궁극적으로 원상태로 돌아오거나 또 다른 문제행동으로 대치될 수 있다.

PART 01

02 차별강화

1. 차별강화의 이해

(1) 개념 10중특

① 차별강화란 바람직한 행동에는 강화를 제공하고, 바람직하지 못한 행동에는 강화를 제공하지 않음으로써 강화를 받지 못하는 행동을 감소시키는 방법이다.

② 바람직하지 않은 행동이 발생하지 않는 것을 강화한다.

③ 강화의 원리를 적용하지만 행동의 증가가 아니라 행동을 감소시키는 데 사용된다.

④ 차별강화는 행동을 감소시키려는 다른 방법들처럼 강화를 철회하지도 않고, 혐오자극을 제시하지도 않는 특성이 있다.

⑤ 차별강화는 '표적의 차이'에 있어 강화와 구별된다.

㉠ 강화: 바람직한 행동을 표적으로 한다.

㉡ 차별강화: 바람직하지 않은 행동이 발생하지 않은 것을 표적으로 한다.

(2) 장점

① 교사와 학생의 관계가 증진된다.

② 교사와 학생의 대립 가능성이 감소한다.

③ 습득한 행동을 일반화할 가능성이 증가한다.

④ 학생들 사이의 상호작용이 좋아질 가능성이 증가한다.

2. 차별강화의 유형

차별강화는 저비율 행동 차별강화(DRL), 타행동 차별강화(DRO), 대체행동 차별강화(DRA), 상반행동 차별강화(DRI) 등으로 구분할 수 있다.

1) 저비율 행동 차별강화

저비율 행동 차별강화

동 저빈도 행동 차별강화, 저비율 차별강화, DRL

(1) 개념

① 행동 자체가 문제라기보다는 그 행동의 발생빈도가 지나치게 높아서 문제가 되는 경우에 그 행동의 빈도가 수용될 만큼의 기준치로 감소되었을 때 강화하는 방법이다.

② 저비율 행동 차별강화는 행동의 발생을 제거하는 것이 목적이 아니라 발생빈도를 낮추기 위한 것이므로 행동 자체가 문제라기보다는 너무 자주, 너무 많이, 너무 빨리 발생하는 것이 문제인 경우에 사용하기 적절한 방법이다.

(2) 종류

① 전체 회기 저비율 행동 차별강화 21중특

㉠ 전체 회기 동안 표적행동이 미리 정한 기준과 같거나 그 이하일 경우, 치료회기가 끝날 때 강화를 준다.

예 1교시당 5회의 질문하기를 기준으로 전체 회기 저비율 행동 차별강화를 적용하는 경우 전체 수업 시간 동안에 평균 5회 또는 그 이하로 질문을 하면, 수업을 마친 후에 강화를 준다(2021 중등A-3 기출). / 1교시당 4회의 방해행동을 기준으로 전체 회기 저비율 행동 차별강화를 적용하는 교사는 1교시가 끝날 때 4회 또는 그 이하로 방해행동이 발생했을 때 강화를 준다.

㉡ 강화계획 약화 절차: 전체 회기 저비율 행동 차별강화에서 학습자의 현재 저비율 행동 차별강화 수행을 바탕으로 새로운 기준을 설정한다. 혹은 최근 저비율 행동 차별강화 회기에서 발생한 행동의 평균수보다 조금 적게 새로운 기준을 설정한다.

㉢ 교육 및 치료 상황에서의 문제행동에 대한 효과적이고, 효율적이며 적용이 용이한 개입이다.

② 간격 저비율 행동 차별강화

㉠ 간격 저비율 행동 차별강화를 적용하기 위해서는 전체 회기를 동일한 시간 간격으로 나누고, 각 간격에서 문제행동의 발생 수가 미리 정한 기준과 동일하거나 적을 경우 간격이 끝날 때 강화를 준다.

- 학생으로 하여금 한꺼번에 많은 행동을 변화시키도록 하기보다는 연속적으로 조금씩 적응하도록 하는 점진적 접근법이다.

㉡ 시간 간격 동안 반응의 수가 기준을 초과하면 강화를 주지 않고 새로운 간격을 시작한다. 새로운 간격의 시작은 강화를 받을 수 있는 기회를 연기하는 것이다.

예 간격 저비율 행동 차별강화 기준선이 시간당 4개의 문제행동일 경우, 15분마다 1개 이하의 문제행동이 보이면 강화를 준다. 참가자가 간격 동안 두 번째 문제행동을 보일 경우, 즉시 새로운 15분 간격을 시작한다.

㉢ 강화계획 약화 절차: 간격 저비율 행동 차별강화의 강화계획 약화는 다음과 같은 두 가지 방법이 적용된다.

- 간격당 표적행동 발생 정도가 미리 정한 기준 이상일 경우 점진적으로 간격당 표적행동 발생 수를 줄여 나간다.
- 간격당 표적행동 발생 정도가 미리 정한 기준일 경우 기준 간격의 지속시간을 점진적으로 늘린다.

예 (표적행동의 발생 기준을 간격당 2회 또는 2회 이하로 정한 경우) 훈련의 1단계에서는 한 회기 40분 수업을 5분씩 8개 간격으로 나누고, 5분을 한 단위로 하여 좌석을 2회 또는 그 이하로 이탈하면 강화한다. 2단계에서는 40분 수업을 8분씩 5개 또는 10분씩 4개 간격으로 나누고, 한 간격 동안 길동이가 2회 또는 그 이하로 좌석을 이탈하면 강화한다. 3단계에서는 20분씩 2개 간격, 마지막 단계에서는 전체 40분을 하나의 간격으로 정하여 2회 또는 그 이하로 좌석을 이탈하면 강화한다.

비교

간격 저비율 행동 차별강화

- 홍준표(2017), Alberto et al.(2014), Cooper et al.(2017): 한 회기를 작은 간격으로 나누고, 각 간격의 마지막 시점에서 반응행동이 특정 한계점보다 적거나 같을 때 강화하는 것이다.
- 양명희(2018), 이성봉 외(2019): 한 회기를 여러 시간 간격으로 나누고 각 간격에서 행동이 발생하지 않을 경우에 강화를 제공하는 방법이다.

ⓡ 간격 저비율 행동 차별강화가 효과적이기 위해서는 문제행동에 대한 지속적인 관찰, 주의 깊은 시간 측정 그리고 빈번한 강화가 필요하다.

ⓜ 보조자가 없다면 간격 저비율 행동 차별강화를 집단 환경에서 적용하는 데 어려움이 있을 수 있다.

③ 반응시간 저비율 행동 차별강화 [21중특]

㉠ 반응과 반응 간의 시간을 점차 증가시키는 방법으로 정해진 시간 내에 발생하는 반응비율을 낮추는 전략이다.

㉡ 하나의 반응이 발생한 후 일정한 기준시간이 경과한 다음에 발생한 반응은 강화하고, 일정한 기준시간이 지나기 전에 발생하면 무시하는 방식으로 차별강화한다.

예 학생이 한 번 질문을 한 후 8분이 지나고 질문을 하면 즉시 강화한다(2021 중등A-3 기출). / 한 번 손들어 발표한 후 10분이 지나 발표를 하면 강화한다.

㉢ 강화계획 약화 절차: 반응시간 저비율 행동 차별강화에서 최근 회기의 평균 반응 간 시간이나 그보다 조금 낮춘 횟수에 근거하여 반응 간 시간 기준을 정한다.

반응시간 저비율 행동 차별강화

동 간격유지 저비율 행동 차별강화, 반응 간 시간 차별강화, 반응간격 차별강화

(3) 장점 및 유의사항 [10중특]

① 장점

㉠ 혐오자극을 사용하지 않고, 정적 강화만을 사용하여 바람직하지 못한 행동의 발생빈도를 효과적으로 감소시킬 수 있다.

㉡ 점진적으로 부적응 행동을 줄이도록 요구한다. 문제행동을 하는 학생의 입장에서는 오랫동안 습관화된 나쁜 행동을 갑자기 중단하는 것보다 점차 감소시키는 것이 보다 쉬울 것이다.

② 유의사항

㉠ 저비율 행동 차별강화는 변화과정이 빠르게 나타나는 것이 아니므로 빠르게 감소시켜야 하는 문제행동에는 사용하지 않는다.

㉡ 위험하거나 심각한 행동(예 폭력 또는 자해행동)에는 적용하지 않는다.

타행동 차별강화

동 다른 행동 차별강화, 여타행동 차별강화, 행동 생략 차별강화, 영 반응에 대한 강화, 생략훈련, 제로 행동 차별강화, 무행동 차별강화, DRO

2) 타행동 차별강화

(1) 개념 21중특

① 일정 시간 간격 동안에 표적행동이 발생하지 않으면, 그 시간 간격 동안에 어떤 행동이 발생하든지 상관없이 강화하는 것을 의미한다.

㉠ 표적행동이 발생하지 않는 것에 대해 강화하는 것을 의미한다.

㉡ 정해진 시간 간격 동안에 어떤 행동을 하든 표적행동만 하지 않으면 강화한다.

② 타행동 차별강화를 실행하기 위해서는 시간 간격의 길이를 결정해야 한다. 강화를 위한 시간 간격 길이를 결정하는 기준은 다음의 두 가지가 있다.

㉠ 시간 간격의 강화 조건(강화가 주어지는 시간 간격의 조건)

정해진 시간 간격에서 전체 시간 간격 동안에 표적행동의 비발생을 강화할 것인지 아니면 시간 간격의 특정 시각(매 간격의 마지막 순간)에 표적행동의 비발생을 강화할 것인지 정한다.

간격 DRO	전체 시간 간격 동안 문제행동의 비발생을 강화함. 즉, 표적행동이 시간 간격의 어떠한 때에도 나타나지 않으면 일정한 시간 간격의 마지막에 강화가 주어짐
순간 DRO	특정 시각(매 간격의 마지막 순간)에 문제행동의 비발생을 강화함. 즉, 표적행동이 시간 간격의 마지막 순간에 보이지 않으면 강화가 주어짐

㉡ 시간 간격 계획의 조건

고정된(정해진) 전체 시간 간격 동안 또는 특정 시각(매 간격의 마지막 순간)에 표적행동의 비발생을 강화할 것인지 아니면 변동하는 전체 시간 간격 동안 또는 특정 시각(매 간격의 마지막 순간)에 표적행동의 비발생을 강화할 것인지 정한다.

(2) 종류

강화를 위한 시간 간격 길이를 결정하는 두 가지 기준의 결합 방식에 따라 다음과 같이 네 가지 종류로 구분된다.

시간 간격의 강화 조건 / 시간 간격 계획의 조건	간격 (Interval)	순간 (Momentary)
고정 (Fixed)	고정−간격 (FI−DRO)	고정−순간 (FM−DRO)
변동 (Variable)	변동−간격 (VI−DRO)	변동−순간 (VM−DRO)

① 고정–간격 타행동 차별강화(FI–DRO) 13중특(추시)

㉠ 시간 간격을 정하고, 그 기간 동안 문제행동이 발생하지 않았을 경우 그 시간이 끝날 때 강화를 주며, 어떤 형식으로든 문제행동이 나타날 경우 다시 타이머를 처음으로 돌린다.

예 김 교사는 3학년 학생들의 수업시간 중 문제행동을 감소시키기 위해 FI–DRO 절차를 집단으로 적용하였다. 타이머를 5분 간격으로 설정하고, 방해행동이 일어나지 않는 한 이를 계속 켜두었다. 5분 간격 동안 한 학생이라도 방해행동을 보일 경우 타이머를 다시 5분으로 재설정하였다. 방해행동 없이 타이머가 5분 후에 울리면 반 전체에게 상으로 1분 동안의 자유시간을 주었다.

㉡ FI–DRO를 적용하여 학생이 진보를 보이면 시간 간격을 점진적으로 늘린다. 이를 'DRO 증진 간격 스케줄' 또는 'DRO 용암 스케줄'이라고도 한다.

- 학생은 이전보다 길어진 간격 동안 표적행동을 보이지 않아야만 강화를 받을 수 있다.

② 변동–간격 타행동 차별강화(VI–DRO)

㉠ VI–DRO에서는 평균 시간 단위로 변화하는 간격 동안에 표적행동이 발생하지 않으면 강화가 주어진다.

예 45분의 수업 동안에 평균 5분의 시간 간격에서 학생이 표적행동을 보이지 않으면 강화를 받는 VI–DRO를 적용하는 경우, 교사는 45분의 수업시간을 평균 5분의 간격으로 하여 임의로 간격을 나눈다(예 3분 간격–4분 간격–5분 간격–4분 간격–7분 간격–4분 간격–7분 간격–8분 간격). 이러한 평균 5분 간격 동안에 표적행동의 비발생에 대해 강화를 한다.

㉡ VI–DRO는 전체 시간 간격 동안 문제행동의 비발생을 강화한다는 점은 FI–DRO와 동일하지만 강화가 주어지는 시간 간격 스케줄의 조건이 변동된다는 점이 다르다.

③ 고정–순간 타행동 차별강화(FM–DRO)

FM–DRO에서는 고정된 시간 간격의 마지막 순간(시각)에 표적행동의 비발생을 강화한다.

예 5분 FM–DRO를 적용하고자 하는 경우 45분의 수업 중 학생은 5분의 고정된 시간 간격의 마지막 순간인 매 5분 정각에 표적행동을 보이지 않으면 강화를 받는다. 고정된 간격 동안 어떠한 때에 표적행동을 보이더라도 이에 상관없이 시간 간격의 마지막 순간인 5분 정각에만 표적행동을 보이지 않으면 강화가 주어진다.

자료

타행동 차별강화 재설정 간격 스케줄

- 고정–간격 타행동 차별강화의 변형으로 타행동 차별강화 재설정 간격 스케줄이 있다. DRO 재설정 간격 스케줄에서는 표적행동이 시간 간격 내내 나타나지 않으면 강화가 제공되지만 시간 간격 동안 표적행동이 나타나면 표적행동을 보인 시간을 기준으로 시간 간격이 재설정된다(이성봉 외, 2019).
- 타행동 차별강화 재설정 간격 스케줄에 대한 주요 문헌별 내용은 다음과 같다.

양명희	• 관련 내용 없음
Alberto et al. (2014)	• 관련 용어를 별도로 사용하지 않음 • 바람직하지 않은 행동의 발생 가능성은 다음의 두 가지 추가적 결정에 따라 달라진다. – 반응 발생 후에 DRO 간격을 재설정할 것인지, 혹은 계획된 다음 간격까지 기다릴 것인지 – 반응이 발생한 것에 대해 어떤 형태로든 후속결과를 줄 것인지, 혹은 그것을 무시할 것인지
Cooper et al. (2017)	• 관련 내용 없음 • 고정–간격 DRO의 실행 방법에 재설정 방법이 포함됨: 본문 참조

④ 변동-순간 타행동 차별강화(VM-DRO)

㉠ VM-DRO에서는 평균 시간 단위로 변화하는 간격의 마지막 순간에 표적행동이 발생하지 않으면 강화가 주어진다.

예 45분의 수업 동안 평균 5분의 VM-DRO를 적용하는 경우, 교사는 45분의 수업시간을 평균 5분 간격으로 하여 임의로 간격을 나눈 후, 이러한 평균 5분 간격의 마지막 순간에 표적행동 비발생에 대해 강화를 한다(예를 들어, 3분 정각-7분 정각-10분 정각-15분 정각-19분 정각-26분 정각-30분 정각-37분 정각-45분 정각).

㉡ VM-DRO는 시간 간격의 마지막 순간(시각)에 문제행동의 비발생을 강화한다는 점은 FM-DRO와 동일하지만 강화가 주어지는 시간 간격 스케줄의 조건이 변동된다는 점이 다르다.

(3) 단점 15초특

① 표적행동이 아닌 다른 문제행동을 강화할 가능성이 있다.

예 뚜렛 증후군이 있는 학생의 안면 틱을 감소시키기 위해 20초 간격으로 간격 DRO를 시행한다고 할 경우, 안면 틱이 없었던 20초 간격의 끝에 강화가 주어진다. 그러나 그 학생이 간격 도중 아무 때나 혹은 간격 끝에 욕을 해도 여전히 강화가 주어진다. 안면 틱이 없었을 때 주는 강화가 욕하기와 근접해 발생하여 또 다른 부적절한 행동을 비의도적으로 강화했을 가능성이 있다.

- 이러한 경우, DRO 간격의 길이를 줄이거나 문제행동이 기타 바람직하지 않은 행동들을 포함하도록 해야 한다

예 안면 틱과 욕하기가 모두 없을 때 강화를 준다.

② 바람직하지 않은 행동은 하지 않겠지만 바람직한 행동을 배우지 못한 상태이기 때문에 '행동의 진공 상태'를 만들 가능성이 존재한다.

- 표적행동이 발생하지 않는 것에 대해 강화가 제공되므로 구체적인 적절한 행동을 강화하는 것이 아니다. 그렇기에 표적행동의 감소와 더불어 구체적인 바람직한 행동을 증가시킬 수 있는 상반행동 차별강화 또는 대체행동 차별강화와 같은 다른 유형의 차별강화를 고려할 수 있다.

③ 교사가 주는 강화가 학생이 바람직하지 않은 행동을 통해 얻을 수 있는 강화보다 강력하지 않으면 효과가 없다.

④ 순간 DRO에서는 부적절한 행동이 간격 도중 거의 계속해서 나타났더라도 간격이 끝날 때 발생하지만 않으면 강화가 주어진다. 이 경우 간격 DRO를 사용하고 DRO 간격의 길이를 감소시켜야 한다.

3) 대체행동 차별강화 14초특

(1) 개념 11유특, 16유특, 17중특

① 학생이 문제행동을 할 때는 강화하지 않고 문제행동을 대신할 수 있는 바람직한 행동(즉, 대체행동)을 할 때는 강화하는 것이다.

- 바람직한 행동에 대한 강화와 바람직하지 않은 행동에 대한 소거를 결합한 것이다.

② 바람직하지 않은 행동의 목적은 인정할 수 있으나 그 표현 방법을 인정할 수 없을 때 사용한다.

(2) 대체행동 선택 기준 22초특

기능의 동일성	대체행동은 문제행동과 동등한 기능을 가진 행동이어야 한다. – 예를 들어, 기능평가를 통해 문제행동의 기능이 어려운 과제 회피일 경우, 대체행동은 "도와주세요."가 아닌 "조금 쉬었다 할래요."가 되어야 한다. "도와주세요."는 획득의 기능으로, 이는 문제행동의 기능과 동일하지 않은 것이기에 대체행동의 선정 기준에 부합하지 않는다.
수행의 용이성	대체행동은 문제행동을 수행하는 것만큼 수행하기 쉬운 형태여야 한다.
사회적 수용 가능성	사회적으로 다른 사람들에게 수용될 수 있는 행동이어야 한다.
동일한 반응노력	행동이 의미하는 바를 누구든지 이해할 수 있어서 중재자 이외의 다른 사람들에게서도 적절한 반응을 이끌어 내는 행동이어야 한다. 학생이 수행한 대체행동을 보고 다른 사람들이 어떠한 행동인지를 쉽게 알 수 있어서 이에 대해 적절한 반응을 할 수 있어야 한다.

출처 ▶ 이성봉 외(2019). 내용 요약정리

(3) 대체행동 선택 시 고려사항 13유특, 14초특, 15유특, 20유특, 22초특

반응 효율성	• 새로운 행동은 문제행동보다 빠르고(효율성) 쉽게(효과성) 원하는 결과를 얻어야 한다. • 반응 효율성 측면에서 고려한다는 것은 노력, 결과의 질, 결과의 즉각성, 결과의 일관성, 처벌 개연성(이상 교체기술 선택 기준)을 고려한다는 의미이다.
반응 수용성	새로운 행동은 주변 환경 안에서 다른 사람들이 받아들여야 한다.
반응 인식성	새로운 행동은 친근한 사람이나 생소한 사람들이 쉽게 알아야 한다.

출처 ▶ Heflin et al.(2014). 내용 요약정리

대체행동
동 대안행동

대체행동 차별강화
동 의사소통 차별강화, DRA

PART 01

Tip
교체기술 선택 기준(노력, 결과의 질, 결과의 즉각성, 결과의 일관성, 처벌 개연성)에 근거한 반응 효율성 점검표를 이용하여 표적행동을 대신할 수 있는 교체기술을 선택하여 지도한다.

비교
대체행동 선정 시 고려사항
대체행동을 선정할 때는 다음의 네 가지 측면을 고려해 보아야 한다. 첫째, 수행할 때의 노력 측면, 둘째, 후속 결과의 강도 측면, 셋째, 후속 결과의 신속성 측면, 넷째, 후속 결과의 일관성 측면을 고려할 필요가 있다(2024 초등–논술 기출).

비교

대체행동 선택 기준

1. 양명희(2018)

대체행동 차별강화를 사용할 때 문제행동을 대신할 대체행동을 선택하는 것이 중요한데, 그 선택 기준은 다음과 같다.

① 대체행동은 문제행동과 기능이 동일해야 한다.
② 대체행동은 문제행동을 하는 것보다 힘을 덜 들이고도 학생이 선호하는 결과를 즉각적으로 얻을 수 있어야 한다.
③ 대체행동은 그 학생의 주위에 있는 사람들로부터 사회적으로 수용될 수 있는 것이어야 한다.

2. Alberto et al.(2014)

대체행동을 선정할 때는 몇 가지 기준을 고려해야 한다. 이 준거는 다음과 같은 사항이 포함된다.

① 대체행동은 대치되는 행동으로서 동일한 기능을 보인다.
② 학생, 부모, 일반인들은 흔히 새로운 행동이 동일한 기능을 성취하는 데에 더 일반적인 행동으로 보이기 때문에 대체행동을 더 적절한 행동으로 간주한다.
③ 대체행동은 신체적 노력과 복합성이 동일하거나 덜할 필요가 있다.
④ 대체행동은 동일한 형태, 양, 강도의 강화인자로 귀착한다. 만일 학생이 새로운 행동은 동일한 강화로 귀착하지 않는다는 것을 배우면 그는 과거에 강화로 귀착되어 왔던 부적절한 행동으로 되돌아갈 것이다.
⑤ 대체행동은 동일한 스케줄(빈도와 일관성)로 강화된다. 만일 손들기 대체행동이 옛 행동과 동일하게 교사의 관심을 얻지 못하면 학생은 관심을 얻기 위해 소리 지르기로 되돌아갈 것이다.
⑥ 원래의 행동 수행과 강화 간의 지체보다 더 큰 대체행동 수행과 강화 간의 지체는 없다. 대치의 효율성은 행동이 이미 학생의 레퍼토리에 선정되었을 때 강화된다. 만일 학생이 이미 행동을 수행할 수 있다면 옛 행동을 대치하기 위해 새로운 행동을 배울 필요는 없다. 적절한 행동 레퍼토리가 제한적인 학생의 행동 레퍼토리에서 대체행동을 찾는 것은 어렵다. 존재하는 기본적인 운동 또는 사회적 행동을 좀 더 복잡한 행동으로 형성하는 것이 필요할지도 모른다.
⑦ 대체행동은 결국 자연적인 강화인자에 의해 유지된다.

3. Yell et al.(2017)

대안 혹은 대체행동을 선택하는 데는 몇 가지 기준이 있다.

① 대체행동은 바람직하지 않은 행동을 함으로써 얻고자 했던 것과 같은 목적을 지니고 있어야 한다.
② 대체행동을 통해서 신체적 노력을 덜하고도 즉각적이면서도 선호하는 후속결과를 얻을 수 있어야 한다.
③ 대체행동은 반드시 학생이 살아가는 환경 내에서 사회적으로 수용 가능한 수준이어야 한다.

4) 상반행동 차별강화

(1) 개념 20유특, 23중특

① 문제행동의 상반행동에 대해서는 강화를, 문제행동에 대해서는 소거를 적용하는 것이다.

㉠ 상반행동이란 문제행동과 동시에 발생할 수 없는 행동을 의미한다.

예 뛰기와 걷기, 정상적인 목소리 내기와 소리 지르기, 과제 이행과 과제 불이행

㉡ 학생이 부적절한 행동을 하는 것을 신체적으로 불가능하도록 상호배타적 행동을 선택하는 것이다.

② 문제행동을 대신할 수 있는 대체행동에 문제행동의 상반행동이 포함될 수 있기 때문에 상반행동 차별강화는 대체행동 차별강화의 일종이라고 할 수 있다.

예 교사의 관심을 받기 위해 수업시간에 돌아다니는 행동에 대한 대체행동 : 손들어서 질문하기, 의자에 앉아 있는 행동 등이 있을 수 있다. 이 중에서 의자에 앉아 있는 행동은 서서 돌아다니는 행동에 대한 상반행동이다.

③ 대체행동 차별강화와 비교하면 다음과 같다.

구분	대체행동 차별강화	상반행동 차별강화
차이점	• 문제행동과 대체행동이 동시에 나타날 수 있음 예 음식이 아닌 것 먹기 + 음식물 먹기 • 문제행동과 대체행동의 기능이 동일함 • 대체행동 차별강화는 상반행동 차별강화보다 대체행동의 개발 범위가 넓음	• 문제행동과 상반행동이 동시에 발생할 수 없음 • 문제행동과 상반행동의 기능이 동일할 필요가 없음 • 문제행동과 상반되는 행동을 찾기가 어려울 수 있음
공통점	• 방법 : 문제행동은 강화하지 않고 문제행동을 대신할 수 있는 바람직한 행동은 강화 • 강화하는 행동 : 사회적으로 용인되는 행동	

(2) 단점

문제행동과 상반되는 바람직한 행동을 찾기가 쉽지 않다.

상반행동 차별강화

동 경쟁행동 차별강화, 양립불가 행동 차별강화, DRI

상반행동

강화되는 행동(예 아동이 자리에 앉는 것)과 소거하는 문제행동(예 아동이 자리에서 일어난 것)은 동시에 일어날 수 없고 다른 행동 형태를 가지며 서로 독립적인 반응군에 속해 있다(Cooper et al., 2017).

비교

DRI/DRA에서 선택되는 행동의 조건

부적절한 행동과 상반되거나 대체할 행동으로 선택된 행동은 ① 학습자의 현재 레퍼토리에 이미 있거나, ② 문제행동과 동등한 노력 또는 더 적은 노력이 요구되고, ③ 강화를 받을 기회가 DRI/DRA 이전의 비율로 충분하게 발생하며, ④ 개입이 종료된 뒤 학습자의 자연적인 환경에서 강화될 가능성이 있는 것이다. 이와 같은 항목들을 충족시키는 행동들은 DRI/DRA 효과성을 향상시키며, 개입이 종료된 후 행동의 유지와 일반화를 촉진시킨다(Cooper et al., 2017).

Tip
차별강화의 종류별 목적과 강화 받는 행동을 명확히 구분지을 수 있어야 한다.

차별강화의 특성 12중특, 18유특

종류	목적	강화받는 행동
저비율 행동 차별강화	표적행동 발생빈도의 감소	정해진 기준치 이하의 표적행동
타행동 차별강화	표적행동이 발생하지 않는 시간의 증가	표적행동 외의 모든 행동
대체행동 차별강화	대체행동 강화를 통한 표적행동의 제거	표적행동과 동일한 기능의 대체행동
상반행동 차별강화	상반행동 강화를 통한 표적행동의 제거	표적행동의 상반행동

비유관 강화
동 비수반 강화, NCR

03 비유관 강화 10중특

1. 비유관 강화의 개념 09중특, 20초특, 21유특 · 중특

① 비유관 강화란 문제행동을 감소시키기 위하여 사용되는 선행사건 중재의 한 방법으로, 학습자의 행동과는 무관하게 고정시간계획 또는 변동시간계획에 따라 지금까지 문제행동을 통해 얻을 수 있었던 강화를 제공하는 것이다.

- 문제행동을 예방하기 위해 학생의 문제행동을 유지시키는 요인을 미리 제공함으로써 문제행동의 발생동기를 사전에 제거하려는 전략이다.

  예 큰 소리내기가 교사의 관심으로 유지되고 있다면 교사는 큰 소리내기를 무시하고 수업 회기를 통해 미리 설정된 간격에서 학생이 무엇을 하든지 많은 관심을 제공하는 것이다.

② 비유관 강화는 학생의 행동이 바람직한 것인지, 바람직하지 못한 것인지에 상관없이 미리 정해진 간격으로 강화를 제공하기 때문에 바람직한 행동이 체계적으로 강화되지는 않는다. 이와 같은 문제를 보완하기 위해 비유관 강화는 흔히 대체행동 차별강화와 함께 사용된다.

> 비유관 강화 예시
>
> 지적장애 학생 홍길동은 자주 수업을 방해하는 행동을 하였다. 김 교사는 기능평가를 실시하여 홍길동이 교사로부터 관심을 받기 위해 평균 6분마다 수업방해 행동을 한다는 사실을 알았다. 수업방해 행동을 감소시키기 위해 김 교사는 홍길동에게 매 5분마다 관심을 주었더니 수업방해 행동이 감소하였다. 이때부터 김 교사는 홍길동에게 관심을 주는 시간 간격을 점차적으로 증가시켰다. 학기 말에 홍길동은 수업방해 행동을 하지 않았다.

2. 비유관 강화의 특징

① 비유관 강화의 핵심은 이제까지 문제행동을 통해서만 얻을 수 있었던 특정 강화를 앞으로는 문제행동과 상관없이 무조건적으로 자주 얻을 수 있는 환경을 조성함으로써 문제행동의 동기나 요구 자체를 제거하려는 전략이다.

② 비유관 강화는 부적절한 행동과 그로 인해 얻을 수 있었던 강화인자를 분리하여 문제행동을 감소시킨다.

③ 비유관 강화는 기능평가를 통해 문제행동을 유지시키고 있는 강화자극을 확인한 다음, 바로 그 강화자극을 학습자에게 비유관적으로 풍족히 제공함으로써 문제행동의 발생 동기를 제거하려는 전략이다.

3. 비유관 강화의 장단점

(1) 장점

① 비유관 강화는 문제행동을 감소시키기 위한 방법으로서 다른 어떤 긍정적 치료기법보다 활용하기 쉽다.

- 다른 기법들처럼 치료 회기 내내 피험자의 행동을 지켜보면서 정해진 표적행동이 발생할 때마다 강화자극을 제공해야 하는 어려움이 없기 때문이다.

② 긍정적 학습 환경을 조성하는 데 큰 도움이 된다.

- 벌이나 혐오자극을 치료방법으로 사용하지 않기 때문에 긍정적 분위기를 유지할 수 있다.

③ 문제행동을 소거하려 할 때 비유관 강화를 병행함으로써 소거 초기에 발생하는 소거폭발 현상을 약화시킬 수 있다.

- 소거폭발은 기대했던 강화자극의 중단으로 인한 욕구좌절이나 분노 때문에 발생하는데, 비유관 강화가 수시로 제공되는 환경에서는 이러한 욕구좌절이나 분노의 기회가 감소되기 때문이다.

④ 어떤 바람직한 행동이 비유관 강화와 우연히 일치할 수 있는 기회가 많다. 따라서 기대하지 않았던 바람직한 행동들이 강화되어 유지될 수 있다.

(2) 단점 21유특

① 원하는 강화자극을 노력 없이 쉽게 얻을 수 있기 때문에, 문제행동에 대한 동기뿐 아니라 바람직한 행동에 대한 동기까지 감소될 수 있다.

② 비유관 강화 적용에서 의도와는 달리 문제행동이 우연히 강화될 가능성이 있다.

- 부적절한 행동이 발생한 직후에 강화인자가 주어지는 것이 가능하기 때문이다.

③ 비유관 강화는 학생이 행한 것에 상관없이 강화가 주어지기 때문에 비유관 강화의 결과로 행동이 체계적으로 강화되지는 않는다.

04 소거 10중특

1. 소거의 이해

(1) 개념 10유특, 11초특 · 중특, 21중특, 24초특

① 소거란 강화되어 온 행동이 발생해도 더 이상 강화하지 않음으로써 그 행동의 미래 발생 가능성을 감소시키는 것이다.

- 즉, 행동에 대한 강화요인의 제거를 의미한다.

② 바람직하지 못한 문제행동이 유지되게 하는 것으로 보이는 강화요인을 제거함으로써 그 문제행동을 감소시키는 기법에 해당한다.

(2) 적용

어떤 부적절한 행동이 정적 강화, 부적 강화, 또는 자동적 정적 강화에 의해 유지되고 있을 때 소거를 적용할 수 있다.

① 정적 강화를 통해 유지된 행동에 대해서는 행동의 발생에 수반하여 주어졌던 선호자극을 제거하는 소거 절차를 적용하여 행동을 감소시킬 수 있다.

② 부적 강화를 통해 유지된 행동에 대해서는 행동의 발생에 수반하여 제거되었던 혐오자극을 제거하지 않는 것으로, 학생이 혐오자극을 회피하지 못하도록 하는 것이 바로 강화요인의 제거에 해당한다.

예 쓰기 과제가 주어지면 과제를 찢고 던지는 학생의 행동이 교사가 행동 발생에 수반하여 과제를 제거해 주는 부적 강화에 의해 유지된 경우, 이에 대해 소거를 적용하고자 하는 경우에는 학생이 과제를 찢고 던지면 또 다른 과제를 제시하여 학생이 조금이라도 과제를 수행하지 않으면 다른 어떤 활동도 하지 못하도록 할 수 있다. 학생이 쓰기 과제를 회피할 수 없게 하여 학생의 과제를 찢고 던지는 행동을 감소시킬 수 있다.

③ 감각자극에 의해 강화된 행동에 대해서는 감각자극을 제거하여 문제행동을 감소시킬 수 있다. 이를 '감각적 소거'라고 한다.

예 감각자극 추구를 위해 머리를 책상에 박는 자해행동을 하는 학생에게 감각적 결과를 차단하고자 헬멧을 쓰게 하여 자해행동을 감소시킬 수 있다. 이 경우 감각적 소거를 사용한 것이다.

감각적 소거
문제행동이 감각적 자극(청각, 시각, 전정각 등)에 의해 강화되어 나타날 경우, 감각자극을 제거함으로써 문제행동을 감소시키는 기법

2. 소거 사용의 장단점

(1) 장점

① 바람직하지 않은 행동을 감소시키는 데 매우 효과적이다.

② 결과가 오래 지속된다.

- 소거는 부적절한 행동을 감소시키는 다른 절차들보다 효과를 보기까지 시간은 오래 걸리지만 그 효과는 더 오래 지속된다.

③ 벌의 사용으로 인해 나타나는 부정적인 영향을 피할 수 있다.

- 혐오자극의 직접적 제시가 아닌 주어지던 강화를 제거하는 것이기 때문이다.

(2) 단점 11초특

① 문제행동을 감소시키는 데 시간이 오래 걸린다.

② '소거 저항'이 나타날 수 있다.

- 전부터 주어졌던 강화가 제거되었음에도 강화에 의해 유지되어 오던 문제행동이 지속적으로 나타날 수 있다.

자료
소거 저항
'3. 소거 관련 용어' 참조

③ '자발적 회복'이 나타날 수 있다.

- 문제행동이 사라졌다가 어느 정도 시간이 지난 후에 우연히 문제행동이 다시 나타날 수 있다.

④ 다른 학생들이 문제행동을 따라 할 수 있다.

- 소거가 적용되고 있는 학생의 문제행동에 대해 아무 조치도 취해지지 않는 것을 보고(즉, 혐오자극을 직접적으로 제시하는 것이 아니므로) 다른 학생들이 문제행동을 따라 할 수 있다.

⑤ 일반화가 쉽지 않다.

- 동일한 문제행동이 다른 장소에서 나타날 때는 소거가 적용되지 못할 수 있기 때문에 문제행동이 다시 나타날 수 있다.

⑥ 소거의 효과와는 별개로 다른 문제행동이 나타날 수 있다.

3. 소거 관련 용어

(1) 소거 폭발 13유특, 17유특, 21중특

> **소거 폭발에 대한 조작적 정의**
> 치료 처음 세 번의 회기 중 어느 회기에서라도 반응이 기초선의 마지막 5회기나 전체 기초선에 비해 증가한 경우(Cooper et al., 2017)

① 소거 적용 초반에 나타나는 행동의 증가를 소거 폭발(extinction burst)이라고 한다.

㉠ 소거 절차에서 정적, 부적, 또는 자동적 강화제의 제거 후 반응의 빈도가 즉각적으로 증가하는 것을 볼 수 있다. 행동주의 문헌에서는 실시 초반의 반응빈도 증가를 소거 폭발이라고 한다.

예 승호가 미술 활동 중에 물감을 바닥에 뿌리면 교사는 "승호야"라고 이름을 부르며 다가와 흘린 물감을 닦아 주었다. 그러자 승호는 물감을 계속해서 바닥에 뿌렸다. 이러한 행동이 교사의 관심을 받기 위한 것이라고 판단한 교사는 승호가 물감 뿌리는 행동을 해도 흘린 물감을 더 이상 닦아 주지 않았다. 그러자 승호는 물감을 이전보다 더 많이 바닥에 뿌렸다.

㉡ 소거가 적용되면 행동에 수반하여 주어졌던 강화요인이 제거되지만 문제행동을 더 심하게 하면 이전에 받았던 강화요인이 다시 주어질 것으로 여기기 때문에 일시적으로 행동의 빈도 또는 강도가 증가하는 것이다.

② 소거 폭발은 문제행동을 지속시키는 강화를 성공적으로 발견했음을 시사하며, 이는 곧 효과적인 개입이 될 수 있는 좋은 기회임을 의미한다.

③ 교사의 적절한 대응 방안: 소거 폭발로 인해 중재를 중단하면 간헐 강화가 될 수 있으므로 중재계획을 중단하지 않고 일관되게 시행하여야 한다.

(2) 자발적 회복 10중특, 25초특

① 자발적 회복은 소거를 적용하여 행동이 감소되거나 나타나지 않게 된(완전히 제거된 줄 알았던) 경우에도 갑자기 행동이 나타나는 경우이다.

- 자발적 회복은 소거 과정 동안 감소된 행동이 더 이상 강화되지 않음에도 불구하고 소거 이전 수준으로 돌아가거나 사라진 이후에 재발하는 것이다.

② 소거 폭발과 마찬가지로 소거 계획 시 자발적 회복에 대해 고려하여 자발적 회복 시에도 소거를 일관되게 적용해야 한다.

- 자발적 회복이 나타날 때 의도하지 않게 강화가 주어지면 이는 간헐 강화를 받는 것이 되어 소거 적용 이전보다 소거에 대한 저항이 커지게 된다.

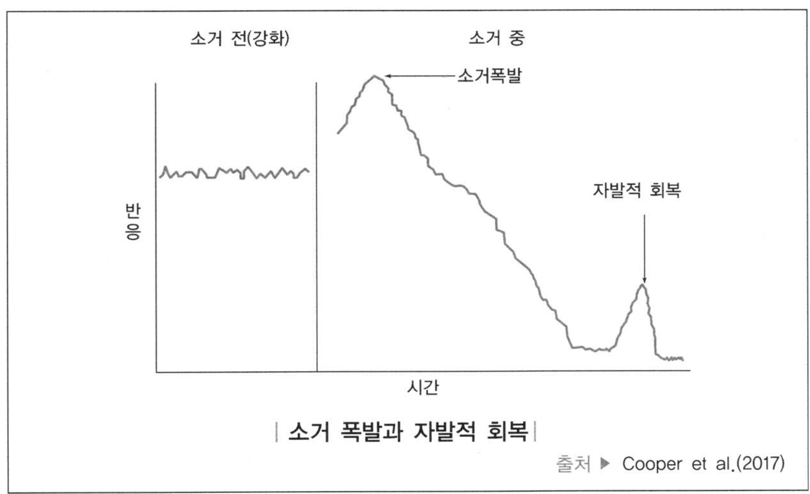

| 소거 폭발과 자발적 회복 |

출처 ▶ Cooper et al.(2017)

(3) 소거 저항

① 소거 저항이란 강화가 중단되어도 반응이 계속되는 것을 의미한다.

② 강화가 중단된 후 완전히 소거되기까지 발생하는 반응의 빈도나 지속시간으로 측정할 수 있다. 발생한 반응빈도가 높을수록, 지속되는 시간이 길수록 소거 저항은 더 높은 것으로 평가된다.

③ 소거 저항에 영향을 미치는 요인은 다음과 같다.

㉠ 행동을 유지시킨 강화 스케줄

- 연속적으로 강화된 행동이 간헐적으로 강화된 행동보다 소거 저항이 작아서 행동 감소가 빠르게 나타난다.
- 행동 발생에 수반하여 간헐적으로 강화제가 주어짐으로써 유지된 행동보다 매번 강화제가 주어져서 유지된 행동이 소거 적용 시 빠르게 감소될 수 있다. 즉, 간헐 강화가 적용된 행동의 경우에 소거 저항이 크다.

㉡ 행동을 유지시킨 강화의 양과 정도

- 행동과 연계된 강화의 양이나 정도가 클수록 소거 저항이 크다.

㉢ 행동과 사전에 연계된 강화 시간의 길이

- 행동 발생에 수반하여 강화가 적용되었던 행동과 강화 간의 연계 시간이 길면 길수록 소거 저항이 크다. 예를 들어, 2년 동안 지속된 행동이 두 달 동안 지속된 행동에 비해 소거 저항이 클 수 있다.

소거 저항

- 특수교육학 용어사전(2018) : 소거의 과정 동안에 강화되지 않은 어떤 행동의 빈도, 지속시간, 강도 등의 증가가 나타나는 현상이다. 예기치 못한 새로운 행동이 일어나거나 뜻하지 않은 정서적 반응이 일어날 수도 있으며 공격적인 행동이 일어날 수도 있다. 예를 들어, 교사가 소리를 지르는 학생의 행동을 수정하기 위해 학생의 소리 지르는 행위에 대해 무시한다면 일시적으로 그 학생의 소리 지르는 행위가 증가할 수 있다.
- 이성봉 외(2019) : 소거가 적용되는 동안에 표적행동이 지속적으로 나타나는 것
- 양명희(2018) : 소거가 적용되어도 문제행동이 존속하거나 문제행동의 빈도와 강도, 지속시간 등이 일시적으로 증가하는 것
- Alberto et al.(2014) : 강화가 억제되더라도 행동은 얼마 동안 계속되는 특성
- Cooper et al.(2017) : 소거 기간 동안 작동적 행동이 발생하는 것

㉣ 소거 성공의 횟수

- 행동과 강화 간의 연계를 끊기 위해 과거에 사용된 소거 성공의 횟수 또한 소거 저항에 영향을 미친다.
- 소거의 효과가 나타나서 문제행동이 제거된 소거 성공의 횟수가 많을수록 소거 저항이 적다.

4. 소거 사용 시 고려할 사항

① 소거의 효과는 느리다는 점을 기억해야 한다.

- 소거의 효과는 즉시 나타나지 않으며 상당한 시간이 요구된다.

② 소거 초기에 나타나는 행동의 증가현상에 대처하여야 한다.

- 초기의 소거 과정에서는 현격한 행동의 감소가 시작되기에 앞서 표적 행동의 비율과 강도가 크게 증가한다.

③ 소거 후에 나타나는 자발적 회복 현상에 대처해야 한다.

㉠ 자발적 회복 현상이 발생하더라도 교사는 그 행동에 대하여 관심을 주지 않아야 한다.

㉡ 자발적 회복 현상에 잘 대처하지 못하면 간헐강화로 인한 소거 저항의 증가라는 역효과를 유발할 수 있다.

④ 어떤 형태로든 부적절한 행동에 관심을 보여서는 안 된다.

- 어떤 형태로든 학생의 문제행동에 관심을 보이는 일이 없도록 철저히 주의해야 한다.

⑤ 소거 초기에 공격적 행동이 유발될 수 있다.

- 행동이 보다 과격해지고 거칠어지며, 자기 욕구를 좌절시킨 대상, 즉 자기를 무시한 사람에게 공격적인 행동을 보일 수 있다.

⑥ 상반행동과 대체행동의 차별강화 전략을 병행하여 사용한다.

- 부적절한 행동을 무시함으로써 소거시키는 한편 바람직한 대체행동을 적극적으로 강화하는 전략을 사용한다.

⑦ 주변의 모든 사람들이 소거계획에 협조할 수 있도록 한다.

- 주변 모든 사람들에게 소거전략의 중요성과 간헐강화의 부작용에 대하여 미리 설명하고 협조를 구해야 한다.

05 벌

1. 벌의 이해

(1) 개념

① 문제행동의 미래 발생률을 감소시키기 위한 조치로서 행동이나 반응에 뒤따르는 후속 결과이다.

② 벌은 바람직하지 않은 행동을 했을 경우에 혐오자극을 제시하는 정적 벌과 유쾌자극을 제거하는 부적 벌로 나뉜다.

	유쾌자극	혐오자극
자극 제시 (+)	**정적 강화** 행동 증가(↑)	**정적 벌** 행동 감소(↓)
자극 철회 (−)	**부적 벌** 행동 감소(↓)	**부적 강화** 행동 증가(↑)

㉠ 혐오자극을 제시하여 행동을 감소시키는 방법을 정적 벌이라고 하며, 좋아하는 자극을 제거하여 행동을 감소시키는 방법을 부적 벌이라고 한다.

- 우리가 흔히 말하는 체벌은 혐오자극을 제시하는 정적 벌에 해당된다.

㉡ 어떤 자극의 제시나 제거가 결과적으로 행동을 감소시키지 않았다면 벌이 적용되었다고 할 수 없다.

부적 강화와 벌

부적 강화는 어떤 행동을 증가시키기 위한 목적으로 사용되는 방법이며, 벌은 어떤 행동을 감소시키거나 제거하기 위한 목적으로 사용되는 기법이다(홍준표, 2017).

(2) 벌의 효과에 영향을 미치는 요소

즉시성	행동 뒤에 결과가 즉시 제시되어야 한다.
유관성	행동 발생 시 매번 동일한 결과를 제시해야 한다(행동과 결과의 관련성).
유인력	벌의 효과가 있도록 하는 조건에서 효과적이다. 예 부적 벌의 경우에 제거하는 것이 음식이라면 아이가 배가 고플 때 더 큰 효과를 기대할 수 있다.
개인차	벌로 주어지는 결과가 벌로서 기능할 만큼 강한 것인가는 사람에 따라 다르다.

2. 부적 벌

부적 벌이란 유쾌자극을 제거하여 미래 행동 발생률을 낮추는 것을 의미하며, 종류에는 반응대가와 타임아웃이 있다.

부적 벌과 소거의 차이점

소거	제거되는 강화인은 행동을 유지하고 있던 것
부적 벌	학생이 상실하게 될 강화제는 문제행동과 관련이 없음

반응대가
부적절한 행동의 대가로 아동이 이미 가지고 있는 물건이나 특권을 빼앗는 것이다. 예를 들어 자리를 이탈하는 시간만큼 좋아하는 활동에 참여하는 시간을 제한하거나, 수업 중 부적절한 행동을 보일 때마다 강화 메뉴나 계약서에 명시된 점수를 박탈하고 강화받을 기회를 제한한다(특수교육학 용어사전, 2018).
동 권리박탈

(1) 반응대가

① 개념 10유특, 11초특, 21유특

㉠ 반응대가란 문제행동을 하였을 때 그 대가로 이미 지니고 있던 강화제(예 휴식시간, 좋아하는 놀이/활동, 장난감 등)를 잃게 함으로써 문제행동의 발생률을 감소시키는 절차를 의미한다.

- 상실하게 될 강화제가 적절하지 않은 경우: 보너스 반응대가를 사용할 수 있다. 예를 들면, 먼저 조건 없이 보너스를 주고 바람직하지 않은 행동을 하면 보너스로 받은 강화제를 벌금으로 내게 하는 것이다. 즉, 반응대가를 시작하기 전에 일정 양의 토큰이나 점수를 주고 문제행동이 발생하면 규칙에 따라 회수하는 것이다. 이 방법은 당연히 학생의 것으로 주어지는 강화제(예 자유시간) 또는 이미 획득하여 가지고 있는 강화제를 제거하는 것이 아니라, 먼저 보너스로 강화제를 주고 그 강화제를 제거하는 것으로 긍정적인 방법이라고 볼 수 있다.

㉡ 반응대가는 정적 강화와 연계하여 적용하거나 반응대가만을 적용할 수 있다. 정적 강화와 연계하여 적용하는 것이 반응대가만을 적용하는 것보다 행동 감소에 더 효과적이다.

- 토큰제도를 활용하여 바람직한 행동에 대해서는 토큰을 제공하는 정적 강화 절차를 적용하고, 문제행동에 대해서는 토큰을 제거하는 반응대가를 함께 적용할 수 있다.

② 활용 방법 16중특

반응대가는 벌금제도, 보너스 반응대가, 정적 강화와 병용하는 반응대가, 집단수반과 병합하는 반응대가 등 다양한 방식으로 활용될 수 있다.

벌금제도	• 반응대가로서의 벌금제도는 부적절한 행동에 대한 벌금조로 일정량의 정적 강화자극을 직접 회수 또는 차압하는 방식으로 집행될 수 있다. 예 교사의 말을 듣지 않고 불복할 때마다 자유시간을 5분씩 회수한다. • 벌금제도에서 중요한 것은 회수 또는 차압되는 물건이나 권리는 당사자에게 소중한 것이어야 하고, 또 아동 자신이 그러한 정적 강화자극을 이미 소유하고 있어 벌금조로 지불할 수 있는 능력이 있어야 한다는 점이다. • 반응대가로 회수되는 물건이나 권리가 개인의 기본권에 해당하는 것일 때는 법적 또는 윤리적 문제가 대두될 수도 있다. 예 어떤 잘못된 행동을 할 때 한 끼를 굶긴다든지, 정당한 휴식시간이나 좋아하는 재활훈련 시간을 단축하는 것은 개인의 기본권을 침해하는 위법 내지는 비윤리적 행위가 될 수 있다. – 법적, 윤리적 문제의 소지를 없애기 위해서는 벌금제도를 실행하기에 앞서 지역인권위원회 또는 보호자의 허락을 반드시 받아야 한다.
보너스 반응대가	• 보너스 반응대가란 아동에게 비수반적으로 가외의 정적 강화자극을 보너스로 미리 제공한 다음, 부적절한 반응에 수반하여 그 추가분의 한도 내에서 회수 또는 차압하는 방법을 말한다. • 보너스로 받은 추가분에 대해서만 대가를 지불하도록 하는 것이기 때문에 기본권을 침해할 우려가 없다. 예 잘못된 행동에 대한 반응대가로 법적으로 정해진 휴식시간을 차압하는 것은 법적 또는 윤리적으로 부적절할 수 있지만, 법정 휴식시간 외에 무상으로 제공된 보너스 휴식시간의 한도 내에서 회수하는 것은 문제될 것이 없다.
정적 강화의 병용	• 정적 강화, 예컨대 토큰제도를 도입하여 학생들의 바람직한 학습 활동을 강화하는 한편, 바람직하지 못한 행동을 할 때마다 일정량의 토큰을 벌금으로 징수하는 방법이다. • 정적 강화의 병용은 여러 가지 이점이 있다. – 벌어들인 토큰을 반응대가(벌금)로 모두 잃는 것은 아니다. 나머지 토큰으로 차후에 교환 강화제와 교환할 수 있다. 따라서 반응대가로 차압된 토큰 때문에 큰 좌절과 실망감을 느끼지 않을 수 있다. – 앞으로의 노력에 따라 바람직한 표적행동으로 토큰을 다시 벌어들일 수 있는 기회가 주어진다. 따라서 기본 권리나 인권침해 요소가 없기 때문에 법적 또는 윤리적 문제는 발생하지 않는다.
집단수반성의 병용	• 집단 구성원 중 누구라도 문제행동을 하면 이에 수반하여 집단 전체로서 일정량의 강화자극을 회수하도록 하는 방법이다.

출처 ▶ 홍준표(2017). 내용 요약정리

집단수반성 (group contigency)
집단 내의 한 개인 또는 일부 구성원의 행동 수행의 결과에 따라 집단 구성원 모두가 동일한 후속자극(강화자극 또는 벌자극)을 공유하도록 하는 방법이다. 후속자극이 강화자극에 국한될 경우 집단강화(group reinforcement)라고 한다(홍준표, 2017).

③ 장점

㉠ 사용이 용이하다.

㉡ 다양하게 사용할 수 있다.

㉢ 행동 감소가 비교적 빠르게 이루어진다.

㉣ 적절한 행동과 부적절한 행동을 구별하는 학습을 용이하게 한다.

㉤ 감소된 행동의 변화가 오래 유지된다.

㉥ 다른 벌 절차와 관련한 부작용을 피할 수 있다.

④ 단점

㉠ 반응대가는 부적절한 문제행동의 발생에 수반하여 강화제를 제거하는 것이 중요하므로 중재자가 바람직한 행동보다 문제행동에 주의를 더 많이 둘 수 있다.

㉡ 모든 강화제를 상실하여 바람직한 행동을 하려는 동기를 잃고 포기할 수도 있다.

- 이와 같은 단점을 보완하기 위한 방안은 정적 강화 프로그램을 함께 적용하는 것이다.

⑤ 사용 시 주의사항 16중특

㉠ 강화제를 모두 잃게 되는 경우에 대비해야 한다.

- 더 이상 잃을 것이 없는 경우에는 잃지 않기 위해 애쓸 필요가 없기 때문에 적절한 행동을 하고자 하는 동기가 상실될 수 있다. 또한 상실하게 될 강화제의 양이 지나치게 많으면 학생이 좌절하게 되고 너무 적으면 무시하게 되어 반응대가의 효과를 보기 어렵다.
- 해결 방안: 문제행동의 대체행동에 대해 주어지는 강화의 양과 비슷하거나 좀 더 많은 것이 좋다.

㉡ 반응대가가 일어나는 환경이나 그것을 사용하는 교사가 조건화된 혐오자극이 될 수 있다.

- 해결 방안: 교사는 학생이 바람직한 행동을 할 경우에는 강화제를 제공하여 교사 자신이 조건화된 혐오자극이 되는 경우를 피해야 한다.

㉢ 강화제를 제거할 능력이 있어야 한다.

- 반응대가는 학생이 가지고 있는 강화제를 제거하는 것이므로 교사는 학생이 한번 주어진 강화제를 내놓지 않으려고 하는 경우에도 강화제를 제거할 능력이 있어야 한다.

비교

강화의 양과 반응대가의 양

양명희 (2018)	본문 참조
이성봉 외 (2019)	제공되는 토큰이 제거되는 토큰보다 많아야 한다.
홍준표 (2017)	연구 사례를 보면 상반된 결과들이 보고되고 있다. 예를 들면, Burchard 등은 많은 양의 벌금을 사용한 반면, Siegel 등은 적은 양의 벌금을 사용하였는데, 두 경우 모두 좋은 결과를 얻은 것으로 보고되고 있다. 그러나 반응대가를 사용할 때 벌금의 양이 커질수록 토큰의 가치가 떨어진다는 점을 간과해서는 안 된다.
Cooper et al. (2017)	일반적으로 벌금은 행동의 미래 발생을 억제할 만큼 충분히 커야 하지만, 그 사람이 파산할 만큼, 혹은 이 시스템이 효과를 잃을 정도로 커서는 안 된다.

(2) 타임아웃

① 개념

㉠ 타임아웃이란 문제행동이 발생했을 때 학생이 정적 강화를 받지 못하도록 일정 시간 동안 강화제로의 접근을 차단하는 것(정적 강화를 받을 기회를 제거하는 것)이다.

㉡ 반드시 특정 장소로부터의 고립/격리를 지칭하는 것은 아니다.

- 학생에게 강화받을 기회를 제거하는 것이므로 학생을 고립/격리시킬 수도 있고 고립/격리시키지 않을 수도 있다.

타임아웃
㊀ 일시퇴출

반응대가와 타임아웃의 비교

구분	반응대가	타임아웃
공통점	유쾌자극 제거	
차이점	강화제의 상실	강화받을 기회의 제거 (강화제로의 접근 차단)

② 타임아웃이 효과적이지 못한 경우

㉠ 떠나 온 곳(예 교실)에 정적 강화가 없을 때

㉡ 타임아웃 장소(별도의 지정된 장소)에서 강화를 받을 수 있을 때

㉢ 타임아웃으로 하기 싫은 것이나 어려운 문제를 피할 수 있게 될 때

③ 종류 10유특, 11초특

강화제로의 접근을 차단하는 타임아웃은 크게 비배제 타임아웃 절차와 배제 타임아웃 절차로 구분된다.

㉠ 배제 타임아웃

- 배제 타임아웃은 강화제가 있는 환경 또는 활동에서 다른 환경 또는 활동으로 이동하여 일정 시간 동안 강화제로의 접근을 물리적으로 차단하는 절차이다.

타임아웃의 종류

- 이성봉 외(2019) : 본문 내용 참조
- 양명희(2018) : [KORSET 합격 굳히기] 참조
- 특수교육학 용어사전(2018) : 타임아웃에는 배제 타임아웃과 비배제 타임아웃이 있다.
- 홍준표(2017) : 비격리형 퇴출과 격리형 퇴출로 구분한다. 비격리형 퇴출에는 계획적 무시, 특정 정적 강화자극의 회수, 수반적 관찰, 일시퇴출 리본, 시각 차단 등과 같은 방법이 있다. 그리고 격리형 퇴출에는 일시 결리실을 이용하는 방법, 칸막이 격리 기법, 복도 격리 기법이 있다.

비교

타임아웃의 종류

양명희(2016)는 타임아웃의 종류를 강화제에 접근하지 못하게 하는 방법에 따라 비격리－비배제 타임아웃, 비격리－배제 타임아웃, 격리 타임아웃으로 구분하여 제시하고 있다.

비격리－비배제 타임아웃	학생을 격리시키지도 않고 제외시키지도 않으면서 학생이 강화제에 접근하지 못하도록 하는 것 예 정한 시간 동안 책상 위에 머리 숙이고 엎드리기, TV 끄기, 활동 자료 제거하기 등
비격리－배제 타임아웃	학생을 격리시키지는 않지만 배제시킴으로써 학생이 강화제에 접근하지 못하도록 하는 것 예 생각하는 의자, 교실 뒤 벽 가까이에 서 있게 하는 방법
격리 타임아웃	학생을 타임아웃을 위해 따로 지정한 장소로 격리시키는 것 예 복도에 서 있게 하는 방법, 타임아웃 방, 교실 내의 칸막이 이용 등

출처 ▶ 양명희(2018)

- 배제 타임아웃에는 고립 타임아웃과 격리 타임아웃이 있다.

고립 타임아웃 (분리 타임아웃)	• 문제행동 발생에 유관하여 강화하는 활동으로부터 일정 시간 동안 학생을 제외시키는 것 • 활동이 이루어지는 상황 밖의 다른 장소로 이동시키는 것이 아니라 활동이 이루어진 상황 내에서 정해진 분리된 고립 위치로 이동시키는 것 • 강화하는 활동 영역에서 제외되어 일정 시간 동안 사전에 정해진 교실 내 구석이나 뒤편에 서 있거나 앉아 있으면서 다른 학생들을 관찰할 수도 있고 그렇지 않을 수도 있음 예 학생이 수업 중 소리를 지르자 교사는 학생으로 하여금 교실 구석에서 벽을 쳐다보고 1분간 서 있게 하였다.
격리 타임아웃	• 문제행동 발생에 수반하여 학생을 강화하는 강화제가 없고 안전한 독립된 장소(예 타임아웃 방)로 일정 시간 이동시키는 것 • 최근에는 윤리적 문제와 학습권 침해 문제로 인해 격리 타임아웃의 사용이 감소하고 있음

㉡ 비배제 타임아웃

- 비배제 타임아웃은 강화제가 있는 환경에서 격리되거나 배제되지도 않고 환경 내에 있으면서 일정 시간 동안 강화제로의 접근을 차단하는 절차이다.
- 비배제 타임아웃에는 의도적 무시, 특정 강화제 제거, 타임아웃 리본, 유관 관찰이 있다.

의도적 무시	• 문제행동 발생에 수반하여 일정 시간 동안 모든 사회적 강화제를 제거하는 것 • 문제행동을 보이면 학생은 자리에 그대로 있고 중재자는 일정 시간 동안 학생에게 어떠한 관심이나 상호작용도 하지 않으며 사회적 강화제를 제거하는 것
특정 강화제 제거	• 문제행동 발생에 수반하여 일정 시간 동안 특정 강화제를 제거하는 것 예 학생이 선호하는 과제 수행 중에 문제행동을 보인 경우, 학생은 자리에 그대로 있게 하고 학생의 책상 위에 있는 선호 과제를 치우는 것
타임아웃 리본	• 일과가 시작될 때 모든 학생들이 리본을 받고 문제행동 발생에 수반하여 리본을 제거하는 것 • 리본을 가지고 있는 학생들만이 강화제를 받을 수 있으며 리본이 없는 상황에서는 어떠한 관심과 강화제도 주어지지 않음

유관 관찰	• 문제행동 발생에 수반하여 활동에 참여하며 적절하게 행동하는 다른 학생들을 관찰할 수는 있지만 강화제로 접근하지 못하는 곳으로 이동시키는 것 • 학생을 강화하는 활동 영역 내 가장자리에 앉게 하여 강화제에 접근은 하지 못하지만 활동에 참여하며 적절하게 행동하는 다른 학생들을 관찰하게 하는 것

유관 관찰
동 수반 관찰

PART 01

④ 타임아웃을 끝내는 시기

㉠ 정해진 타임아웃 시간 동안 적절한 행동을 하면 타임아웃 종료하기

예 길동이가 타임아웃 장소에서 2분간 조용히 있으면 타임아웃을 끝내는 경우

㉡ 정해진 타임아웃 시간이 지나도 부적절한 행동이 지속될 경우에, 부적절한 행동이 보이지 않을 때까지 타임아웃 시간을 연장하여 종료하기

예 길동이의 2분간 타임아웃이 끝났지만 소리를 지르고 있어서 조용할 때까지 타임아웃 자리에 앉아 있게 하고 조용해지면 타임아웃을 종료하는 경우

㉢ 정해진 타임아웃 시간이 지나도 부적절한 행동이 지속될 경우에, 정해진 타임아웃 시간이 지나고 일정 시간 동안 부적절한 행동이 나타나지 않으면 타임아웃 종료하기

예 길동이의 2분간 타임아웃이 끝났지만 소리를 지르고 있어서 추가로 20초간 소리를 지르지 않으면 타임아웃을 종료하는 경우

⑤ 타임아웃의 올바른 사용을 위한 고려사항

㉠ 중재자는 타임아웃의 사용 지침에 대해 명확하게 이해하고 숙지한다.

㉡ 최소한의 혐오적인 타임아웃 방법을 사용한다. 배제 타임아웃보다는 비배제 타임아웃이 보다 덜 혐오적인 방법이다.

㉢ 학생이 문제행동을 보이는 상황이 학생을 강화하는 활동임을 확인해야 한다. 타임아웃이 효과적이기 위해서는 문제행동이 발생하는 상황에서 이루어지는 활동이 학생의 행동을 강화하는 활동인지를 확인해야 한다. 그래서 학생이 타임아웃에서 빨리 돌아와서 활동에 참여하고 싶어 해야 한다.

㉣ 타임아웃 시행 전에 적절한 타임아웃 시간을 결정한다. 너무 오랜 시간의 타임아웃은 또 다른 문제행동을 유발할 수 있으므로 타임아웃 시간을 짧게 하는 것이 좋다.

㉤ 타임아웃 시행 전에 타임아웃 절차를 지도한다. 타임아웃 절차에 대한 이해 부족으로 타임아웃 거부 행동이 나타날 수 있으므로 시행 전에 타임아웃 절차를 지도한다.

㉥ 타임아웃을 끝내는 방법을 결정한다.

ⓢ 타임아웃에서 해야 하는 행동(예 조용히 앉아 있기)을 지도한다. 단순히 학생이 강화제에 접근하는 것을 차단만 하고 방치하면 오히려 역효과를 가져올 수 있다. 타임아웃 공간에서 학생이 어떻게 있어야 하는지를 지도하게 되면, 타임아웃 종료 또한 효율적으로 이루어질 수 있다.

ⓞ 타임아웃이 끝나는 시간을 알려 주기 위한 도구(예 타이머, 알람, 비퍼, 모래시계 등)를 사용할 수 있다. 종료 타임을 알려 주는 도구를 사용하면 학생은 자신이 얼마 동안 타임아웃해야 하는지를 명확히 알 수 있고 중재자는 타임아웃 시간을 지속적으로 체크하지 않아도 된다.

ⓩ 타임아웃 시행에 따른 행동의 변화를 점검할 수 있도록 자료를 수집한다. 자료에 근거하여 행동 감소가 나타나지 않으면 타임아웃 절차를 재평가하거나 다른 중재의 적용을 고려한다.

3. 정적 벌

정적 벌이란 혐오자극을 제시하여 미래 행동 발생률을 낮추는 것을 말하며, 그 종류에는 과잉교정과 혐오자극 제시가 있다.

(1) 과잉교정 25유특

① 부적절한 행동에 대한 후속결과로 문제행동과 관련 있는 적절한 행동을 반복적으로 하게 하는 절차를 의미한다.

② 적절한 행동을 여러 번 반복하게 하는 방법 자체가 노력이 들어가고 불편한 혐오자극이 되기 때문에 벌이 된다.

③ 과잉교정의 종류에는 정적연습 과잉교정, 원상회복 과잉교정이 있다.

정적연습 과잉교정	학생이 부적절한 행동을 하였을 경우, 부적절한 행동을 대체할 수 있는 적절한 행동을 반복적으로 연습하게 하는 것 예 받아쓰기에서 틀린 단어 반복해서 쓰기
원상회복 과잉교정	• 학생이 자신의 문제행동으로 손상된 것을 보상하게 하는 것 • 학생이 어지럽힌 환경을 원래의 상태로뿐만 아니라 그 이상으로 복구하거나 수정하는 것을 요구하는 절차 – '원상회복'의 의미: 손상된 부분을 회복시키거나 본래의 상태로 복구시키는 것 – '과잉교정'의 의미: 단순히 원상태로 회복시키는 수준 이상의 보상 예 책을 찢는 학생 → 자신이 찢은 책을 모두 붙이게 함과 동시에 다른 찢어진 책들도 모두 붙이게 하기 / 사물이 어지럽혀졌거나 배치가 달라진 경우 어지럽혀진 사물뿐만 아니라 그 영역 내의 모든 사물(기구 같은)을 바로 해놓게 하기

과잉교정
동 과다교정

부적연습과 과잉교정
• 부적연습이란 부적절한 행동을 반복하게 하여 학생을 지치게 하거나 포화 상태가 되게 하여 부적절한 행동을 감소시키려는 기법을 의미한다.
예 책을 찢는 학생에게 여러 권의 책을 찢게 하는 것
• 부적절한 행동을 반복해서 연습하게 하는 것이므로 과잉교정이라고 할 수 없다.
출처 ▶ 양명희(2018)

유관훈련과 과잉교정
• 유관훈련이란 아동의 부적절한 행동과 아무 관련이 없는 신체적 운동 동작을 반복하게 하는 것을 의미한다.
예 지각행동에 대해 운동장을 10바퀴 뛰게 하는 것
• 행동을 반복하게는 하지만 적절한 행동을 반복시키는 것이 아니므로 과잉교정이라고 할 수 없다.
출처 ▶ 양명희(2018)

(2) 혐오자극 제시

① 싫어하는 자극을 제시하는 것으로 학생의 문제행동 관리 방법 중 가장 부정적인 방법이다.

② 혐오자극 제시의 종류에는 무조건 혐오자극, 조건 혐오자극이 있다.

무조건 혐오자극	• 신체적으로 고통이나 불쾌감 또는 불편함을 주는 것으로 학습되지 않은 것 • 대표적인 예: 체벌
조건 혐오자극	• 무조건 혐오자극과 중립자극을 계속해서 짝지은 결과 궁극적으로 벌 자극의 특성을 갖게 되는 것 • 가장 일반적인 예: 질책(→ 질책과 함께 체벌을 짝지어 경험하면 질책은 고통과 연관되어서 결국은 질책만으로도 학생에게 혐오자극이 된다.)

(3) 단점과 윤리적 지침

① 단점

㉠ 교사와 학생 관계가 악화될 수 있다.

㉡ 문제행동은 감소되지만, 공격적 행동을 보이거나 위축되는 문제행동을 보일 수 있다.

㉢ 교사가 벌을 자주 사용할 때 부적절한 행동의 모델링 효과를 가져올 수 있다.

㉣ 벌의 효과는 유지 및 일반화가 쉽지 않다: 벌의 효과는 일시적이고 매우 제한적이다.

㉤ 벌을 통해서 학생들이 배우는 바람직한 행동이란 없다.

㉥ 벌을 제공하는 교사가 부적 강화될 수 있다: 벌을 통한 문제행동의 일시적 정지가 교사에게 부적 강화로 작용할 수 있다.

② 벌 중재를 사용할 때 고려해야 할 윤리적 지침

㉠ 안전하고 인간적인 중재를 받을 권리

㉡ 최소 강제성 대안의 원칙에 의해 중재받을 권리: 강제적인 중재가 사용되기 전에 덜 강제적인 중재를 먼저 시도하고 그것이 효과가 없다고 입증될 때 더 강제적인 중재를 시행하여야 한다.

㉢ 효과적인 중재를 적용받을 권리: 비강제적인 모든 중재가 실패했다면 강제적이고 처벌적인 중재를 선택하는 것이 윤리적이다.

Chapter

06 새로운 행동의 습득

01 변별훈련과 자극통제

1. 변별훈련

(1) 개념 21중특, 24유특

변별훈련이란 어떤 특정한 자극에 대해서만 특정한 행동을 하고 다른 자극에 대해서는 그 행동을 하지 않도록 배우는 과정을 의미한다.

변별	• 어떤 자극과 다른 자극들의 차이를 구분할 수 있는 능력
변별자극	• 개념: 특정 자극이 주어졌을 때만 특정한 반응이나 행동을 하도록 알려 주는 자극(행동이 발생할 가능성을 증가시키는 자극) 예 '책상 닦기' 행동에 앞서 '손뼉 치기'라는 일정한 행동을 지속적으로 반복해 '손뼉 치기'가 '책상 닦기' 행동 시작에 관한 단서를 제공할 경우, '손뼉 치기'는 '책상 닦기'를 시작하게 하는 변별자극이다. • 기능: 행동에 대한 강화가 주어질 것을 알려줌
변별훈련	• 개념: 변별자극과 델타자극을 구별하여 변별자극에 대해서만 바른 반응을 하도록 하는 훈련 • 변별자극의 확립과정이라고 할 수 있음

(2) 변별훈련 시 주의사항

① 자극 과잉선택 경향을 보일 수 있다: 학생이 때로는 변별자극과 전혀 관계없는 자극에 반응하거나 변별자극의 일부분에 대해서 반응하는 자극 과잉선택을 보일 수 있다.

② 변별자극과 조건화된 자극을 분별할 수 있어야 한다: 변별자극은 변별자극에 대한 반응 뒤에 주어지는 후속자극에 의해 통제 기능을 얻는 데 반해, 조건화된 자극은 행동을 유발하는 다른 선행자극과 짝을 짓는 관계에 의해 통제 기능을 얻는다.

예 실험상자 안의 쥐가 전구의 빛이 깜빡거릴 때 지렛대를 누를 경우에만 먹이가 나오도록 하고 전구의 깜빡임이 없는 경우에는 먹이가 나오지 않도록 했다면, 쥐는 반복 경험을 통해 전구가 깜빡거릴 때 더 많이 지렛대를 누를 것이다. 여기서 깜빡거리는 불빛은 지렛대를 밟는 행동 직후에 주어지는 자극(예를 들어, 먹이)의 변화(예를 들어, 제시와 제거)를 통해 통제기능을 얻는다. 그러므로 깜빡거리는 불빛은 변별자극이 된다. 반면 Pavlov의 실험에서 종소리는 침을 흘리는 행동을 유발하는 선행자극(예를 들어, 음식)과 짝을 짓는 관계에 의해 통제기능을 얻는다. 그러므로 종소리는 조건화된 자극이 된다.

변별
둘 이상의 서로 다른 자극 간의 차이를 구분하는 것이다. 강화를 받은 자극에는 반응을 보이고 강화를 받지 않은 다른 자극에는 반응을 보이지 않으면 두 자극을 변별한다고 본다. 즉 상황에 따라 다르게 행동하는 경향을 말한다(특수교육학 용어사전, 2018).

변별자극
특정 자극이 주어졌을 때 특정 반응을 하도록 알려 주는 자극으로, 강화를 받을 수 있음을 신호하는 자극(S+, SD)과 강화를 받지 못함을 신호하는 자극(S−, S△)을 말한다. 어떤 행동이 SD가 주어졌을 때에는 발생하지만 에스델타(S△)가 주어졌을 때에는 발생하지 않는다면, 즉 변별자극과 행동 간에 관계가 성립되었다면 그 행동은 자극 통제 아래 있다고 간주된다(특수교육학 용어사전, 2018).

델타자극
변별자극 이외의 자극

2. 자극통제

(1) 개념

자극통제란 변별훈련을 거쳐 변별자극이 확립되어 어떤 행동이 특정 자극에 대해서만 반응하여 나타나는 것이다. 즉, 행동 발생 전에 주어지는 선행자극의 조절에 의해 행동이 통제되는 과정이다.

① 변별자극이 확립되어 어떤 행동이 특정 자극에 대해서만 반응하여 나타나는 경우 "자극통제가 되었다."라고 한다.

② 자극통제가 되기까지의 과정: 변별자극 결정 → 변별 훈련 → 자극통제

(2) 자극통제의 중요성

어떤 행동을 바르게 하거나 능숙하게 하는 것도 중요하지만 상황에 맞게 하는 것도 중요하기 때문에 자극통제는 중요하다.

예 학생은 달리기를 바른 자세로 빠르게 하는 것도 배워야 하지만 교실이나 복도, 도서관에서는 달리기를 하지 않고 운동장 같은 곳에서 달려야 함을 구분할 줄도 알아야 한다.

02 촉진

1. 촉진의 개념과 목표

(1) 개념 10중특

① 촉진은 변별자극에 바람직한 반응을 보이는 데 실패했을 경우, 바람직한 반응을 보일 수 있도록 도와주는 부가적인 자극을 말한다.

㉠ 자연적인 자극하에서 정반응이 일어나지 않을 때, 여러 가지 부가 자극을 사용하여 정반응의 발생 가능성을 증가시키는 방법이다.

㉡ 학생이 촉진 없이도 변별자극에 대해 정반응을 지속적으로 보이면 과제에 대한 독립적 수행이 이루어진 것으로 본다.

② 촉진은 바람직한 행동을 하여 그 행동이 강화받도록 하는 기능을 수행한다.

(2) 목표

촉진은 학생이 독립적으로 변별자극에 대해 바람직한 반응을 보이게 하는 데 목표를 두고 있다.

촉진

동 촉구, prompt

비교

단서와 촉진

- 단서(cue)와 촉진은 자극 제시와 대상자의 반응 사이에 제공되는 것으로, 대상자가 목표행동을 수행하도록 제공되는 일종의 '도움'이라고 할 수 있다.
- 단서는 일종의 힌트로, 대상자가 목표행동을 수행하는 데 도움이 되기는 하지만 목표행동을 이끌지는 않고 스스로 해결할 수 있도록 돕는 역할을 수행한다. 예를 들어, 원하는 물건을 손을 내밀어 요구하는 행동을 유도할 때 아동에게 '손'을 보여주며 목표행동이 손을 내미는 것과 관련된다는 것을 알려 주는 것이다. 언어적, 시각적, 음성적 등 여러 가지 양식으로 제공할 수 있다.
- 촉진은 단서에 비해 보다 직접적으로 대상자가 목표행동을 할 수 있도록 단계적으로 제공되는 도움의 형태를 말한다.

구분	정의	예
단서	대상자가 스스로 목표행동을 할 수 있도록 중재자에 의해 제공되는 힌트	'우유'라는 표현을 유도하기 위해 '소'나 '우유병' 그림을 보여 준다.
촉진	대상자로부터 목표행동을 유도하기 위하여 중재자에 의해 단계적으로 제공되는 도움. 직접적으로 목표행동을 유도	손 내밀어 요구하기 행동을 요구할 때, '아동의 손등 건드리기-손을 올려주기-손바닥을 위로 돌려주기'를 순차적으로 실시한다.

출처 ▶ 이윤경(2020)

2. 촉진의 종류

(1) 반응촉진 09유특

① 변별자극에 반응하지 않는 학생에게 다른 사람이 변별자극 외의 부가적인 도움을 제공함으로써 정반응을 하도록 영향을 주는 것. 즉, 변별자극을 그대로 유지한 채로 주어지는 부가적인 도움을 의미한다.

Tip

촉진의 종류는 학자들에 따라서 각기 다르다. 특히 유아특수의 경우는 초등특수, 중등특수와 달리 반응촉진과 자극촉진으로 구분하지 않는 경향이 있었다.

② 반응촉진은 변별자극에 반응하지 않는 학생에게 다른 사람이 정반응을 하도록 영향을 주는 것이기 때문에 어느 정도 강제성을 가지고 있다.

㉠ 학생은 촉진 없이도 반응할 수 있어야 하므로 촉진은 가능하면 가장 덜 강제적이어야 하며, 꼭 필요할 때만 강제적인 것을 사용해야 한다.

㉡ 강제성의 정도는 시각적 촉진의 강제성이 가장 약하고 언어적 촉진, 몸짓 촉진, 모델링 촉진, 신체적 촉진의 순서로 강제성이 정해진다.

09중특, 17중특, 18유특, 21유특, 22유특 · 중특, 24중특, 25유특

비교

위계적 촉진 체계

일반적으로 촉진은 시각적, 언어적, 몸짓, 모방하기, 신체적 촉진의 순으로 강제성이 강해지는 것으로 알려져 있지만 모든 문헌에서 일치하는 것은 아니다.

강혜경 외 (2023)	언어적, 시각적, 몸짓, 모델링, 신체적 촉진의 순
Gargiulo et al. (2021)	몸짓, 언어적, 시각적, 시범, 부분적 신체적, 전반적 신체적 촉진의 순

시각적 촉진	• 사진, 그림, 글 등을 사용하여 바람직한 행동을 유발하도록 돕는 것 예 아이들이 올바르게 양치할 수 있도록 양치의 순서를 개수대의 거울에 붙여 놓고 양치할 때마다 거울의 그림을 보고 순서대로 따라하게 하기 • 장점 – 읽기 능력을 필요로 하지 않는다. – 언어적 촉진은 순간적으로 제시되지만, 시각적 촉진은 개인이 필요로 하는 한 지속적으로 존재한다. – 영구적인 촉진으로 사용하더라도 학생의 독립성을 증진시킬 수 있다. – 표준화된 상징을 사용하여 일관성을 유지할 수 있다. – 일일이 말로 해야 하는 언어적 촉진 시간을 단축시켜 준다. – 타인이 없어도 사용할 수 있다.
언어적 촉진 (구어적 촉진)	• 말로 지시, 힌트, 질문 등을 하거나 개념의 정의나 규칙을 알려 주는 것으로 바람직한 행동을 유발하는 것 예 국어시간에 "밑줄 친 단어가 명사인가요?"라는 변별자극에 대해 학생의 정반응이 없다면 "그 단어가 사람이나 장소 또는 물건이라면 명사입니다."라는 명사의 정의를 알려 주는 것

<table>
<tr><td></td><td>• 직접 언어촉진과 간접 언어촉진으로 구분할 수 있다.
<table><tr><td>직접 언어촉진</td><td>배변훈련을 하는 유아에게 엄마가 "화장실 갈 시간이야." 해서 성공적으로 변기를 사용했다면 엄마의 음성적 지시는 (직접적인) 언어적 촉진이다.</td></tr><tr><td>간접 언어촉진</td><td>나눗셈 문제를 풀고 있는 학생이 잠시 머뭇거릴 때 교사가 "그다음은 어떻게 하지?" 하여 학생이 교사의 질문에 답을 하면서 다음 단계를 해결했다면 교사의 질문은 간접적인 언어적 촉진을 한 것이다.</td></tr></table></td></tr>
<tr><td>몸짓 촉진</td><td>• 학생을 신체적으로 접촉하지 않고 교사의 동작이나 자세 등의 몸짓으로 정반응을 이끄는 것
예 "급식실에 가서 점심 먹어요"라는 변별자극이 주어져도 급식실이 어디 있는지 모르는 표정을 짓는 길동이에게 급식실이 있는 곳을 턱이나 손가락으로 가리켜 주는 것 / "이건 뭐야?"라고 물어보고 "호랑이"라고 대답하면 잘 했다고 칭찬하고, 만약 이름을 말하지 못하면 호랑이 동작을 보여 주며 호랑이라고 대답할 수 있도록 하는 것</td></tr>
<tr><td>모델링 촉진</td><td>• 교사가 정확한 행동을 직접 수행해 보임으로써 학생이 이를 관찰해 모방하도록 유도하는 것</td></tr>
<tr><td>신체적 촉진</td><td>• 신체적 접촉을 통해 학생의 바람직한 행동을 유발하도록 돕는 것
– 신체적 촉진은 강제성이 강하기 때문에 학생의 능동적인 반응을 유발하기가 상대적으로 어렵다.
– 나이가 어리거나 장애의 정도가 심한 경우에 가장 자주 사용되는 촉진이다.
• 부분적 신체 촉진과 전반적 신체 촉진으로 구분할 수 있다.
<table><tr><td>부분적 신체 촉진</td><td>학생이 목표기술을 올바르게 보이도록 돕기 위해서 교사가 최소한의 신체적인 도움을 제공하는 것이다.</td></tr><tr><td>전반적 신체 촉진</td><td>목표기술의 올바른 사용을 확인하기 위해 교사가 학생의 손 위에 자신의 손을 얹고 학생의 과제 전반에 걸쳐 신체적 도움을 제공하는 것이다.</td></tr></table></td></tr>
</table>

몸짓 촉진
동 자세 촉진

모델링 촉진
동 모방하기 촉진

가외 자극촉진
동 자극 외 촉진

(2) 자극촉진 10초특, 15초특, 17초특, 19초특, 23유특 · 초특, 25초특

자극촉진은 정확한 반응을 더 잘하게 하기 위하여 변별자극을 변화시키거나, 다른 자극을 추가 또는 제거함으로써 올바른 반응을 유도하는 방법이다.

자극 내 촉진	변별자극 자체(예 크기, 색깔) 혹은 그 위치를 변화시키는 것 예 '할머니'와 '어머니'의 낱말 카드를 제시하고, "할머니 낱말 카드 주세요." 라고 지시를 할 때 '할머니'는 '어머니'보다 진하고 크게 써서 제시하는 것
가외 자극촉진	다른 자극을 추가하거나 변별자극에 대한 단서를 외적으로 주는 것(변별자극 외에 다른 자극을 추가하는 것) 예 '화폐의 종류 알기'를 지도하기 위해, 천 원 크기의 종이와 ○표시 스티커를 붙인 천 원짜리 지폐를 제시한 후, 실제 지폐를 찾게 하는 것 / '한 자릿수의 크기 비교하기'를 지도하기 위해, 비교해야 하는 숫자 9와 6 밑에 각각 그 개수만큼의 바둑알을 놓아준 후, 많은 쪽의 숫자에 동그라미 표시를 하게 하는 것

KORSET 합격 굳히기 **촉진의 종류에 따른 수행 방법** 14유특, 22유특

유아특수교육 현장에서 가장 많이 사용되는 촉진의 종류는 다음과 같다.

종류	방법
구어 촉진	주어진 과제를 수행하도록 직접적으로 또는 간접적으로 지원하는 단순한 지시 또는 설명으로, 이때 사용되는 말은 유아가 이해하기 쉽도록 짧고 간결해야 한다.
몸짓 촉진	과제를 수행하도록 안내해 주는 가리키기 등의 몸짓으로, 단독으로 사용되기도 하지만 주로 구어 촉진과 함께 사용된다.
시범 촉진	구어나 신체 촉진, 또는 두 가지를 함께 사용해서 과제의 일부 또는 전체를 수행하는 모습을 보여 주는 방법으로, 주로 유아가 기대하는 행동을 수행할 수 있을 때 사용된다.
접촉 촉진	접촉을 활용하는 방법으로, 유아의 특정 신체 부위를 만지거나 유아가 특정 사물을 만지게 하는 두 가지 형태로 사용된다. 사물을 만지게 하는 방법은 특히 시각장애 유아나 수용언어의 발달이 지체된 유아에게 유용하게 사용될 수 있다.
신체 촉진	과제를 수행하도록 신체적으로 보조하는 방법으로 부분적이거나 완전한 보조의 형태로 주어진다.
공간 촉진	행동 발생 가능성을 높이기 위해서 사물을 특정 위치(예 과제 수행을 위해서 필요한 장소, 유아에게 더 가까운 장소)에 놓아 과제 수행을 상기시키는 방법이다.
시각적 촉진	그림이나 사진, 색깔, 그래픽 등의 시각적인 단서를 사용해서 과제 수행의 주요 요소를 보여 주는 방법으로, 정기적으로 수행되거나 순서대로 수행되는 활동을 보조하기 위하여 많이 사용된다.
단서 촉진	과제 수행의 특정 측면에 대한 직접적인 관심을 유도하기 위한 방법으로, 구어 또는 몸짓으로 단서를 제공한다. 이때 사용되는 단서는 과제를 가장 잘 대표할 수 있는 것이어야 한다.

출처 ▶ 이소현(2020)

(3) 자연적 촉진 17중특

자연적 촉진
동 자연적 단서

① 환경에 내재된 자연스러운 분위기에 의한 자극을 의미한다.

② 자연적 촉진은 우리가 교실이나 다른 환경에서 발생하는 것을 관찰하면서 얻은 정보로서 어떤 상황에서 무엇을 할지, 그리고 어떻게 행동할지를 알아내는 데 사용된다.

예 많은 학교에서 수업시간의 시작 종소리는 모든 학생들에게 그들이 자리에 앉아야 하고 수업을 시작할 준비를 할 시간이라는 자연적 촉진으로 쓰인다.

3. 촉진 적용 시 고려사항

① 촉진이 필요한지 검토되어야 한다.

② 촉진은 계획되어야 한다.

- 학생이 교사의 표정이나 억양으로 정반응을 짐작하게 하는 것은 바람직하지 않다.

③ 목표행동을 습득하게 하는 데 가장 적절한 촉진의 유형을 선택한다.

- 몸으로 하는 새로운 행동을 가르칠 때는 반응촉진, 학생이 어느 정도 수준의 촉진을 사용해야 할지 모르는 경우에는 최소-최대 촉구법, 학생에게 변별능력을 가르치고자 한다면 자극촉진을 사용하는 것이 좋다.

④ 촉진의 양이나 강도를 결정해야 한다.

- 촉진의 양은 바람직한 행동을 발생하게 하는 데 필요한 만큼이어야 한다.

⑤ 촉진이 학생으로 하여금 변별자극에 집중하도록 하는지 살펴야 한다.

⑥ 촉진 사용 후에 학생의 정반응이 있으면 즉시 강화한다.

⑦ 촉진은 체계적으로 제거시킨다.

- 촉진의 제거는 가능하면 빨리 이루어지도록 하되, 적은 양으로 점진적으로 이루어져야 촉진이 제거되는 동안에도 학생이 올바른 반응을 계속할 수 있다.

⑧ 촉진이 완전히 제거되었으면 변별자극에 대한 정반응을 강화하고, 유지와 일반화를 위한 계획을 수립해야 한다.

03 촉진체계

1. 촉진의 용암 10중특

① 용암이란 변별자극 외에 부가적으로 주어지는 자극을 점진적으로 감소 또는 제거하여 궁극적으로 촉진 없이 변별자극만 주어져도 반응하도록 하는 절차이다.

- 학생들이 촉진에 고착되거나 의존하는 단점을 보완하기 위하여 촉진을 점진적으로 제거하는 것이다.

② 촉진은 정반응을 도와주는 부가적인 자극이므로 행동의 습득 단계에서만 사용되어야 하며 그것에 지나치게 의존하는 촉진 의존성을 막아야 한다.

2. 반응촉진의 점진적 변화 방법

Billingsley 등은 반응촉진을 점진적으로 변화시키는 네 가지 주요 범주를 다음과 같이 제안하였다.

(1) 최소-최대 촉구법 09초특, 12중특, 19유특, 24유특

① 학생에게 변별자극만 주는 것으로 시작했다가 정반응이 없으면 점차 촉진의 양을 증가시켜 가는 것이다.

② 최소-최대 촉구법의 의도는 가능한 한 학생이 목표행동을 하는 데 필요한 만큼의 촉진만 최소한의 강도로 제공하는 데 있다.

(2) 최대-최소 촉구법 10중특, 13유특(추시), 15초특, 16유특, 19유특, 23중특

① 처음에는 학생이 바람직한 행동을 수행하기에 충분하다고 생각되는 만큼 최대한의 반응촉진을 제공하고 학생이 정반응을 보이면 점차 그 양을 줄여 가는 방법이다.

② 최대한의 촉진서부터 제공하는 것은 학습 초기에 발생할 수 있는 오류로 인한 좌절을 방지할 수 있다는 장점을 갖는다.

- 학습단계(습득-숙달-유지-일반화) 중 습득 단계에서 주로 적용된다.

③ 최대-최소 촉진 적용 시 촉진 의존성을 예방하기 위한 고려사항은 다음과 같다.

㉠ 촉진은 가능한 빨리 제거한다.

㉡ 촉진의 수준과 양은 너무 빠르거나 느리지 않게 점진적으로 감소시킨다.

㉢ 촉진을 필요 이상으로 제공하지 않는다.

용암법

- 도움이나 촉진을 점차 줄여 나가서 학생 스스로 문제를 해결하도록 하는 행동 중재 방법의 하나이다. 예를 들어, 고양이와 개를 구분하도록 하기 위해서 고양이는 빨강, 개는 파란색으로 보여 주면서 변별하도록 훈련을 시키다가 옳은 반응을 하면 점차 색 단서는 사라지게 하고, 한 가지 색(예 검정)으로 표시된 형태만을 보고 변별하게 한다. 용암법을 이용한 훈련의 절차는 자극을 엄격하게 통제해야 하기 때문에 환경을 정밀하게 구조화해야 한다(특수교육학 용어사전, 2018).
- 특정 행동이 새로운 다른 자극 사태에서도 발생할 수 있도록 점차적으로 조건을 변경해 가는 과정을 말한다(홍준표, 2017).

Tip

반응촉진의 점진적 변화 방법이 임용시험에서는 '반응촉진(촉구) 체계'(2009 초등1-26 기출), '용암법의 종류'(2013 추시 유아A-7 기출), '반응촉진 전략'(2016 유아A-2 기출), '용암법의 유형'(2021 초등B-5 기출), '촉구 용암 절차'(2024 유아A-1 기출) 등으로 다양하게 표현된다.

최소-최대 촉구법

동 도움 증가법, 보조 늘리기, 최소개입촉진, 최소촉구체계, 최소촉진법

Tip

'최소촉구체계' 또는 '최소개입촉진'은 최소-최대 촉구법과 동의어임에 유의한다.

최대-최소 촉구법

동 도움 감소법, 보조 줄이기, 최대촉구체계

자료

학습단계

'Chapter 07. 행동의 일반화와 유지' 참조

(3) 시간 지연법

시간 지연법
㉠ 시간 지연, 촉구 지연법

① 개념 19중특

㉠ 시간 지연법은 촉진자극의 형태는 변화시키지 않고 그대로 유지하되, 촉진의 시간을 조절하는 방법이다. 즉, 학습자가 요구되는 반응을 하지 못할 때 즉시 촉진을 사용하는 것이 아니라 학습자에게 몇 초간 스스로 반응할 시간을 주고, 그래도 반응을 하지 않거나 못할 때 촉진자극을 사용하는 방법이다.

㉡ 시간 지연법은 최소－최대 촉구법 또는 최대－최소 촉구법과 비교했을 때 다음과 같은 차이가 있다.

- 최소－최대 촉구법이나 최대－최소 촉구법은 촉진 자체의 형태가 바뀌지만, 시간 지연법은 자극이 제시된 후에 촉진을 제시하기까지의 시간 길이를 지연시킴으로써 촉진에서 변별자극으로 자극통제를 전이하는 것이다.
- 최대－최소 촉구법이나 최소－최대 촉구법은 학생의 반응 뒤에 반응촉진이 주어지지만, 시간 지연법은 학생의 반응 전에 반응촉진이 주어진다.

Tip
시간 지연법과 최소－최대 촉구법, 최대－최소 촉구법의 차이를 비교할 수 있어야 한다.

㉢ 시간 지연법은 학생이 촉진에 덜 의존하게 하는 효과를 기대할 수 있다.

- 시간 지연법은 자연적 변별자극을 제시한 후 촉진 사용을 일정시간 동안 지연시킴으로써 촉진에 의존하지 않는 독립 반응이 일어날 기회를 제공한다.

② 절차 09중특, 16초특, 19초특·중특

시간 지연법에는 지속적 시간 지연과 점진적 시간 지연의 두 가지 절차가 있다.

지속적 시간 지연	• 지속적 시간 지연은 대부분 동시 촉진으로 여러 시도가 제시된 후에 촉진 제시 간격이 일정하게 지연되는 방법이다. • 지속적 시간 지연을 실행할 경우, 처음 여러 시도 혹은 첫 회기는 실수가 일어날 가능성을 낮춘 무오류 학습 시도를 제시하는데, 이를 위해 선행자극과 촉진이 0초 지연된다. 즉, 동시 촉진이 제공되어 목표 반응과 관련된 강화 이력을 좀 더 확실하게 형성한다. – 동시 촉진은 변별자극과 반응촉진을 함께 제시하는 촉진 방법을 말한다. 예 '여러 가지 동물의 이름 말하기'를 지도하는 경우, 햄스터가 그려진 카드를 아동에게 보여 주면서 이름을 물어보며 '햄'이라고 언어적으로 즉시 촉진을 제공해 준다(2019 초등B-2 기출).

지속적 시간 지연
㉠ 고정 시간 지연, 무변 시간 지연

동시 촉진
㉠ 0초 시간 지연

	– 동시 촉진은 다른 형태의 촉진보다 더 나은 유지와 일반화 효과를 보이는 것으로 나타났다. • 무오류 학습 시도를 통해 강화 이력을 형성한 후 자연적 선행자극 제시와 촉진 제시 사이의 시간 지연(예 2초)이 일정하게 유지되는데, 촉진 제시의 지연이 2초라면 대상 학생은 그 2초 동안 촉진 없이 독립적으로 자연적 자극에 의한 반응을 할 기회를 갖게 된다. 예 교사는 실험 과제(자연적 단서)를 A에게 제시한 후 반응을 기다리지 않고 바로 교수적 촉진을 제공한다. 다음 시도부터는 자연적 단서 제시 후 A의 반응이 나오기까지 미리 정해둔 계획에 따라 5초 간격을 두고, 5초 안에 정반응이 없으면 교수적 촉진을 제공한다.
점진적 시간 지연	• 점진적 시간 지연은 개별 시도 혹은 단위 시도(회기)에 걸쳐 지연되는 시간을 점진적 · 체계적으로 증가시키는 방법이다. 예 첫 시도는 0초 지연, 두 번째 시도는 1초 지연, 세 번째 시도는 2초 지연 등으로 지연 시간을 점진적으로 증가시킴으로써 자극통제의 전이를 꾀할 수 있다.

③ 장단점

㉠ 장점: 지원을 받기 전에 학생이 독립적으로 수행할 기회를 제공한다.

㉡ 단점: 지원을 받기 위해 기다리기 어려운 학생에게는 부적절하다.

KORSET 합격 굳히기 시간 지연법

시간 지연 절차에는 지속적 시간 지연 절차와 점진적 시간 지연 절차의 두 가지 유형이 있다.

1. 지속적 시간 지연 절차

① 지속적 시간 지연 절차(constant time-delay procedure)는 점진적 시간 지연 절차만큼 효과적이고 교수자가 회기 전반에 걸쳐 지연 간격을 바꾸지 않아도 되기 때문에 활용하기 더 쉽다.

② 지속적 시간 지연 절차와 함께 사용되는 지연 간격은 단 두 가지이다.

㉠ 초기 교수가 첫 회기에 발생할 때의 0초 시간 지연 간격이다.

㉡ 교수자가 유창성을 위해 규명한 마지막 지연(예 3초)으로 모든 후속 회기들에 사용된다.

③ 지속적 시간 지연 절차를 활용할 때 각 시행을 위한 단계들은 다음과 같다.

> ㉠ 학습자의 주의 끌기
> ㉡ 과제 지시하기
> ㉢ 학습자가 반응하도록 미리 정해진 시간 기다리기
> 예 첫 번째 회기에서는 0초 지연 간격, 모든 후속 회기에서는 3초 지연 간격
> ㉣ 통제 촉진 전달하기
> ㉤ 미리 정해진 반응 간격 기다리기 예 3초
> ㉥ 정반응을 칭찬하거나 오반응 혹은 반응 실패에 촉진 반복하기

무오류 학습
• 무오류 학습은 중재자가 회기 중에 대상자가 오류를 보이지 않도록 대상자의 오류나 시도를 허용하지 않는 것을 말한다(Prelock et al., 2023).
• 정반응만 나타나게 하기 위하여 자극과 촉진을 조정하는 교수 절차(Cooper et al., 2014)
• 학습자의 오류를 최소화할 수 있도록 고안된 교수 절차를 이용하여 특정 변별을 지도하였으면 무오류 학습이 일어났다고 볼 수 있다(이성봉 외, 2019).

통제 촉진
정반응을 촉진하는 촉진을 통제 촉진이라고 한다(Collins, 2019).

2. 점진적 시간 지연 절차

① 점진적 시간 지연 절차(progressive time-delay procedure)의 기반이 되는 전제는 선별 및 기초선 회기를 통해 밝혀진 학습자가 하지 못하는 행동을 해당 학습자에게 수행하도록 요청하는 것이다. 대신 교수자는 학습자의 주의를 확보하고, 과제 지시를 하며(예 "어떤 단어지?"), 그리고 0초 시간 지연 간격을 활용하여 통제 촉진을 즉시 전달한다(예 "그 단어는 나무야"). 만약 학습자가 정확하게 반응한다면 칭찬을 한다. 학습자의 능력과 목표 행동의 복잡성을 기반으로 교수자는 0초 시간 지연 간격을 활용하여 한 회기 이상 수행하도록 선택할 수 있다.

② 0초 시간 지연 간격을 활용한 초기 교수를 한 후에, 교수자는 정반응이 습득되었다면 해당 학습자가 독립적으로 반응할 수 있도록 하고, 정반응이 아직 습득되지 못했다면 촉진을 기다릴 수 있게 하면서, 서서히 회기 전반에 걸쳐 시간의 양을 점차 더 많이 늘리는 방향으로 시간 지연의 간격을 늘린다.

예 교수자는 두 번째 교수 회기에서는 1초 시간 지연 간격을, 세 번째 교수 회기에서는 2초 시간 지연 간격을, 그리고 네 번째 교수 회기에서는 3초 시간 지연 간격을 활용할 수 있다.

③ 점진적 시간 지연 절차가 모든 학습자들에게 효과적일 수 있다 하더라도, 이 절차가 정반응을 하기 위한 지원을 받기 전에 더 긴 시간 간격을 기다리도록 천천히 가르치므로 추측을 통해 범할 수 있는 오류들을 감소시킬 수 있다. 따라서 이 절차는 특히 나이가 어리거나 심한 지적장애를 지니고 있는, 혹은 충동적인 행동을 보이는 학습자들에게 도움이 될 것이다.

④ 점진적 시간 지연 절차를 활용할 때 각 시행의 단계들은 다음과 같다.

> ㉠ 학습자의 주의 끌기
> ㉡ 과제 지시하기
> ㉢ 학습자가 반응하도록 미리 정해진 시간 기다리기
> 예 첫 번째 회기에서는 0초 시간 지연 간격, 두 번째 회기에서는 1초 시간 지연 간격, 세 번째 회기에서는 2초 시간 지연 간격, 그리고 모든 후속 회기에서는 3초 시간 지연 간격
> ㉣ 통제 촉진 전달하기
> ㉤ 미리 정해진 반응 간격 기다리기 예 3초
> ㉥ 정반응을 칭찬하거나 오반응 혹은 반응 실패에 촉진 반복하기

출처 ▶ Collins(2019)

점진적 시간 지연 예시

- 교사는 "같은 얼굴 표정 상징카드끼리 짝지어 보세요."라고 말한 후 바로 촉진을 제공한다. 학생이 정반응을 보이면 강화한다. 정해진 수행 기준을 달성하면 다음으로 넘어간다.
- 교사는 "같은 얼굴 표정 상징카드끼리 짝지어 보세요."라고 말한 후 3초간 학생의 반응을 기다린다. 학생이 반응을 보이지 않으면 그때 촉진을 제공한다. 학생이 정반응을 보이면 강화한다. 정해진 수행 기준을 달성하면 다음으로 넘어간다.
- 교사는 "같은 얼굴 표정 상징카드끼리 짝지어 보세요."라고 말한 후 7초간 학생의 반응을 기다린다. 학생이 반응을 보이지 않으면 그때 촉진을 제공한다. 학생이 정반응을 보이면 강화한다. 정해진 수행 기준을 달성하면 다음으로 넘어간다.

출처 ▶ 2016 초등A-6 기출

점진적 안내

동 점진적 안내 감소, 점진적 지도

자료

안내는 신체의 관련 부위에서 촉진이 제거되거나(공간적 용암), 교사의 손이 학생에 닿지는 않지만 전체적으로 행동 수행을 따르는 그림자 방법으로 대치될 수 있다(Alberto et al., 2014).

Tip

점진적 안내에서 안내되는 신체 부위가 손, 손목, 팔꿈치, 어깨의 순서에 따라 제시되는 것만은 아니다. 경우에 따라 손, 손목, 어깨의 순서를 따르는 경우(2017 중등A-13 기출)도 있으며 구체적인 신체 부위가 언급되지 않는 경우(2023 유아B-6 기출)도 있다.

(4) 점진적 안내 09중특, 10중특, 12중특, 17중특, 21초특, 23유특

① 신체적 촉진을 필요한 만큼 주다가 점진적으로 개입을 감소시키는 것으로 신체적 촉진을 용암시키는 데 사용된다.

- 신체적 촉진의 수준을 학생의 수행 진전에 따라 점차 줄여나가다 나중에는 그림자 방법을 사용하는 것이다.

② 훈련 초기에는 표적행동을 유도하기에 충분한 만큼의 물리적 도움을 제공한다. 즉, 학습자의 손을 잡고 물리적으로 지도한다. 다음 단계에서는 손목을 잡고 지도하고, 그다음 단계에서는 학습자의 팔꿈치만 약간 건드려 주는 식으로 점차 물리적 도움을 줄인다. 마지막 단계에서는 물리적 접촉은 피하고, 그림자 방법으로 대치한다.

③ 그림자 방법은 학생의 신체에 직접 손을 대지 않고 학생의 행동을 따라 그림자처럼 학생의 손 위로 훈련자의 손을 움직여 주는 방법으로 교사가 도움이 필요한 학생에게 언제든지 도움을 제공해 줄 수 있도록 동작을 취하는 것이다.

> **점진적 안내 예시**
> 세면대 앞에서 학생의 손을 잡고 '수도꼭지 열기 → 흐르는 물에 손대기 → 비누 사용하기 → 문지르기 → 헹구기 → 수도꼭지 잠그기 → 수건으로 닦기' 순서로 지도한다. 처음에는 손을 잡고 지도하다가, 자발적 의지가 보이면 교사는 손의 힘을 풀면서 손목 언저리를 잡고 도와준다. 손목을 잡고 도움을 주다 점차 어깨 쪽에 손만 살짝 접촉하고 지켜보다가, 서서히 그림자(shadowing) 방법으로 가까이에서 언제든 지원할 동작을 취한다.

④ 신체적 안내는 대상자에 따라 신체 접촉을 꺼려 순응하지 않을 수도 있음을 고려해야 한다. 따라서 대상자가 협조적일 때 시도하고 목표 반응을 일으키기 위해 필요한 최소한의 안내를 제공하다가 점진적으로 신체적 안내를 제거한다.

3. 자극촉진의 점진적 변화 방법

학생에게 촉진에 의한 자극통제가 안정적으로 일어나면 곧 자극통제가 자극촉진으로 첨가된 부수적 자극에 의한 것에서부터 자연적 상황의 변별자극에 의한 자극통제로 전이가 일어나도록 하여 학생이 더 이상 촉진에 의존하지 않아야 한다. 이와 같이 과제 자극이나 과제물을 체계적으로 변화시켜 이것들의 반응을 촉진하도록 만드는 과정을 자극통제 조형(stimulus control shaping)이라고 하는데, 자극 용암법과 자극 모양 변형을 통해 가능하다.

(1) 자극 용암법 09초특, 15중특, 23중특

① 자극 용암법은 자연스럽게 목표 반응을 불러오는 선행자극에 의한 자극 통제로, 자극통제가 전이되도록 인공적이고 침윤적인 촉구가 체계적이고 점진적으로 제거되는 것을 말한다.

② 제거 과정에서 촉진으로 제공된 자극의 뚜렷함(예 색깔, 그림 단서 등)을 점진적으로 제거하게 된다.

㉠ 반복된 오반응으로 인한 학생의 좌절감 발생을 예방하도록 처음에는 최대한의 자극촉진을 사용한다.

㉡ 최대－최소 촉구법을 통해 촉진을 제거한다.

- 용암은 한 개인이 성공적으로 목표 반응을 보이는 데 필요한 정도의 촉진(보조 선행자극)으로 시작하여 곧 점진적으로 촉진이 제거됨과 동시에 본연의 선행자극(변별자극)이 부각된다.

예 개 그림을 변별하는 학생에게 영어 단어 'dog'를 한국어로 말하도록 지도할 때 'D－O－G'라고 인쇄된 단어(자연적 변별자극) 옆에 개 그림(부수적인 선행자극, 자극 촉진)을 제공하여 '개'라는 음성 반응을 성공적으로 불러온다. 일단 그 그림 촉구로 인해 '개'라는 음성 반응이 안정적으로 일어나면 곧 그림을 점진적으로 제거하여 결국 학생은 개 그림이 없이 'D－O－G'라는 자연적 변별자극에 의해 동일한 음성 반응인 '개'라고 반응할 수 있다.

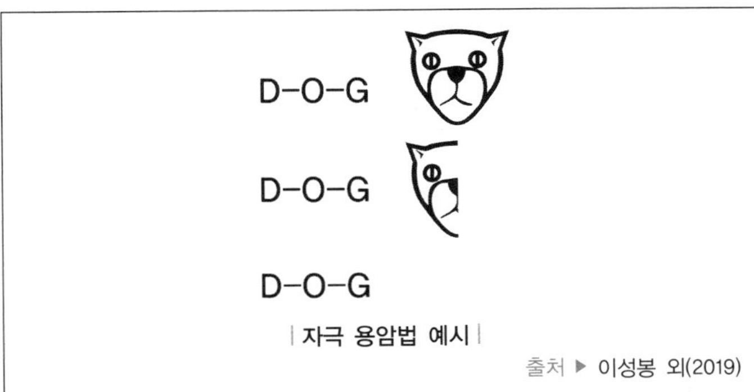

| 자극 용암법 예시 |

출처 ▶ 이성봉 외(2019)

③ 용암이 진행되는 동안 목표 반응과 후속결과는 변함이 없고, 일시적으로 반응을 촉발하는 촉진이 점진적으로 제거되거나 자연적 자극과 유사한 자극으로 대체된다. 결과적으로, 용암을 통해서 촉진에 의존하지 않고 의도한 변별자극이 목표 반응을 안정적으로 불러오게 된다.

> **자극 용암법**
> 자극 용암법은 학습자가 정반응을 보일 확률을 높이기 위해 자극의 물리적 차원(예 색깔, 크기, 위치)을 부각하는 것을 말한다. 이렇게 강조되거나 과장된 자극의 차원은 점차적으로 분명하거나 뚜렷하지 않게 만든다(Cooper et al., 2018).

비교

자극 모양 변형

이성봉 외 (2019)	자극 형성 (stimulus shaping)
Cooper et al. (2018)	자극 모양 변형 (stimulus shape transformation)

(2) 자극 모양 변형

① 자극 모양 변형은 자극이 성공적으로 목표 반응을 일으킬 수 있는 형태로 시작해서 점진적으로 자연스러운 자극 형태로 바꾸는 방법이다.

② 학생이 계속 정반응을 하도록 하기 위해서는 자극촉진의 모양을 점진적으로 변화시켜야 한다.

설명 단어를 식별하도록 가르치려면, 자극 모양 변형을 사용하여 위와 같은 단계를 포함할 수 있다.

| 자극 모양 변형 예시 |

출처 ▶ Cooper et al.(2018)

04 행동연쇄법

1. 행동연쇄법의 이해 19유특

(1) 개념

① 행동연쇄법은 자극과 반응을 특정한 순서로 연결하여 새로운 행동을 가르치는 방법을 의미한다.

② 행동연쇄상에 있으면서 이미 한 사람의 행동목록에 존재하는 단위행동들을 적절한 방법으로 연결하여, 보다 복잡한 행동의 학습을 위해 요구되는 각 단위행동을 강화하여 행동연쇄를 발달시키는 방법이다.

(2) 과제분석 12중특, 20유특, 22유특

① 개념 25초특

㉠ 과제분석이란 복잡한 과제를 분석하여 가르칠 수 있는 작은 단계로 나누는 것을 의미하는 것으로, 가르치고자 하는 행동의 최종 목표를 찾아서 그 행동을 구성하는 단위행동을 분석하는 기법이다.

㉡ 과제분석은 과제를 완수하기 위해 학생의 수준에 맞게 과제 행동을 단계별로 작게 나누어 지도하기 위해 이루어진다.

② 과제분석의 타당성 검증 방법 12중특

과제분석의 요소를 알아내고 타당성을 검증하는 방법으로 최소 세 가지를 들 수 있다.

㉠ 정확한 목표행동을 하는 개인에게 숙련된 행동 과정을 수행하게 한 후, 관찰을 통해 연쇄의 행동 요소를 정하는 것이다.

㉡ 해당 과제 수행에 능숙한 전문가의 도움을 받는 것이다.

㉢ 자신이 직접 행동 수행을 해보는 것이다.

③ 행동연쇄법과의 연관성

㉠ 행동연쇄는 과제분석에 따라 특정한 순서로 연결된 자극과 반응 요소에 촉진과 용암을 체계적으로 적용한다. 따라서 행동연쇄법을 적용하기 위해서는 반드시 과제분석이 이루어져야 한다.

㉡ 동일한 과제도 서로 다른 단계로 분석할 수 있다.

- 과제분석은 학생의 능력에 따라 이루어져야 한다.

㉢ 과제분석이 잘 되었는지 알아보기 위해서는 학생이 각 단계를 수행하는 것을 관찰해 보면 알 수 있다. 만일 학생이 어떤 단계에서 어려워한다면 그 단계는 더 여러 단계로 나누어 세분화시킬 필요가 있다.

(3) 행동연쇄의 효과를 극대화하기 위한 방법

① 과제분석의 완성도와 정확도가 높을수록 연쇄를 효과적으로 수행할 가능성이 높아진다.

- 과제분석을 할 때는 과제를 유능하게 수행하는 사람이나 전문가를 관찰해서, 하위행동을 목록화하는 것이 중요하다.

② 연쇄의 단계가 많지 않고 단순할수록 연쇄 수행은 짧은 시간에 효과를 볼 수 있다.

③ 다양한 형태의 자극을 소개한다.

④ 다양한 반응의 형태를 소개한다.

2. 성취 수준의 평가 12중특

과제의 하위 구성 요소 중에서 학습자가 이미 할 수 있는 것을 확인하기 위하여 성취 수준을 평가한다. 훈련을 시작하기 전에 표적행동의 하위과제 가운데 학습자가 이미 할 수 있는 것이 무엇이고, 아직 하지 못하는 것은 무엇인지 알 수 있다면 훈련과 교육에 큰 도움이 될 것이다. 주요 방법에는 단일기회법과 다수기회법의 두 가지가 있다.

(1) 단일기회법

① 학습자가 표적행동의 하위과제들을 순서에 따라 올바로 수행할 수 있는 능력이 얼마나 되는지를 평가하기 위하여 고안된 방법이다.

② 단일기회법에 의한 성취 수준의 평가는 학생이 하위과제 1번에서 시작하여 순서에 따라 혼자서 어디까지 할 수 있는지를 확인하는 것이다.

- 학습자가 과제를 순서대로 수행하는 과정에서 하나의 하위과제를 올바로 수행하지 못한 경우 모든 평가를 그 시점에서 중단한다.

③ 단일기회법은 다수기회법보다 엄격한 보수적 평가방법이다.

④ 표적행동이 손 씻기인 경우, 단일기회법은 다음과 같은 절차에 따라 이루어진다.

㉠ 화장실 세면대에 물을 받아 놓고, 세면대 왼쪽에 비누를 준비한 뒤, 수건은 지정된 수건걸이에 걸어둔다.

㉡ 훈련자는 학생을 화장실 세면대 앞에 세우고 학생 뒤에 선다.

㉢ 훈련자는 거울을 통해 학생을 바라보며, "○○야, 손 씻어!"라고 지시한다.

㉣ 학생이 지시에 따라 5초 이내에 도움 없이 혼자서 하위과제 1번(두 손을 물에 담근다)을 올바로 수행하면 해당 평가일시의 과제 1번란에 '+' 기호를 기록한다. 학생이 이어서 하위과제 2번(비누를 잡는다)을 혼자서 수행하면 역시 해당란에 '+'기호를 기록한다.

㉤ 만일 학생이 하위과제 3번(비누를 두 손바닥 사이에서 문지른다) 대신에 다른 과제를 시도하거나(순서 오류), 반응지연 시간 5초를 넘기거나, 혼자서 정해진 과제를 수행하지 못하면, 일단 이 시점에서 평가를 중단한다. 그리고 하위과제 3번란에 '−'기호를 기록하고, 그 이하의 모든 하위과제에도 '−'기호를 기록한다.

㉥ 이와 같은 방법으로 성취 수준 평가를 4회기 실시한다.

㉦ 모든 평가가 종료되면, 먼저 평가일시별로 올바른 반응의 백분율(%)을 계산한다. 계산 결과에서 소수점 이하를 반올림하면, 성취 수준은 각각 22%, 11%, 33%, 22%로 나타난다. 다음으로 학습기준에 따라 3회기 연속 '+'로 표기된 하위행동의 백분율(%)을 환산한다. 학생이 이미 할 수 있는 것으로 평가된 하위행동은 과제 1번 하나뿐이다. 과제 2번에서도 3회기에 걸친 '+'기록이 있지만 연속적이 아니기 때문에 제외되었다. 따라서 단일기회법에 의하여 평가된 성취 수준은 $(1 \div 9) \times 100 = 11.1$, 즉 11%이다.

과제분석과 성취 수준 평가

방법: 단일기회법 학생 이름: 홍길동 평가자 이름: 이순신
표적행동: 손 씻기
언어적 지시: "길동아, 손 씻어!"

순서	하위행동	평가일시			
		5/11	5/12	5/13	5/14
1	두 손을 물에 담근다.	+	+	+	+
2	비누를 잡는다.	+	−	+	+
3	비누를 두 손바닥 사이에서 문지른다.	−	−	+	−
4	비누를 제자리에 놓는다.	−	−	−	−
5	두 손을 비빈다.	−	−	−	−
6	손을 헹군다.	−	−	−	−
7	수건을 집는다.	−	−	−	−
8	수건으로 닦는다.	−	−	−	−
9	수건을 제자리에 놓는다.	−	−	−	−
올바른 반응의 백분율(%)		22%	11%	33%	22%
학습된 반응의 백분율(%)		11%			
비고	평가장소: 화장실 세면대 준비자료: 물이 채워진 세면대, 비누, 수건 기록코드: 올바른 반응(+), 그릇된 반응(−) 강화기준: 5초 이내에 도움 없이 혼자서, 순서에 따라 수행하여야 한다. 학습기준: 3회기 연속하여 성공적으로 수행하여야 한다.				

| **단일기회법에 의한 '손 씻기'의 성취 수준 평가(예)** |

출처 ▶ 홍준표(2009)

(2) 다수기회법

① 단일기회법과는 달리, 표적행동의 모든 하위과제에 대하여 피험자의 성취 수준을 평가하는 방법이다.

② 학습자가 일련의 과제 수행과정에서 그릇된 반응을 하거나, 허용된 반응지연 시간을 초과하거나 또는 과제의 순서를 놓치고 다른 반응을 시도할 때, 평가자는 학습자를 대신하여 올바른 과제 수행 상태로 교정해 놓음으로써 학습자가 다음 과제를 순서대로 수행할 수 있도록 한다.

- 이와 같은 방식으로 하위과제 1번부터 마지막까지 학습자의 반응을 평가하여 올바로 수행한 하위과제는 모두 '+'로 기록하고, 그릇된 반응은 '−'로 기록한다.

③ 표적행동이 손 씻기인 경우, 다수기회법은 다음과 같은 절차에 따라 이루어진다.

㉠ 훈련 상황과 준비물은 단일기회법에서와 동일하다.

㉡ 훈련자는 학생의 뒤에서 거울을 통하여 학생을 보면서, "○○야, 손 씻어!"라고 지시한다.

㉢ 학생이 5초 이내에 스스로 두 손을 물에 담그면(과제 1번) 해당 기록란에 '+'로 표기한다.

㉣ 학생이 이어서 비누를 집으면(과제 2번) 역시 해당 기록란에 '+'로 표기한다.

㉤ 만일 학생이 과제 3번('비누를 두 손바닥 사이에서 문지른다')을 올바로 수행하지 못하면, 해당 기록란에 '−'를 기록한 다음, 즉시 학생의 손에 비누를 묻혀 주고 손을 뗀다. 즉, 이제 비누를 제자리에 갖다 놓을 수 있는 자세를 잡아준다.

㉥ 학생이 스스로 비누를 제자리에 갖다 놓지 못하면(과제 4번) 역시 '−'로 표기하고, 학생을 대신하여 비누를 제자리에 갖다 놓고 계속 반응을 관찰한다. 이제 학생은 두 손을 비빌 자세가 된 것이다.

㉦ 만일 학생이 두 손바닥을 비벼 거품을 내지 못하면(과제 5번) 역시 '−'로 표기하고 학생의 손을 비벼 거품을 만들어 주고 손을 뗀다. 즉, 거품이 잔뜩 묻은 손을 물에 헹굴 수 있는 상태를 만들어 준다. 과제를 정해진 시간 내에 바르게 수행하면 '+'로 표기한다. 동일한 방법으로 과제 9번까지 기록한다.

㉧ 같은 방법으로 성취 수준 평가를 4회기 반복한다.

㉨ 평가일시별로 올바른 반응의 백분율(%)을 계산하여 해당란에 기록한다. 소수점 이하를 반올림하면 각각 56%, 44%, 67%, 33%로 계산된다.

㉩ 다음으로 학습기준에 따라 3회기 연속 '+'로 표기된 하위과제를 찾아본다. 전체 9개 하위과제 가운데 4개(1, 6, 7, 8번)가 학습기준에 맞다. 따라서 학습된 반응의 백분율은 $(4/9) \times 100 = 44.4\%$로 환산되며 소수점 이하를 반올림하여 44%가 된다. 이 학생의 '손 씻기'는 이미 44% 정도 완성된 상태에 있다.

과제분석과 성취 수준 평가

방법: 다수기회법 　　학생 이름: 홍길동 　　평가자 이름: 이순신
표적행동: 손 씻기
언어적 지시: "길동아, 손 씻어!"

순서	하위행동	평가일시			
		5/11	5/12	5/13	5/14
1	두 손을 물에 담근다.	+	+	+	+
2	비누를 잡는다.	+	−	+	+
3	비누를 두 손바닥 사이에서 문지른다.	−	−	+	−
4	비누를 제자리에 놓는다.	−	−	−	−
5	두 손을 비빈다.	−	−	−	−
6	손을 헹군다.	+	+	+	+
7	수건을 집는다.	+	+	+	−
8	수건으로 닦는다.	+	+	+	−
9	수건을 제자리에 놓는다.	−	−	−	−
올바른 반응의 백분율(%)		56%	44%	67%	33%
학습된 반응의 백분율(%)		44%			
비고	평가장소: 화장실 세면대 준비자료: 물이 채워진 세면대, 비누, 수건 기록코드: 올바른 반응(+), 그릇된 반응(−) 강화기준: 5초 이내에 도움 없이 혼자서, 순서에 따라 수행하여야 한다. 학습기준: 3회기 연속하여 성공적으로 수행하여야 한다.				

| 다수기회법에 의한 '손 씻기'의 성취 수준 평가(예) |

④ 다수기회법을 사용할 때는 평가과정에서 훈련의 효과가 발생하지 않도록 주의하여야 한다.

- 예를 들어, 학생이 어떤 하위과제를 수행하지 못할 때 평가자는 그 과제를 대신 수행하고 학생에게 다음 과제를 수행할 수 있는 자세나 상태를 마련해 주기만 해야 한다.
- 이 과정에서 시범을 보이거나 언어적 설명을 하면 학습의 효과가 개입되기 때문에 정확한 평가가 이루어질 수 없다. 그러므로 평가과정에서는 절대로 훈련의 성과가 개입되지 않도록 주의하여야 한다.

3. 행동연쇄법의 유형 12초특, 20유특

어느 단계에서 시작하느냐에 따라 전진 행동연쇄법, 후진 행동연쇄법, 전체 과제제시법으로 구분한다.

(1) 전진 행동연쇄법 12초특, 20중특, 22유특

① 개념

㉠ 전진 행동연쇄법은 과제분석을 통해 결정된 단계의 행동들을 처음 단계부터 순차적으로 가르치는 방법이다.

㉡ 연쇄의 첫 번째 고리를 먼저 가르치기 시작하여 숙련될 때까지 지속하고 다음 단계로 넘어간다.

- 학생은 매번 이전에 숙련한 모든 단계를 수행하거나, 아니면 준거에 따라 각 단계를 분리해서 배운 후 연결한다.

㉢ 각 단계의 기준에 이르면 인위적 강화를 제공하고, 마지막 단계에서 인위적 강화와 자연적 강화를 제공한다.

- 자연적 강화란 실제 환경에서 자연스럽게 제공되는 정적 강화와 부적 강화를 말한다.

② 실행 절차

과제분석이 3단계로 나누어졌다면

㉠ 1단계의 행동이 기준에 이르면 인위적 강화를 제공한다.

㉡ 그다음 단계에서는 1단계와 2단계의 행동이 정해진 기준에 이르면 인위적 강화를 제공한다.

㉢ 마지막으로 1, 2, 3단계의 모든 행동이 기준에 이르면 인위적 강화와 자연적 강화를 제공한다.

③ 장단점

㉠ 전진형 행동연쇄법에서는 초기 단계의 표적행동이 짧아 한 회기에 다수의 훈련 시행이 가능하다.

㉡ 새로운 훈련 단계가 시작될 때마다 표적행동의 양이 증가되어 욕구좌절과 학습에 대한 저항을 불러올 수 있다.

인위적 강화
동 임의적 강화

Tip

전진 행동연쇄법에서 각 단계마다 인위적 강화를 제공하는 것은 '순서의 수행마다 조건적(인위적) 강화인을 준다.'(2012 초등1-24 기출)라고 표현되기도 하였다.

자료

자연적 강화와 인위적 강화

자연적 강화(임의적 또는 인위적 강화에 반대되는)는 아동의 반응에 직접적으로 관련된 강화를 말한다. 예를 들어, 만일 아동이 "공"이라고 말하면 공을 받게 되고(자연적 강화) 공을 가지고 놀게 될 것이다. 반대로, 인위적 강화는 반응과 관련이 없다. 예를 들어, "공"이라고 말한 것에 대해 아동은 건포도를 받고 칭찬을 받는다(Prelock et al., 2023).

(2) 후진 행동연쇄법 10초특, 13유특, 15유특, 22중특

① 개념 18초특, 24초특

㉠ 후진 행동연쇄법은 과제분석을 통해 나누어진 행동의 단계들을 마지막 단계부터 역순으로 가르치는 방법이다.

㉡ 마지막 구성 요소를 첫 번째로 가르치고, 다른 요소들은 한 번에 하나씩 추가된다.

㉢ 순서의 수행마다 자연적 강화와 인위적 강화를 제공한다.

② 실행 절차 25초특

숟가락으로 밥 떠먹기를 후진 행동연쇄법으로 가르친다면

㉠ 교사는 숟가락으로 밥을 떠서 학생의 손에 쥐어 주고 "아 하고 입 벌리자. 옳지!" 하면서 언어적 촉진을 사용하며, 이때 학생이 입을 벌린다면 입에 밥을 뜬 숟가락을 넣어 주는 신체적 촉진과 함께 "잘했어. 밥을 먹었네." 하며 강화를 한다.

㉡ 정해진 기준에 도달하면 그다음 단계에서는 교사가 학생의 손에 숟가락을 쥐어 주고 학생의 손을 붙잡고 밥그릇의 밥에 숟가락을 꽂아 주는 신체적 촉진과 함께 "숟가락으로 밥을 떠 보자."라는 언어적 촉진을 하면서 숟가락으로 밥을 뜨면 "맞았어. 이렇게 밥을 뜨는 거야." 하며 강화한다.

㉢ 두 번째 단계에서 기준에 도달하면 마지막 단계에서 교사는 학생에게 숟가락을 주면서 "밥 먹자."라는 변별자극만 주고 나머지 모든 행동을 학생이 하도록 하게 한다.

③ 장점 10초특, 15유특, 18초특

㉠ 후진 행동연쇄를 사용하면 학생의 입장에서는 매 회기에 마지막 단계까지 완수하게 되고 자연적 강화를 받게 된다.

㉡ 후진 행동연쇄를 사용하는 동안 계속해서 그 과제를 끝까지 여러 차례 반복할 수 있는 기회가 학생에게 주어진다.

㉢ 장애 정도가 심한 개인을 대상으로 훈련할 경우에는 후진형 행동연쇄법이 더 효과적인 데 그 이유는 다음과 같다.

- 매 훈련 시행에서 과제의 전 과정이 처음부터 끝까지 반복되기 때문에 과제 완성의 만족감과 연습에 의한 학습전이 효과를 기대할 수 있다.
- 표적행동의 추가분에 대한 저항감이 적다.
- 하위과제들 간의 연결이 용이하다.

④ 단점

㉠ 한 시행에 소요되는 시간이 길어 초기부터 지루할 수 있다.

㉡ 한 회기에 많은 훈련을 시행할 수 없다.

자료

후진 행동연쇄법 지도 예시

□ 신발 신기
- 과제 분석: 찍찍이가 부착된 신발 신기는 5단계로 구성됨
- 지도 방법

교사가 1단계에서 4단계까지 미리 해준 상태에서 학생 A에게 5단계의 과제를 제시하여 지도함

⇩

학생 A가 5단계의 행동을 습득하면, 교사가 3단계까지를 미리 해준 상태에서 4단계의 과제를 지도하고, 학생 A가 5단계를 수행하도록 함

⇩

학생 A가 4단계의 행동을 습득하면, 교사가 2단계까지를 미리 해준 상태에서 3단계의 과제를 지도하고, 학생 A가 4단계와 5단계를 수행하도록 함

… (중략) …

학생 A가 2단계의 행동을 습득하면, 교사가 1단계의 과제를 지도하고, 학생 A가 2단계부터 5단계까지를 수행하도록 함

⇩

최종적으로 학생 A가 모든 단계를 스스로 할 수 있도록 함

출처 ▶ 2022 중등A-4 기출

전진 행동연쇄와 후진 행동연쇄의 유사점과 차이점

유사점	• 행동연쇄를 가르치기 위해 사용된다. • 자극−반응 구성 요소로 이루어지는 과제분석을 먼저 수행해야 한다. • 한 번에 한 가지 행동을 가르치고 나서 그 행동들을 함께 연쇄시킨다. • 각 구성 요소를 가르치기 위해 촉진과 용암법을 사용한다.
차이점	• 전진 행동연쇄는 첫 번째 구성 요소를 먼저 가르치는 반면, 후진 행동연쇄는 마지막 구성 요소를 먼저 가르친다. − 후진 행동연쇄에서는 마지막 구성 요소를 먼저 가르치기 때문에 학습자가 모든 훈련에서 자연적 강화인을 받게 된다. − 전진 행동연쇄에서는 학습자가 모든 훈련을 마무리하지 않기 때문에 마지막 단계를 제외한 훈련에서는 인위적인 강화인이 사용된다. 전진 행동연쇄에서 자연적 강화인은 연쇄의 마지막 행동 후에 주어진다.

전체 과제제시법
 전체 과제연쇄, 전체 행동연쇄법

(3) 전체 과제제시법 12중특, 21중특, 24유특

① 개념

㉠ 과제분석을 통한 모든 단계를 시행하도록 하면서 학생이 독립적으로 수행하지 못하는 단계에 대해서는 훈련을 실시하는 방법이다.

㉡ 전체 연쇄가 숙련될 때까지 학생이 모든 단계를 순서대로 수행하게 하는 방법이다(전진 행동연쇄의 변형).

비교

행동연쇄법의 효과
특정한 연쇄 방법이 다른 방법보다 유의미하게 효과적이라는 결과 자료는 없다는 주장(예 Cooper et al., 2014)도 있다.

② 전체 과제제시법의 적용이 적절한 경우

㉠ 학생이 구성 요소의 일부 혹은 전체를 이미 숙련하고 있으나 순서대로 수행하지 못할 때 적절한 방법이다.

㉡ 과제가 너무 길거나 복잡하지 않은 경우 또는 하위 과제의 수가 많지 않은 비교적 단순한 경우에 적절하다.

- 과제가 너무 길거나 어렵다면 한 번에 하나의 구성 요소에 초점을 맞추어 가르치고, 그것이 완전히 습득되면 서로 연결시키는 방법인 전진 행동연쇄법이나 후진 행동연쇄법이 더 적절하다.

㉢ 학습자의 장애 정도가 심하지 않고, 어느 정도의 모방 능력을 갖추고 있는 경우에 적절하다.

- 학습자의 능력이 매우 제한적이라면 후진 행동연쇄나 전진 행동연쇄가 더 적절하다.

㉣ 전체 과정에 걸쳐 교사의 안내가 가능한 경우에 적절하다.

- 전체 행동연쇄는 전체에 걸쳐 교사의 안내가 있어야 되는 만큼 실행이 가장 어려운 절차이므로 이와 같은 일련의 과정에 교사의 안내가 가능한 경우에 적용하는 것이 바람직하다.

③ 실행 절차

㉠ 일련의 복합적인 행동을 가르치기 위해 과제분석을 실시한다.

㉡ 과제분석에 의하여 설정된 하위 과제를 순서대로 나열하고, 훈련 회기마다 과제의 전 과정을 학습자에게 제시하며 수행을 요구한다.

- 학습자가 각 하위행동을 올바로 수행하면 칭찬과 함께 정적 강화하고, 결과를 '+'로 기록한다.
- 처음 단계부터 마지막 단계까지 수행한 후에는 '짧은 휴식'과 같은 강화를 제공하거나 '자연적 강화'를 경험할 수 있도록 한다.
- 학습자가 반응하지 않거나, 잘못 반응하거나 또는 기준에 못 미치게 반응하면 시범을 보이거나, 언어적 힌트를 주는 등의 방법을 사용하여 올바른 반응을 유도하면서 강화한다. 그러나 도움을 받아 수행한 반응은 그릇된 반응으로 평가하여 '−'로 기록한다.

㉢ 한 회기의 훈련이 끝날 때마다 그 수행 수준을 백분율로 환산하여 해당란에 기록한다.

④ 장점 18중특

㉠ 모든 단계를 매 회기마다 가르칠 수 있다.

㉡ 행동을 순서대로 학습하는 데 효과적이다.

전진 연쇄법

$(S_1 \rightarrow R_1) \longrightarrow$ 강화제 제시

$(S_1 \rightarrow R_1) \longrightarrow (S_2 \rightarrow R_2) \longrightarrow$ 강화제 제시

$(S_1 \rightarrow R_1) \longrightarrow (S_2 \rightarrow R_2) \longrightarrow (S_3 \rightarrow R_3) \longrightarrow$ 강화제 제시

후진 연쇄법

$(S_3 \rightarrow R_3) \longrightarrow$ 강화제 제시

$(S_2 \rightarrow R_2) \longrightarrow (S_3 \rightarrow R_3) \longrightarrow$ 강화제 제시

$(S_1 \rightarrow R_1) \longrightarrow (S_2 \rightarrow R_2) \longrightarrow (S_3 \rightarrow R_3) \longrightarrow$ 강화제 제시

전체 과제제시법

$(S_1 \rightarrow R_1) \longrightarrow (S_2 \rightarrow R_2) \longrightarrow (S_3 \rightarrow R_3) \longrightarrow$ 강화제 제시

| 행동연쇄법의 세 가지 종류와 강화제 제시 방법 |

출처 ▶ 양명희(2018)

비교

전체 과제제시법의 강화 방법

2018 중등B-5 기출	처음부터 마지막 단계까지 수행한 후에 자연적 강화를 경험할 수 있도록 지도한다.
Brown et al. (2017)	강화는 오류에 대한 각 반응과 향상된 수행 후에(예 칭찬), 그리고 연쇄의 마지막에 다시(예 짧은 휴식) 빠르게 제공된다.
Miltenberger (2017)	(예 알렉스에게 숟가락 사용법 가르치기) … 매 시도의 강화인은 알렉스가 먹게 되는 음식으로, 이는 행동의 자연스러운 결과이다.
Snell et al. (2010)	각 단계의 정반응이나 향상된 반응 이후에 강화를 얼른 제공하고(예 칭찬) 연쇄행동의 끝에도 다시 강화한다(예 짧은 쉬는 시간).

✿ **전진 행동연쇄, 후진 행동연쇄, 전체 과제제시법의 유사점과 차이점**

유사점	• 복잡한 과제나 행동연쇄를 가르치기 위해 사용된다. • 훈련 시작 전에 과제분석이 완성되어야 한다. • 촉진과 용암법이 사용된다.
차이점	• 전체 과제제시법에서는 매번 전체 과제에 대해 촉진한다. • 전진 행동연쇄, 후진 행동연쇄 절차에서는 한 번에 하나의 구성 요소를 가르치고, 그러고 나서 그 구성 요소들을 함께 연결한다.

4. 연쇄를 가르치는 방법

연쇄된 행동을 가르칠 때는 어떤 방법을 선택하든지 진행을 효율적으로 관리하기 위해서 어떠한 조직화가 필요하다. 이는 연쇄의 숙달 진행을 보여주기 위한 정확한 자료를 기록해 두기 위해서이기도 하다. 교사는 가르칠 단계의 목록과 정반응이나 오반응을 기록할 방법도 필요하다. 대부분의 교사는 양식 자체에 단계를 목록화하는 것이 더 편리하다는 것을 알게 된다. 특정 연쇄를 위해 양식을 만들어 쓰거나 과제의 단계를 적은 일반적인 자료양식을 만들 수도 있다.

(1) 연쇄과제의 지시에 대한 자료를 이분법적으로 기록하는 방법

① 자료양식은 최고 25단계까지 기록하도록 구성되어 있으며 왼쪽의 숫자가 적힌 칸에 각 단계에서 필요로 하는 반응을 써 넣도록 되어 있다. 오른쪽으로 이어진 20개의 세로줄은 20회의 시도 혹은 과제 수행 기회를 나타낸다. 각 세로줄은 최고 단계인 25까지의 숫자로 구성된다. 각 시도는 학생이 연쇄과제를 연결하는 모든 단계를 수행하는 기회로 구성된다.

② 각 시도에 대해 교사는 간단한 동그라미나 사선을 이용하여 학생의 각 단계 수행에 대한 정확성을 기록하거나, 정반응을 보인 단계의 숫자는 그대로 두고 오류를 나타낸 단계의 숫자에는 사선을 그어 표시한다. 이러한 형태를 사용하면 양식 자체에 직접 그래프를 그릴 수 있다.

③ 각 시도에서 바르게 수행한 단계의 합에 해당되는 숫자를 까맣게 색칠하여 표시한다. 그리고 시도 간 동그라미를 연결하여 그래프를 그린다.

④ 그래프 설명: 자료양식에 묘사된 학생의 수행은 손 씻기 과제분석의 첫 번째 시도에서 13단계 중 2개를 바르게 수행했다. 그리고 7번째 시도에서는 7개, 17번째 시도에서는 11개의 단계에서 정반응을 보였다.

학생 : 홍길동　　과제 : 손 씻기　　준거 : 단계의 100%-1주

단계/반응	9-6	9-6	9-8	9-8	9-10	9-10	9-13	9-15	9-17	9-20	9-22	9-24	9-27	9-29	10-1	10-3	10-5	10-8	10-10	10-12
25.	25	25	25	25	25	25	25	25	25	25	25	25	25	25	25	25	25	25	25	25
24.	24	24	24	24	24	24	24	24	24	24	24	24	24	24	24	24	24	24	24	24
23.	23	23	23	23	23	23	23	23	23	23	23	23	23	23	23	23	23	23	23	23
22.	22	22	22	22	22	22	22	22	22	22	22	22	22	22	22	22	22	22	22	22
21.	21	21	21	21	21	21	21	21	21	21	21	21	21	21	21	21	21	21	21	21
20.	20	20	20	20	20	20	20	20	20	20	20	20	20	20	20	20	20	20	20	20
19.	19	19	19	19	19	19	19	19	19	19	19	19	19	19	19	19	19	19	19	19
18.	18	18	18	18	18	18	18	18	18	18	18	18	18	18	18	18	18	18	18	18
17.	17	17	17	17	17	17	17	17	17	17	17	17	17	17	17	17	17	17	17	17
16.	16	16	16	16	16	16	16	16	16	16	16	16	16	16	16	16	16	16	16	16
15.	15	15	15	15	15	15	15	15	15	15	15	15	15	15	15	15	15	15	15	15
14.	14	14	14	14	14	14	14	14	14	14	14	14	14	14	14	14	14	14	14	14
13. 휴지통에 종이수건 버리기	~~13~~	~~13~~	13	13	13	13	13	13	13	13	13	13	13	13	13	13	13	13	13	13
12. 손 비비기	12	12	12	12	12	12	12	12	12	12	12	12	12	12	12	12	12	12	12	12
11. 종이수건 한 개 빼기	~~11~~	~~11~~	~~11~~	~~11~~	11	11	11	11	11	11	11	11	11	11	11	●	●	●	11	11
10. 종이수건 빼는 곳으로 가기	~~10~~	~~10~~	~~10~~	~~10~~	~~10~~	~~10~~	~~10~~	~~10~~	~~10~~	~~10~~	~~10~~	~~10~~	~~10~~	~~10~~	~~10~~	10	10	10	●	●
9. 찬물 잠그기	~~9~~	~~9~~	~~9~~	~~9~~	~~9~~	~~9~~	~~9~~	~~9~~	~~9~~	~~9~~	~~9~~	~~9~~	●	●	●	~~9~~	~~9~~	~~9~~	~~9~~	~~9~~
8. 더운물 잠그기	~~8~~	~~8~~	~~8~~	~~8~~	~~8~~	~~8~~	~~8~~	~~8~~	~~8~~	●	●	●	~~8~~	~~8~~	~~8~~	8	8	8	8	8
7. 손을 3회 비비기	~~7~~	~~7~~	~~7~~	~~7~~	~~7~~	●	●	7	●	7	7	7	7	7	7	7	7	7	7	7
6. 손을 물 밑에 대기	~~6~~	~~6~~	6	6	●	6	6	●	6	6	6	6	6	6	6	6	6	6	6	6
5. 펌프 누르기	5	5	5	5	5	5	5	5	5	5	5	5	5	5	5	5	5	5	5	5
4. 손을 비누펌프 밑에 대기	~~4~~	~~4~~	●	●	4	4	4	~~4~~	~~4~~	4	4	4	~~4~~	4	4	4	4	4	4	4
3. 더운물 틀기(빨강)	~~3~~	~~3~~	~~3~~	~~3~~	~~3~~	~~3~~	~~3~~	~~3~~	~~3~~	~~3~~	~~3~~	~~3~~	3	~~3~~	~~3~~	~~3~~	~~3~~	~~3~~	~~3~~	~~3~~
2. 찬물 틀기(파랑)	●	●	~~2~~	~~2~~	~~2~~	~~2~~	~~2~~	~~2~~	~~2~~	~~2~~	~~2~~	~~2~~	2	2	2	2	2	2	2	2
1. 세면대로 가기	~~1~~	~~1~~	~~1~~	~~1~~	~~1~~	~~1~~	~~1~~	~~1~~	1	1	1	1	1	1	1	1	1	1	~~1~~	~~1~~
	1	2	3	4	5	6	7	8	9	10	11	12	13	14	15	16	17	18	19	20

| 연쇄과제의 지시에 대한 자료를 이분법적으로 기록하는 양식 |

출처 ▶ Alberto et al.(2014)

(2) 연쇄과제에 대한 부호화된 자료를 기록하는 방법

① 이 자료양식에는 최고 25단계까지의 과제를 정리할 수 있으며, 왼쪽의 숫자는 각 단계를 표시하는 것으로 각 단계에서 요구되는 반응을 적도록 되어 있다. 오른쪽의 세로줄은 16회의 시도 혹은 과제 수행 기회를 나타낸다. 교사는 각 단계에서 학생에게 주어졌던 촉진 형태를 기록한다.

② 이 자료양식에도 그래프를 직접 그릴 수 있다. 왼쪽의 숫자(단계 숫자)를 그래프의 세로 좌표로 이용하는 것이다. 각 시도에서 학생이 독립적으로 수행한 단계의 수를 세어서 그에 상응하는 좌표에 표시를 한다. 제시된 자료에서는 독립적으로 수행한 단계의 수가 2부터 11까지 나타나 있다. 만일 목표에 정반응으로 기록되는 도움의 수준을 정의해 놓았다면, 정반응으로 기록되는 도움의 수준에 대한 반응을 세어서 그래프를 그려야 한다. 즉, 목표가 언어적 촉진의 수행을 수용한다면 독립적으로 수행한 단계와 언어적 촉진을 얻어 수행한 단계의 합이 그래프로 그려져야 한다.

③ 그래프 설명: 이 그래프의 자료는 9월 6일의 첫 번째 시도에서 학생이 5단계와 12단계를 독립적으로 수행했고, 1단계는 언어적 촉진으로, 4, 6, 7, 9, 10, 11, 13단계는 몸짓 촉진으로, 그리고 2, 3 단계는 신체적 도움으로 수행했음을 나타내고 있다.

학생: 홍길동　　교사: 이순신　　장소: 1층 복도 화장실

목표 : 일주일 동안 손 씻기 단계의 100%를 독립적으로 완수함

촉구 코드	I	V	g	P

(I=독립적, V=언어적 단서, G=몸짓, P=신체적 도움)

단계:

25.																
24.																
23.																
22.																
21.																
20.																
19.																
18.																
17.																
16.																
15.																
14.																
13. 휴지통에 종이수건 버리기	g	g	I	I	I	I	I	I	I	I	I	I	I	I	I	I
12. 손 비비기	I	I	I	I	I	I	I	I	I	I	I	I	I	I	I	I
11. 종이수건 한 개 빼기	g	g	V	V	I	I	I	I	I	I	I	I	I	I	I	I
10. 종이수건 빼는 곳으로 가기	g	g	g	g	g	g	V	V	V	V	g	V	g	V	V	I
9. 찬물 잠그기	g	ㄱ	P	P	P	P	P	g	P	P	P	P	g	g	g	g
8. 더운물 잠그기	P	P	P	P	P	P	P	P	g	g	g	g	g	g	g	I
7. 손을 3회 비비기	g	g	V	V	V	I	I	I	I	I	I	I	I	I	I	I
6. 손을 물 밑에 대기	g	g	I	I	I	I	I	I	I	I	I	I	I	I	I	I
5. 펌프 누르기	I	I	I	I	I	I	I	I	I	I	I	I	I	I	I	I
4. 손을 비누펌프 밑에 대기	g	g	g	V	I	I	I	V	V	I	I	I	I	I	I	I
3. 더운물 틀기(빨강)	P	P	P	P	P	P	P	P	g	V	V	V	I	g	g	g
2. 찬물 틀기(파랑)	P	P	P	P	V	V	V	V	V	V	V	V	I	I	I	I
1. 세면대로 가기	V	V	V	V	V	V	V	V	I	I	I	I	I	I	I	I
날짜	9/6	9/6	9/8	9/8	9/10	9/10	9/13	9/15	9/17	9/20	9/22	9/24	9/27	9/29	10/1	10/3

비고:

| 연쇄과제에 사용되는 자료양식(촉진 수준 표시용) |

출처 ▶ Alberto et al.(2014)

05 행동형성법

1. 행동형성법의 개념 11초특, 14유특, 15중특, 20중특

① 현재에는 나타나지 않는 표적행동을 발생시키기 위해서 연속적 접근을 체계적으로 차별강화하여 새로운 행동을 형성시키는 것이다.

㉠ 표적행동은 달성하고자 하는 행동이다.

- 반응의 형태, 빈도, 지연 시간, 지속 기간 또는 정도/크기 등 측정 가능한 모든 특성은 행동형성의 대상이 될 수 있다.

표적행동의 특성	행동형성의 예
형태 (행동의 형태)	• 글씨 쓰기 연습 동안 흘려 쓰는 글씨체 개선하기 • 던지는 동작, 또는 높이뛰기와 연관된 운동 동작 개선하기
빈도 (관찰시간 단위당 반응의 수)	• 수학 시간 동안 매 분마다 풀어야 하는 문제 수 늘리기 • 매 분마다 정확하고 적절하게 단어를 쓰는 수 늘리기
지연 시간 (선행자극과 행동 발생 사이의 시간)	• 중도의 정서·행동장애 학생에게 공격적인 발언을 한 시점과 보복 행동 사이의 시간 간격 늘리기 • "방을 청소해."라는 부모의 지시와 방을 청소하는 행동이 일어나는 사이의 시간 줄이기
지속 시간 (행동이 발생한 총 시간의 양)	• 학생이 주어진 과제를 지속하는 시간 늘리기 • 공부에 집중하는 시간 늘리기
진폭/규모 (반응의 강도 또는 힘)	• 화자의 목소리 크기를 45dB에서 65dB까지 증가시키기 • 체육 시간에 높이뛰기 평행봉의 높이를 높이기

출처 ▶ Cooper et al.(2018)

행동형성

표적행동으로의 점진적 접근에 대하여 강화함으로써 궁극적으로는 표적행동에 이르도록 하는 행동관리 기법이다. 주로 바람직한 행동을 확립하고자 할 때 사용한다. 즉, 바람직한 목표 행동이 형성될 때까지 목표 행동에 계속적으로 접근하는 행동을 차별강화하는 절차로, 한번에 달성하기 힘든 복잡한 행동을 가르치고자 하는 경우에 적합한 기법이다. 목표 행동을 몇 개의 소단계로 나누어 한 단계씩 배워 나가도록 한다. 행동형성법은 성공의 경험을 극대화하고 실패를 극소화할 수 있는 장점이 있다(특수교육학 용어사전, 2018).

동 조형

㉡ 연속적 접근은 표적행동에 점진적으로 가까워지는 연속적 행동이다.

- 표적행동에 가까운(근접한) 행동이란 다음을 의미한다.
  - 표적행동을 하기 위해 필요한 행동들이거나 표적행동과 같은 행동이지만 강도, 양, 혹은 기간이 표적행동과 다른 행동을 말한다.
  - 행동형성법에서 표적행동에 가까운 행동들은 표적행동을 하기 위해 반드시 모두 수행해야 하는 것은 아니다.

㉢ 체계적인 차별강화는 표적행동에 가까워진 행동은 강화하고 이전 행동은 소거하는 것이다.

- 행동형성법에서는 표적행동에 접근한 하나의 행동이 정해진 기준에 이르렀기 때문에 다음 단계로 나아갈 때는 기준에 이른 행동은 더 이상 강화하지 않는 것으로 소거시킨다.
- 행동형성에서의 차별강화와 자극통제에서의 차별강화의 차이는 다음과 같다.

행동형성에서의 차별강화	• 어떤 준거를 충족하는 반응은 강화하고, 준거를 충족시키지 못하는 반응에 대해서는 강화하지 않는다. • 강화를 위한 준거는 표적행동에 이를 때까지 계속 변화한다.
자극통제에서의 차별강화	• 변별자극이 제시될 때의 정반응은 강화하지만 동일 반응이어도 델타자극이 제시될 때의 반응에 대해서는 강화하지 않는다. • 강화의 구별은 선행자극에 따라 이루어진다.

② 행동형성이 효과적인 이유는 복잡한 행동이 갖는 연속적인 속성을 이용하기 때문이다.

2. 행동형성법의 절차

(1) 단계

① 표적행동을 명확히 정의해야 한다.

- 표적행동 달성 기준이 포함되어야 한다. 예 '엄마'라는 단어의 정확한 발음

② 표적행동의 시작행동을 정의해야 한다.

- 시작행동은 학생이 이미 행하고 있는 행동이어야 하고 표적행동과 관련이 있는 행동이어야 한다. 예 옹알이

③ 표적행동에 근접한 중간행동들을 결정한다.

- 시작행동 다음의 중간행동은 시작행동보다는 표적행동에 근접해야 하고, 그다음 중간행동은 지금의 중간행동보다는 표적행동에 더 근접한 행동이어야 한다. 예 '음음'과 비슷한 발음, '마마마'와 비슷한 발음, '음마'와 비슷한 발음

④ 사용할 강화제를 결정한다.

⑤ 표적행동으로의 진행 속도를 결정하여 차별강화한다.

- 각 단계에서 머물러야 하는 기간을 결정해야 한다.

⑥ 표적행동이 형성되었을 때 강화한다.

- 표적행동이 형성된 후 이를 유지하기 위한 강화가 주어져야 하고, 또 강화계획을 점점 약화시켜 가야 한다.

행동형성법 실행 절차 예시

목표 행동	수업시간에 15분 동안 계속해서 의자에 앉아 있기
중재 방법	행동형성법

중재 단계 및 내용	고려 사항
• 목표 행동의 조작적 정의 • 목표 행동의 시작 행동 정의 • 목표 행동에 근접한 단기 목표(중간 행동) 결정 – 1분 30초 동안 계속해서 의자에 앉아 있기 – 2분 동안 계속해서 의자에 앉아 있기 – 2분 30초 동안 계속해서 의자에 앉아 있기 … (중략) … – 14분 동안 계속해서 의자에 앉아 있기 – 15분 동안 계속해서 의자에 앉아 있기 • 강화제 선택 – 효과적인 강화제 파악 및 선택	• 시작 행동: 관찰 기록 결과에 근거하여 설정함 • 단기 목표 변경 기준: 3번 연속 단기 목표 달성 • 강화 계획: 초기에는 의자에 1분 30초 동안 지속해서 앉아 있을 때마다 강화를 제공하고, 이후에는 강화 계획에 변화를 줌 • 강화제: 단기 목표에 도달하면 학생 C가 선호하는 활동을 할 수 있게 함 • 토큰 강화 등과의 연계 방안을 모색함

… (하략) …

출처 ▶ 2020 중등B-3 기출

(2) 적용 사례

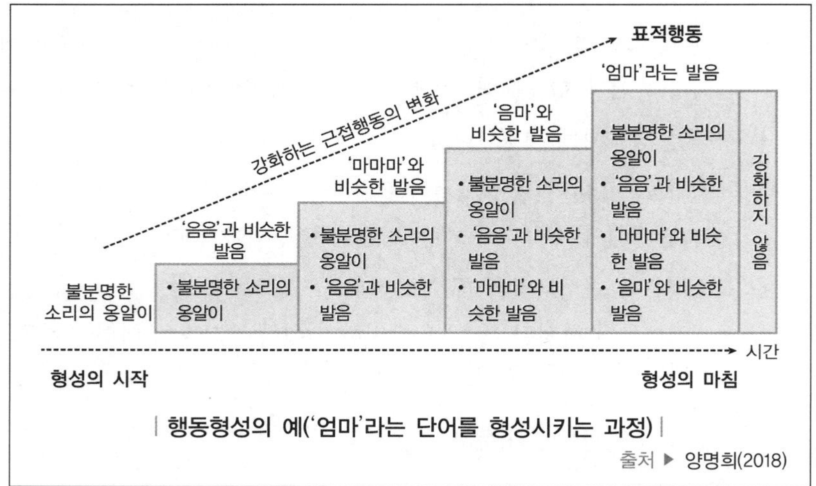

| 행동형성의 예('엄마'라는 단어를 형성시키는 과정) |

출처 ▶ 양명희(2018)

시작행동은 '옹알이', 표적행동은 '엄마'라는 단어의 정확한 발음인 경우 행동형성법은 다음과 같은 절차에 따라 이루어진다.

① 아기는 처음에는 엄마라는 단어를 전혀 발음할 수 없다.

② 그런데 아기가 옹알이를 하며 불분명한 소리를 낼 때 엄마는 "아이구, 우리 애가 엄마를 알아보고 엄마를 부르네." 하면서 강화하게 된다.

③ 조금 시간이 흐르고 아기는 '음음'과 비슷한 소리를 낸다. 그러면 엄마는 이제부터 옹알이에는 관심을 주지 않고 '음음' 소리가 날 때마다 "응, 그래. 엄마 여기 있네. 왜 불렀니?" 하면서 강화한다.

④ 좀 더 시간이 흐르면 아기의 입에서는 '마마마'라는 소리가 나온다. 엄마는 이제 '음음' 소리에는 전혀 강화하지 않고 아이가 '마마마'를 할 때면, "그래, 부르셨어요? 엄마 여기 있어요." 하면서 강화한다.

⑤ 그러다가 조금 더 시간이 흐르면서 아기는 '음마'라고 발음하게 된다. 그러면 엄마는 이제 더 이상 '마마마'에는 강화하지 않고 '음마'에 대해서만 강화하게 된다.

⑥ 드디어 아이가 '엄마'라고 발음하면 엄마는 "옳지. 엄마야, 엄마." 하면서 강화하고 '음마'라는 소리에 대해서는 강화하지 않는다.

- 엄마는 '엄마'라는 발음에 점점 더 근접한 행동을 강화하였다. 또한 표적행동에 좀 더 근접한 행동이 나오면 이전의 행동은 더 이상 강화하지 않았다.

3. 행동형성법의 장단점

(1) 장점

① 행동형성법은 체계적이고 점진적으로 시행되기 때문에 표적행동이 분명하다.

② 행동형성법은 새로운 행동을 가르치는 데 긍정적인 접근법을 사용한다.

- 표적행동에 대한 연속적 접근을 통해 지속적으로 강화가 주어지며, 표적행동과는 상관없는 행동은 소거된다. 전형적으로 처벌이나 다른 혐오적인 절차는 행동형성법에 포함되지 않는다.

③ 행동형성법은 이미 확립된 행동변화나 행동형성 절차(예 연쇄)와 연합될 수 있다.

예 아동에게 신발끈 묶는 법을 가르치기 위해 7단계 과제분석을 설계한 경우, 아동이 5단계를 실행하지 못한다면 행동형성법을 사용하여 5단계만 개별적으로 가르칠 수 있다.

(2) 단점

① 새로운 행동을 형성하려면 시간이 오래 걸릴 수 있는데, 이는 표적행동을 달성하는 데까지 많은 수의 접근 단계가 필요할 수 있기 때문이다.

② 표적행동을 향한 과정이 항상 직선적인 것은 아니다. 이는 학습자가 한 단계에서 그다음 단계로 이동할 때 늘 연속적이고 정해진 순서를 따르지 않음을 뜻한다. 행동은 불규칙할 수 있다.

③ 행동형성법에서는 중재자가 학습자를 지속적으로 관찰하여 학습자가 표적행동에 더 가까운 접근을 보이는지에 대해 작은 단서라도 재빨리 발견해야 한다. 그러나 중재자가 행동의 작은 변화를 가까이에서 감지하기 힘들 수도 있다.

④ 해로운 행동이 형성될 수도 있다.

예 청소년들이 즐겨 하는 내기 게임은 더 높은 단계의 위험을 감수할 때마다 차별강화를 받는 사람들을 보여 주어 흥분과 공포를 조장하는 프로그램에서 발전된 것이다.

4. 행동형성법 대 자극 용암법 15중특

① 행동형성법과 자극 용암법은 서로 굉장히 다른 방법이지만, 이 둘 모두 행동을 점진적으로 변화시킨다는 공통점을 지닌다.

② 행동형성법에서는 선행자극은 변하지 않지만 반응이 점차 더 차별화된다. 그러나 자극 용암법에서는 선행자극이 점진적으로 변화하지만 학습자의 반응은 근본적으로 변하지 않는다.

06 모델링

1. 모델링의 이해

(1) 개념 12초특, 19유특

① 모델링이란 가르치고자 하는 행동을 학생에게 정확하게 시범 보이는 방법이다.

② 목적: 바람직한 행동을 모방하게 하는 것이다.

③ 조건: 학생이 모델의 행동을 모방할 수 있는 능력을 보유하고 있어야 한다.

④ 장점: 행동이 학습되면 그 행동은 외적 강화 없이도 유지가 가능하다.

(2) 모델링이 아닌 경우

① 모델의 행동과 그에 따른 행동이 통제적 관계가 아닌 경우: 학습자의 행동 습득은 모델의 행동을 통해서 이루어져야 한다.

② 모델과 동일 행동을 보일지라도 그 행동이 모델의 행동 직후에 발생하지 않는 경우: 시간적 지연이 있어서는 안 된다.

2. 효과적인 모델링

(1) 관찰자의 특성

① 주의집중에 문제가 없어야 한다.

② 인지 능력이 지나치게 낮으면 안 된다.

(2) 최적의 모델이 갖는 특성 20유특

연령과 특성의 유사성	• 관찰자와 인종, 나이, 태도, 사회적 배경 등이 비슷한 정도
문제의 공유성	• 관찰자와 비슷한 관심과 문제를 나타내는 것
능력의 우월성	• 관찰자보다 더 많은 자신감을 보이는 것 • 모델의 능력이 관찰자보다 약간 우위를 나타낼 때 가장 효과적이다.

모델링
동 모방

비교

모델링(모방)의 정의

네 가지 행동-환경의 관계로 모방을 정의할 수 있다. ① 어떠한 신체적 움직임도 모방의 모델이 될 수 있다. 모델이란 모방행동을 유발하는 선행자극이다. ② 모방행동은 모델이 제시된 후 3초 이내에 일어나야 한다. ③ 모델과 행동은 형태적 유사성을 가져야 한다. ④ 모델이 모방행동의 통제변인이어야 한다(Cooper et al., 2018).

자료

모델링 예시

박 교사: 길동아, 선생님이 하는 것을 보고 따라 해 볼까요? 이렇게 하는 거예요. 한 번 해 볼까요.
길동: (교사의 행동을 보고 따라 한다.)

출처 ▶ 2019 유아B-3 기출

비교

최적의 모델

양명희 (2018)	본문 참조
이성봉 외 (2019)	• 관찰자와 공통점이 있음 • 이전에 긍정적 상호작용의 이력이 있음 • 모델링할 행동에 능통해야 함
Alberto et al. (2014)	• 자신들과 유사한 모델 • 경쟁적인 모델 • 명성을 가진 모델

3. 비디오 모델링 10초특, 14유특, 18초특

(1) 개념

① 비디오 모델링이란 학습자가 어떤 행동을 수행하도록 시도하기 전에 비디오와 같은 영상을 통해 그 행동의 수행을 보여 주는 교수전략이다.

㉠ 일반적으로 비디오 모델링은 제3자의 모습을 관찰하고 모방하기 위한 방법을 의미한다.

㉡ 대상자는 비디오 시범을 보고 난 뒤 비디오에서 제시된 시범행동을 모방한다. 이때 비디오 모델링의 시범자는 또래, 성인, 대상자 자신이 될 수 있다.

② 비디오 모델링은 관찰학습의 잠재력을 이용하여 다양한 기술을 가르치는 데 시행될 수 있다.

(2) 종류

① 비디오 모델링의 유형은 비디오 모델링의 시범자가 누구인가에 따라 구분할 수 있다.

② 대상자 자신의 모습을 관찰하기 위한 비디오 모델링 방법에는 자기관찰과 비디오 자기 모델링의 방법이 있다. 24유특 · 중특

자기관찰	• 화면을 통해 자신의 바람직한 행동과 바람직하지 못한 행동을 모두 보여 주는 경우를 말한다.
비디오 자기 모델링	• 화면을 통해 자신의 적절한 행동만 보여 주도록 편집된 비디오 테이프를 관찰하는 경우를 의미한다. • 비디오 자기 모델링은 성공적인 자신의 이미지를 만들어 보여 줌으로써 특정 기술을 발달시키는 방법으로 장애학생들에게 유용하고 효과적인 전략이다. – 자아상 향상에 효과적이다. – 자기 효능감 향상에 효과적이다.

(3) 장점 20유특

① 비디오 모델링은 실제 모델링보다 시간과 비용 면에서 경제적이다.

② 특정 부분을 강조하거나 반복 재생할 수 있다.

③ 비디오 시청 자체가 학생들의 주의집중을 높여 주기 때문에 장애학생의 학습이나 행동에 긍정적인 효과를 기대할 수 있다.

자료

성인 비디오 모델링 중재법

학생에게 비디오 모델링을 이용하여 행동을 중재할 때, 비디오 모델링의 시범자가 성인인 경우를 '성인 비디오 모델링 중재법'(2024 중등B-5 기출)이라고 한다.

자기관찰

동 비디오테이프-자기관찰

비디오 자기 모델링

동 자기 모델링

자아상

자신의 존재, 능력 또는 역할 등에 대한 자기 자신에 대한 주관적인 평가와 견해이다(특수교육학 용어사전, 2018).

자기 효능감

특정한 문제를 자신의 능력으로 성공적으로 해결할 수 있다는 자기 자신에 대한 신념이나 기대감이다. 높은 자기 효능감은 과제에 대한 집중과 지속성을 통하여 성취 수준을 높일 수 있다. 그 결과 긍정적인 자아상을 형성하는 데 도움이 된다(특수교육학 용어사전, 2018).

자료

자기관찰의 단점

자신의 바람직한 행동과 바람직하지 않은 행동을 모두 보는 경우(즉, 자기관찰)에는 아동이 자신의 바람직하지 않은 행동은 보지 않으려고 하는 등 중재 도중에 부정적인 정서를 표출하게 되는 단점을 보인다(양명희, 2018).

Chapter

07 유지와 일반화

01 유지

1. 유지의 개념

① 유지란 행동 변화를 위한 중재나 프로그램이 끝난 뒤에도 필요할 때마다 변화된 행동을 할 수 있는 것을 말한다. 즉, 중재에서 사용된 조건들이 주어지지 않아도 변화된 행동이 오랜 시간에 걸쳐 지속되는 것이다.

② 유지는 시간이 지나도 한번 습득한 행동을 지속적으로 할 수 있는 것을 뜻하기 때문에 '시간에 대한 일반화'라고 한다.

2. 유지를 위한 전략 17초특, 20초특, 21중특, 22유특, 23유특, 24초특 · 중특

① 습득한 행동을 훈련 상황에서 유지하기 위한 전략들은 다음과 같다.

전략	설명	예시
과잉학습	• 과잉학습이란 아동이 표적행동을 습득한 후에도 계속해서 연습시키는 것을 의미한다. • Alberto 등은 과잉학습이 유지의 효과를 보이기 위해서는 학생이 적절한 기준에 도달한 후 그 기준에 도달하기까지 필요했던 훈련의 50% 정도의 수준에 해당하는 만큼 더 연습시킬 것을 권하고 있다.	김 교사는 은미에게 목표행동인 인사하기를 20회기 동안 교수하여 적절한 성취 기준에 도달한 후, 10회기 더 연습시켜 습득된 행동이 유지되도록 하였다.
분산 시행	목표행동을 한꺼번에 몰아서 연습하지 않고 여러 차례 분산시켜 연습한다.	황 교사는 미연이에게 목표행동인 가위질을 연속해서 20분 동안 연습시키지 않고 5분씩 4회기로 분산시켜 연습시킴으로써 습득된 눈과 손의 협응 기술의 유지 가능성을 높였다.

비교

유지와 일반화

- 학자에 따라서는 유지를 일반화보다 앞선 순서로 보기도 하고(예 학습 단계: 습득 → 숙달 → 유지 → 일반화), 반대로 일반화를 유지보다 앞선 단계로 보는 입장도 있다. 그러나 유지는 시간에 대한 일반화라고 설명할 수 있기 때문에 유지와 일반화의 단계는 분명하지 않을 수 있다(양명희, 2018).
- 유지는 일반화의 한 종류로 분류되기도 한다(Alberto et al., 2014).

	일반화		
	자극 일반화	유지	반응 일반화
동의어	• 일반화 • 훈련 전이	• 반응 유지 • 소거 저항 • 내구성 • 행동 지속성	• 부수적 행동 변화 • 동반적 행동 변화

분산 시행

동 분산 연습, 분산 시도

간헐강화	강화계획에 따라 강화를 간헐적으로 제공함으로써 강화와 강화 사이에 점점 더 많은 목표행동을 하거나(고정/변동비율 간헐강화) 더 많은 시간이 경과하도록 하는 것이다(고정/변동간격 간헐강화).	박 교사는 은영이가 냅킨을 접는 기술이 습득될 때까지는 한 개의 냅킨을 접을 때마다 칭찬을 하였으나, 냅킨 접는 기술이 습득된 후에는 5개를 성공적으로 접은 후에 칭찬을 하였다(고정비율 간헐강화).
연습기회 삽입	새로운 기술을 교수할 때 학생이 이미 학습한 기술을 기초로 하여 교수하거나, 새로운 기술의 학습 시 이미 습득한 기술을 삽입하여 연습하도록 한다.	이 교사는 곱셈을 학습한 규연이에게 나눗셈을 가르칠 때 곱셈을 연습할 수 있도록 학습기회를 삽입하여 곱셈 능력을 유지하였다.
유지 스케줄	자주 사용되지 않거나 매우 불규칙하게 사용되는 기술에 대해 규칙적으로 연습할 기회를 제공하여 습득된 기술이 유지되도록 한다.	강 교사는 학생들이 지진에 대처하기를 학습한 후에 한 달에 한 번씩 규칙적으로 가상 지진 훈련의 연습기회를 주어 습득한 기술을 유지하도록 하였다.

출처 ▶ 양명희(2018). 내용 요약정리

> **비교**
> **자연적 강화의 이용**
> 유지를 위한 전략으로 '자연적 강화의 이용'이 언급되기도 하지만, 문헌에 따라 차이를 보인다.
>
> | 양명희 (2018) | 유지를 위한 전략 |
> |---|---|
> | 방명애 외 (2019) | 일반화를 위한 전략 |
> | 홍준표 (2017) | |

② 교수가 발생할 수 있는 기본적인 시행 방식은 집중 시행 방식, 간격 시행 방식, 분산 시행 방식의 세 가지가 있다. 21중특, 23유특, 24초특 · 중특

시행 방식	설명 및 예시
집중 시행 방식	• 집중 시행은 하나의 교수 시행이 다른 교수 시행 후에 그 시행들 사이에 어떠한 활동도 없이 연달아 발생할 때 일어난다. • 집중 시행은 XXXXX(X=목표 기술에 대한 교수 시행)로 개념화될 수 있다. 예 교수자는 학습자에게 일련의 시각 단어들을 읽도록 요청하거나 간식 시간 전에 학급 전체에 식사 도구, 접시, 컵을 차려놓거나 혹은 학습자 자신의 이름과 주소를 쓰는 연이은 시행으로 페이지를 채우게 하는 것처럼 과제 지시를 반복적으로 하나씩 하나씩 제공할 수 있다. • 집중 시행은 목표 반응을 연습할 많은 기회를 제공하기 때문에 학습자들이 새로운 행동을 처음으로 배울 때 유익할 수 있다.

> **Tip**
> 시행 방식의 유형을 묻는 문항은 '목표기술 연습방법'(2021 중등 B-9 기출) 또는 '교수방법의 명칭'(2024 초등A-4 기출) 등과 같은 표현이 사용된다.

간격 시행 방식	• 간격 시행은 학습자가 반응할 기회를 갖고, 그러고 나고 동일한 기술에 대해 또 다른 시행을 받기 전에 반응에 대해 생각할 얼마간의 시간을 갖거나 다른 학습자들이 반응하는 것을 들을 기회를 얻게 될 때 발생한다. • 학습자는 시행과 시행 사이에 어떠한 활동에도 참여하지 않는다. • 간격 시행은 XXXXX(X=목표 기술에 대한 교수 시행)로 개념화될 수 있다. • 간격 시행은 모든 학습자들이 동일한 행동에 대해 공부하는 집단 상황에서 자연스럽게 발생한다. 예 학습자들은 과학 시간에 질문에 답하도록 번갈아 호명되거나, 하나의 이야기로부터 문장이나 단락을 교대로 읽을 수 있으며, 혹은 물건 구입을 모의 실험하면서 서로 번갈아 가며 돈을 셀 수 있다. • 간격 시행은 학습자들을 번갈아 가르침으로써 이들로 하여금 실생활을 준비할 수 있게 해준다. • 학습자들에게 차례와 차례 사이의 관찰을 통해 서로에게 기술을 습득할 기회도 제공할 수 있다.
분산 시행 방식	• 분산 시행은 하루 종일 자연스러운 시기에 활동들 전반에 걸쳐 발생한다. • 학습자는 교수 시행에 참여할 수도 있고, 그러고 나서 다른 교수 시행에 참여할 기회를 갖기 전에 다른 활동에 참가한다. • 분산 시행은 XYXYXYXY(X=목표 과제, Y=그날 수행되는 다른 과제들)로 개념화될 수 있다. 예 학습자가 한 장의 종이에 이름을 반복해서 쓰는 대신, 교수자는 학습자로 하여금 교과 수업에서 사용되는 학습지나 학교에서 하는 활동들의 출석부에 혹은 체육 수업 시간에 사용되는 득점표에 이름을 쓰게 함으로써 교수 시행을 수행할 기회를 갖게 될 것이다. • 분산 시행은 학생들이 자연스러운 상황 전반에 걸쳐 다양한 사람들이나 자료들에 대해 행동을 수행하는 것을 배우게 되는 일반화를 촉진할 수 있다는 이점이 있다. • 학습자가 교수를 위해 분산 시행을 활용할 때에는 어떤 기술을 완전히 습득하거나 어떤 행동을 습득하는 것은 더 오래 걸릴 수 있다. 이는 활동, 자료, 상황, 사람들 전반에 걸쳐 시간이 지나면서 시행들을 반복하는 동안 해당 학습자가 반응해야 하기 때문이다. 그러나 해당 학습자가 필요할 때 그 행동을 수행할 수 있기 때문에 결국 습득된 반응은 더 유용할 것이다.

출처 ▶ Collins(2019)

02 자극 일반화

1. 자극 일반화의 개념 09초특, 10유특, 13중특, 16초특, 18중특, 20유특, 22초특, 24유특

① 어떤 자극이나 상황에서 어떤 행동이 강화된 결과, 그와는 다른 어떤 자극이나 상황에서도 그 행동이 일어날 가능성이 증가하는 것, 즉 상이한 자극에 대한 동일한 반응을 의미한다.

② 자극 일반화는 다른 장소/상황, 다른 대상/사람, 다른 자료/사물에 대해서 일어날 수 있다. 24중특

장소/상황에 대한 일반화	학생이 기술을 처음 배운 환경이나 상황이 아닌 다른 조건에서 그 기술을 수행할 수 있는 것 예 학교에서 인사하기를 배운 학생이 슈퍼마켓이나 교회에 가서도 인사를 할 수 있다.
대상/사람에 대한 일반화	학생에게 새로운 기술을 지도해 준 사람 이외의 다른 사람에게도 그 기술을 사용할 수 있게 되는 것 예 선생님께 인사하기를 배운 학생이 부모님이나 동네 어른들께도 인사를 할 수 있다.
자료/사물에 대한 일반화	학생이 처음 배울 때 사용했던 자료가 아닌 다른 자료를 가지고도 배운 기술을 수행할 수 있는 것 예 한 종류의 휴대 전화기 사용법을 배웠는데 다른 종류의 휴대 전화기를 사용할 수 있다.

2. 자극 일반화에 영향을 주는 요인

물리적 유사성	훈련 상황에서 주어진 자극과 물리적으로 더 유사한 자극이 주어질수록 자극 일반화는 잘 일어난다.
공통의 물리적 특성	주어진 자극이 훈련 상황의 특정 자극과 동일한 개념이나 범주에 속한 것임을 학습하면 자극 일반화가 잘 일어난다. 예 학생이 '빨강'이라는 색의 범주를 노랑이나 초록 등 다른 색과 구별하여 안다면, 빨간 연필, 빨간 자동차, 빨간 꽃, 빨간 우산 등을 보고 빨갛다고 말할 수 있게 된다. 이들 사물의 공통점은 '빨간색'이라는 것이다.
등가 범주	주어진 자극이 훈련 상황의 특정 자극과 동일한 결과를 가져오는 기능이 있음을 학습하면 자극 일반화가 잘 일어난다. 예 자동판매기 사용을 배우는 경우, 돈을 넣고 원하는 물건을 선택하여 버튼을 누르는 작동 원리를 학습하면 자동판매기의 모양이 다르더라도 자판기 사용의 자극 일반화가 일어날 수 있다.

자극 일반화
한 변별자극이 어떤 반응을 일으켰다면, 그 자극과 유사한 물리적 성질을 갖고 있는 자극도 그 행동을 일으키는 경향이 있다. 이러한 경향을 자극 일반화라 한다. 역으로 다른 자극이 그 반응을 일으키지 않을 때 자극변별이 일어났다고 볼 수 있다(이성봉 외, 2019).

3. 자극 일반화를 위한 전략 09중특, 12초특, 13중특, 20초특

① 자연스러운 상황에서 가르치기

- 일반화가 일어날 수 있는 상황과 가장 유사한 훈련장소는 바로 일반화 상황이므로 훈련을 일반화 상황에서 실시하는 것이다.

② 하루 일과 속에서 가르치기

- 매일 반복되는 일과 속에 가르치고자 하는 행동기술이 있을 경우에 따로 시간을 내어 그 기술을 가르치기보다는 자연스러운 일과활동 중에 기술을 가르치고 연습할 기회를 주는 것이다.

③ 훈련 상황을 일반화가 일어나야 할 상황과 비슷하게 조성하기

- 직접 자연스러운 상황에서 가르치는 것이 어려운 경우에는 훈련 상황을 일반화가 일어나야 할 상황과 비슷하게 조성한다.

④ 여러 다양한 상황을 이용하기

- 훈련되지 않은 자극 상황에 대한 일반화를 위해 다양한 장소에서 훈련하도록 체계적으로 계획한다.

⑤ 훈련 시 광범위한 관련 자극을 통합하기

- 다양한 자극 범위를 포함시키는 많은 예로 훈련시키는 것이 자극 일반화를 용이하게 한다.

⑥ 실제적인 자료 사용하기

- 실제적인 자료를 사용하는 것은 기술의 자극 일반화를 촉진할 수 있다.

03 반응 일반화

1. 반응 일반화의 개념 13중특, 18초특

① 어떤 자극이나 상황에서 어떤 행동이 강화된 결과, 동일한 자극이나 상황에서 이와는 다른 행동이 일어날 가능성이 증가되는 것, 즉 동일한 자극에 대한 상이한 반응을 의미한다.

② '다른 행동'이란 훈련받은 행동과 기능은 같지만 훈련받은 적이 없는 행동을 말한다.

- 목표하고 가르치지 않았던 것에 행동 변화가 일어난 것으로 '부수적 행동 변화'라고도 한다.

예 수업시간에 숟가락으로 밥 떠먹기를 배운 후, 숟가락으로 국을 떠먹을 수 있는 것 / 수도꼭지를 위아래로 움직여 물을 사용한 강화 이력이 있는 경우, 옆으로 움직여 사용하는 수도꼭지를 접했을 때 어려움 없이 수도꼭지를 조작하여 물을 사용할 수 있는 것

반응 일반화

- 반응 일반화는 훈련받은 목표행동과 동일한 기능을 하면서도 학습자가 직접적으로 훈련받은 적이 없는 반응을 표출하는 정도를 말한다. 즉, 반응 일반화에서는 특정 반응에 적용되어 온 유관에 의해 계획된 유관이 적용된 적 없는 다른 행동의 형태가 나타나게 된다(Cooper et al., 2018).
- 반응 일반화란 중재의 효과가 하나의 표적행동에서 비슷하지만 다른 목표하지 않은 행동으로 전파되는 것을 말한다. 반응 일반화에서는 자극 일반화에서처럼 표적행동이 형태적으로 동일하지 않다. 표적행동을 증가시키는 강화 이력이 형성됨으로써 이 행동과 유사한 타행동이 또한 증가하였다면 반응 일반화가 일어난 것이며, 물리적·형태적으로 강화 이력이 있는 작동행동과 유사할 필요는 없다(이성봉 외, 2019).

2. 반응 일반화에 영향을 주는 요인

① 두 반응이 유사하면 유사할수록 반응 일반화는 더 잘 일어난다.

예 배드민턴을 배운 아동이 테니스를 수영보다 더 쉽게 배울 수 있다.

② 공통된 특징을 공유하는 반응의 범주 내에서 반응 일반화가 잘 일어난다.

③ 동일한 결과를 가져오도록 기능하는 반응의 범주 내에서 반응 일반화가 잘 일어난다.

예 비가 올 때 우산이 없는데 비를 피하려면 가지고 있던 신문으로 머리를 가리거나 겉옷을 벗어 머리 위에 뒤집어쓰는 것

3. 반응 일반화를 위한 전략 09중특

① 충분한 반응사례로 훈련하기: 동일한 기능을 하는 여러 다른 행동을 할 수 있도록 가능하면 여러 상황에서 훈련 기회를 주어야 한다.

② 훈련 상황에서 의도적으로 학생이 다양한 반응을 하도록 만들어 주기: 훈련 상황에서 의도적으로 학생이 다양한 반응을 하도록 만들어 주고, 그러한 반응들을 수용해 준다.

KORSET 합격 굳히기 새로 학습된 행동의 일반화 전략

1. 실생활에서 자연강화가 표적행동에 수반되도록 계획한다.
   공유하기, 요청하기와 같은 바람직한 사회적 행동은 또래들의 인정과 호의적 반응으로 자연강화될 수 있다.
2. 예제를 충분히 가르치고 연습시킨다.
   공유하기, 요청하기와 같은 바람직한 사회적 행동을 다양한 상황에서 다양한 형태로 연습시킨다.
3. 실생활에 존재하는 자극들을 치료계획에 많이 포함시킨다.
4. 훈련을 느슨하게 한다.
   표적행동이 특정 자극에 변별학습되지 않도록 치료자, 장소, 시간 등의 부수적 특성을 다변화한다.
5. 변별과 예측이 불가능한 방식으로 강화한다.
   간헐강화 등을 활용하여 소거저항을 높이고, 강화가 어떻게 제공될 것인지 예측할 수 없게 한다.
6. 자기관리 기술을 가르친다.
   자기관리 기술을 가르쳐 치료실에서 학습된 행동을 실생활에서도 스스로 통제하도록 가르친다.

출처 ▶ 홍준표(2017)

비교

과잉 자극 일반화

자극 일반화가 잘못되는 경우들도 있다. 즉 학습한 바람직한 행동이 부적절한 상황에서 발생하는 잘못된 자극 일반화가 일어날 수도 있다. 예를 들어, 안경 쓴 아빠를 둔 유아가 아빠를 보고 아빠라고 부르는 것이 학습되었는데 다른 안경 쓴 남자들을 보고도 아빠라고 부르는 경우는 자극 일반화가 잘못된 것이다. 이렇게 자극의 일부분만 보고 바람직한 행동을 부적절한 상황에서 하게 되는 경우를 과잉 자극 일반화라고 한다. 잘못된 과잉 자극 일반화가 일어나는 경우에는 학습한 행동을 실행해도 되는 적절한 상황과 적절하지 않은 상황을 변별하는 것을 가르쳐야 한다(양명희, 2018).

04 과잉 일반화

① 과잉 일반화란 특정 행동이 지나치게 포괄적인 자극 범주에 의해 통제된 결과를 일컫는다.

② 지시 사례나 상황과 어느 정도 유사한 자극이지만 목표행동을 보여서는 안 되는 상황에서 학습자가 그 유사 자극에 반응하여 목표행동을 보인다면 이를 과잉 일반화라고 한다.

예 어느 학생이 '-sion'으로 끝나는 영어 단어로 'division, mission, fusion'의 철자를 배웠다고 하자. 이 지시를 과잉 일반화한 학생은 'fraction'이란 단어의 철자를 'frasion'이라고 쓸 것이다. / 학교 버스가 노란색이어서 노란색 차만 보면 학교 버스인 줄 알고 무조건 타려고 한다.

유지와 자극 일반화, 반응 일반화 비교

종류	정의	동의어	변화되어야 하는 것
유지	시간에 걸친 행동의 지속	반응 유지, 소거저항, 내구성, 행동 지속성	학생에게 자극이 제시되는 시간
자극 일반화	학습한 그대로 할 수 있는 것	일반화, 훈련전이	학생에게 주어지는 자극
반응 일반화	학습한 것을 응용하는 것	부수적 행동 변화, 동반적 행동 변화	학생이 하는 반응

Chapter

08 인지적 행동주의 중재

01 자기관리 기술에 대한 이해

자기관리
동 자기통제, 자기훈련

1. 자기관리 기술의 개념

① 자기관리는 자신의 행동을 더 바람직하게 변화시키기 위한 의도를 가지고 자신에게 행동의 원리를 적용하는 것이다.

② 자기관리의 목표는 미래의 자신의 삶에 긍정적인 영향을 줄 것이지만 현재는 부족한 자신의 행동을 증가시키고, 미래의 자신의 삶에 부정적인 영향을 줄 것인데도 현재 지나치게 많이 하고 있는 자신의 행동을 감소시키는 것이다.

2. 자기관리 기술의 장점 13중특, 22유특

① 행동을 학생이 주도적으로 접근하게 한다.

② 학생이 교사의 지속적인 관리 감독 없이도 보다 적절하게 행동하는 것을 학습할 수 있게 한다.

③ 자기관리는 행동의 일반화를 가능하게 한다.

- 자기관리 기술을 지도하면 실생활에서 독립기능이 촉진될 수 있으므로 일반화에 도움이 된다.

④ 자기관리 절차에 의해 이루어진 행동 개선은 소거 절차가 적용되었을 때에도 더 잘 유지될 수 있다.

⑤ 교사는 교수학습 시간을 더 많이 확보할 수 있게 된다.

02 자기관리 기술의 유형 09초특

자기관리 기술에는 목표설정, 자기기록, 자기평가, 자기강화/자기처벌, 자기교수 등이 있다.

자료
자기교수
'Part 06. 정서 · 행동장애아 교육' 참조

1. 목표설정

(1) 개념

자신이 해내고자 하는 행동의 수준 또는 행동의 결과와 행동 발생 기간을 설정하는 것으로 다른 자기관리 기술의 기본에 해당한다.

(2) 적용 방법

① 구체적인 목표를 글로 쓰기

② 목표를 수행할 기간 정하기

③ 목표달성을 위한 계획 세우기

④ 목표를 이루고 있는 과정을 시각화하기

⑤ 포기하지 않고 열심히 하기

⑥ 자기평가하기

자기기록
동 자기점검

비교
자기기록과 자기점검
- 특수교육학 용어사전(2018): 자기점검은 행동과학의 원리를 이용하여 자신의 행동을 변화시키는 초인지 전략의 한 방법이다. 학생으로 하여금 스스로 자신의 과제 지향적 행동을 지속적으로 점검하여 기록하게 하는 직접 관찰 자료수집 형태이다.
- 박은혜 외(2019): 자기점검과 자기기록은 동일한 의미로 보기도 하고 자기기록과 자기평가를 포함하여 자기점검으로 간주하기도 한다.
- 양명희(2018): 자기기록은 자기 행동의 양이나 질을 관찰하고 측정하여 스스로 기록하는 방법으로 자기점검이라고도 한다.
- Prater(2011): 자기점검 절차는 자기평가와 자기기록의 두 가지 다른 자기관리 전략을 적용하는 것이다.
- Webber et al.(2013): 자기점검은 전형적으로 학생이 자신의 행동을 관찰하도록 배우고 목표 행동이 발생했는지를 주목하게 하는 자기기록 과정이다.

2. 자기기록 11유특, 15초특, 17유특, 22유특

(1) 개념

① 자기행동의 양이나 질을 측정하여 스스로 기록하도록 하는 방법이다.

② 자기행동을 지속적으로 관찰하고 기록하므로 행동에 대한 생각이 더 자주 떠오르는 반응 효과가 나타나고, 자기행동에 대한 인식을 높여서 행동이 바람직한 방향으로 바뀌게 된다.

(2) 적용 방법

① 목표행동을 선정하고 행동을 정의한다.

② 행동을 기록하는 방법을 선정한다.

③ 학생에게 자기행동을 기록하는 방법을 시범 보이며 가르친다.

④ 자기행동을 기록하는 방법을 연습하게 하고, 연습 과정을 감독하여 피드백을 준다.

⑤ 학생 스스로 자기기록 방법을 사용하게 한다.

(3) 장점 18중특

반응 효과
동 반동 효과, reactive effect

① 행동에 대한 기록은 학생과 교사에게 행동에 대한 확실하고 구체적인 피드백을 제공한다.
   - 이 정보는 어떤 강화인자가 유용한지를 결정하는 데에 사용될 수 있다.

② 자기기록 기술은 반응 효과가 있어서 기록 자체만으로도 원하는 방향으로 행동이 변화될 수도 있다.
   - 자기기록은 그 자체가 스스로 자기 행동을 감독하게 하여 자기기록이 자기가 주는 보상이나 자기가 주는 벌로서 작용하고, 자기기록이 환경 단서로 작용하여 학생에게 자기 행동의 잠정적 결과를 인식하게 하는 것을 더욱 증가시키기 때문에 행동을 변화시킬 수 있다.

3. 자기평가 13초특, 21초특, 24유특

(1) 개념

① 자기행동이 특정 기준에 맞는지 결정하기 위해 사전에 설정된 준거와 자신의 행동을 비교하는 방법으로, 비교를 위한 준거는 다음과 같다.
- 교사에 의해 설정된 준거와 비교하기
- 다른 학생들의 수준과 비교하기
- 자신의 행동을 이전의 자기행동 수준과 비교하기

② 자기평가가 잘 적용되기 위해서는 자신의 적절한 행동과 부적절한 행동을 변별할 수 있는 능력이 요구된다.

③ 자기평가의 선수 기술로 자기기록 기술이 요구된다.
- 자기평가의 궁극적인 결과는 학생이 자신의 행동이 원하는 수준에 도달했는지를 결정하는 것이기 때문에 표적행동에 대해 자기가 점검한 기록물이 필요하기 때문이다.

(2) 적용 방법

① 목표행동을 선정하고 행동을 정의한다.

② 행동을 평가하는 기준을 선정하고 기준을 설명한다.

③ 자기행동을 기준에 따라 평가하는 방법을 시범 보이며 가르친다.

④ 자기행동을 평가하는 방법을 연습하게 하고, 연습 과정을 감독하며 피드백을 준다.

4. 자기강화/자기처벌 21유특

(1) 개념

① 자기강화란 학생이 정해진 목표를 달성하거나 자기가 정한 목표를 이루었을 때 스스로 선택한 강화제를 자기에게 제공하는 것이다.

② 자기처벌은 자신의 바람직하지 않은 행동에 대해 고통스럽고 혐오적인 자극을 자기에게 제공하거나 스스로 강화제를 잃게 하는 것이다.

(2) 자기강화 적용 방법

① 자기강화를 적용할 때는 학생이 강화제를 선택하도록 하고, 강화제 값을 결정하도록 하며, 목표하는 행동을 선택하도록 하는 것이 좋다.

② 학생이 자신에게 강화를 줄 수 있는 기준을 결정할 때 쉽게 강화를 받을 수 있도록 기준을 지나치게 낮게 설정하지 않도록 좀 더 엄격한 기준을 선정하는 방법을 가르쳐야 한다.

(3) 자기처벌 적용 방법

① 자신의 바람직하지 않은 행동 뒤에 혐오자극을 스스로 제시할 수도 있다.

예 영어 단어 철자쓰기에서 틀렸을 경우에 스스로 틀린 단어를 20번씩 쓰는 정적 연습 과잉교정을 통해 바람직하지 못한 행동에 대해 고통을 준다.

② 자신의 바람직하지 않은 행동 뒤에 강화제를 스스로 제거할 수도 있다.

예 지각을 자주 하는 학생이 지각할 때마다 벌금을 내겠다고 반응대가 기법을 스스로 적용한다.

Chapter

09 행동의 관찰

01 행동의 차원

행동의 차원
동 행동의 측면, 행동의 양상

① 행동의 관찰과 측정을 위해 조작적 정의를 하려면, 행동을 여섯 가지 차원으로 설명할 수 있어야 한다.

② 행동은 어떤 차원을 가지고 조작적 정의를 하느냐에 따라서 다양한 방법으로 관찰되고 측정되며 요약된다.

행동의 여섯 가지 차원의 개념과 예 17초특, 20유특, 21유특

차원	개념	예
빈도	일정 시간 동안 행동이나 사건이 일어난 횟수	길동이는 45분 동안 읽기 수업시간에 일곱 번 옆 친구들과 소리 내어 이야기한다.
지속시간	행동이 시작되는 시간부터 마치는 시간까지 걸리는 시간	길동이는 교사와 평균 5분씩 논쟁을 한다.
지연시간	선행사건(또는 변별자극이 주어지는 시간)으로부터 그에 따르는 행동(또는 반응)이 시작되는 시간까지 걸리는 시간	길동이는 교사의 지시를 받은 후, 지시를 따르기 시작하는 데 7분이 걸린다.
위치	행동이 일어난 장소	길동이는 거의 언제나 통학 버스에서 친구와 싸운다.
형태	반응 행동의 모양	길동이는 싸울 때 두 주먹으로 다른 학생의 얼굴을 친다.
강도	행동의 세기, 에너지, 노력의 정도	길동이가 지르는 소리는 87데시벨이다. 길동이가 교실에서 소리를 지르면 20m 떨어진 교실에 있는 사람이 들을 수 있다.

02 행동목표

행동목표란 학생이 중재를 통해 도달해야 할 수행 능력의 수준을 말한다.

1. (문서화된) 행동목표 세우기의 필요성

① 원활한 의사소통을 위해: 문서화된 행동목표는 행동에 대한 중재가 끝났을 때에 기대하는 바람직한 행동이 무엇인지 알게 해주고, 관련자들 각자의 책임을 분명히 하는 데 도움이 되며, 행동목표와 관련된 정보를 서로 공유할 때 그 뜻을 명확하게 해준다.

② 학생의 현재 행동 수준과 중재 방법의 결정을 위해: 명확한 행동목표는 행동을 지원하는 사람들로 하여금 행동을 지원할 때 학생의 현재 행동 수준을 결정하는 데 도움을 주며, 나아가서 어떤 중재 방법을 선택할 것인지를 결정하는 데 도움을 준다.

③ 중재의 구체적 평가를 위해: 구체적인 행동목표가 있으면 교사는 학생의 행동이 형성되고 있는 상태를 평가하면서 행동 수준이 목표에서 진술한 기준에 도달하고 있는지 점검해 볼 수 있다.

④ 법률 조항의 준수를 위해:「장애인 등에 대한 특수교육법」제22조에서 개별화교육계획을 작성하도록 하고 있으며, 동법 시행규칙 제4조 제3항에 의하면 개별화교육계획에는 특별한 교육지원이 필요한 영역의 현재 학습수행 수준과 교육목표가 포함되어야 한다고 명시되어 있다.

Tip

행동목표는 '단기 목표'로 제시되는 경우(2013 유아B-1 기출)도 있다.

자료

행동목표 진술에 적절한 동사와 부적절한 동사의 예

적절한 동사	말하다, 쓰다, 구두로 읽다, 가리키다, 주다, 보다, 자르다, 접는다, 잡아 올린다, 색칠한다, 손을 든다, 던진다 등
부적절한 동사	이해한다, 인식한다, 안다, 인지하다, 깨닫다, 발견하다, 찾아내다, 증진하다, 향상된다 등

출처 ▶ 양명희(2018)

2. 행동목표의 구성 요소 13유특, 15초특, 19유특, 24중특, 25초특

① 일반적으로 행동목표의 구성 요소는 학습자, 조건, 기준, 행동의 네 가지를 포함한다.

② Mager의 행동목표 진술 방식에 따라 행동목표를 진술할 때는 조건, (수락) 기준, 행동의 세 가지 요소를 포함한다.

<table>
<tr><td rowspan="3">조건</td><td colspan="2">• 학습자가 목표를 성취하는 데 관련된 상황적 요인으로 어떠한 상황에서 목표 달성이 이루어져야 하는가를 의미함
• 조건에는 행동을 수행할 때, 예를 들어 계산기를 사용하여 혹은 계산기를 사용하지 않고 등과 같은 사용할 자료나 사용할 수 없는 자료 등을 표시하기도 함
• 표현 예시</td></tr>
<tr><td>환경적 상황</td><td>– 급식시간에…
– 놀이터에서…
– 수학시간에…</td></tr>
<tr><td>사용될 자료</td><td>– 10개의 덧셈 문제가 있는 문제지가 주어지면…
– 식기가 주어질 때…
– 식당 메뉴판을 보면…</td></tr>
</table>

<table>
<tr><td rowspan="2"></td><td>도움의 정도</td><td>– 보조 교사의 도움이 없이…
– 교사의 신체적 촉진이 있으면…
– 언어적 촉진이 주어지면…</td></tr>
<tr><td>구어적/문어적 지시</td><td>– 스웨터를 입으라는 구어적 지시를 주면…
– 급식실로 가라는 교사의 지시가 주어지면…
– 전자레인지의 사용 설명서를 보고…</td></tr>
<tr><td rowspan="5">(수락)기준</td><td colspan="2">• 학습자의 목표 달성 여부를 판단할 수 있는 기준, 준거를 의미함
• 평가 준거로 많이 사용되는 것은 빈도, 퍼센터(%), 시간 등이며, 계량적으로 나타낼 수 없는 경우에는 '바르게' 혹은 '적절한', '단정한' 등과 같은 통상적인 기준을 사용하기도 함
• 표현 예시</td></tr>
<tr><td>빈도</td><td>10개의 사물 명칭을 정확히 발음한다.</td></tr>
<tr><td>지속시간</td><td>30분 동안 수행한다.</td></tr>
<tr><td>지연시간</td><td>지시가 주어진 후 1분 내에 시행할 것이다.</td></tr>
<tr><td>비율(%)</td><td>주어진 기회의 80%를 정확히 반응할 것이다.</td></tr>
<tr><td>행동</td><td colspan="2">• 학습자의 행동으로서 수업을 마쳤을 때 도달해야 할 마지막 종착점, 도달점 행동을 의미함
• 행동을 정의하는 단어는 관찰과 측정이 가능한 용어를 사용하여 행동에 대한 조작적 정의를 해야 함</td></tr>
</table>

출처 ▶ 양명희(2018), 윤광보(2010). 내용 요약정리

3. 행동목표 양식

① 일반적으로 "(학생/학습자)가 (조건)에서/할 때, 수준(기준)으로 (행동)할 것이다."의 양식으로 표현된다.

② Mager의 행동목표 진술 방식에 따른 행동목표 진술은 다음과 같은 양식으로 표현된다.

Mager의 행동목표 진술 방식 예시

조건	(수락)기준	행동
10의 자리 5문제를	1분 이내에 모두	풀 수 있다.
운동장 200m를	35초 이내에	달릴 수 있다.

KORSET 합격 굳히기 **행동목표 진술의 예**

예 1. 길동이는 수학시간에 합이 30을 넘지 않는 덧셈 시험문제가 주어질 때, 연속 3일 동안 분당 5개의 정답률로 문제를 풀 것이다.
예 2. 지윤이는 연속 5일간의 국어 수업 동안 교사의 허락이 있는 경우를 제외하고 국어시간 내내 자기 자리에 앉아 있을 것이다.
예 3. 채은이는 교사가 주변에 있는 사물을 가리키며 "나에게 ○○을 주렴."이라는 구어적 지시를 할 때, 연속 4회 동안 10번 중 9번은 바른 사물을 교사에게 줄 것이다.

구분	예 1	예 2	예 3
학습자	길동	지윤	채은
조건	수학시간에 합이 30을 넘지 않는 덧셈 문제가 주어질 때	국어 수업 동안	교사가 주변에 있는 사물을 가리키며 "나에게 ___를(을) 주렴."이라는 구어적 지시를 할 때
기준	연속 3일 동안 분당 5개의 정답률	연속 5일간 교사의 허락이 있는 경우를 제외하고 국어시간 내내	연속 4회기 동안 10번 중 9번
행동	덧셈 문제 풀기	자기 자리에 앉아 있기	바른 사물을 교사에게 주기

출처 ▶ 양명희(2018)

비교

직접 측정과 간접 측정

- 직접 측정은 '실험의 초점이 되는 현상이 측정하고 있는 현상과 정확히 동일할 때'를 말한다.
- 간접 측정은 실제 측정하고자 하는 것이 관심이 되는 목표행동과 다소 다를 때를 지칭한다.
- 행동의 직접 측정은 간접 측정에 비해 좀 더 타당한 자료를 산출한다. 간접 측정은 2차적, 혹은 '걸러진' 자료를 제공하여 연구자 혹은 임상가가 측정한 사건과 실제 관심이 되는 행동 간의 관계를 유추해야 하기 때문이다.
- 간접 측정은 연구자 혹은 임상가가 실제 관심이 되는 행동의 부산물을 측정할 때 발생한다.

출처 ▶ Cooper et al.(2017)

03 행동의 직접 관찰과 측정

1. 행동의 관찰과 측정

① 관찰은 일상적인 상황에서 나타나는 학생의 행동을 기록함으로써 특정 현상에 대한 지속적인 자료를 수집하는 방법이다.

② 학생 행동의 관찰과 측정은 직접적이어야 한다.

㉠ 직접 관찰이란 객관적이며 많은 시간을 들여 학생의 행동을 체계적인 형식을 갖추어 관찰하는 것이다.

㉡ 행동을 직접 관찰하는 이유는 다음과 같다.

- 행동의 관찰과 측정으로 학생 행동의 현재 수준을 정확히 알 수 있다.
- 학생 행동에 대해 적절한 의사결정을 할 수 있다.
- 행동의 정확한 관찰과 측정은 중재 프로그램의 효과를 정확하게 평가할 수 있게 해준다.
- 행동의 정확한 관찰과 측정 결과는 중재 효과를 입증하고 전문가나 학생, 학생의 부모와 의사소통하는 데 효과적으로 사용될 수 있다.

③ 학생 행동의 관찰과 측정은 형성적이어야 한다.

- 형성적 행동 관찰이란 관찰자가 계속적이고 규칙적으로 반복하여 관찰하는 것을 의미한다.

비교

총괄적 관찰 평가

일정한 간격을 두고 학생의 수행을 일정 간격 전후로 두 번 측정하고 비교하는 방법

PART 01

2. 관찰 및 측정 단위와 요약

(1) 행동의 직접적 측정 단위

횟수/빈도	• 행동이나 사건이 일어난 수를 계수하는 방법 • 빈도로 행동을 측정하는 경우에는 관찰과 행동이 시작과 끝이 분명하여 각 행동의 발생 여부를 구별할 수 있어야 함
시간의 길이	• 지속시간으로 나타내는 방법 • 지연시간으로 나타내는 방법
기타	• 행동의 강도 측정 등(dB, m, kg 등)

(2) 측정된 행동의 요약 방법

행동의 직접적 측정 단위로 요약	• 횟수, 거리의 단위, 무게의 단위, 강도의 단위 등 그 자체로 행동의 요약을 나타내는 것
비율	• 정해진 시간 안에 발생한 행동의 수를 시간으로 나누어 단위 시간당 나타나는 행동의 빈도율을 의미 • 전체 회기에 걸쳐 매 회기마다 관찰한 시간이 다를 때 행동의 양을 일정한 척도로 바꾸어 줄 수 있는 장점이 있음 • 반응의 정확도뿐만 아니라 숙련도에 대한 정보도 제공해 줌
백분율	• 전체를 100으로 하여 관찰된 행동이 차지하는 비율을 나타낸 것 • 매 회기마다 반응 기회의 수나 관찰 시간이 동일하지 않아도 같은 기준으로 볼 수 있도록 해주기 때문에 누구나 이해하기 쉽다는 장점이 있음 • 행동의 발생 기회가 적거나 관찰 시간이 짧을 경우, 한 번의 행동이 백분율에 미치는 영향이 커서 행동의 변화를 민감하게 나타내 주지 못하는 단점이 있음

04 측정의 타당도

1. 타당도의 개념

① 모든 검사와 측정에서 타당도란 어떤 측정 도구나 방법이 본래 측정하려고 목적했던 내용을 얼마나 충실하게 측정하고 있느냐의 정도를 말한다. 즉, 수집된 자료가 측정하려고 시도했던 바로 그 현상과 직접적 관련성이 있는지, 측정하려는 이유와 목적에 상응하는 측정자료를 얻었는지 등과 관련되는 지수이다.

② 응용행동분석에서 타당도가 높은 측정이 성립되기 위해서는 다음의 세 가지 요인이 충족되어야 한다.

㉠ 사회적 중요성을 가진 표적행동을 직접 관찰하고 측정하여야 한다.

㉡ 연구 문제와 관련되는 행동 특성을 측정해야 한다.

예 지시를 잘 따르지 않는 학생의 행동을 측정하려고 한다면 반응비율을 측정하기보다는 반응지연시간을 측정하는 것이 더 타당할 것이다.

㉢ 연구 문제와 가장 깊은 관련성이 있는 시간과 조건하에서 발생하는 가장 대표적인 표적행동을 관찰하고 측정하여야 한다.

예 면담 또는 관찰을 통하여 표적행동이 주로 발생하는 상황과 시간이 밝혀진다면, 바로 그러한 조건에서 바로 그 시간에 표적행동을 측정하는 것이 가장 대표적이고 핵심적인 정보를 얻는 방법이 될 것이다.

2. 측정의 타당도를 훼손하는 요인

행동 측정의 타당도는 측정이 간접적일 때, 잘못된 범주의 목표행동이 측정될 때, 또는 산출된 실제 사건이 아니라 사건의 인위적 산물일 때 위협받는다.

(1) 간접 측정

① 간접 측정은 실제 측정하고 있는 것이 관심이 되는 목표행동과 다소 다를 때를 지칭한다. 반대로 직접 측정은 '실험의 초점이 되는 현상이 측정하고 있는 현상과 정확히 동일할 때'를 말한다.

예 아이가 친구들과 얼마나 자주, 그리고 잘 어울리는지를 측정하기 위하여 아이에게 질문을 하고 그 답을 이용하는 방법은 간접 측정에 해당한다. 아이들 간의 정적, 부적 상호작용의 횟수를 이용하는 것은 직접 측정치에 해당한다.

② 간접 측정은 직접 측정보다 타당도가 낮다. 왜냐하면 간접 측정은 2차적, 혹은 걸러진 자료를 제공하여 연구자 혹은 임상가가 측정한 사건과 실제 관심이 되는 행동 간의 관계를 유추해야 하기 때문이다.

예 학교의 커리큘럼에 포함되어 있는 수학 능력 성취 정도를 평가하기 위한 지표로 표준화된 수학 성취 시험을 사용하는 경우, 학생의 학업 성취 시험 점수가 학교 커리큘럼에 대한 능력을 타당하게 반영한 것이라고 받아들이기 위해서는 추론이 필요하다. 반대로, 최근 수업과정의 내용에서 발췌한 수학문제로 만들어진 시험에서 얻은 점수는 학생의 커리큘럼 내 수행에 대해 추론할 필요가 없는 직접 측정치이다.

(2) 목표행동의 차원 잘못 측정하기

① 잘못 선택된 행동 특성을 측정할 때, 관련 없는 행동 특성을 측정할 때, 그리고 측정의 이유나 목적에 맞지 않은 행동 특성을 측정할 때 타당도는 심각하게 훼손될 수 있다.

② 측정하려는 목적에 맞는 차원을 측정하는 것의 중요함을 강조하는 예시: "항아리에 담긴 물의 온도를 측정하려고 자를 꽂아두는 것은 물의 깊이에 대한 신뢰로운 측정치를 제공하지만 온도의 변화에 대해서는 거의 알려 주는 바가 없다."(자의 측정 단위는 길이, 혹은 이 경우에 깊이를 측정할 때에는 적절하지만 온도를 측정하는 척도로 전혀 타당하지 않다. 물을 측정하는 목적이 차를 끓이기에 적절한 온도에 도달하는지를 파악하기 위한 것이라면, 온도계가 알맞은 측정도구일 것이다.)

(3) 측정의 인위적 산물

자료의 측정 방식 때문에 행동에 대한 부정확한 정보를 제공한다면 타당도는 감소하며, 이렇게 얻어진 정보를 '인위적 산물'이라고 한다. 측정의 인위적 산물을 일으키는 보편적인 원인으로는 불연속적 측정, 잘못 선택된 측정기간과 민감하지 않거나 제한된 측정도구의 사용 등이 있다.

① 불연속 측정

불연속적 측정이란, 어떤 형태로든 표적행동의 발생 일부가 측정 대상에서 배제되는 것을 말한다.

예 전체 간격 기록법, 부분 간격 기록법, 순간표집기록법과 같은 간접적 측정에 의하여 관찰된 자료는 실제로 발생한 행동빈도나 지속시간보다 과대평가되거나 과소평가될 수 있다.

② 잘못 선택된 측정기간

㉠ 측정시간 계획은 모든 회기에 걸쳐 표적행동의 발생과 비발생이 모두 동등하게 관찰될 수 있고, 또 일관성 있는 환경조건이 유지될 수 있도록 표준화되어야 한다. 두 가지 요구조건 중 어느 하나라도 충족되지 못하면 관찰자료는 대표성이 결여되어 타당도에 큰 손상을 입게 된다.

예 20분간의 집단학습 활동 중 초기 5분 동안만 학생의 과제참여 행동을 측정한다면 20분 전체를 관찰할 때보다 과대평가될 수 있다. 특히 후반부에 심하게 지구력이 떨어지고 산만해지는 학생의 경우 더욱 그러하다.

㉡ 자료가 치료효과를 측정하기 위해 사용될 때, 관찰시간을 가장 보수적으로 선택해야 한다. 즉, 목표행동의 발생 빈도는 치료효과가 가장 나타나지 않을 것 같은 시간에 측정되어야 한다.

- 감소를 목표로 하는 행동의 측정은 행동이 높은 반응 비율로 일어날 기간에 측정되어야 하고, 행동을 증가시키는 것이 목적이라면 반응이 가장 적게 나타날 것 같은 시간에 측정되어야 한다. 만약 치료 목적이 아니라면, 행동을 가장 잘 대표하는 관찰시간을 선택하는 것이 중요하다.

(측정의) 인위적 산물
실제로 발생한 것과 관계가 없지만, 그것이 측정된 방식 때문에 존재하는 것처럼 보이는 산물 또는 결과
동 인조 부산물, 측정 부산물

자료

지속 측정과 불연속 측정
지속 측정은 관찰기간 동안 관심이 되는 반응군의 모든 행동의 사례를 측정하는 방법이다. 반면 불연속 측정은 관심이 되는 반응군의 일부만 측정하는 방식을 말한다. 불연속 측정은 비록 정확하고 신뢰롭다 하더라도 인위적 산물을 산출할 수 있다(Cooper et al., 2017).

③ 민감하지 않거나 제한된 측정도구

㉠ 인위적 산물은 관련된 값이 전체 범위를 탐지하지 못하거나 의미 있는 행동의 변화를 민감하게 탐지하지 못하는 측정도구를 사용할 때 생긴다.

㉡ 도구가 최고나 최저점을 가지고 있어 수행 전체를 탐지할 수 있는 것처럼 보이는 경우, 행동이 그 범위 이상 혹은 이하로 발생할 수 없다고 생각하게 만들 수 있다.

예 학생의 읽기 유창성을 평가하기 위해 100단어의 문장을 주며 1분 안에 읽으라고 하는 것은 이 학생의 최대 수행이 100단어/분이라는 것을 보여 주는 자료를 산출하게 된다.

05 측정의 신뢰도

1. 신뢰도의 개념

① 신뢰도란 동일한 자연현상을 반복 측정하였을 때 동일한 측정치를 얻을 수 있는 정도를 의미한다. 즉, 신뢰로운 측정이란 일관된 측정이다.

② 반복 측정치 간에 유사성이 높을수록 신뢰도는 높아지고, 유사성이 낮을수록 신뢰도는 낮아진다.

비교

정확도

측정의 맥락에서 정확도는 사건을 측정하여 얻어지는 양적 지표인 관찰값이 자연 상태 그대로 존재하는 사건의 실제 상태, 혹은 참값을 반영하는 정도를 말한다. 다시 말해서, 측정되는 값이 참값과 얼마나 같은지에 따라 측정의 정확도가 결정된다(Cooper et al., 2017).

2. 측정의 신뢰도를 훼손하는 요인

관찰자에 의한 측정 오류에 기여하는 요소들은 잘못 고안된 측정체계, 불충분한 관찰자 훈련, 그리고 의도하지 않은 관찰자 영향 등이 있다.

(1) 잘못 고안된 측정체계

① 불필요하게 번거롭고 사용하기에 어려운 측정체계는 정확도와 신뢰도를 떨어뜨린다.

- 측정의 복잡성은 관찰되는 사람의 수, 기록하는 행동의 수, 관찰기간, 관찰간격의 기간 등에 영향을 받으며, 이는 모두 측정의 질에 영향을 미칠 수 있다.

예 여러 사람을 관찰하는 것은 1명을 관찰하는 것보다 좀 더 복잡하며, 여러 행동을 기록하는 것은 한 행동을 기록하는 것보다 복잡하다. 간격 사이에 기록할 여유 없이 연속적으로 5초 근접 관찰기록을 사용하는 것은 기록할 시간이 있는 관찰 체계보다 더 부정확하다.

② 측정체계가 사용하기에 힘들고 어려울수록 관찰자는 일관되게 목표행동의 모든 사례를 관찰하고 기록할 수 없다.

③ 측정체계를 가능한 한 간소화하는 것이 측정 오류를 최소화할 수 있다.

(2) 불충분한 관찰자 훈련

측정 자료에 대한 신빙성을 높이려면 관찰자의 선정과 훈련에 세심한 주의를 기울여야 한다.

① 관찰자 선정

㉠ 모든 지원자가 훈련을 받는다고 다 좋은 관찰자가 되는 것은 아니다.

㉡ 관찰자를 지원하는 사람들은 이전의 관찰과 측정 경험, 현재와 앞으로의 스케줄, 직업윤리와 동기, 전반적인 사회기술에 대하여 면접을 받아야 한다.

② 관찰자 훈련

㉠ 훈련을 받는 관찰자는 응용 현장에서 관찰을 시작하기 전에 일정 기준에 도달하는 수행을 보여야 한다.

㉡ 훈련을 받는 동안 관찰자는 목표행동과 목표행동이 아닌 다양한 예를 연습해야 하며, 이에 대한 비판과 피드백을 받아야 한다.

㉢ 자연 상황에서 연습 회기를 갖는 것은 특히 유용한데, 이는 관찰자와 참가자가 서로에게 익숙해지도록 해주며 참가자가 관찰자로 인해 수동적 행동을 보일 가능성을 감소시킨다.

③ 관찰자 표류 21중특

㉠ 연구 과정 중 관찰자는 자신도 모르는 사이에 측정체계를 적용하는 방식을 변경한다. '관찰자 표류'라고 불리는 이러한 자료 수집에서의 의도하지 않은 변화는 측정 오류를 만들 수 있다.

- 의도하지 않은 측정 방법의 오류 또는 기준의 변경을 의미한다.

  예 연구 초기에는 '순종하지 않은 행동'으로 기록하다가 후반에 가서는 동일한 행동을 '순종하는 행동'으로 기록할 수 있다.

㉡ 관찰자 표류는 표적행동에 대한 본래의 정의를 관찰자가 확대 또는 축소하여 해석하는 데 그 원인이 있다.

㉢ 관찰자 표류는 연구과정에서 주기적으로 관찰자 훈련을 재실시하고 측정 방법에 대한 주의를 환기시킴으로써 예방하거나 최소화할 수 있다.

관찰자 표류
- 연구를 진행하면서 관찰자가 측정 체계를 사용하는 도중에 측정 오류의 결과를 초래하는 의도하지 않은 변화(Cooper et al., 2017)
- 관찰자가 조작적 정의를 적용하면서 그 엄중함을 변경하려는 경향(Alberto et al., 2014)
- 관찰자의 관찰 기준이 점진적으로 바뀌는 현상(양명희, 2018)

동 관찰자 취지

> **측정편향**
> 자료가 사건의 참값을 지속적으로 과대추정하거나 과소추정하는 부정확한 측정의 형태 중 하나(Cooper et al., 2017)

(3) 의도하지 않은 관찰자 영향

① 관찰자 기대

㉠ 목표행동이 특정 조건에서 일정한 수준으로 발생해야 한다거나 환경이 변화하였을 때 목표행동이 변화해야 한다는 관찰자 기대는 정확한 측정을 방해하는 주요 위협 요소이다.

예 관찰자가 교사의 토큰 경제 도입이 학생의 부적절한 행동 빈도를 감소시킬 것이라고 믿거나 예측한다면, 이런 기대가 없을 때에 기록하는 것에 비해서 토큰 강화 조건에서 부적절한 행동을 좀 더 적게 기록할 수 있다.

㉡ 관찰자 기대에 의해 발생한 측정편향을 최소화하는 가장 확실한 방법은 실험조건을 모르는 관찰자를 사용하는 것이다.

- 연구의 실험조건을 모르는 관찰자는 관찰기간 동안 연구의 목적, 그리고/혹은 실험조건에 대하여 정보를 받지 않는 관찰자이다.

② 관찰자 반응성 21중특

㉠ 다른 사람이 자신의 자료를 평가할 것이라는 것을 관찰자가 인식할 때 발생하는 측정 오류를 관찰자 반응성이라고 한다.

㉡ 참가자가 자신의 행동이 관찰되고 있다는 것을 알 때 발생하는 반응성과 마찬가지로, 관찰자의 행동(즉, 기록하고 보고하는 자료)은 다른 사람이 자료를 평가할 것이라는 것을 알 때 영향을 받을 수 있다.

예 연구자나 다른 관찰자가 동시에 같은 행동을 관찰하고 있거나 측정을 비디오나 오디오로 나중에 다시 본다는 것을 알면 관찰자 반응성이 일어나게 된다.

㉢ 예상하지 못한 시기에 가능한 방해하지 않고 관찰자를 감독하는 것은 관찰자 반응성을 감소시키는 데 도움을 준다.

KORSET 합격 굳히기 타당도, 정확도, 신뢰도의 상대적 중요성

타당도	정확도	신뢰도	산출되는 자료의 특성
○	○	○	과학 지식을 발전시키고 증거기반 실제를 이끄는 데에 가장 유용함
×	○	○	측정의 목적 차원에서 무의미함
○	×	○	항상 틀림
○	○	×	때때로 틀림

출처 ▶ Cooper et al.(2017)

3. 관찰자 간 일치도 23중특

① 관찰자 간 일치도란 서로 다른 관찰자가 동일한 방법으로 행동을 관찰했을 때 결과가 서로 어느 정도 일치하는지를 보는 것이다.

- 관찰자 간 일치도가 높은 관찰이란 자료가 관찰자에 따라 달라지지 않고, 다른 관찰자가 동일한 방법으로 다시 관찰해도 같은 결과를 얻을 수 있는 것을 말한다.

② 같은 행동에 대해서는 누가 관찰하든지 언제나 같은 해석을 할 수 있을 때 관찰자 간 일치도가 높다고 한다.

- 일반적으로 일치도가 80% 이상이면 만족할 만한 신뢰도로 인정하고 연구현장에서는 90% 이상이 선호되고 있다(한국교육과정평가원). 그러나 절대적 기준은 없다.

③ 관찰자 간 일치도를 구하고 보고하는 목적은 다음과 같다.

㉠ 자료가 옳다는 것 혹은 신뢰할 수 있다는 것을 확신하기 위해

㉡ 목표행동의 정의가 명백하며 모호하지 않고 측정 부호와 체계가 너무 어렵지 않다는 것을 확신하기 위해

㉢ 새 관찰자의 능력을 평가하기 위해

㉣ 관찰자 표류를 감지하기 위해

㉤ 자료의 가변성이 주어진 회기에서 관찰자로 인하여 발생한 것이 아니라는 확신을 주기 위해

④ 관찰자 간 일치도가 높은 관찰을 위해 유의해야 할 사항은 다음과 같다.

㉠ 관찰하고자 하는 행동을 관찰 가능하고 측정 가능한 용어로 조작적 정의를 내린다. 이때 행동은 빈도, 지속시간, 강도, 위치, 지연시간, 형태 등으로 설명된다.

㉡ 행동을 관찰하는 장소와 시간이 일관성 있고 규칙적이어야 한다.

㉢ 행동 변화 양상을 보여 줄 수 있는 직접적이고 형성적인 관찰을 해야 한다.

㉣ 관찰, 측정, 기록의 절차를 명확하게 명시한다.

㉤ 실제 상황에서 관찰하기 전에 충분한 연습을 한다.

㉥ 관찰 즉시 자료를 기록한다.

㉦ 행동 관찰의 정확도를 높이기 위해 필요하다면 스톱워치, 비디오테이프, 녹음기 등의 기구를 사용한다.

비교

관찰자 신뢰도와 관찰자 일치도

관찰자 신뢰도는 관찰자 내 신뢰도와 관찰자 간 신뢰도를 포함하는 개념이다. 관찰자 내 신뢰도는 한 관찰자가 모든 측정 대상에 대하여 계속적으로 일관성 있게 측정하였는지를 나타낸다. 반면, 관찰자 간 신뢰도란 관찰 결과가 관찰자들 사이에서 얼마나 유사한가를 의미하며, 관찰자들의 관찰 결과의 유사성을 뜻한다. 관찰에 의한 결과라면 관찰자 간 신뢰도 그리고 관찰자 내 신뢰도란 용어를 사용하고, 평가 결과가 점수로 부여된다면 채점자 간 신뢰도 그리고 채점자 내 신뢰도란 용어를 사용한다. 관찰자 간 신뢰도를 추정하는 방법에는 상관관계, 일반화 가능도 이론, 일치도 통계, Kappa 계수 공식을 이용하는 방법이 있다. 일치도 통계는 관찰자가 관찰 대상의 행위나 수행결과에 점수를 부여하기보다는 어떤 유목이나 범주로 분류할 때 관찰자 간의 분류 일치도를 추정하는 방법이다. 일치도 통계는 관찰법에서 관찰자들이 관찰 대상자들의 행위를 분류하여 관찰자 간 분류의 유사성을 추정하기 위하여 흔히 사용된다(성태제 외, 2009).

Tip

관찰자 간 신뢰도를 산출하는 여러 가지 방법 중 응용행동분석에서는 주로 관찰자 간 일치도를 이용하기 때문에 관찰자 간 신뢰도와 관찰자 간 일치도는 혼용되어 사용되는 경향이 있다.

비교

관찰자 간 일치도를 구하는 목적

Alberto et al. (2014)	본문의 ㉠
Cooper et al. (2017)	본문의 ㉡~㉤

KORSET 합격 굳히기 관찰자 간 일치도에 영향을 미칠 수 있는 요인

Kazdin은 관찰자 간 일치도에 영향을 미칠 수 있는 네 가지 심리적 요인, 즉 반응성, 관찰자 표류, 복합성 및 기대를 제안하였다.

1. 반응성 25초특

① 교사가 잘 알고 있듯이 관찰자의 출현은 관찰되는 학생과 교사의 행동에 영향을 줄 수 있다. 이 영향을 반응성(reactivity)이라고 한다.

② 관찰되고 있다는 것을 아는 학생은 '좋게' 반응하거나 평소대로 보이지 않을 수도 있어서 표적행동에 대한 잘못된 관찰이 되게 한다. 어떤 교사는 관찰자가 있을 때 학생에게 더 많은 촉구를 주고, 어떤 경우는 더 많이 가르치고자 하며 긍정적 피드백을 더 주곤 한다. 두 경우 모두 일반적인 행동 발생에 영향을 미칠 수 있다.

예 중재 시 영상 촬영을 하는 경우, 중재에 대한 학생의 반응성을 줄이기 위해 카메라를 학생이 볼 수 없도록 숨기거나 중재와는 상관없이 상시적으로 설치해 둔다.

2. 관찰자 표류

① 관찰자 표류(또는 관찰자 취지, observer drift)는 관찰자가 조작적 정의를 적용하면서 그 엄중함을 변경하려는 경향이다.

② 관찰자 표류는 대부분 훈련에서 사용된 목표행동의 정의에 대한 관찰자의 해석이 변화되어 발생한다. 관찰자 표류는 관찰자가 기존의 목표행동의 정의를 확대하거나 축소할 때 발생한다.

예 첫 주에는 불순응의 예로 기록되었던 아이의 행동을 연구의 마지막 주에는 순응의 사례로 기록하는 것이다.

③ 조작적 정의가 모든 자료 양식에 제시되어 있으면 관찰자가 쉽게 참고할 수 있을 것이다. 관찰자는 프로그램이 진행되는 동안에 정기적으로 정의를 검토하고 회기를 실행해야 한다.

3. 복합성

① 신뢰도에 영향을 미치는 세 번째 요소는 관찰 부호체계의 복합성(complexity)에 관한 것이다. 더 복합적인 체계일수록 일치도는 더 위태로워진다.

② 복합성은 관찰할 반응 형태의 수(예 동시에 관찰되는 파괴적 행동의 형태 수), 관찰할 학생 수, 서로 다른 점수체계의 수와 관련된다.

③ 교사는 주어진 시간에 관찰할 행동의 수나 학생의 수를 제한함으로써 복합성의 영향을 줄일 수 있다.

4. 기대

① 목표행동이 특정 조건에서 일정한 수준으로 발생해야 한다거나 환경이 변화하였을 때 목표행동이 변화해야 한다는 관찰자 기대(expectancy)는 정확한 측정을 방해하는 주요 위협 요소이다.

예 관찰자가 교사의 토큰경제 도입이 학생의 부적절한 행동 빈도를 감소시킬 것이라고 믿거나 예측한다면, 이런 기대가 없을 때에 기록하는 것에 비해서 토큰 강화 조건에서 부적절한 행동을 좀 더 적게 기록할 수 있다. 관찰자 기대 혹은 연구자를 만족시키는 결과를 얻기 위한 노력에 영향을 받은 자료는 측정편향이 되었다고 할 수 있다.

② 관찰자 기대에 의해 발생한 측정편향을 최소화하는 가장 확실한 방법은 실험조건을 모르는 관찰자를 사용하는 것이다. 연구의 실험조건을 모르는 관찰자는 관찰기간 동안 연구의 목적, 그리고/혹은 실험조건에 대하여 정보를 받지 않은 관찰자이다.

출처 ▶ Alberto et al.(2014)

Chapter

10 행동의 관찰 · 측정 방법

01 행동 묘사 관찰기록

① 발생한 행동을 객관적으로 묘사하여 서술하는 방법이다.

② 대표적인 방법: 일화기록, A−B−C 관찰기록

일화기록	학생의 행동과 그 주변 환경을 가능한 한 완벽하게 이야기하는 형식으로 기술하는 것 − 행동을 측정하는 방법은 아니므로 행동의 평가보다는 분석에 유용하게 사용됨 − 행동이 발생하는 자연스러운 장면에서 나타나는 모든 행동을 기록하여 문제가 되는 행동을 찾아내고 정의할 수 있기 때문에 행동의 기능평가를 위해 주로 사용되는 관찰 방법
A−B−C 관찰기록	시간의 흐름에 따라 표적행동을 중심으로 선행사건과 후속결과를 관찰하며 기록하는 방법 − 행동의 기능평가를 위해 주로 사용하는 관찰 방법

자료

일화기록, A−B−C 관찰기록
일화기록과 A−B−C 관찰기록에 대한 자세한 내용은 Chapter 03의 [2] 행동의 기능평가 방법 중 '2. 직접 관찰 평가' 참조

02 행동 결과물 중심 관찰기록

1. 행동 결과물 중심 관찰기록의 개념 17초특

① 관찰할 행동과 그 행동의 결과가 무엇인지 정의한 다음, 행동이 결과를 일으키는 시간에 그 결과를 관찰하는 것, 즉 행동의 결과가 반영구적으로 남는 것을 관찰할 때 사용할 수 있는 방법이다.

② 대표적인 방법: 행동 결과물 중심 관찰기록 관찰지

행동 결과물 중심 관찰기록
동 영속적 행동결과 기록, 수행결과물 기록

Tip

관찰기록 방법의 명칭 자체가 '행동 결과물 중심 관찰기록'이다.

✿ 행동 결과물 중심 관찰기록 관찰지 작성 예시

학생 #1: 정약용	학생 #2: 홍길동
관찰자: 이순신(○○초등학교 4학년 4반 담임교사)	
관찰 장소 및 상황: ○○초등학교 4학년 4반 교실, 점심시간 직전의 수학시간, 정약용은 입구 쪽 줄의 중간 부근에 자리하고 홍길동은 왼쪽에서 두 번째 줄의 앞자리에 위치, 전체 학생 수는 32명	

행동결과	정의
#1 바닥에 떨어진 학용품	관찰대상 학생의 책걸상 주위(각각의 모서리에서 30cm 거리 안쪽)에 떨어진 학용품(연필, 지우개, 자, 풀, 크레용 등)
#2 바닥에 떨어진 휴지	관찰대상 학생의 책걸상 주위(각각의 모서리에서 30cm 거리 안쪽)에 떨어진 종이류(대각선의 길이가 3cm 이상)

일시	학생	행동결과	발생 횟수	합계
5/3 11:30~12:10	정약용	학용품	/ / / /	4개
		휴지	~~////~~ / /	7개
	홍길동	학용품	/ /	2개
		휴지	~~////~~	5개
5/4 11:30~12:10	정약용	학용품	/ / /	3개
		휴지	~~////~~	5개
	홍길동	학용품	/ / / /	4개
		휴지	~~////~~ / /	7개

③ 행동 결과물 중심 관찰기록 방법으로 측정할 수 있는 행동의 예: 학생이 집어던진 연필의 수, 학생이 훔친 지우개의 수, 재떨이에 있는 담배꽁초의 수, 놀이터에 남겨진 개인 소지품, 식사 후 식탁에 떨어뜨린 음식물의 양 등

2. 행동 결과물 중심 관찰기록의 장점

① 행동의 발생 과정을 실시간으로 관찰할 필요가 없다.

② 접근하기 어렵거나 부적절한 시간과 장소에서 일어나는 행동들도 쉽게 측정할 수 있다. 예 CCTV를 통한 관찰

③ 비디오 테이프나 오디오 테이프에 기록된 행동은 원하는 대로 반복 측정이 가능하기 때문에 관찰자 일치도를 높일 수 있다.

④ 치료의 효과를 정확히 평가할 수 있다.

3. 행동 결과물 중심 관찰기록의 단점 17초특

① 즉시 기록하지 않으면 다른 사람들이 행동의 결과를 치워 버릴 수 있다.

② 같은 행동의 결과를 서로 비교하기 어렵다.

- 책장을 찢는 행동을 한 경우 찢겨진 책장의 수만 기록하면 찢겨진 책의 종류나 크기, 질 등을 파악할 수 없다.

③ 학생 행동의 강도나 형태나 시간 등의 행동 양상을 설명해 주지 못한다.

- 찢겨진 책이 몇 장인지에 대한 정보만으로는 학생이 책장을 찢을 당시의 강도나 형태 등에 대한 정보를 제공해 주지 못한다.

03 사건기록법

1. 사건기록법의 개념

① 발생한 행동을 중심으로 행동의 특성을 직접 관찰하고 기록하는 방법이다.

- 관찰할 행동은 반드시 시작과 끝이 분명한 행동이어야 한다. 자유놀이 시간 동안 물체를 갖고 노는 등의 특정한 행동이나 활동이 명확하지 않은 행동일 경우 사용하기 어렵다.

② 행동 발생을 기록한다는 점에서는 행동 결과물 중심 관찰기록과 비슷하지만 행동의 특성을 직접 관찰한다는 점에서 다르다.

③ 빈도 기록법과 동의어로 사용하는 경우도 있으며 빈도 기록법을 포함하는 훨씬 더 넓은 개념으로 보는 경우도 있다.

임용시험에서는 사건 기록법이 사건(빈도)기록법(2019 중등B-7 기출), 빈도(사건)기록법(2015 중등 A-6 기출)으로 표현되기도 한다.

④ 대표적인 유형: 빈도 기록법, 지속시간 기록법, 지연시간 기록법, 반응기회 기록법, 기준치 도달 기록법 등

2. 사건기록법의 장단점

(1) 장점

① 사용하기 쉽다.

② 관찰자가 학생의 행동을 직접 볼 수 있다.

(2) 단점

한 명의 관찰자가 한 장소에서 동시에 여러 명의 학생이나 여러 행동을 관찰할 때는 사용하기가 쉽지 않다.

빈도 기록법
동 빈도 사건표집법

3. 사건기록법의 유형별 특징

(1) 빈도 기록법

① 개요 13유특, 15중특, 19유특, 24중특

<table>
<tr><th>구분</th><th>내용</th></tr>
<tr><td>정의</td><td>• 전체 관찰시간을 짧은 시간 간격으로 구분하여(또는 시간 간격을 나누지 않고 전체 관찰시간을 그대로 두고), 학생을 관찰하고 하나의 시간 간격 안에 발생한 행동의 빈도를 기록하는 방법</td></tr>
<tr><td>장점</td><td>• 수업을 직접적으로 방해하지 않으며, 비교적 사용하기 쉽다.
• 시간 간격마다 행동 발생 빈도를 기록하였기 때문에 문제행동이 언제 가장 많이 발생하는지 시간 흐름에 따른 행동 발생 분포를 알 수 있다.</td></tr>
<tr><td>단점</td><td>• 행동 빈도만 가지고는 행동 양상이 어떤지를 설명해 주지 못한다.
• 짧은 시간 간격으로 자주(예 빨리 말하기, 몸 앞뒤로 흔들기, 물건 두드리기 등) 또는 오랜 시간에 걸쳐 일어나는 행동(예 과제 지속하기, 경청하기, 혼자 조용히 놀기, 자리에서 이탈하기, 손가락 빨기 등)에는 적용하기 어렵다.</td></tr>
<tr><td>절차</td><td>① 전체 관찰시간을 짧은 시간 간격으로 나눈다.
• 시간 간격을 나누지 않고 전체 관찰시간을 그대로 두고 관찰하는 경우도 있다.
② 학생 행동을 관찰한다.
③ 관찰시간 간격 안에 행동이 발생할 때마다 빈도를 기록한다.
④ 자료를 빈도수 또는 비율로 요약한다.
• 관찰 결과를 비율로 요약하면 회기마다 관찰 시간이 다르더라도 행동의 발생 정도를 서로 비교 가능하게 해준다.</td></tr>
<tr><td>빈도 기록법 작성 예시</td><td>
<table>
<tr><td>학생</td><td>홍길동(○○초등학교 3학년, 9세)</td></tr>
<tr><td>관찰자</td><td>이순신</td></tr>
<tr><td>관찰 장소 및 상황</td><td>○○초등학교 식당, 점심시간, 약 150명의 학생이 식사를 하고 있거나 배식을 위해 줄지어 대기, 시끄럽고 혼란스러운 분위기</td></tr>
<tr><td>표적행동</td><td>식사 중 자리이탈 행동</td></tr>
<tr><td>표적행동의 조작적 정의</td><td>음식을 담은 식판을 식탁에 놓고 자리에 앉아 숟가락이나 젓가락을 잡은 후 엉덩이가 자리에서 10cm 이상 떨어진 상태에서 3초 이상 지속</td></tr>
</table>
<table>
<tr><th>날짜</th><th>시간</th><th>행동 발생</th><th>합계</th><th>관찰 시간</th><th>빈도/시간</th><th>분당 비율</th></tr>
<tr><td>9/12</td><td>12:35~1:05</td><td>VVVVVVVVVVVV</td><td>12</td><td>30분</td><td>12/30</td><td>0.4회</td></tr>
<tr><td>9/13</td><td>12:30~12:55</td><td>VVVVVVVVVV</td><td>10</td><td>25분</td><td>10/25</td><td>0.4회</td></tr>
</table>
</td></tr>
</table>

자료

빈도 기록법 적용 시 고려사항

- 목표행동이 높은 비율로 나타날 때에 관찰자가 개별 발생을 정확하게 세기 어렵다.
- 긴 시간 동안 발생하는 목표행동에는 정확한 측정치를 제공하지 못한다. 연속적 행동은 빈도 기록법으로 측정할 수 없는 목표행동 중 한 예이다.

출처 ▶ Cooper et al.(2017)

자료

빈도 기록법 작성 예시

전체 관찰시간을 짧은 시간 간격으로 구분하여 행동의 빈도를 기록하는 경우

날짜	관찰 시간	행동 발생				합계
		1	2	3	4	
5/16	10:00~10:40	/	//	//	//	7
5/17	10:00~10:40	//	/	/	//	6
5/18	10:00~10:40	/	//	/	/	5
5/19	10:00~10:40	/	/	/	/	4

② 관찰자 간 일치도

빈도 기록법을 통해 얻어진 데이터 예시

간격(시간)	관찰자 A	관찰자 B	간격당 관찰자 간 일치도
1(14:20~14:25)	////	///	(3/4) × 100 = 75%
2(14:25~14:30)	/	//	(1/2) × 100 = 50%
3(14:30~14:35)	//	//	(2/2) × 100 = 100%
4(14:35~14:40)	////	////	(4/4) × 100 = 100%
5(14:40~14:45)	/	///	(1/3) × 100 = 33.3%
총 발생 횟수	12	14	

㉠ 총 횟수 관찰자 간 일치도

- 가장 일반적으로 사용되는 관찰자 간 일치도(IOA) 계산 방법이다.
- 동일한 관찰 회기 동안 최소 2명의 관찰자가 동일한 행동 사건의 빈도 발생량을 측정하고, 각 관찰자가 기록한 행동 발생의 총 횟수를 비교하는 방법이다.
- 관찰자 중 더 많은 횟수를 기록한 발생량을 분모로 두고, 관찰자 중 더 적은 횟수를 기록한 발생량을 분자로 둔다. 그리고 100을 곱해서 일치도를 계산한다.

$$\frac{\text{작은 횟수}}{\text{큰 횟수}} \times 100 = \text{총 횟수 관찰자 간 일치도(\%)}$$

- 위의 〈표〉의 경우 (12 / 14) × 100 = 86%이다.

㉡ 평균 간격당 횟수 관찰자 간 일치도

- 총 관찰시간을 특정 간격으로 나누어 각 간격별로 관찰자 간 일치도를 구하고, 그 관찰자 간 일치도의 평균값을 계산하는 방법이다.

$$\frac{\text{간격1 IOA} + \text{간격2 IOA} + \cdots + \text{간격n IOA}}{\text{총 간격의 수}} \times 100$$
$$= \text{평균 간격당 횟수 관찰자 간 일치도(\%)}$$

- 〈표〉에서 제시된 데이터를 보면, 총 관찰시간 25분을 5분 간격으로 나누어 기록하였고, 간격 1에서 관찰자 A와 관찰자 B의 간격당 IOA는 75%이며, 간격 2부터 간격 5까지 순서대로 50%, 100%, 100%, 33.3%이다. 이들 IOA의 평균을 계산한 평균 간격당 횟수 관찰자 간 일치도는 72%([75 + 50 + 100 + 100 + 33.3] / 5)이다.

ⓒ 정확한 간격당 횟수 관찰자 간 일치도

- 빈도 기록법을 사용한 데이터를 이용하여 가장 보수적으로 관찰자 간 일치도를 계산하는 방법이다.
- 총 관찰시간을 특정 간격으로 나누어 각 간격별로 관찰자 간 일치도를 구하고, 간격당 IOA가 100%로 나온 간격의 숫자를 총 간격의 숫자로 나누고, 100을 곱하여 계산한다.

$$\frac{100\%\ \text{IOA 간격의 수}}{\text{총 간격의 수}} \times 100$$
$$= \text{정확한 간격당 횟수 관찰자 간 일치도}(\%)$$

- 〈표〉에서 간격당 IOA가 100%인 간격은 간격 3과 4이다. 따라서 총 간격의 수 5를 분모에 두고, 간격당 IOA가 100%로 나타난 간격의 수 2를 분자로 하여 100을 곱한 값인 40%가 정확한 간격당 횟수 관찰자 간 일치도이다. 즉, (2/5)×100의 값에 해당하는 40%가 정확한 간격당 횟수 IOA이다.

(2) 지속시간 기록법

① 개요 15초특, 20중특, 22중특, 24중특

구분	내용
정의	• 표적행동이 시작될 때의 시간과 그 행동이 끝날 때의 시간을 기록하여 행동이 지속된 시간을 계산하여 기록하는 방법
단점	• 지나치게 짧은 시간 간격으로 발생하는 행동에는 적용하기 어렵다. • 행동의 강도를 설명해 주지 못한다.
절차	① 행동이 시작될 때 시간을 기록하거나 스톱워치를 작동시킨다. ② 행동이 끝날 때 시간을 기록하거나 스톱워치 작동을 멈춘다. ③ 행동이 지속된 시간을 계산하여 기록한다. ④ 각 행동의 지속시간을 합하여 총 지속시간을 기록한다. ⑤ 총 지속시간을 행동의 총 횟수로 나누어 평균 지속시간을 기록한다. ⑥ 총 지속시간을 총 관찰시간으로 나누어 100을 곱하여 관찰한 전체 시간에 대한 행동의 지속시간 백분율을 기록한다.

자료

지속시간 기록법의 적용

- 시간적으로 비교적 오래 지속되는 행동을 측정할 때는 빈도보다 지속시간을 측정하는 것이 더 타당하다. 지속시간을 측정하는 것이 문제행동의 특성을 이해하고 평가하는 데 더 적절한 정보를 제공하기 때문이다.
- 지속시간 기록은 관찰자가 다른 작업을 하면서 수행하기는 어렵다. 잠시도 쉬지 않고 피관찰자의 행동을 지켜봐야 하기 때문이다. 이럴 경우 별도의 관찰자를 고용할 필요가 있다.

출처 ▶ 홍준표(2017)

지속시간 기록법 작성 예시

학생	홍길동(○○초등학교 2학년)
관찰자	이순신
표적행동	손가락 빨기 행동 (조작적 정의: 입술 안쪽으로 5mm 이상 손가락을 집어넣거나 이로 손톱을 깨무는 행동)
관찰 장소	2학년 3반 교실 오전 국어시간, 전체 학생 35명, 표적학생은 교실의 중간쯤에 위치

날짜	시간	행동 발생					관찰결과 요약	
8/9	9:25~9:55	#1 1′	#2 2′10″	#3 1′20″	#4 1′30″	#5 1′	전체 관찰시간	30분
							전체 지속시간	7분
		#6	#7	#8	#9	#10	지속시간 백분율	23%
							평균 지속시간	1분 24초
8/10	9:25~9:55	#1 2′	#2 1′30″	#3 1′	#4 1′20″	#5 1′30″	전체 관찰시간	30분
							전체 지속시간	9분 30초
		#6 1′	#7 1′10″	#8	#9	#10	지속시간 백분율	32%
							평균 지속시간	1분 21초

자료

관찰결과 요약 방법

- 지속시간 백분율 $= \frac{\text{전체 지속시간}}{\text{전체 관찰시간}} \times 100$
- 평균 지속시간 $= \frac{\text{전체 지속시간}}{\text{관찰횟수}}$

② 관찰자 간 일치도

지속시간 기록법을 통해 얻어진 데이터 예시

행동(발생 시점)	지속시간(분)		반응당 지속시간 IOA
	관찰자 A	관찰자 B	
행동 1(14:21)	10	8	(8/10) × 100 = 80%
행동 2(15:00)	6	5	(5/6) × 100 = 83.3%
행동 3(15:15)	15	15	(15/15) × 100 = 100%
행동 4(15:38)	13	13	(13/13) × 100 = 100%
행동 5(16:02)	12	15	(12/15) × 100 = 80%
총 지속시간	56	56	

㉠ 총 지속시간 관찰자 간 일치도

• 동일한 관찰 회기 동안 최소 2명의 관찰자가 동일한 행동 사건의 발생량을 지속시간으로 측정하고, 각 관찰자가 기록한 행동 발생의 지속시간을 비교하는 방법이다.

• 관찰자 중 더 긴 지속시간을 기록한 발생량을 분모로 두고, 관찰자 중 더 짧은 지속시간을 기록한 발생량을 분자로 둔다. 그리고 100을 곱해서 일치도를 계산한다.

$$\frac{\text{짧은 지속시간}}{\text{긴 지속시간}} \times 100 = \text{총 지속시간 관찰자 간 일치도}(\%)$$

• 〈표〉에 제시된 총 지속시간은 총 관찰시간 동안 관찰자 A와 관찰자 B에 의하여 동일하게 행동의 총 지속시간이 56분으로 기록되었다. 따라서 총 지속시간 관찰자 간 일치도는 100%이다.

평균 발생당 지속시간 관찰자 간 일치도

 평균 지속시간 일치도, 평균 지속시간 관찰자 간 일치도

Tip

평균 발생당 지속시간 관찰자 간 일치도

2013추시 중등B-2 기출에서는 '평균 지속시간 일치도'로 제시되었다.

㉡ 평균 발생당 지속시간 관찰자 간 일치도 13중특(추시)

• 측정하고자 하는 행동이 발생할 때마다 측정한 지속시간에 대하여 각 행동 발생별 관찰자 간 일치도를 구하고, 그 관찰자 간 일치도의 평균값을 계산한다.

$$\frac{\text{행동1 지속시간 IOA} + \text{행동2 지속시간 IOA} + \cdots + \text{행동n 지속시간 IOA}}{\text{지속시간 IOA의 행동 수}} \times 100$$
$$= \text{평균 발생당 지속시간 관찰자 간 일치도}(\%)$$

• 제시된 데이터를 보면, IOA의 측정 시간 동안 행동이 총 5번 발생하였다. 행동 1에서는 관찰자 A와 관찰자 B의 지속시간 IOA는 80%이며, 행동 2부터 행동 5까지 지속시간 IOA는 순서대로 83.3%, 100%, 100%, 80%이다. IOA의 평균을 계산한 평균 발생당 지속시간 관찰자 간 일치도는 89%([80 + 83.3 + 100 + 100 + 80] / 5)이다.

(3) 지연시간 기록법

① 개요 [18초특]

<table>
<tr><th>구분</th><th>내용</th></tr>
<tr><td>정의</td><td>선행사건과 표적행동 발생 사이에 지연되는 시간을 계산하여 기록하는 방법</td></tr>
<tr><td>절차</td><td>① 선행자극 또는 선행사건을 정의한다.
② 관찰시간 동안 주어질 선행자극의 수를 결정한다.
③ 선행자극을 주고, 시간을 기록하거나 스톱워치를 작동시킨다.
④ 학생 행동이 시작될 때 시간을 기록하거나 스톱워치 작동을 멈춘다.
⑤ 행동이 시작될 때까지 지연된 시간을 계산하여 해당 칸에 기록한다.
⑥ 각 행동의 지연시간을 합하여 행동의 횟수로 나누어 표적행동의 평균 지연시간을 기록한다.</td></tr>
<tr><td>지연시간 기록법 작성 예시</td><td>
<table>
<tr><td rowspan="2">학생</td><td colspan="2">이름</td><td colspan="3">학교/학년</td><td colspan="2">나이</td></tr>
<tr><td colspan="2">홍길동</td><td colspan="3">○○초등학교 3학년</td><td colspan="2">9</td></tr>
<tr><td>관찰자</td><td colspan="2">이순신</td><td colspan="3">담임교사</td><td colspan="2">○○○</td></tr>
<tr><td>표적행동</td><td colspan="7">지시 따르기: 수학시간에 개별 과제(예 연습문제 풀기)를 시작하기 위해 교사가 표적학생 혹은 교실 전체의 학생들에게 말하는 지시의 내용대로 행동한다.</td></tr>
<tr><td>선행사건</td><td colspan="7">개별 과제를 위해 교사가 "○○쪽의 연습문제를 노트에 풀어 적으세요."라고 말하거나 "(유인물의) 연습문제를 풀기 시작하세요."라고 말한다.</td></tr>
<tr><td>상황요인</td><td colspan="7">수학시간, 35명의 학생이 수업에 참여, 표적학생은 교탁 부근에 위치, 앞뒤·좌우에 철수, 영희, 민수, 정호가 있고 철수가 옆 짝이다.</td></tr>
<tr><th>날짜</th><th colspan="4">행동 발생</th><th colspan="3">행동결과 요약</th></tr>
<tr><td rowspan="3">5/18</td><td>#1
1′10″</td><td>#2
1′</td><td>#3
30″</td><td>#4
50″</td><td colspan="2">전체 지연시간</td><td>5분 40초</td></tr>
<tr><td>#5
1′10″</td><td>#6
1′</td><td>#7</td><td>#8</td><td colspan="2">선행사건 횟수</td><td>6회</td></tr>
<tr><td>#9</td><td>#10</td><td>#11</td><td>#12</td><td colspan="2">평균 지연시간</td><td>56초</td></tr>
</table>
</td></tr>
</table>

Tip
2021 중등B-7 기출의 경우, 총 지연시간 관찰자 간 일치도는 '총 지연시간 관찰자 일치도'로, 평균 발생당 지연시간 관찰자 간 일치도는 '평균 발생당 지연시간 일치도'로 제시되었다.

반응기회 기록법
동 통제 제시 기록법, 통제 제시, 통제된 제시 기록, 기회 백분율, controlled presentations recording

행동의 기회
동 반응 기회, 시행

Tip
반응기회 기록법은 교사가 각 회기의 정반응 수를 확인함으로써 진전을 점검할 수 있도록 해준다(Alberto et al., 2014).

② 관찰자 간 일치도 [21중특]

지연시간 기록법에서의 총 지연시간 관찰자 간 일치도, 평균 발생당 지연시간 관찰자 간 일치도는 지속시간 기록법의 관찰자 간 일치도와 동일한 공식을 적용하여 산출한다.

(4) 반응기회 기록법

① 개요 [19중특]

구분	내용
정의	• 행동의 기회가 주어졌을 때 표적행동의 발생 유무를 기록하는 방법 예 수업 차시마다 주방 전열기 사진 5장을 3번씩 무작위 순서로 제시하여 총 15번의 질문에 학생이 바르게 답하는 빈도를 기록함 • 교사나 치료사에 의해 학생이 반응할 기회가 통제된다는 특징을 제외하면 빈도 기록과 같은 방법
절차	① 학생에게 주어지는 기회가 무엇인지 명확하게 정의한다. ② 학생 행동을 관찰한 시간 길이나 그 시간 동안에 학생에게 주어질 기회의 수를 미리 설정한다. ③ 주어진 시간 동안에 학생에게 기회를 제공한다. ④ 표적행동이 발생했는지의 여부를 관찰하고 기록한다. ⑤ 발생한 표적행동의 수를 주어진 기회의 수로 나누고 100을 곱하여 주어진 기회 수에 대한 표적행동의 발생 횟수의 퍼센트를 기록한다.

반응기회 기록법 작성 예시

학생	홍길동(○○초등학교 2학년, 8세)
관찰자	이순신
관찰 장소 및 상황	○○초등학교 4학년 4반 교실, 수학시간
표적행동	교사의 질문에 정답을 말하는 행동 (정답은 +, 오답은 −로 표시)
기회의 조작적 정의	교사의 한 자릿수의 덧셈이나 뺄셈에 대한 구두 질문(예 "2 더하기 6은?" "7 빼기 5는?")

날짜	기회와 반응											정반응수	백분율
	기회	1	2	3	4	5	6	7	8	9	10		
5/4	반응	+	−	+	+	−	−	+	−	−	−	4	40%

② 관찰자 간 일치도(시도 대 시도 관찰자 간 일치도) 18중특

반응기회 기록법을 통해 얻어진 데이터 예시

반응기회	1	2	3	4	5	6	7	8	9	10
관찰자 A	○	○	×	○	○	○	○	×	×	○
관찰자 B	○	○	×	×	○	○	○	○	×	○
일치 여부	일치	일치	일치	불일치	일치	일치	일치	불일치	일치	일치

㉠ 시도 대 시도 관찰자 간 일치도는 전체 반응의 수를 분모로 두고, 관찰자 간 일치한 반응의 수를 분자로 둔다. 그리고 100을 곱해서 일치도를 계산한다.

$$\frac{\text{일치를 보인 시도의 숫자}}{\text{총 시도의 숫자}} \times 100$$
$$= \text{시도 대 시도 관찰자 간 일치도}(\%)$$

㉡ 〈표〉에 제시된 전체 반응기회의 수는 10회이고 일치한 반응의 수는 8회로 기록되었다. 따라서 시대 대 시도 관찰자 간 일치도는 80%이다.

③ 반응기회 기록법을 적용한 그래프

학생: 홍길동　　관찰자: 이순신　　행동: 지시 따르기

촉구의 수준	날짜: 10-4	날짜: 10-5	날짜: 10-6	날짜: 10-8
힌트	1 2 3 4 5 6 7 8 9 10	1 2 3 4 5 6 7 8 9 10	1 2 3 4 5 6 7 8 9 10	1 2 3 4 5 6 7 8 9 10
언어적 지시	1 2 3 4 5 6 7 8 9 10	1 2 3 4 5 6 7 8 9 10	1 2 3 4 5 6 7 8 9 10	1 2 3 4 5 6 7 8 9 10
몸짓 촉구	1 2 3 4 5 6 7 8 9 10	1 2 3 4 5 6 7 8 9 10	1 2 3 4 5 6 7 8 9 10	1 2 3 4 5 6 7 8 9 10
부분적 신체 촉구	1 2 3 4 5 6 7 8 9 10	1 2 3 4 5 6 7 8 9 10	1 2 3 4 5 6 7 8 9 10	1 2 3 4 5 6 7 8 9 10
전체적 신체 촉구	1 2 3 4 5 6 7 8 9 10	1 2 3 4 5 6 7 8 9 10	1 2 3 4 5 6 7 8 9 10	1 2 3 4 5 6 7 8 9 10

설명 이 그래프는 교사의 지시(예 컵을 주렴, 숟가락을 주렴 등)를 어느 정도 수준의 촉진으로 수행할 수 있는지 측정한 것으로 4회기를 기록할 수 있게 되어 있고, 한 회기마다 10번 시도할 수 있게 되어 있다. 교사의 지시에 대해 어느 수준으로 지시를 수행할 수 있는지 관찰하고 해당 촉진 수준에 있는 시도 횟수를 의미하는 번호를 찾아 동그라미(●)로 표시하고 동그라미를 서로 연결하여 선 그래프가 되게 했다. 이 그래프를 보면 학생은 회기마다 향상되고 있음을 알 수 있다. 10월 6일의 경우 다섯 번째 시도에서는 부분적 신체 촉진으로 교사의 지시를 따를 수 있었음을 알 수 있다.

| 반응기회 기록법을 적용한 그래프 예시 |

출처 ▶ 양명희(2018)

반응기회 관찰자 간 일치도

동 시도 대 시도 관찰자 간 일치도 (trial-by-trial IOA)

Tip

반응기회 기록법의 경우 총 횟수 관찰자 간 일치도(작은 횟수 / 큰 횟수×100)와 같은 공식을 이용하여 개별 시도 자료의 총 횟수 관찰자 간 일치도를 구할 수도 있으나 과대 추정의 문제점이 있다. 따라서 개별 시도에 대한 보다 엄격한 지표로 시도 대 시도 관찰자 간 일치도를 계산한다(Cooper et al., 2017).

KORSET 합격 굳히기 반응기회 기록법이 사용된 그래프 그리기

1. 반응기회 기록법은 사건기록법을 변형시킨 것이다. 이 방법에서는 교사가 학생이 행동을 수행할 기회의 수를 조절하거나 구조화한다. 기회 혹은 시도의 수를 미리 결정하여 각 회기에서 제시하는 방식이 가장 많이 사용된다.

2. 시도는 확인할 수 있는 시작과 끝을 가지기 때문에 불연속적 발생으로 간주된다. 시도는 선제자극, 반응, 후속결과자극(S-R-S)의 세 가지 행동 요소로 정의된다. 선제자극의 제시(일반적으로 구어적 단서)는 시도의 시작을, 후속결과자극의 제시(강화, 교정, 벌)는 시도의 종료를 의미한다. 예를 들어, 교사가 회기 내에서 학생이 요구에 반응할 기회나 시도를 10회 제공하는 것으로 정하는 것이다. 각 시도에 대해 정반응인지 오반응인지를 기록한다.

3. 반응기회 기록법은 교사가 단순히 각 회기의 정반응 수를 확인함으로써 진전을 점검할 수 있도록 해준다.

4. 구체적인 기록 방법은 다음과 같다.
   각 시도 후에 다음과 같이 한다.
   ① 정반응에 해당되는 시도 번호에 동그라미를 한다.
   ② 오반응에 해당되는 시도 번호에 빗금(/) 표시를 한다.

   각 회기 후에 다음과 같이 한다.
   ① 정반응(동그라미 친 것)을 합한다.
   ② 각 회기 세로줄에 있는 숫자 중 정반응 수에 해당하는 수를 찾아 네모를 친다.
   ③ 이 자료양식에 직접 그래프를 그리기 위해 네모 표시된 수들을 회기에 따라 연결하여 학습곡선을 그린다.
   ④ 오른쪽 세로줄은 회기별 정반응 수(네모 표시된 수)를 백분율로 전환해 볼 수 있다. 만일 한 회기의 20회 시도 중 정반응 시도 수가 8이라면, 마지막 세로줄을 보았을 때 그것이 40%임을 알 수 있다.

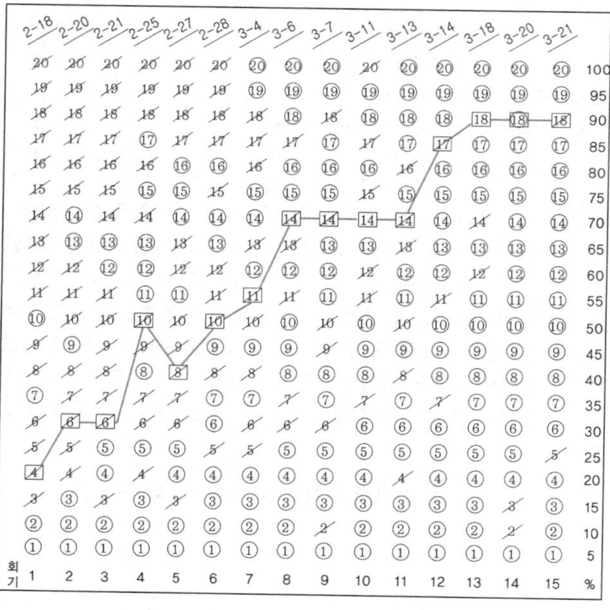

| 반응기회 기록법에 사용된 자료수집 양식 |

출처 ▶ Alberto et al.(2014)

주) 원자료를 그대로 인용한 것으로, 일부 오류가 있을 수 있음

(5) 기준치 도달 기록법

① 개요

<table>
<tr><th>구분</th><th colspan="2">내용</th></tr>
<tr><td>정의</td><td colspan="2">도달해야 할 기준이 설정되어 있는 경우에 그 기준치에 도달했는지 여부를 기록하는 방법</td></tr>
<tr><td>절차</td><td colspan="2">① 학생에게 제시할 기회가 무엇인지 명확하게 정의한다.
② 한 번의 행동 시도에 대한 인정할 만한 기준을 설정한다.[1]
③ [1]이 몇 번 이루어져야 하는지에 대한 도달 기준치를 설정한다.[2]
④ 학생에게 반응기회를 제시한다.
⑤ [1]의 기준에 도달한 행동의 발생(정반응, 오반응, 무반응)을 기록한다.
⑥ 학생 행동이 [2]의 기준치에 도달하면 종료하거나 새 기준치로 다시 작성한다.
⑦ 기준치에 도달하기까지의 행동 시도 수를 기록한다.</td></tr>
<tr><td>관찰자 간 일치도</td><td colspan="2">한 관찰자가 측정한 횟수에 대해: $\frac{\text{작은 수}}{\text{큰 수}} \times 100$
예 한 관찰자는 학생이 기준치에 도달하기까지 5회가 걸렸고 다른 관찰자는 4회가 걸렸다고 한다면 두 관찰자 간 일치도는 4/5 × 100 = 80(%)이 된다.</td></tr>
<tr><td rowspan="8">기준치 도달 기록법 작성 예시</td><td>학생</td><td>홍길동</td></tr>
<tr><td>관찰자</td><td>이순신</td></tr>
<tr><td>교사</td><td>○○○</td></tr>
<tr><td>장소</td><td>2학년 3반 교실, 국어시간</td></tr>
<tr><td>표적행동의 정의</td><td>교사의 지시 3초 내에 교사의 지시 반복 없이 지시를 수행하는 것</td></tr>
<tr><td>반응기회의 정의</td><td>교사가 학생에게 행동을 수행하도록 요구하는 모든 지시
예 “교과서 ○○쪽을 펴라.” “제자리에 앉아라.” “책을 소리 내어 읽어라.” 등</td></tr>
<tr><td>기준치</td><td>교사의 지시에 연속 3회 수행하기</td></tr>
<tr><td>기록 방법</td><td>교사의 지시가 주어지고 3초 이내에 지시 내용을 수행하면 +, 그렇지 않은 경우에는 − 표시를 하세요.</td></tr>
</table>

기준치 도달 기록법
동 준거제시 시도 관찰기록, 준거도달 시행 기록

자료

기준치 도달 기록법

- 기준치 도달 기록법은 사전에 설정된 준거에 도달할 때까지 행동의 기회를 제공하면서 행동의 발생여부를 기록하는 것이다.
- 기본유형 중 하나인 빈도기록을 수정한 형태라고 할 수 있는데, 빈도기록과의 차이는 행동의 기회가 통제되고 숙달준거가 설정된다는 점이다. Suagai 등은 기준치 도달 기록법을 빈도 기록법과 반응기회 기록법의 특수형태라고 하였는데, 이 경우 기본유형(빈도 기록법)과 수정유형(반응기회 기록법)이 결합된 하나의 결합유형으로 볼 수도 있다.

출처 ▶ 이승희(2021)

자료

기준치 도달 기록법 관찰지 양식
기준치 도달 기록법을 위한 표준화된 양식은 없다(이승희, 2021).

날짜	목표 도달 기준치	기회에 대한 학생의 반응										기준치 도달까지 걸린 횟수
		1	2	3	4	5	6	7	8	9	10	
4/2	연속 3회 수행	−	−	−	−	−	−	−	+	+	+	10
4/3	연속 3회 수행	−	−	−	−	+	−	+	+	+	−	9
4/4	연속 3회 수행	−	−	+	−	−	+	+	+	−	+	8

② 기준치 도달 기록법을 적용한 그래프 15초특, 24유특

- 학생: 현수
- 목표행동: 탈 수 있는 자동차를 스스로 선택하여 타면서 논다.
- 종료 준거: 3일 연속으로 80% 이상을 독립적으로 수행하기
- 촉진 코드: P(촉진), I(독립적 수행)

기회 \ 날짜	4/7	4/8	4/9	4/10	4/21	4/22	4/23	4/24	4/25	%*
10	I	I	P	P	I	I	P	I	I	100
9	P	P	P	I	I	P	I	I	P	90
8	P	P	P	P	I	I	I	I	I	80
7	P	P	P	P	I	P	I	I	I	70
6	P	P	I	P	P	I	I	I	I	60
5	P	I	P	I	I	I	P	I	I	50
4	P	P	P	I	I	P	I	I	I	40
3	P	P	I	P	P	I	I	P	I	30
2	P	P	P	P	P	I	I	I	P	20
1	P	P	P	I	I	I	I	I	I	10

—●— 독립적 수행 비율

*날짜별 독립적 수행 비율

| 기준치 도달 기록법을 적용한 그래프 |

출처 ▶ 2024 유특B-2 기출

04 시간표집법

비교

간격기록법과 시간표집법

응용행동분석 문헌에서는 예정된 간격 내에서 발생하는 행동을 관찰하고 기록하는 측정 절차를 설명하기 위하여 다양한 용어가 사용되고 있다. 어떤 문헌은 시간표집법이라는 용어를 순간시간표집법을 지칭하는 데 사용하기도 한다.

문헌	구분 방법
박은혜 외 (2019)	• 간격 기록법의 유형: 전체 간격 기록법, 부분 간격 기록법, 순간표집법
양명희 (2018)	• 시간 중심 관찰기록의 유형: 전체 간격 관찰기록, 부분 간격 관찰기록, 순간 관찰기록
이성봉 외 (2019)	• 간격 기록법의 유형: 전간격 기록법, 부분 간격 기록법, 순간 시간 기록법
이소현 외 (2016)	• 등간기록법: 전간 기록법, 부분 간격 기록법 • 순간표집법
이소현 (2020)	• 시간표집법의 유형: 전체 간격 기록법, 부분 간격 기록법, 순간표집법
특수교육학 용어사전 (2018)	• 간격 기록법의 유형: 전체 간격 시간표집, 부분 간격 시간표집, 순간표집법
홍준표 (2017)	• 동간기록법: 전간격 기록법, 부분 간격 기록법 • 순간시간표집법
Alberto et al. (2014)	• 간격 기록법: 전체 간격 기록법, 부분 간격 기록법 • 시간표집법
Bambara et al. (2017)	• 등간기록법: 하위 유형 제시되지 않음 • 시간표집법
Cooper et al. (2017)	• 시간표집법의 유형: 전간격 기록법, 부분-동간 기록법, 순간 시간표집법

주) 본 문헌은 시간표집법의 유형을 전체 간격 기록법, 부분 간격 기록법, 순간표집기록법으로 구분하여 설명한다.

1. 시간표집법의 개념 09유특

① 시간표집법은 행동 발생을 하나하나 기록하기보다는 행동이 발생한 시간 간격 수를 계산하는 방법이다.

㉠ 시간을 중심으로 행동이 발생하고 있느냐를 기록하고 측정하는 방법이다. 즉, 관찰자가 행동이 일어나는 모든 순간을 기록하는 것이 아니라 관찰시간을 짧은 시간 간격으로 나누어 표적행동의 발생 유무만을 관찰하고 기록하는 방법이다.

㉡ 행동이 발생한 실제 횟수의 근사치를 기록하는 방법이다.

간격기록

관찰 대상 행동을 관찰 기간에 일정한 시간 단위로 간격을 두고 여러 차례 기록하는 표집방법이다. 관찰 간격은 관찰 대상 행동의 특성에 따라 5~30초 범위에서 결정한다. 이때 빈도나 지속시간을 기록한다. 간격 기록법의 유형에는 전체 간격 시간표집, 부분 간격 시간표집, 순간표집법이 있다(특수교육학 용어사전, 2018).

② 시간표집법은 지속적으로 일어나는 행동(지속시간이 긴 행동)과 빈도 기록법이 맞지 않는 높은 빈도의 행동 기록에 사용한다.

- 많은 학생을 관찰하거나 한 학생의 여러 행동을 관찰하는 경우, 또는 행동의 빈도가 매우 높거나 지속시간의 변화가 심한 경우에 사용한다.

③ 행동의 직접적인 양이 아닌 행동 발생률의 대략치를 측정하는 간접 측정 방법이기 때문에 타당도에 문제가 있을 수 있다.

- 이 방법으로 수집된 자료를 통해서는 행동 발생 수에 대한 정확한 정보는 알 수 없다.

④ 상호작용 행동의 선행사건 및 후속결과에 대한 정보는 제공하지 않는다.

KORSET 합격 굳히기 **시간표집법 결과 해석상 유의점**

표적행동의 발생빈도나 지속시간을 직접 관찰하고 측정하는 대신에 관찰시간을 표집하여 특정한 시간에만 표적행동을 관찰하는 시간표집법(전체 간격, 부분 간격, 순간표집 기록법)은 여러 가지로 편리할 뿐 아니라 노력과 비용을 절감할 수 있는 큰 이점을 가지고 있다. 그러나 이러한 측정 방법은 실제 표적행동의 발생빈도나 지속시간을 추정하기 위하여 사용되는 간접적인 방법이라는 점에 유의하여야 한다. 따라서 발생빈도나 지속시간과 동일한 방식으로 해석해서는 안 된다(홍준표, 2017).

2. 시간표집법의 유형 09초특

(1) 전체 간격 기록법 18유특, 23중특

① 관찰시간을 짧은 시간 간격으로 나누어 행동이 각각의 시간 간격 동안 지속적으로 발생했는지를 관찰하여 기록하는 방법이다.

- 관찰한 시간 간격 동안 행동이 계속 지속된 경우 행동이 발생한 것으로 인정된다.

② 전체 간격 기록법은 다음과 같은 행동을 측정 대상으로 한다.

㉠ 공부하기, 협동놀이, 주의 집중하기, 손가락 빨기 등과 같이 초단위로 짧은 시간에 발생하는 행동 중에서도 한번 시작되면 비교적 오래 지속되는 표적행동을 측정할 때 적절하다.

㉡ 고빈도로 발생하지만 주어진 시간에 행동이 발생한 것을 알 수 있는 행동(예 몸 흔들기, 콧노래 부르기)을 측정하기 위해 사용한다.

- 높은 비율로 반복되는 일련의 과정을 하나의 지속적인 행동으로 간주할 수 있기 때문이다.

③ 일반적으로 하나의 관찰간격은 5~10초로 짧게 정한다.

비교

전체 간격 기록법 측정 대상

- 몸 흔들기, 콧노래 부르기 등과 같이 고빈도로 발생하지만 주어진 시간에 행동이 발생한 것을 알 수 있는 행동에도 사용할 수 있다(Cooper et al., 2017).
- 몸통 흔들기, 웅얼거리기, 손 흔들기 등과 같이 동일한 행동이 빠른 속도로 반복되어 한 반응의 종료와 다음 반응의 시작을 구분하기 어려우나 전반적으로 그러한 행동의 연속이 시작되는 시점과 일단락되는 시점을 구별할 수 있을 때는 전체 간격 기록법이 활용될 수 있다. 높은 비율로 반복되는 일련의 과정을 하나의 지속적인 행동으로 간주할 수 있기 때문이다(홍준표, 2017).

④ 행동 발생률: $\dfrac{\text{행동 발생 간격 수}}{\text{전체 간격 수}} \times 100$

⑤ 전체 간격 기록법을 통해 얻은 자료는 일반적으로 관찰기간 동안 행동이 실제 발생한 비율을 과소추정한다. 관찰 간격이 길수록 실제 행동 발생을 과소추정하는 정도가 더 커진다.

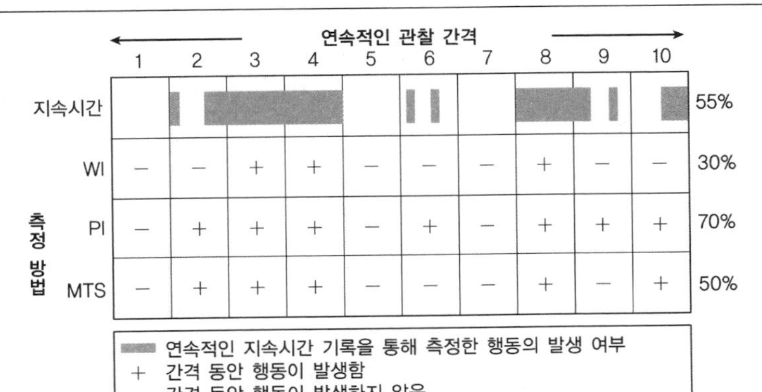

WI=전체 간격 기록법
PI=부분 간격 기록법
MTS=순간표집기록법

설명 그림에 나타난 행동의 연속적 측정치는 관찰시간의 55%에서 행동이 발생하였다는 것을 보여 주고 있다. 같은 관찰기간 동안 같은 행동이 전체 간격 기록법으로 측정될 시 실제 행동의 발생을 매우 과소추정하며(30% 대 55%), 부분 간격 기록법 측정치는 실제 발생을 매우 과대추정하고(70% 대 55%), 순간표집기록법은 실제 행동의 발생에 꽤 가까운 추정치(50% 대 55%)를 산출한다. 순간표집기록법이 실제 행동에 가장 가까운 측정치를 산출한다는 사실은 이 방법이 항상 선호되는 방법이라는 것을 의미하지는 않는다. 관찰기간 동안 행동의 분포(시간적 위치)가 다르면 전반적인 빈도와 지속시간이 그림에 나타난 회기와 매우 다른 결과로 나타날 수도 있다.

출처 ▶ Cooper et al.(2017)

비교

측정의 정확성

실제 행동 발생을 가장 근접하게 표시하는 관점에서 볼 때 사건기록법이 가장 정확하며, 간격기록법(전체 간격 기록법, 부분 간격 기록법)이 그다음이고, 순간표집기록법은 가장 낮은 정확성을 보인다(Alberto et al., 2014).

비교

순간표집기록법의 측정치

- Alberto et al.(2014) : 간격기록법(전체 간격 기록법, 부분 간격 기록법)은 관찰 기간을 순간표집기록법보다 더 작은 간격으로(일반적으로 분 단위보다는 초 단위) 나누기 때문에 실제 발생에 더 가까운 근사치를 제공한다.
- Cooper et al.(2017) : 많은 연구들은 동일한 행동을 다양한 시간간격을 둔 순간표집기록법과 연속적 지속시간 기록을 이용하여 비교하였다. 일반적으로 이 연구들은 2분 이상의 시간간격을 가진 순간표집기록법이 연속적 지속시간의 측정치를 과대추정하기도 하고 과소추정하기도 한다는 사실을 발견하였다. 2분 이하의 간격을 이용하면 순간표집기록법의 측정치와 연속적 지속시간 측정치의 결과가 비슷하게 나타난다.

(2) 부분 간격 기록법 12유특, 19초특, 23중특, 25초특

① 관찰시간을 짧은 시간 간격으로 나누어 각각의 시간 간격 동안에 행동이 발생했는지를 관찰하여, 관찰한 시간 간격 동안에 행동이 최소한 1회 이상 발생하면 그 시간 간격에 행동이 발생한 것으로 기록하는 방법이다.

㉠ 하나의 시간 간격 동안 행동이 어느 순간에라도 발생한 경우 행동이 발생한 것으로 인정한다.

㉡ 정해진 단위시간 안에 아동이 과잉행동을 한 번 하거나 두 번 하거나 상관없이 '+'표시는 한 번만 한다.

㉢ 표적행동이 발생하였는지의 여부만을 확인하여 해당 칸에 표기한다.

② 소리 지르기, 남을 때리기, 몸을 흔들기 등과 같이 비교적 짧은 시간에 높은 비율로 발생하는 표적행동을 측정할 때 많이 사용된다.

③ 일반적으로 하나의 관찰간격은 5초 혹은 10초 간격으로 짧게 정한다.

④ 행동 발생률은 전체 간격 기록법과 동일한 방법으로 산출한다.

⑤ 부분 간격 기록법을 통해 얻어진 자료는 종종 실제 행동이 나타난 전체 관찰기간(전체 지속시간)의 총 백분율을 과대추정한다.

(3) 순간표집기록법 09유특, 18유특, 25중특

① 관찰시간을 짧은 시간 간격으로 동일하게 나누고, 각각의 시간 간격이 끝나는 순간에 학생을 관찰하여 표적행동의 발생 여부를 기록하는 방법이다.

㉠ 행동이 매 간격의 마지막 순간에 나타났을 때 해당 간격에 행동이 발생한 것으로 기록한다.

예 한 시간을 5분 간격으로 12개의 관찰 칸을 만들어 놓고, 관찰자는 5분이 지날 때마다 한 번씩 피관찰자의 행동을 확인한다. 즉, 5분이 되는 순간에만 표적행동의 발생 여부를 관찰하여 기록한다.

㉡ 시간 간격 끝에 한 번 관찰하면 다음 시간 간격이 끝날 때까지는 관찰하지 않아도 된다.

② 관찰간격은 전체 간격 기록법, 부분 간격 기록법과는 달리 비교적 긴 시간으로 정한다. 일반적으로 분단위로 나누어 관찰시간을 표집하기 때문에 많은 표적행동이 관찰에서 누락될 수 있다.

③ 학습과제나 교육활동(예 과제에 집중하기, 자리이탈 행동, 엄지손가락 빨기)과 같이 비교적 장시간 지속되는 특성을 가진 행동을 관찰할 때 많이 사용된다.

- 자주 일어나고 지속시간이 긴 행동의 기록에 적합하다. 따라서 비율이 낮고 지속시간이 짧은 행동의 관찰방법으로는 적당하지 않다.

④ 행동 발생률은 전체 간격 기록법, 부분 간격 기록법과 동일한 방법으로 산출한다.

⑤ 빈도기록법, 지속시간기록법, 전체 간격 기록법, 부분 간격 기록법 등에 비하여 관찰이 용이하고 관찰에 소요되는 시간이 거의 없어 그만큼 많은 노력이 절약된다.

- 따라서 교사는 수업을 진행하면서도 어려움 없이 표적행동을 관찰·기록할 수 있으며, 여러 학생의 상호작용 행동을 동시에 관찰할 수 있다.

비교

순간표집기록법의 구간

대부분의 문헌에서 순간표집법은 관찰할 기간을 동일 간격으로 나누는 것으로 되어 있다. 그러나 이소현 등(2016)에 의하면 "순간표집법에서는 각 구간의 시간을 같게 하거나 다르게 해도 되는 융통성이 있다."고 제시되어 있어 차이를 보인다.

3. 시간 간격의 결정

① 시간 간격이 너무 긴 경우: 관찰자는 편하지만 빈도가 높은 행동의 수를 놓치기 쉽다.

② 시간 간격이 너무 짧은 경우: 자료를 놓칠 염려는 없지만 관찰자가 힘들다.

③ 시간 간격 결정 시 유의사항: 관찰자 간 일치도를 높이기 위하여 관찰하는 시간 간격 사이에 기록할 수 있는 시간 간격을 넣는 것이 바람직하다.

KORSET 합격 굳히기 시간표집법의 주요 사항과 차이점

전체 간격 기록법과 부분 간격 기록법 그리고 순간표집기록법에 관한 주요 사항과 차이점을 요약하면 다음과 같다.

1. 시간표집법은 모두 얼마나 자주 행동이 발생하였는지에 대한 근사치를 제공한다. 행동 발생 기록은 발생의 정확한 수를 제공하는 사건기록법만큼 정확하지 않다.
2. 순간표집기록법은 긴 관찰 기간에 사용되는 반면, 전체 간격 기록법과 부분 간격 기록법은 일반적으로 짧은 관찰 기간에 사용된다.
3. 순간표집기록법은 관찰 기간을 좀 더 긴 간격으로 나누기 때문에 가르치면서 관리하기가 용이하다.
4. 전체 간격 기록법, 부분 간격 기록법에서는 행동 발생이 간격시간의 어느 때라도 표시되고 기록된다. 순간표집기록법에서는 행동 발생이 간격의 끝에서만 표시되고 기록된다.
5. 전체 간격 기록법, 부분 간격 기록법, 순간표집기록법에서는 행동 발생 횟수가 아닌 행동이 발생한(혹은 발생하지 않은) 간격의 수가 보고된다. 이 방법으로 수집된 자료에서는 행동 발생 수에 대한 정보는 알 수 없다.

출처 ▶ Alberto et al.(2014)

4. 시간 간격별 행동 발생의 시각적 표현과 행동 발생률

(1) 시각적 표현

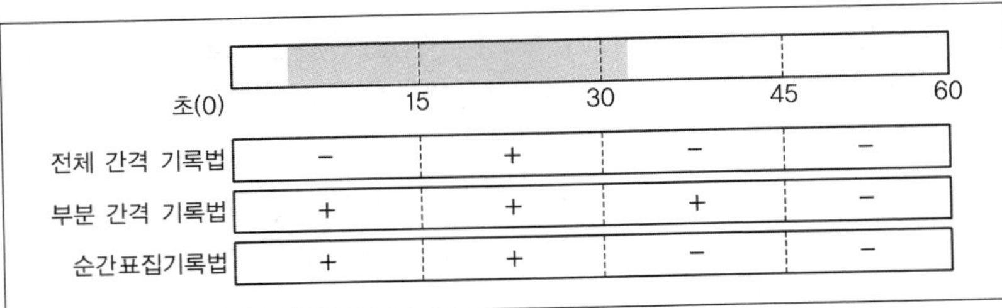

(2) 행동 발생률

① 행동 발생률: $\frac{\text{행동 발생 간격 수}}{\text{전체 간격 수}} \times 100$

② 위의 시각적 표현에 제시된 예를 이용해 행동 발생률(%)을 산출하면 다음과 같다.

- 전체 간격 기록법: (1/4)×100 = 25%
- 부분 간격 기록법: (3/4)×100 = 75%
- 순간표집기록법 : (2/4)×100 = 50%

5. 관찰자 간 일치도

시간표집법을 통해 얻어진 데이터 예시

간격	관찰자 A	관찰자 B	비고
1	+	−	불일치
2	+	+	일치
3	−	+	불일치
4	−	−	일치
5	−	−	일치
6	+	+	일치
7	+	+	일치
8	−	+	불일치
9	−	+	불일치
10	+	+	일치

간격 대 간격 관찰자 간 일치도
동 총간격법, 시점 대 시점 관찰자 간 일치도, 포인트별 간격법

간격 대 간격 관찰자 간 일치도는 2011 중등1-21 기출에서는 '관찰자 간의 일치율', 2012 유아1-26 기출에서는 '관찰자 간 신뢰도'로 제시되었다.

(1) 간격 대 간격 관찰자 간 일치도 11중특, 12유특

① 간격 대 간격 관찰자 간 일치도는 시간표집법을 이용하여 얻어진 데이터의 관찰자 간 일치도를 분석할 때 가장 일반적으로 사용할 수 있는 계산 방법이다.

② 관찰자 간에 서로 일치하게 기록한 간격의 수와 일치하지 않게 기록한 간격의 수의 합을 분모에 두고, 일치하게 기록한 간격의 수를 분자에 두어 100을 곱해서 계산한다.

$$\frac{\text{기록이 일치한 간격의 수}}{\text{일치된 간격의 수} + \text{일치되지 않은 간격의 수}} \times 100$$
$$= \text{간격 대 간격 관찰자 간 일치도(\%)}$$

③ 〈표〉에 제시된 데이터를 보면, 총 10개의 간격에 걸쳐 행동을 기록하였다. 관찰자 A는 총 5개의 간격에서 행동이 발생하였다고 기록(+)하였고, 관찰자 B는 총 7개의 간격에서 행동이 발생하였다고 기록(+)하였다. 하지만 간격별로 일치 여부를 살펴보면, 6개의 간격(간격 2, 4, 5, 6, 7, 10)에서 일치된 기록을 보였다. 따라서 일치한 간격의 수(6)를 일치한 간격의 수와 불일치한 간격의 수의 합(6 + 4)으로 나누고, 100으로 곱한 60%([6/10]×100)가 간격 대 간격 관찰자 간 일치도이다.

(2) 발생 · 비발생 간격 관찰자 간 일치도

① 발생 간격 관찰자 간 일치도

㉠ 2명의 관찰자 중 1명이라도 행동이 발생하였다고 기록(+)한 간격의 수를 분모에 두고, 두 명의 관찰자 모두가 행동이 발생하였다고 기록(+)한 간격의 수를 분자에 두어 100으로 곱하여 계산한다.

$$\frac{\text{두 관찰자 모두 행동이 발생하였다고 기록한 간격의 수}}{\text{관찰자 중 1명이라도 행동이 발생하였다고 기록한 간격의 수}} \times 100$$
$$= \text{발생 간격 관찰자 간 일치도(\%)}$$

㉡ 〈표〉에서 관찰자 중 1명이라도 행동이 발생하였다고 기록한 간격의 수는 8개이고, 관찰자 A와 B 모두가 행동이 발생하였다고 기록한 간격의 수는 4개이다. 따라서 발생 간격 관찰자 간 일치도는 50%(4/8×100)가 된다.

② 비발생 간격 관찰자 간 일치도

㉠ 2명의 관찰자 중 1명이라도 행동이 발생하지 않았다고 기록(−)한 간격의 수를 분모에 두고, 2명의 관찰자 모두가 행동이 발생하지 않았다고 기록(−)한 간격의 수를 분자에 두어 100으로 곱하여 계산한다.

$$\frac{\text{두 관찰자 모두 행동이 발생하지 않았다고 기록한 간격의 수}}{\text{관찰자 중 1명이라도 행동이 발생하지 않았다고 기록한 간격의 수}} \times 100$$
$$= \text{비발생 간격 관찰자 간 일치도(\%)}$$

㉡ 〈표〉에서 관찰자 1명이라도 행동이 발생하지 않았다고 기록한 간격의 수는 6개이고, 관찰자 A와 B 모두 행동이 발생하지 않았다고 기록한 간격의 수는 2개이다. 따라서 비발생 간격 관찰자 간 일치도는 33.3%(2/6×100)가 된다.

Chapter 11

단일대상연구

단일대상연구
동 개별대상연구

자료
기능적 관계
Chapter 01의 '2 긍정적 행동지원의 실행 절차' 참조

01 단일대상연구의 개념 및 특성

1. 단일대상연구의 개념

단일대상연구란 개별 대상들의 행동 변화를 체계적이고 경험적으로 입증하기 위한 것으로, 개별 대상에게 실시한 중재와 그 대상의 행동 변화 간의 기능적 관계를 밝힘으로써 중재의 효과를 입증하는 실험연구 방법을 의미한다.

2. 단일대상연구의 특성

단일대상연구는 개별 대상자를 중심으로 실험 조사를 수행한다는 특성이 있는데, 이를 보다 구체적으로 살펴보면 다음과 같다.

가장 특징적인 특성	행동의 지속적인 평가	• 시간이 지남에 따른 행동의 지속적인 평가를 통해서 이루어짐 • 몇 개의 서로 다른 실험조건들 내에서 여러 번에 걸쳐 측정이 이루어지며, 이러한 행동에 대한 지속적인 평가를 기초로 중재 효과에 대한 결론을 유추하게 됨
	중재 효과의 반복	• 중재 효과가 시간이 지남에 따라 동일한 대상자에게서 반복적으로 나타난다는 특성을 지님 • 연구대상자는 스스로가 자신의 행동 변화에 대한 통제집단의 역할을 하게 되며, 수행 변화에 대한 비교는 동일한 대상에게 시간의 차이를 두어 실험이 이루어지게 됨(단, 대상자 간 AB 설계가 반복되는 중다기초설계는 예외)
일반적인 특성	소수 참여자 대상 연구	• 일반적으로 한 명 내지 두세 명의 참여자를 대상으로 이루어짐 → '1인 연구', '소수 대상자 연구', '단일사례연구' • 연구에 참여하는 대상자의 수는 연구자의 임의에 의해서 결정되며, 단일대상연구의 어떤 설계도 집단을 대상으로 적용할 수 있음

	명백한 행동에 대한 평가	• 겉으로 드러나는 명백한 행동에 대한 평가를 중심으로 이루어짐 • 단일대상연구에서 관찰 가능한 명백한 행동을 측정하는 것은 필수적인 요소라고 할 수 없으며, 다만 보편적으로 많이 적용되는 일반적인 특성이라고 할 수 있음
	비통계적 분석의 사용	• 통계적인 방법이 아닌 시각적 방법을 통해서 자료의 분석이 이루어진다는 것도 단일대상연구가 지니는 하나의 특성임 • 최근에는 통계적 분석이 단일대상연구에 적용되는 사례가 증가하고 있는 추세

가장 특징적인 특성이란 단일대상연구만의 특성을 의미한다. 그러나 일반적인 특성은 단일대상연구만의 특성이라고 볼 수 없는 특성으로 단일대상연구가 갖추어야 할 필수적인 요소는 아니다.

02 기본 개념 및 용어

1. 독립변인과 종속변인

① 독립변인과 종속변인은 변인 간의 기능적인 관계 입증을 위해서 수행되는 모든 연구 방법론에 동일하게 적용되는 개념이다.

독립변인	행동을 변화시키기 위해서 사용되는 중재 → 종속변인의 변화에 영향을 미치기 위해서 연구자가 조절하는 중재나 처치
종속변인 (목표행동)	연구의 성과가 나타났는지를 알기 위해서 측정하는 변화 → 독립변인의 유무나 변화에 따라 의존적으로 나타나는 행동의 변화

② 종속변인의 변화가 동일한 독립변인이 실행될 때마다 반복적으로 일어난다면, 기능적 관계가 존재한다고 말할 수 있다.

2. 실험조건

'실험조건'이란 기초선, 중재, 유지, 일반화 등의 실험 상황이 달라지는 각각의 실험구간을 의미한다.

(1) 기초선

① 기초선이란 독립변인이 주어지기 전에 자료를 수집하는 기간, 즉 연구대상에게 어떠한 중재도 적용하기 전의 표적행동의 현행 수준을 의미한다.

② 단일대상연구에서 기초선은 중재 효과의 비교 기준의 역할을 한다.

③ 기초선 자료는 학생의 수행 수준을 기술하는 기술적 기능과 미래 수준을 예언하는 예언적 기능을 가진다.

기술적 기능	학생의 현재 수행 수준을 나타내는 것이다.
예언적 기능	중재가 제공되지 않는다면 가까운 미래에 수행 수준이 어떻게 될지를 예측하는 근거가 된다.

④ 기초선 자료는 교사의 중재 효과를 판단하는 데 사용되기 때문에 안정적인 것이 중요하며, 기초선의 안정성은 자료의 다양성과 경향성으로 평가된다.

㉠ 자료의 다양성

- 자료의 다양성은 수행의 파동과 관련된다.
- 일반적으로 자료의 다양성이 클수록 중재 효과에 대한 결론을 내리기가 더 어렵고, 미래 수행에 관한 예측을 하기도 어렵다.
- 기초선이 불안정할 때 첫 번째로 검사해야 할 것은 표적행동의 정의이다.
  - 기초선에서 안정성이 부족한 것은 표적행동의 조작적 정의가 정확하고 일관적이지 않거나 자료수집자가 수집 과정에서 일관적이지 않았음을 반영하는 것일 수 있다.

KORSET 합격 굳히기 **기초선의 안정성 계산 예시**

변인이 엄격하게 통제될 수 있는 곳에서 다양성에 대한 연구 중심의 준거는 5% 범위 내, 치료 중심의 준거는 20% 범위로 제안되어 왔으며, 기초선 자료점 중 어느 것도 기초선 평균에서 50% 이상 퍼져 있지 않으면 기초선이 안정적인 것으로 파악할 수 있다.

회기	1	2	3	4	5
자료점	14	10	20	16	11

- 기초선 평균(산술평균) : 14.2 = 14
- 평균의 50% : 7
- 자료점의 수용 가능한 범위 : 7~21(14 ± 7)
- 결론 : 모든 자료점이 수용 가능한 범위에 있으므로 이 기초선은 안정적이다.

출처 ▶ Alberto et al.(2014)

Ⓒ 자료의 경향 09중특, 11중특

경향은 자료점들의 방향과 변화 정도를 의미하며, 기초선은 경향을 나타내지 않을 수도 있고, 증가하는 경향(즉, 상향 기초선) 혹은 감소하는 경향(즉, 하향 기초선)을 나타낼 수도 있다.

상향 기초선	증가하는 경향을 의미하며, 상향 기초선에서는 행동을 감소시키는 것이 목표일 경우에만 중재를 시작해야 한다. 행동이 이미 증가하고 있기 때문에 행동 증가를 목적으로 설계된 중재의 효과가 불분명해지기 때문이다.
하향 기초선	행동의 분명한 감소를 나타내는 최소한 3개의 자료점을 포함하며, 하향 기초선에서는 행동을 증가시키는 것이 목표인 경우에만 중재를 시작해야 한다.

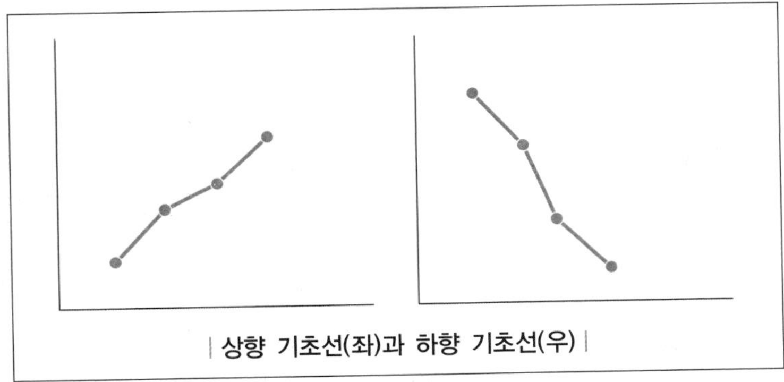

| 상향 기초선(좌)과 하향 기초선(우) |

⑤ 기초선 자료가 안정적인 경향을 보여 주려면 중재가 시작되기 전에 최소한 3~5회의 연속된 자료가 필요하다.

- 각 활동에서의 기초선 총 회기수는 기초선 구간에서의 학생의 반응에 따라 결정된다.

(2) 중재

① 중재 구간이란 독립변인이 체계적으로 적용되는 시기이다.

② 중재 구간은 일반적으로 기초선에 바로 뒤따르게 되나, 경우(예 BAB 설계)에 따라서는 연구설계에 의해서 기초선 없이 적용되기도 한다.

③ 일반적으로 중재의 원하는 성과가 이루어졌는지를 결정하기 위해서 실험이 시작되기 전에 종속변인에 대한 일정 수행 수준을 정해 놓는다.

비교

경향

- 이소현 외(2016): 자료 표시선의 방향을 검토함으로써 결정되는 행동 발생의 변화 양상을 의미한다. 연구자들은 자료의 경향을 분석함으로써 일반적으로 수집된 행동 반응이 증가하는지 또는 감소하는지를 살펴보기도 하고, 변동적인지 안정적인지를 살펴보기도 한다.
- Alberto et al.(2014): 같은 방향으로 향한 3개의 연속적 자료점
- Cooper et al.(2018): 자료 경로가 보이는 전반적인 방향. 경향은 그 경향성(증가, 하락, 움직임이 없음), 정도(경사의 있고 없음), 경향선 근처에 있는 자료점들의 변산성의 정도 등으로 설명함

PART 01

(3) 유지와 일반화

유지나 일반화 구간은 모든 단일대상연구에 적용되는 것은 아니며, 연구자의 의도에 따라 설계에 반영되기도 하고 그렇지 않을 수도 있다.

<table>
<tr><td>유지</td><td>

• 중재가 성공적으로 적용되어 원하는 성과를 보였을 때 중재가 더 이상 제공되지 않아도 종속변인상의 변화가 유지되는지를 측정하는 것
• 유지 구간을 두는 이유(목적) 22유특
− 중재를 제거하기 위한 것이다.
− 종속변인상의 변화가 독립변인이 제거된 후에도 비교적 영구적으로 지속된다는 것을 증명하는 것이다.
• 유지 구간의 의의: 시간이 지나도 변하지 않는 중재의 효과를 입증함으로써 연구의 사회적 타당도 및 생태학적 타당도를 높일 수 있음

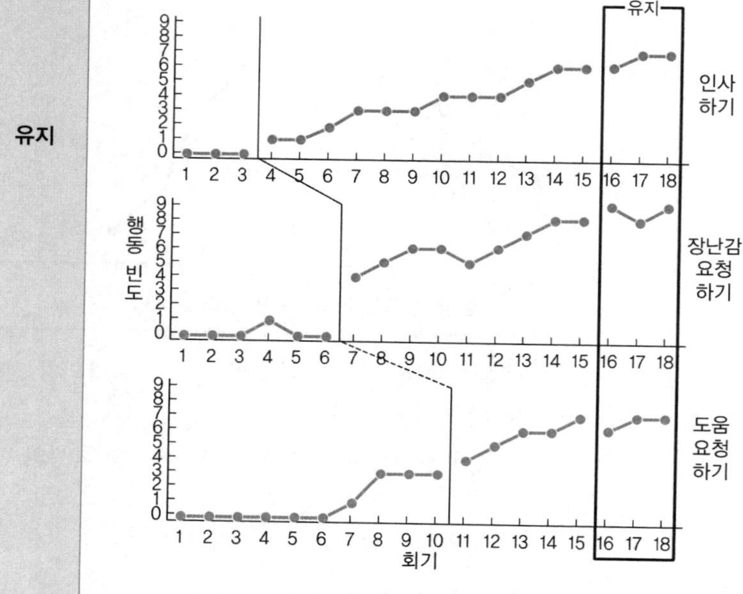

| 유지 구간이 있는 중다기초선설계 그래프 예시 |

</td></tr>
<tr><td>일반화</td><td>

• 일반화 관찰 이유: 중재를 통해서 습득된 기술이나 변화된 행동이 중재 상황이 아닌 다른 자극 상황에서도 나타나는지를 보기 위해
− 중재가 끝난 후에 독립적 구간으로 설계할 수도 있고, 관찰이 이루어지는 전 회기를 통해서 몇 차례의 관찰 구간을 두어 측정할 수도 있음

</td></tr>
</table>

KORSET 합격 굳히기 사회적 타당도와 생태학적 타당도

1. 사회적 타당도

Kratochwill 등에 따르면 높은 사회적 타당도를 지닌 단일대상연구를 설계하기 위해서 연구자는 다음과 같은 요소를 고려해야 한다.

① 사회적으로 중요한 종속변인을 선택해야 한다.
② 교사, 치료사, 부모와 같이 일반 중재자들이 용이하게 적용할 수 있는 독립변인을 사용해야 한다.
③ 일반 중재자들이 적용할 때 적절한 중재 충실도를 보장할 수 있도록 독립변인을 이용한다.
④ 일반 중재자들이 수용할 수 있는 독립변인과 종속변인을 이용한다.
⑤ 다양한 자료에 접근이 가능하고 이 자료를 사용하여 중재 적용이 용이한 독립변인을 구성한다.
⑥ 일반 중재자를 통하여 중재 효과가 입증될 수 있게 독립변인을 구성한다.
⑦ 중재절차 적용을 위한 공식적인 지원이나 기대치가 없어지더라도 그 독립변인의 중요성과 독립변인의 긍정적 효과로 인해 일반 중재자들이 지속적으로 이용하고 싶어 하는 중재 절차를 제시해야 한다.
⑧ 임상적·치료적 필요성을 충족시켜 주는 효과를 만들어 내는 중재 방안을 포함한다.

출처 ▶ 이성봉 외(2019)

2. 생태학적 타당도

생태학적 타당도(ecological validity)란, 평가의 내용이나 절차가 평가를 실시하고자 하는 피험자들의 사회·문화적인 배경이나 주변 상황에 비추어 타당한가를 검토하는 것이다. 예를 들어, 한국 학생들에게 미국에 관련된 지명이나 생활습관에 대한 내용을 질문한다거나 농촌 학생들에게 도시생활에 대한 내용을 질문한다거나 하는 것은 생태학적인 타당도에 문제가 있을 가능성이 높다. 아울러 평가 과정이나 결과가 문화적 편견이나 성별, 인종별에 따라 불리하게 작용할 소지가 있는지의 여부를 검토하는 것도 이에 포함된다. 또한 시·도 교육청 평가나 국가수준의 학업성취도 평가와 같이 국가 단위에서 평가를 시행하면서 각 지역의 특성을 고려하지 않고 획일적인 평가 준거를 가지고 평가한다면, 서울과 같은 대도시 지역과 강원도 같은 농어촌 지역 간의 많은 차이를 반영하지 못하는 결과를 초래하게 되어 어느 지역이 불리하게 평가를 받을 가능성이 커진다. 이처럼 지역의 특성을 제대로 반영하지 못하였다면 생태학적인 타당도가 낮다고 할 수 있다(백순근, 2002).

자료

사회적 타당도

'Chapter 01. 긍정적 행동지원의 이론적 배경' 중 '[2] 긍정적 행동지원의 실행 절차' 참조

생태학적 타당도

통제된 실험실 또는 이와 유사한 상황의 연구 결과를 다른 상황에서 얼마나 일반화할 수 있는가와 관련된 타당도이다. 생태학적 타당도는 실험연구 결과의 일반화 정도와 관련된 외적 타당도의 하위 개념으로 다루어지고 있다. 생태학적 타당도는 실험 환경의 자연스러움 정도, 연구자와 연구 대상자와의 라포 형성 정도, 실험 실시 과정과 과제의 자연스러움 정도, 실험 실시 시간과 기간의 적절성 정도 등으로 범주화하여 평가할 수 있다. 이에 영향을 미칠 수 있는 요인으로 호손 효과, 신기성 효과, 실험자 효과, 측정도구 효과 등이 있다. 이러한 요인의 통제가 이루어지지 않았을 경우 연구의 제한점으로 언급하는 것이 바람직하다(특수교육학 용어사전, 2018).

3. 신뢰도와 타당도

(1) 신뢰도

중재 충실도

동 독립변인 신뢰도, 절차적 신뢰도, 처치 충실도, 처치 진실도

① 중재 충실도(독립변인 신뢰도) 13유특(추시), 15유특, 17유특, 24중특

㉠ 중재 충실도(또는 독립변인 신뢰도)란 연구자의 중재가 계획되고 의도했던 대로 실행된 정도를 의미한다.

- 연구자가 계획한 대로 교수 활동이나 중재 전략을 정확하고 일관성 있게 적용하고 있는지 객관적으로 점검하는 것이다.
- 각 실험단계마다 무작위로 1~2회기를 선택하여 그 회기에서 교사나 임상가의 중재 절차의 적절성에 대한 신뢰도를 측정한다.
- 중재 실시의 적절성은 주관적일 수 있기 때문에 제2의 관찰자에게 구체적인 행동기록표를 주고 교사나 임상가의 중재 행동을 평가하게 해야 한다.

자료

제2의 관찰자

전문가 중에서 연구문제나 연구목적을 잘 모르는 사람으로 연구에 대한 편견이 없는 사람이 바람직하다.

㉡ 중재 충실도는 관찰자 간 신뢰도와 매우 유사한 방식으로 계산된다.

$$\text{중재 충실도(\%)} = \frac{\text{프로그램 계획에 따른 교사 행동의 수}}{\text{프로그램 계획에 따라 수행될 수 있었던 교사 행동의 총계}} \times 100$$

예 홍길동은 비장애 또래와 매달 8번씩(매주 2번씩) 도서관에 가기로 되어 있었지만 지난달에는 단 6번만 참여했다. 이 식을 중재 빈도에 적용하면 중재 충실도는 다음과 같다.

$$\text{중재 충실도(\%)} = \frac{6}{8} \times 100 = 75\%$$

㉢ 중재 충실도는 "교사가 지시된 계획에 잘 따르고 있는가?"라는 물음을 던진다. 만약 교사가 프로그램 시행의 정확성을 평가하지 못하고 학생이 성공을 경험하지 못한다면, 교사는 그것이 실제로 비효과적인 중재인지를 파악할 수 없다.

㉣ 중재 충실도를 평가할 때 고려할 사항들은 다음과 같다.

- 교수계획은 계획한 대로 자주 실행되었는가?
- 교사는 교수적 촉진을 알맞은 순서로 적절한 때에 사용했는가?
- 교사는 적절한 후속결과를 전달했는가?
- 교수적 단서는 프로그램 계획에서 결정되었던 방식으로 전달되었는가?
- 필요한 모든 교수 자료가 제공되었는가?
- 프로그램은 올바른 환경에서 실행되었는가?

② 종속변인 신뢰도

㉠ 종속변인 신뢰도란 반복 측정된 종속변인 값의 유사성을 의미한다.

㉡ 두 명의 관찰자가 독립적으로 목표행동을 평가하여 그 일치도를 제시하는 관찰자 간 신뢰도 측정법을 가장 많이 사용한다.

관찰자 간 신뢰도	다른 관찰자들(주로 두 명)이 어느 정도 일치된 관찰을 하는지를 나타내는 척도
관찰자 내 신뢰도	한 관찰자가 연구자료 전반에 걸쳐서 어느 정도 일치된 관찰을 하는지를 나타내는 척도

(2) 타당도

단일대상연구에서 고려하여야 하는 타당도에는 내적 타당도와 외적 타당도가 있다.

내적 타당도	• 내적 타당도란 독립변인을 적용하여 나타난 행동의 변화(종속변인의 변화)가 독립변인 때문인지 아니면 다른 것 때문인지를 나타내는 것이다. • 내적 타당도가 높다는 것은 종속변인의 변화가 독립변인에 의한 것임을 의미한다. • 내적 타당도를 높이기 위해서는 연구와 관련된 변인들을 추가, 제거, 또는 변화시키지 않고 연구의 처음부터 끝까지 일관성 있게 유지하는 것이 필요하다.
외적 타당도	• 외적 타당도는 실험연구의 결과를 다른 대상, 다른 상황에 일반화할 수 있는 정도를 뜻한다. • 연구에서 얻은 결과를 다른 상황에도 적용할 수 있다면 외적 타당도가 높다고 할 수 있다. • 단일대상연구에서는 연구 결과의 일반화를 입증하기 위해 연구에 사용된 실험처치를 피험자 외의 다른 사람에게 적용해 보는 체계적인 반복 연구 방법을 실시한다.

내적 타당도와 외적 타당도

내적 타당도는 실험연구 과정에서 독립변인 외의 다른 가외변수가 적절히 통제되었는지를 나타낸다. 이에 비해 외적 타당도는 실험결과를 연구에서 사용된 장면과 피험자 이외에 다른 장면 또는 다른 피험자에 일반화할 수 있는 정도를 일컫는다(황정규 외, 2020).

자료

단일대상연구의 내적 타당도

단일대상연구는 개념적 이론을 입증하고 관련 임상적 중재 절차의 효과를 식별하고 입증하는 데 주로 사용된다. 단일대상연구는 조작적 정의를 통한 독립변인, 종속변인, 실험조건, 실험 참가자 등의 요소들을 포함한다. 이러한 특징을 바탕으로 실험 통제를 입증하고, 내적 타당도를 보여 주게 된다.

자료

단일대상연구의 외적 타당도

단일대상연구를 바라보는 주된 우려사항은 제한된 실험 참가자에게 적용된 연구를 통해 입증된 실험 효과가 얼마나 다양하고 광범위한 실험 참가자, 장소, 상황에 적용되어 일반화될 수 있는지에 대한 의문에서 비롯된다. 따라서 단일대상연구는 외적 타당도의 검증 과정을 핵심적 요소로 포함한다. 이런 외적 타당도의 검증은 종속변인의 측정을 다양한 실험 참가자, 다양한 상황, 다양한 측정법을 이용한 재검증 과정, 즉 반복 연구를 통하여 이루어진다.

03 그래프 그리기와 자료의 시각적 분석

학생 행동을 직접 관찰하고 측정한 자료는 일반적으로 표나 그래프로 정리하여 나타낸다. 그러나 표는 주로 전체 자료의 요약을 나타내는 데 사용하기 때문에 표를 통해서는 자료의 구체적인 변화를 알기 쉽지 않다.

1. 그래프 그리기

(1) 자료를 그래프로 제시하는 목적

중재에 대한 평가를 위해서 의사소통하기 위한 것으로 Kerr 등은 그래프를 사용하는 이유를 다음과 같이 제시하였다.

① 의사결정하기에 편리한 방법으로 자료를 요약하기 위하여

② 중재 효과를 전달하기 위하여

③ 중재에 참여한 자들에게 피드백을 제공하기 위하여

(2) 그래프의 주요 구성 요소

상황 구분선
동 조건 변경선, 조건선

① 상황 구분선: 한 단계에서 다음 단계로 상황이 바뀌었음을 표시하기 위해 하나의 상황과 또 다른 상황 사이에 긋는 수직 실선

- 하나의 상황 내에서도 구분하여 표시해야 할 것이 있는 경우는 수직 점선을 사용한다.

② 자료 표시선: 한 자료 표시점과 다음 자료 표시점을 연결하는 직선

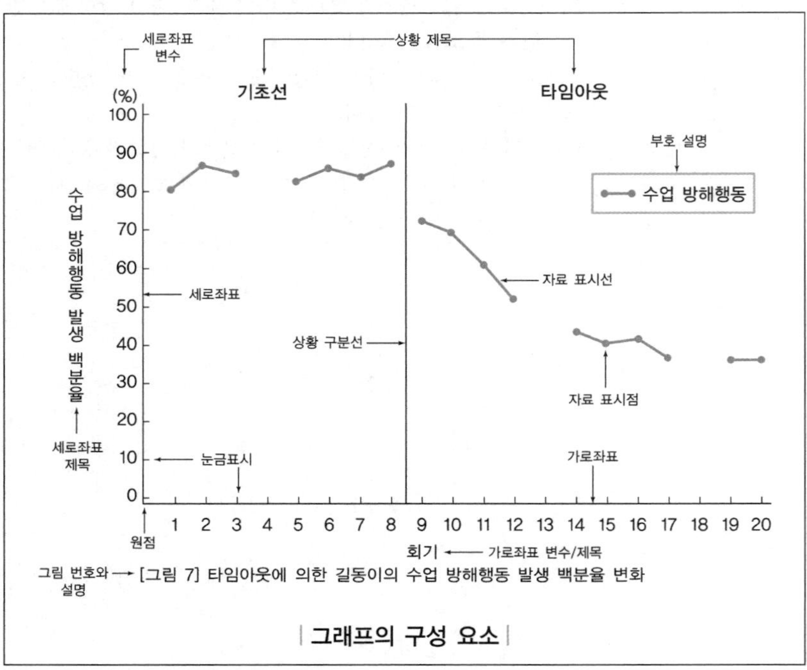

[그림 7] 타임아웃에 의한 길동이의 수업 방해행동 발생 백분율 변화

| 그래프의 구성 요소 |

2. 자료의 시각적 분석 방법 16초특

시각적 분석이란 시각적인 그래프로 제작된 자료들을 시각적으로 검증함으로써 일관성이나 신뢰성을 판단하는 것을 말한다.

> **Tip**
> 자료의 시각적 분석은 표에 있는 자료를 그래프에 옮긴 다음에 이루어지는 과정이나 본 문헌에서는 설명의 편의를 위해 먼저 다루고 있다.

(1) 자료의 수준 11유특, 19중특

① 자료의 수준이란 그래프의 세로좌표에 나타난 자료의 크기를 말한다.

② 상황 간의 자료 수준 비교는 한 상황의 평균선 값과 다른 상황의 평균선 값을 비교하여 평균선의 값이 서로 얼마나 변했는지를 파악함으로써 이루어진다.

- 평균선 그리기: 평균선 값($\frac{\text{모든 자료의 Y축 값의 합}}{\text{전체 자료점의 수}}$)을 X축과 평행하게 긋는다.

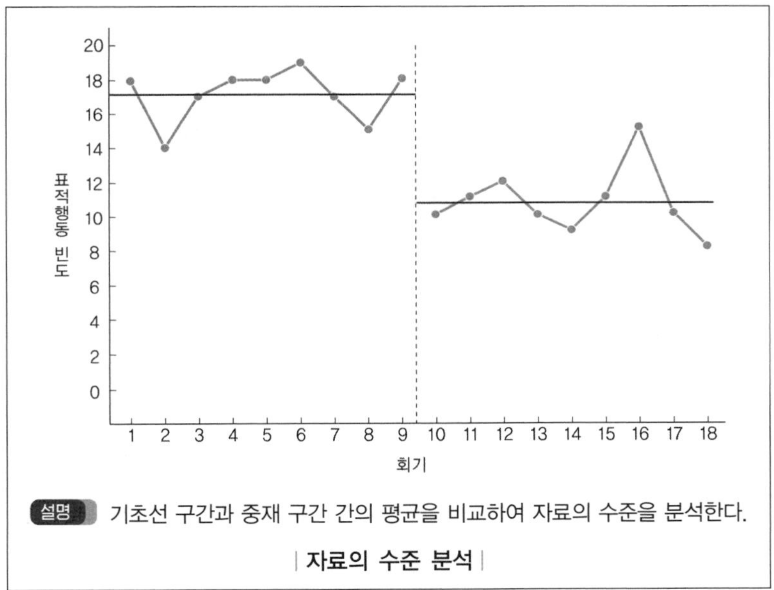

설명 기초선 구간과 중재 구간 간의 평균을 비교하여 자료의 수준을 분석한다.

| 자료의 수준 분석 |

(2) 자료의 경향 11유특

① 자료의 경향이란 한 상황 내에 있는 자료의 방향과 변화 정도를 의미한다.

② 자료의 경향은 경향선을 그려서 알아볼 수 있다. 일반적으로 경향선을 그리는 데 가장 많이 활용되는 방법은 양분진행선이다.

> **경향선**
> 자료의 방향과 변화 정도를 가장 잘 나타내 줄 수 있는 직선의 기울기

• 양분진행선은 다음과 같은 절차에 따라 그린다.

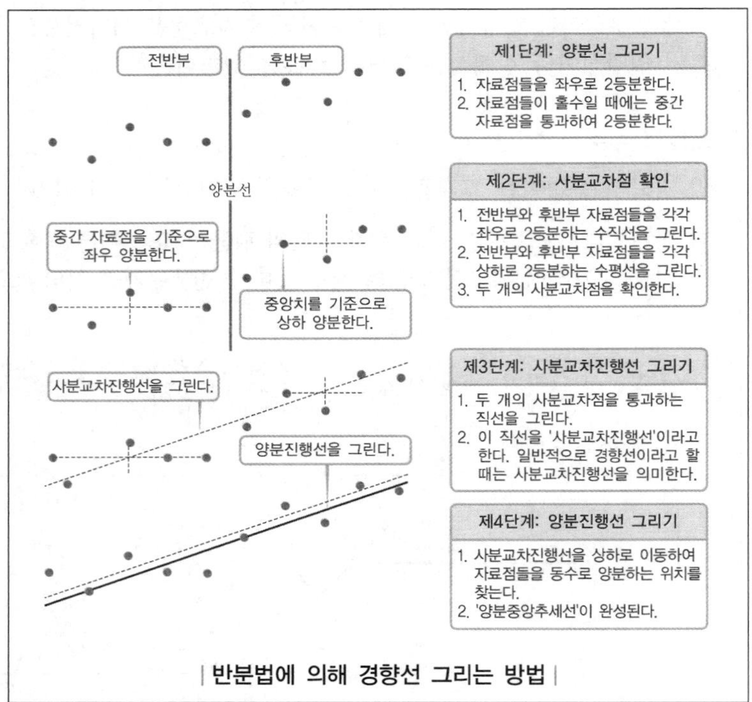

| 반분법에 의해 경향선 그리는 방법 |

③ 한 상황 내에서의 자료의 경향은 증가, 감소, 무변화로 나타내며, 상황 간 자료의 비교에서는 경향이 변화하는 방향(예 증가에서 감소, 무변화에서 증가 등)을 나타낸다.

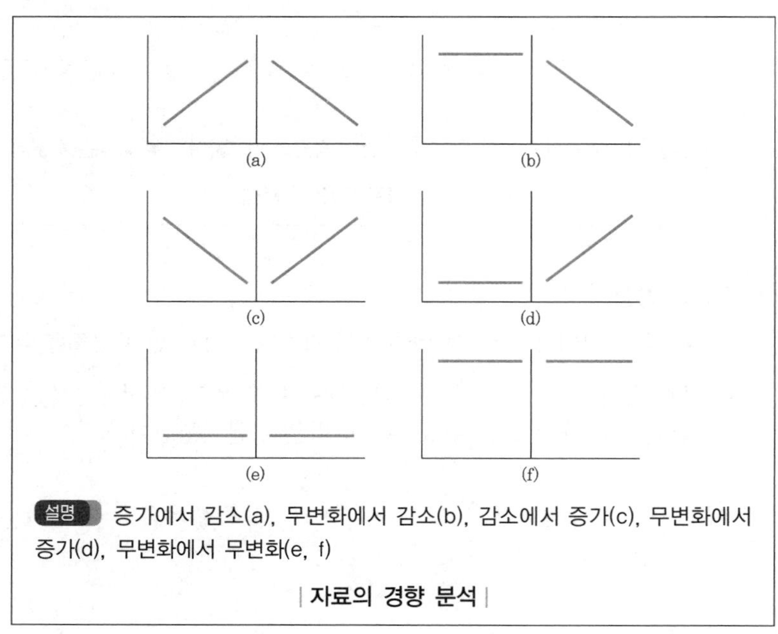

설명 증가에서 감소(a), 무변화에서 감소(b), 감소에서 증가(c), 무변화에서 증가(d), 무변화에서 무변화(e, f)

| 자료의 경향 분석 |

(3) 자료의 변화율

① 자료의 변화율은 경향선을 중심으로 퍼져 있는 자료의 분포 정도를 나타내며, 일반적으로 자료의 세로좌표 값의 하한선 값과 상한선 값으로 그 범위를 나타낸다.

② 자료의 변화율은 자료가 얼마나 안정적인지를 보여 주는 요소이다.

③ 한 상황 내에서는 변화율이 '크다' 또는 '작다'로 나타내며, 상황 간 자료의 비교에서는 각 상황 자료의 변화율의 변화를 나타내면 된다.

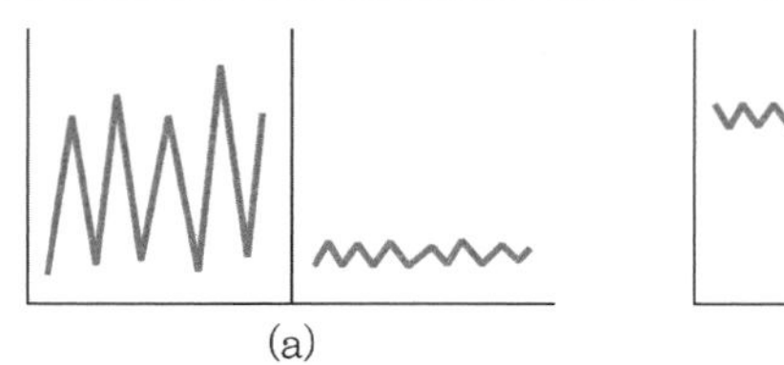

(a)

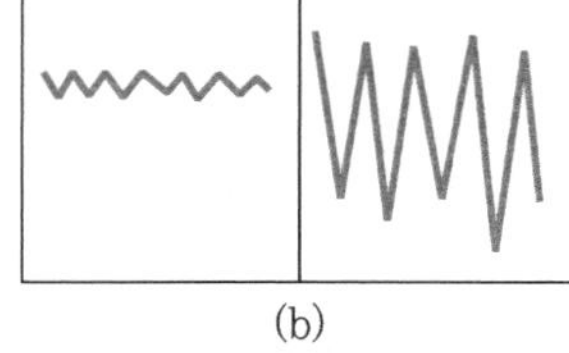

(b)

설명 (a) 그래프에 나타난 자료의 변화율은 큰 범위에서 작은 범위로 변했으며, (b) 그래프의 자료의 변화율은 작은 범위에서 큰 범위로 변하였다.

| **자료의 변화율 분석** |

> **자료**
>
> **자료의 변화율**
>
> 자료의 변화율을 사용한 시각적 분석은 자료점들의 기울기선을 중심으로 배열되어 있는 자료점들의 편차 수준을 범위 및 표준편차로 분석하여 이루어진다(이성봉 외, 2019).
>
> 동 가변성, 변동성

(4) 상황 간 자료의 중첩 정도

① 상황 간 자료의 중첩 정도란 두 상황 간의 자료가 세로좌표 값의 범위 안에 들어와 있는 정도를 의미한다.

- 자료 값의 중첩 정도는 상황 간 자료의 비교에서만 사용한다.

② 중첩 정도가 작다면 중재 효과가 크다고 할 수 있다. 그러나 자료의 경향 변화 없이 중첩 정도만 가지고 두 상황 간의 자료의 변화를 설명하기 어렵다.

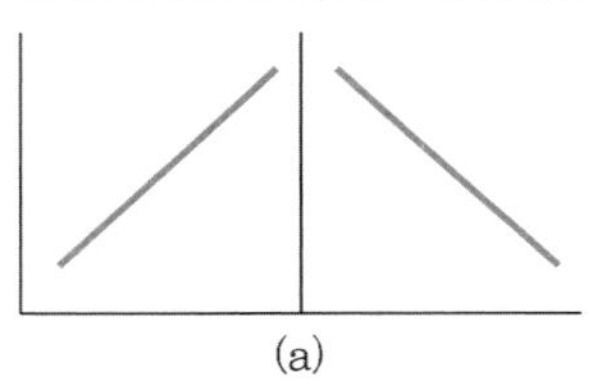

(a)

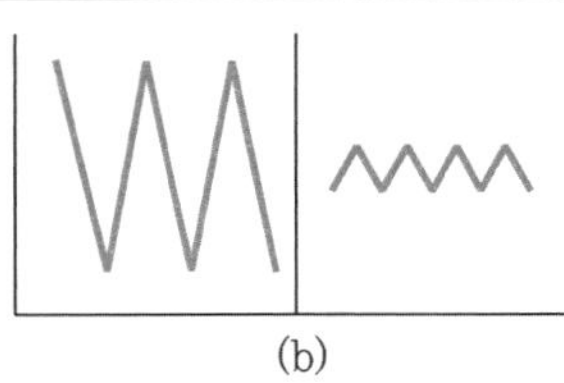

(b)

설명 그림 (a)처럼 자료의 중첩 정도가 100%이어도, 즉 기초선 자료 범위와 중재 구간의 자료 범위가 100% 겹쳐도 자료의 경향이 완전히 반대인 경우는 중재 효과가 크므로, 자료의 중첩 정도만 가지고 중재 효과가 없다고 판단해서는 안 된다. 또한 그림 (b)도 자료의 중첩 정도가 100%이지만, 즉 중재 구간의 자료 범위가 기초선의 자료 범위에 완전히 포함되지만, 기초선 자료에 비교하여 중재 구간의 자료의 변화율이 현저하게 작아졌기 때문에 중재가 효과적임을 보여 주는 경우이다.

| **자료의 중첩 정도와 중재 효과 비교** |

출처 ▶ 양명희(2017)

③ 두 상황 간 자료의 중첩 정도는 다음과 같은 순으로 구한다.

㉠ 첫 번째 상황의 자료 범위 계산하기

㉡ 두 번째 상황의 자료 중 첫 번째 상황의 범위와 중첩되는 자료점 수 세기

㉢ 중첩되는 자료점의 개수를 두 번째 상황의 자료점 총수로 나누고 100을 곱하기

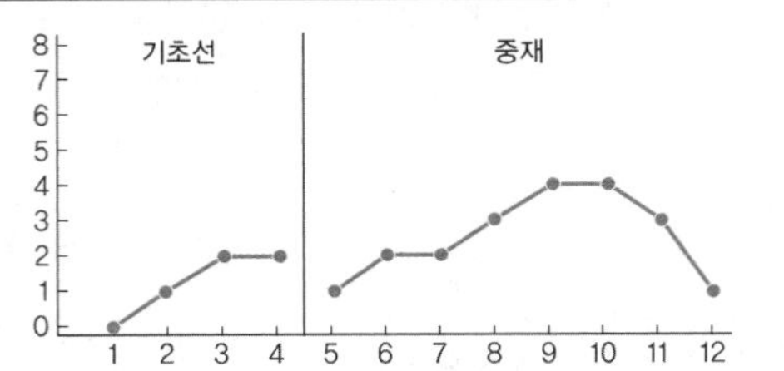

설명

• 기초선의 자료 범위인 0~2와 중첩되는 중재 구간 자료점의 개수: 4개(5, 6, 7, 12회)

• 중재 구간의 전체 자료점 개수: 8개

• 중첩 정도: $\frac{4}{8} \times 100 = 50\%$

| **상황 간 자료의 중첩 정도 분석** |

효과의 즉각성
동 변화의 즉각성

(5) **효과의 즉각성 정도** 19중특

① 중재 효과가 얼마나 빠르게 나타났는지를 평가하는 것으로, 한 상황의 마지막 자료와 다른 상황의 첫 자료 사이의 차이 정도를 의미한다.

② 중재 효과의 즉각성이 떨어질수록 중재와 행동 간의 기능적 관계도 약해진다(중재 효과는 즉각적일수록 강력하다).

③ 어떤 자료는 즉각적 변화 직후에 이전 상황의 자료 수준으로 되돌아가는 경우도 있으므로 자료의 한 가지 요인만으로 자료를 분석해서는 안 된다.

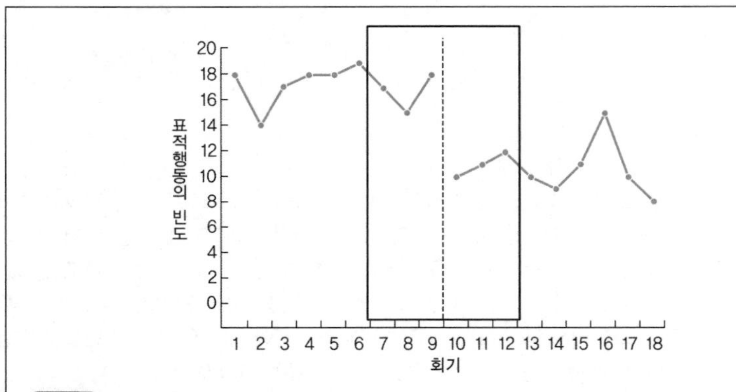

설명 두 번째 단계가 시작되었을 때 즉각적으로 표적행동의 변화가 나타났다.

| **효과의 즉각성 정도 분석** |

04 단일대상연구 설계의 종류

1. 반전설계

(1) 반전설계의 이해

① 반전설계란 중재의 효과를 입증하기 위한 단일대상연구 방법을 의미한다.

- 반전 혹은 중재 제거란 실험기간 중 하나 혹은 그 이상의 단계에서 중재를 제거하여 목표행동에 영향을 미치는 영향을 알아보고자 하는 것을 의미한다. 따라서 반전설계를 '중재제거설계'라고도 한다.

② 일반적인 반전설계는 ABAB 설계를 나타낸다. 이때 A는 기초선, B는 중재를 의미한다.

③ 반전설계는 AB 설계의 변형으로 다른 모든 설계들은 사실상 AB 설계의 변형이라고 볼 수 있다.

(2) 반전설계의 하위 유형 12중특

① AB 설계

㉠ 단일대상연구의 가장 기본적인 형태이다.

㉡ 연구자가 기초선 자료를 수집한 후 중재를 실시하여 목표행동에 미치는 영향을 알아본다.

㉢ AB 설계의 제한점은 다음과 같다.

- 준실험설계로서 독립변인과 종속변인 간의 기능적 관계를 입증하기가 어렵다.
  - 상관관계적인 결론만을 도출할 수 있다.

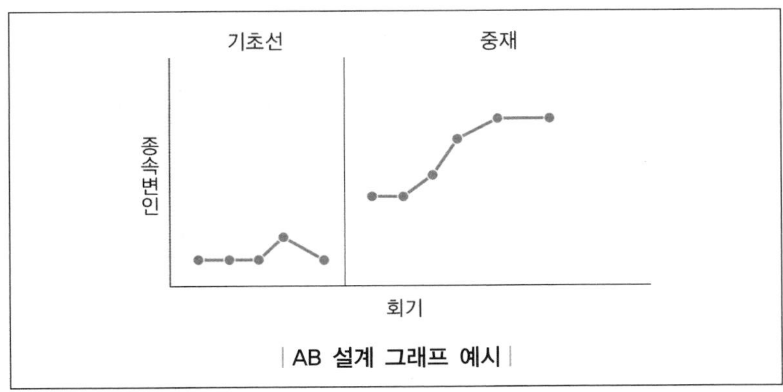

| AB 설계 그래프 예시 |

> **진실험설계, 준실험설계**
> 실험연구는 진실험설계와 준실험설계로 구분된다. 진실험설계란 조건통제가 완벽한 상태에서 처치변인의 조절이 수월하고 매개변인이 철저하게 통제된 연구를 말하는데, 보통 실험설계라고 한다. 준실험설계란 조건통제가 느슨하고 처치변인의 조절이 철저하지 않은, 즉 자연적 상태에서의 실험이나 실험조건을 충분히 통제하지 못한 설계를 말하는데, 교육현장에서 이루어지는 대부분의 실험 연구가 이에 해당한다(특수교육학 용어사전, 2018).

② ABA 설계

㉠ 인과관계를 입증할 수 있는 가장 단순한 단일대상연구 체계이다.

- 기초선 반전을 통해서 상관관계적이기보다는 기능적인 결론을 내릴 수 있도록 AB 설계를 강화한 설계이다.

㉡ AB 설계에서와 동일하게 기초선 및 중재가 실시되고, 중재기간 중 종속변인이 안정세를 보인 후 다시 기초선 조건으로 되돌아가는 방법이다.

㉢ ABA 설계에서도 내적 타당도를 위협하는 몇 가지 요인들이 존재한다.

- 두 번째 기초선에서 목표행동의 변화가 첫 번째 기초선 수준으로 완전히 반전되지 않는 경우가 있다.
- 독립변인의 소개 및 제거가 목표행동이 자연적으로 발생하는 주기적 변화와 일치할 가능성이 있다.
- 반전하기 어려운 행동(예 학습과제의 습득)을 측정하는 프로그램의 효과를 평가하기에는 부적절하다.

㉣ ABA 설계의 제한점은 다음과 같다.

- 기초선 상태에서 실험을 종료하는 것에 대한 현실적이고 윤리적인 문제가 존재한다.

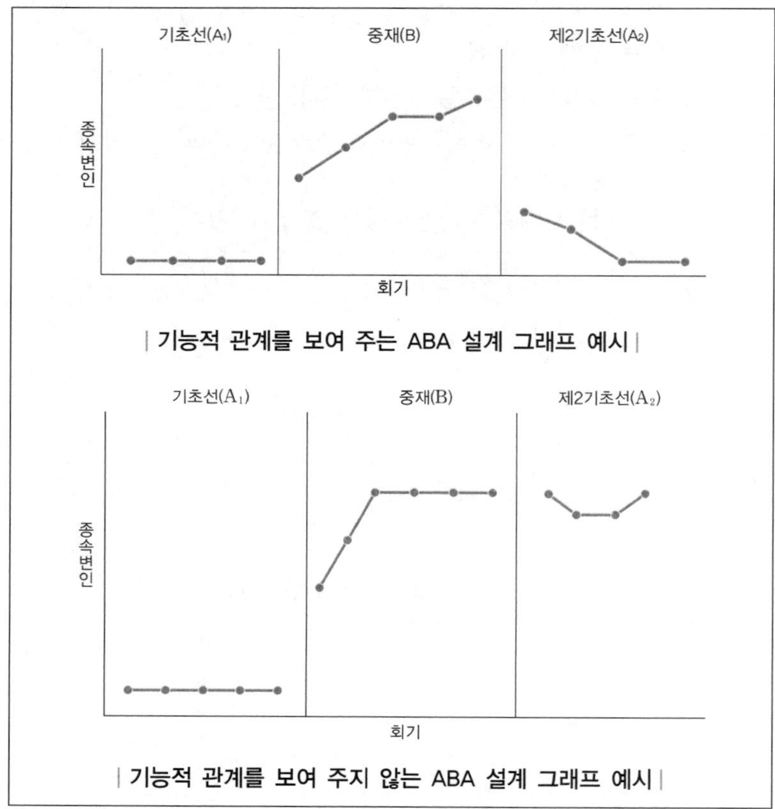

| 기능적 관계를 보여 주는 ABA 설계 그래프 예시 |

| 기능적 관계를 보여 주지 않는 ABA 설계 그래프 예시 |

③ ABAB 설계 13중특(추시), 23유특

㉠ 중재의 반복된 소개와 제거를 통해서 목표행동과 중재와의 기능적 관계를 강력하게 입증할 수 있는 설계이다.

㉡ 독립변인과 종속변인 간의 인과관계를 보여 줄 수 있는 실험설계로서, 가장 중요한 요소는 동일한 대상자의 동일한 행동에 대한 결과를 직접적으로 반복연구한다는 것이다.

㉢ ABAB 설계는 4개 구간을 갖는다. 21중특

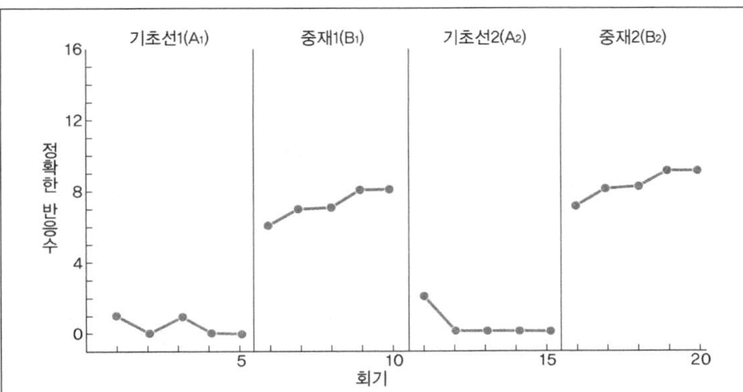

- 기초선1(A_1) : 중재가 도입되기 전에 존재하던 조건하에서 표적행동에 대한 자료를 수집하는 최초의 기초선
- 중재1(B_1) : 표적행동을 바꾸기 위해 최초 도입. 표적행동이 준거에 도달할 때까지 혹은 행동의 바람직한 변화 경향이 나타날 때까지 중재는 계속됨
- 기초선2(A_2) : 중재를 철회하거나 종료함으로써 원래의 기초선 조건으로 복귀
- 중재2(B_2) : 중재 절차의 재도입

| ABAB 설계를 사용한 그래프 예시 |

ABAB 설계에서 중재의 투입·철회

기초선 1기간 동안 반응이 안정되거나 악화되는 경향을 보이면 독립변인(중재)을 도입한다. 중재1에서 일정한 반응 패턴이 보이면 독립변인을 철회하고 다시 기초선 상태로 만든다(Cooper er al., 2018).

㉣ ABAB 설계의 장점은 다음과 같다.

- 기능적 관계를 입증해 주는 매우 강력한 방법이다.
- 모든 단일대상연구에서의 설계에서와 마찬가지로 ABAB 설계도 확장될 수 있으며(예 BAB 설계, ABABABA 설계, ABC 설계 등), 이를 통해서 중재들 간의 비교가 가능할 수 있도록 융통성을 제공해 준다.
  - 처음의 기초선 자료의 수집이 불가능하거나 윤리적으로 부적절한 경우(예 자해행동이나 공격행동을 보이는 아동 대상의 연구)에 목표행동에 대한 중재의 효과를 알아보기 위해 BAB 설계를 사용할 수 있다.

자료

ABC 설계

ABC 설계의 경우, B는 중재1, C는 중재2를 의미한다.

ⓜ ABAB 설계의 제한점은 다음과 같다. 22중특, 25중특

- 윤리적인 문제를 야기할 수 있다. 현장에서 장애학생과 일하는 모든 사람들은 지속적인 행동 변화를 가져오기 위해서 교육 프로그램을 실시하게 되는데, 짧은 시간 동안이라도 효율적인 중재를 제거한다는 것은 윤리적인 문제를 야기할 수 있다. 특히 목표행동이 타인에게 해가 되는 경우에는 이러한 관심은 더욱 타당하다.
- 목표행동이 반전될 수 없는 특성(예 학업과제의 습득)을 지닐 때에는 ABAB 설계가 적절하지 않다.

ⓗ ABAB 설계의 제한점을 고려할 때 다음과 같은 경우에는 반전설계를 사용해서는 안 된다.

- 표적행동이 다른 학생을 향한 공격적 행동이거나 자해행동과 같은 위험한 것일 경우이다. 왜냐하면 반전설계는 표적행동이 변화된 후에 두 번째 기초선 조건을 필요로 하기 때문에 윤리적 측면에서 성공적인 중재기회의 철회가 금지된다.
- 표적행동의 반전이 가능하지 않을 경우이다. 예컨대, 많은 학업행동은 행동변화가 학습과정과 연관되기 때문에 철회할 수 있는 것이 아니다. 이러한 조건하에서 기초선 수행으로 복귀는 가능하지 않다.

중다기초선설계
동 복수기초선설계, 복합기초선설계

2. 중다기초선설계

(1) 개념

① 여러 개의 기초선을 측정하여 순차적으로 중재를 적용하고 그 이외의 조건을 동일하게 함으로써 목표행동의 변화가 오직 중재만에 의해 변화한 것임을 입증하는 설계이다.

② 반전설계에서와 같이 중재를 제거할 필요가 없고, 설계 자체가 프로그램의 효율성을 측정해 주며, 교사나 부모들이 연구를 수행할 때 설계의 개념을 이해하고 실행하기 용이하다.

③ 기능적 관계는 각 종속변인이 오직 독립변인이 도입될 때만 연속적으로 변화를 보이면 규명된다.

(2) 기본 가정 22유특, 24초특

중다기초선설계를 사용하여 기능적 관계를 입증하기 위해서는 연구를 시작하기 전에 두 가지 가정이 성립되어야 한다.

① 각각의 종속변인은 기능적으로 독립적이어야 한다. 그래서 중재가 적용될 때까지 종속변인이 안정된 상태로 남아 있어야 한다.

㉠ 하나의 목표행동에 중재가 적용되었을 때 중재가 적용되지 않은 다른 목표행동들이 따라서 자동적으로 영향을 받지 않아야 한다는 뜻이다.

예 어떤 학생의 욕하기와 발로 차기 행동이 목표행동인데 욕하기 행동에 중재를 적용하여 변화가 나타나자 아직 중재를 적용하지도 않은 발로 차는 행동에도 변화가 나타난다면, 이 두 행동은 기능적으로 독립적이라고 보기 어렵다.

㉡ 한 상황에서 중재를 적용하여 종속변인에 변화가 있을 때 다른 상황에서는 종속변인에 변화가 나타나지 않아야 기능적으로 독립적이라고 할 수 있다.

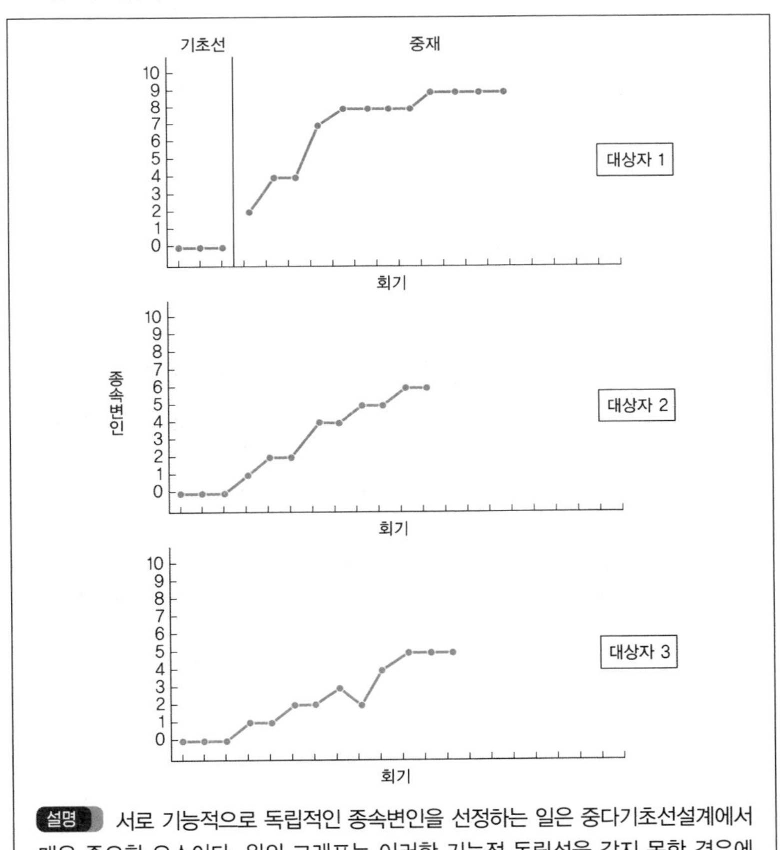

설명 서로 기능적으로 독립적인 종속변인을 선정하는 일은 중다기초선설계에서 매우 중요한 요소이다. 위의 그래프는 이러한 기능적 독립성을 갖지 못한 경우에 종속변인의 동시변화가 일어난 예를 보여 주고 있다.

| 행동의 동시변화를 보여 주는 그래프 예시 |

출처 ▶ 이소현 외(2016)

자료

중다기초선설계의 그래픽 원형

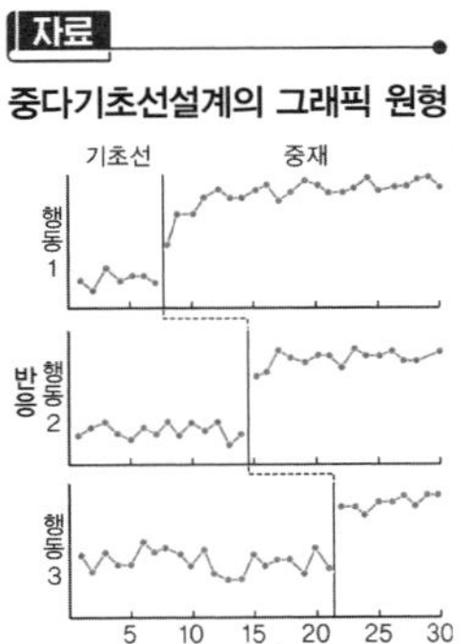

자료

공변 현상

1. 기초선들이 기능적으로 독립적이라는 예측이 맞지 않았을 때는 중재가 적용되지 않은 층들에서 공변(covariation) 현상이 나타난 것으로 볼 수 있다.
   - 교육측정 · 평가 · 연구 · 통계 용어사전(1995)은 종속변인에 영향을 주는 독립변인 이외의 변인을 매개변인, 혼재변인, 잡음변인, 외재변인, 관련변인 등으로 칭하고 있으며 통계적으로는 공변인(covariate)이라고 한다(성태제 외, 2009).

2. 공변 현상이 일어난 경우를 보여 주는 그래프는 다음과 같다.

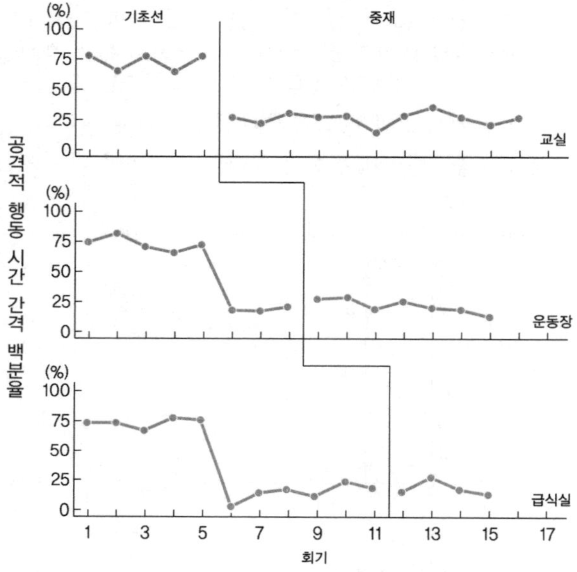

| **공변 현상을 보여 주는 그래프 예시** |

3. 공변 현상이 나타나면 중재가 적용된 층에서 보이는 변화가 중재 때문이라고 확신하기 어려워진다. 그러므로 중재가 아직 적용되지 않은 층의 자료가 중재를 적용한 층에 따라서 함께 변하는 공변 현상을 막기 위해서는 기능적으로 독립적인 표적 행동/대상/상황을 찾아야 한다.

4. 공변 현상이 나타난다면, 중재 효과가 다른 층에까지 일반화된 것인지 아니면 통제되지 못한 어떤 다른 변수들(역사/사건, 성숙, 검사 효과) 때문인지 밝힐 필요가 있다.

출처 ▶ 양명희(2017)

② 각각의 종속변인은 기능적으로 유사해야 한다. 그래서 동일한 중재에 대해서는 비슷하게 반응해야 한다.

㉠ 각각의 종속변인(표적행동)이 같은 기능이어서 한 가지 중재를 적용했을 때 같은 반응을 기대할 수 있음을 의미한다.

예 머리 빗기, 세수하기, 양치하기 행동이 모두 과제분석이라는 중재를 적용하여 변화를 가져온다면 세 가지 행동은 기능적으로 유사하다고 할 수 있다.

예 주의력결핍 과잉행동장애, 자폐성장애, 지적장애가 있는 세 학생의 자리이탈 행동에 대해 반응대가라는 중재를 적용했는데, 어떤 학생에게는 효과가 있고 어떤 학생에게는 전혀 효과가 없어서 일관성 없는 중재 효과를 보여 주었다면 세 학생의 자리이탈 행동은 기능적으로 유사한 종속변인이라고 볼 수 없는 것이다.

㉡ 기능적으로 유사한 표적 행동/대상/상황을 찾아야 하는 이유는 일관성 없는 중재 효과를 피하기 위한 것이다.

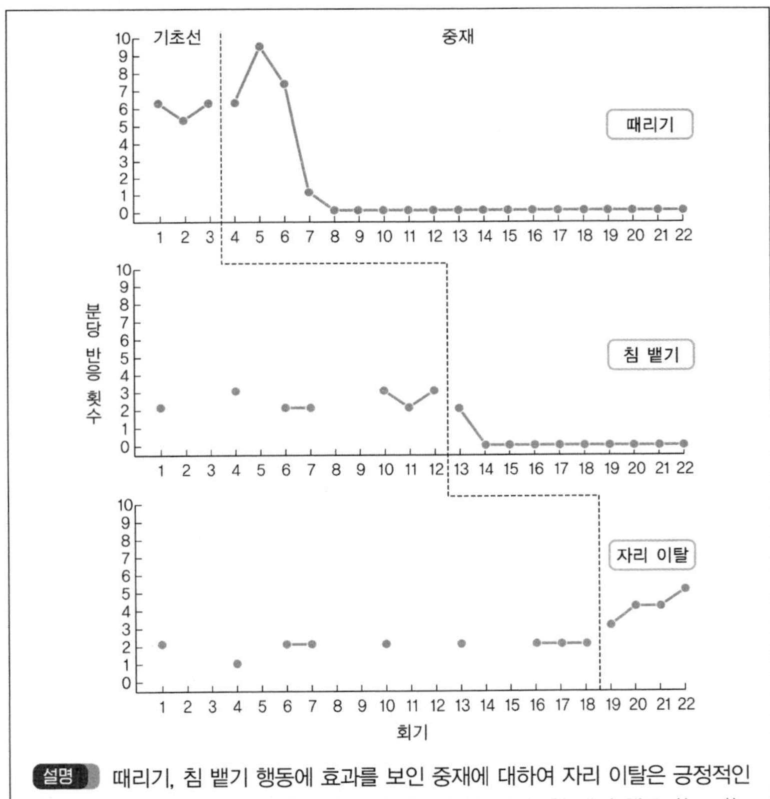

설명 때리기, 침 뱉기 행동에 효과를 보인 중재에 대하여 자리 이탈은 긍정적인 변화를 보이고 있지 않다. 이는 자리이탈 행동이 때리기, 침 뱉기 행동과는 기능적으로 유사하지 않기 때문에 동일한 중재에 대하여 반응하지 않는 것이다.

| 종속변인이 기능적으로 유사하지 않은 경우를 보여 주는 그래프 예시 |

출처 ▶ 2024 초등B-1 기출

(3) 내적 타당도를 높이기 위해 반드시 이루어져야 하는 특성 09중특, 15중특, 16유특, 21초특

① 적어도 세 가지 이상의 행동, 상황, 대상자 간에 동시에 기초선 자료를 수집해야 한다. 하나 혹은 두 개의 자료만으로는 실험통제를 입증하기가 충분하지 않다는 것이 연구자들의 합의된 의견이다.

② 모든 기초선 자료가 수용할 만한 안정세를 보일 때 첫 번째 표적행동에 중재를 시작한다. 이때 설계의 기본 논리상 중재가 주어진 조건에서는 행동의 변화가 관찰되는 반면 나머지 기초선에서는 계속 안정세로 남아 있게 된다.

③ 두 번째 표적행동에 대한 중재는 첫 번째 표적행동이 안정된 상태로 개선되거나 또는 미리 정해 놓은 준거에 도달했을 때 시작한다. 위에서와 마찬가지로 설계의 논리에 맞게 실험이 진행된다면 두 번째 중재 조건에서는 행동의 변화가 관찰되는 반면 나머지 기초선은 계속 안정세로 남게 된다.

④ 동일한 절차를 설계에 사용되는 기초선의 수만큼 계속 진행한다.

- 실험통제는 중재가 주어진 실험조건에서는 종속변인에 변화가 일어나고, 중재가 주어지지 않은 실험조건에서는 변화가 일어나지 않는다는 것으로 입증된다. 따라서 기초선별로 서로 다른 시점에 중재를 도입하고, 도입 즉시 행동의 변화가 나타나는 것이 중요하다.

비교

중다기초선설계의 두 번째 중재 투입 시기

- 이소현 외(2016) : 첫 번째 기초선에서 중재의 효과가 기준에 도달했을 때 두 번째 기초선에 중재를 시작한다.
- 홍준표(2017) : 첫 번째 표적행동이 안정된 상태로 개선되거나 또는 어떤 정해진 성취기준에 도달하면 두 번째 표적행동에 대하여 실험처리를 시작한다.
- Alberto et al.(2014) : 두 번째 변인에 대한 중재는 첫 번째 변인이 행동목표에 설정해 놓은 준거에 도달했을 때, 혹은 연속 3회 바람직한 방향으로 경향을 보일 때 시작해야 한다.
- Cooper et al.(2018) : 중재 조건하에서 행동1의 반응 수준이 안정화되거나 미리 정해 놓은 수행 기준에 도달한다면 독립변인을 행동2에 투입한다.
- Richards et al.(2012) : 중재 실시에 뒤따른 첫 번째 대상자, 첫 번째 환경, 첫 번째 종속변인이 효과가 있다는 준거가 얻어지면 두 번째 종속변인에 중재가 도입되고 중재가 진행되는 동안 세 번째 종속변인은 계속 기초선을 측정한다.

(4) 장단점 09중특, 15중특, 24초특

장점	• 기능적 관계를 입증하기 위해서 중재를 제거하거나 반전하지 않아도 된다. • 몇 가지의 목표행동, 상황 또는 대상자에게 동시에 실시되므로 일반적인 교육환경에서의 교육목표와 유사한 특성을 지닌다. 따라서 일반적인 교육환경에서 적용할 수 있다.

단점	• 다수의 기초선을 동시에 측정해야 한다 : 동시에 측정할 수 있는 기초선을 여러 개 찾기 어려울 수 있고, 동시 측정의 시간 소모, 경제성, 또는 비현실성 등으로 인해 문제가 될 수 있다.
	• 기초선 기간이 길어진다.
	  – 기초선 기간이 길어질수록 문제행동이 고착된다.
	  – 기초선 기간이 연장될수록 학습자를 지루하게 하고 지치게 하는 등 부정적인 영향을 미침으로써 타당성이 없는 결과를 초래할 수 있다.
	  – 즉각적인 관심을 필요로 하는 행동일 경우에 중재를 연기하는 것은 윤리적으로 적절하지 못하다는 비판이 제기될 수 있다.
	• 중다간헐기초선설계는 간헐적인 기초선 측정을 통해 다수의 기초선을 측정해야 하는 그리고 기초선 기간이 길어지는 중다기초선설계의 문제점을 보완해 줄 수 있는 설계 방법이다.

(5) 유형 12중특

① 행동 간 중다기초선설계 22유특

㉠ 한 학생의 여러 행동에 대해 중재를 순차적으로 실시하여 중재가 적용되지 않은 행동은 안정적이고(변화가 없고), 중재가 적용된 행동에만 변화가 나타나는 것을 통해 행동의 변화가 중재 때문임을 입증하는 것이다.

㉡ 행동 간 중다기초선설계의 장점과 제한점은 다음과 같다.

장점	한 대상자의 유사한 행동들(적어도 세 가지 이상)에 대한 중재의 효과를 보여 줄 수 있다.
제한점	행동 간의 동시변화가 일어날 가능성이 있다. 이로 인해 독립변인과 종속변인 간 기능적 관계의 입증을 약화시킬 수 있다.

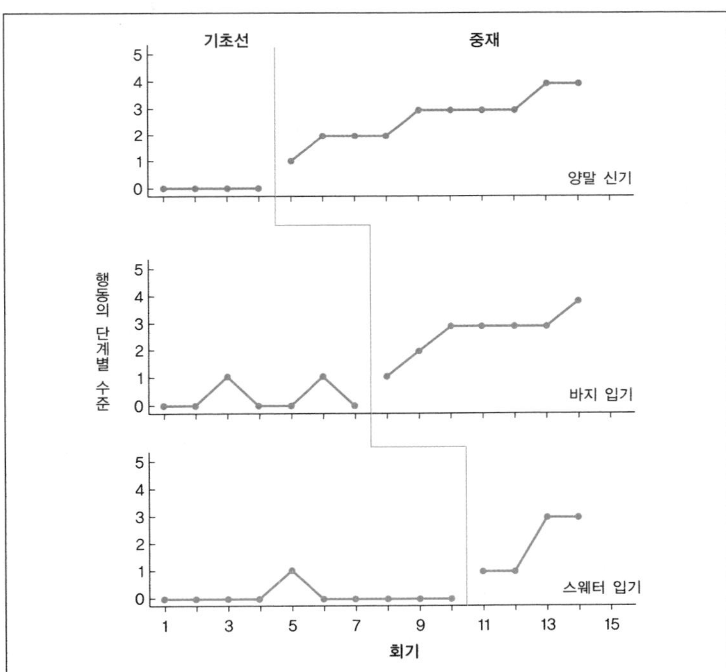

설명 양말 신기 행동은 기초선 기간에는 전혀 이루어지지 않았으나 중재가 적용되는 5회기부터는 1단계부터 시작해 점차적으로 높은 단계를 수행하게 되었다. 바지 입기 행동은 양말 신기 행동이 향상되어도 변함없이 낮은 단계에 머물러 있었지만, 중재가 적용되는 8회기부터 점진적 향상을 보이고 있다. 마찬가지로 스웨터 입기 행동도 양말 신기나 바지 입기 행동이 변화해도 여전히 낮은 단계에 있었으나 10회기부터 중재가 적용되자 점차 높은 단계로 변화했다. 세 가지 행동 모두 중재가 적용되었을 때에야 비로소 향상되는 변화를 나타냄으로써 각 행동과 중재 간의 기능적 관계를 입증하고 있다.

| 행동 간 중다기초선설계 적용 예시 |

출처 ▶ 양명희(2018)

② 상황 간 중다기초선설계 10유특, 21초특

㉠ 한 대상자를 선정하면 된다는 점에서는 행동 간 중다기초선설계와 동일하다.

㉡ 대상자가 동일한 행동을 나타내는 환경/상황을 최소한 세 개 선정해야 한다. 즉, 같은 대상자가 같은 행동에 대해 서로 다른 환경에서 중재를 제공받는 것이다.

- 상황이란 단순한 물리적 환경뿐 아니라 시간, 참여하고 있는 활동, 통제자, 또래집단의 구성 등과 같이 개인이나 집단이 동일한 행동을 보이는 자극조건을 의미한다.

장점	• 한 개인에 대한 중재 효과의 일반성을 여러 상황에서 보여줄 수 있다. 교사들은 폭넓은 환경 상황 내에서 학생의 행동변화를 요구하는 경우가 많으며, 이러한 경우 상황 간 중다기초선설계가 적절하게 적용될 수 있다.
제한점	• 서로 다른 상황에서 중재 효과에 영향을 줄 수 있는 기타 변인들을 예측하거나 통제하기 어렵다. 예를 들어, 서로 다른 주위 사람, 하루 중의 시간대 등의 다양한 요인들이 개인의 반응에 미리 예측하지 못했던 영향을 줄 수도 있다. • 목표행동이 각각의 상황에서 계속적이면서도 동시에 통제되어야 하기 때문에 시간이 소모되고, 다른 활동에 방해가 되며, 교사들에게 부담이 되는 등의 현실적인 문제가 있다.

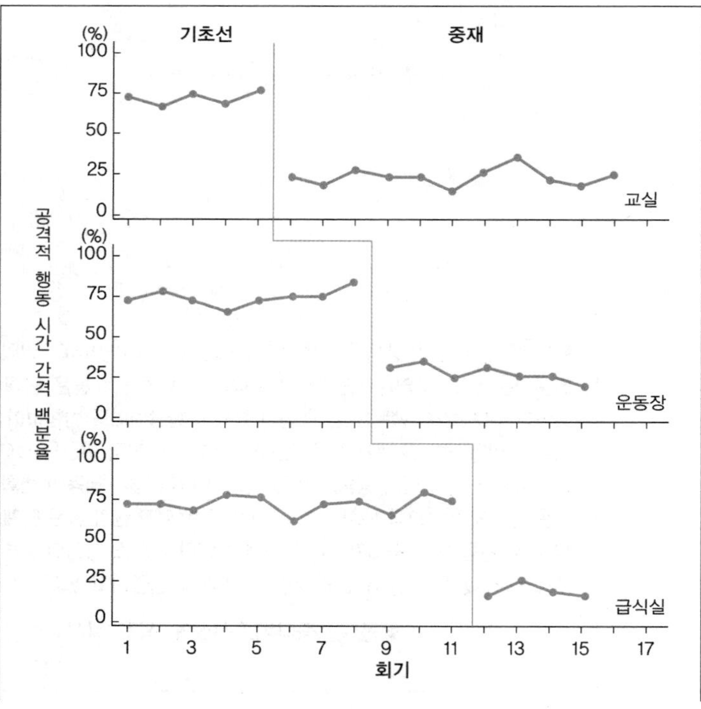

설명 학생은 기초선 기간에 교실과 운동장과 급식실에서 모두 높은 수준의 공격적 행동을 나타낸 것을 볼 수 있다. 그러다가 교실에서 중재를 시작한 6회기부터 교실에서의 공격적 행동이 급격히 감소했다. 그러나 이때에도 여전히 운동장과 급식실에서의 공격적 행동이 높은 수준인 것을 알 수 있다. 9회기부터 운동장에서도 중재를 적용하자 운동장에서 공격적 행동은 감소했으나 급식실에서의 공격적 행동에는 변함이 없었다. 11회기부터 급식실에서도 중재를 적용하자 드디어 급식실에서의 공격적 행동까지 감소했다. 세 장소에서의 공격적 행동은 각각의 장소에서 중재가 적용되었을 때만 감소하는 변화를 나타내어, 세 가지 상황에서 중재와 공격적 행동 간의 기능적 관계를 입증했다.

| 상황 간 중다기초선설계 적용 예시 |

출처 ▶ 양명희(2018)

③ 대상자 간 중다기초선설계 09중특, 20중특, 21초특, 25중특

㉠ 동일한 상황에서 동일한 목표행동을 보이는 대상자를 적어도 세 명 이상을 선정해야 한다. 이때 동일한 목표행동이란 문자 그대로 완전히 똑같은 것만을 의미하지는 않는다.

㉡ 대상자들은 동일한 중재에 유사한 반응을 보일 것으로 충분히 예측할 수 있을 만큼 서로 유사해야 하며, 동시에 다른 대상자들의 행동의 변화에 따라 본인의 행동에 변화를 초래하지 않을 만큼 독립적이어야 한다.

장점	• 유사한 행동 변화의 필요성이 있는 다수의 대상자들에 대해 중재 효과를 입증할 수 있다.
제한점	• 대상자 간 행동의 동시변화로써, 다른 대상자의 경험을 통해 비의도적인 학습이 일어날 가능성이 있다. 이는 기능적으로 유사하면서도 독립적인 대상자의 선정이 쉽지 않다는 것을 의미한다. • 기초선이 길어지는 것에 대한 부정적인 영향, 여러 대상자를 동시에 관리해야 하는 어려움 등과 같은 중다기초선설계의 일반적인 제한점을 공유한다.

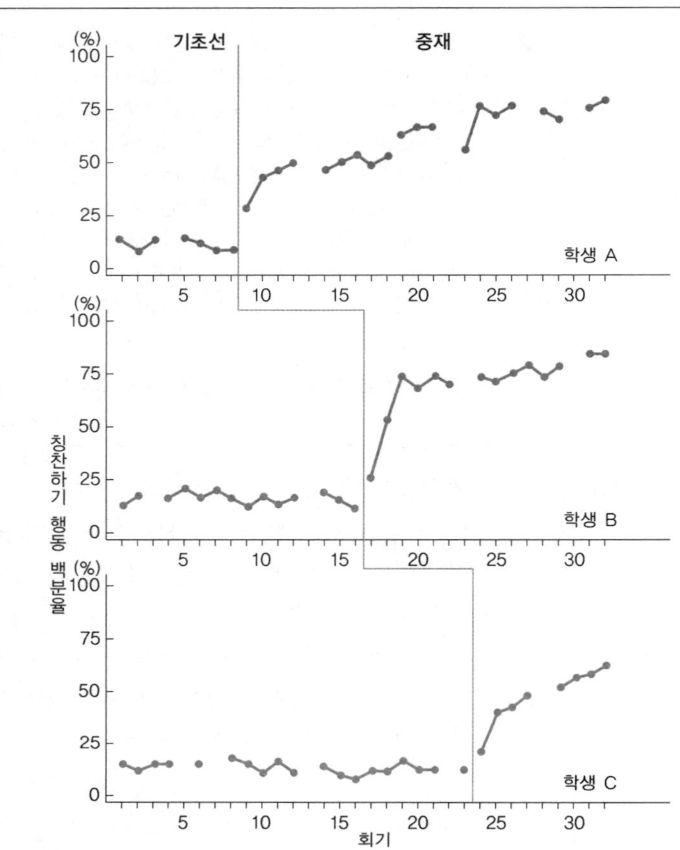

설명 학생 A는 기초선 기간에 칭찬하기 행동이 매우 낮은 수준이었는데 9일째부터 중재를 적용하자 점점 증가하여 그 수준을 유지하였다. 한편 학생 A에게 중재가 적용되어 변화를 나타내어도 학생 B는 기초선 기간에 행동의 변화가 없다가 17일째 학생 B에게 중재를 적용하자 칭찬하기 행동이 증가하기 시작했다. 학생 B와 마찬가지로 학생 C도 자신에게 중재가 적용되기 전까지는 칭찬하기 행동에 변화가 없다가 24일째에 학생 C에게 중재를 적용하자 행동이 증가하기 시작한 것을 알 수 있다. 세 학생은 자신에게 중재가 적용되었을 때만 행동에 변화를 나타내서 중재와 행동 간의 기능적 관계를 입증했다.

| 대상자 간 중다기초선설계 적용 예시 |

출처 ▶ 양명희(2018)

3. 중다간헐기초선설계

(1) 개발 배경

중다기초선설계는 많은 장점에도 불구하고 다음과 같은 문제점이 있기 때문에 이를 보완하기 위해 중다간헐기초선설계가 개발되었다.

① 중다기초선설계는 여러 행동, 상황 또는 대상자들을 중재하고 자료를 수집하는 데 필요한 시간과 인력문제 등이 현실적으로 연구를 어렵게 하는 요인이 되는 경우가 많다.

② 중다기초선설계는 중재를 실시할 때 기초선 기간이 길어지거나 문제행동이 고착될 가능성이 있다.

(2) 중다기초선설계와의 차이점

여러 기초선 기간의 자료의 수를 줄였다는 데 있다. 즉, 연구자가 연구를 시작할 때 모든 기초선들의 자료를 수집하지만 지속적으로 중재 직전까지 수집하지 않는다. 중재를 시작하기 전에 기초선 수준에 큰 변화가 없었음을 확신할 수 있을 정도로 간헐적으로 자료를 수집한다. 이러한 간헐적인 측정을 '프로브(probe)'라고 한다.

① 간헐적으로 기초선 자료를 수집하는 이유

㉠ 인력이나 시간상의 이유로 인하여 지속적으로 기초선을 측정하기 어렵기 때문

㉡ 기초선 측정에 대해 대상자가 심한 반응성을 보이기 때문

㉢ 기초선 자료의 안정성에 대한 강한 가정을 사전에 전제할 수 있기 때문

예 중재를 받기 전에는 목표행동이 대상자의 행동 레퍼토리에 없는 경우

② 간헐적으로 기초선을 측정할 경우 주의할 점

최소한 3회기 이상의 기초선 자료를 수집해야 한다. 3회기의 자료가 자료의 경향을 분석하고 신뢰할 만한 실험통제를 입증하기 위한 최소한의 자료이기 때문이다. 따라서 동일한 시점에 수집되기 시작한 기초선 자료들은 간헐 측정을 거쳐서 중재 직전에는 적어도 3회기 이상 연속적으로 수집되어야 한다.

반응성

'[KORSET 합격 굳히기] 관찰자 간 일치도에 영향을 미칠 수 있는 요인' 참조

Tip
목표행동이 적절한 수준에 도달한 후에 행동이 유지되는가를 보기 위해 자료를 간헐적으로 측정하는 경우가 있는데, 이것은 중다간헐기초선설계에만 있는 것이 아니라 다른 설계에서도 많이 이용되는 방법이다.

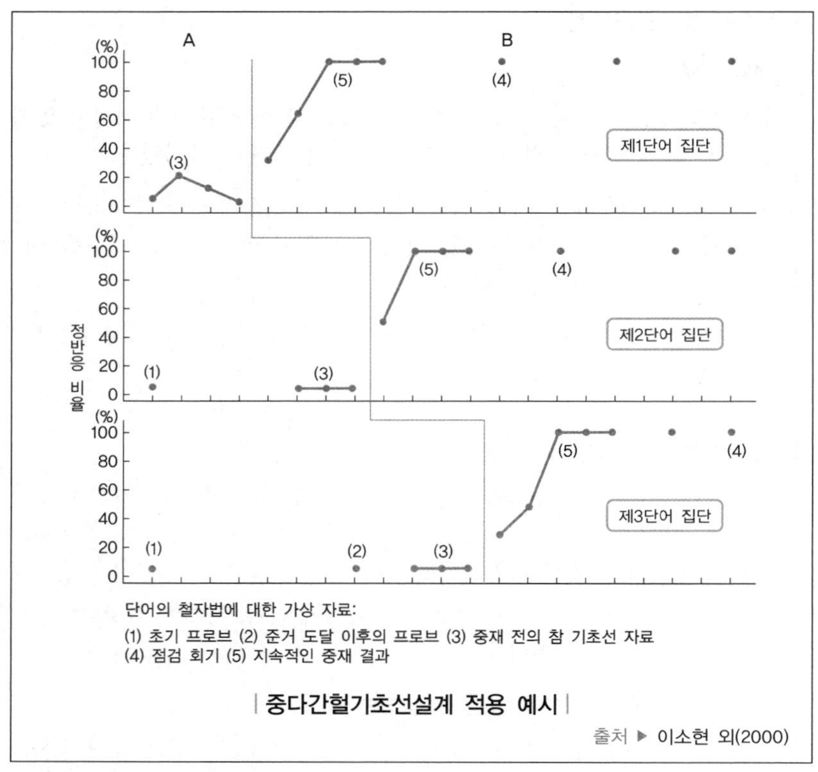

| 중다간헐기초선설계 적용 예시 |

출처 ▶ 이소현 외(2000)

(3) 장단점

장점	• 기초선 기간이 길어질 경우 불필요한 기초선 측정을 막아 준다. • 간헐적인 기초선 측정은 길어진 기초선 기간 동안에 빈번하게 나타나는 부적절한 행동을 막아 준다. – 중다간헐기초선설계가 중다기초선설계의 단점을 보완할 수 있는 이유이다.
단점	• 기능적 관계를 입증하는 것이 더 어렵다. • 간헐적인 프로브 결과가 안정적이지 못하다면 기초선을 연장해야 한다. 기초선이 안정적일 것이 확실할 때 중다간헐기초선설계를 사용하도록 권장되고 있다. • 첫 행동에 대한 반응일반화가 일어나는 경우에도 간헐 회기에 의한 기초선은 그러한 현상의 파악을 지연시키거나 아예 방지해 버린다. 따라서 연구자는 목표행동이나 상황, 대상자를 선정할 때 기능적 독립성을 확실히 해야 하며, 독립변인을 소개하기 전에 자료 수집을 위한 적정 수의 회기를 확인해야 한다.

(4) 유의점

① 충분한 수의 기초선 프로브를 측정하여 이들의 자료가 기초선 기간의 반응을 제대로 반영하고 있음을 쉽게 추측할 수 있도록 해야 한다.

② 측정한 프로브 자료 중 다른 자료들과 유의하게 차이가 나는 자료가 있다면 지속적이거나 좀 더 빈번한 측정을 통하여 그와 같은 일탈된 결과의 원인을 밝히고, 진정한 기초선 자료의 수준을 성취하도록 한다.

③ 중재를 도입하기 직전에는 지속적인 혹은 좀 더 빈번한 측정을 통해 기초선의 반응 수준을 명확히 밝히도록 한다.

KORSET 합격 굳히기 **지연된 중다기초선설계**

1. 개념

① 지연된 중다기초선설계는 하나의 측정치에 대해 초기 기초선 측정과 개입을 먼저 시작하고, 뒤따르는 기초선을 시간 간격을 두고 추가하는 실험 전략이다.

② 지연된 중다기초선설계는 중다기초선설계와 동일한 실험적 논리에 기반을 둔다.

③ 지연된 중다기초선설계가 중다기초선설계와 한 가지 다른 점은 지연된 중다기초선설계에서 행동이나 상황, 또는 대상자에게 독립변인이 적용되고 난 뒤에 다른 행동의 기초선이 시작되었다면, 그 새로운 기초선 자료는 설계의 이전 단계에 근거하여 세운 예측을 증명하는 데 사용될 수 없다는 것이다.

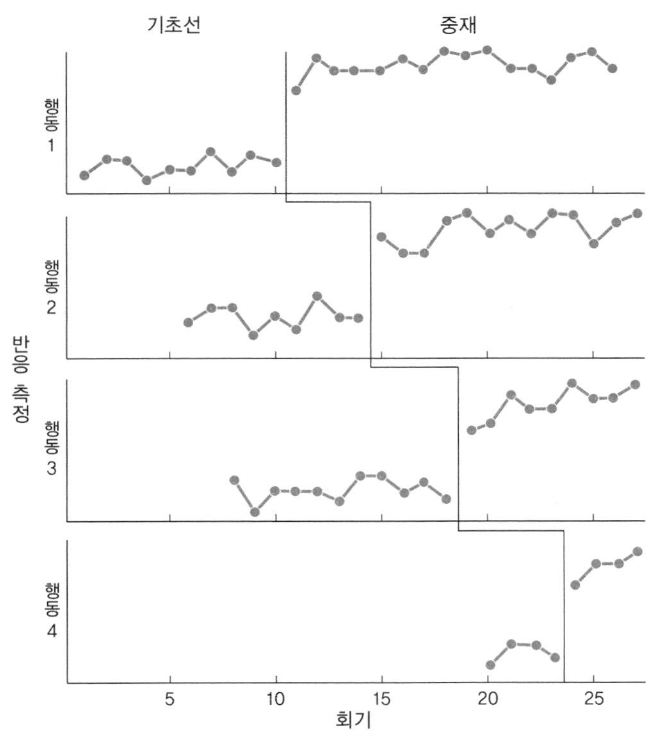

| 지연된 중다기초선설계의 전형적 그래프 |

2. 지연된 중다기초선설계를 적용하는 경우

① 반전설계가 바람직하지 않거나 가능하지 않은 경우
② 제한된 자원, 윤리적 고려사항, 또는 실용적인 면에서의 어려움으로 중다기초선설계를 사용하는 것이 불가능한 경우
③ 측정할 '새로운' 행동, 상황, 또는 대상자가 생기는 경우

3. 장점 및 제한점

장점	• 주요한 장점은 보다 적은 자원의 이용이 가능하고, 연구자가 연구를 그전에 목표로 하지 않았던 새로운 행동, 상황, 대상자들에게 확장하는 것을 가능하게 한다는 것이다.
제한점	• 응용적 관점에서 볼 때 행동분석가가 중요한 행동을 변화시키기까지 너무 오래 걸린다(이 문제는 모든 중다기초선설계에 내재된 것이다). • 지연된 중다기초선설계의 지연된 기초선 단계는 중다기초선설계보다 자료점의 수가 적은 것이 일반적이다. 기초선이 길고 안정적인 경우 실험적 통제가 잘 이루어졌음을 설득력 있게 증명하는 예측력을 높인다. • 지연된 중다기초선설계는 종속변인 간의 상호 의존성을 가릴 수 있다는 것이다.

4. 적용 예시

김 교사는 교직에 첫발을 디딘 4학년 선생님이다. 그녀는 길동이의 행동을 관리하는 데 상당한 어려움을 겪고 있다. 박 교사가 그녀의 문제를 도와주도록 요청을 받았다. 학급 내에서의 행동을 관찰 기록한 후에, 두 사람은 길동이가 행동에 많은 변화가 있어야 하는 학습장애 아동이라는 데 동의했다. 길동이는 수업 중에 큰 소리를 내거나 부적절한 말을 하는 것으로 수업을 방해한다. 박 교사와 김 교사는 부적절한 말을 감소시키기 위해 다른 행동에 대한 차별강화를 사용하기로 하였다. 4번의 중재 이후 방해 행동은 각 수업시간당 한 번 이상은 나타나지 않는 수준으로 감소하였다. 하지만 불행하게도 길동이는 그전에는 문제가 없었던 강 교사의 음악시간에 방해를 시작하였다. 박 교사는 강 교사와 상담을 한 다음, 방해 행위에 대한 2회의 기초선을 측정하고 중재를 실시하였고, 5회기 만에 성공을 하였다. 그동안에 김 교사의 수업시간에서는 낮은 수준의 반응이 유지되었다. 마지막으로 길동이는 같은 방해 행동을 황 교사의 체육시간에 보이기 시작했다. 또다시 박 교사는 기초선 자료를 확보하였고, 중재는 성공하였으며, 모든 상황에서 성공적으로 유지되었다.

출처 ▶ Cooper et al.(2017, 2018), Richards et al.(2012)

4. 기준변경설계 10중특, 15유특

(1) 개념 17중특, 22중특

① 기준변경설계는 중재를 적용하면서 행동의 기준을 계속 변화시켜 나가며 행동이 주어진 기준에 도달하는지 알아보고자 하는 단일대상연구 방법이다.

㉠ 행동의 기준이란 행동이 중재 적용 동안에 얼마만큼 변화해야 한다고 미리 정해 놓은 성취 수준을 의미한다.

㉡ 중간 단계에서 기준에 너무 늦게 도달하거나 이와 반대의 경우는 중간 기준의 조정을 고려해야 한다.

- 몇 차례에 걸쳐 시도해 보았는데도 학생이 기준을 충족시키지 못하면 교사는 강화를 주기 위한 중간 기준을 낮출 것을 고려해 보아야 한다. 역으로 학생이 목표를 너무 쉽게 획득하면 교사는 강화를 주기 위한 중간 기준을 조정할 것을 고려해야 한다.

② 각 단계별로 성취 수준을 최소한 연속 2회기 또는 연속 3회 중 2회기를 계속해서 유지하는 경우에 다음 단계로 진행한다.

③ 기준변경설계는 최소한 연속적으로 3개 구간에서 단계의 준거가 충족될 때 기능적 관계가 입증된 것으로 본다.

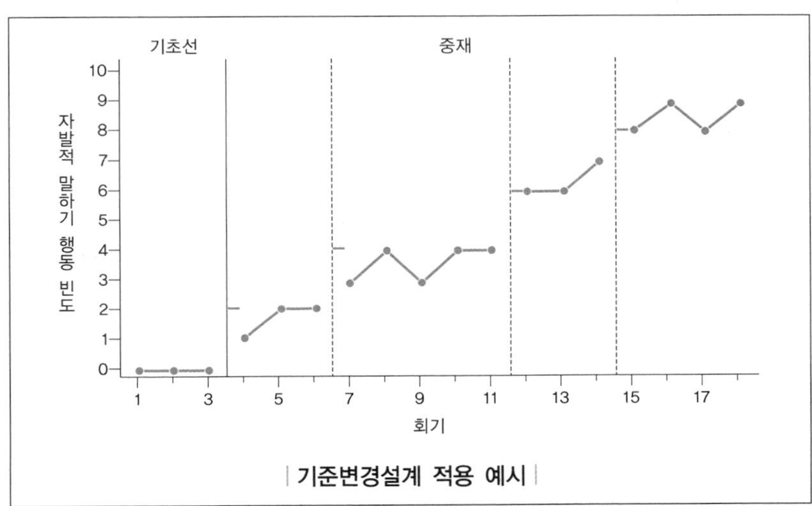

| 기준변경설계 적용 예시 |

KORSET 합격 굳히기 기준변경설계에서의 조건 도입

첫 번째 기준이 성취되면 다음 조건을 도입한다. 이때 기준 정도에서 얼마만큼 오래 수행해야 다음 조건으로 넘어갈 수 있는가 하는 것이 중요한 결정이라고 할 수 있다. Alberto 등(2014)은 최소한 연속 2회기 또는 연속 3회 중 2회기를 계속해서 수행해야 한다고 제안한다. 그러나 기준 정도에서 안정된 경향을 보일 때까지 자료를 수집하는 것이 중요하다. 그 이유는 각 실험조건이 다음 조건의 기초선 역할을 하기 때문이다. 그렇게 할 때 독립변인과 종속변인 간의 기능적 관계가 강화될 수 있다(이소현 외, 2016).

기준변경설계

동 기준선 변동설계, 준거변경설계

자료

행동의 기준 결정 방법

- 기초선 자료가 어느 정도 안정적이고 특히 낮은 수준이라면 기초선 자료의 평균치를 기준으로 설정한다.
  - 예 기초선 기간 동안 목표행동이 2, 0, 4, 0, 4, 2, 2로 나타났다면 평균치인 2를 처음의 기준 정도로 삼고, 다음의 조건에서는 2씩 기준을 증가시키도록 한다.
- 기초선 자료 평균의 50%를 기초선 자료의 평균치에 더한 값을 기준으로 한다.
  - 예 위의 예에서는 3이 된다 [1(평균 2의 50%) + 2 = 3].
- 목표의 성격에 따라 기초선 기간 동안 보인 가장 높거나 가장 낮은 점수를 기준으로 사용하기도 한다.
- 전문가의 판단에 의존한다.

출처 ▶ 이소현 외(2016)

비교

기능적 관계의 입증

2010 중등1-27 기출	최소한 연속적으로 세 개의 구간에서 단계 목표가 달성되면 기능적 인과관계가 입증된 것으로 본다.
Alberto et al. (2014)	일반적으로 기능적 관계를 인정하기 전에 학생은 최소한 연속적으로 3개 구간에서 준거를 충족시켜야 한다.
양명희 (2017)	기준 변화에 따른 중재 효과를 최소한 4번 정도 보여주는 것이 바람직하다.

(2) 실행

① 표적행동을 단계별로 변화시킬 수 있는 경우나 기준이 바뀔 때 새롭게 안정적인 수준의 행동을 기대할 수 있는 경우에 적용해야 한다.

② 행동의 정확성, 빈도, 길이, 지연시간, 또는 정도나 수준에서 단계별로 증가시키거나 감소시키는 것이 목표인 경우에 유용하다.

③ 실험 통제를 강화하는 다음과 같은 절차상의 요인은 기준변경설계의 내적 타당도를 높일 수 있다. [18초특]

㉠ 안정된 비율이 확립될 때까지 하위 구간을 계속하기: 교실에서 사용할 때 다음 하위 구간으로 넘어가기 전에 행동을 2회기(혹은 3회기 중 2회기) 동안 중간 준거에 유지시키는 것은 충분히 통제를 입증하는 것이다. 왜냐하면 각 하위 구간은 뒤따르는 하위 구간에 대한 기초선으로 작용하고, 그 하위 구간은 다음 하위 구간이 시작되기 전에 안정적인 비율이 확립될 때까지 계속되기 때문이다.

㉡ 하위 구간의 회기 수를 바꾸기: [그래프 1]에서 각 하위 구간은 중간 준거에 따라 보통 3회기가 지속되었으나 이 회기 수는 몇몇 하위 구간에서는 달랐다. 하위 구간의 길이는 준거가 영향력을 가지는 한, 준거 수준에 도달한 채로 유지되는 행동에 따라 다양하다.

㉢ 하위 구간에서 요구되는 수행의 증가량(혹은 감소량)을 다양화하기: [그래프 2]에서 세 번째 하위 구간의 준거는 2분이 아닌 1분 증가로 설정되었다. 준거 변화의 크기를 다양하게 하면 실험 통제에 대한 보다 설득력 있는 증거를 얻을 수 있다.

㉣ 1개 이상의 구간에서 최종 목표에 반대되는 방향으로 변화를 요구하기: [그래프 1]의 하위 구간 J에서는 강화에 대한 준거의 변화가 최종 목표와 반대되는 방향으로 설정되었다. 학생이 이전에 숙달한 준거 수준으로 복귀하는 것은 ABAB 설계에서 기초선 조건으로 복귀하는 것과 유사한 반전 효과를 나타낸다.

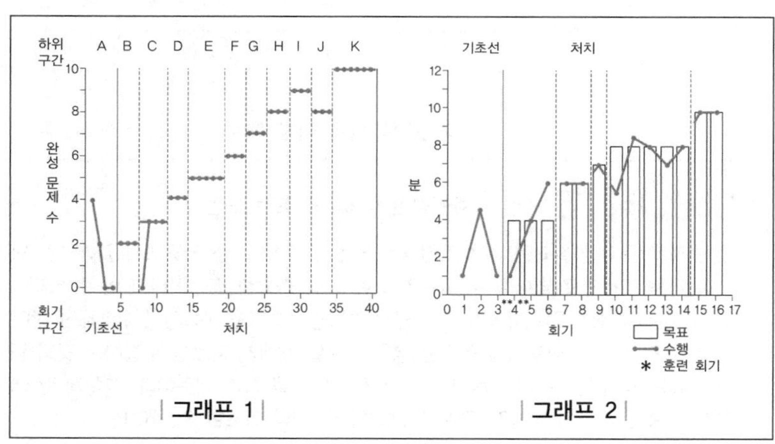

| 그래프 1 |　| 그래프 2 |

비교

기준변경설계의 내적 타당도 관련 표현

2018 초등A-2 기출	내적 타당도를 높이기 위한 방법
양명희 (2018)	기능적 관계를 입증하기 위한 방법
Alberto et al. (2014)	기준변경설계의 신뢰성을 증가시킬 수 있는 요인
Cooper et al. (2018)	타당도를 높이기 위한 방법
Richards et al. (2012)	내적 타당도를 높이기 위한 방법

비교

반대되는 방향과 반전

최종 목표에 반대되는 방향으로 변화를 요구하는 것을 '이전 기준 정도로의 반전'으로 표현한 문헌(Richards et al., 2012)도 있다.

(3) 장단점 22중특

장점	• 반전설계에서 요구하는 반치료적 행동(즉, 중재 제거)에 따른 변화를 요구하지 않는다. – 단, 내적 타당도를 강화하기 위해 설계 시 기준의 반전을 넣는 경우는 예외이다. • 중다기초선설계에서 요구하는 기능적으로 독립적인 여러 목표행동을 필요로 하지 않는다. • 목표 수준에 점진적으로 접근한다.
단점	• 매우 점진적인 행동변화를 수반하기 때문에 빠르게 수정될 필요가 있는 행동에는 적절하지 않다. • 기능적 관계를 입증하기 위해서는 정해진 기준만큼의 변화가 일어나야 한다는 점이 실제로 행동을 교수할 때 문제가 될 수 있다. 즉, 교사가 계획한 설계의 기준보다 월등한 속도로 학생의 진보가 이루어질 때, 교사는 단계적이고 점진적인 변화를 위해 진보를 늦출 수 있는가 하는 의문이 제기될 수 있다. • 기능적 관계를 입증하기 위한 기준이 주관적인 예측에 의존한다. 즉, 연구자가 중재 내의 하위구간별로 특정 기준을 결정할 때마다 자신의 주관성이나 전문가적인 예측이 작용할 수밖에 없다.

자료

기준변경설계에서의 반전

기준변경설계는 중재와 목표행동 간의 기능적 관계를 보여 주기 위하여 중재를 반전할 필요가 없다. 기초선 이후에는 중재 조건을 지속적으로 유지할 수 있다. 단, 내적 타당도를 강화하기 위해 설계 시 기준의 반전을 넣는 경우는 예외이다(Richards et al., 2012).

(4) 유의점

① 처음 기초선 자료가 반드시 안정적이어야 중재를 시작할 수 있다.

② 기준을 변경하기 위해서는 바로 앞 중재 기간에서 안정적인 자료 수준을 보여 주어야 한다.

KORSET 합격 굳히기 기준변경설계의 사용을 위한 지침

기준변경설계를 적절히 이행하기 위해서는 세 가지 설계 요인을 주의 깊게 조작해야 한다.

1. 각 단계의 길이

① 기준변경설계에서 각 단계는 다음 단계에서 측정된 반응의 변화를 비교하는 기저선 역할을 하기 때문에, 안정된 반응을 얻기 위해서는 각 단계가 충분히 길어야 한다.
- 변화가 느린 목표행동일수록 단계를 더 길게 만들어야 한다.

② 기준변경설계의 타당도를 높이기 위해서는 각 단계의 길이를 다양하게 해야 한다.

2. 기준 변동의 폭

① 기준 변동의 폭을 다양하게 함으로써 실험 통제를 더 설득력 있게 입증할 수 있다.

② 기준 변동의 폭을 결정할 때는 반드시 각 단계에서 자료의 변산성을 고려해야 한다.
- 작은 기준 변동은 매우 안정적인 수준을 보이는 반응에 쓰이는 반면, 큰 기준 변동은 변산성이 있는 상황에서 행동변화를 입증해야 할 경우에 필요하다.

3. 기준 변동의 횟수

일반적으로 목표행동이 새로운 기준을 달성하기 위해 여러 번 변화할수록 실험 통제의 입증은 더 설득력 있다.

출처 ▶ Cooper et al.(2018)

조건변경설계
동 중다처치설계, 중다중재설계
ABC 설계, 복수중재설계

5. 조건변경설계

(1) 개념

① 조건변경설계는 학생의 행동(종속변인)에 대한 두 가지 이상의 처치(독립변인)의 효과를 연구할 때 사용된다.

② 중재교대설계와는 달리 조건변경설계에서의 처치는 순서적으로 도입된다.

③ 중재의 효과는 근접중재 방법하고만 비교할 수 있음에 주의한다.

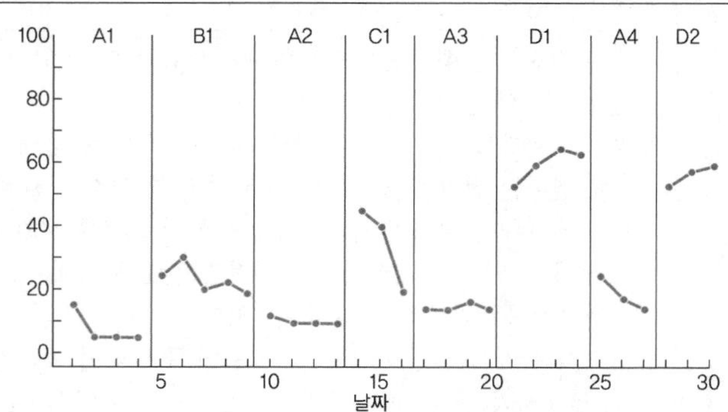

설명 시각적으로 볼 때 D중재가 가장 효과적인 것처럼 보이지만 결과를 해석할 때 D중재가 B중재나 C중재보다 더 우수하다고 말할 수는 없다. 왜냐하면 D중재의 효과가 순서의 영향일 수도 있음을 배제할 수 없기 때문이다. 즉, 그동안 다른 중재 효과들이 작용하여 가장 나중의 중재가 가장 효과적으로 나타났다고 볼 수도 있기 때문이다. 그러므로 근접해 있지 않은 B, C, D 간의 차이를 비교하려고 해서는 안 된다.

| 조건변경설계 적용 예시 |

출처 ▶ 이소현 외(2016)

(2) 기본형 12중특, 14중특

조건변경설계에는 ABC, ABAC, ABACAB의 세 가지 기본형이 있다.

① ABC 설계는 처치 간의 효과를 판단하고자 할 때, 학생의 수행을 촉진할 교수를 일괄적으로 시도하고자 할 때, 학생이 좀 더 독립적으로 수행할 수 있도록 체계적으로 도움을 제거하고자 할 때 사용된다.

㉠ 일괄교수 구성: 교사는 학생의 현재 수행에서 시작하여 중재를 시작한다. 만일 학생이 전혀 반응하지 않거나 충분하게 반응하지 않으면 학생의 수행이 준거를 충족시킬 때까지 새로운 전략이 추가된다.

예 첫 번째 중재를 통해 학생의 표적행동 변화가 적어서 두 번째 중재를 투입하였다.

- 단순히 AB 설계를 확장한 것으로, AB 설계에서와 같이 중재의 효과에 대한 복제는 없고 기능적 관계가 가정되지도 않는다.

㉡ 도움 줄이기: 교사는 학생이 수행을 성공적으로 하기 위해 필요한 최소한의 도움이 어느 정도인지를 알아내기 위해 학생에게 제공했던 도움의 양을 체계적으로 감소시킨다.

예 글자쓰기를 배우는 학생에게 첫 번째 구간에서는 따라 쓸 수 있는 촘촘한 점선의 문자를 제공하다가 두 번째 구간에서는 덜 촘촘한 점선의 문자를 제공하여 결국에는 점선의 문자가 없이도 문자를 쓸 수 있도록 하는 것과 같이 선제자극의 강도를 줄이는 것이다. 도움을 줄일 때마다 새로운 구간으로 간주된다.

② ABAC 설계에서는 두 가지 혹은 그 이상의 처치가 두 번째 기초선 조건에 의해 분리된다. 기초선, 처치 1, 기초선, 처치 2 등과 같다.

㉠ 처치는 완전히 다르거나 변형된 것이다.

㉡ 기초선 조건을 사이에 끼워서 처치들을 분리하는 것은 다른 처치가 실행되고 있는 동안에 이전의 처치가 계속해서 학생의 행동에 영향을 끼치는 것을 예방하고 각 처치의 영향을 명백하게 해준다.

㉢ 복제 구간이 부족하므로 기능적 관계가 구축되는 것에는 한계가 있다.

③ ABACAB 설계는 기능적 관계를 입증하기 위해 가장 성공적인 처치를 또 다른 기초선 조건 뒤에 재실행하는 것이다.

- 처치가 다시 성공적이면 그것은 효과의 복제이므로 기능적 관계가 입증된다. 즉, 기능적 관계는 좀 더 효과적인 독립변인을 추가적으로 기초선 뒤에 복제함으로써 결정할 수 있다.

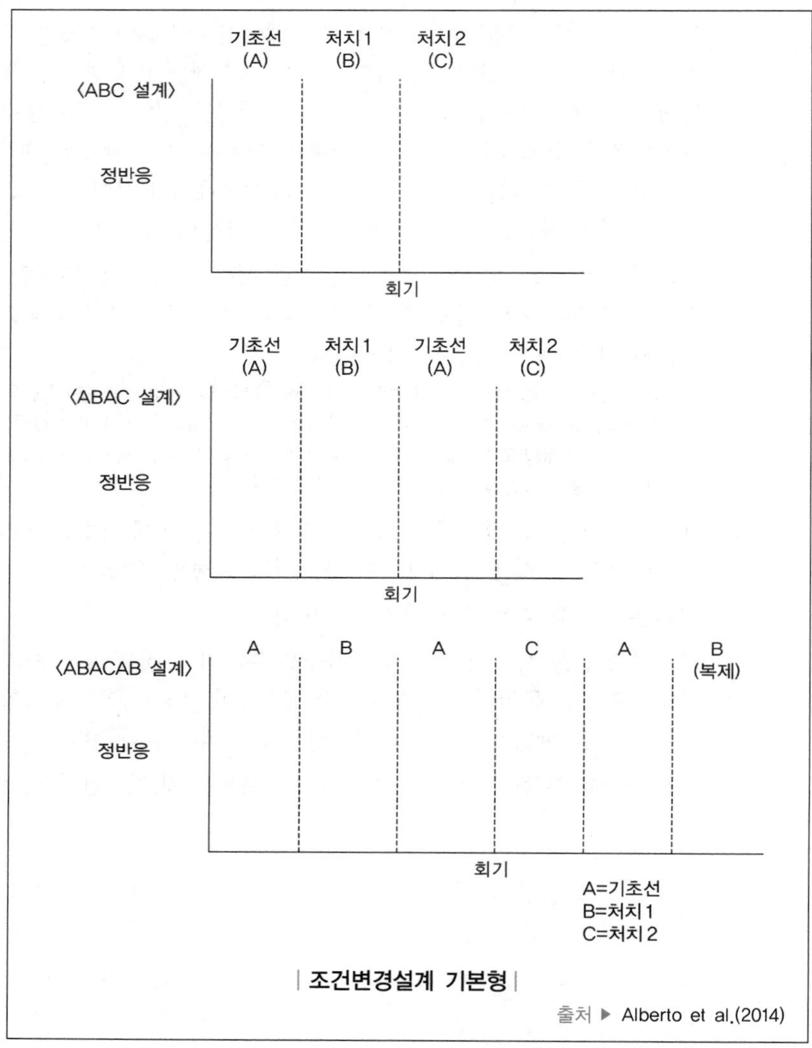

| 조건변경설계 기본형 |

출처 ▶ Alberto et al.(2014)

PART 01

(3) 기본형의 문제점

① 조건변경설계에서 어떤 상황을 다른 상황과 비교할 때는 언제나 인접 상황과의 비교만 가능하기 때문에 A−B−A−C로 설계하는 경우에는 A는 인접한 B와의 비교만 가능하고, A는 인접한 C와의 비교만 가능하므로 B와 C를 직접 비교할 수 없다.

- B와 C를 직접 비교하고 싶은 경우에는 A−B−A−B−C−B−C로 설계해야 A는 B와, B는 C와 비교할 수 있다.

② A−B−A−B−C−B−C 설계에서 B와 C의 비교는 다음과 같이 설명할 수 있다. 설명을 위해 각 상황에 번호를 매겨 $A_1-B_1-A_2-B_2-C_1-B_3-C_2$ 설계라고 하자.

㉠ 먼저 $A_1-B_1-A_2-B_2$에서 기초선(A)에 비교하여 중재가 효과 있음을 입증해야 한다. 이때는 중재제거 설계와 같이 B_1과 B_2에서 중재 효과가 나타나고, A_2에서 자료가 A_1수준으로 되돌아가면 중재 효과가 입증된 것이다.

㉡ 다음으로 $B_2-C_1-B_3-C_2$에서 B에 대한 C, C에 대한 B의 효과를 비교 평가할 수 있다. 즉, C_1과 C_2 자료가 B_2와 B_3보다 효과가 있는 것으로 나타나고 B_3에서 자료가 B_2수준만큼으로 되돌아간다면 C는 B보다 효과가 있다고 할 수 있다.

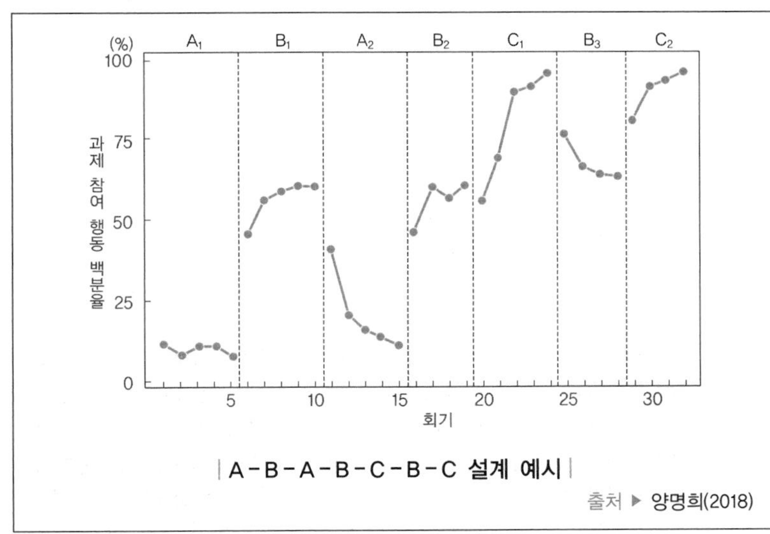

| A−B−A−B−C−B−C 설계 예시 |

출처 ▶ 양명희(2018)

③ 조건변경설계를 이용하여 중재를 비교하고자 하는 경우, 비교하고 싶은 중재가 여럿이면 기간이 길어짐에 따라 행동의 변화가 학생의 자연 성숙이 아닌 중재 때문임을 입증하기가 어려워질 수 있기 때문에 주의해야 한다.

자료

A−B−A−B−C−B−C 설계

Alberto 등은 조건변경설계로 A−B−C, A−B−A−C, A−B−A−C−A−B 등을 소개하고 있다. 하지만 Tawney 등은 조건변경설계에서 어떤 상황을 다른 상황과 비교할 때는 언제나 인접한 상황과의 비교만 가능하기 때문에 A−B−A−C로 설계하는 경우에는 A는 인접한 B와의 비교만 가능하고, B는 인접한 C와의 비교만 가능하므로 B와 C를 직접 비교할 수는 없다고 했다. 그들은 B와 C를 직접 비교하고 싶은 경우에는 A−B−A−B−C−B−C로 설계해야 A는 B와, B는 C와 비교할 수 있다고 했다(양명희, 2018).

(4) 변형 14중특

① 둘 이상의 중재의 상호작용 효과를 비교하는 설계

예를 들어, 중재에 다른 중재를 더한 것과 같은 경우(예 타임아웃과 타임아웃 더하기 반응대가의 비교)로 A－B－A－B－BC－B－BC 설계를 들 수 있다.

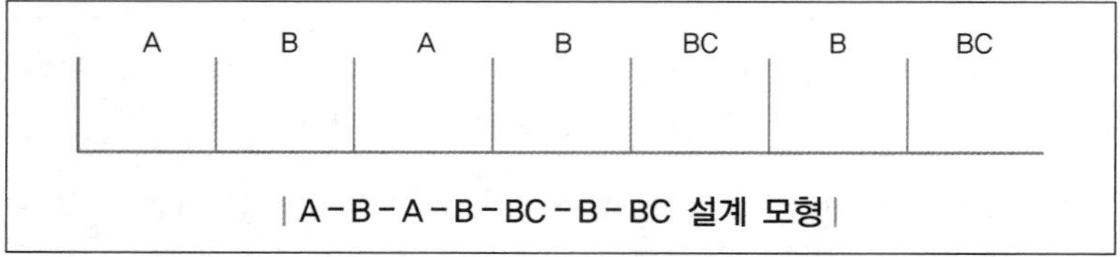

| A－B－A－B－BC－B－BC 설계 모형 |

㉠ B와 BC의 비교가 가능하다. 이때 BC가 B보다 효과적인 것으로 나타났다 해도 반드시 BC가 B보다 더 효과적이라고 단언할 수는 없다. 그 이유는 이 설계에서는 BC가 언제나 B 뒤에 적용되었기 때문에 순서 효과를 배제할 수 없기 때문이다.

- 이와 같은 경우 BC를 B보다 먼저 적용했을 때에도 BC가 더 효과적인지 확인할 필요가 있다(예 A－BC－A－BC－B－BC－B).

㉡ BC라는 복수 중재 효과는 나타났지만 중재 C의 단독 효과는 알 수 없다는 제한점도 있다.

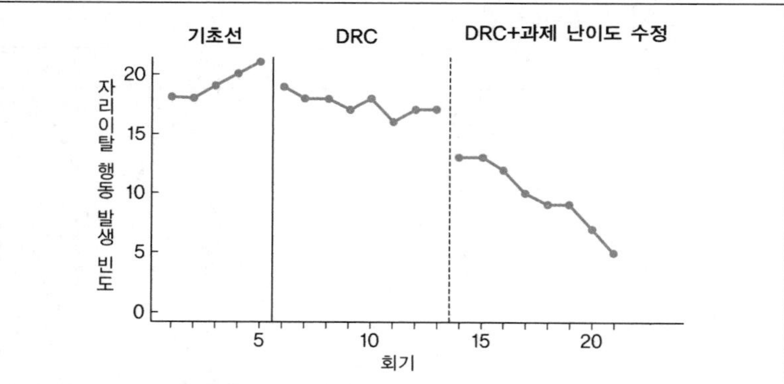

DRC : 의사소통 차별강화(Differential Reinforcement of Communication)

설명 교사는 첫 번째 중재(DRC)의 중재 효과가 기대치에 미치지 못하였기 때문에 두 번째 중재(DRC＋과제 난이도 수정)을 투입하였고, 'DRC＋과제 난이도 수정'이 'DRC'보다 효과가 있는 것으로 나타났다. 그러나 'DRC＋과제 난이도 수정'의 복수중재 효과는 알 수 있으나 '과제 난이도 수정'의 단독 효과는 알 수 없기 때문에 '과제 난이도 수정'이 'DRC'보다 더 효과적이라고 말할 수는 없다. 뿐만 아니라 중재 'DRC＋과제 난이도 수정'의 효과는 중재 'DRC'보다 시간적으로 뒤에 적용되었기 때문에 나타난 순서 효과임을 배제할 수 없다.

② 중재의 매개 변수 차이에 따라 비교하는 설계

비교하고자 하는 중재가 서로 구별되는 중재가 아니라 같은 중재에서 한 요소를 더하거나 변경한 것과 같은 경우로 A−B−A−B−B′−B−B′ 설계를 들 수 있다.

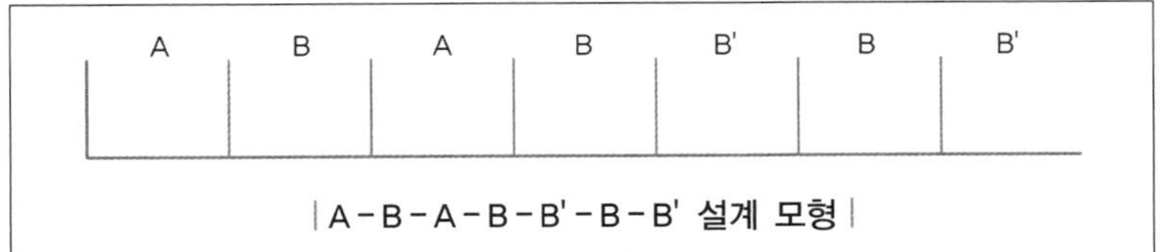

|A-B-A-B-B'-B-B' 설계 모형|

㉠ A−B−A−B−B′−B−B′ 설계에서는 비교하고자 하는 것이 서로 구별되는 다른 중재가 아니라 같은 중재에서 매개 변수에 차이가 있는 것이다. 예를 들면, 타임아웃 시간 30초와 3분을 비교하는 것처럼 타임아웃이라는 중재는 동일하지만 타임아웃의 시간 길이를 달리했을 때를 비교하는 것이다.

㉡ B′가 B보다 효과적인 것으로 나타났다 해도 순서 효과를 배제할 수 없기 때문에 반드시 B′가 B보다 더 효과적이라고 단언할 수 없다. 역으로 B′가 B보다 효과가 덜한 것으로 나타나더라도 B를 먼저 경험했기 때문에 나타난 현상인지 확인되어야 하는 문제가 있다.

(5) 장단점

장점	• 연구 도중에 중재를 변경시킬 수 있다. − 처음부터 여러 중재를 비교하고자 하는 목적으로 실시할 수도 있지만, 교육현장에서 어떤 중재를 도입했는데 학생의 행동 변화가 전혀 없거나 미미해서 다른 중재를 사용해 보고 싶을 때 사용할 수 있다. • 일련의 중재 방법들을 한 연구에서 검증해 볼 수 있으므로 각 중재 방법의 효과를 개별적으로 검증하는 것보다 시간을 절약할 수 있다.
단점	• 내적 타당도의 문제가 있다. − 중재 간에 실시 시기가 다르기 때문에 한 중재에서는 외부변인이나 발달변인이 개입되지 않더라도 다른 중재에서는 개입될 수가 있다. − 비교하고 싶은 중재가 여럿이면 기간이 길어짐에 따라 행동의 변화가 학생의 자연 성숙이 아닌 중재 때문임을 입증하기가 어려워질 수 있다. • 복수 중재 간섭이 생길 수 있다. − 여러 중재가 순차적으로 실시되기 때문에 한 중재의 전이 효과가 다른 중재 기간 중에 나타남으로써 결과의 해석을 오도할 수 있다.

복수 중재의 간섭
동 상호작용 영향

자료

복수 중재의 간섭

1. 복수 중재의 간섭이란 두 가지 이상의 중재를 적용했을 때 나타날 수 있는 중재 간의 간섭을 의미한다.

2. 복수 중재의 간섭은 순서 영향, 이월 영향, 교대 영향으로 구분할 수 있다.

   ① 순서 영향

   • 순서 영향이란 중재의 순서에 의해서 앞선 중재가 뒤이어 실시된 중재 효과에 영향을 미친다는 뜻이다. 즉, 중재 C가 중재 B를 뒤따를 때에 그 효과는 먼저 실시된 중재 B에 의해 간섭을 받을 수 있다는 것이다.

   예 중재 B는 칭찬하기이고, 중재 C는 규칙 언급하기일 때 중재 B와 중재 C의 순서로 적용했다면, 중재 C의 효과는 규칙 언급하기만의 효과가 아니라 칭찬 뒤에 규칙이 언급되었기 때문에 효과가 있을 수 있다는 것이다.

   ② 이월 영향

   ㉠ 이월 영향은 중재를 제시하는 순서와는 상관없이, 한 중재가 인접한 다른 중재에 영향을 미치는 것을 의미한다.

   ㉡ 이월 영향은 대조와 유도의 두 가지로 구분할 수 있다.

대조	대조란 두 가지 중재가 서로 대조적이어서 어떤 중재를 경험한 것 때문에 다른 중재가 나타낼 수 있는 영향이 기대와 달리 역으로 나타날 수 있는 경우이다. – 어떤 중재의 강도가 너무 강하기 때문에 대조적으로 강도가 약한 중재는 전혀 효과를 발휘하지 못하는 경우를 의미한다. 예 20분의 타임아웃을 경험하게 한 뒤에 1분의 타임아웃을 경험하게 한다면 1분 타임아웃은 우습게 여겨서 오히려 반대의 효과를 나타낼 수도 있다.
유도	유도란 한 중재에서 다른 중재로 중재 효과가 전이될 수 있는 경우이다. – 이는 이미 중재를 경험해서 그 영향을 알고 있다는 것이지, 중재 효과가 더 좋게 나타난다는 뜻은 아니다. 즉, 중재 B를 단독으로 적용했더라면 효과가 더 컸을 텐데 중재 C와 교대했기 때문에 효과가 경감되는 것이다. 예 1분의 타임아웃을 경험했다면 타임아웃이 무엇인지 알기 때문에 20분의 타임아웃이 주어져도 전혀 타임아웃을 경험하지 않은 사람에 비해 그 단독 효과가 떨어질 수 있다는 것이다. 1분이라는 타임아웃의 경험이 20분의 타임아웃 경험에 영향을 주어 20분 타임아웃의 독립적 효과를 방해한 것이다.

   ③ 교대 영향

   ㉠ 교대 영향이란 빠르게 중재 상황을 교대하는 것이 종속변인에 미치는 영향을 의미한다.

   ㉡ 두 개의 서로 다른 중재가 상당 기간 동안 비교적 빠른 속도로 교대하며 실시될 때 한 중재의 효과가 다른 중재를 적용하고 있는 상황에서도 계속해서 영향을 미칠 수 있다는 것이다.

출처 ▶ 양명희(2017)

6. 중재교대설계 10중특, 16중특, 20초특

중재교대설계
동 교대중재설계, 교대처치설계

(1) 개념

① 중재교대설계는 한 가지 종속변인에 대한 두 가지 이상의 처치 혹은 중재 전략의 효과를 비교하는 단일대상연구 방법이다. 즉, 한 대상자에게 여러 중재를 교대로 실시하여 그 중재들 간의 효과를 비교하는 연구 방법이다.

㉠ 두 가지 이상의 실험 처치 또는 중재 조건이 표적행동에 미치는 효과를 비교할 때 활용한다.

㉡ 기본적으로 중재교대설계를 적용할 때는 목표행동에 대한 독립변인의 효과가 관찰되는 두 가지 이상의 서로 다른 중재(독립변인)와 빠르게 교대되어야 한다.

예 교사는 이 설계를 이용하여 학생의 독해력에 대한 두 가지 읽기 프로그램의 효과를 비교하거나, 학생의 말하기에 대한 두 가지 행동 감소 절차의 효과를 비교할 수 있다. 또한 의사소통판에 사용되는 세 가지 서로 다른 형태의 상징 효율성을 검사할 수도 있다.

② 중재교대설계는 변별학습원리를 이용한 연구 방법으로, 대상자가 중재 간 변별을 할 수 있도록 언어적 지시나 색깔 단서와 같은 변별적인 단서를 사용한다.

- 각 중재에 앞서 변별적 자극이나 신호, 단서를 순간적으로 제시하여 학생들에게 어떤 조건이 실행되고 있는지를 분명하게 알려줄 수 있다.

예 '처치 A입니다.', '처치 B입니다.', '이제 숫자판을 사용할 것입니다.'와 같이 말하는 것이다.

(2) 특징

① 전형적인 단일대상연구의 설계와 달리 기초선 자료 수집을 반드시 요구하지 않는다.

㉠ 중재교대설계는 기본적으로 두 가지 이상의 중재를 한 대상에게 교대로 실시하여 그 효과를 비교하는 것에 있기 때문에, 중재를 교대로 실시하는 상황만으로도 충분하다고 할 수 있으므로 기초선 상황이 반드시 필요한 것은 아니다.

- 기초선 상황이 필요한 연구라고 하더라도 기초선 자료가 꼭 안정적이어야 하는 것도 아니다. 왜냐하면 실험 통제는 두 중재의 교대 상황에서 보여 줄 수 있기 때문이다.

㉡ 두 중재가 서로 차이를 보여 주지 못할 때는 어떤 중재도 효과를 입증하기 어려울 수 있기 때문에 가능하다면 짧게라도 기초선 상황을 실시하는 것이 바람직하다.

② 중재교대설계는 체계적으로 중재 간 균형을 맞춤으로써 조건변경설계가 가지고 있던 내적 타당도 문제와 중재 간 전이 문제를 해소시켰다.

- 중재교대설계에서는 비교하려는 중재들을 한 대상자(또는 대상군)에게 빠른 간격으로 교대하여 적용한다. 예를 들어, 회기마다 또는 한 회기 내에서도 중재 조건을 교대로 바꾸어 적용하여 균형을 맞춤으로써 조건변경설계에서의 내적 타당도 문제를 해소할 수 있다.

③ 중재의 임의적 배열과 평형화를 통해 중재 간 상호 영향을 최소화한다.

㉠ 중재의 임의적 배열이란 1명의 연구 대상 혹은 한 집단에 적용되는 경우 기초선(A)과 중재(B) 조건들이 연구 대상자들에게 매일 ABBA BABAAB의 임의적 순서로 제시되는 것을 말한다. 예를 들어, 세 가지 중재(A, B, C)가 있을 경우 이들 세 중재 조건은 ABC, BAC, CAB, ACB, BAC, CBA의 6개 조합이 가능하다. 연구자는 반드시 각 중재(또는 중재의 조합)를 동일한 횟수로 제시하여야 한다.

㉡ 중재의 평형화를 이루어야 한다는 것은 한 회기에서 첫 번째로 적용된 처치는 다음 회기에서는 두 번째로 적용되어야 하고, 첫째 날 오전에 적용된 처치는 둘째 날에는 오후에 적용되어야 함을 의미한다.

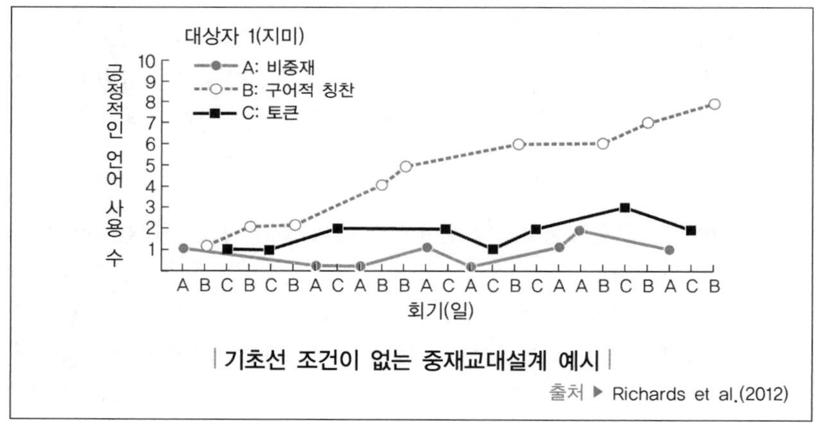

| 기초선 조건이 없는 중재교대설계 예시 |

출처 ▶ Richards et al.(2012)

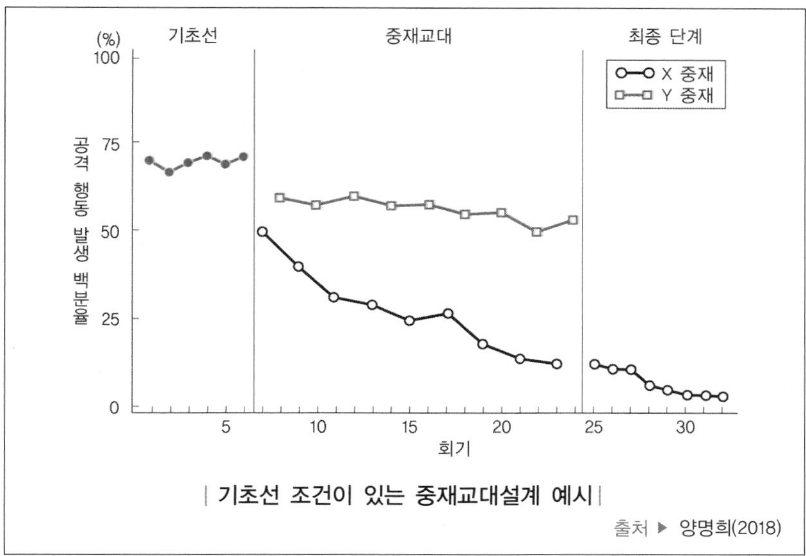

| 기초선 조건이 있는 중재교대설계 예시 |

출처 ▶ 양명희(2018)

(3) 실행 절차

① 모든 중재의 절차를 조작적으로 정의한다.

② 중재 간의 교대 계획을 세운다.

㉠ 중재를 같은 회기나 같은 날짜 안에 교대할지, 회기나 날짜마다 번갈아가며 교대할지를 결정한다. 이러한 결정은 목표행동이나 중재 및 대상자의 특성을 고려하여 결정하여야 한다.

㉡ 교대 계획을 세울 때는 무작위로 교대계획을 세우는 방법과, 매번 회기에 따른 중재 종류를 번갈아 바꾸는 방법이 있다.

③ 중재 결과에 영향을 미칠 수 있는 변인들(훈련자, 상황 또는 활동 등)을 어떻게 균형 맞출지 결정한다.

㉠ 중재 시작 전에 중재를 제시할 균형 잡힌 시간표(또는 균형 잡힌 계획표)를 계획해야 한다.

- 중재 횟수뿐 아니라 다른 변수(예 교사/치료사, 시기, 장소, 중재 제시 순서 등)도 균형을 이루어야 한다. 중재를 제시할 순서와 시간, 중재를 실시할 교사/치료사와 같은 변수들도 균형을 이루어야 한다.

㉡ 두 가지 중재를 적용하는데 한 가지 중재가 특정 자극과만 짝지어지지 않도록 각 중재마다 자극 조건을 번갈아가며 고르게 짝지어지도록 균형을 잡는 계획을 세워 중재를 교대로 실행해야 한다.

예 하루 중에 오전, 오후로 두 가지 중재를 교대하며 실시한다면 중재 B는 오전에, 중재 C는 오후에 실행하는 것이 아니라, 중재 B와 C의 실행 시간이 오전, 오후에 고르게 분포되도록 한다는 것이다. 중재를 실시하는 장소나 사람 등도 마찬가지로 균형을 맞추어야 한다.

자료

균형 잡기

중재 교대 상황에서 중요한 것은 대상자에게 혼돈을 줄 수 있는 여러 자극 조건들의 균형 잡기이다. 균형 잡기란 중재의 순서를 비롯하여 중재와 같이 제시될 수 있는 자극 조건들(시간대, 중재자, 장소 등)을, 비교하는 중재끼리 균형을 맞추어 제시하는 것을 의미한다. 균형 잡기는 중재에 따른 행동 변화 차이가 중재 자체에 기인하는 것을 보여 주기 위한 것이다(양명희, 2017).

④ 기초선 자료를 수집한다.

- 기초선 자료의 수집이 반드시 필요한 것은 아니다.

⑤ 변인들에 대한 균형계획에 맞추어 두 중재를 교대로 적용한다.

- 중재교대설계에서 두 개 이상의 중재를 실시하기는 매우 어렵기 때문에 흔히 두 중재를 교대로 실시한다.

⑥ 연구의 마지막 단계에서는 가장 효과적인 중재만을 단독으로 실시한다.

(4) 내적 타당도를 높이기 위한 방법

① 중재를 시작하기 전에 중재를 제시할 균형 잡힌 시간표를 계획해야 한다.

② 비교하려는 중재들을 한 대상자(또는 대상군)에게 빠른 간격으로 교대하여 적용해야 한다.

- 내적 타당도를 높이기 위해서는 가능하면 시간차가 별로 없는 빠른 교대(예 회기 내 교대)가 바람직하지만, 학생이 너무 혼란스러워하거나 중재가 너무 비슷해서 혼동의 우려가 있을 경우에는 회기 간 교대를 계획하는 것이 바람직하다.

KORSET 합격 굳히기 중재교대설계의 내적 타당도를 높이기 위한 방법

1. 빠른 교대

① 중재교대설계에서는 비교하려는 중재들을 한 대상자(또는 대상군)에게 빠른 간격으로 교대하여 적용한다. 예를 들어, 회기마다 또는 한 회기 내에서도 중재 조건을 교대로 바꾸어 적용한다. 이렇게 비교중재 간의 적용 시간에 대한 균형을 맞춤으로써 조건변경설계에서의 내적 타당도 문제를 해소할 수 있다.

② 중재교대설계의 내적 타당도는 대체로 좋은 편이다. 이는 중재 간에 빠른 교대를 통하여 성숙에 의한 오염변인을 통제할 수 있기 때문이다. 또한 빠른 중재 간의 교대는 순서변인도 통제할 수 있다.

출처 ▶ 이소현 외(2016)

2. 균형 잡힌 시간표

중재교대설계에서 내적 타당도를 입증하기 위해서는 한 중재가 다른 중재보다 꾸준히 다른 반응 수준을 나타내야 한다. 그럴 때는 조건변경설계에서 문제가 되는 연구 대상자의 역사나 성숙은 문제가 되지 않는다. 왜냐하면 중재교대설계에서 중재의 교대는 한 회기 안에서 또는 바로 인접 회기에서 실행하기 때문이다. 그리고 이월 영향과 같은 복수중재 간섭을 통제하려면 중재를 시작하기 전에 중재를 제시할 균형 잡힌 시간표를 만들고, 중재의 제시 순서, 중재 실시 시간, 중재를 실시하는 교사/치료사와 같은 변수의 균형을 잡아야 한다(양명희, 2017).

(5) 중재 효과의 입증 11유특, 17초특

① 한 중재가 다른 중재보다 꾸준히 다른 반응 수준을 나타낼 때, 중재 효과의 차이를 입증하게 된다. 즉, 한 중재의 선 그래프(또는 경향선)가 다른 중재의 선 그래프(또는 경향선)보다 계속하여 우위에 있을 때 효과의 차이가 입증된다.

② 두 중재 효과의 강도 차이는 자료선 간의 수직적 거리의 차이에 따른다.

㉠ 수직적 거리가 크면 두 중재의 효과 차이도 큰 것을 의미한다.

㉡ 자료선이 중복되는 구간이 많으면 중재 효과가 차이를 보이지 못하는 것을 의미한다.

③ 중재교대설계는 복제 구간을 갖지 않으므로 기능적 관계의 존재는 상대적으로 약하다.

- 기능적 관계를 입증하기 위해 새로운 구간이 도입될 수 있다. 이 구간에서는 효과적인 것으로 나타난 처치를 적용하며, 이 구간에서 행동이 개선되면 처치의 복제가 이루어지는 것이고 기능적 관계가 입증된다.

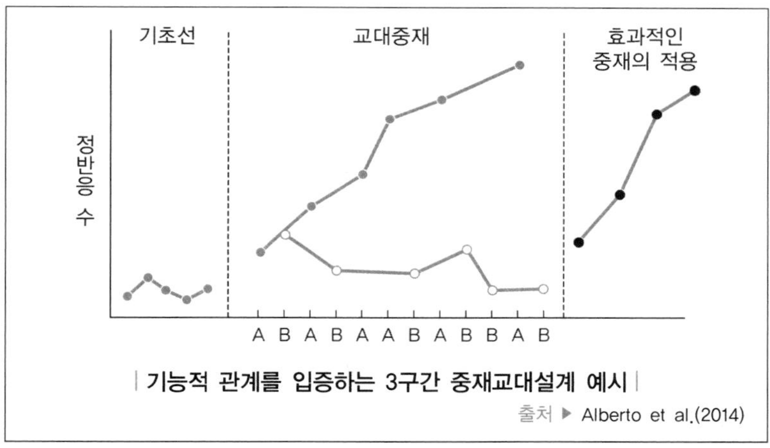

| 기능적 관계를 입증하는 3구간 중재교대설계 예시 |

출처 ▶ Alberto et al.(2014)

(6) 장단점 17초특

장점	• 한 대상에게 두 가지 중재를 빠르게 교대하여 실시하기 때문에 기초선 자료의 측정을 반드시 하지 않아도 된다(기초선 측정 없이 빠르게 중재에 들어갈 수도 있다). • 기초선을 두는 경우, 반전설계나 중다기초선설계는 중재 시작 전에 기초선 자료의 안정성이 요구되는 반면, 중재교대설계는 기초선 기간에 표적행동의 변화 정도에 상관없이 중재를 교대할 수 있다. • 교대하여 실시하는 중재끼리 비교하기 때문에 중재 효과를 입증하기 위해 중재를 제거할 필요가 없다. • 중재 효과를 빨리 비교할 수 있다: 회기별로 또는 한 회기 안에서 중재를 교대하기 때문이다.
제한점 (단점)	• 중재를 적용할 때 연구 대상자별로 중재 절차 적용에 대한 높은 수준의 일관성이 요구된다. • 중재 횟수뿐 아니라 다른 변수(예 교사/치료사, 시기, 장소, 중재 제시 순서 등)도 균형을 이루어야 하는 어려움이 있다. • 명백한 기능적 관계를 확립하기 위해 복제 구간을 도입할 필요가 있다. • 중재 방법이 자연스럽지 않고 다소 인위적일 수 있다. 실제 교육장면 혹은 임상장면에서는 동시에 두 가지 중재 방법을 전부 적용하는 경우는 매우 드물기 때문이다.

개념확인문제

01

2019 유아A-4

(가)는 밀가루 탐색활동과 그 과정에서 나타난 지후와 교사의 행동이다. 물음에 답하시오.

(가)

활동과정	㉠ 지후 행동 / 교사 행동
• 밀가루를 관찰하고, 탐색한다. – 밀가루를 만지니 느낌이 어떻니? • 도구를 사용해 밀가루를 탐색한다.	• 밀가루를 탐색하며 논다. • 도구를 사용해 밀가루를 탐색한다.
• 밀가루 반죽을 만드는 방법을 이야기 나눈다. – 밀가루와 물을 섞으면 어떻게 될까?	• 밀가루 반죽을 만드는 방법을 이야기하려고 할 때, 소리를 지르며 짜증을 낸다. / 소파에 앉아 있도록 한다.
• 밀가루와 물을 섞어 반죽을 만든다. – 밀가루에 물을 섞으니 어떻게 모양이 변하고 있니?	• 반죽 만들기가 시작되자 자리로 돌아와 즐겁게 참여한다.
• 밀가루 반죽을 관찰하고, 탐색한다.	• 밀가루 반죽을 탐색하며 논다.
• 밀가루와 밀가루 반죽의 다른 점을 이야기 나눈다. – 밀가루와 밀가루 반죽의 느낌이 어떻게 다르니?	• 밀가루와 밀가루 반죽의 다른 점을 이야기하려고 하자, 소리를 지르며 짜증을 낸다. / 소파에 앉아 있도록 한다.

… (하략) …

2) ㉠의 내용에 대하여 지후의 행동을 기능 평가한 후, 유아의 삶의 질 향상을 목적으로 제공하는, 행동 문제에 대한 예방과 대처 그리고 대안 행동(alternative behavior) 교수를 포함하는 장기적이고 생태학적인 행동 중재 및 지원은 무엇인지 쓰시오.

02

2012 중등1-22

다음은 학생 A의 문제행동을 개선시키기 위한 긍정적 행동지원 절차이다. 이 절차에 따라 김 교사가 적용한 단계별 예로 옳은 것만을 〈보기〉에서 있는 대로 고른 것은?

• 단계 1: 어떤 행동을 중재할 것인지 결정하기
• 단계 2: 목표행동 관련 정보 수집하기
• 단계 3: 가설 설정하기
• 단계 4: 긍정적 행동지원 계획 수립·실행하기
• 단계 5: 행동지원 계획 평가·수정하기

보기

ㄱ. 단계 1: 목표행동을 '학생 A는 자신의 옆에 있는 친구를 자주 공격한다'로 진술한다.
ㄴ. 단계 2: 학생 A의 목표행동 기능을 파악하기 위하여 A-B-C 분석을 실행하고, 행동에 영향을 미칠 수 있는 학습 및 행동 발달 수준을 파악하기 위한 다양한 정보를 수집한다.
ㄷ. 단계 3: 이전 단계에서 수집한 개괄적 정보를 요약하고, 행동의 기능적 관계를 파악하기 위하여, '학생 A에게 하기 싫어하는 과제를 주면, 공격행동이 증가할 것이다'로 가설을 설정한다.
ㄹ. 단계 4: 학생 A에게 배경·선행사건 조정, 대체행동 교수, 후속결과 활용 및 행동감소 전략 등과 같은 중재전략을 구성하여 적용한다.
ㅁ. 단계 5: 중재 계획에 따라 학생 A를 지도한 후, 중재전략의 성과를 점검하여 수정이 필요한지를 평가한다.

① ㄱ, ㄴ ② ㄴ, ㄹ
③ ㄱ, ㄷ, ㅁ ④ ㄴ, ㄹ, ㅁ
⑤ ㄷ, ㄹ, ㅁ

03

2010 유아1-13

병설유치원 통합학급에 다니는 채원이는 머리를 벽에 부딪치는 문제행동을 보인다. 홍 교사는 긍정적 행동지원을 통해 채원이의 문제행동에 대한 중재계획을 세우고자 한다. 〈보기〉에서 '가설 세우기' 단계 이전에 해야 할 일들을 모두 고른 것은?

보기

ㄱ. 문제행동의 기능분석을 한다.
ㄴ. 문제행동을 조작적으로 정의한다.
ㄷ. 채원이에게 효과적인 대체행동 기술을 지도한다.
ㄹ. 문제행동의 유발 요인을 미리 제거하거나 수정한다.
ㅁ. 채원이의 선호 활동을 파악하고 채원이의 선택을 존중한다.

① ㄱ, ㄴ
② ㄱ, ㄷ
③ ㄴ, ㅁ
④ ㄱ, ㄹ, ㅁ
⑤ ㄷ, ㄹ, ㅁ

04

2018 유아A-7

다음은 태희의 공격적 행동을 관찰하기 위하여 두 교사가 나눈 대화이다. 물음에 답하시오.

홍 교사: 선생님, 우리 반 태희가 공격적인 행동을 보여요. 아무래도 태희의 공격적 행동을 자세히 관찰해 보아야겠어요.
강 교사: 네, 그게 좋겠네요. 태희의 행동을 정확히 관찰하려면 ㉠ <u>먼저 태희의 공격적 행동을 관찰 가능한 구체적인 형태로 명확히 정하셔야 하겠군요.</u>
홍 교사: 그렇죠. 저는 태희가 물건을 던지는 행동과 다른 친구의 물건을 빼앗는 행동을 공격적 행동으로 보려고 해요. 그런데 저 혼자 관찰하기보다는 강 선생님과 함께 관찰했으면 해요.
강 교사: 네, 그러죠. ㉡ <u>선생님과 제가 태희의 공격적 행동을 동일한 방법으로 관찰했을 때 결과가 서로 어느 정도 일치하는지를 보는 것</u>도 중요하니까요.
홍 교사: 저는 태희의 공격적 행동특성을 조금 더 지켜 본 후에 ㉢ <u>전체간격기록법</u>이나 부분간격기록법 중에서 적절한 방법을 선택하려고요.
강 교사: 네. 태희만 관찰할 때는 그럴 수도 있겠네요. 만약 선생님께서 수업을 진행하시면서 여러 유아들의 행동을 동시에 관찰하실 때는 말씀하신 시간간격기록법의 두 가지 방법보다 (   )이/가 효과적일 겁니다.

1) 밑줄 친 ㉠과 ㉡에 해당하는 용어를 각각 쓰시오.

2) 밑줄 친 ㉢의 행동발생 기록 방법을 쓰시오.

3) ① (   )에 적합한 관찰 기록법의 명칭을 쓰고, ② 해당 기록법의 행동발생 기록 방법을 쓰시오.

05

2010 중등1-23

장애학생의 문제행동 지원에 관한 설명으로 옳은 것을 〈보기〉에서 모두 고른 것은?

보기

ㄱ. 면담은 비형식적 방법으로 면담 대상자는 학생을 잘 아는 사람과 학생 본인이다.
ㄴ. 긍정적 행동지원은 바람직한 행동을 증가시키고, 문제가 되는 행동을 감소 및 제거하는 데 초점을 맞춘다.
ㄷ. 기능평가(functional assessment)는 문제행동의 기능을 검증하기 위해 선행 사건과 후속 결과를 실험·조작하는 활동이다.
ㄹ. 긍정적 행동지원의 목표는 가정, 학교, 지역사회에서 문제행동을 보이는 개인은 물론 행동을 지원하는 사람들의 삶의 질을 높이는 데 있다.
ㅁ. 기능분석(functional analysis)은 특정 행동을 신뢰할 수 있게 예언하고, 그 행동을 지속시키는 환경 내의 사건을 정의하기 위해 이루어지는 일련의 활동 과정이다.

① ㄱ, ㄹ
② ㄱ, ㄴ, ㄹ
③ ㄱ, ㄷ, ㅁ
④ ㄱ, ㄷ, ㄹ, ㅁ
⑤ ㄴ, ㄷ, ㄹ, ㅁ

06

2009 유아1-24

다음은 또래에게 물건을 던지는 예림이의 문제행동 분포도이다. 이 자료에 근거하여 파악할 수 있는 것은?

이름: 김예림 문제행동: 물건 던지기

날짜 활동	3/17(월)	3/18(화)	3/19(수)	3/20(목)	3/21(금)
8:30~9:00 도착 및 자유놀이	□	□	□	□	□
9:00~9:15 이야기 나누기	▩	▨	□	□	□
9:15~10:00 집단 활동	▩	▨	▨	▨	▨
10:00~10:30 미술 활동	▩	▩	▩	▩	▩
10:30~11:00 간식	▨	□	□	□	□
11:00~11:30 자유 선택 활동	▨	□	▨	□	□
11:30~12:00 정리 및 귀가 준비	□	□	□	□	□

▩ =6회 이상 발생 ▨ =1~5회 발생 □ =발생하지 않음

① 습득해야 할 새로운 행동
② 문제행동을 대신할 수 있는 대체행동
③ 문제행동 발생 시 사용 가능한 벌 절차
④ 보다 자세한 진단을 실시해야 할 시간대
⑤ 문제행동을 하지 않는 시간에 제공해야 할 강화물

07

2012 유아1-15

만 5세 발달지체 유아 인애는 주변의 사물 이름을 묻는 직접적인 질문에 대부분 반응을 보이고, 지시에 따라 물건을 가져올 수 있으며, 과일 장난감을 좋아하지만, 장난감 정리에는 어려움이 있다. 다음은 송 교사가 인애에게 장난감 정리하기를 지도하는 과정이다. 송 교사가 사용한 교수 전략은?

> [상황] 자유 선택 활동 시간이 끝나고 장난감을 정리하라는 교사의 지시에 따라 또래들이 장난감을 정리하고 있지만, 인애는 가지고 놀던 과일 장난감을 정리하지 않고 그대로 두고 있다.
>
> 교사 : 인애야, 사과 장난감을 가져올래?
> 인애 : (사과 장난감을 주워서 교사에게 준다.)
> 교사 : 그래, 잘 했어. 바나나 장난감을 가져올래?
> 인애 : (바나나 장난감을 주워서 교사에게 준다.)
> 교사 : 와! 바나나 장난감도 잘 가져왔어. 오렌지 장난감도 가져올래?
> 인애 : (오렌지 장난감을 찾아서 교사에게 준다.)
> 교사 : 오렌지 장난감도 가져왔네. 아주 잘 했어. 자, 이제 바구니에 과일 장난감 넣는 것 도와줄래?
> 인애 : (바구니에 과일 장난감들을 넣는다.)
> 교사 : 장난감 정리 아주 잘 했어!

① 반응 대가(response cost)
② 토큰 경제(token economy)
③ 부적 강화(negative reinforcement)
④ 점진적 시간지연(progressive time delay)
⑤ 고확률 절차(high-probability procedures)

08

2009 중등1-17

다음 내용에서 사용된 행동수정 기법으로 옳은 것은?

> 정신지체학생 A는 자주 수업을 방해하는 행동을 하였다. 김 교사는 기능평가를 실시하여 A가 교사로부터 관심을 받기 위해 평균 6분마다 수업방해 행동을 한다는 사실을 알았다. 수업방해 행동을 감소시키기 위해 김 교사는 A에게 매 5분마다 관심을 주었더니 수업방해 행동이 감소하였다. 이때부터 김 교사는 A에게 관심을 주는 시간 간격을 점차적으로 증가시켰다. 학기말에 A는 수업방해 행동을 하지 않았다.

① 소거(extinction)
② 다른행동 차별강화
③ 상반행동 차별강화
④ 대체행동 차별강화
⑤ 비유관 강화(noncontingent reinforcement)

09

2010 유아1-12

다음은 자폐성장애 아동의 문제행동을 중재한 사례들을 제시한 것이다. 다음의 사례들에 사용되지 않은 행동수정 전략은?

- 아동이 수업 중 소리를 지르자 교사는 아동으로 하여금 교실 구석에서 벽을 쳐다보고 1분간 서 있게 하였다.
- 울 때마다 과제를 회피할 수 있었던 아동이 싫어하는 과제를 회피하기 위하여 울더라도 교사는 아동이 과제를 끝내도록 하였다.
- 교사는 아동이 5분간 과제에 집중을 하면 스티커 한 장을 주고, 공격행동을 보이면 스티커 한 장을 회수하여 나중에 모은 스티커로 강화물과 교환하도록 하였다.
- 문제행동을 보일 때마다 교사의 관심을 받았던 아동이 교사의 관심을 끌기 위하여 물건을 집어던지는 행동을 하더라도, 교사는 문제행동에 관심을 기울이지 않고 무시하였다.

① 반응대가　② 소거
③ 과잉(과다)교정　④ 토큰경제
⑤ 타임아웃(고립)

10

2009 초등1-36

〈보기〉는 임 교사가 초등학교 5학년 영어과 읽기 영역의 '쉽고 간단한 낱말을 소리내어 읽는다.'와 관련하여 학습장애 학생 철수에게 자극용암, 자극외(가외자극) 촉진(촉구), 자극내 촉진을 사용하여 영어 단어의 변별을 지도한 방법이다. 임 교사가 사용한 지도방법의 예가 바르게 제시된 것은?

보기

ㄱ. 컵 그림 위에 글자 cup을 쓰고, 모자 그림 위에 글자 cap을 썼다.
ㄴ. cup의 글자를 cap의 글자보다 크고 진하게 썼다.
ㄷ. 단어장을 보여주며 컵이라고 읽는 시범을 보인 후 따라 읽도록 하였다.
ㄹ. 초기에는 학생이 발음을 하려고만 해도 강화를 제공하였으나, 점진적으로 목표행동에 가까운 발음을 하면 차별적으로 강화하였다.
ㅁ. 학생이 cup과 cap을 변별하여 읽기 시작하면 컵 그림과 모자 그림을 점차 없애가며, cup의 글자 크기와 진하기를 점차 cap의 글자 크기와 진하기처럼 작고 연하게 변화시켰다.
ㅂ. 학생이 카드 위에 쓰인 cup과 cap을 성공적으로 변별하면 다양한 책에 쓰여진 cup을 읽도록 하였다.

	자극용암	자극외 촉진	자극내 촉진
①	ㄷ	ㄹ	ㄱ
②	ㄷ	ㅂ	ㄱ
③	ㅁ	ㄱ	ㄴ
④	ㅁ	ㅂ	ㄴ
⑤	ㅂ	ㄱ	ㄹ

11

2012 중등1-13

다음은 박 교사가 개발한 '현금자동지급기에서 현금 인출하기'의 과제분석과 그에 대한 철수의 현행 수준을 평가한 결과이다. 이 내용에 대해 두 교사가 나눈 대화 ㉠~㉤ 중에서 옳은 것만을 있는 대로 고른 것은?

과제분석과 현행 수준 평가 결과

이름: 김철수　　　평가자: 박○○
표적행동: 현금자동지급기에서 현금 인출하기
언어적 지시: "철수야, 현금자동지급기에서 돈 3만원 찾아볼래?"

과제분석	하위행동	평가일시			
		10/19	10/20	10/21	10/22
1단계	현금카드를 지갑에서 꺼낸다.	+	+	+	+
2단계	현금카드를 카드 투입구에 바르게 넣는다.	+	+	+	+
3단계	현금 인출 버튼을 누른다.	−	−	+	+
4단계	비밀 번호 버튼을 누른다.	−	−	−	−
5단계	진행사항에 해당하는 버튼을 누른다.	−	−	−	−
6단계	인출할 금액을 누른다.	−	+	+	+
7단계	현금 지급 명세표 출력 여부 버튼을 누른다.	+	+	+	−
8단계	현금 지급 명세표와 현금카드를 지갑에 넣는다.	−	−	−	+
9단계	현금을 꺼낸다.	+	+	+	+
10단계	현금, 명세표, 현금카드를 지갑에 넣는다.	+	+	+	+
정반응의 백분율(%)		50%	60%	70%	70%
비고	기록코드: 정반응(+), 오반응(−)				

김 교사: ㉠ 일련의 복합적인 행동을 가르치기 위해 과제분석을 할 수 있어요.

박 교사: ㉡ 과제분석을 할 때는 과제를 유능하게 수행하는 사람이나 전문가를 관찰해서, 하위행동을 목록화하는 것이 중요해요.

김 교사: 박 선생님께서는 ㉢ 철수가 '현금자동지급기에서 현금 인출하기'의 모든 하위 행동을 수행할 수 있는지 보기 위해 '단일 기회방법'을 사용하여 매 회기마다 평가하셨군요.

박 교사: 네, ㉣ 철수가 많은 하위 행동을 이미 수행할 수 있지만, 순차적으로 수행하는 데는 어려움이 있어 보여요. 그래서 철수에게 이 과제를 지도하기 위해 행동연쇄법 중 '전체과제 제시법'을 적용하는 것이 적절할 것 같아요.

김 교사: ㉤ '전체과제 제시법'을 적용하면, 철수가 각각의 하위 행동을 할 때마다, 교사가 자연적 강화를 주기 때문에 비교적 쉽게 이 과제를 수행할 수 있을 것 같아요.

① ㉠, ㉡　② ㉢, ㉣
③ ㉠, ㉡, ㉣　④ ㉠, ㉢, ㉤
⑤ ㉡, ㉣, ㉤

12

2018 초등B-5

다음은 밑줄 친 ㉣에서 사용한 과제 분석 내용과 후진형 행동 연쇄(backward chaining) 지도 순서의 예이다. ① [A]의 올바른 지도 순서를 기호로 쓰고, ② 후진형 행동 연쇄의 특징을 학생의 강화제 획득 빈도 측면에서 1가지 쓰시오.

유의 사항

㉣ 학생에게 그림교환의사소통체계(PECS)를 통해 '문장으로 의사소통하기' 지도

• 과제 분석 내용
- 1단계 : '빨랫비누' 그림 카드를 떼기(스스로 할 수 있음)
- 2단계 : '빨랫비누' 그림 카드를 '주세요' 그림 카드 앞에 붙여 문장띠 완성하기
- 3단계 : 완성된 문장띠를 교사에게 전하기

• 후진형 행동 연쇄 지도 순서
- ⓐ : 2단계를 지도한다.
- ⓑ : 2단계까지는 필요한 도움을 주고, 3단계를 지도한다.
- ⓒ : 모든 단계를 학생 혼자 하게 한다.

[A]

※ 후진형 행동 연쇄를 이용하여 요구하기 반응 기회를 15회 제공함

① ______________________

② ______________________

13

2013 중등1-2

발달장애 학생들은 학습한 내용을 일반화(generalization)하는 데 어려움이 있을 수 있다. 일반화에 대한 내용으로 옳지 않은 것은?

① 자기통제 기술을 지도하면 실생활에서의 독립기능이 촉진될 수 있으므로 일반화에 도움이 된다.
② 교실에서의 수업은 다양한 예시를 활용하되, 제시되는 자극이나 과제 매체는 단순화하는 것이 일반화에 효과적이다.
③ 수업시간에 일과표 작성하기를 배운 후, 집에 와서 가족일과표를 작성할 수 있는 것은 '자극일반화'에 해당한다.
④ 수업시간에 숟가락으로 밥 떠먹기를 배운 후, 숟가락으로 국을 떠먹을 수 있는 것은 '반응일반화'에 해당한다.
⑤ 수업시간에 흰 강아지 그림카드를 보고 '개'를 배운 후, 개가 흰색일 경우에만 '개'라고 말하는 것은 '과소일반화'에 해당한다.

14

2015 유아B-2

(가)는 자폐성 장애 유아 경수에 대한 김 교사의 행동 관찰 내용이고, (나)는 경수에 대한 행동지원 절차 중 일부이다. 물음에 답하시오.

(가) 행동 관찰 내용

장면 1	비가 와서 바깥놀이 시간에 놀이터에 못 나가게 되자, 경수는 "바깥놀이 시간, 바깥놀이 시간이에요." 하며 계속 울었다.
장면 2	찰흙놀이 시간에 평소 물컹거리는 물건을 싫어하는 경수가 찰흙을 만지지 않으려 하자, 김 교사는 경수에게 찰흙 한 덩어리를 손에 쥐어 주고, 찰흙놀이를 하도록 하였다. 그러자 경수는 찰흙을 친구에게 던지고 소리를 질렀다.
장면 3	이야기나누기 시간에 경수는 부드러운 천으로 만들어진 자신의 옷만 계속 만지고 있었다.

(나) 행동지원 절차

- 1단계: 문제 행동을 정의하고 ㉠ <u>우선순위화</u>한다.
- 2단계: 기능 진단을 실행한다.
- 3단계: 가설을 개발한다.
- 4단계: 포괄적인 행동지원 계획을 개발한다.
- 5단계: 행동지원 계획을 실행하고, 평가하고, 수정한다.

1) 경수의 행동지원팀이 ㉠을 할 때, (가)에 나타난 경수의 행동 중 우선적으로 지도해야 할 순서를 장면의 번호에 따라 차례로 쓰고, 그와 같이 선정한 이유 1가지를 쓰시오.

① 장면 번호: ______________________

② 이유: ______________________

15

2013 초등A-3

다음의 (가)는 영진이의 행동 목표와 긍정적 행동 지원 중재 계획의 일부이다. 물음에 답하시오.

(가) 행동 목표 및 중재 계획

이름	김영진	시행기간	2012.08.27.~2013.02.15.
행동 목표		중재 계획	
1. 국어 수업시간 내내 3일 연속으로 바르게 행동할 것이다. 2. 쉬는 시간에 컴퓨터 앞에 앉아 있는 친구의 손등을 때리는 행동이 감소할 것이다.		1. 바른 행동을 할 때마다 칭찬과 함께 스티커를 준다. 2. 쉬는 시간 컴퓨터 사용 순서와 개인별 제한 시간에 대한 규칙을 학급 전체 유아에게 수업을 마칠 때마다 가르친다.	

1) 메이거(R. F. Mager)의 행동적 목표 진술 방식을 따른다면, (가)의 행동 목표 1과 2가 바람직하지 않은 이유를 각각 쓰시오.

- 행동 목표 1:
- 행동 목표 2:

16

2009 초등1-14

다음은 초등학교 특수학급에 재학 중인 자폐성장애 학생 순희의 상동행동을 10초 간격으로 2분 동안 관찰한 결과를 도식화한 것이다. 상동행동은 관찰 시작 후 35초부터 85초까지 발생하였다. 이에 대한 설명으로 바른 것은?

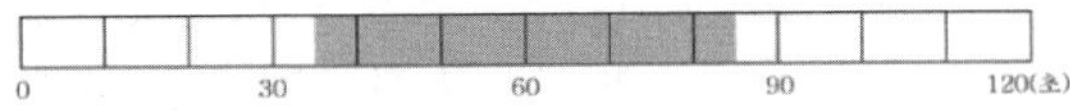

① 전체간격기록법은 행동의 발생 여부가 중요한 경우에 사용된다.

② 순간표집기록법에 의해 상동행동을 관찰하면 행동발생률은 50.0%이다.

③ 전체간격기록법에 의해 상동행동을 관찰하면 행동발생률은 33.3%이다.

④ 부분간격기록법에 의해 상동행동을 관찰하면 행동발생률은 66.7%이다.

⑤ 부분간격기록법은 어느 정도 지속되는 안정된 행동을 측정할 때 사용된다.

17

2009 초등1-35

박 교사는 초등학교 1학년 '즐거운 생활' 시간에 자폐성장애 학생 슬기에게 '가족과 친구' 영역 중 '얼굴표정 나타내기'를 지도하면서 슬기의 반응을 관찰하여 경향선을 그리려고 한다. 반분법에 의해 경향선을 그리는 순서로 바른 것은?

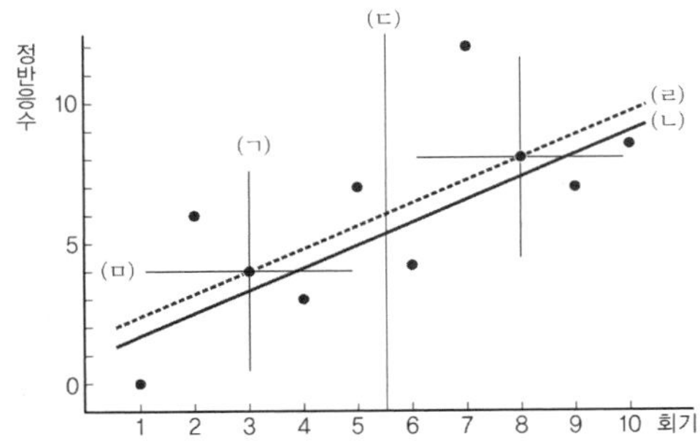

① ㄱ → ㄴ → ㄷ → ㄹ → ㅁ

② ㄱ → ㄷ → ㄹ → ㅁ → ㄴ

③ ㄴ → ㄹ → ㄱ → ㄷ → ㅁ

④ ㄷ → ㄱ → ㄹ → ㅁ → ㄴ

⑤ ㄷ → ㄱ → ㅁ → ㄹ → ㄴ

18

2009 중등1-22

다음 그래프는 수업을 방해하는 문제행동을 감소시키기 위한 중재의 결과를 분석한 것이다. 이를 보고 옳은 설명을 〈보기〉에서 고른 것은?

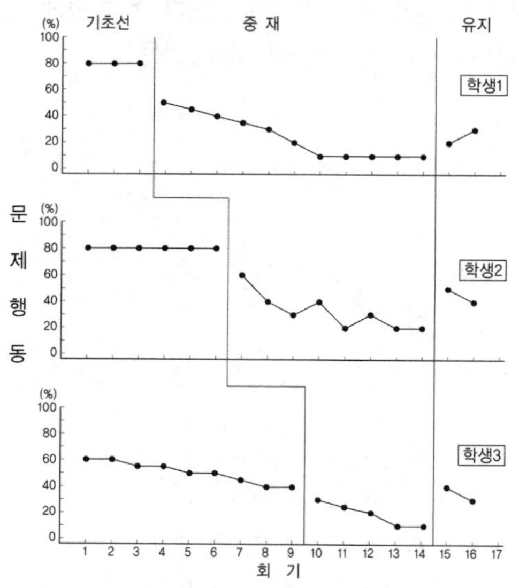

보기

ㄱ. 대상자 간 중다간헐기초선 설계가 사용되었다.
ㄴ. 이 설계는 다수의 기초선을 동시에 측정해야 한다.
ㄷ. 이 설계는 교사가 실제 교육 현장에서 사용하기 용이하다.
ㄹ. 학생 2와 학생 3의 기초선 자료는 중재를 실시하기에 적합하였다.

① ㄱ, ㄴ
② ㄱ, ㄷ
③ ㄴ, ㄷ
④ ㄴ, ㄹ
⑤ ㄷ, ㄹ

19

2010 유아1-21

박 교사는 만 4세 발달지체 유아 선우의 활동 참여 시간을 증가시키기 위해 선우가 일정 시간 활동에 참여하면 스티커를 제공하는 중재를 하였다. 다음은 박 교사가 자유놀이, 소집단, 대집단 활동에서 중재를 실시한 과정을 나타내는 '상황 간 중다기초선 설계(multiple baseline design across settings)' 그래프이다. 이 그래프와 관련된 진술로 바른 것은?

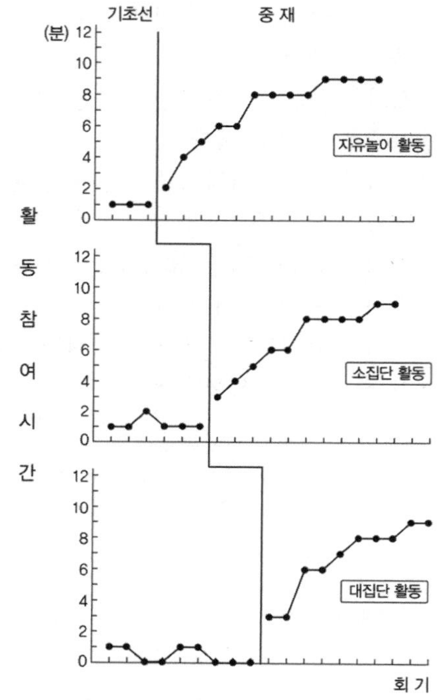

〈그림〉 상황 간 중다기초선 설계 그래프

① 종속변인인 활동 참여 시간은 분으로 측정되었다.
② 기초선에서 선우가 활동에 참여하면 스티커가 제공되었다.
③ 중재는 대집단, 소집단, 자유놀이 활동 순서로 시작되었다.
④ 각 활동에서의 기초선 총 회기 수는 기초선 자료 수집 전에 결정되었다.
⑤ 자유놀이 활동에서 스티커가 제공되자마자 소집단 활동에서 선우의 활동 참여 시간이 증가되었다.

20

2024 초등B-1

다음은 담임 교사가 실시한 중재의 결과 그래프이다. ⓒ에서 중재 효과가 나타나지 않은 이유를 ⓐ, ⓑ와 비교하여 행동의 기능 측면에서 1가지 쓰시오.

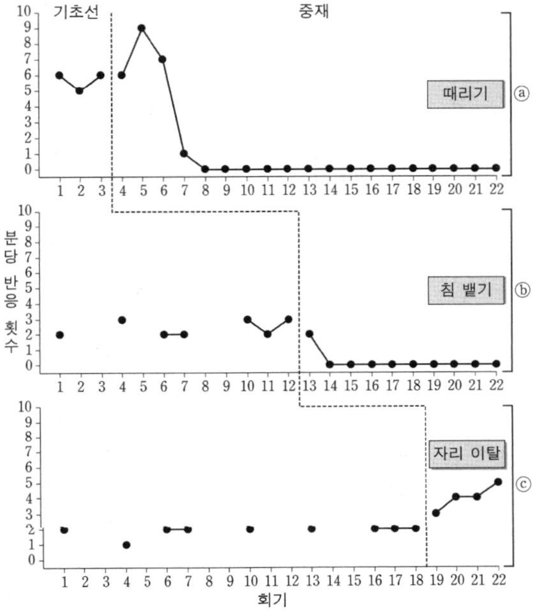

21

2010 중등1-27

다음의 (가)와 (나)에 적용된 설계에 대한 설명으로 옳지 않은 것은?

(가)

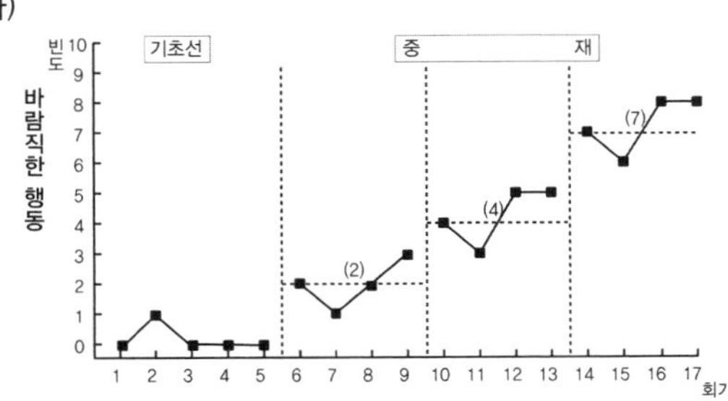

(나)

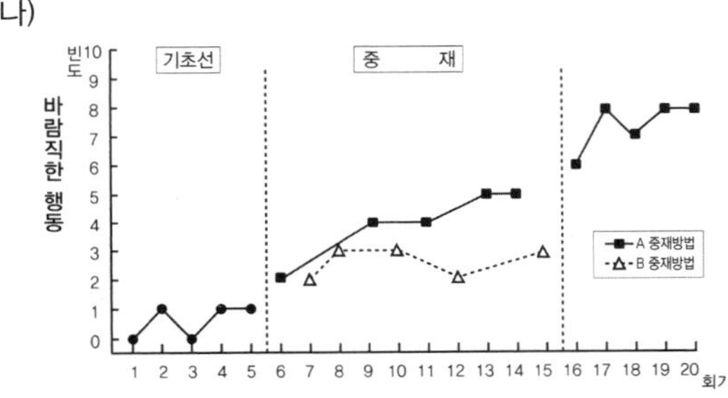

① (가)의 설계는 시급한 행동수정을 필요로 하는 경우에 부적절하다.

② (가)는 중간단계에서 준거에 너무 늦게 도달할지라도 중간준거를 조정하면 안 된다.

③ (가)는 최소한 연속적으로 세 개의 구간에서 단계목표가 달성되면 기능적 인과관계가 입증된 것으로 본다.

④ (나)는 중재의 임의적 배열과 평형화를 통해 중재 간 상호 영향을 최소화한다.

⑤ (나)의 설계는 두 가지 이상의 실험처치 또는 중재 조건이 표적행동에 미치는 효과를 비교할 때 활용한다.

22

2020 초등B-1

다음은 준수를 위해 작성한 문제행동중재 내용의 일부이다. [결과 그래프 및 내용]에 해당하는 단일대상연구 방법의 설계 명칭을 쓰시오.

[결과 그래프 및 내용]

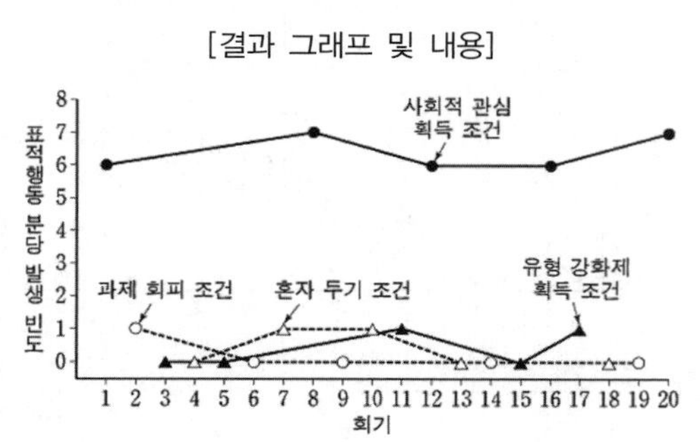

- 각 회기를 15분으로 구성하고, 불필요한 자극이 제거된 교실에서 하루 4회기씩 평가를 실시함
- 4가지 실험 조건을 각 5회기씩 무작위 순서로 적용함
- 각 실험 조건에서 발생하는 표적행동의 분당 발생 빈도를 기록하고 그래프로 시각화하여 분석함

23

2017 유아A-8

다음은 4세 통합학급에서 홍 교사의 수업을 관찰한 후, 김 원장과 장학사가 나눈 대화 내용의 일부이다. 물음에 답하시오.

장학사: 오늘 홍 선생님의 수업은 발달지체 유아 준서의 참여가 돋보이는 수업이었습니다.

김 원장: 홍 선생님이 지금까지 많은 노력을 기울여 온 결과라고 볼 수 있습니다. 홍 선생님은 지난해부터 직무 연수를 받은 대로 ㉠ 우수한 여러 연구에서 효과가 있는 것으로 입증된 교육 방법을 적용해 오고 있습니다.

장학사: 선생님들께서 많은 노력을 기울이고 계시는군요. 그런데 이런 방법을 적용할 때 선생님들이 ㉡ 각각의 교육 방법에서 제시하고 있는 절차, 시간, 적용 지침을 제대로 따르고 있는지 점검하는 것이 중요합니다.

김 원장: 네. 우리 선생님들은 그 지침을 잘 따르고 있을 뿐만 아니라 유아들이 유치원 생활에 잘 적응할 수 있도록 도와주고 있어요. 예를 들어, 홍 선생님의 경우 준서에게 도움을 요청하는 방법도 알려 주고, 좋아하는 활동 자료를 선택할 수 있게 하며, 차별 강화를 사용하기도 합니다. 어제는 활동 중에 쉬는 시간을 자주 제공했더니 준서가 이전보다 적극적으로 활동에 참여했어요. [A]

장학사: 그렇군요. 오늘은 교사의 교육 역량이 중요하다는 것을 확인할 수 있었던 시간이었습니다. 자, 이제 교수활동에 대한 세부적인 의견을 말씀드릴게요. 이 교수활동은 ㉢ 여러 가지 물건을 탐색하고 분류해 보는 활동이었지요?

… (하략) …

1) ㉡이 지칭하는 용어를 각각 쓰시오.

2) [A]는 홍 교사가 실시한 긍정적 행동지원 방법이다. 이 중 선행사건 조절에 해당하는 내용 2가지를 찾아 쓰시오.

모범답안

1	긍정적 행동지원
2	④
3	①
4	1) ㉠ 조작적 정의, ㉡ 관찰자 간 일치도(또는 관찰자 간 신뢰도) 2) 관찰시간을 짧은 시간 간격으로 동일하게 나누고, 각각의 시간 간격 동안 행동이 지속적으로 발생하는 경우 행동 발생으로 기록하는 방법이다. 3) ① 순간표집기록법, ② 관찰시간을 짧은 시간 간격으로 동일하게 나누고, 각각의 시간 간격이 끝나는 순간에 아동을 관찰하여 표적행동의 발생 여부를 기록하는 방법이다.
5	①
6	④
7	⑤
8	⑤
9	③
10	③
11	③
12	① ⓑ－ⓐ－ⓒ ② 매 회기마다 자연적 강화가 주어진다
13	②
14	① 장면 번호: 2－1－3 ② 이유: 자신이나 타인에게 해가 되거나 위협적인 행동을 먼저 지도해야 하기 때문이다.
15	• 행동 목표 1: 관찰 가능한 구체적 행동으로 표현되지 않았기 때문이다. • 행동 목표 2: 정확한 기준이 명시되어 있지 않기 때문이다.
16	③
17	⑤
18	③
19	①
20	ⓐ, ⓑ는 기능적으로 유사한 행동이지만, ⓒ는 기능적으로 유사하지 않은 행동이기 때문이다.
21	②
22	중재교대설계
23	1) 중재 충실도(또는 독립변인 신뢰도) 2) ① 좋아하는 자료를 선택할 수 있게 한다. ② 쉬는 시간을 자주 제공한다.

김남진

KORSET

특수교육 ❶

PART 02

통합교육

PART 02

통합교육 Mind Map

Chapter 1 통합교육의 이해

1 통합교육의 개념

- 통합
  - 통합
  - 교육에서의 통합
- 통합교육
  - 통합교육
  - 장애의 의료적 모델과 사회적 모델
  - 국제 기능 · 장애 · 건강분류(ICF) 모델 : 손상, 활동, 참여

2 통합교육의 목적 및 형태

- 통합교육의 목적 : 다양성의 인정 및 수용, 교육의 평등성 추구, 교육의 수월성 추구, 조화의 극대화
- 통합교육의 형태 : 물리적, 사회적, 교육과정적 통합

3 통합교육의 필요성

- 법적 측면
- 사회 · 윤리적 측면
- 교육성과 측면

Chapter 2 통합교육과 협력

1 협력의 개념 및 필요성

- 협력의 개념
- 협력의 필요성
  - 일관성 있는 교수 제공
  - 일반교사와 특수교사 간 책임과 역할 명확화
  - 최적의 교수방법 결정
  - 예방적 차원의 교육적 접근

2 협력의 특징

- 공동의 목적 정의
- 상호의존과 동등한 공유
- 자원의 상호작용적 교환
- 공동의 의사결정

3 협력적 팀 접근의 형태

- 다학문적 접근
  - 개념
  - 장단점
- 간학문적 접근
  - 개념
  - 장단점
- 초학문적 접근
  - 개념
  - 초학문적 접근의 주요 원리
    - 원형진단
    - 역할방출
    - 통합된 치료
  - 장단점

4 통합교육을 위한 협력 방법
- 협력교수
  - 개념
  - 특성
  - 유형
- 협력적 자문
  - 개념
  - 과정
- 중재 팀
  - 중재의 개념
  - 통합교육을 위한 중재 팀

Chapter 3 교수적 수정

1 교수적 수정의 이해
- 교수적 수정의 개념
- 교수적 수정의 원칙
- 교수적 수정의 고안 및 적용을 위한 기본 지침
- 교수적 수정의 절차
  - 1. 장애학생의 IEP 장단기 교수목표 검토
  - 2. 일반학급 수업참여를 위한 특정 일반교과의 선택
  - 3. 일반학급 환경에 대한 정보 수집
  - 4. 일반 교과수업에서 장애학생의 학업수행과 행동 평가
  - 5. 장애학생의 개별화된 단원별 학습목표 결정
  - 6. 교수적 수정 유형의 결정 및 고안
  - 7. 교수적 수정의 적용 및 평가

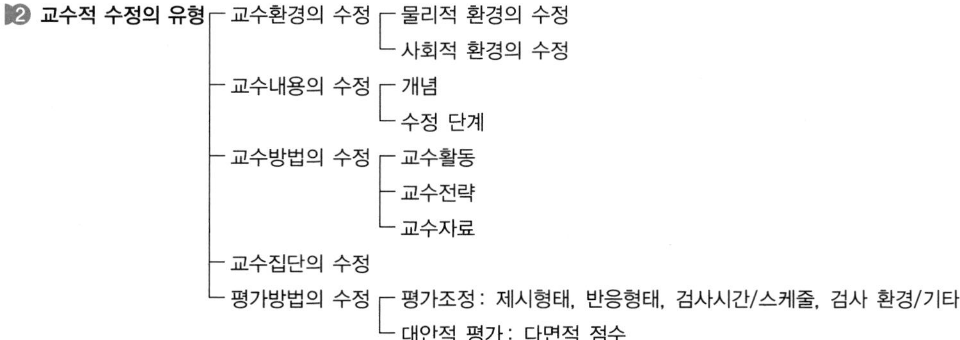

2 교수적 수정의 유형
- 교수환경의 수정
  - 물리적 환경의 수정
  - 사회적 환경의 수정
- 교수내용의 수정
  - 개념
  - 수정 단계
- 교수방법의 수정
  - 교수활동
  - 교수전략
  - 교수자료
- 교수집단의 수정
- 평가방법의 수정
  - 평가조정 : 제시형태, 반응형태, 검사시간/스케줄, 검사 환경/기타
  - 대안적 평가 : 다면적 점수

3 통합교육 장면에 적용 가능한 교육과정
- 중다수준 교육과정
- 중복 교육과정
- 중다수준 · 중복 교육과정의 공통점과 차이점

통합교육 Mind Map

Chapter 4 차별화 교수

1 차별화 교수의 이해
- 차별화 교수의 개념
- 차별화 교수의 특징

2 차별화 교수의 기본 가정과 원리
- 차별화 교수의 기본 가정
  - 아동의 적극적인 학습
  - 아동에 대한 높은 기대
  - 학습의 사회적 맥락
- 차별화 교수의 원리

3 차별화 교수의 계획 및 실천
- 학습자의 특성
  - 학습자의 준비도
  - 학습자의 흥미
  - 학습자의 학습 양식
- 차별화 교수의 요소
  - 교수내용의 차별화: 교수목표 수정 전략, 교수내용 수정 전략
  - 교수과정의 차별화: 아동집단의 융통성 있는 구성, 교수 진도와 발문 조절, 인적·물적 자원 제공, 학습전략 지원
  - 교수결과의 차별화: 표현양식의 변경, 숙달수준의 조정, 빈번한 평가

Chapter 5 협력교수

1 협력교수의 이해
- 협력교수의 개념
- 협력교수의 기본 원리
- 협력교수의 장점
- 협력교수의 효과

2 협력교수의 유형
- 팀티칭(팀교수)
  - 장점
  - 단점
- 교수－지원
  - 장점
  - 단점
- 스테이션 교수
  - 장점
  - 단점
- 평행교수
  - 장점
  - 단점
- 대안교수
  - 장점
  - 단점

Chapter 6 또래교수

1 또래교수의 이해
- 또래교수의 개념
- 또래교수의 특징
- 또래교수 실행 절차
  - 1. 또래교수 목표 및 대상 내용 설정
  - 2. 구체적인 수업지도안 작성
  - 3. 또래교수팀 조직
  - 4. 또래교수 사전 교육
  - 5. 또래교수 과정 점검
  - 6. 또래교수 효과 평가
- 또래교사 측면에서의 장점
- 또래학습자 측면에서의 장점

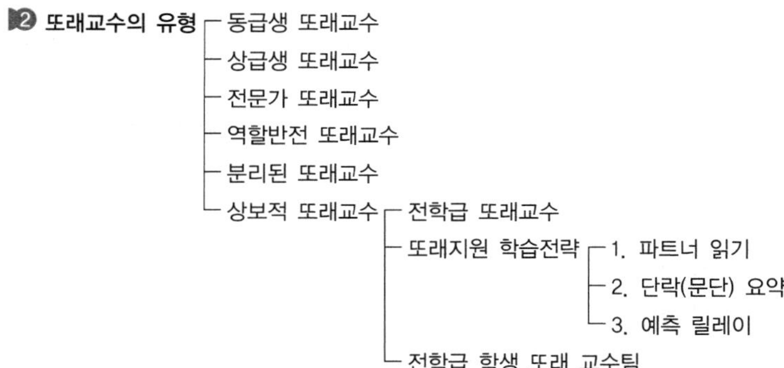

2 또래교수의 유형
- 동급생 또래교수
- 상급생 또래교수
- 전문가 또래교수
- 역할반전 또래교수
- 분리된 또래교수
- 상보적 또래교수
  - 전학급 또래교수
  - 또래지원 학습전략
    - 1. 파트너 읽기
    - 2. 단락(문단) 요약
    - 3. 예측 릴레이
  - 전학급 학생 또래 교수팀

Chapter 7 협동학습

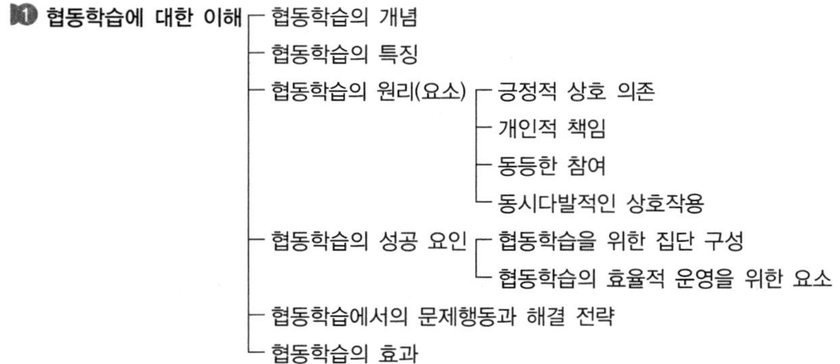

1 협동학습에 대한 이해
- 협동학습의 개념
- 협동학습의 특징
- 협동학습의 원리(요소)
  - 긍정적 상호 의존
  - 개인적 책임
  - 동등한 참여
  - 동시다발적인 상호작용
- 협동학습의 성공 요인
  - 협동학습을 위한 집단 구성
  - 협동학습의 효율적 운영을 위한 요소
- 협동학습에서의 문제행동과 해결 전략
- 협동학습의 효과

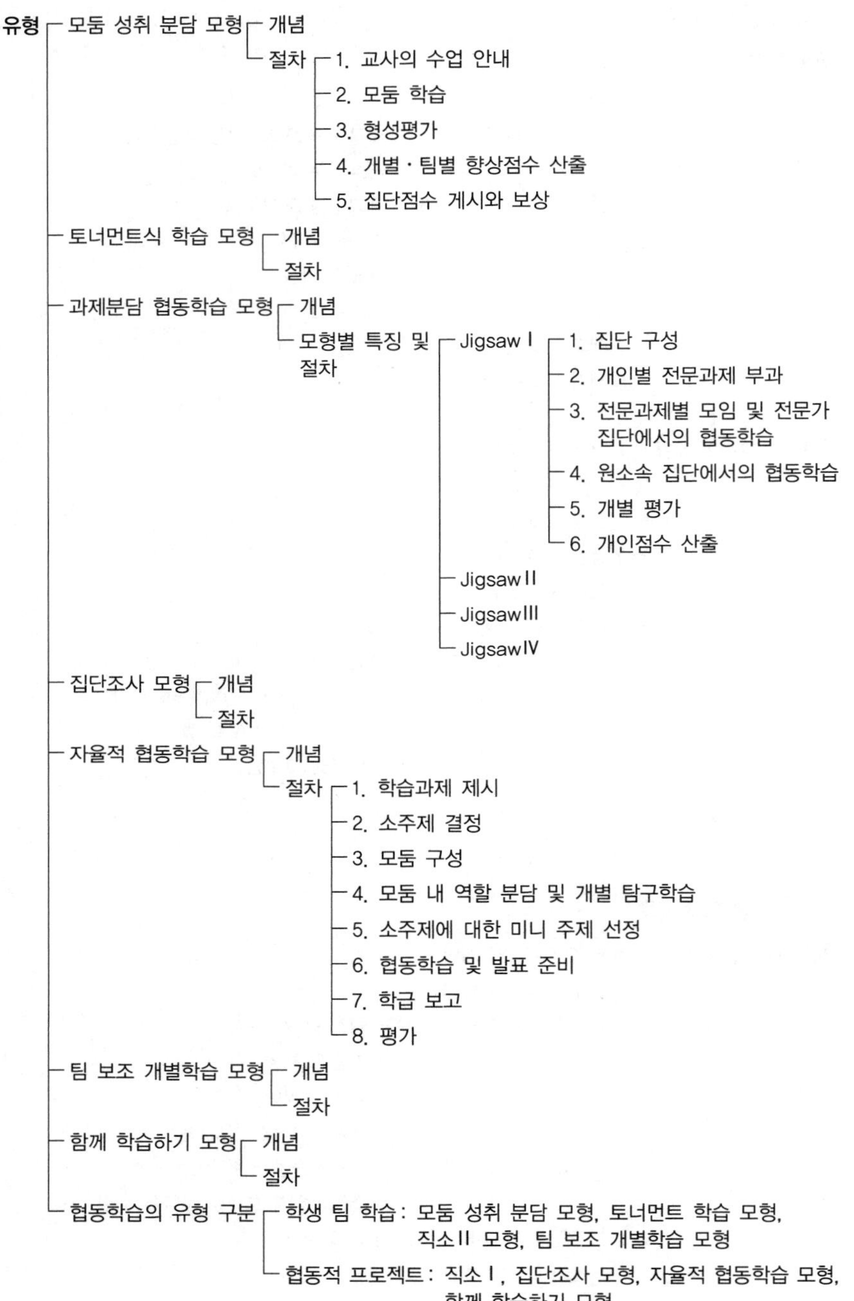
2 협동학습의 유형
모둠 성취 분담 모형
개념
절차
1. 교사의 수업 안내
2. 모둠 학습
3. 형성평가
4. 개별·팀별 향상점수 산출
5. 집단점수 게시와 보상
토너먼트식 학습 모형
개념
절차
과제분담 협동학습 모형
개념
모형별 특징 및 절차
Jigsaw I
1. 집단 구성
2. 개인별 전문과제 부과
3. 전문과제별 모임 및 전문가 집단에서의 협동학습
4. 원소속 집단에서의 협동학습
5. 개별 평가
6. 개인점수 산출
Jigsaw II
Jigsaw III
Jigsaw IV
집단조사 모형
개념
절차
자율적 협동학습 모형
개념
절차
1. 학습과제 제시
2. 소주제 결정
3. 모둠 구성
4. 모둠 내 역할 분담 및 개별 탐구학습
5. 소주제에 대한 미니 주제 선정
6. 협동학습 및 발표 준비
7. 학급 보고
8. 평가
팀 보조 개별학습 모형
개념
절차
함께 학습하기 모형
개념
절차
협동학습의 유형 구분
학생 팀 학습 : 모둠 성취 분담 모형, 토너먼트 학습 모형, 직소 II 모형, 팀 보조 개별학습 모형
협동적 프로젝트 : 직소 I, 집단조사 모형, 자율적 협동학습 모형, 함께 학습하기 모형

Chapter

01 통합교육의 이해

01 통합교육의 개념

1. 통합

(1) 통합

학교나 지역사회가 모든 사람을 공동체의 온전한 구성원으로 받아들여 그들의 소속감을 인정하고 존중하며, 그들이 기여하는 바를 높이 사는 것임을 함의한다.

(2) 교육에서의 통합

모든 아동이 목표, 교재, 방법, 평가 및 조직의 조정과 적합화를 통하여 사회적, 학업적, 문화적 공동체에 소속하여 다른 아동과 구성원과 함께 서로의 차이를 인정하고 서로를 존중하며 협력하는 공동체에 자연스러운 구성원이 될 수 있음을 의미하는 개념이다.

2. 통합교육

(1) 통합교육

① 「장애인 등에 대한 특수교육법」: 특수교육대상자가 일반학교에서 장애유형 · 장애정도에 따라 차별을 받지 아니하고 또래와 함께 개개인의 교육적 요구에 적합한 교육을 받는 것(제2조)

② 장애아동이 일반교육 교실의 구성원이 되기 위하여 변화되거나 준비되어야 하는 것이 아니라, 장애아동은 당연히 일반교육 교실의 구성원이 될 자격을 지니고 있음을 인정하는 것이다.

③ 장애아동을 바꾸는 대신 환경을 바꾸어야 함을 주장하는 장애의 사회적 모형이라고 할 수 있다.

장애의 의료적 모델
동 장애의 의학적 모델

(2) 장애의 의료적 모델과 사회적 모델 17중특

① 장애의 의료적 모델

㉠ 장애의 의료적 모델은 장애를 개인의 신체적·정신적 제한으로 간주하며, 이를 개인적인 문제와 비극으로 본다.

㉡ 장애를 치료의 대상, 교정의 대상으로 보고 학생보다 장애와 결함에 초점을 맞추어 장애학생을 바꾸어야 할 대상으로 간주한다.

② 장애의 사회적 모델

㉠ 장애는 개인과 사회와의 관계에서 나타난다고 가정하는 모형이다.

㉡ 장애의 문제를 해결하는 방안으로 개인과 사회와의 관계를 바꾸는 것을 요구한다.

㉢ 의학적 중재 요구를 거부하지 않지만, 이보다는 장애인에 대하여 부정적인 사회적 태도를 만들어 내는 장벽에 대한 명확한 이해와 이러한 장벽이 장애를 지닌 사람들에게 어떻게 작용하는지에 대한 관점을 제공한다.

㉣ 장애의 사회적 모델은 결함이나 장애라는 개인적 제약을 해결하는 것이 아니라, 결함이나 장애에 대한 사회적 장벽을 해결하려고 한다.

장애의 의료적 모델과 사회적 모델 비교

용어	의료적 모델	사회적 모델
손상	교정을 요구하는 신체적 또는 정신적 조건, 결함이나 제한	신체의 사지, 기관 또는 기제의 부분이나 전부의 결여
장애	개별적인 부담, 개인적인 비극 또는 개인적 문제인 손상으로 인하여 과제를 수행할 수 없는 존재로서의 조건	장애인의 주류 사회활동에의 참여를 배제하는 환경 설계에 기인하는 불리나 활동의 제한
함의	개인은 사회와 확립된 환경에 적응하거나 적합하게 되기 위하여 더욱 정상적이 되어야 함	사회는 환경의 설계를 적합하게 하여야 함. 개인차는 정상으로 간주되며, 통합적이고 유연한 환경의 설계를 통하여 수용됨

(3) 국제 기능 · 장애 · 건강분류(ICF) 모델 17중특

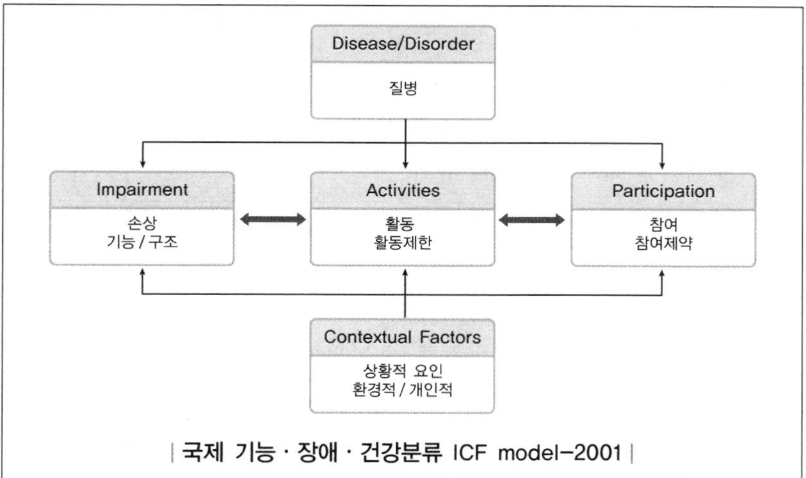

| 국제 기능 · 장애 · 건강분류 ICF model-2001 |

① 장애란 신체의 기능과 신체의 구조에 문제가 있는 손상이 있거나 개인에 의한 임무 혹은 일상 행위의 활동에 개인이 겪을 수 있는 어려움, 즉 제한이 있거나, 실질적인 생활환경의 참여에 있어서 경험하게 되는 한계가 있을 때를 장애가 있다고 보는 시각이다.

㉠ ICF의 모델은 장애가 단순히 주요한 손상만으로는 설명될 수 없음을 나타낸다. 신체 기능과 구조(예 지능)는 활동에서의 제한성과 상호작용할 수 있으며, 이것이 사회적 참여에 영향을 줄 수 있다. 또한 이러한 활동에서의 제한성은 개인이 갖고 있는 요소뿐만 아니라 환경적 요소에 의해서도 상호 영향을 주고받는다.

㉡ 장애는 손상, 활동 제한, 참여 제약에 대한 포괄적인 용어이다.

- 손상은 신체기능, 구조의 문제를 의미하며, 활동 제한은 개인 활동이나 과제를 수행하는 데 있어서 겪을 수 있는 어려움을 의미하며, 참여 제약은 개인이 사회생활에 참여할 때 겪게 되는 문제를 의미한다.

② 장애는 단순히 의료적인 문제가 아니고 개인의 신체적 조건과 자신이 살고 있는 사회적 특징과의 상호작용을 반영하는 복잡한 현상이다. 따라서 장애의 제한을 최소화하기 위해서는 환경적, 사회적 장벽의 제거가 필요하다.

자료

장애의 개념 변화

1. 1980년 세계보건기구(WHO)에 의한 장애인 개념
   ① 질병이나 질환에 의하여 손상이 발생하고, 이러한 손상이 원인이 되어 나타나는 개인의 무능력을 장애로 보고 있다.
   ② 장애로 인하여 사회생활에 직면하게 되는 제한을 핸디캡이라고 한다.
2. 국제기능장애분류(ICIDH-1980) 모델
   장애인에 대한 부정적인 시각이며 의료적 모델이 중심이 되는 것으로 다음과 같은 문제점이 발생된다.
   ① 질병이 미치는 영향이나 질병의 결과로서 장애가 발생할 수 있다는 인과적 모델로 해석하는 것으로 시간 경과에 따른 변화가 고려되지 않는다.
   ② 손상에서 장애로, 장애에서 핸디캡에 이르는 한 방향의 흐름에 대해서만 설명하였다.
   ③ 인간의 건강에 대한 조건에 있어서도 질병의 결과만을 강조한다.

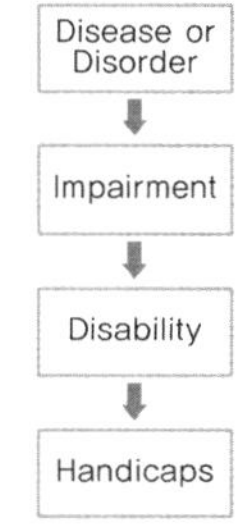

| 국제기능장애분류 ICIDH-1980 모델 |

3. 국제 기능 · 장애 · 건강분류(ICF) 모델
   ① 장애는 장애 그 자체가 문제인 것이 아니라 장애로 인한 인간의 기능적 제약이 근본적인 문제라는 시각이 대두되면서 장애의 개념을 달리하게 되었다.
   ② 54차 세계보건기구총회(1997년)에서 ICIDH-1980을 수정한 ICIDH-2 최종안을 제출하여 이를 '국제 기능 · 장애 · 건강분류, 국제 장애 분류 개정판'으로 승인(2001년)하였고, ICF(International Classification of Functioning, Disability and Health)로 명명하였다.

02 통합교육의 목적 및 형태

1. 통합교육의 목적

① 통합교육은 장애인을 개인차의 유형과 정도에 관계없이 가능한 한 사회의 주류에 완전히 포함되어 살아갈 수 있도록 하는 데 그 목적이 있다.

② 구체적인 목표는 다음과 같다. 19중특

다양성의 인정 및 수용	개인 간의 다양한 능력 수준은 차별과 집단화의 근거가 되는 것이 아니라 개인차와 독특한 교육적 요구로 인정되어야 한다. • 학교 교육에서 다양성을 추구해야 하는 이유는 다음과 같이 설명된다. – 개인별 취향을 인정하듯 학교 구성원의 저마다 다른 개성을 인정하고 교육적 요구를 수용함으로써 필요한 교육을 제공해야 함 – 다차원적 관점이나 가치관을 학습하는 것이 중요함(다원성) – 불평등한 사회 구조의 변혁을 위해 소수자 관점의 교육도 중요함(평등성) – 학생의 능력, 개성, 자질을 동등하게 존중하고 가치를 부여해야 함(수월성)
교육의 평등성 추구	교육의 평등성이란 개인이 지니고 있는 학습 능력과 개인의 요구에 적합한 교육 서비스를 제공해 주는 것을 의미한다.
교육의 수월성 추구	교육의 수월성을 보장해 주기 위해서는 개인의 잠재력을 최대한 계발시켜 주는 방법을 사용할 수 있다.
조화의 극대화	구성원의 한 사람도 소외되지 않고, 각자가 역할을 맡아서 수행하며, 기능을 발휘하고, 집단의 공동선을 위해 기여하며, 조화를 이루어 살아가는 사회를 이룩하는 것이다.

Tip

통합교육의 목표로 제시되는 내용이 2019 중등A-1 기출에서는 학교 교육에서 다양성을 추구해야 하는 이유로 제시되었다.

자료

다양성의 사전적 의미

모양, 빛깔, 형태, 양식 따위가 여러 가지로 많은 특성

2. 통합교육의 형태

① 통합교육의 개념과 목표를 실현하기 위한 측면들은 크게 물리적 통합, 사회적 통합, 교육과정적 통합의 세 가지로 구분(Kauffman의 분류)한다.

물리적 통합	장애학생과 일반학생이 같은 물리적 환경에서 함께 교육을 받는 것 – 가장 기본적인 조건
사회적 통합	장애학생이 일반학급 내에서 일반학생들과 의미 있는 상호작용을 함으로써 장애학생과 일반학생 모두가 서로를 진정한 학급 구성원으로 받아들이는 것 – 성공적인 사회적 통합은 학업적인 측면에서도 긍정적인 효과를 가져올 수 있고, 일반학생에게도 자연스럽게 개인의 다양성과 차이를 인정하는 계기가 될 수 있다.
교육과정적 통합	일반학교에서 함께 교육을 받는 장애학생과 일반학생의 교육과정이 서로 관련 없는 별개의 교육내용으로 나뉘는 것이 아니라 공동의 교육과정적 틀 속에서 이 두 개의 교육과정을 하나의 광범위한 연속체로 조화시키는 것 – 일반학급에 통합된 장애학생이 일반학생과 함께 수업을 받으면서 그 수업을 통해 자신의 교육적 성취를 이루도록 하는 것이 목표 – 교육과정 수정과 교수적 수정을 통해 장애학생은 단순히 일반학생과 같은 공간에 머무는 것에 그치지 않고 일반학급에서 자신에게 필요하고 자신의 능력에 맞는 교육목표를 달성할 수 있는 교육을 받게 될 것이다.

② 세 가지 형태는 통합교육의 시행에 있어서 필수적인 요소들로서 세 가지 모두가 충족되고 유기적으로 작용할 때 진정한 통합교육이 이루어진다.

교육과정 수정

장애학생이 일반학급에 물리적·사회적 통합뿐만 아니라 교육과정적으로도 통합되어야 한다는 의미에서 제기된 용어이다. 교수적 수정 또는 교수 적합화 등의 용어와 혼용되기도 한다. 일반학급에서 일상적인 수업을 할 때 장애학생의 수업 참여 양과 질을 최고 수준으로 성취하려고 교수 환경, 교수 집단화, 교수 방법, 교수 내용 또는 평가 방법을 수정·보완하는 것을 말한다(특수교육학 용어사전, 2018).

03 통합교육의 필요성(성과)

1. 법적 측면

① 각종 법 및 법률에서 통합교육의 당위성을 제시하고 있다.

② 「장애인 차별금지 및 권리구제 등에 대한 법률」, 「장애인 등에 대한 특수교육법」에서 교육에서의 평등권과 장애아동을 위한 통합환경을 제공해야 함을 명시하고 있다.

2. 사회 · 윤리적 측면

① 통합교육은 모든 아동을 위한 것으로, 다양한 개성을 가진 장애아동과 비장애아동 모두의 발달을 극대화시키며 더불어 사는 삶을 실현할 기회를 제공하는 최고의 장이다.

② 통합교육을 통하여 비장애아동과 장애아동이 서로 만날 수 있는 기회가 부여되며, 서로를 인정해 줄 수 있는 인격체로 길러진다.

3. 교육성과 측면

① 관찰과 모방을 통한 학습은 장애아동이 또래 아동의 바람직한 행동을 배울 수 있도록 도와주고, 장애아동과 비장애아동이 함께하는 교육환경에서 서로가 인지 및 언어 영역의 발달을 촉진할 수 있다.

② 통합교육에서는 기존의 교육시설을 이용할 수 있으므로 경제적인 측면에서 도움을 주어 다른 측면에의 투자를 보완 · 지원할 수 있는 성과를 기대할 수 있다.

Chapter

02 통합교육과 협력

01 협력의 개념 및 필요성

1. 협력의 개념

① 협력이란 공동의 목적을 성취하기 위하여 둘 이상의 개인이나 조직 또는 기관에 의하여 주도되는 공동의 이익을 위한 활동을 의미한다.

② 다양한 전문지식을 지닌 개인이나 집단 또는 조직이 상호 합의한 목표를 성취하기 위하여 함께 일하는 것을 의미한다. 즉, 의사결정 공유에 자발적으로 참여하는 적어도 두 명의 동등한 협력자 사이의 직접적인 상호작용을 위한 양식이다.

조정(coordination)
일반교사와 특수교사가 통합수업의 목표와 수업 구성에 대해 직접적으로 이야기하고 지원방법에 대해 역할을 분담하는 등의 적극적인 논의가 함께 이루어지는 것을 의미한다. 협력(cooperation)보다는 서로 공유하는 부분이 많지만, 상호 독립적 조직임과 동시에 각자의 이익을 위해 함께 협동하는 개념이다(고은, 2021).

2. 협력의 필요성

(1) 일관성 있는 교수 제공

장애학생은 주의집중이 짧고 다른 상황으로 일반화가 잘 되지 않는다는 특징이 있기 때문에 장애학생의 행동문제를 예방하고 통제하기 위한 체계적이며 일관성 있는 시스템이 필요하고, 배운 내용을 반복해서 연습할 수 있는 기회가 중요하다. 따라서 일관성 있는 교수를 위해 교사 간 협력이 필요하다.

(2) 일반교사와 특수교사 간 책임과 역할 명확화

특수교사와 일반교사의 역할 및 책임 구분이 모호하여 서로에게 책임을 전가하기 쉽고, 쌍방 간 협력적인 의사소통이 어려운 현실을 고려할 때, 서로 협력하면서 각자의 어려움을 이해하고 각자의 책임과 역할에 대하여 자리매김하는 것이 중요하기 때문에 교사들 간의 협력적 상호 이해가 필요하다.

(3) 최적의 교수방법 결정

통합환경에서 잘 적응하기 위해 적합한 교수방법을 결정하고, 교사 간 전문성을 존중하고, 지식과 정보를 교환하여 학생에게 가장 적합한 교수방법을 논의하고 창출하는 것이 필요하다.

(4) 예방적 차원의 교육적 접근

교사 간 협력을 통해 장애학생뿐 아니라 일반학급에 있는 경계선급의 학생이나 장애위험학생에 대한 교육적 접근이 필요하다.

02 협력의 특징

1. 공동의 목적 정의

① 장애아동의 통합교육은 협력에 참여하는 개인들의 목적 공유, 즉 공동의 목적을 정의하는 것을 필수적으로 요구한다.

② 교육자 간, 교육자와 행정가 간 통합교육과 관련한 공동의 목적을 정의해야 한다.

2. 상호 의존과 동등한 공유

① 협력의 과정은 팀의 개별 구성원이 공동으로 정의한 목적을 충족시키는 데 무게나 책임을 동등하게 공유해야 한다.

② 협력은 집단의 각 개별 구성원이 과정을 통하여 의미 있고 공헌하는 동등한 구성원임을 의미하는 동등을 요구한다.

- 일반교사, 특수교사, 학교장, 학교의 다른 교사들이 통합교육의 문제해결에 동등하게 투입되어야 함을 의미한다.

3. 자원의 상호작용적 교환

① 공동의 목적을 충족시키기 위하여 위험, 통제, 아이디어와 같은 무형의 자원뿐만 아니라 자료, 인력, 자금과 같은 유형의 자원을 공유해야 한다.

② 특수교사는 장애아동의 요구를 충족시키기 위하여 교수, 교육과정, 평가절차를 적합화하는 일반교사를 보조할 수 있어야 한다.

③ 장애아동의 통합교육을 위하여 일반교사는 통합에 대한 아이디어뿐만 아니라 다른 성인과 일하는 것에 대한 아이디어도 개방할 필요가 있다.

4. 공동의 의사결정

① 협력은 의사결정의 과정이다.

② 협력에서 의사결정은 문제를 인식하고 원인을 분석하여 해결책을 도출하는 문제해결과 서로의 생각을 주고받는 의사소통이라는 두 가지 본질적인 기술을 포함한다.

03 협력적 팀 접근의 형태

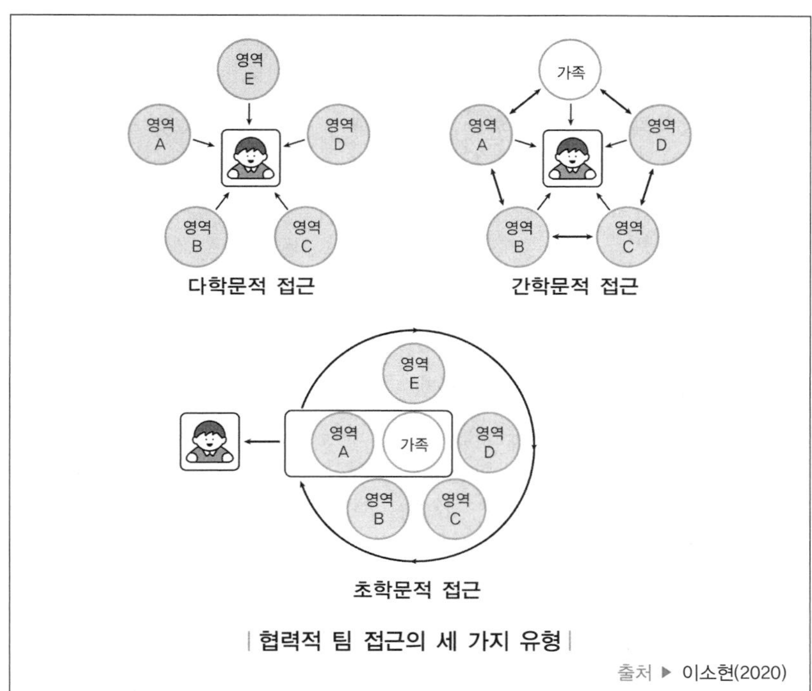

| 협력적 팀 접근의 세 가지 유형 |

출처 ▶ 이소현(2020)

> **Tip**
> 협력적 팀 접근의 형태는 '협력적 접근 모델'(2012 중등1-34 기출), '협력 모델'(2016 유아A-4 기출), '팀 접근의 유형'(2020 유아A-7 기출)과 같이 표현되기도 한다.

1. 다학문적 접근 25중특

(1) 개념

① 중재 계획이나 결과를 공유하기 위하여 다양한 영역의 전문가가 함께 만나지만, 구성원들이 각각 독립적으로 활동하고 중재활동을 조정하지 않는 방식이다.

② 각 영역의 전문가가 장애학생을 독립적으로 진단하고 보고하고 제언하는 형식을 취하지만 팀 구성원 간의 협력적인 논의나 토론, 결과와 해석의 비교 등의 과정은 발생하지 않는 형태이다.

(2) 장단점

① 장점

㉠ 서비스 계획과 제공에 하나 이상의 전문 영역이 참여한다.

㉡ 의사결정에 다양한 전문성이 반영된다.

② 단점

㉠ 통일된 접근을 실행하기 어렵다.

㉡ 팀의 결속력과 기여도가 부족하다.

> **다학문적 접근**
> 각 영역의 전문가들이 아동에 대한 독립적 평가를 통해 아동과 가족에게 필요한 서비스를 개별적으로 제공하는 것이다. 전문가들의 서비스 제공에서 아동의 전인적 발달이 우선시되지 못하고 각자 맡은 분야의 문제점만 고려하기 때문에 종합적 평가와 교육프로그램의 계획이 불가능하다. 또한, 구성원 간의 공통적인 목표는 있으나 지원은 개별적으로 이루어지기 때문에 구성원 간의 의사소통과 협력이 이루어지지 않아 아동에 대한 부분적 측면에서만 지원이 이루어진다는 단점이 있다(특수교육학 용어사전, 2018).

2. 간학문적 접근 13유특, 15유특, 16유특, 20유특

(1) 개념

① 다양한 분야의 구성원들로 구성되어 서비스를 통합 내지 조정하며, 내담자에 대한 사정과 중재를 위하여 공동으로 협력하는 방식이다.

- 다학문적 팀의 구성원이 서로 간에 협력과 의사소통을 전혀 하지 않는 결과 나타난 여러 제한점을 인식하여 그것을 해결하기 위한 방식으로 서로 간의 의사소통과 협력적인 의사결정을 강조하면서 등장하게 된 방법이다.

② 다학문적 접근과 비교했을 때 다학문적 팀에서와 같이 자신의 전문 영역에 대한 진단을 독립적으로 수행한다는 점에서는 동일하다.

③ 다학문적 접근과 비교했을 때 다음과 같은 점에서 차이가 있다.

㉠ 진단이 끝난 후에는 공식적인(또는 정기적인) 모임을 통하여 다른 전문가와 의견을 교환한다. 즉, 자신의 전문 영역에 대한 진단은 각자 진행하지만 정기적인 모임을 통해 다른 분야 전문가와 의견을 교환한다.

- 전문가별로 중재 계획을 개발하고 정보를 서로 공유한다.
- 때때로 팀원 간에 학생의 문제를 논의한다.

㉡ 다학문적 접근과 달리 가족도 팀의 구성원으로 참여하게 되므로 가족과의 적극적인 협력을 통해서 가족이 정확한 정보를 근거로 의사결정을 할 수 있도록 안내할 수 있다.

④ 학생에게 제공되는 중재활동은 개별적으로 이루어진다.

> 간학문적 접근 예시
>
> 길동이의 개별화교육지원팀의 구성원들은 진단과 중재를 각각 하지만 팀 협의회 때 만나서 필요한 정보들을 공유해요. 길동이가 다니는 복지관의 언어재활사는 팀 협의회 때 길동이의 진단 결과와 중재 방법을 알려줄 수 있어요. 학교 차원의 긍정적 행동지원과 관련해서는 언어재활사에게 차례 지키기 연습을 할 기회가 있으면 복지관에서도 할 수 있도록 협조를 부탁드리면 좋겠어요.

(2) 장단점 16유특

① 장점

㉠ 활동과 교육목표가 다른 영역을 보충하고 지원한다.

㉡ 하나로 통합된 서비스 계획에 기여한다.

㉢ 서비스 대표자를 통해서 정보를 공유할 수 있다.

간학문적 접근

각 영역의 전문가들이 아동에 대한 독립적 평가를 실시해 아동과 가족에게 필요한 서비스를 개별적으로 제공하는 다학문적 접근의 문제점을 보완하려고 고안된 학문 간 접근이다. 장애아동을 평가한 후 서비스 제공 계획을 세울 때 참여한 팀 구성원 사이에 정보를 교환하는 상호작용은 하나 역할은 공유하지 않는 협력 체계이다. 즉, 팀원들 사이에 중재를 위한 프로그램 계획 단계에서는 의사소통을 하나 아동에게 제공되는 평가와 서비스는 개별적으로 하는 것이 특징이다(특수교육학 용어사전, 2018).

자료

전문가 간 의사소통의 문제점

간학문적 접근 시 많은 경우에 있어서 전문가 간 의사소통에 문제가 있는 것으로 지적되고 있는데, 이것은 각 영역의 전문가가 다른 영역의 전문성에 대해서 완전하게 이해하지 못할 뿐만 아니라 전문성에 따라서 우선순위나 방법에 대한 의견이 다를 수 있기 때문이다. 즉, 전문가 간 의사소통 체계를 갖추었다고 하더라도 그러한 의사소통 자체가 의사결정 과정에서 자동적으로 동일한 결론을 내려주지는 않는다는 것이다(이소현, 2020).

② 단점

㉠ 전문가들의 '고집'이 협력을 위협할 수도 있다.

㉡ 전문가들이 융통성이 없는 경우 효율적이지 못할 수도 있다.

㉢ 서비스 대표자의 역할이 불분명하기 때문에 역할 수행에 있어서 독단적일 수 있다.

3. 초학문적 접근

(1) 개념

① 초학문적 접근은 팀 구성원 간 의사소통과 협력을 최대화하기 위한 노력으로 개발된 방법이다.

- 초학문적 접근은 하나의 팀을 구성하는 여러 전문 분야의 역할 방출을 바탕으로 분야를 초월하여 정보와 기술을 공유하는 방식이다.

② 초학문적 접근에서는 각 영역의 전문가들이 학생을 함께 평가하고, 각자의 전문지식을 다른 팀 구성원에게 알려 주는 역할방출이 이뤄지고 학생이 자연스러운 활동에서 필요한 기술을 배우도록 팀 구성원이 협의하여 교육계획을 결정한다.

③ 초학문적 접근은 다른 협력적 접근법보다 가족의 중심적인 역할을 강조한다. 가족이 원하는 정도로 진단과 교육 프로그램 계획에 참여할 수 있으며, 가족의 선택은 반드시 우선적으로 고려된다.

(2) 초학문적 접근의 주요 원리

① 원형진단 13유특, 15유특, 18중특, 20유특, 25중특

㉠ 개념

- 다양한 영역의 전문가가 동시에 대상 학생을 진단하는 방법이다.
- 원형진단을 적용하게 되면 전문가가 각자 일하는 대신 학생을 동시에 진단함으로써 동일한 행동에 대해서 함께 평가하고 즉시 각자의 전문성에 따른 정보를 교환할 수 있다.

㉡ 실행 방법

- 촉진자가 학생 및 부모와 상호작용하면서 구조화된 행동 샘플을 관찰할 수 있도록 유도하고, 나머지 팀 구성원은 함께 그 행동을 관찰하면서 자신의 전문 영역과 관련된 평가를 하게 된다.
- 이때 각 구성원은 관찰을 통한 진단만 할 수도 있고, 필요한 경우에는 자신의 전문 영역과 관련해서 학생을 직접 진단할 수도 있다.

초학문적 접근

구성원들이 통합된 의견 수렴과 절차를 거쳐 관련 서비스를 공동으로 제공하는 서비스 지원 모형이다. 학문들 간의 경계를 허물고 가족 및 팀원들 간 정보와 기술을 공유한다. 개별적인 서비스를 제공하기보다는 생태학적인 환경 진단과 함께 전문가들의 협력 체계 구축을 지향하며, 서비스가 통합적으로 전달된다. 서로의 전문적인 지식을 보다 더 적극적으로 공유, 재조정하여 아동의 전인적인 발달을 위한 새로운 교육 목표와 가족 요구를 수렴한다. 초학문적 팀은 서비스를 통합된 방법으로 제공하기 위해 구성원들이 함께 진단과 평가를 하고 분야를 초월하여 전문지식을 나누며 중재 전략에 대한 공통된 의사를 결정한다. 다학문적 팀 접근이 각각의 독립된 서비스를 제공하는 것과 차이가 있다(특수교육학 용어사전, 2018).

원형진단

동 원형평가

자료

원형진단 예시

김 교사는 언어치료사, 작업치료사, 사회복지사 등 전문가들과 교육진단을 실시하였다. 교육진단은 인사하기와 분위기 조성하기, 과제중심 진단, 휴식시간, 이야기 시간과 교수 시간, 자유놀이, 회의 단계로 구성되었다. 촉진자로 선정된 전문가는 태호와 어머니와의 상호작용을 유도하였고, 다른 전문가들은 태호와 어머니와의 상호작용을 관찰하였다.

㉢ 장점

- 학생과 가족이 진단에 소모되는 실질적인 시간을 절약할 수 있게 해준다.
- 팀 구성원들은 동일한 행동을 관찰함으로써 서로 간의 의견을 종합하고 일치시키기 쉽다.
- 가족의 경우 여러 전문가에게 같은 정보를 반복해서 제공하지 않아도 된다.
- 전문가는 다른 영역 전문가의 기술과 지식을 즉각적으로 접하고 제공받을 수 있다.

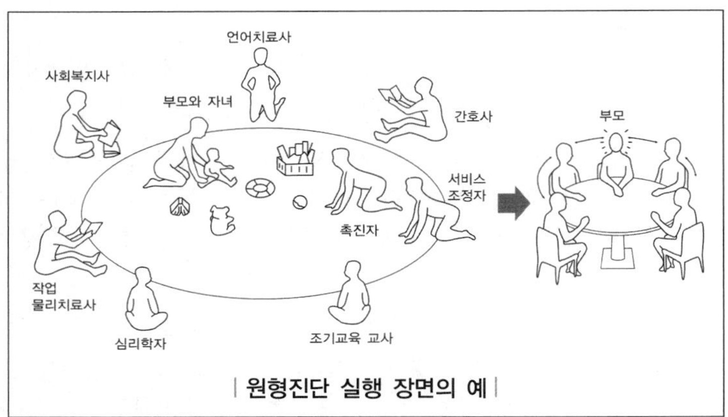

| 원형진단 실행 장면의 예 |

역할방출

동 역할양도, 역할이완, role release

② 역할방출 09중특, 12초특

㉠ 팀 구성원인 다양한 전문가가 자신의 전문 영역에 대한 기술과 정보를 팀의 다른 전문가에게 알려 주어 이를 수행하는 것을 의미한다.

㉡ 전통적으로 다른 분야의 팀 구성원들이 분야를 구분하지 않고 결합하여 정보, 자원 및 기술을 교환하는 과정이다.

㉢ 초학문적 접근의 핵심적인 개념이다.

비교

통합된 치료

- 아동이 의미 있고 기능적인 활동을 수행하는 장소에 치료사가 와서 서비스를 제공하거나 아동에게 의미 있고 기능적인 활동을 가르치는 교사에게 상담을 제공하는 방법(박은혜 외, 2019)
- 운동장애 학생은 연습을 통해서 새로운 기술을 가장 잘 배울 수 있다. 연습 기회는 반복되어야 하고, 하루 동안 규칙적이고 자주 발생하는 보편적인 일과에 치료를 통합함으로써 향상될 수 있다. 이것을 통합된 치료라고 한다(Brown et al., 2017).

③ 통합된 치료

㉠ 학생이 의미 있고 기능적인 활동을 수행하는 장소에 치료사가 와서 서비스를 제공하는 방법이다.

예 특수교사가 미술 수업을 하는 동안 물리치료사는 학생 A가 '우리 마을 지도'를 잘 그릴 수 있도록 바른 자세를 잡아준다.

㉡ 학생 측면에서는 자신이 또래와 분리되지 않고 상호작용할 수 있다는 장점이 있다.

> **초학문적 접근의 주요 원리 예시**
> - 원형진단: 특수교사, 언어재활사(치료사), 부모는 학생 A의 의사표현이 가장 활발히 나타나는 사회 시간에 함께 모여 학생 A의 활동을 관찰하면서 언어평가를 실시하였다.
> - 역할방출: 정기적인 모임을 통해 언어재활사는 특수교사가 지도할 때에 필요한 구체적인 언어중재 전략에 관한 정보를 제공하기로 하였고, 부모는 가정에서의 언어능력 향상 정도를 특수교사에게 알려 주기로 하였다.

KORSET 합격 굳히기 통합된 치료

통합된 치료는 영아, 유아, 그리고 모든 연령의 학생에게 치료 서비스를 제공하기 위한 접근을 설명하기 위한 방법으로 인기를 얻고 있는 용어이다. 통합된 치료는 치료 서비스 제공의 특정한 모델을 설명하려는 것이 아니고, 다음과 같은 특징을 공유하는 다양한 접근을 설명하기 위해 사용되는 일반적 용어이다.

1. 기능적인 목표가 개별화가족서비스계획(IFSP) 또는 개별화교육계획(IEP)에 간단히 설명되어 있고, 다양한 서비스나 전문 영역이 교수와 학습에 그들의 전문성과 견해를 제공한다.
2. 집, 학교 또는 지역사회 환경에서의 활동과 일상의 맥락 내에서 제공되는 서비스, 즉 학생이 치료 서비스를 받기 위해 일반적인 활동으로부터 이동하지 않는다.
3. 훈련에 참여하는 모든 전문가들은 아동 또는 학생의 필요에 대해 협력하고 가족이 우선권을 결정하고, 중재계획을 세우고 실행하게 하며, 진전도를 점검하도록 한다.

출처 ▶ Snell et al.(2010)

4. 통합된 치료는 풀 인(Pull-in) 서비스에 해당하는 것으로, 분리된 치료 공간에서 치료를 제공하는 것이 아닌 치료사가 교실에 들어와 교사와 협력하여 장애학생이 활동에 참여하는 동안 치료를 제공하므로 장애학생 측면에서는 자신이 또래와 분리되지 않고 상호작용할 수 있다는 장점이 있다. 치료가 자연적인 활동과 맥락 내에서 제공되므로 학생은 일반적인 환경에서 이루어지는 자연적인 촉진과 우연성에 반응하는 법을 배우고, 치료사에 의해서만 제공되지 않고 특수교사와 함께 실행할 수 있으므로 학생의 개인적 요구에 더 집중할 수 있다(박은혜 외, 2023).

KORSET 합격 굳히기 서비스 전달 모델

개별적 풀아웃	치료사들은 교실에서 개별 학생을 교내의 다른 교실이나 운동장으로 데리고 나온다. 학생은 IEP에 명시된 구체적 필요에 대한 중재를 30~45분 정도 받은 후에 교실로 돌아간다. 이 접근은 학생이 매우 특정한 필요가 있거나, 주변의 또래를 산만하게 하거나, 중재가 기자재나 공간 또는 다른 특별한 환경적 특성을 필요로 할 경우 사용된다.
소그룹 풀아웃	치료사는 교실에서 IEP에 비슷한 중재 목표를 가지고 있는 장애학생들의 소그룹을 교내의 다른 교실이나 공간 또는 운동장으로 데리고 나온다. 이 학생들은 IEP에 명시된 구체적 필요에 대한 중재를 30~60분 정도 받은 후에 교실로 돌아간다. 이 학생들은 한 교실에서 올 수도 있고 몇 개의 다른 교실에서 학교생활을 보낼 수도 있지만, 교실 밖에서의 이 치료 회기를 위해서 함께 모인다.

교실 내 일대일 중재	학생은 교실 환경 안에서 IEP에 명시된 구체적 필요에 대한 중재를 받는다. 가끔 중재는 교실에서 일어나는 교수활동과 연결되어 실행될 수도 있고(평행적으로), 학급의 다른 학생들이 하는 것과는 다른 활동을 할 수도 있다(대안적으로). 중요한 점은 학생이 교실을 떠나지 않고, 치료사가 교실 환경 안에서 학생을 직접 치료한다는 점이다.
교실 내 그룹 활동	유사한 IEP 목표를 갖는 소그룹의 장애학생들이 교실 내에서 그들의 필요에 초점을 둔 중재를 받는다. 가끔 중재는 팀 티칭이나 평행교수를 통해 교실에서의 교수 및 활동과 연결될 수 있으며, 또는 학급의 다른 학생들과는 다른 대안적 활동이나 교수에 참여하기도 한다. 중요한 점은 학생들이 교실을 떠나지 않고 치료사가 교실 안에서 소그룹의 장애학생들을 직접 중재한다는 점이다.
학급 전체 활동	치료사나 다른 관련서비스 제공자는 1명 혹은 그 이상의 장애학생의 필요에 맞게 고안된 학급 전체의 활동을 진행하며, 이때 모두 같은 활동과 수업, 개별 학생과 학급 전체의 성과를 함께 살피면서 학급을 잘 운영하기 위해 함께 일할 수 있다.
자문	치료사나 관련서비스 제공자는 학생의 필요에 대한 문제를 파악하고 해결하는 데 교사를 도울 수 있는 전문가로 간주된다. 교사와 관련서비스 제공자는 협력적 관계로 상호작용할 수 있으나, 항상 그렇게 되는 것은 아니다. 자문을 통한 서비스 전달의 성공 여부는 문제를 해결하기 위한 집단적 전문성의 능력에 달려 있을 것이다.

(3) 장단점

① 장점

일반적으로 간학문적 접근은 다학문적 접근보다 우수한 방법으로 알려져 있지만, 초학문적 접근이 간학문적 접근보다 우수한 방법인가에 대해서는 논의가 이루어져 왔다. 그러나 최근에는 초학문적 접근이 진정한 의미에서의 협력을 어느 정도로 보장할 수 있는지에 대해 여러 가지 고려해야 할 점이 있음에도 가장 적절한 방법으로 인식된다.

㉠ 서비스가 중복되는 것을 막을 수 있다.

㉡ 학생의 발달을 통합적으로 인식하고, 자연적인 환경에서 서비스를 제공한다. 학생들은 자신들이 서비스 받는 어디에서나 학습활동으로부터 분리되지 않는다.

㉢ 가족의 적극적이고 동등한 참여를 강조한다.

㉣ 제한적인 자원을 효율적으로 사용하도록 한다.

㉤ 다양한 전문 영역 간의 상호작용을 격려한다.

㉥ 역할을 공유하도록 권장한다.

㉦ 전문가의 지식 및 기술을 향상시키고 전문성을 강화한다.

㉧ 종합적이면서 통일된 계획을 제공한다.

② 단점

㉠ 다양한 영역의 전문가 참여가 요구된다.

㉡ 서비스 대표자의 역할을 하는 교사에게 가장 큰 책임이 주어진다.

㉢ 고도의 협력과 상호작용을 필요로 한다.

㉣ 전문가 간의 의사소통과 계획에 많은 시간이 소모된다.

✿ 다학문, 간학문, 초학문적 접근 비교

구분	다학문적 팀	간학문적 팀	초학문적 팀
진단	팀 구성원 각자에 의한 개별적 진단	팀 구성원 각자에 의한 개별적 진단	팀 구성원들과 가족이 함께 아동의 발달에 대한 포괄적 진단 실행
부모 참여	부모들이 개별 팀 구성원들을 만남	• 부모들이 팀 구성원으로 참여가 이루어짐 • 부모들이 팀 또는 팀 대표자와 만남	부모들이 팀 구성원으로서 적극적 참여
서비스 계획 개발	팀 구성원들이 그들 분야에 대해 분리된 계획	팀 구성원들이 그들 각각의 계획에 대해 서로 공유	팀 구성원들과 부모들이 가족의 우선 순위와 요구, 자원에 기초하여 서비스 계획
서비스 계획 책임	팀 구성원들은 그들이 담당한 부분을 실행하는 데 책임	팀 구성원들은 계획된 부분을 실행하는 것에 책임	팀 구성원들은 주 서비스 제공자가 계획을 어떻게 실행하는가에 책임
서비스 계획 실행	팀 구성원들은 그들의 분야와 관련된 서비스 실행	팀 구성원들은 그들이 계획한 부분을 실행하며 가능하면 다른 부분들과 협응	주 서비스 제공자는 계획을 가족과 함께 실행하도록 할당

04 통합교육을 위한 협력 방법

장애학생의 통합교육을 지원하기 위하여 이루어지는 학교의 일반적인 협력 접근법에는 협력교수, 협력적 자문, 중재 팀, 서비스 전달 팀 등이 있다.

자료

협력교수

협력교수에 대한 구체적인 내용은 'Chapter 05. 협력교수' 참조

1. 협력교수

(1) 개념

① 협력교수란 일반교사와 특수교사가 특수교육적 지원이 요구되는 학생에게 통합된 일반학급에서 공동으로 수업하며 일반학급 내의 모든 학생에게 질적인 교육을 제공하기 위해 평등한 입장에서 업무 및 역할, 교수, 학습 평가, 학급 관리, 학생 관리 등 제반 결정사항에 대해 주도적으로 참여하는 교수활동을 말한다.

- 두 명 또는 그 이상의 교사가 동일한 물리적 공간에서 다양한 능력의 학생들을 가르치는 교수전략으로 교사 협력의 대표적인 형태이다.

② 교육자에게는 지식, 기술 및 경험을 공유하는 기회를 제공하고, 학생에게는 더 많은 지원과 다양한 교육 기회를 제공한다.

③ 교육활동은 공동 계획, 공동 교수, 공동 사정이라는 세 가지 의무적인 협력을 포함한다.

(2) 특성

① 일반교사와 특수교사 각자의 장점을 살릴 수 있다.

② 특수교육대상자를 포함한 다양한 능력의 학생을 대상으로 한다.

③ 동일한 물리적 공간과 환경에서 가르친다.

④ 두 교사가 같이 가르친다.

(3) 유형

팀티칭, 교수-지원, 스테이션 교수, 평행교수, 대안교수 등이 있다.

① 팀티칭: 두 교사가 전체 학생을 대상으로 동등한 책임과 역할을 지니고 함께 수업을 하는 동안 번갈아가면서 다양한 역할을 수행함으로써 전체 학생을 위한 교수 역할을 공유하는 방법이다.

예 이야기나누기 활동 시 일반교사 또는 특수교사가 방법을 설명하고 특수교사 또는 일반교사가 옆에서 실제 한복을 제시하거나 구체적으로 입는 시범을 보인다.

② 교수-지원: 하나의 대집단을 대상으로 일반교사가 교수활동 전반을 주도하고, 특수교사는 순회하면서 개별적으로 학생에게 지원을 제공하는 형태이다.

예 이야기나누기 활동 시 일반교사 또는 특수교사가 방법을 소개한 후 다함께 입는 동안 특수교사 또는 일반교사가 학생들 사이를 순회하며 개별적으로 도움이 필요한 학생을 지도한다.

③ 스테이션 교수: 교사가 교수내용을 두 개 혹은 그 이상으로 나누고, 교실의 각기 다른 장소에서 다른 활동을 제시하는 형태이다.

예 일반교사는 한복을 입는 방법을 알아보는 활동을 진행하고 특수교사는 실제로 한복을 입는 활동을 동시에 진행하여 학생들이 각 활동에 정해진 집단별로 이동하여 참여하게 한다.

④ 평행교수: 두 명의 교사가 학생을 반으로 나누고, 각기 따로 학생을 교수할 수 있어 개별화 교수가 가능한 형태이다.

예 이야기나누기 활동 시 전체 학생을 두 집단으로 나누어 한 집단은 일반교사와, 다른 한 집단은 특수교사와 동일한 교수·학습 자료를 활용하여 진행한다.

⑤ 대안교수: 학급을 대-소집단으로 나누고, 사전교수, 심화교수, 보충교수로 구분하여 교수를 실시하는 형태이다.

예 이야기나누기 활동 전에 한 교사가 어제 학습한 한복에 대해 회상하도록 슬라이드를 보여 주는 동안 다른 교사는 복습이 필요한 학생에게 보충 설명을 하거나 이미 알고 있는 학생에게 깃, 섶, 고름, 배래 등 심화된 내용을 설명한다.

2. 협력적 자문

(1) 개념 10유특

① 학생의 학습이나 행동상의 요구를 확인하고, 그러한 요구를 다루기 위해 필요한 교육 프로그램을 계획, 수행, 개정하기 위해 다양한 전문성을 가진 사람들이 하나의 팀으로 협의, 자문, 협력하는 상호과정이다.

② 학급에서 일어나는 전형적인 자문의 형태는 일반교사와 해당 영역의 전문가 사이에 진행된다.

③ 협력적 자문에서 자문가는 직접적으로 학생과 상호작용하지 않고 교사에게 전문적인 정보를 제공하여 학생을 돕는 방법이므로, 협력적 자문은 '간접적 지원서비스'라고 할 수 있다.

(2) 과정

단계	내용
[1단계] 자문 시작하기	• 교사가 관심을 가진 영역의 전문가에게 지원을 요청하면서 자문이 시작된다. • 교사는 자문을 요청하기 전에 해당 영역에서 학생의 요구를 확인할 수 있는 자료나 서류를 수집하고, 자문을 시작하기 전에 회의 시간과 장소를 설정한다. • 보통은 자문가가 교사와의 상호작용에서 리더가 되어 관심 영역을 중심으로 대화를 이끈다.
[2단계] 문제 확인하기	• 실제 문제가 무엇인지 확인하는 것은 중재 계획을 수립할 때 매우 중요하다. 이 단계에서는 무엇이 문제이고 무엇이 문제가 아닌지를 명료화한다. • 문제 확인하기 단계의 목표는 학생의 학습이나 행동의 변화를 성공적으로 이끌기 위해 가장 핵심적으로 필요한 것이 무엇인지 파악하는 것이다.

자료

협력적 자문

자문이란 문제에 직면한 교사가 다른 사람으로부터 조언과 실제적 지원을 구하는 절차를 말한다. 여기서 협력적 자문이란 협력적인 부분이 강조된 것으로서 어느 한쪽이 일방적으로 자문을 받기보다는 교대로 역할이 바뀌면서 정보를 제공해 주는 자문자의 입장이 될 수 있다. 즉, 협력적 자문은 두 교사 모두 공동의 위치에서 동등한 책임을 지고 함께 문제를 해결하는 방식이다.

전통적 자문	• 참여의도가 자발적이거나 의존적일 수 있음 • 자문과정이 협력적이거나 협력적이지 않을 수 있음 • 문제해결과정이 전문가와 비전문가 관계
협력적 자문	• 참여의도가 자발적, 협력적 그리고 상호 의존적임 • 상호 정의된 문제와 목표를 함께 해결함 • 역할/책무성을 공유함 • 자원을 공유함

출처 ▶ 고은(2018)

[3단계] 중재 목표 설정하기	• 문제가 확인되면 교사와 자문가는 협력하여 중재 목표를 작성한다. • 중재 목표는 명료하고 행동적인 용어로 진술해야 하는데, 이를 위해서 다음과 같은 방식으로 질문하는 것이 도움이 된다. – "학생 ○○가 무엇을 하기를 원하십니까?" – "어떤 조건에서 학생 ○○가 이것을 하기를 바라며, 언제 이 목표에 도달했는지 알 수 있는 방법에 대해 어떻게 생각합니까?"
[4단계] 중재 계획 수립하기	• 중재 계획을 수립할 때는 누가, 무엇을, 언제, 어떻게 중재를 제공할 것인지를 구체적으로 명시해야 한다. • 중재 계획을 수립하는 과정에서 진도와 성취 결과를 평가하는 준거와 방법도 선정한다.
[5단계] 진도와 과정 평가하기	• 교사와 자문가는 학생의 수행 자료를 검토하고 어느 정도 진보되었는지를 결정한다. • 교사와 자문가는 정기적으로 만나서 상황을 재평가하고, 학생의 수행 경향성을 분석하고, 프로그램 조정이 필요한지를 논의한다.

3. 중재 팀

(1) 중재의 개념

① 중재란 학생이 학습하고 학교와 사회에 참여하는 것을 저해하는 방해물이 발생하지 않도록 예방하고 방해물을 제거하며, 방해물을 극복하도록 자극하는 것이다.

② 중재는 예방적 중재, 교정적 중재, 보상적 중재로 구분할 수 있다.

㉠ 예방적 중재: 문제나 결함을 초래할 수 있는 상황을 미리 방지하거나 문제나 결함이 더욱 심각하게 되는 것을 막는 중재

㉡ 교정적 중재: 문제나 결함 그 자체를 직접 교정하는 중재

㉢ 보상적 중재: 문제나 결함을 지니고 있으면서도 성공적으로 기능하도록 하기 위하여 문제나 결함을 회피하거나 대체하는 방법을 제공하는 중재

(2) 통합교육을 위한 중재 팀

① 특수교육 서비스를 받고 있지 않는 학생의 행동적 또는 학업적 진보를 논의하기 위하여 주기적으로 만나는 교육자들로 구성된다.

② 중재 팀은 교사 보조 팀과 전문가의 두 가지 주요한 유형으로 구분된다.

㉠ 교사 보조 팀: 보통 3명 내지 4명의 일반교육 교사로 구성된다. 일반적으로 전문가와 행정가는 학생과 상황에 대한 소유와 책임 의식이 교사들 사이에서 형성되도록 하기 위하여 교사 보조 팀에 소속하지 않는다.

㉡ 전문가: 일반교육 교사와 학교 상담가, 학교 심리학자, 특수교육 교사와 같은 전문가로 구성된다.

③ 일반교육 교실에서 학생의 특정 요구를 충족시키기 위하여 간접적인 서비스를 통하여 중재를 개발하고 실행함으로써 특수교육에 대한 부적절하게 의뢰되는 학생의 수를 최소화하는 것을 목적으로 한다.

④ 중재 팀은 일반적으로 특수교육에 대한 의뢰 수를 줄이고, 학생의 수행을 개선하며, 교사들이 일반교육 교실에서 학생을 지원하기 위하여 전략을 개발하는 것을 돕고, 교직원의 사기와 의사소통을 촉진하기 때문에 협력의 효과적인 형태로 제시된다.

KORSET 합격 굳히기 공동협력

1. 통합교육이 성공하려면 다양한 전문가와의 공동협력은 필수이다. 통합교육 현장에서 가장 핵심적인 공동협력의 주체는 일반교사와 특수교사이지만, 교사와 부모, 교사와 관련 서비스 제공자, 교사와 행정가의 공동협력도 매우 중요하다.
2. 일반교사와 특수교사 간 공동협력의 범위는 개별 학생의 요구, 학교환경, 학급환경, 교사 요구 등에 따라 다르다.
   ① 일반적으로 공동협력은 통합교육을 계획하고 준비하고 실행하는 과정과 학년이 전환되는 시기 등 필요에 따라 이루어지는 것이 바람직하다.
   ② 교사 간 공동협력의 형태 : 협력적 교환, 협력적 모델링, 협력적 코칭, 협력적 감독, 협력적 조언 등

교사 간 공동협력의 형태

형태	설명	예시
협력적 교환	교사 경력에 상관없이 새로운 정보나 지식을 자유롭게 교환한다.	특수교사와 일반학급 교사가 통합된 특수아동의 학습 특성에 관해 정보를 교환한다.
협력적 모델링	경험이 많은 교사가 특정 교수 실제에 대해 동료 교사에게 시범 교수를 보인다.	특수교사가 일반학급 교사에게 통합된 특수아동의 행동문제 중재방법을 시범 보인다.
협력적 코칭	경험이 많은 교사가 동료 교사에게 새로운 교수전략이나 실제를 습득하고 적용할 수 있도록 피드백을 제공한다.	경험이 많은 특수교사가 신임 특수교사에게 개별화교육 프로그램을 능숙하게 작성할 수 있도록 피드백을 제공하며 돕는다.
협력적 감독	경험이 많은 교사가 동료 교사의 교수 실제에 대해 평가적 피드백을 주어 교수가 향상될 수 있도록 돕는다.	주임교사가 컴퓨터를 이용한 읽기 프로그램을 실시한 교사와 교육방법이 효과적이었는지에 대해 평가한다.
협력적 조언	경험이 적은 교사가 문제에 부딪칠 때마다 경험이 많은 교사가 조언을 하여 문제해결을 돕는다.	신임 교사가 비협조적인 부모와의 관계, 교사의 탈진 상태 및 동료 교사와의 갈등에 이르기까지 모든 문제에 대해 경험이 풍부한 교사에게서 조언을 받는다.

출처 ▶ 이대식 외(2018)

Chapter

03 교수적 수정

01 교수적 수정의 이해

1. 교수적 수정의 개념 [19중특]

① 교수적 수정은 일반학급의 일상적인 수업에서 특수교육적 요구가 있는 학생의 수업 참여의 양과 질을 최대화하기 위해서 교수환경, 교수적 집단화, 교수방법(교수활동, 교수전략 및 교수자료), 교수내용 혹은 평가방법을 수정 및 보완하는 것을 의미한다.

② 일반학급의 일상적인 수업에서 특수교육적 요구가 있는 학생의 수업 참여의 양과 질을 최대화하기 위해서는 교수적 수정이 필요하다.

- 특수교육대상자를 통합학급에서 효과적으로 그리고 각자에게 유의미하게 지도하려면 교육내용이나 교육방법 및 교육평가방식을 수정해야 한다.

③ 교수적 수정은 일반적으로 조정과 수정을 포함하는 개념으로 사용된다.

2. 교수적 수정의 원칙

Peterson 등에 따르면 효과적인 교수적 수정을 위해서는 적어도 다음의 세 가지 원칙을 준수해야 한다.

① 대상학생의 요구를 충족시키는 방향으로 이루어져야 한다.

② 대상학생의 통합교육 활동을 제한하지 않으면서도 통합 정도는 최대화하는 방향으로 수정되어야 한다.

③ 대상학생이 갖고 있는 잠재력을 충분히 발달시킬 수 있는 방향으로 교수적 수정을 해야 한다.

3. 교수적 수정의 고안 및 적용을 위한 기본 지침 [12중특]

① 장애학생과 일반학생의 통합학급 수업 참여 차이를 최소화할 수 있는 교수적 수정을 개발한다.

② 장애학생과 일반학생의 사회적 상호작용과 상호 의존성이 육성되고 존중되어야 한다.

③ 장애학생 수업 참여의 양과 질을 최대화하고, IEP 목표의 달성을 촉진할 수 있어야 한다.

교수적 수정
장애학생이 일반교육과정의 요구에 최적의 수준으로 참석할 수 있도록 교수환경, 교수집단, 교수방법, 교수내용, 평가방법 등을 조절하는 것을 의미한다. 교육과정 적합화, 교육과정 수정 또는 교수적 수정 등도 유사한 의미이다. 개별화 교육과정이 장애학생의 역량 자체에 초점을 맞춘 교수학습이라면, 교수 적합화는 이보다 포괄적인 교육 환경의 조절이라고 할 수 있다(특수교육학 용어사전, 2018).
동 교수 적합화

자료

조정과 수정

- 조정(또는 조절, accommodation)은 학생들이 일반교육 교육과정에 접근할 수 있도록 허용하고, 학습 수행을 나타낼 수 있도록 해주는 과정으로 교육과정의 교수 수준이나 수행 기준을 변화시키는 것은 아니다. 조정은 발표(표현, 반응)의 구성과 절차, 교수전략, 시간과 일정, 환경, 시설, 건물 구조와 같은 영역의 변화를 포함한다.
- 수정이란 학생들이 학습하고 수행하면서 보여 주는 기대 수준을 변화시키는 것으로, 교수 수준, 교육 내용, 성취 기준과 같은 영역의 변화를 포함한다.

출처 ▶ Maanum(2011)

④ 장애학생의 강점을 강화하고 약점을 보완하는 교수적 수정을 개발한다.

⑤ 장애학생이 일반교육 활동에서 분리되는 것보다는 되도록 동일한 활동에 일반학생과 함께 참여하는 것을 선호한다.

⑥ 교육과정 내용보다는 교수환경과 교수방법의 수정을 더 선호한다.

⑦ 장애학생의 활발한 수업 참여를 위한 일반교사, 특수교사, 다른 관련 교사 혹은 또래 교사들에 대한 의존도를 줄여 나가는 데 기여해야 한다.

⑧ 일반교육과정 내용을 가능한 한 유지하면서 장애학생을 위한 적합한 교육 내용의 복잡성을 지속적으로 심화한다.

⑨ 장애학생의 일반 교육 환경에의 참여를 위해 필요한 특정한 교수적 수정을 장애학생의 IEP 안에 기입할 수 있다.

⑩ 일반교사와 특수교사 및 다른 교사들의 시간적 및 자원적 변수들 안에서 교수적 수정의 고안과 사용이 가능하도록 계획하여야 한다.

4. 교수적 수정의 절차 09초특

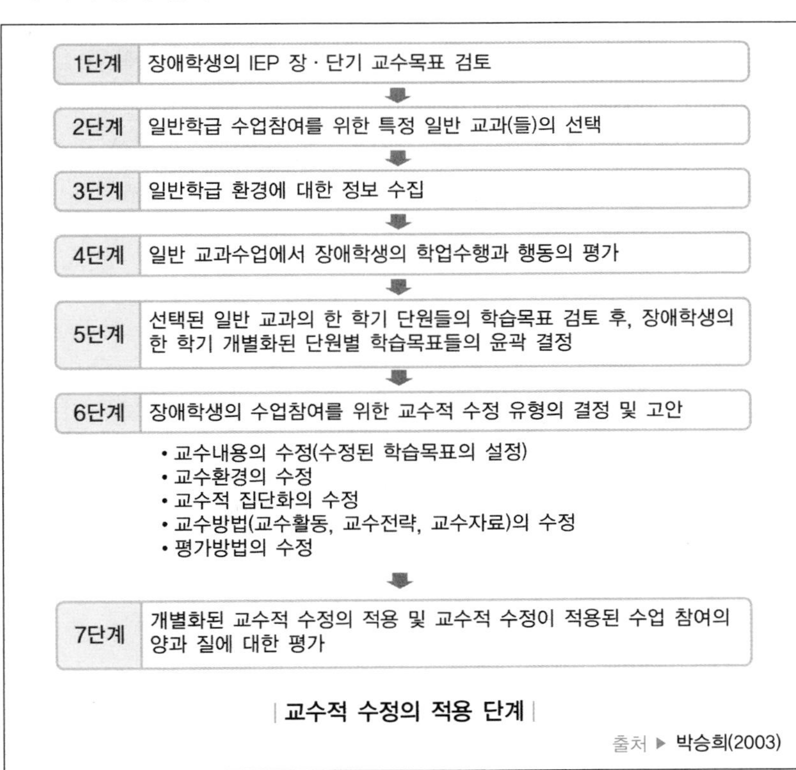

| 교수적 수정의 적용 단계 |

출처 ▶ 박승희(2003)

① 1단계 : 장애학생의 IEP 장단기 교수목표를 검토한다.

- IEP에 포함된 교육과정 영역의 학습목표가 성취 가능하고 촉진될 수 있는 것인지 판별한 후 IEP 안에 일반 교과들이 누락되어 있다면 목표를 첨가해야 한다.

② 2단계 : 일반학급 수업 참여를 위한 특정 일반교과를 선택한다.

- 목표의 성취가 가능하고 촉진될 수 있는 일반교과를 한 교과 또는 그 이상 선정 가능하고, 장애학생의 경험도, 교사의 준비도, 장애학생의 강점 및 약점, 장애학생의 교과 흥미 및 특정 교과 수업의 성격과 교수환경 등을 고려한다.

③ 3단계 : 일반학급 환경에 대한 정보를 수집한다.

- 전형적인 일과 및 주간 계획의 개요, 교실의 물리적 환경, 사회적 분위기, 일반교사가 선호하는 교수 형태, 교수 집단화, 교수 자료, 장애학생의 평가 방법 등을 조사한다.

④ 4단계 : 일반교과 수업에서 장애학생의 학업수행과 행동을 평가한다.

- 우선 장애학생이 통합학급의 교수적 수정을 할 교과 수업에 참여하도록 하고, 학업수행과 행동 능력 관찰을 통한 기초 정보를 수집한다.

⑤ 5단계 : 선택된 일반교과의 한 학기 단원들의 학습목표를 검토한 후, 장애학생의 한 학기 개별화된 단원별 학습목표들의 윤곽을 결정한다.

⑥ 6단계 : 장애학생의 수업 참여를 위한 교수적 수정의 유형을 결정 및 고안한다.

⑦ 7단계 : 개별화된 교수적 수정을 적용하고, 교수적 수정이 적용된 수업 참여의 양과 질을 평가한다.

02 교수적 수정의 유형 09유특, 10초특, 11중특, 12초특 · 중특

교수적 수정에는 교수환경, 교수내용, 교수방법, 교수집단, 평가방법의 수정과 같은 다섯 가지 유형이 존재한다.

1. 교수환경의 수정 24초특

교수환경의 수정은 학급의 물리적, 사회적 환경을 학생의 학습목표 달성을 촉진하기 위해 수정 및 보완하는 것으로 물리적 환경의 수정과 사회적 환경의 수정이 포함된다.

(1) 물리적 환경의 수정 13유특, 20유특, 23유특 · 초특

모든 학생의 이동편의를 허락하고, 학습과정의 잠재적인 장애물로부터 자유로워야 하며, 다양한 이동을 지원할 수 있어야 한다.

(2) 사회적 환경의 수정

다양한 능력을 가진 학생 개개인들이 소속감, 평등감, 존중감, 협동심, 상호의존감, 참여의 보상을 느낄 수 있도록 조성되고 유지되도록 해야 한다.

교수환경 수정의 예

영역	교수환경 수정
물리적 환경	• 교사와 상호작용이 용이하도록 앞줄 중앙에 배치함 • 학습활동 시 또래 지원이 용이한 학생과 짝이 되게 함 • 학습활동 시 불필요한 소음을 줄임 • 모둠활동 시 또래와 상호작용을 원활히 할 수 있는 자리에 배치 • 장애학생의 접근성과 안전을 위해 교실을 1층에 배치
사회적 환경	• 월 1회 장애인식 개선 활동 • 장애학생의 학급활동 참여를 위해 학급 내 역할 부여하기 • 장애학생에게 일부 수정된 규칙 적용하기 • 장애학생의 참여를 위해 모둠활동 시 협력적 과제 부여하기 • 교사가 모든 구성원에게 동등한 배려와 관심 갖기

출처 ▶ 최세민 외(2010)

2. 교수내용의 수정 19중특

(1) 개념

① 교수내용의 수정은 일반교육 교육과정의 내용을 장애학생의 교육적 요구에 적합하게 다양한 수준으로 수정 · 보완하는 것이다.

- 가능한 한 다른 또래 일반학생들의 학습활동과 분리되지 않도록 하는 것을 기본원칙으로 한다.

교수환경의 수정 요소

교수환경을 물리적, 시간적, 사회적 요소로 구분하는 경우(예 고은, 2018; 이소현, 2020)도 있다. 환경의 시간적 요소를 수정한 예는 다음과 같다.

- 오후에 집중력이 떨어지는 학생을 위하여 집중력이 필요한 활동을 오전에 배치함
- 활동 중에 선호하는 과제를 수행하기 위해서 선호하지 않는 과제를 먼저 수행하게 함

자료

교육과정 적합화와 교육내용의 수정

교육과정 적합화는 학생이 학습해야 하는 목표 및 내용을 학생에게 적절하게 조정하거나 수정하는 것으로 이해할 수 있으며, 학자들에 따라서는 교수적 수정에서 교수내용의 수정으로 분류하기도 하였다. 교육과정 적합화는 학습해야 할 내용이나 목표의 수를 줄이는 등의 단순화 방법과 중도 · 중복장애 학생에게 우선적으로 요구되는 기능적 기술을 학습하는 것과 관련된 대안적인 목표로 바꾸는 방법이 있다(강혜경 외, 2023).

PART 02

② 교수내용의 수정은 다음과 같은 활동을 포함한다.

㉠ 교육과정의 내용을 보충한다.

㉡ 교육과정의 내용을 단순화한다.

㉢ 교육과정의 내용을 변화시킨다.

㉣ 같은 교수내용이나 덜 복잡한 것으로 한다.

㉤ 기능적 혹은 지역사회 중심의 내용을 적용한다.

㉥ 수행기준을 변경하거나 다양화한다.

③ 교육과정의 내용 자체를 변화시키기 이전에 일반학생들에게 주어지는 과제나 기술의 순서를 변화시키거나 같은 과제 내의 단계의 크기를 변화시키는 일, 과제를 수행하기 위해 요구되는 기술을 변화시키는 일 등을 먼저 시도한다.

(2) 수정 단계

① 교수내용의 수정은 교육과정 내용을 보완 혹은 단순화, 변경시키는 방법을 통해 실행할 수 있으며, 조정과 수정의 정도에 따라 5단계로 구분할 수 있다.

1단계 : 같은 과제, 같은 교수목표, 같은 교수자료

장애학생과 비장애학생이 동일한 활동과 교수목표, 교수자료를 제공받으며, 어떠한 조정이나 수정도 하지 않은 단계

↓

2단계 : 같은 과제, 수정된 교수목표, 같은 교수자료

동일한 활동과 교수자료를 활용하여 수업에 참여하지만, 교수목표가 장애학생의 수준에 적합하게 수정된 것으로, 수정된 목표에 따라 학생의 반응 양식 수정(예 읽기 대신 듣기, 오려 붙이기 대신 가리키기 등)이 가능한 단계

↓

3단계 : 같은 과제, 다른 교수목표, 다른 교수자료

동일한 활동에 참여하지만 장애학생은 수정된 목표와 자료로 수업에 참여하는 단계

예 국어 시간에 일반학생들이 전체 낭독을 하는 반면, 장애학생은 카세트 테이프를 들으며 따라 읽을 수 있다.

↓

4단계 : 같은 주제, 다른 과제, 다른 교수목표

동일한 주제로 수업활동에 참여하지만, 장애학생은 수정된 자료와 목표(예 사회성, 의사소통, 운동성, 인지 등)를 부여받으며 장애학생을 위한 개별화 강도가 높아지는 단계

↓

5단계 : 다른 주제, 수정된 과제, 다른 교수목표, 다른 교수자료

장애학생은 수정된 주제와 활동에 참여하는 단계로 비장애학생과는 다른 주제와 과제에 참여. 이 단계에서는 장애학생에게 기능적이고 생활 중심적인 교수내용이 제공되며, 교수 활동은 일반학급에서 이루어질 수 있으나 특수학급이나 학습도움실 같은 교실 외의 장소에서 주로 이루어짐

출처 ▶ 김혜리 외(2021)

② 교수내용의 조정과 수정 정도에 따른 교육과정 유형은 다음과 같다. 24중특

교육과정 유형	단계	내용
동일수준 교육과정	같은 활동, 같은 교수목표, 같은 교수자료	• 대상학생의 IEP 목표와 목적들이 일반교육과정의 수업에서 그대로 다루어질 수 있다. • 어떠한 수정도 요구되지 않는다. • 만약 대상학생이 감각 장애가 있다면 점자, 보청기, 수화 등이 사용될 수 있다.
중다수준 교육과정	같은 활동, 수정된 교수목표, 같은 교수자료	• 대상학생은 그의 또래 동료들 수준과 비교하여 선수 단계의 교육과정에 참여한다. • 같은 활동을 하지만 대상학생의 교수목표는 다르다. • 대상학생의 반응양식이 수정될 수 있다.
중복 교육과정	같은 활동, 다른 교수목표, 다른 교수자료	• 이 수준에서의 활동은 그의 동료와 같은 것으로 유지되지만, 그 활동에 대상학생의 동등한 참여를 가능케 하기 위해서 교수목표와 교수자료가 변화된다. • 개별화의 정도는 이 단계에서 더욱 강해지지만 대상학생은 그의 또래 동료들과 같은 책상이나 테이블에서의 학습을 위해 물리적으로 함께 위치하게 된다.
기능적 교육과정 (대안 교육과정)	다른 주제, 다른 활동	• 이 수준의 교육과정 내용 수정은 기능성과 장애학생의 일상적 생활에 초점을 둔다. • 대상학생의 IEP의 목표와 목적은 일반교육과정과 직접적인 연관이 되지 않으며 일반학급의 다른 학생의 활동과는 독립적으로 다루어진다. • 교수는 고도로 개별화되고, 대상학생은 자주 교실 안이나 교실 이외의 장소에서 학습을 한다.

자료

기능적 교육과정

기능적 교육과정에 대한 내용은 2권 Part 04. 지적장애아교육의 '제4편 교육과정의 구성과 선택'에서 자세히 다룸

3. 교수방법의 수정

- 교수방법의 수정이란 교수가 제시되고 전달되는 방식에서의 수정을 의미한다.
- 교수방법의 수정은 다시 교수활동, 교수전략 및 교수자료의 수정 유형을 포함한다.

Tip

교수활동, 교수전략 및 교수자료의 수정은 '교수방법 조정 유형' 또는 '활동 측면', '자료 측면' 등과 같이 표현되기도 한다.

자료

교수활동

교수활동이란 선정되고 조직된 교육내용에 대하여 실제로 가르치고 배우는 활동이다(백영균 외, 2010).

(1) 교수활동 20중특, 23중특

① 교수활동의 수정은 과제의 난이도, 학습량 등을 조정하는 것을 말한다.

② 교수활동의 수정은 다음과 같은 활동을 포함한다.

㉠ 과제를 작은 단계로 나누어서 제시한다.

㉡ 과제의 양을 줄인다.

㉢ 과제를 쉽게 또는 구체적으로 수정한다.

㉣ 과제를 활동 중심적으로 수정한다.

자료

교수전략

교수전략은 특정의 학습 이론으로부터 수업 방법에 관한 시사점을 도출하려는 단편적 차원에서 벗어나서 보다 체계적인 처방성을 포함하는 교수방법에 관한 연구 영역을 의미한다. 즉 심리학적 학습 이론들이 제시하는 연구 결과 등을 통합하여 실제적인 처방을 보여 줄 수 있는 이론을 구축하려는 것이다(박성익 외, 2009).

(2) 교수전략

① 교수전략의 수정은 교과의 특성이나 학생의 학습 양식에 따라 교수활동을 효과적으로 실행할 수 있는 전략을 조정하는 것을 의미한다.

② 교수전략의 수정은 수업 형태, 교육공학 및 보조공학, 행동강화 전략, 정보 제시 및 반응 양식으로 나누어 설명할 수 있다.

㉠ 수업 형태의 수정: 강의나 시범과 같은 전통적인 교수 형태가 사용될 수 있다. 게임, 모의 실시, 역할 놀이, 발표, 활동 중심적 수업 등 학생들의 활발한 참여와 발견 학습이 중시되는 전략이 사용될 수 있다.

㉡ 교육공학 및 보조공학의 활용: 워드프로세싱, 컴퓨터 보조학습용 소프트웨어 및 장애학생의 기능적 능력을 향상시키는 보조공학 등이 사용될 수 있다.

㉢ 행동 강화 전략의 사용: 수업 내용의 효과적 교수를 위하여 행동계약, 모델링, 토큰경제, 부모와 빈번한 의사소통, 즉각적인 개별적 피드백, 칭찬 등이 사용된다.

㉣ 정보 제시 및 반응 양식의 수정: 전체 제시 방법, 부분 제시 방법, 시각적, 청각적 및 촉각적 학습 양식에 따른 정보 제시 방법들을 개별 학생의 다양한 학습 특성에 따라 적합하게 사용한다.

(3) 교수자료 13유특, 17초특, 19중특, 20중특, 21유특, 22유특, 23유특

① 교수자료의 수정은 학습목표에 도달할 수 있도록 사용되는 매개물인 교수자료를 수정하는 것으로, 교육활동에 필요한 자료를 학생들에게 적합하도록 수정해 가는 과정을 의미한다.

예 저시력 학생을 위해 자료에 제시되어 있는 그림의 경계를 더욱 진하게 그어주기 등

② 교육적 통합을 할 때 장애학생에게 일반학생과 동일한 자료를 간단하게 수정하여 사용할 수 있다.

③ 개별화된 수행 기대에 따라 대안적 교육자료를 사용할 수 있다.

㉠ 교육활동에 참여하기 위해 필요한 개념적, 학업적, 의사소통적 기술들을 판별하고 그 기술들의 수행에 있어서 학생이 약한 기술들을 대치하거나 우회하거나 보상하는 것을 도울 수 있는 교수자료들을 개발한다.

㉡ 학생의 학습양식, 시청각 및 운동 능력, 문화적인 선호도, 강점, 흥미를 고려한다.

4. 교수집단의 수정 19중특

- 교수집단의 수정은 교육내용에 가장 적합한 수업을 하기 위해 학습집단의 구성 형태를 수정 및 보완하는 것을 말한다.
- 통합교육 환경에서 장애학생의 제한된 학습능력을 고려하면서 사용될 수 있는 교수·학습 집단의 형태는 다음과 같다.

구분	내용
대집단 혹은 전체 학급 교수	• 전체 학급 아동들이 교사로부터 같은 내용을 배운다. • 아동들은 비슷한 양식과 속도로 정보들을 학습할 것이 기대된다. 따라서 장애아동에게 대집단 혹은 전체 학급 교수를 필요에 따라 적당히 사용할 수는 있지만, 많이 사용하는 것은 일반적으로 부적합하다고 볼 수 있다. 왜냐하면 대집단 혹은 전체 학급 교수는 개별 아동이 반응하고 적극적으로 참여할 기회가 적고 장기간 동안의 주의집중을 요구하기 때문이다.
교사 주도적 소집단 교수	• 교사는 주로 5~6명의 소집단 아동들을 교수한다. • 교수는 특정 내용 영역에 대해 이루어진다.
협동학습 집단	• 2~6명의 아동들이 함께 공부한다. • 아동들은 일종의 공통의 목표를 성취하기 위해 협동적으로 공부한다. • 협동학습 집단 구성원 아동들의 상호 의존성과 사회성 기술들이 집단의 각 구성원의 역할과 책임을 배분함으로써 신장된다. • 과제의 완수는 각 구성원의 참여에 의존한다.

비교

교수집단의 수정

전체 학급 교수	전체 학급 교수는 교사 중심의 구조화된 교수 형태로 교실 전체의 학생이 교사로부터 같은 내용을 같은 방법으로 배운다.
또래 교수 집단	한 학생이 다른 학생의 교수를 위해 중개 역할을 하는 형태로, 전체 학급 교수보다 더 학생 중심적인 교수집단 형태이다.
협동 학습 집단	경쟁이나 개별화된 학습보다는 공동의 학습 목표하에 서로 다른 능력을 가진 학생들이 소집단을 구성하여 활동하는 교수집단 형태이다.
협력 교수 집단	동일한 물리적 공간 안에서 다양한 학생들로 구성된 집단에 대해 두 명 이상의 교사(또는 전문가)가 실제적인 교수를 제공하는 것으로, 통합교실에서 장애학생과 일반학생의 교육적 요구에 부합하기 위해 제안된 교수 형태이다.
컴퓨터 보조 교수 집단	컴퓨터 보조 교수는 학생의 기술, 지식, 학업상의 수행을 향상시키기 위한 목적에서 컴퓨터를 사용하는 교수 방법이다.
보조 교사 활용	보조교사는 교사가 수업을 진행하는 동안 장애학생의 학업 및 행동상의 문제를 지원하는 역할을 한다.

출처 ▶ 신현기(2004)

학생 주도적 소집단 혹은 또래 파트너	• 아동들은 한 프로젝트의 완수를 위하여 학습하는 것이 허용되거나 개인적인 과제를 완수하는 동안 생각들을 나누고 상호작용하는 것이 허용된다. • 이 유형은 협동학습 집단과는 다르다. 왜냐하면 아동들은 역할이 배분되거나 하나의 공통의 과제를 완수하기 위하여 함께 학습하지 않기 때문이다.
1 : 1 교수	• 한 아동은 한 교사로부터 직접교수, 관리 혹은 지도를 제공받는다. • 교수는 담임교사, 특수교육 교사, 관련 서비스 교사, 교실 자원봉사자 등에 의해서 제공된다. • 전통적으로 1 : 1 교수는 장애아동의 수업, 특히 중등도 혹은 중도장애아동의 교수·학습 형태에서 지나치게 남용되어 학습 상황에서 또래들 사이의 상호작용이 유발되지 못한 점이 비판되어 왔다.
자습	• 한 아동은 수업시간에 제시되었던 숙제 혹은 자료들을 혼자서 학습하도록 기대된다. • 혼자서 하는 학습 형태인 자습은 특별히 교수 자료를 이해하고 해석하는 데 촉진, 단서 및 보조가 필요한 경우에 많이 사용된다면, 장애아동의 학습 성취에 문제가 된다. • 아동들의 독립적인 과제 수행, 또래 상호작용, 또래 사이의 책임분배, 학생 간의 독립성을 균형 있게 고려하는 교수 배치를 선택하여야 한다.

출처 ▶ 김은주(2003)

5. 평가방법의 수정

장애학생이 평가에 참여하는 방법은 정규평가(또는 일반평가), 평가조정, 그리고 대안평가가 있는데, 평가방법의 수정은 시험시간을 연장하는 방법 등을 이용하는 평가조정이나 대안적인 평가방법을 이용하는 것 등을 의미한다.

(1) 평가조정 13중특(추시), 20중특

① 평가조정은 정규평가(또는 일반평가)에 참여하기 어려운 학생을 대상으로 본래 정규평가에서 측정하려던 것을 해치지 않는 범위 내에서 필요한 조정을 하는 것을 말한다.

㉠ 평가의 본래 목적을 해치지 않는 범위 내에서 문항의 제시형태, 반응형태, 검사시간, 검사환경 등을 조정하는 것과 같이 평가 전, 중, 후에 이루어지는 일체의 노력을 의미한다.

- 지필평가에서 원래 문항의 난이도를 낮추는 것은 평가조정이 아니라 대안평가에 해당된다.

㉡ 받아쓰기 시험시간에 대필을 해주는 것과 같은 수정 방법은 평가 본래의 목적에서 어긋나기 때문에 주의해야 한다.

자료

평가조정의 필요성(이유)

- 장애학생이 가진 불리함(즉, 장애 특성)이 작용하여 실제 능력과 무관하게 난이도를 유발하고 검사점수에 영향을 미칠 수 있기 때문이다.
- 출발선을 동일하게 하여 공정한 경쟁이 되도록 해야 하기 때문이다.
- 표준화 상황에서는 장애학생들이 자신의 실제 능력수준(지식, 기술 등)보다 과소평가 받을 가능성이 크기 때문이다.

출처 ▶ 국립특수교육원(2003)

② 각급학교에서는 학교별 학업성적관리규정에 장애학생의 평가조정 규정을 정하여 시행하여야 한다.

- 학업성적관리규정의 제정을 비롯하여 장애학생에 대한 정당한 평가가 이루어지도록 평가 환경이나 시간의 조정, 평가 제시형태나 반응형태의 조정, 평가조정 과목 및 영역 선정, 점수 부여, 보조공학기기 지원 등은 각급학교의 학업성적관리위원회에서 심의·의결된다.

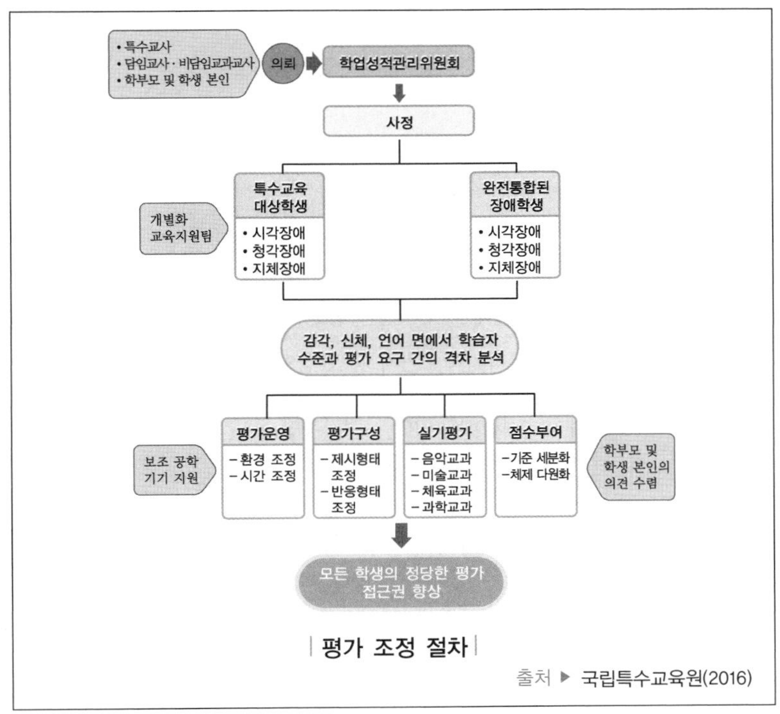

| 평가 조정 절차 |

출처 ▶ 국립특수교육원(2016)

③ 평가조정의 형태는 다양하게 제시되고 있다. 14중특, 19중특

㉠ 검사의 수정이나 조정의 형태를 제시형태 조정, 반응형태 조정, 검사 시간 조정, 그리고 검사 환경 조정의 네 가지로 구분하는 방법이 있다.

제시형태	반응형태	검사시간/스케줄	검사 환경/기타
① 점자로 된 시험지	① 점자 응답	① 시간연장	① 독립공간
② 확대 인쇄	② 구두 응답 (대필)	② 잦은 휴식	② 조명시설
③ 확대경(또는 확대독서기)	③ 문제지에 응답 (또는 별도의 답안지)	③ 긴 휴식	③ 증폭/방음시설
④ 대독자 (읽어주기)	④ 수화 응답	④ 분할 실시	④ 장애인용 책상

자료

2022 개정 특수교육 교육과정의 평가조정 관련 규정

Ⅳ. 학교 교육과정 편성·운영

3. 평가

나. 학교와 교사는 성취기준에 근거하여 학교에서 중요하게 지도한 내용과 기능을 평가하며 교수·학습과 평가 활동이 일관성 있게 이루어지도록 한다.

1) 학교는 학생의 장애 특성 및 정도에 따른 평가조정 방안을 마련하여 학생을 평가하여야 한다.

자료

평가조정 관련 기출 예시

학생 A에게는 '반응 형태의 수정', 학생 B에게는 '제시 형태의 수정' 그리고 학생 C에게는 '시간 조정(단, 시간 연장 방법은 제외)'에 대해 제시할 것

출처 ▶ 2019 중등B-8 기출

⑤ 녹음테이프	⑤ 의사소통판 이용	⑤ 스케줄(요일, 시간대 등) 조정	⑤ 장애인 편의시설
⑥ 비디오녹화테이프	⑥ 컴퓨터 장비		⑥ 주의산만 시각자극 제거
⑦ 의사소통판 이용			⑦ 재택(또는 병원) 실시
⑧ 청각보조기			
⑨ 세심한 시험지 편집(줄 간격, 여백 등)			

출처 ▶ 김동일(2002 ; 국립특수교육원, 2003에서 재인용)

장애유형	평가조정의 형태			
	제시형태	반응형태	검사시간/스케줄	검사 환경/기타
시각장애	점자, 글자확대, 확대경(또는 확대기) 이용, 대독 또는 녹음테이프	점자 응답(점자판/점필 이용) 또는 구두 응답, 별도 답안지(답안 이기)	시간연장(예 1.5배/20분), 잦은 휴식	별도 시험실(적절한 조명, 큰 책상)
청각장애	수화 통역, (비디오), 청각보조기(보청기 등) 사용	수화 응답(답안 이기)	(시간연장)	별도 시험실(증폭, 방음 등), 듣기평가—필답고사로 대체
지체장애	보완대체 의사소통 기구 또는 컴퓨터	문제지에 응답, 템플리트(글자판), 응답 영역 보호 자석/테이프, 구두 응답 또는 가리키기, 대필(뇌성마비)	시간연장(예 20분), 잦은 휴식	별도 시험실(1층, 경사로 등 접근성 확보, 휠체어용 책상, 연필잡이, 기타 편의시설 등)
학습장애	(읽기, 쓰기, 수학)—대독 또는 녹음(비디오)테이프, 읽기 보조기, 확대 활자, 문항 간 줄 간격 조정, 충분한 여백, 밑줄 또는 강조 인쇄(키워드) 등	쓰기 보조기, 컴퓨터보조기 등	(시간연장)	별도 시험실(자리 배치), 계산기 이용 등

출처 ▶ 국립특수교육원(2003)

㉡ 평가조정 유형을 조정내용에 따라 평가환경의 조정, 평가도구의 조정 및 평가방법의 조정으로 범주화하고, 이 범주를 다시 하위영역으로 세분하는 방법이 있다.

구분	영역	조정 방법
평가환경	평가공간	독립된 방 제공
	평가시간	시간 연장, 회기 연장, 휴식시간 연장
평가도구	평가자료	시험지 확대, 점역, 녹음
	보조인력	수화통역사, 대필자, 점역사, 속기사 제공
평가방법	제시방법	지시 해석해 주기, 소리 내어 읽어주기, 핵심어 강조하기
	응답방법	손으로 답 지적하기, 보기 이용하기, 구술하기, 수화로 답하기, 컴퓨터로 답하기, 시험지에 답 쓰기

출처 ▶ 정동영(2017)

④ 지체장애, 시각장애, 청각장애에 대한 구체적인 평가조정 영역 및 유형은 별도로 상세화되어 제시되고 있다(2016년 국립특수교육원 기준).

자료

평가조정 영역 및 유형(2016년 기준)

지체장애, 시각장애, 청각장애의 평가조정에 대한 설명은 해당 단원에서 자세히 다룬다.

(2) 대안적 평가

① 대안적 평가는 평가조정만으로는 평가에 참여하지 못하는 경우에 요구되는 방법을 말한다.

② 대안적 평가에는 다음과 같은 방법들이 포함된다.

㉠ 전통적인 점수: 수, 우, 미 점수 혹은 퍼센트

㉡ 합격/불합격: 합격 혹은 불합격을 정하는 광범위한 범주 기준

㉢ IEP 수행 수준 점수: 학생의 IEP에 근거한 수행 수준이 학교구획의 수행 기준으로 변환된다.

예 한 학생의 IEP가 90퍼센트의 정확도를 요구하고 89~93점이 그 지역기준으로 B와 같다면, 그 학생이 목표된 정확도를 취득한다면 B를 받게 될 것이다.

㉣ 준거 수준 점수: 내용이 하위 구성 요소로 나누어진다. 학생들은 어떤 기술의 습득이 정해진 수준에 도달하면 학점을 얻는다.

예 50개 주의 수도 중 38개의 이름을 명명하는 학생들은 사회 교과의 그 단원에 대해 통과 점수를 받을 것이다.

㉤ 다면적 점수(또는 다면적 평가): 학생은 능력, 노력, 성취와 같은 영역에서 평가되고 점수를 받는다. 11중특, 12중특

㉥ 공유된 점수체계: 두 명 혹은 그 이상의 교사들이 한 학생의 점수를 결정한다.

㉦ 항목 점수체계: 활동들 혹은 과제들에 점수가 할당되고 그것들은 학기말 점수로 더해진다.

ⓞ 학생 자기평가: 학생들은 각각 자신들을 스스로 평가한다.

ⓩ 계약 점수: 학생과 교사는 어떠한 점수를 얻기 위해 요구되는 특정 활동들에 동의한다.

ⓒ 포트폴리오 평가: 각 학생의 작업이 누가적 포트폴리오로 보존되는데, 유치원에서 고등학교까지 주요 기술 영역들에서의 성취를 나타낸다.

03 통합교육 장면에 적용 가능한 교육과정 09초특

1. 중다수준 교육과정 11유특, 13중특, 15초특

① 중다수준 교육과정이란 장애학생이 일반학생들과 함께 동일한 교과영역을 학습하되 다른 수준으로 참여할 수 있도록 설계한 교육과정을 말한다.

예 다른 친구들이 직육면체의 부피를 구하고 있을 때 지적장애 학생은 한 자릿수의 덧셈과 뺄셈을 학습함

② 수업목표의 개발은 목표의 조건이나 행동방식을 수정하는 것이 바람직하다.

- 학생들이 대안적 상징체계의 적용에서 출발하여 반응양식이나 표현양식, 신체적 및 감각적 조건에 따라 수행 조건이나 방식을 변화시키는 것을 개발 원리로 한다.

중다수준 교육과정

장애학생이 비장애학생과 함께 동일한 교과의 동일 주제 영역을 학습하도록 교육목표의 수준과 방법을 다양화하여 그들도 차별 없이 학습에 참여할 수 있게 하는 교육과정과 교수 방법의 다양화를 말한다. 여기에는 일반교육 교육과정의 수준과 방법을 약간 조정하는 방법과 그들만을 위한 독립된 교육과정을 마련하는 방법이 있다(특수교육학 용어사전, 2018).

동 다중수준 교육과정, 다수준 포함 교수, 중다수준 교수

Tip

기출에서 다수준 포함 교수와 동의어로 '실제적 다수준 포함 교수법'(2011 유아1-28 기출)', '중다수준 교수'(2010 초등1-29 기출), '중다수준 교육과정/교수'(2015 초등 A-4 기출) 등이 사용되었다.

KORSET 합격 굳히기 다수준 포함 교수

1. 다수준 포함 교수(multi-level instruction)는 동일한 학급에 소속되어 있는 수준이 다양한 학생 각자에게 유의미한 학습 경험을 제시하려는 것으로 교수적 수정을 실현하려는 구체적인 방안 중 하나라고 할 수 있다.

2. 다수준 포함 교수의 의미는 다음과 같다.
   ① 내용 제시 방법을 계획할 때 학습자의 학습 양식을 고려한다.
   ② 각자의 수준별로 사고를 자극하는 질문을 통한 주제 중심의 통합교과 수업을 진행한다.
   ③ 각자의 수준에 따라 서로 다른 학습목표를 인정한다.
   ④ 학습한 것을 표출해 보일 다양한 방법(말, 그림, 음악, 신체 동작 등)을 선택할 수 있도록 한다.
   ⑤ 다양한 학습 표현 방법을 동등하게 인정해 준다.
   ⑥ 단일 기준보다는 각자의 노력과 개인 내 성장 정도에 근거하여 평가한다.

3. 다수준 포함 교수가 성공적으로 적용되었을 때 나타날 수 있는 효과는 다음과 같다.
   ① 통합과 화합을 강조한다.
   ② 서로 다른 학습방식을 인정한다.
   ③ 높은 수준의 아동에게는 심화학습을, 낮은 수준의 아동에게는 수정된 교수를 제공한다.
   ④ 아동 간의 협동을 강조하고 개인 수준별 평가를 실시한다.
   ⑤ 학습한 바를 다양한 방식으로 표현할 수 있는 기회를 제공한다.
   ⑥ 모든 아동이 학습과정에 참여하고 모두가 서로를 인정한다.

출처 ▶ 이대식 외(2018)

2. 중복 교육과정 11중특, 13중특, 19초특, 24중특

① 중복 교육과정이란 장애학생을 일반학생과 같은 활동에 참여하게 하되, 각기 다른 교육과정 영역에서 다른 교수목표를 선정하여 지도하도록 설계한 교육과정을 의미한다.

예 실과 수업 시간 '생활 속의 동물 돌보기' 수업을 할 때 길동이에게는 국어과 목표인 '여러 가지 동물의 이름 말하기'를 지도한다.

② 중다수준보다 개인차가 큰 집단을 대상으로 적용한다.

예 개구리를 해부하는 실험에서 지적장애 학생은 과학목표가 아닌 의사소통 및 사회성 영역(기술)의 개별화된 목표인 지시 따르기나 다른 학생의 의견 수용하기와 같은 목표 추구

> **중다수준 교육과정과 중복 교육과정 적용 예시**
> 사회 시간에 일반 또래학생이 지역의 특징과 특산물을 설명하는 것이 목표라면 중다수준 교육과정을 적용하는 지체장애 학생은 특산물의 이름과 사진을 연결하는 목표로 학습 성과를 수정할 수 있고, 중복 교육과정을 적용하는 지체장애 학생은 특산물 사진을 붙이며 소근육 움직임을 증진시키는 목표로 학습 성과를 수정할 수 있다(박은혜 외, 2023).

중복 교육과정
또래와 동일한 영역(교과)의 학습활동을 하면서 서로 다른 교수목표를 추구하는 것이다. 학습활동을 하면서 해당 교과의 학습목표보다는 장애학생의 개별화교육계획 목표와 관련하여 사회성이나 의사소통 영역의 목표를 추구할 수 있다. 중복 교육과정은 일반적으로 장애 정도가 심한 중도장애 학생들에게 더 많이 적용한다(특수교육학 용어사전, 2018).
동 중첩 교육과정, 교육과정 중복

3. 중다수준 · 중복 교육과정의 공통점과 차이점 15초특

① 중다수준 교육과정과 중복 교육과정의 공통점은 장애학생과 일반 또래학생이 동일한 교과수업에 참여하면서 각자의 수준에 적절한 교육목표를 갖고 학습활동에 임한다는 점이다.

② 차이점으로는 중다수준 교육과정은 장애학생에게 목표로 하는 학습 성과는 동일 교과 내에 있으나, 중복 교육과정은 장애학생에게 목표로 하는 학습 성과가 다른 교과에 있다는 점이다.

중다수준 교육과정과 중복 교육과정 비교

구분	차이점	공통점
중다수준 교육과정	학습목표와 학습 결과들은 동일한 교과목(예 사회, 과학, 수학) 안에 있고, 학생들은 학습량과 난이도를 감당해야 한다.	• 정규학급 활동 안에서 학습이 일어난다. • 동일한 연령의 다양한 학습 수준을 가진 학생들이 수업을 한다. • 각각의 학습자들이 적절한 수준의 난이도로 개별화된 교수학습목표를 가진다.
중복 교육과정	같은 교실 안의 일반학생들이 교과(예 과학, 수학, 역사 등)에 목표를 둔다면 장애학생들의 학습목표는 다른 영역, 예를 들어 의사소통, 사회화 또는 자기관리 능력 등이 될 수 있다.	

출처 ▶ 강혜경 외(2023)

자료

중다수준 교육과정과 중복 교육과정

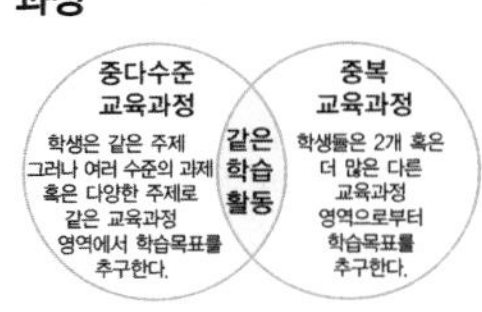

출처 ▶ Janney et al.(2017)

Chapter

04 차별화 교수

01 차별화 교수의 이해

1. 차별화 교수의 개념

① 차별화란 교사가 학생에게 선택을 제공함에 있어 학생의 요구, 관심과 능력을 고려하여 매우 신중해야 함을 의미한다.

② 차별화 교수란 학생들이 준비도, 흥미 및 학습 양식(learning profile) 등에 있어서 다양하다는 것을 인식하고, 교수내용, 교수과정, 교수결과를 학급에 있는 학생들의 차이에 부합하도록 다양한 교수적 접근을 사전에 계획하여 시행하는 교육을 말한다.

③ 차별화 교수는 학생들의 성장을 극대화하고, 학생들 개개인이 성공적으로 학습에 임할 수 있게 하는 것을 목적으로 한다.

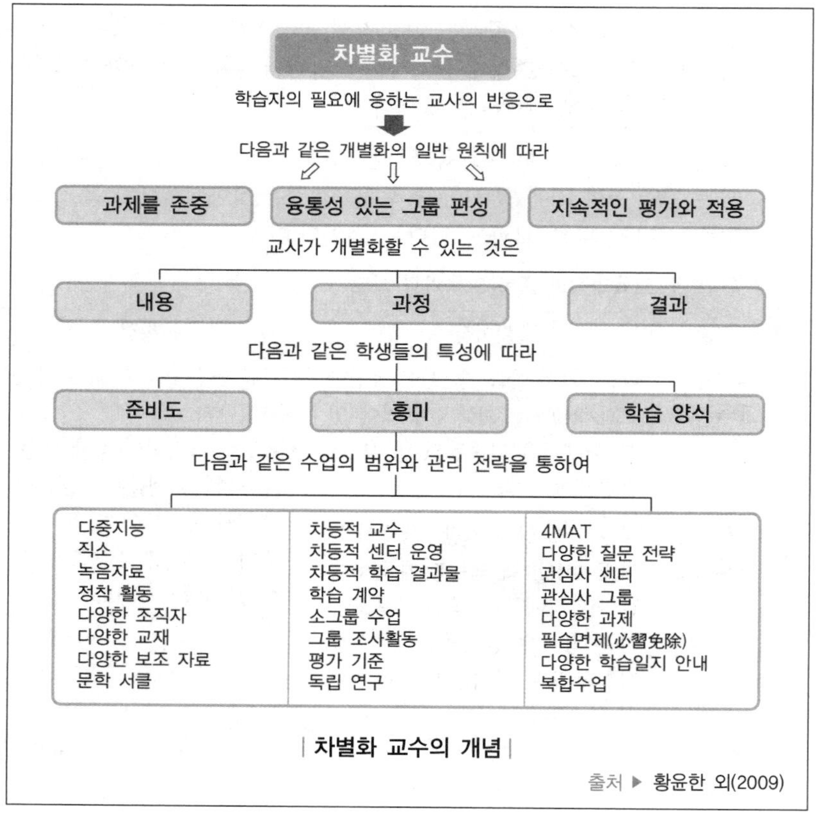

| 차별화 교수의 개념 |

출처 ▶ 황윤한 외(2009)

차별화 교수

교사가 학생들의 다양한 배경지식, 준비도, 언어, 학습 선호 양식, 흥미를 인식하고 민감하게 반응하면서 진행하는 수업이다. 학생 개개인의 다양한 능력과 학습 특성을 고려하여 교수 방법, 학습 활동과 학생의 수행 정도를 수정함으로써 개별 학생의 요구에 반응하기 위한 교수적 접근이라고 할 수 있다. 차별화 교수에는 반응적 재조정과 사전에 계획한 보편적 학습설계의 두 가지 접근 방법을 사용할 수 있다. 반응적 재조정은 수업 내용과 자료를 계획하고 수업한 후, 이에 대한 학생들의 수행 성과를 평가하고, 이 과정에서 발견하게 된 학습자의 특성에 따라 학습자와 수업 내용, 교수 과정, 학습 성과물과 관련된 요구가 일치하지 않는지를 찾고, 불일치를 해결하기 위해 수업 내용과 자료, 학습 성과와 교수를 재조정하는 것이다. 이에 비해 사전에 계획한 보편적 학습설계는 학습자들의 특성에 대한 정보를 먼저 수집한 후 이를 고려하여 보편적 학습설계의 원칙을 적용하여 모든 학생에게 접근 가능한 학습 환경을 구조화하고, 학습 내용과 자료, 학습 성과물이 어떤 형태인지 계획한 후 교수를 진행하는 것이다(특수교육학 용어사전, 2018).

동 차별화된 수업

비교

내용, 과정, 결과의 차별화

내용, 과정, 결과의 차별화는 교수와 학습 중 어디에 초점을 두는가에 따라 교수내용, 교수과정, 교수결과로 표현되기도 하며 학습내용, 학습과정, 학습결과로 표현되기도 한다.

자료

보편적 학습설계

'Part 08. 특수교육공학' 참조

차별화 교수가 아닌 것과 차별화 교수인 것

차별화 교수가 아닌 것	차별화 교수인 것
• 1970년대의 개별화 교수이다. • 무질서하다. • 동질 집단 편성을 규정하는 또 다른 방법일 뿐이다. • 동일한 옷을 재단하는 것이다.	• 사전에 준비된 수업이다. • 양적인 것보다 질적인 것을 강조한다. • 사정(assessment)에 기초한다. • 내용, 과정 및 결과에 대한 다양한 접근을 제공한다. • 학생 중심이다. • 일제 학습, 소집단 학습 및 개인별 학습의 혼합이다. • 역동적이다.

출처 ▶ 정동영 외(2016)

KORSET 합격 굳히기 UDL과 차별화 교수

1. 보편적 학습설계 원리의 측면에서 볼 때, 하나의 교수·학습 방법으로서 차별화 교수는 교수·학습의 진도(pacing)에서 학생들에게 대안적 방법을 제공함으로써 융통성을 제공해 주는, 보편적 학습설계의 원리를 적용하는 하나의 방안이 될 수 있다(정동영 외, 2016).

2. 차별화 교수는 보편적 학습설계와 비슷하지만 차이점이 있다. 보편적 학습설계는 모든 아동을 위한 접근성과 기회가 처음부터 개발되고 구현된다는 점에서 차별화 교수에 비해 더 사전 예방적이다. 이에 반해 차별화 교수는 개별 아동을 위한 접근에 관한 것이라고 볼 수 있다(Gargiulo et al., 2021).

2. 차별화 교수의 특징

① 차별화 교수는 사전에 준비된 수업이다.

② 차별화 교수는 양보다 질을 강조하는 수업이다.

③ 차별화 교수는 평가에 기초한다.

④ 차별화 교수는 내용, 과정, 결과에 다양한 접근을 제공한다.

⑤ 차별화 교수는 학생 중심이다.

⑥ 차별화 교수는 일제 학습, 소집단 학습, 개별 학습의 혼합이다.

⑦ 차별화 교수는 '유기적'인 것이다.

전통적인 교실과 차별화 교실의 특징 비교

전통적인 교실	차별화 교실
학생들의 차이점들은 숨겨지거나 문제가 되었을 때 다루어짐	학생들의 차이점들은 수업 계획의 기초 자료로 연구됨
평가는 '누가 지식을 습득했는가'를 알아보기 위해 수업의 끝에 주어지는 것이 가장 흔함	평가는 학습자의 요구에 보다 효율적으로 대응하는 수업 방법을 이해하기 위한 지속적이고 진단적인 것임
상대적으로 좁은 의미의 지능관이 지배적	다양한 형태의 지능들에 초점을 맞춤
우수성에 대한 하나의 정의가 존재	우수성은 대부분이 출발점으로부터의 개인적인 성장에 의해 정의됨
학생의 흥미는 가끔 다루어짐	학생들에게 흥미 중심 학습의 선택이 자주 주어짐
학습 특성에 따른 선택권이 상대적으로 적게 고려됨	학습 특성에 따른 많은 선택권이 제공됨
일제 학습이 지배적임	많은 다양한 수업 배치가 일어남
교과서 및 교육과정 안내서 중심의 수업	학생들의 학습 준비도, 관심사, 학습특성이 수업 결정
학습의 초점은 교재에 주어진 사실적 지식과 기능의 숙달	주요 개념과 원리의 이해 및 의미 탐구를 위한 주요 기능의 사용이 학습의 초점
단일 선택 과제가 일반적임	다중 선택 과제가 자주 주어짐
비교적 획일적인 시간표를 따름	학생들의 필요에 따라 시간표가 유동적
단일 교재가 지배적	다양한 학습 자료가 제공됨
아이디어와 사건들에 대한 단일해석 추구	아이디어와 사건들에 대한 다양한 관점이 일상적으로 추구됨
교사의 지시에 의한 학생의 행동	교사는 학생들이 보다 자기 주도적인 학습자가 되도록 학생의 기능을 촉진
교사가 문제들을 해결함	학생들이 다른 학생들과 교사의 도움을 받아 문제들을 해결
교사는 성적평가를 위한 전체 학급의 기준을 제시	학생들이 교사와 함께 학급 전체의 학습목표와 개별적인 학습목표를 설정
단일 형태의 평가가 자주 활용됨	다양한 방법으로 평가

출처 ▶ 황윤한 외(2009)

02 차별화 교수의 기본 가정과 원리

1. 차별화 교수의 기본 가정

(1) 아동의 적극적인 학습

① 아동을 수동적이라기보다 적극적이라고 가정하는 것은 학습과정에 대한 구성주의적 시각을 반영한다.

② 차별화 교수는 아동이 새로운 지식이나 정보를 구성하는 데 참여하고, 그것을 이해하고, 그것에 대한 자신의 숙달 정도를 나타내도록 하기 위하여 다양한 방식을 제공한다.

(2) 아동에 대한 높은 기대

① 아동은 모두 계획된 학습목표를 성취할 것이라는 믿음을 전제로 한다.

② 교수의 맥락이 변하더라도, 아동이 계획된 학습목표를 숙달 내지 성취할 것이라는 믿음은 변하지 않아야 한다.

③ 차별화 교수는 학습목표의 숙달 혹은 성취를 위하여 구조를 추가하고 자료를 변경하며, 맥락의 복잡성을 수정하는 등의 지원을 제공한다.

(3) 학습의 사회적 맥락

① 학습은 사회적 맥락에서 이루어진다는 인식을 강조한다.

- 진정한 과제는 아동에게 내적으로 더욱 더 영향을 미친다. 이런 과제는 생활맥락을 벗어나서는 실재하지 않는다.

② 차별화 교수는 평가를 넘어 생활에 의미를 지니는 학습을 요구하며, 그에 따라 아동은 때로 인공적인 교실 상황을 떠나 실제 생활에 활용되는 내용을 학습할 것을 요구한다. 따라서 차별화 교수는 인위적인 교실 상황만을 요구하는 것이 아니라 실제 생활에 적용되는 교수를 요구한다.

2. 차별화 교수의 원리

톰린슨(Tomlinson)은 차별화 교수의 원리를 다음과 같이 제시하였다.

① 각각의 아동에게 안전하고 도전적인 교육환경

② 전체 학급, 소집단, 개인에 대한 관심을 포함하는 교수·학습 일정

③ 주제나 교과의 본질적인 지식·이해 및 기술에 초점을 둔 학습 목적

④ 정기적으로 교사의 교수계획을 통보하는 사전평가와 형성평가

⑤ 다양한 아동의 요구를 언급하는 융통성 있는 시간·공간·자료 및 교수 전략을 이용하는 교사

⑥ 아동의 최적의 조작과 최대한의 개인적 성장을 공유하는 학습 공동체인 교실

KORSET 합격 굳히기 차별화 교수 모형

로렌스-브라운(Lawrence-Brown)은 장애아동을 포함하여 모든 아동이 이익을 얻어야 한다는 관점에서 차별화 교수 모형을 제시하였다.

1. 학년수준 교육과정 외에 심화 교육과정과 보충 교육과정 및 부가적인 지원으로 이루어진다.
2. 차별화 교수는 구성 요소들 중에서 가장 먼저 학년수준 교육과정에 대한 질 높은 교수를 요구한다.
3. 학년수준 교육과정에 대한 질 높은 교수에도 불구하고, 학년수준 교육과정의 내용표준을 성취하지 못하는 아동에 대해서는 부가적인 지원을 제공한다.

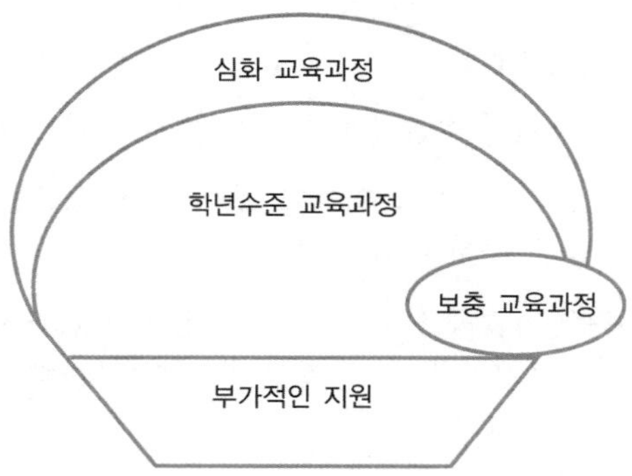

| 차별화 교수 모형 |

부가적인 지원	• 학년수준 교육과정의 내용표준에 접근하도록 하기 위하여 제공 • 아동에게 녹음도서, 화면읽기 프로그램, 쓰기 표현을 지원하는 소프트웨어 등과 같은 보조공학기기 제공 • 요약, 개요, 그래픽 조직자 제공 • 부가적 지원을 제공하였음에도 불구하고 성취를 하지 못하는 아동의 경우에는 학년수준 교육과정의 목적을 바꾼 적합화한 교육과정(보충 교육과정) 제공
심화 교육과정	• 영재아동을 위하여 더욱 도전적이고 창조적인 기회를 학년수준 교육과정의 내용표준을 떠나 제공하는 교육과정 • 목적: 일반학급 프로그램에서 영재아동에게 더욱 적절한 교육을 제공
보충 교육과정	• 중도장애 아동을 위하여 학년수준 교육과정의 목적을 적합화한 교육 • 타원 일부가 학년수준 교육과정과 중첩되어 있고, 일부는 학년수준 교육과정을 일탈해 있는 것은 일부 학년수준 교육과정의 내용을 적합화한 학업적 기술과 학년수준 교육과정의 내용에 대한 대안적인 내용으로 구성된다는 의미 • 학년수준 교육과정과 중첩되는 보충 교육과정: 학업적 기술로 구성 • 학년수준 교육과정을 일탈한 보충 교육과정: 기능적 기술로 구성

출처 ▶ 정동영(2017)

KORSET 합격 굳히기 **차별화의 전제(Tomlinson & Jarvis)**

1. 학습은 학생들이 적절한 도전 수준을 경험할 때 일어난다.
2. 학생 간 지식과 기술은 다르기 때문에, 적절하게 도전적인 활동 또한 차이를 필요로 한다.
3. 학생들은 과제나 내용이 관심 있는 것일 때 더욱 동기화되고 활발하게 참여한다.
4. 학생들은 자신의 흥미 분야를 개발하고 탐구할 권리가 있다.
5. 학생들에 대한 다면적 학습 프로파일로 최대의 학습 효과를 올린다.
6. 학생들은 안전하고, 지원을 받으며, 가치를 인정받았다고 느낄 때 최고로 학습을 잘하게 된다.

03 차별화 교수의 계획 및 실천

차별화 교수를 계획하고 실천하는 데 사용되는 학습 주기와 결정 요소들의 관계는 다음과 같다.

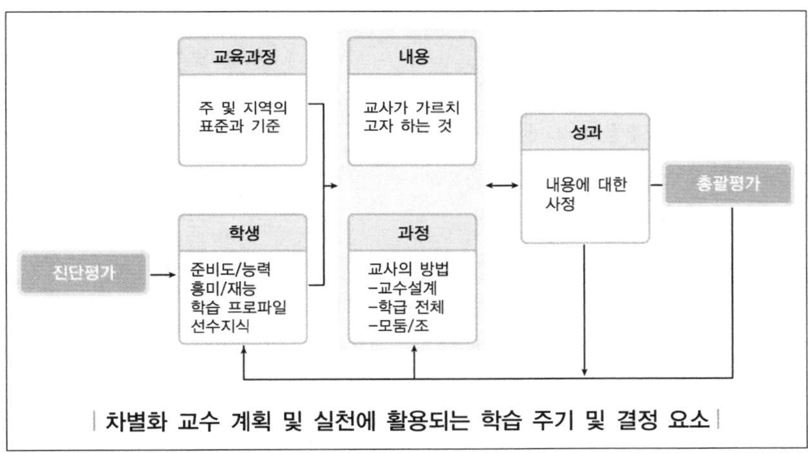

| 차별화 교수 계획 및 실천에 활용되는 학습 주기 및 결정 요소 |

1. 학습자의 특성

(1) 학습자의 준비도

① 학습 준비도란 학습을 효과적으로 잘할 수 있도록 하는 데 필요한 조건이 갖추어져 있는 상태로서 어떤 학습에서 성공하기 위한 학습자의 지적·정의적·사회적·신체적 기타 여러 측면의 성숙 정도를 의미한다.

② 학습 준비도에 영향을 미치는 요인은 성숙과 경험 그리고 정서적 요인 등이 있지만 학자들에 따라 관점을 달리한다.

③ 교수 · 학습에 있어서 준비도가 중요한 이유는 알고 있어서 너무 쉬운 학습과제나 너무 어려운 학습과제들은 인지발달에 아무런 기여를 하지 못하기 때문이다. 따라서 학습과제를 학생들의 준비도와 일치시키는 것은 매우 중요하다.

- 좋은 학습과제는 학생들이 독자적으로 해낼 수 있는 수준보다 약간 높은 수준의 지식, 이해, 기능을 적절하게 조화시키는 것이다.

④ 학습 준비도에 따른 차별화 전략에는 이퀄라이저 전략, 비계학습 전략, 교육과정 필습면제, 차등적 과제, 복합수업 등이 있다.

(2) 학습자의 흥미

① 흥미란 어떤 대상에 대한 적극적이고 선택적인 마음가짐을 말하며, 항상 정서를 동일하게 좋아하거나 싫어하는 수용 및 거부적 기능을 갖는다.

- 흥미란 때때로 주의(attention), 태도, 동기, 유인성(valance) 등과 관련지어 설명된다.

② 학생들을 학습에 참여하게 하는 가장 강력한 것은 학습동기이며, 학습동기는 학생들의 관심과 선택에 달려 있다.

㉠ 학생들은 자신들의 흥미와 관심사가 수업에 반영되었을 때 가장 적극적으로 참여한다.

㉡ 학생 자신들의 관심사와 연관된 학습 과제를 선택할 수 있도록 허용되어졌을 때 학습에 보다 호기심을 갖게 된다.

③ 흥미 중심의 차별화 전략에는 즐겨 찾기 학습, 흥미 센터와 관심사 그룹, 전문가 팀 등이 있다.

(3) 학습자의 학습 양식

① 학습 양식은 개인 각자가 가장 잘 배울 수 있는 학습 방법을 지칭한다.

② 학습 양식을 통한 차별화의 목표는 학습자 자신들에게 가장 알맞은 학습 양식을 알 수 있도록 돕기 위함이다. 또한, 각 학습자들이 효과적인 학습 방법을 발견할 수 있는 다양한 선택원을 제공하기 위한 것이다.

③ 학습 양식의 차별화를 지원하는 전략들에는 학생들과 그들의 학습 양식과의 연계 전략, 다중지능 학습 양식의 활용, 학습 양식에 따른 수업의 도입 전략 등이 있다.

학습 양식
제시된 정보를 처리하는 방법과 주어진 과제를 해결하고자 할 때 사용하는 다양한 전략이다. 인지적 측면과 정의적 측면을 모두 포함한다. 학습 양식은 사람마다 다르기 때문에 교사는 사전에 각 학습자의 독특한 학습 양식을 알고, 학습자의 개인차를 고려한 개별화교육 때 학습 양식에 적합한 수업 매체와 방법을 선정하는 것이 중요하다. 특히 특수교육 요구 아동은 장애로 인한 특별한 학습 욕구를 가지고 있으므로 그들의 학습 양식에 적합한 교육 계획을 수립하여 운영할 필요가 있다. 이를 위해서는 학습 양식을 측정하는 검사(관찰, 면담 포함)와 과거 학습에 대한 기록물을 준비하여 제시하고, 수업 유형(교육 모형, 학습 집단, 과제 제시 계열과 방식 등)도 다양화 · 개별화할 필요가 있다(특수교육학 용어사전, 2018).

2. 차별화 교수의 요소 22초특

(1) 교수내용의 차별화

① 교수내용의 차별화란 가르칠 것에 대한 수정과 더불어 학생이 배워야 할 것에 어떻게 접근할 것인지에 대한 수정을 말한다. 따라서 교수내용의 차별화는 두 가지 측면에서 생각할 수 있다.

㉠ 내용의 차별화에서 교사는 자신이 가르치고자 하는 것들을 적합하게 조절할 수 있다.

㉡ 교사가 학생들에게 알게 되기를 원하는 내용을 학생들이 접근할 수 있도록 적합하게 만들거나 변경할 수 있다.

② 교수내용의 차별화는 장애학생을 위하여 비장애학생들보다 수행에 대한 기대를 낮추는 대신 다양한 전략을 이용하여 장애학생이 비장애학생들과 동일한 교수내용에 접근하도록 하는 방식으로 이루어진다.

KORSET 합격 굳히기 **통합교육을 위한 교수내용의 차별화 방법**

1. 교수목표 수정 전략

보완	원래 설정된 교수목표에 장애학생의 접근과 참여를 지원하기 위하여 또래와 동일한 수준에서 동일한 교수목표에 참여하나 교수목표를 달성하는 조건이나 수단 등을 보완하는 수정을 의미한다. – 교수목표의 보완은 읽기와 쓰기기술이나 수학기술과 같은 교정적 기술을 개발하는 데 집중된다. – 교수목표에 보완을 필요로 하는 학생들은 시간 연장, 지필 대신 구술, 필기를 위한 노트북 제공, 독해를 위한 사전 제공 등을 통하여 교수목표를 보완할 수 있다.
단순화	장애학생의 접근과 참여를 위하여 또래의 교수목표와 동일한 교수목표를 유지하나, 교수목표의 복잡성을 줄이는 수정방법이다. – 목표의 수를 줄이거나 덜 복잡한 학습을 요구하는 방식으로 이루어진다.
변경	교수목표의 보완이나 단순화를 통하여서도 교수에 접근하지 못하고 참여하지 못하는 장애학생을 위하여 또래의 교수목표와는 다른 교수목표, 즉 기능적 기술을 강조하는 교수목표로 대체하는 것을 말한다. – 장애학생은 교수목표를 기능적 기술로 적절히 변경하면 통합학급의 교수와 활동에 부분적으로 참여할 수 있다.

자료

교수목표 수정의 예

교수목표: 과학 용어를 사용하여 꽃이 피는 식물의 한살이의 단계를 설명할 수 있다.

- 교수목표의 보완: 과학 사전을 이용하여 꽃이 피는 식물의 한살이의 단계를 순서대로 설명할 수 있다.
- 교수목표의 단순화: 과학 용어 사전을 이용하여 꽃이 피는 식물의 한살이의 단계를 순서대로 열거하고 2~3단어로 설명할 수 있다.
- 교수목표의 변경: 생활 주변에서 꽃이 피는 식물과 그렇지 않은 식물을 구분할 수 있다.

2. 교수내용 수정 전략

장애학생을 위한 교수내용의 수정은 교수내용 자체를 수정하는 전략과 교수내용에 접근하는 방법을 조정하는 전략을 통하여 이루어질 수 있다.

<table>
<tr><td rowspan="4">교수내용 자체 수정</td><td colspan="2">• 모든 학생들이 학습하여야 할 근본적인 내용이나 개념만을 교수내용으로 선정하는 전략이다.
• 교수내용을 근본적인 내용으로 수정하는 경우에는 교수내용 중에서 가장 핵심이 되는 근본적인 내용을 확인하는 과정을 필요로 한다.
– 근본적인 내용을 확인하기 위해서는 개념을 분석하는 활동이 이루어져야 한다.
– 개념 분석은 교수내용에 포함된 핵심 개념을 확인하는 방법이다. 교수내용에 포함된 개념들을 분석하면 핵심 개념이 추출된다.
– 핵심 개념은 교수내용 중에서 가장 근본적인 내용이 된다.
• 교수내용의 핵심 개념을 분석하기 위해서는 교수내용에 포함된 개념의 패턴을 확인하는 방법과 핵심 어휘를 분석하는 방법을 이용할 수 있다.</td></tr>
<tr><td>패턴 확인</td><td>여러 가지 활동에 포함되는 공통된 패턴을 교수내용으로 선택하는 방법</td></tr>
<tr><td>핵심 어휘 분석</td><td>교수내용에 포함되어 있는 핵심 어휘를 분석하여 교수내용으로 선택하는 방법</td></tr>
<tr><td colspan="2">• 근본적인 내용에도 접근하지 못하고 참여하지 못하는 심각한 인지장애를 지닌 학생의 경우에는 근본적인 내용을 기능적 기술로 대체하여 교수내용을 선정할 수도 있다.</td></tr>
<tr><td rowspan="4">교수내용 접근 방법 수정</td><td colspan="2">• 대부분의 학생들이 학습하여야 할 내용이나 개념을 교수내용으로 하는 것으로 교수내용을 수정하지 않고 교수내용에 접근하는 방법을 수정하는 전략이다.
• 장애학생을 위하여 교수내용에 접근하는 방법을 수정하는 방법은 과제분석, 활동분석, 성취목표 조정 등을 이용하는 방법이 있다.</td></tr>
<tr><td>과제분석</td><td>교수내용의 요소나 단위들을 계열화하는 절차</td></tr>
<tr><td>활동분석</td><td>학습활동의 요소나 단위들을 계열화하는 절차</td></tr>
<tr><td>성취목표 조정</td><td>학생이 성취하여야 할 목표를 세분하는 것. 성취목표의 조정은 성취목표를 최소한 3개 이상으로 할 것을 요구하며, 이런 성취목표의 조정이 이루어지면 그에 따라 교수내용도 차별화됨</td></tr>
</table>

패턴 확인

예 체육시간에 축구경기와 농구경기를 선택하여 교수를 실행하는 경우 비장애아동들의 활동은 드리블, 패스, 슛 등을 교수내용으로 할 수 있다. 그러나 운동기능이 뒤떨어지는 장애아동의 경우 축구경기나 농구경기에서 공통적으로 요구되는 승패, 규칙, 벌칙 등을 교수내용으로 선택하여 참여하도록 지도할 수 있다. 축구경기나 농구경기를 교수내용으로 하는 체육 시간에 드리블, 패스, 슛 등의 기능을 익히는 것보다 더욱 근본적인 교수내용은 팀을 구성해서 제한된 시간 내에 규칙을 지키면서 승패를 겨루며, 규칙을 어기면 벌칙을 받는다는 개념을 익히는 것이다. 따라서 유사한 교수내용이나 활동 중에서 장애아동을 위하여 근본적인 내용이 될 수 있는 공통된 패턴을 찾아 교수내용으로 선택할 수 있다(정동영, 2017).

핵심 어휘 분석

예 자장가를 감상하는 것이 교수내용이라면 음악에서 사용되는 핵심어휘인 리듬, 멜로디, 하모니, 템포, 비트 등의 어휘를 선정하여 자장가와 템포에서 상대되는 사례인 행진곡을 도입하여 곡의 차이를 감상하도록 할 수 있다(정동영, 2017).

(2) 교수과정의 차별화

① 교수과정의 차별화란 내용을 어떻게 교수하고 학습할 것인가에 관한 것 혹은 학습자들이 아이디어와 정보를 이해하는 방식으로, 학생들이 내용을 이해하도록 교사들이 사용하는 다양한 활동을 의미한다.

② 교수과정의 차별화는 학생이 사실, 개념, 기술을 이해하고 동화하도록 지원하는 방법을 요구한다.

③ 교수과정의 차별화는 학습의 활성화, 다양한 학습활동, 다양한 활동 집단 구성 등을 통해 이루어질 수 있다.

④ 장애학생을 위한 교수과정의 차별화는 장애학생이 교수에 참여하고, 교수를 이해하며 교수에 적응하도록 지원하기 위하여 장애학생과 교수내용을 연결하는 것을 요구한다.

KORSET 합격 굳히기 통합교육을 위한 교수과정 차별화 전략

학생집단의 융통성 있는 구성	• 학생집단의 융통성 있는 구성은 교수내용에 따라 적절히 학생집단을 구성하는 전략이다. • 학생집단은 학급 전체집단이나 소집단을 통하여 학습에 참여할 기회를 제공하거나 개별적으로 학습에 참여할 기회를 제공하는 방식 등으로 교수내용에 따라 다양하게 구성되어야 한다. • 학습 집단의 구성방식은 개별학습은 물론 협동학습, 또래교수도 포함한다.
교수 진도와 발문 조절	• 교수 진도의 조절은 교수를 활발히 진행하지만, 학생들의 이해가 확실해질 때까지 교수의 완급을 조절하는 전략이다. • 장애학생을 위한 통합학급의 교수는 학생의 요구에 의존하여 수렴적인 발문, 발산적인 발문, 높은 수준의 발문, 낮은 수준의 발문 등 다양한 유형의 발문을 제공하여 학생의 이해를 도와야 한다. • 장애학생을 위한 교수과정의 차별화에서 요구되는 교수 진도와 발문의 조정은 장애학생의 교수내용에 대한 이해를 지원하는 전략이라고 할 수 있다.
인적 · 물적 자원 제공	• 인적·물적 제공은 장애학생이 교수에서 이익을 얻도록 하기 위하여 접근 가능한 환경, 보조공학기기와 보완대체 의사소통체계 등의 이용 등을 제공하는 전략이다.
학습전략 지원	• 학습전략이란 학습자가 학습할 내용을 효과적으로 이해, 획득, 저장, 활용할 수 있도록, 학습자가 알고 있는 지식이나 자료 또는 알고자 하는 자료를 자신의 학습에 도움이 되도록 구성, 계획, 이용하는 방법이다. • 장애학생은 통합학급의 교수참여를 위하여 교수내용의 발견과 짐작을 가능하게 하는 그림, 도표, 개요, 그래픽 조직자 등과 다양한 학습전략의 제공을 요구한다.

(3) 교수결과의 차별화

① 교수결과의 차별화란 학습자들이 자신의 이해를 표현하고 학습한 것을 보여 주는 방식으로 교수에 있어 산출물에 해당된다.

- 학생이 만든 성과물에 대해 어떤 방식으로 심도, 분량, 독창성을 평가하는가에 관한 것이며, 시험, 프로젝트, 서면 과제, 구술 프레젠테이션 등의 방식이 포함된다.

② 장애학생을 위한 교수결과의 차별화는 장애학생의 교수에 대한 이해와 성취를 제고하기 위하여 교수를 통해 학습한 결과를 증명하는 다양한 방식을 요구한다.

KORSET 합격 굳히기 통합교육을 위한 교수결과 차별화 전략

표현양식의 변경	• 표현양식의 변경은 교수결과에 대한 학생의 이해와 성취를 증명하는 방식에 융통성을 제공하는 전략이다. • 장애학생을 위한 교수결과의 차별화에서 요구되는 표현양식의 변경은 교수목표와 관련하여 장애학생이 교수를 통하여 이해한 결과나 성취한 결과를 방해받지 않고 나타내게 지원하는 전략이라 할 수 있다.
숙달수준의 조정	• 숙달수준의 조정은 교수목표에 대한 숙달로 간주되는 기술의 수행수준을 조정하는 전략이다. • 장애학생의 숙달수준은 비장애학생들에게 요구되는 숙달수준을 개별 장애학생의 독특한 요구에 기초하여 조정되어야 한다.
빈번한 평가	• 빈번한 평가는 학생의 지식과 이해를 증명하는 데 단원별로 한 번의 기회만을 제공하는 것은 적절하지 않고 기회를 빈번히 제공하여야 한다는 요구이다. • 장애학생을 위한 교수결과의 차별화에서 빈번한 평가는 교수와 학생의 수행과 성취를 연결하고 맞추기 위하여 수업 전-중-후 등 수시로 학생의 이해와 성취를 평가하는 전략이라 할 수 있다.

세 수준 집단의 학생들에게 차별화 교수를 적용한 예

구분	어려움이 있는 학생	평균학생	영재학생
교수내용	• 3개의 중요한 요점 • 3개의 개념	개념의 모든 측면	심층적인 공부
교수과정	연구 과정에 있어서 각 단계의 직접교수	• 모델링 • 독립적인 활동 • 검토와 연습	독립적인 공부를 위한 탐색 질문과 함께 최소한의 교수
교수결과	1쪽의 집단 보고서	5쪽의 보고서	컴퓨터로 만든 그래프와 표로 제시된 파워포인트

출처 ▶ 정동영 외(2016)

Chapter

05 협력교수

01 협력교수의 이해

1. 협력교수의 개념

① 두 명 또는 그 이상의 교사가 동일한 물리적 공간에서 다양한 능력의 학생들을 가르치는 교수전략으로 협동교수 혹은 코티칭(co-teaching)이라는 용어로도 사용된다.

② 2인 이상의 교사는 누구라도 함께 교수하는 것이지만 최근에 협력교수가 통합교육의 맥락에서 많이 논의되기 때문에 2인 이상의 교사라고 할 때 일반교사와 특수교사로 한정되어 정의되는 경우가 더 많다.

③ 특수교육에서 말하는 협력교수란 일반교사와 특수교사가 통합학급 학생들에게 질 높은 교수를 제공하기 위하여 동등한 권리와 책무성을 가지고 수업계획에서부터 평가까지 학생들의 학습과 관련한 제반 결정사항을 함께 협력하는 것을 의미한다.

2. 협력교수의 기본 원리

① 학급 내 모든 학생에 대한 교수적 책임 공유

② 정기적인 의사소통

③ 정서적 지지나 동료 장학 등의 형태로 서로를 지원

④ 모든 학생을 교수에 포함시키기 위하여 적극적으로 노력

3. 협력교수의 장점

① 모든 학생을 위한 교수적 선택 증가

② 프로그램의 강도와 연속성 향상

③ 특별한 교육적 요구를 가진 학생들의 낙인 감소

④ 교사들과 관련 서비스 전문가들의 지원 증대

4. 협력교수의 효과

장애학생	• 교사 및 관련 서비스 전문가들의 지원 강화 • 사회성 기술 향상 • 장애학생에 대한 낙인 효과 감소 • 학업수행 및 사회성 기술의 향상
일반학생	• 학업성취도와 학습에서의 자발성, 책임감 향상 • 학습동기 향상 • 장애(혹은 장애인)에 대한 이해 증가
교사	• 특수교사 – 일반교육과정에 대한 이해도 향상 – 교사로서의 자존감 증진 • 일반교사 – 장애학생에 대한 이해도 향상 – 교사들 간의 협력활동 참여를 통한 전문성 향상

02 협력교수의 유형 11유특

1. 팀티칭(팀교수) 10중특, 11중특, 12유특, 20초특, 25초특

① 두 교사가 모든 학생을 대상으로 동등한 책임과 역할을 가지고 함께 수업을 하는 동안 번갈아가며 다양한 역할(개념 교수, 시범, 역할놀이, 모니터링)을 함으로써 반 전체 학생을 위한 교수 역할을 공유하는 형태이다.

㉠ 두 교사는 계획 수립, 교수 및 평가 등에서 동등한 책무성을 공유한다.

㉡ 역할의 공유는 똑같은 활동을 의미하는 것이 아니라 어느 한 교사가 교수의 특별한 유형이나 교육과정의 특정 부분에 일차적인 책임감을 지닌다는 것을 가정한다.

② 한 명의 교사만으로는 수업을 진행할 수 없는 상황일 때 유용하다.

예 역할놀이나 적절한 행동의 모델링, 상호 토론의 장면을 학생들에게 보여 줄 수 있다.

③ 두 명의 교사가 긴밀하고 원활한 교류가 있는 경우에 활용하는 것이 더 효과적이다.

④ 학습 집단의 구성은 여러 개의 소집단으로 나누어도 무방하다.

⑤ 팀티칭 유형의 장단점은 다음과 같다.

장점	단점
• 체계적 관찰과 자료수집이 가능하다. • 역할과 교수내용의 공유를 돕는다. • 개별적인 도움을 주기 쉽다. • 학업과 사회성에 있어서 적절한 도움을 구하는 행동의 모델을 보여 줄 수 있다. • 개념, 어휘, 규칙 등을 보다 명확하게 할 수 있다.	• 학습을 풍부하게 하는 것이 아니라 교사의 업무를 분담하는 것에 머무를 수 있다. • 많은 계획을 필요로 한다. • 모델링과 역할놀이 기술을 필요로 한다.

출처 ▶ 이소현 외(2011)

| 팀티칭 |

> **비교**
> **팀티칭**
> • 김애화 외(2013): 가장 높은 수준의 교사 간 협력을 요구하는 협력교수 모델
> • 송준만 외(2022): 협력교사 간의 상호 신뢰와 협력을 많이 요구하는 형태로, 처음 시작하는 교사보다는 서로 익숙해진 교사에게 권유
> • 정동영(2017): 교사 간의 상호 신뢰와 협력이 많이 요구되는 형식

교수 - 지원
동 1교수 1지원, 교수-보조형

2. 교수 - 지원 10중특, 12유특, 21유특, 22초특, 25중특

① 일반교사가 전반적인 교수활동을 주도하고, 특수교사는 학급을 순회하면서 개별적으로 학생들에게 지원을 제공하는 형태이다.

㉠ 두 교사의 역할이 전체수업과 개별지원으로 구분되는 협력으로 한 교사가 전체 학습지도에 우선적인 책임을 지고 다른 교사는 학생들 사이를 순회하면서 개별적으로 지원이 필요한 학생을 지도하는 형태이다.

㉡ 교과 및 수업내용에 관한 전문성을 고려하여 교사의 역할을 정할 수 있다.

② 계획을 하는 데 시간이 적게 들고 간단히 실행할 수 있다. 그러나 특수교사의 역할이 조력자로 고정되며, 장애학생도 교실에서 소외될 수 있다는 단점이 있다.

- 특수교사는 학급의 보조자로 전락하여 일반교사를 보조하는 준전문가의 함정에 빠질 수 있으므로 경계해야 한다.

③ 교수-지원 유형의 장단점은 다음과 같다.

장점	단점
• 도움이 필요한 학생을 개별적으로 지원할 수 있다. • 지원을 담당하는 교사가 학생들을 개별적으로 지원하거나 행동 문제를 관리하므로, 전체 교수를 담당하는 교사는 수업에 더 집중할 수 있다. • 협력을 계획하는 데 있어 다른 모형보다 상대적으로 적은 시간과 노력이 소요된다. • 모든 주제 활동에 적용이 가능하다.	• 교수 역할(전체 수업교사, 개별 지원교사)이 고정되어 있는 경우 교사의 역할에 대한 불만족이 있을 수도 있다. • 각 교사의 역할이 수시로 바뀔 때 수업의 흐름이 부자유스러울 수 있다. • 지원하는 교사가 보조원처럼 보이거나 학생의 주의를 산만하게 할 수 있다. • 학생이 지원교사에게 의존적이 될 수 있다.

출처 ▶ 이소현 외(2011)

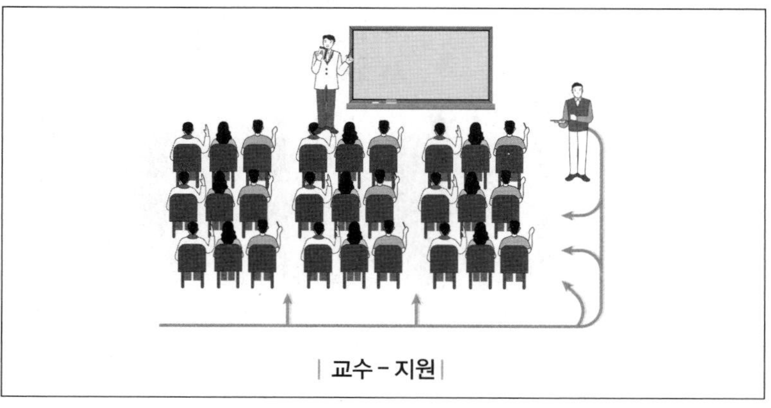
| 교수 - 지원 |

3. 스테이션 교수 09중특, 16중특, 19유특, 24유특

① 교사가 각 스테이션에서 다른 활동을 가르치고, 학생들은 교육목표나 내용에 따라 모둠을 지어 스테이션을 이동하면서 수업을 받는 형태이다.

㉠ 학생이 바뀌어도 교사는 각자의 교수를 반복한다.

㉡ 교사는 2명, 학생 집단을 세 집단으로 할 경우 두 집단이 각각의 스테이션에서 교사의 지도를 받는 동안 나머지 한 집단은 자기들 스스로 독립적인 학습활동을 수행한다.

② 경험이 없는 협력교사에게 안정감을 제공하며, 학생은 낮은 교사－학생 간의 비율로 이익을 얻을 수 있고, 장애학생은 분리 대신 모든 집단에 통합되는 것이 가능하다.

③ 소음과 활동 수준이 높고, 교사들은 학생들이 한 장소에서 다른 장소로 계획된 시간 내에 전환할 수 있도록 교수에 상호 보조를 맞추어야 한다는 단점이 있다.

④ 스테이션 교수 유형의 장단점은 다음과 같다. 16중특, 19유특

장점	단점
• 능동적인 학습 환경을 제시한다. • 소그룹을 전제하므로 주의집중을 증가시킬 수 있다. • 협동과 독립성을 증진시킨다. • 학생들 간의 모둠 활동을 통한 사회적 상호작용의 기회가 증가된다. • 전략적으로 집단을 구성할 수 있다.	• 스테이션 교수를 실시하기 위해서는 많은 계획과 준비가 필요하다. • 스테이션 간의 이동을 전제로 하므로 넓은 공간의 교실이 필요하고, 이동 시에 교실이 시끄러워질 수 있다. • 학생의 경우 집단으로 활동하는 기술과 독립적인 학습 기술이 필요하다. • 감독하기가 어렵다.

출처 ▶ 이소현 외(2011)

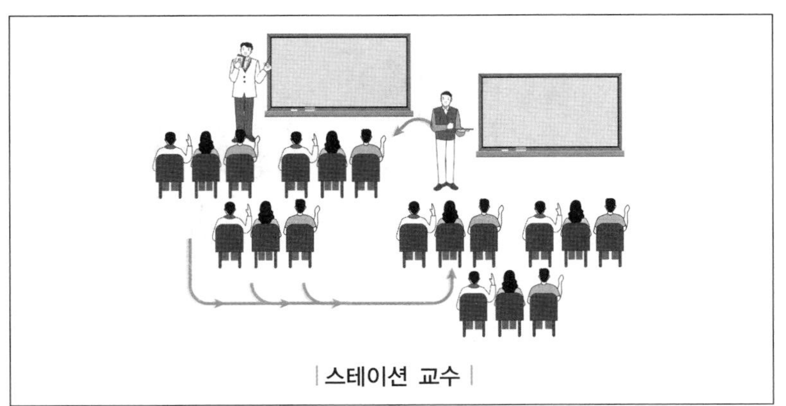

| 스테이션 교수 |

> ✎ 스테이션 교수
> 교육 목표나 내용에 따라 학생을 모둠으로 나눈 후 각 모둠에 교사가 위치하여 해당 주제를 가르치고 학생은 교육이 끝난 후 다음 장소로 옮겨감으로써 수업이 진행되는 협력교수의 일종이다. 이때 두 교사 간에는 서로 다른 내용을 가르치는 것이 특징이다. 교사는 계속 한곳에 머물러 있는 정거장과 같고 학생들은 목적한 바를 끝마치면 그 정거장을 지나가는 기차와 같다(특수교육학 용어사전, 2018).

자료

스테이션 교수 예시

유아들은 세 가지 활동에 모둠으로 나누어 참여했다. 나는 음악에 맞추어 리듬 막대로 연주하기를 지도하고, 박 선생님은 음악을 들으며 코끼리처럼 움직이기를 지도해 주었다. 다른 모둠은 원감 선생님께서 유아들끼리 자유롭게 코끼리 그림을 그릴 수 있도록 해주었다. 그리고 한 활동이 끝나면 유아들끼리 모둠별로 다음 활동으로 이동해 세 가지 활동에 모두 참여할 수 있도록 해주었다(2019 유아 B-3 기출).

평행교수
예 병행교수

비교
평행교수의 실행
평행교수는 도입 단계에서는 주로 대집단으로 시작하여 수업에 대해 안내를 한 후 전개 단계에서 두 집단으로 나누어 수업을 진행한다(김애화 외, 2013).

Tip
평행교수의 장점 중 '학생의 반응 독려'와 '집단학습과 복습을 위한 교사-학생 간 비율 감소'는 학습자 측면에서 볼 때 학습 참여 기회의 증가(또는 반응 기회의 증가)와 관련된다.

4. 평행교수 10중특, 11초특, 12유특, 16중특, 23유특, 25유특·중특

① 두 교사가 함께 수업을 계획하고, 학급을 여러 수준의 학생이 섞인(즉, 능력 면에서 이질적인) 두 집단으로 나눈 후 같은 내용을 동시에 각 집단에서 교수하는 형태이다.

② 일반적으로 전체 집단을 대상으로 대집단 수업을 실시한 후 복습하는 형태로 진행한다.

③ 두 교사가 같은 내용을 교수하므로 구체적인 사전 협의가 필수적이다. 그러나 교사들은 같은 내용을 각기 다른 방법으로 지도할 수 있다.
- 여러 변형이 있을 수 있는데, 같은 주제에 대해 상반된 의견을 배운 후 두 집단이 토론하는 형태의 수업이 제안되고 있다.

④ 평행교수 유형의 장단점은 다음과 같다. 16중특, 23유특

장점	단점
• 효과적인 복습이 가능하다. • 학생의 반응을 독려할 수 있다. • 집단학습과 복습을 위한 교사-학생 간 비율을 감소시킨다.	• 동일한 내용에 대해 모둠 간 동일 수준으로 성취하기가 어려울 수 있다. • 두 교사 간 활동을 설명하는 수준의 난이도와 수업 진행 속도에 대한 조율이 어렵다. • 상대방 교사의 속도에 대해 점검해야 한다. • 교실이 시끄러워진다. • 모둠 간의 경쟁이 가열될 수 있다.

출처 ▶ 이소현 외(2011)

| 평행교수 |

5. 대안교수 13중특(추시), 14유특, 18초특, 20중특, 21유특, 22초특

① 한 교사가 대집단을 상대로 전체적인 수업지도에 책임을 지고 학급을 지도하는 동안 나머지 한 교사는 도움이 필요한 소집단의 학생에게 추가적인 심화학습이나 보충학습을 하는 등의 부가적인 지원을 제공하는 형태이다.

㉠ 일반적으로 일반교사가 대부분의 학생들 교수에 책임을 지고, 특수교사는 부가적인 지원이 필요한 학생 집단을 가르치는 형태이다.

㉡ 부가적인 지원은 학습에 어려움이 있는 학생들과 함께 우수하거나 특별한 재능으로 인하여 교육과정 내용을 좀 더 풍부하게 수정하는 것이 필요한 학생들을 대상으로 제공된다.

② 새로운 내용을 가르칠 때, 소집단의 학생들에게 교사가 직접교수로 확실하게 할 필요가 있을 때 효과적인 모형이다.

③ 소집단 구성 시 성취가 부족한 학생만을 대상으로 하지 않도록 주의한다.

㉠ 장애학생이 항상 소집단에서 지도를 받는다면 낙인이 생길 수 있다.

㉡ 낙인의 문제를 예방하기 위해 교사는 다양한 학생들이 소집단 교수를 받을 수 있는 기회를 갖도록 계획하는 것이 필요하다.

④ 통합학급 교사와 특수교사는 교사의 전문성을 고려하여 대집단과 소집단을 번갈아가며 지도한다.

⑤ 대안교수의 소집단은 다음과 같은 측면에서 교수-지원 모형, 평행교수와 구분된다.

㉠ 교수-지원 모형은 별도의 집단을 구성하지 않고 모든 학생들 중 도움을 필요로 하는 불특정 개별 학생을 대상으로 한다. 그러나 대안교수는 추가적이거나 부가적인 도움을 필요로 하는 학생들로 별도의 소집단을 구성한다.

㉡ 대안교수는 집단 구성 방법에 있어 평행교수와 다르다. 평행교수는 능력 면에서 이질적인 학생들로 집단을 구성하는 반면, 대안교수는 심화교육이나 보충교육이 필요한 소집단으로 구성된다.

⑥ 대안교수 유형의 장단점은 다음과 같다. 14유특

장점	단점
• 심화학습의 기회를 제공한다. • 결석한 학생에게 보충 기회를 제공할 수 있다. • 못하는 부분을 계발해 주는 시간을 만들 수 있다. • 개인과 전체 학급의 속도를 맞출 수 있다.	• 도움이 필요한 학생(성취 정도가 떨어진 학생)만 계속 선택하기 쉽다. • 분리된 학습 환경을 조성한다. • 학생을 고립시킬 수 있다.

출처 ▶ 이소현 외(2011)

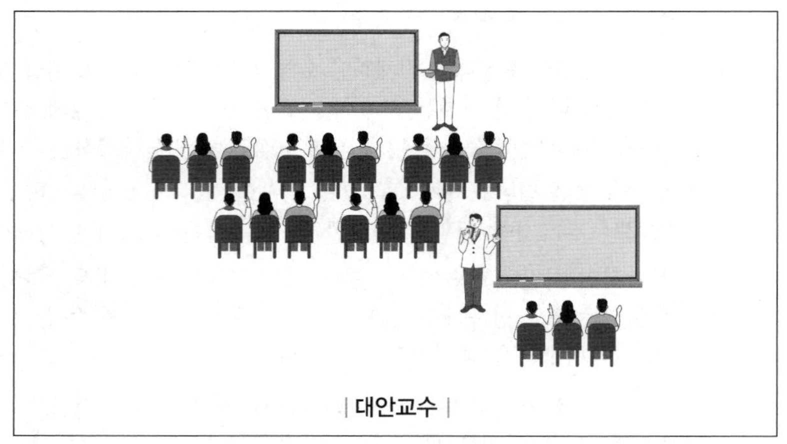
| 대안교수 |

다양한 유형의 협력교수 적용의 예

협력교수 유형	적용의 예 (예시 활동 : 한복 입기)
팀티칭	교수 · 학습 활동 시 일반교사 또는 특수교사가 방법을 설명하고, 특수교사 또는 일반교사가 옆에서 실제 한복을 제시하거나 구체적으로 입는 시범을 보인다.
교수-지원	교수 · 학습 활동 시 일반교사 또는 특수교사가 방법을 소개한 후 다함께 입는 동안 특수교사 또는 일반교사가 아동들 사이를 순회하며 개별적으로 도움이 필요한 아동을 지도한다.
스테이션 교수	일반교사는 한복을 입는 방법을 알아보는 활동을 진행하고, 특수교사는 실제로 한복을 입는 활동을 동시에 진행하여 아동들이 각 활동에 정해진 집단별로 이동하며 참여하게 한다.
평행교수	교수 · 학습 활동 시 전체 아동을 두 집단으로 나누어 한 집단은 일반교사와, 다른 한 집단은 특수교사와 동일한 교수 · 학습 자료를 활용하여 진행한다.
대안교수	교수 · 학습 활동 전에 한 교사가 어제 학습한 한복에 대해 회상하도록 슬라이드를 보여 주는 동안 다른 교사는 복습이 필요한 아동에게 보충 설명을 하거나 이미 알고 있는 아동에게 깃, 섶, 고름, 배래 등 심화된 내용을 설명한다.

출처 ▶ 이소현(2020)

KORSET 합격 굳히기 협력교수 시 고려해야 할 사항

1. 일반교사와 특수교사 간 협력교수를 해야 하는 이유와 학습목표를 함께 의논해야 한다. 또한 협력에 대해 공통된 시각과 기본원칙을 가지고, 협력하여 일하는 것에 대한 걱정이나 느낌뿐 아니라 서로에게 기대하는 것에 대해 논의하는 것이 바람직하다.
2. 서로의 능력, 신념, 일과, 교수 및 의사소통 스타일, 학급 경영, 가족 참여 접근법, 성적 매기기와 평가 전략을 배워야 한다.
3. 협력교수 구성원은 서로의 역할뿐만 아니라 전문적인 영역과 각자의 책임에 대해 조정하고 이해해야 한다.
4. 교사와 학생의 일과의 요구에 따라 다양한 일과표를 조정하도록 한다.
5. 서로 다른 문화 차이와 상호작용에 민감해야 한다. 다양한 시각을 이해하여 받아들이고, 서로의 문화적 신념과 의사소통 스타일에 적절히 반응하며 수용해야 한다.
6. 협력을 지원할 수 있도록 학급을 배열한다. 학급 편성, 학생 구성, 자료 사용, 일과 운영, 활동 등에 서로 동의해야 한다. 두 교사의 책상은 성인용 크기로 교실에서 눈에 잘 띄는 곳에 위치해야 하며, 자료와 교실의 공간을 공유하고 서로 접근하기도 쉬워야 한다.
7. 학생의 학업적, 행동적, 사회적 수행에 관한 등급이나 판단을 위한 공통의 기대 수준을 정해야 한다.
8. 의사소통, 문제해결, 팀 구성을 위한 기술을 발달시켜야 한다.
9. 다른 사람에게 솔직하고 공손하게 말하고, 다른 사람의 말을 경청해야 한다. 지원에 관계없이 의견을 말하고, 상대방의 언어적, 비언어적 의사소통 스타일을 이해해야 한다. '나는', '나의'보다는 '우리는', '우리의'라는 측면에서 의사소통을 하고 생각하며, 의견의 일치를 보는 것이 중요하다. 휴식이나 의사소통이 필요할 때 이를 나타낼 수 있는 수신호와 같은 의사소통을 위한 비언어적 단서를 만드는 것도 고려해야 한다.
10. 협력교수를 하면서 처음 겪게 될 갈등을 해결하기 위해 미리 준비해야 한다. 성공적인 협력교수는 진취적이어야 한다. 그러므로 서로의 역할과 책임을 결정하며, 서로의 기술을 조합하는 데 시간이 필요하다.
11. 업무량과 교수자료를 공유하고 책임을 전가하거나 한 사람에게만 적은 역할을 주어서는 안 된다. 모든 팀 구성원의 기여도는 학생들, 학생의 가족들, 그리고 다른 전문가들에 의해 알려지고 평가될 것이다.
12. 학생을 가르치기 위해 사용하는 교실 배치는 교과의 목적, 교수 내용의 본질, 학생의 강점과 약점에 따라 수시로 바뀌어야 된다. 협력교수의 구성원 둘 다 리더십을 가지고 편안함을 느낄 수 있는 다양한 활동을 해야 한다.
13. 프로그램에 대해 설명하고 학생의 진보에 대한 정보를 공유하기 위해 가족들과 주기적으로 회의를 할 필요가 있다. 두 교사 모두 가족과의 모든 회의에 참여하고 그들의 프로그램에 대한 정보를 제공하는 것은 중요하다.
14. 단기 목표와 장기 목표를 재평가하고, 문제를 해결하고, 교수 계획을 협력해서 수립해야 한다. 그리고 책임을 공유하고, 교수 역할과 행정상의 업무를 나누어 처리하고 새로운 아이디어나 접근에 대해 자유롭게 이야기할 수 있어야 한다. 또한 학생의 진보과정에 대한 의견을 교환하기 위해 정기적으로 의사소통을 해야 한다.
15. 가족이나 다른 전문가들로부터 피드백을 받고 지원을 요청해야 한다. 다른 팀 교수 구성원들을 관찰하고, 효과적인 전략이나 협력교수를 향상시키는 방법에 관해 그들과 의논을 할 수 있다. 또한 관리자에게 지원을 요청해야 한다. 관리자는 시간을 제공해 주고, 전문성 발달의 기회와 협력적인 노력의 성공을 가능하게 하는 중요한 자원이다.

출처 ▶ 신진숙(2016)

Chapter

06 또래교수

또래교사
동 또래교수자

자료

또래교수 적용 과정

또래교수 적용 과정	교사의 행동
목표 설정	생략
또래교수자 선정	생략
또래교수자 훈련	생략
실행	생략
평가	생략

출처 ▶ 2024 유아B-4 기출

01 또래교수의 이해

1. 또래교수의 개념 13중특

① 또래교수란 교사를 대신하여 또래학생이 또래교사(peer tutor)가 되어 학습에 어려움을 겪는 동급생 또는 하급생인 또래학습자(peer tutee)를 1 : 1로 교수하고 학습 활동을 도와주며 함께 학습해 나가는 교수체계를 말한다.

② 또래교수는 교과나 사회적 기술에 대한 일대일 교수 상황에 대한 대안으로 활용되고 있다.

③ 또래교수는 규범적이고 학습의 모호성이 낮은 학습 내용의 교수에 적용하여야 하며, 매일 또는 일주일에 몇 번씩 정기적으로 시행되어야 효과적이다.

2. 또래교수의 특징

① 또래교사와 또래학습자 모두에게 이익이 되는 교수전략이다.

② 학생들 간에 쉽게 일체감을 이루어 학습능력이 떨어지는 학생들의 자아효능감을 더 강화시킬 수 있으며, 교사의 비난에 대한 두려움을 덜 느낄 수 있다.

③ 학습능력이 지체되는 학생들은 다른 학생과 비교하지 않고 그들의 수준과 속도에 맞는 적절한 지도를 받을 수 있어서 심리적인 안정감을 얻을 수 있다.

④ 다인수 학생을 지도하는 교사의 교수 부담을 줄여 주고 또래교사에게 교사의 입장을 이해할 수 있는 기회를 제공한다.

3. 또래교수 실행 절차 13중특, 17중특, 24유특, 25초특

또래교수를 효과적으로 운영하기 위해서는 먼저 또래교수를 통하여 성취할 구체적인 목표와 활동을 계획한 후, 교육 내용에 대해 잘 알고 있는 학생을 또래교사로 선정하고 또래교사로서의 역할을 훈련해야 한다. 즉 목표 설정, 또래교사 선정, 또래교사 훈련, 실행, 평가의 순으로 실행할 수 있는데 이를 구체적으로 살펴보면 다음과 같다.

(1) 또래교수 목표 및 대상내용 설정

① 첫 번째 고려할 사항은 또래교수의 목표를 명확히 설정하는 것이다.

② 또래교수 대상 교과가 선정되면 각 수업 차시에서 또래교수를 통해 학생들이 정확히 무엇을 성취하기를 기대하는지 분명히 해야 한다.

- 읽기지도의 경우에는 능숙하게 개별 단어나 글자를 읽는 것이 목표가 될 수 있고, 수학 연산의 경우에는 오류 없이 두 자릿수 혹은 세 자릿수 덧셈과 뺄셈 문제를 해결하는 것이 목표가 될 수 있을 것이다.

(2) 구체적인 수업지도안 작성

① 또래교수의 목표와 대상내용을 결정하면 다음에는 구체적인 또래교수 수업지도안을 작성해야 한다.

② 대개 1주일에 3회, 하루에 30분 정도로 한 학기 정도는 지속적으로 실행해야 어느 정도 성과를 볼 수 있다.

③ 성공적인 또래교수는 구체적으로 학생들이 각자 어떠한 역할을 어떻게 수행하고, 교사는 어느 단계에서 어떤 개입을 할 것인가 등이 세밀하고 구체적으로 계획되었을 때 가능하다.

(3) 또래교수팀 조직

① 또래교사와 또래학습자를 어떻게 짝지을 것인지는 또래지도의 목표, 해당 교과 활동의 성격 등에 따라 달라진다.

㉠ 가장 흔한 형태로는 상위 수준의 학생이 또래교사가 되고 특수아동이 또래학습자가 되는 방식이다.

㉡ 학급 상황이나 교수목적에 따라서는 교대로 역할을 변경할 수도 있고, 또래교사를 또래학습자와 친한 사람, 성이 다른 사람, 상위 학년 학생 등으로 다양하게 지정할 수 있다.

② 일반적으로 또래교사를 선정할 때 고려해야 하는 기준은 다음과 같다.

㉠ 수업 대상 내용을 어느 정도 잘 알고 있는 학생을 선정한다.

㉡ 또래를 도와줄 마음과 의욕이 넘치는 학생을 선정한다.

㉢ 필요한 방법과 기법에 관한 훈련을 기꺼이 받으려는 학생을 선정한다.

또래교수 실행 절차

또래교수의 실행 절차는 문헌들마다 차이를 보인다.

2025 초등A-2 기출, 이대식 (2018)	본문 참조
2024 유아B-4 기출, 송준만 외 (2022)	목표 설정 → 또래교수자 선정 → 또래교수자 훈련 → 실행 → 평가
윤광보 (2010)	또래교수가 필요한 학습자 확인 → 또래교사 모집 → 또래교사 훈련 → 또래교수 실행 및 감독 → 또래교수 실행 결과 평가 → 또래교수 참여자 강화

또래교사 선정 시 고려 기준

이대식 (2018)	본문 참조
윤광보 (2010)	• 또래교수에 참여하기를 원하는 학생 중에서 선정한다. • 교사의 지시를 잘 따르는 학생을 선정한다. • 다른 학생을 교수하는 데 필수적인 기술을 가지고 있는 학생을 선정한다. • 또래학습자와 잘 지내며, 가르칠 내용 영역에서 완성도를 보이고 시간계획에 어려움이 존재하지 않는 학생을 선정해야 한다. • 또래교사와 또래학습자의 행동적 특성이 조화롭게 잘 맞도록 짝을 선정해야 한다.

Tip

또래교수의 시행이 또래교사에게 교사의 역할과 책임까지 모두 위임한 것은 아님에 유의한다.

(4) 또래교수 사전교육

① 각 학생은 자신의 역할에 대한 충분한 사전훈련을 받아야 한다.

㉠ 교사 역할을 할 학생은 내용을 효과적으로 제시하고, 또래의 학습을 관찰하고, 피드백과 질문을 적절히 제시하는 방법 등에 대한 사전 지식을 갖추어야 한다. 또한 라포 형성방법, 교수 자료와 과제 제시 방법, 또래학생 반응 기록법, 단서활용방법 등에 대한 사전교육도 받아야 한다.

- 교사가 가장 신경 써야 할 부분은 또래교사 역할을 할 학생을 훈련시키는 일이다.

㉡ 또래학습자 역시 어떤 태도를 가져야 할지 등에 대한 사전교육을 받아야 한다.

㉢ 역할을 수시로 변경할 경우(예 상보적 또래교수) 누가 먼저 또래교사가 되고 또래학습자가 될 것인지 결정한다.

② 사전교육은 최소한 45분 정도가 필요하며, 다양한 활동을 할 경우에는 활동별도 적어도 한 회기 이상 교사의 시범이 있어야 한다.

③ 훈련은 교사의 시범과 이의 반복 숙달 그리고 교사의 피드백 과정을 거치도록 한다.

(5) 또래교수 과정 점검

① 일단 학생들이 또래교수를 수행하면 교사는 교실을 돌아다니면서 각 팀이 제대로 또래교수를 수행하는지 점검해야 한다.

② 문제가 있는 부분은 전체 학급을 대상으로 수시로 교정하도록 한다.

(6) 또래교수 효과 평가

① 또래교수가 끝난 다음에는 또래교수의 효율성을 평가한다.

- 실제로 또래교수가 각자에게 어떤 도움을 주었는지에 대해서 평가할 시간을 갖는다.

② 학습적인 측면뿐만 아니라 정서적・사회적 관계 측면에서도 어떠한 장점과 단점이 있었는지 평가하도록 한다.

4. 또래교사 측면에서의 장점 25초특

① 자신이 이미 학습한 것을 가르치면서 바로 사용해 볼 기회를 가지므로 학습동기가 부여된다.

② 또래학습자에게 지식을 전달할 때 자신이 가진 지식을 설명하고 재구조하는 기회를 가지게 되고, 교수·학습과정에 대한 통찰력을 기르게 된다.

③ 사회적인 면에서 볼 때 또래교사는 또래학습자로부터 존경과 동경을 받게 된다.

④ 성인의 역할과 교사의 상을 경험함으로써 책임감 있고 생산적인 사회구성원이 되는 경험을 해볼 수 있다. 이를 통해 교사들을 더 잘 이해하고 협력하게 된다.

⑤ 또래학습자 역할을 하던 학생이 역할을 바꾸어 또래교사의 역할을 수행할 경우 다음과 같은 긍정적 효과를 기대할 수 있다.

㉠ 자존감 및 효능감이 향상된다.

㉡ 사회적 기술과 의사소통 기술이 향상된다.

5. 또래학습자 측면에서의 장점

① 또래학습자에게 1 : 1의 개별적인 학습을 배려할 수 있다.

② 학습과제도 학습자에게 최적한 것을 선택하여 학습자의 학습속도에 따라 조절해 줄 수 있다.

③ 학습결과에 대한 비교적 정확하고 즉각적인 피드백이 가능하다(학업적인 측면에서의 통합 가능).

④ 또래와의 상호작용을 통한 사회적 강화를 받을 수 있다(사회적인 측면에서의 통합 가능).

또래교수의 장점

또래교수가 지닌 장점은 다음과 같다(특수교육학 용어사전, 2018).

- 또래교사는 교사로부터 배운 내용을 또래학생에게 교수하는 과정을 통해 자신이 학습한 내용에 대해 반성적 점검을 경험하게 되며, 이는 또래교사의 학습내용에 대한 이해 수준을 높이는 데 기여하여 학업 성취도를 높인다.
- 또래교사와 학생이 역할을 번갈아감으로써 사회적 기술과 의사소통 기술의 향상에 효과를 높인다.
- 개별화 수준을 높여 더욱 신속하고 구체적인 피드백을 제공할 수 있다.
- 교실의 심리적 분위기를 협력적이고 덜 권위적으로 구성한다.
- 수업 시간 동안 교사의 개입을 줄여 주면서도 실제 교수 시간의 비율은 높여 준다.

02 또래교수의 유형

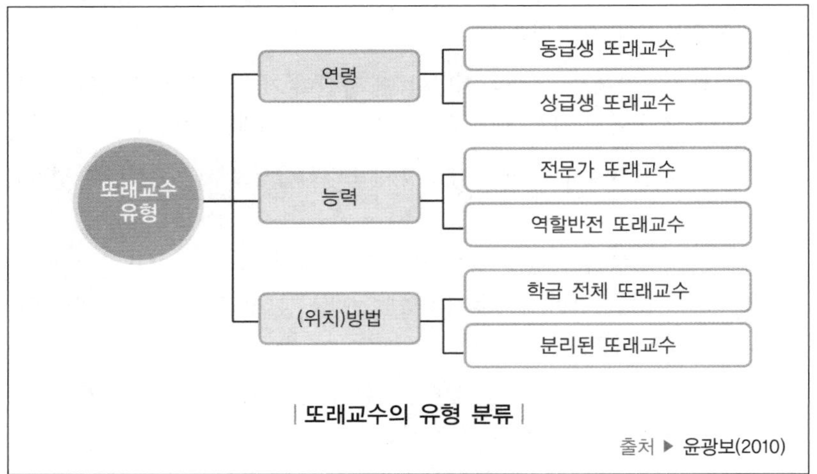

| 또래교수의 유형 분류 |

출처 ▶ 윤광보(2010)

1. 동급생 또래교수

① 또래교사와 또래학습자의 학년 및 학급이 같기 때문에 제한된 수업시간과 공간 안에서 학생들의 다양한 요구에 따라 개별화 교수를 하기 위해 가장 쉽게 사용할 수 있는 형태이다.

㉠ 가장 단순한 형태의 또래교수 유형이라고 할 수 있다.

㉡ 교사가 학급에서 학생들의 짝을 만들고 상호 교수 및 학습과제를 부여하고 또래교수를 행하는 것이다.

② 능력이 뛰어난 학생을 교수자로 하여 학습이 지체되는 학생을 교수하도록 할 수도 있지만 교수자와 학습자가 서로의 역할을 번갈아가면서 실시할 수도 있다.

- 국어, 수학 시간에는 A 학생이 또래교사가 되고, B 학생이 학습자가 되지만 체육, 음악, 미술 등과 같은 교과 시간에는 반대로 B 학생이 또래교사가 되고, A 학생이 또래학습자의 역할을 수행하는 형태이다.

③ 교사가 구조화된 교수환경 안에서 추가된 연습활동을 제공할 수 있고, 학생들을 직접 지도하지 않고도 그들의 활동을 감독할 수 있는 장점이 있다.

④ 같은 학년의 또래교사와 학습자의 짝은 권위가 확립된 상급학생보다 행동 처치의 문제가 더 존재할 수 있다.

- 해결 방안: 또래교사와 또래학습자의 역할 훈련이 선행되어야 하고, 잘 설계된 또래교수 절차를 사용하여 역할이 고정되지 않도록 구조화된 학습과제를 제공한다.

2. 상급생 또래교수

① 연령이 더 많은 상급학생이 또래교사가 되어 나이가 적은 하급학생들을 교수하는 형태이다.

㉠ 또래교사의 연령은 또래학습자의 연령보다 2세 혹은 그 이상의 학생이 적절하다.

㉡ 또래교수 방식은 1 : 1 혹은 1 : 집단으로 팀을 구성하여 실시한다.

② 상급생 또래교사는 어린 또래학습자의 학습을 지도하기 위해 자신이 가지고 있는 능력을 최대한 발휘하여 도와주게 되며, 자신도 직접 교수를 함으로써 학습 이해의 폭이 커지고 교수에 책임감을 가지게 된다. 또래학습자는 상급학생의 풍부한 경험을 얻을 수 있다.

③ 상급학생 또래교수는 또래교사와 학습자의 연령과 학년이 다르기 때문에 학습시간을 맞추기 어려운 현실적인 제한점이 있다. 특수교육 현장에서의 상급학생 또래교수법 실시는 다음과 같은 제한점이 발생한다.

㉠ 자료실이나 특수학급은 이미 능력별 동질군으로 일정하게 시간계획이 되어 있기 때문에 또래교수 시간을 마련하는 것이 쉽지 않다.

㉡ 나이가 많은 장애학생 또래교사에게 항상 이익이 실현될 수는 없다.

3. 전문가 또래교수 19초특

학습 수준이 높은 학생이 낮은 학생을 가르치는 교수자 역할을 한다.

4. 역할반전 또래교수

① 일반적으로 학습자 역할을 하는 학생이 특정 영역에서는 교수자 역할을 한다. 즉, 장애학생이 비장애학생을 지도하는 또래교수 형태이다.

㉠ 장애학생의 사회적 통합과 자아개념의 향상에 효과적인 접근이다.

㉡ 장애학생도 능력 있는 존재로 여겨지도록 하는 데 영향을 미친다.

② 장애학생들의 자존감과 비장애학생들의 인식 변화에 큰 영향을 줄 수 있을 것으로 생각되지만 아직까지 관련 연구가 제한적이다.

㉠ 주로 읽기와 수화 지도(예 읽기는 일반학생이, 수화는 청각장애 학생이 지도) 등과 같은 특정 내용에 한정된다.

㉡ 해결 방안: 장애학생이 잘 지도할 수 있는 내용을 선정하고, 그러한 또래교수에서 발생할 수 있는 부작용도 사전에 충분히 고려해야 한다.

5. 분리된 또래교수

학급 일부나 학급 이외의 장소에서 일부의 학생들만 참여하는 또래교수 유형이다.

6. 상보적 또래교수 17중특

상보적 또래교수란 또래교수를 할 때 또래교사와 또래학습자의 역할을 번갈아 가면서 하는 것을 의미하는 것으로, 여기에는 전학급 또래교수, 또래지원 학습전략, 전학급 학생 또래 교수팀 등이 포함된다.

상보적 또래교수와 비상보적 또래교수

- 상보적 또래교수는 두 학생이 책임을 서로 바꾸게 됨을 의미한다. 즉 또래교사는 또래학습자가 되고, 또래학습자는 또래교사가 되는 것이다.
- 비상보적 또래교수는 또래교사와 또래학습자의 역할을 바꾸지 않는다.

출처 ▶ Prater(2011)

자료

상보적 또래교수의 예

또래교수에서 또래지도를 받던 장애학생이 특정영역에서 뛰어난 능력을 보이는 경우, 역할을 바꾸어 또래교사가 되어 일반학생을 돕도록 하는 것(2013 중등1-25 기출)

(1) 전학급 또래교수 13중특, 19초특

① 학급구성원 모두가 또래교수에 참여하는 형태이다(class wide peer tutoring, CWPT).

㉠ 일반학급에 있는 모든 학습자가 짝을 이루어 또래교사와 또래학습자의 역할을 수행하는 것이다.

- 교사가 학생에게 개별적인 지도를 하기 어려운 학급에서 모든 학생들이 일대일 방식의 지원을 받을 수 있도록 하는 방법으로, 학생들이 짝을 지어 역할을 바꾸어 가면서 서로를 가르친다.

㉡ 학급 구성원을 2~3개의 모둠으로 나누어 또래교수에 참여하도록 한다.

② 전학급 또래교수는 다음과 같은 이점이 있다.

㉠ 학생의 과제 참여 시간, 연습 및 피드백 기회가 증가된다.

㉡ 모든 학생의 학업적 행동에 관심을 갖게 되며 수업 시간 중에 상호작용이 증가된다.

㉢ 다양한 과목에서 장애학생과 비장애학생의 학업성취 향상에 효과적인 것으로 증명되었다. 특히 경도장애 학생의 읽기, 수학, 철자 지도 시에 효과가 높다.

전학급 또래교수 적용 예시

김 교사는 국어시간의 받아쓰기 학습 활동에 학급 전체 또래교수(class wide peer tutoring)를 적용하기로 했다. 우선 학급 전체를 두 집단으로 나눈 다음, 각 팀 내에서 다시 또래학습자와 또래교사를 지정했다. 또래교사에게는 받아쓰기 단어 목록을 나누어 주었다. 또래교사는 또래학습자에게 단어를 불러주고 받아 적게 했다. 또래교사는 또래학습자가 맞게 받아쓰면 단어당 2점을 부여한다. 김 교사는 이러한 방식으로 10분 정도 받아쓰기를 지속했다.
또래교사는 또래학습자의 받아쓰기가 틀렸을 경우 다음과 같은 절차를 따라 오류를 교정하도록 했다. 첫째, 틀린 글자를 말로 교정해 주거나 제대로 써 준다. 둘째, 또래학습자에게 틀린 단어를 세 번 반복하여 제대로 써 보게 한다. 셋째, 또래학습자가 세 번을 반복하여 글자를 제대로 쓰면 1점을 준다. 그리고 이번에도 제대로 쓰지 못하면 또래교사가 제대로 쓰는 시범을 보여준다. 이렇게 해서 10분이 지나자, 김 교사는 서로의 역할을 바꾸어 동일한 과정과 절차를 밟도록 했다. 김 교사는 새로운 받아쓰기 목록을 또래교사가 된 학생들에게 제공했다.
20분 후 모든 또래지도 과정이 종료되자, 김 교사는 각 또래지도 팀별로 얻은 점수를 자신에게 보고하도록 했다. 김 교사는 각 집단 내 개개의 팀 점수를 합산하여 더 높은 점수를 받은 집단에게는 이긴 것에 대해, 그리고 진 집단에게는 노력한 것에 대해 칭찬과 강화를 제공했다.

출처 ▶ 이대식 외(2018)

(2) 또래지원 학습전략 12초특, 13중특, 15초특

① 읽기 분야에서 많이 적용되는 또래지도 전략 중 하나이다(peer-assisted learning strategies, PALS).

㉠ 전학급 또래교수의 개념을 기반으로 한다.

㉡ 2인 1조로 구성한다. 한 학생은 읽기 수준이 높은 학생, 다른 한 학생은 읽기에 문제가 있는 학생으로 조를 구성한다.

- 또래지원 학습전략은 읽기 능력(읽기 유창성과 읽기이해)을 향상시키는 데 효과적이다.

② 또래지원 학습전략은 학생의 학년 수준에 따라 다양하지만, 공통적인 특징은 다음과 같다.

㉠ 또래교사와 또래학습자 간에 고도로 구조화된 활동이 이루어진다.

- 정해진 단계(파트너 읽기 – 단락 요약 – 예측 릴레이)와 절차에 따라서 이루어진다.

㉡ 높은 비율의 구두 응답과 약간의 필기 응답이 이루어진다.

㉢ 역할의 상보성에 따라 역할 교대가 이루어진다.

㉣ 학습자가 문제를 해결하도록 참여자 간 비계활동이 이루어진다.

㉤ 학습자의 수행 결과에 대한 동료의 교정적 피드백이 제공된다.

㉥ 학습 내용과 수준을 다양화할 수 있는 차별화된 교수 접근이라고 할 수 있다.

③ 파트너 읽기, 단락(문단) 요약, 예측 릴레이 등 세 가지의 구조화된 활동(단계)의 구체적인 내용은 다음과 같다. 15초특, 17중특

파트너 읽기	• 성취 수준이 높은 학생이 먼저 소리 내어 큰 소리로 읽고, 이어서 성취 수준이 낮은 학생이 동일한 부분을 다시 읽는다. 읽기 수준이 높은 학생이 듣고 발음, 내용, 어휘 등에 대해 질문하고 필요하면 설명과 시범을 보인다. • 활동 내용 및 절차 – 또래교사가 먼저 읽고 또래학습자가 다시 읽기 – 또래학습자가 읽을 때 또래교사는 오류를 교정해 주기 – 또래학습자가 읽은 내용을 다시 말하기
단락(문단) 요약	• 성취 수준이 높은 학생은 책을 읽은 학생들에게 단락이 누구 혹은 무엇에 관한 것인지, 그리고 그 누구와 무엇에 있어 가장 주요한 것이 무엇인지 물어 봄으로써 주제를 확인하게 유도한다. 요약에 대해서 오류가 있을 경우 이를 수정해 준다. • 활동 내용 및 절차 – 또래교사가 단락을 먼저 읽고 또래학습자가 다시 읽기 – 단락이 끝날 때 또래학습자가 단락 요약하기 – 또래학습자의 단락 요약하기에 대해 또래교사는 오류 교정해 주기
예측 릴레이	• 글을 읽은 학생에게 다음에 읽을 내용이 무엇인지 예상하게 한다. • 활동 내용 및 절차 – 또래교사와 또래학습자는 다음에 읽을 내용이 무엇인지 예측하기 – 또래교사와 또래학습자는 예측한 내용이 옳은지 확인하기

Tip

파트너 읽기의 활동 내용 및 절차를 학습장애아교육의 읽기 영역과 관련지어 살펴볼 때 '또래교사가 먼저 읽고 또래학습자가 다시 읽기', '또래학습자가 읽을 때 또래교사는 오류를 교정해 주기'는 읽기 유창성과 관련된 활동인 반면 '또래학습자가 읽은 내용을 다시 말하기'는 읽기이해 능력 향상을 위해 수행한 세부 활동이라고 할 수 있다.

비교

예측 릴레이 활동 내용 및 절차

2012 초등1-2 기출	• 또래교사: 다음에 나올 내용에 대해 예측하고, 그 내용을 소리내어 말한다. • 또래학습자: 예측한 내용이 맞는지 확인하고, 내용을 요약한다. • 역할을 교대로 돌아가며 수행한다.
2017 중등B-7 기출	본문 참조

또래지원 학습전략 적용 예시

또래지원 학습전략(PALS)은 읽기, 단락 요약 그리고 예측 릴레이라는 세 부분으로 구성되어 있다.

PALS를 활용한 읽기 수업에서, 각 학생은 10분 동안 큰소리로 읽는다. 비교적 높은 성취 수준의 학생이 수업에서 먼저 읽는다. 비교적 낮은 성취 수준의 학생은 같은 자료를 다시 읽는다. 읽기상의 오류가 발생할 때마다 또래교사는 "잠깐. 너 그 단어를 빠뜨렸어. 그 단어가 뭔지 알겠니?"하고 말한다. 글을 읽은 학생이 4초 이내로 그 단어를 생각해 내도록 한다. 그렇지 못하면 또래교사가 그 단어를 말하고, 그다음 글을 읽은 학생이 그 단어를 말한다. 그러면 또래교사는 "잘했어. 문장을 다시 읽어봐."라고 말한다. 학생들은 정확하게 읽은 각 문장에 대해 1점을 얻고 (단어 읽기에서의 교정이 요구된 경우, 1점은 문장을 정확하게 읽은 후에 주어진다), 이야기에 대해 다시 말하기에는 10점을 얻는다. 두 학생이 모두 읽은 후에, 비교적 낮은 성취 수준의 학생은 2분 동안 교재의 내용을 순서에 따라 다시 말한다.

단락 요약에서는, 또래교사들은 책을 읽은 학생들에게 단락이 누구 혹은 무엇에 관한 것인지, 그리고 그 누구와 무엇에 있어 가장 중요한 것이 무엇인지 물어봄으로써 주제를 확인하게 유도한다. 글을 읽은 학생은 이 두 가지 정보를 10단어 혹은 그 미만의 단어로 정리해야 한다. 또래교사는 단락 요약에서의 오류가 발견되면 "조금 부족하네, 단락을 훑어보고 다시 해봐."라고 말한다. 학생은 단락을 훑어보고 놓친 질문에 답하고자 시도한다. 또래교사는 점수를 줄 것인지 혹은 답을 가르쳐 줄 것인지에 대해 결정한다. 각각의 요약에 있어, 학생들은 누구 또는 무엇을 정확하게 확인한 것에 대해서는 1점을 얻고, 가장 중요한 것을 정확하게 진술하는 것에 1점을, 10단어나 그 미만의 단어를 활용한 것에 1점을 얻는다. 학생들이 계속 검토하고 읽기 오류들을 교정하더라도, 점수를 각 문장 단위로 주지는 않는다. 5분 후 학생들은 역할을 바꾼다.

예측 릴레이에서, 글을 읽은 학생에게 교재의 다음 반 페이지에서 무엇을 학습하게 될지에 대해 예측하게 한다. 또래교사가 읽기 오류를 확인하여 교정해 주고, 학생의 예측을 확인하고, 그 반 페이지의 주제를 요약하는 동안, 또래학습자는 큰 소리로 그 반 페이지를 읽는다. 또래교사는 예측이 현실적이지 않다고 판단했을 때에 "나는 아닌 것 같은데, 더 나은 것을 예측해 봐." 라고 말한다. 그렇지 않다면, 단어 읽기와 단락 요약 교정 절차가 사용된다. 학생은 각각의 실현 가능한 예측마다 1점을, 각 반 페이지를 읽은 것에 1점, 정확하게 예측한 것마다 1점, 그리고 요약과 관련된 각각의 요소(즉, 누구 혹은 무엇, 그리고 10단어 혹은 그보다 적은 단어로의 요약)마다 1점을 받는다. 5분 후에 학생들은 역할을 바꾼다.

출처 ▶ Bender(2007)

(3) 전학급 학생 또래 교수팀

① 또래교수와 협동학습의 원리를 혼합한 형태이다(classwide student tutoring team, CSTT).

② 4~5명으로 구성된 이질적인 집단이 교사가 개발한 구조화된 수업을 따른다.

㉠ 또래교사의 역할은 집단 내에서 교대로 돌아가며 한다.

㉡ 학생은 개별적으로 평가되고, 그들의 점수는 해당 팀의 총 누계 점수에 더해진다.

전학급 학생 또래 교수팀 적용 예시

학생은 먼저 이질적 학습 집단에 배치되는데, 이는 4~6주 동안 유지된다. 각 팀 구성원은 숫자가 부여된 일련의 카드와 함께 10~30개의 질문과 답이 적힌 학습 가이드를 받는다. 한 학생이 카드를 뽑고 그에 해당하는 질문을 한다. 또래교사를 제외한 각 구성원은 답을 쓴다. 또래교사는 학습 가이드의 정답지로 각각의 답을 점검하고, 정답을 쓴 팀원에게는 5점을 주고 틀린 팀원에게는 정답을 알려 준다. 답이 틀린 또래학습자는 한두 번 정답을 쓴다. 만약 그들이 올바르게 하면 2점을 준다. 또래교사의 역할은 집단 내에서 교대로 돌아가며 하고, 이러한 절차는 역할이 바뀔 때마다 반복된다. 전학급 또래교수(CWPT)에서와 마찬가지로, 보너스 점수가 부여되고 점수가 게시된다. 학생은 개별적으로 평가되고 그들의 점수는 해당 팀의 총 누계 점수에 더해진다.

출처 ▶ Prater(2011)

Chapter

07 협동학습

01 협동학습에 대한 이해

1. 협동학습의 개념

① 협동학습은 소규모 집단에 공통의 학습목표가 주어지고 이것을 달성하기 위해 구성원의 적극적인 상호 작용과 협력을 통해 학습 활동이 이루어지는 교수・학습 방법이다.

② 기존의 전통적인 개별 학습이나 경쟁 학습이 개인주의적 성격이나 부정적 상호 의존성을 지니는 데 비해 협동학습은 이질적 집단 구성, 구성원 간의 적극적인 상호 의존성, 개별적인 책무성 등을 강조함으로써 다양한 집단 구성원과의 상호 협력, 의사소통, 토론 능력 등 인지적・정의적 측면에서의 효과를 기대하게 된다.

㉠ 협동학습 수행 시 각 학생은 공동의 목표 혹은 팀 내에서의 개별적 목표를 협력적으로 달성하기 위해서 사회적 기술, 의사소통 기술, 상호 협력 기술 등을 구사해야 한다.

㉡ 제시된 과제에 대하여 개인적으로도 학습목표에 도달해야 하지만, 자신의 팀 내 모든 구성원이 정해진 학습목표에 도달할 수 있도록 서로 도와야 한다.

③ 협동학습 상황에서는 대체로 교사가 학습 촉진자나 보조자의 역할을 담당하고 대신 학생들이 주도적으로 학습 활동을 해나가게 된다.

④ 협동학습이 기대하는 교육적 효과를 달성하기 위해서는 협동학습 활동의 목표를 명확히 제시하고, 협동적 분위기를 조성해야 한다. 그리고 모둠 구성원들에게 적절한 역할 분담과 책임을 부여하고, 개인 및 모둠 활동 결과에 대해 적절한 보상을 제공할 필요가 있다.

2. 협동학습의 특징 09중특

① 서로 가까이에 앉아서 얼굴을 마주 대하며 같이 학습하다 보면 긍정적이고 서로를 북돋우는 상호작용이 많이 일어날 수 있다.

② 자신은 물론 팀 내 다른 또래도 공동의 목표를 달성하도록 해야 하기 때문에 긍정적인 상호 의존 분위기가 형성된다.

③ 협동학습은 어떻게 조직하느냐에 따라서 팀 단위 책임뿐만 아니라 팀 내 구성원 단위의 책임의식을 향상시키는 데도 효과적이다.

- 각 팀원은 개별적으로 자신의 학습에 책임을 져야 할 뿐 아니라 또래의 학습에도 공유된 책임을 다해야 한다. 이를 위해 팀별로 학습성과나 학습 활동 측면에서 평가받을 뿐만 아니라 개별적으로도 학습성과에 대해 평가를 받는다. 이러한 시스템은 협동학습 내에서 개별 학생의 책임감 강화에 기여한다.

④ 상호 간에 사회적 기술이 향상된다.

- 팀 내 원활한 학습 활동과 학습목표 성취를 위해서는 팀 내 구성원 간의 원활한 사회적 관계 형성이 필수적이고, 이는 다시 각 구성원의 만족스러운 사회적 기술에 의존한다.

⑤ 혼자 학습할 때와 달리 학생들은 자신들이 무엇을 어떻게 학습했고, 공동의 목표를 달성하는 데 어떤 기술과 능력이 필요한지 서로 협의하고 피드백을 받으며 기회를 가질 수 있다.

비교

협동학습의 구성 요소

- Johnson 등은 다음과 같이 다섯 가지 필수적인 협동학습의 구성 요소를 기술하였다(Janney et al., 2017).
  - 긍정적인 상호 의존
  - 개별적인 책무성
  - 이질적인 집단
  - 사회적 기술의 직접교수
  - 집단 과정
- Gragiulo 등은 협동학습의 구성 요소를 다음과 같이 제시한다(이소현, 2020).

구성 요소	방법
긍정적인 상호 의존성	공동의 목표 달성을 위해서 서로에게 상호 의존하게 만든다.
의사 소통	공동의 목표 달성을 위해서 전략적으로 자료를 분산시킴으로써 구성원 간의 상호작용과 의사소통이 발생하게 한다.
책임 수행	과제의 완성을 위해서 모든 구성원이 각자의 능력에 맞도록 책임을 나누게 한다. 활동 중에 장애아동의 교수목표를 삽입한다.
집단화 과정	두 사람 이상이 함께 작업할 때 기대되는 차례 주고받기, 듣기, 시작하기, 반응하기 등의 기본적인 행동을 하게 한다.

3. 협동학습의 원리(요소) 13초특 · 중특

Miguel 등이 제안한 협동학습의 네 가지 기본 원리는 다음과 같다.

① 긍정적 상호 의존

㉠ "네가 잘돼야, 나도 잘된다."는 원리이다.

㉡ "나의 성공이 너의 성공인가?"라는 질문을 통해 확인해 볼 수 있다. 만약 그렇다고 할 수 있다면, 다음 두 가지 효과를 기대할 수 있다.

- 학생들은 서로 잘 돕고 가르칠 수 있게 된다(내가 누군가를 돕는다면 결국 나는 동시에 나를 돕는 것이다). 학생들은 서로 격려하며 그들의 평균적인 성취 기준을 향상시키게 된다.
- "나의 도움이 필요한가?" 협동이 필수적이어서 최소한의 시간 동안이라도 서로 협력하지 않고서는 그들의 목표를 달성할 수 없다면 강한 긍정적인 상호 의존이 존재한다고 볼 수 있다.

② 개인적 책임

㉠ "내가 맡은 일은 내가 잘할게."라는 원리이다.

㉡ "각자가 해야 할 공적인 임무가 있는가?"라는 질문에 대해 학생들이 다른 누군가(동료 학생, 팀원, 반, 교사)와 자신의 성과를 나눠야 한다고 대답할 수 있다면, 그들은 각자 자신의 배운 것에 대해 책임이 있다고 볼 수 있다.

- 개인적 책임은 퀴즈, 학생 서로 간의 확인 질문, 또는 청중 앞에서 어떤 종류이든 개인적 완성도를 보여 주는 것 등을 통해 조정될 수 있다.
- 개인적 책임이 존재할 때 학생들은 배우려는 동기를 가지게 된다.

㉢ 각 학생의 수행 결과를 학생이 속해 있는 집단과 학생 개인의 평가에 반영함으로써 무임승차 효과를 방지할 수 있다.

③ 동등한 참여

㉠ "참여의 기회가 똑같다."는 원리이다.

- 전통적인 학급 구조에서는 거의 대부분 공부를 잘하거나 활달한 학생들에 의해 활동이 주도된다. 그러나 늘 호명되는 학생은 사실 그럴 필요가 없는 학생이고 오히려 손을 들지 못하는 학생들이야말로 꼭 참여해야 할 필요가 있는 학생들이라는 것을 교사들이라면 누구나 공감할 것이다.

㉡ 직접 자신이 학습 활동에 참여한 학생들은 학습이나 그 과정을 더 좋아하게 된다. 이러한 동등한 참여를 이끌기 위해서는 시간 정해주기, 발표순서 정하기, 역할 돌아가기 등의 구조화가 이루어져야 한다.

㉢ 동등한 참여의 원리를 확인하는 질문은 "얼마나 동등하게 모두 참여했는가?"이다.

④ 동시다발적인 상호작용

㉠ "같은 시간에 여기저기서" 상호작용이 발생한다는 원리이다.

㉡ 동등한 참여를 위해 순차적으로 모두 참여시킨다면 시간이 굉장히 많이 걸릴 것이다. 이것을 해결하는 것이 동시다발적 상호작용이다.

무임승차 효과

- 한 명 혹은 여러 명의 학생이 대부분의 작업을 하고 다른 학생은 공짜로 얻어 타는 것(Prater, 2011)
- 다른 구성원이 수행한 과제를 그대로 베끼려고 하거나 과제 활동에 적극적으로 참여하지 않고도 다른 구성원이 이룬 성과물을 공유하려고 하는 것(박소민, 2010)

4. 협동학습의 성공 요인

(1) 협동학습을 위한 집단 구성

① 집단의 크기는 2~6명으로 한다(처음 2~3명, 보통 4~5명 적당).

② 학습시간이 적을 때는 집단의 크기를 작게 하는 것이 좋다.

③ 능력 면에서 이질적인 소집단으로 구성한다.

④ 비과업 지향적인 학생은 과업 지향적인 학생과 팀이 되게 한다.

⑤ 소외되는 학생은 능력 있고 격려나 지원을 잘해 주는 학생과 한 팀이 되게 한다.

⑥ 주기적으로 집단을 재편성한다.

(2) 협동학습의 효율적 운영을 위한 요소 16중특

통합학급에서 장애학생이 집단의 구성원으로 긍정적인 역할을 할 수 있도록 하기 위해서는 다음과 같은 요소들에 대한 교사의 지원이 있어야 한다.

① 긍정적 상호 의존

㉠ 긍정적 상호 의존은 소집단 구성원 모두가 동고동락을 한다는 것이다. 즉, 네가 잘되어야 나도 잘된다는 생각을 가져야 한다.

㉡ 공동의 노력으로 공동의 목표를 달성하며, 그 결과에 대하여 공동으로 보상을 받으며, 일의 과정에서 자원과 정보를 서로 공유하며, 과업을 완수하기 위해서는 서로의 책무가 상호 보완적이고 상호 연관되어야 한다.

② 대면적 상호작용

㉠ 대면적 상호작용은 집단의 공동 목표를 달성하기 위하여 소집단 성원들이 서로 노력하도록 격려하고 촉진하는 것을 의미한다.

㉡ 협동학습이 효율적으로 진행되기 위해서는 구성원 개인들이 서로 협조, 격려, 피드백을 주고받으며, 자발적인 노력을 유도하고, 나아가 다소의 긴장과 압박 등을 통해 적절한 형태의 자극을 유지하는 것이 필요하다.

③ 개인적 책무성

㉠ 개인적 책무성은 소집단 구성원 모두가 책무를 가져야 하며, 개인의 책무가 집단의 성공에 기여한다는 것을 의미한다.

㉡ 협동학습이지만 학습은 결국 개인에게 일어나야 하기 때문에 집단의 활동에서 소외되거나 무임승차하는 학생이 없도록 상호 책무성을 강조해야 한다.

자료

협동학습을 위하여 교사들이 갖추어야 할 필수적인 요소

- 혼자서는 성공할 수 없지만, 어떤 방법을 통하여 내가 다른 사람과 함께한다면 성공할 수 있다는 적극적인 상호 의존을 인식하게 한다.
- 아동들이 서로의 성공에 대하여 격려하는 여러 가지 기회를 최대한 갖게 대면적 접촉을 통하여 상호작용을 장려한다.
- 집단 구성원들은 과제를 수행함에 있어서 그들 스스로가 보다 많은 사람의 도움, 지원, 격려를 필요로 함을 아는 것이 매우 중요하며, 또 집단의 각 구성원들은 다른 사람들이 열심히 과제를 해결하여 갈 때 무임승차하면 안 된다는 것을 알도록 개인적 책임감을 기른다.
- 협동학습을 수행하기 위하여 필요한 리더십, 의사결정, 신뢰구축, 의사소통, 갈등관리 기술 등의 사회적 기술을 가르친다.
- 아동이 소집단 속에서 어떻게 활동하는가, 또 집단의 구성원을 돕는 사회적 기술을 사용하고 있는가에 대하여 스스로 분석하도록 시간을 주어야 한다.

출처 ▶ 정동영(2017)

④ 소집단 사회적 기술

㉠ 소집단 사회적 기술은 협동학습을 하는 데 필요한 능력 혹은 기술이라고 할 수 있다.

㉡ 협동학습에 필수적인 대표적인 능력에는 타인의 의견을 청취할 수 있는 능력, 번갈아 하기, 도움을 구하고 주기 등이 있다. 협동학습을 위해서는 구성원들이 대인관계 기술, 사회적 기술, 의사소통 기술 등을 갖추어야 한다.

⑤ 효율적인 집단 절차

㉠ 효율적인 집단 절차란 집단 활동이 효과적으로 기능할 수 있도록 하는 절차라고 할 수 있다.

㉡ 집단이 어떤 과업을 수행하기 위하여 계획하고 실행하는 과정에서는 팀의 효과성을 감소시키는 문제가 발생할 수 있다. 이러한 문제는 잘못된 계획에서 초래할 수도 있지만 목표에 대한 이해 부족, 서로 간의 신뢰와 책임감 부족 등에서도 나타날 수 있다. 협동학습의 성공을 위해선 집단이 효율적으로 잘 기능할 수 있어야 한다.

PART 02

5. 협동학습에서의 문제행동과 해결 전략 [20초특]

협동학습은 학생이 적절하고 생산적인 방식으로 공부하고 상호작용할 기회를 제공한다. 그렇지만 모든 학생이 자발적으로 참여하는 것은 아니다. 협동학습에서 잘 하지 못하는 학생은 항상 존재하는데, 그들은 집단 활동 과정에서 할 일을 하지 않거나 위축되거나 낮은 성취를 보이거나 산만하다. 또한 집단에는 그 집단을 지배하는 학생이 포함되어 있을 수 있다. 이러한 문제에 대한 잠정적인 해결책은 다음과 같다.

문제행동	적용 가능한 전략
집단에 대한 기여도 부족	• 집단 구성원에게 명시적인 역할과 책임을 분배한다. • 왜 기여도가 적은지 알아내기 위해 집단으로 하여금 그 문제에 대해 토의하도록 한다. • 기여도가 적은 학생과 함께 왜 참여하지 않는지 토의한다. 그들과 함께 문제를 해결한다. • 그 집단이 교사의 중재 없이 문제를 해결할 것이라 믿는다. • 집단 구성원이 평가되는 범위(예 팀 구성원의 평가에 개별 기여도를 포함하여 점수화함)를 바꾼다. • 학생이 완성해야 할 활동의 질을 평가한다.

위축된 행동	• 위축된 행동을 가진 학생을 '지원해 줄' 학생이 속한 집단에 배치한다. • 나눔과 상호작용이 필요한 활동과 자료를 고안한다. 예 가위를 한 개만 제공한다거나, 직소 구조를 포함한다. • 위축된 행동을 하는 학생에게 '위험성은 낮지만' 참여가 요구되는 역할과 책임을 부여한다.
저성취 학생	• '위험성이 낮고' 적합한 역할과 책임을 부여한다. • 학생이 집단 과제와 관련된 특정 영역에서 전문가가 되도록 미리 코치한다. • 다른 집단 구성원이 해당 학생을 도와줄 것이고 지원해 줄 것이라는 점을 보장한다.
파괴적인 행동을 보이는 학생	• '해당 학생을 따돌리거나' 파괴적인 행동을 하도록 자극하는 다른 집단 구성원과 함께 배정하지 않는다. • 해당 학생을 관리하기 위한 전략을 다른 집단 구성원에게 미리 가르친다. • 분열적인 행동이 발생하는 상황을 사용하여 모든 학생에게 협력 기술을 가르친다. • 집단 내 학생 수를 줄인다. 분열적인 행동을 가진 학생에게는 파트너 관계만을 사용하는 방안을 고려한다.
집단을 지배하는 학생	• 해당 학생에게 지배하기보다는 지원하는 역할을 부여한다. • 과제 혹은 참여 분량과 질을 평가준거의 일부로 포함한다. 예 성적의 일정 부분이 동등하게 기여하는지와 관련된 팀 구성원의 평가에 기초한다.

출처 ▶ Prater(2011)

6. 협동학습의 효과 09중특

① 교사에게 다양한 수업전략을 제공한다.

② 학생이 수업 중에도 신체를 많이 움직일 수 있게 한다.

③ 학생에게 타인을 배려하는 태도를 길러 준다.

④ 문제해결능력이나 의사결정능력을 길러 준다.

⑤ 학생에게 많은 사회적 상호작용을 경험하게 한다.

⑥ 학생에게 지적 모험을 할 수 있는 기회를 제공한다.

⑦ 학생이 구체적 사고에서 추상적 사고로 이행할 수 있는 기회를 제공한다.

⑧ 학생에게 긍정적 자아개념을 가지게 한다.

⑨ 학생에게 소속감을 심어 준다.

⑩ 동료들의 숨은 재능을 밝혀낸다.

⑪ 학생들이 교사의 통제나 보호에서 벗어나 독립적으로 학습함으로써 다양한 정보원을 접하고 독립심을 기르게 한다.

KORSET 합격 굳히기 협동학습 성과 평가

협동학습이 종료되면 협동학습의 성과를 학업성취 측면, 사회적·정서적 효과 측면, 기타 학생의 만족도 측면 등 다양한 측면에서 평가하는 것이 필요하다. 협동학습에서는 이질적인 수준의 학생들이 한 팀을 구성하는 만큼 어떻게 공정하고 타당하게 모든 학생을 평가할 것인가 하는 문제는 간단하지 않다.

일단 협동학습을 하는 만큼 집단기반평가가 이루어져야 한다. 예를 들면, 집단별로 목표를 설정하고 그 목표에 도달한 정도에 따라 집단 내 구성원 모두에게 동일한 평가를 부여할 수 있다. 문제는 집단에 기반한 평가만 할 경우, 특히 상위 수준의 학생들이 피해를 볼 수 있다는 것이다. 또한 소위 '무임승차' 현상이 생길 수도 있다.

따라서 가장 적절한 방법은 집단기반평가와 함께 개인적인 향상과 노력 정도를 반영하는 평가체계를 적용하는 것이다. 이는 팀별 점수를 산정할 때 팀 구성원 각자가 출발점이나 기준 대비 얼마나 향상되었는지를 산출하고, 이를 총합하여 팀 내 구성원 수로 나누어 팀별 평균 향상 정도에 따라 보상을 주는 방식이다. 이 경우 각 팀 내에서 팀원 개개인의 향상을 최대화하는 것이 팀 전체의 향상을 최대화하는 것이기 때문에 자연스럽게 팀원 간의 상호 협력을 유도할 수 있다.

출처 ▶ 이대식 외(2018)

02 협동학습의 유형

1. 모둠 성취 분담 모형 15초특, 23초특

모둠 성취 분담 모형
동 집단 성취 분담 모형, 학생집단 성취 모형, 성취-과제 분담 모형, 능력별 팀 학습

(1) 개념

① 모둠 성취 분담 모형(STAD)은 교사가 학생들에게 제공하는 보상(예 칭찬, 스티커, 간단한 선물) 중심의 협동학습 모형이다.

② 향상점수와 보상을 핵심으로 한다. 교사는 학생 개인별로 기본점수를 측정한 후 협동학습 후에 기본점수로부터 향상된 점수를 산출하고, 각 개인의 향상점수 총합의 평균으로 모둠점수를 계산하여 보상하게 된다.

비교

모둠 성취 분담 모형의 절차

초등 사회(3-1) 교사용 지도서: 집단 성취 분담 모형(STAD)은 보통 '집단(모둠: 4~6명) 구성 → 교사의 수업 안내와 학습지 배부 → 집단(모둠) 학습 → 학습지 작성 및 정답지 확인 → 개별 평가 및 집단(모둠) 보상'의 순서로 전개된다.

비교

모둠점수 게시와 보상

- 초등학교 3학년 1학기 사회과 교사용 지도서(2020): 각 학생의 향상점수를 계산하여 향상점수가 우수한 모둠에게 보상한다(유의점: 학생의 실제 점수를 공개하지 않고, 모둠별로 향상점수를 계산한다).
- 송준만 외(2022): 향상점수와 팀 점수를 학급 게시판에 게시하고 최고 성적 팀에게 집단 보상을 한다.
- 신진숙(2016): 수업이 끝나면 즉시 팀 점수와 개인점수를 게시하고 우수한 개인이나 소집단을 보상한다.
- 이대식 외(2018): 팀별 점수를 발표하고 잘한 팀에게는 보상을 제공한다.

(2) 절차 11중특, 20중특

교사의 수업 안내	• 교사는 학생들에게 활동 중간에 개별적으로 점수를 받게 되고, 이는 집단 점수에 가산되며, 집단이 받은 점수를 근거로 보상을 받게 된다고 안내한다. 또한 교사는 장애학생이 상대적으로 향상될 잠재력이 크기 때문에 집단에 점수를 가장 많이 올려 줄 수 있다는 점을 설명하여, 다른 사람들이 장애학생에게 도움을 받아야 한다는 점을 설명한다. • 전체 학급을 대상으로 단원의 전체 개요를 직접 교수하면서 학생으로 하여금 주요 학습내용과 공부해야 할 이유를 이해하게 한다. • 소집단 활동의 방향과 소집단 활동 후 치르는 퀴즈의 주요 힌트를 얻게 된다.

모둠 학습	• 성별, 성격, 성적 등을 고려하여 최대한 이질적인 4~6명으로 소집단을 구성한다. • 역할은 수업내용이나 구성원에 따라 달라지나 소집단 리더를 선출하고, 협동학습이 순조롭게 진행될 수 있도록 규칙 등을 활용할 수 있다. • 집단 구성원들은 교사가 만든 문제나 다른 자료들을 동료들과 함께 공부한다. 학생들은 짝과 공부하고, 문제를 집단적으로 토의하며, 답을 비교하면서 문제를 함께 해결한다.

형성평가	• 소집단 활동이 끝나면 학생 개인별 퀴즈를 통해 형성평가를 실시한다. • 평가에서 학생들은 개별적으로 문제를 풀어야 한다. 따라서 집단 구성원끼리 서로 돕지 못하며, 개인점수로 계산된다.

개별 · 팀별 향상점수 산출	• 초기에 정해진 각 학생의 기본점수보다 향상된 점수를 산출하여 개인점수를 부여한다. • 팀원의 개별 향상점수 총합의 평균을 산출하여 집단점수를 부여한다.

집단점수 게시와 보상	• 수업이 끝나면 집단점수를 게시하고, 우수한 집단에게 집단 보상을 제공한다. • 가능한 한 많은 소집단을 시상하고 소집단 간 경쟁을 유도하되, 절대평가를 실시하는 것이 바람직하다.

모둠 성취 분담 모형 예시

김 교사는 다음과 같은 방식으로 수업을 진행하였다.

- 전체 학생들에게 기본적인 학습내용을 설명한 후 학습능력 등을 고려하여 이질적인 4명씩으로 팀을 구성하였다.
- 팀별로 나누어 준 학습지의 문제를 협동학습을 통하여 해결하도록 하였다.
- 팀별 활동이 끝난 후, 모든 학생들에게 퀴즈를 실시하여 개인점수를 부여하였고, 이를 지난 번 퀴즈의 개인점수와 비교하여 개선점수를 주었다.
- 개선점수의 합계를 근거로 우수 팀을 선정하였다.

출처 ▶ 2007 중등 기출

2. 토너먼트식 학습 모형

(1) 개념

토너먼트식 학습 모형(TGT)은 모둠 성취 분담 모형에서의 시험 대신 토너먼트 게임을 도입한 모형이다.

(2) 절차

수업 안내	• 수업을 시작할 때 교사는 학급 전체를 대상으로 주요 개념과 학습목표를 제시하고, 학습할 자료와 과제를 알려주는 등 일반적인 교수활동을 한다. 이때 교사는 도입, 전개, 연습의 순으로 수업을 안내한다. • 학생은 주의를 집중해서 자신이 해야 할 팀 활동의 방향과 팀 활동이 끝난 뒤에 치르는 퀴즈의 힌트를 얻는다. • 교사는 단순한 설명보다는 다양한 시청각 매체를 사용해야 한다. • 교사는 학생들에게 활동 중간에 개별적으로 점수를 받게 되고, 이는 집단 점수에 가산되며, 집단이 받은 점수를 근거로 보상을 받게 된다고 안내한다. 또한 교사는 장애학생이 상대적으로 향상될 잠재력이 크기 때문에 집단에 점수를 가장 많이 올려 줄 수 있다는 점을 설명하며, 다른 사람들이 장애학생에게 도움을 받아야 한다는 점을 설명한다.

집단 구성	모둠 성취 분담 모형과 마찬가지로 성취도가 가장 높은 학생 1명과 평균 수준의 학생 2~4명, 성취가 가장 낮은 학생 1명으로 구성하고, 동일한 수업방법과 연습문제지를 이용하여 협동학습을 실시한다.

토너먼트 게임	• 각 팀에서 성적이 비슷한 학생 3명이 나온다. 처음 학생이 문제를 읽는 독자가 되고, 다른 두 학생 중 한 명이 처음 도전자, 남은 학생이 다음 도전자가 된다. • 독자 역할을 맡은 학생이 문제를 읽고, 답을 답지에 적고 난 뒤에 나머지 두 명도 답을 다 적으면 독자가 답을 말한다. 처음 도전자의 답이 맞으면 통과시키고 틀리면 도전을 하게 된다. 처음 독자의 답이 맞으면 카드를 가지게 되어 나중에 점수 합계에 반영된다. 틀리면 그 카드를 책상 위에 올려놓고 답을 맞춘 도전자가 가져간다. • 다음 경기는 처음 도전자가 독자가 되고 두 번째 도전자가 처음 도전자가 되며 독자가 두 번째 도전자로, 왼쪽으로 돌아가며 역할이 바뀐다. 경기는 카드를 다 계산할 때까지 계속된다. 가장 많은 카드를 가진 팀은 60점, 두 번째 팀은 40점, 세 번째 팀은 20점을 얻는다. 전체 팀 점수가 계산되고 평균을 내어 수행결과를 확인한다.

팀 점수 게시와 보상	가장 많은 점수를 얻은 팀에게 보상한다.

학습과제를 소개하고 이질적인 소집단(예 상, 중, 하)을 구성한다.
↓
한 테이블의 아동의 배수에 해당하는 퀴즈문제, 기록표를 준비한다.
↓
게임의 성적에 따른 기준 점수(예 1등 50점, 2등 40점, 3등 30점)를 미리 제시한다.
↓
토너먼트 테이블에 가서 다른 팀의 아동과 게임을 하게 된다.
↓
퀴즈문제를 뽑아서 답을 한 횟수에 따라 점수를 부여한다.
↓
돌아와 집단의 평균점수를 구하여 그 결과에 따라 집단을 보상한다.

| 토너먼트 학습 모형 예시 |

3. 과제분담 협동학습 모형

(1) 개념

① 각 학생이 전체 학습 활동의 특정 부분을 각자 분담하여 완수한 다음 팀 전체 학습 활동에 기여하게 하는 방식이다.

- 각 과제별로 별도의 전문가 그룹을 구성하여 협동학습을 진행한 다음, 원래의 모둠으로 복귀하여 전문가 그룹에서 학습한 내용을 다른 학생들과 공유하는 형태로 진행된다.

② 과제분담 협동학습 모형(Jigsaw)은 여러 연구자들에 의하여 보완되었다.

Jigsaw I	Aronson 등에 의해 개발된 것으로 동료 간에 높은 수준의 상호 의존 체제를 요구하는 것이었다. 이후 수정 및 보완의 과정을 거쳐 현재의 JigsawⅣ에 이르렀다.
Jigsaw II	향상 점수제와 보상을 가미
Jigsaw III	원소속 집단의 협동학습 후, 즉시 평가에 들어가지 않고 학습할 시간을 추가로 제공
Jigsaw Ⅳ	전문가 집단에서 원소속 집단으로 오기 전에 퀴즈를 거쳐 전문가 집단에서의 학습내용의 정확성을 점검하고, 원소속 집단에서도 평가에 들어가기 전에 간단한 퀴즈를 통해 협동학습의 결과를 점검하는 절차 포함

> **과제분담 협동학습 모형 예시**
> 유 교사는 반 전체 학생을 6명씩 7개의 모둠으로 구성하였다. 그리고 학습주제를 6개로 분류하여 각 모둠원이 하나의 주제를 선택하도록 하였다. 각 모둠 내에서 동일 주제를 선택한 학생들끼리 새로운 모둠을 구성하여 해당 주제를 협동하면서 학습하였다. 해당 주제를 학습한 후 각자 최초의 자기 모둠으로 다시 모여 자신이 학습한 내용을 서로 돌아가면서 가르쳐 주었다.
> 출처 ▶ 2001 유치원, 초등 치료교육 기출

(2) 모형별 특징 및 절차

① 직소 Ⅰ 모형 23초특

개념	• 1978년 미국 Texas대학의 Aronson과 그의 동료들에 의해 개발되었다. • Aronson은 다민족으로 구성된 미국 학교에서 민족 간의 갈등과 학교 교육의 문제들을 해결하기 위한 방안으로 직소 학습을 시행했고, 이는 경쟁적 학습 분위기를 협동적으로 전환시키고 인종 문제 해결에도 도움을 준 것으로 평가된다. • 직소 모형은 집단 내의 동료로부터 배우고 동료를 가르치는 모형으로 집단 구성원 간의 상호 의존성과 협동성을 유발한다.
절차	① 학생들을 5~6개의 이질 집단으로 나누고 학습할 단원을 집단 구성원 수에 맞도록 나누어 각 구성원에게 한 부분씩 할당한다. ② 각 집단에서 같은 부분을 맡은 학생들이 따로 모여 전문적 집단을 형성하여 분담된 내용을 토의하고 학습한다. ③ 전문가 집단 토의 후 제각기 소속된 집단으로 돌아가 학습한 내용을 구성원들에게 가르친다. ④ 단원학습이 끝난 후 학생들은 개별시험을 보고 개인의 성적대로 점수를 받는다. ⑤ 따라서 시험점수는 개인등급에 기여하고 집단점수에는 기여하지 못하기 때문에 이 모형은 과제해결의 상호 의존성은 높으나 보상 의존성은 낮다. 즉, 학습과제는 분담해서 처리할 수 있는 작업 분담 구조는 갖추었으나 구성원 간의 보상 의존성은 없다.
수업 절차 도식	집단 구성 ⬇ 개인별 전문과제 부과 ⬇ 전문과제별 모임 및 전문가 집단에서의 협동학습 ⬇ 원소속 집단에서의 협동학습 ⬇ 개별 평가 ⬇ 개인점수 산출

자료

직소 Ⅰ의 특별히 제작된 교육과정 자료

교육 자료들은 미리 설계되거나 재구성되어서 모둠원들 각자는 특별히 다른 참고물 없이도 충분히 이해할 만한 특정 영역을 한 부분씩 맡는다. 직소 Ⅰ에서 학생 각자는 다른 모둠원들과 전혀 다른 부분을 개별적으로 읽는다. 이 방법은 전문가를 자기만의 고유 정보의 소유자로 만들 수 있으며, 모둠은 모둠원 각자가 기여하는 영역에 가치를 두게 된다(Kagan, 2012).

직소 II 모형

예 교사는 단원을 몇 개의 소주제로 나누어 원집단에 질문의 형식으로 제시한다. 원집단의 구성원들은 소주제를 하나씩 나누어 맡는다. 각 구성원은 원집단에서 나와, 같은 소주제를 맡은 다른 집단의 구성원들과 전문가 집단을 형성하여 맡은 과제를 집중적으로 학습한다. 학습이 끝나면 원집단으로 돌아가 습득한 전문 지식을 다른 구성원에게 가르친다. 마지막으로 단원 전체에 대해 개별 시험을 치른 후, 집단보상을 받는다.

출처 ▶ 2010 중등 기출

자료

JigsawII의 자료와 상호 의존성

- Jigsaw I 에서는 각 전문가가 원모둠에서 어떤 특정한 조각을 가지고 있는 유일한 모둠원이다. JigsawII에서는 각자가 정해진 하나의 조각에 대해서만 전문가가 되지만 모든 모둠원들이 모든 조각을 가지고 있다. JigsawII의 장점은 때때로 본문 전체를 읽고 난 후에 각 개인의 조각들이 더 쉽게 이해된다는 것이고, 만일 모둠원 중 한 명이 결석하거나 설명을 잘하지 못할 경우에도 모둠이 실패하지 않는다는 것이다. 반면에 JigsawII는 긍정적 상호 의존의 느낌이 줄어들 수 있다. 많은 교사들이 JigsawII를 사용하는 것이 더 쉽다고 하는데 이는 교과서와 그 밖에 쉽게 사용가능한 자료들을 각색 없이 바로 사용할 수 있기 때문이다(Jacobs et al., 2013).
- 직소 I 과 직소II의 차이는 직소 I 에서는 학습할 내용에 대한 정보를 분할하여 각각 따로 제공하였으나, 직소II에서는 학습할 내용 전체를 모든 학습자에게 제공하되 전문가가 특정 영역에 집중하여 정리하거나 연구하도록 하여 전문가를 양성하는 것이다(백영균 외, 2010).

Tip

직소II 모형이 과제 해결의 상호 의존성이 낮아졌음과 보상 의존성이 높아졌음은 직소 I 과 비교했을 때의 특징으로 한정하여 해석해야 한다.

② 직소II 모형 12중특, 17초특

개념	• Slavin은 직소Ⅰ 모형을 수정하여 직소Ⅱ 모형을 제시하였다. • 직소Ⅰ 모형의 개별보상에 집단보상이 추가된 것이다. • 직소Ⅰ보다 과제 해결의 상호 의존성을 낮추고 보상 의존성을 높인 것이다.
절차	① 수업 안내(학습 절차와 보상 설명하기) • 교사는 학생 네 명으로 구성된 학습 팀을 만들어 학습지도를 하고, 학생 개개인은 하나의 주제를 받아서 같은 주제를 가진 학생들과 모여서 해당 내용에 대해 토론하고 공부해서 그 결과를 자신의 팀 구성원에게 가르쳐야 한다는 것을 안내한다. 또한 개인별로 등급이 매겨지고, 팀 점수도 계산되며, 가장 높은 점수를 받은 팀에게 보상을 제공한다는 것도 미리 안내한다. ② 원집단 구성 및 개인별 전문 과제 부여 • 교사는 학생의 성적, 성별, 성격 그리고 다른 주요 요인을 고려하여 이질적으로 집단을 구성한다. 팀이 정해지고 모임을 갖게 되면 팀 이름과 구성원의 이름을 게시판에 적는다. • 집단 구성원들은 전문가 집단에서 학습할 각자의 과제를 부여받는다. 이러한 각자의 과제는 전체 학습과제를 팀원 수만큼 나눈 것 중의 하나이다. 학습할 단원을 집단 구성원 수에 맞춰 각 구성원에게 한 부분씩을 할당한다. ③ 전문가 집단에서 협동학습 • 학생들은 전문가 집단에서 같은 주제를 가지고 협동학습을 한다. 이때 각 팀원은 최상의 답을 도출하고, 원집단에 돌아가서 다른 팀원을 가르칠 전략도 계획한다. • 한 학급은 여러 과제분담 학습 집단으로 나누어지므로 각 집단에서 같은 부분을 담당한 학생들이 따로 모여 전문가 집단을 형성하여 분담된 내용을 토의하고 학습한다. ④ 원집단에서 팀원과의 협동학습 • 전문가 집단에서 학습한 내용을 원집단에 돌아와 다른 구성원들에게 가르친다. ⑤ 개인별 · 팀별 점수 계산 • 개인점수는 초기에 정해진 각 학생의 기본점수보다 향상된 점수를 말한다. • 팀 점수는 팀원의 개별 향상점수 총합의 평균 점수이다. ⑥ 팀 점수 게시와 보상 • 수업이 끝나면 즉시 팀 점수와 개인점수를 게시하고 우수한 개인이나 소집단을 보상한다.

<table>
<tr><td>수업 절차 도식</td><td>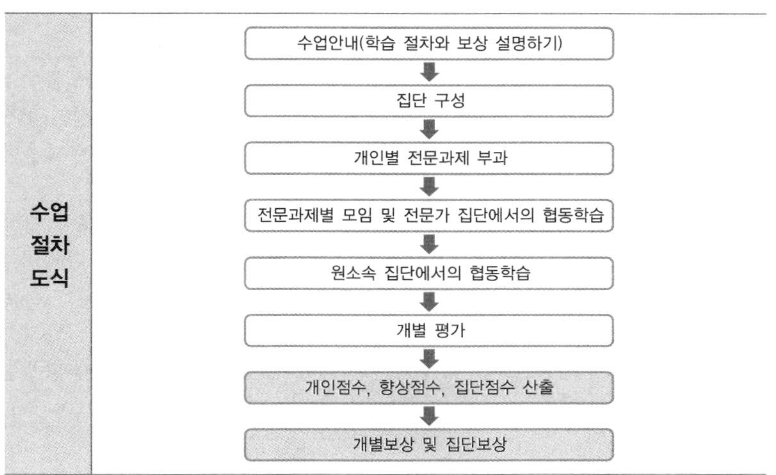
</td></tr>
</table>

③ 직소III 모형

<table>
<tr><td>개념</td><td>• 직소Ⅲ 모형은 직소Ⅱ의 경우 원소속 집단의 협동학습 후 즉시 평가를 받기 때문에 평가에 대비한 학습을 정리할 시간적 여유가 없다는 점이 지적되면서 개발되었다.
• 직소Ⅲ 모형에서는 수업에서 학습한 것을 정리할 수 있는 시간을 위해 평가 유예기를 두고 원소속 집단에서의 평가 준비 과정을 추가하였다.</td></tr>
<tr><td>수업 절차 도식</td><td>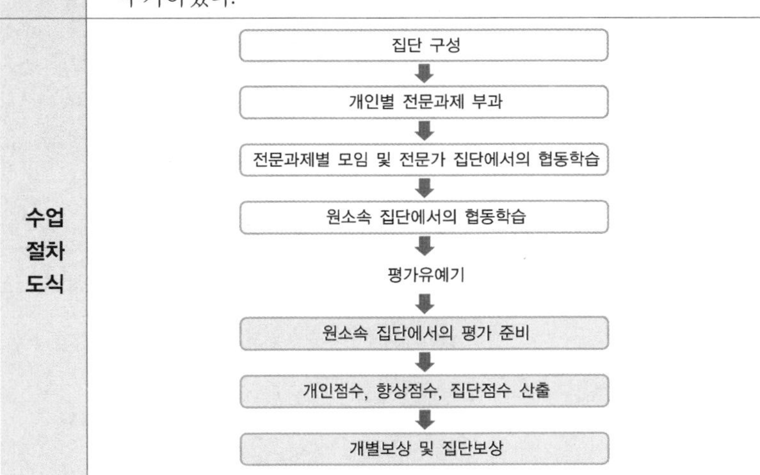
</td></tr>
</table>

④ 직소Ⅳ 모형

개념	• 직소Ⅳ 모형에서는 전체 수업내용에 대한 안내, 학생들이 수집한 정보의 정확성에 대해 점검을 하기 위한 두 가지 유형의 퀴즈 제공, 평가 후 학생들이 학습하지 않은 것이라고 생각되는 내용에 대한 재교수를 특징으로 하고 있다. • 직소Ⅳ에서는 직소Ⅱ와 직소Ⅲ 모형에서는 존재하지 않는 전체 수업내용에 대해 소개하는 단계를 설정하였다. 이 단계의 목적은 교사가 전체 집단에게 강의를 하거나, 하나의 질문 또는 문제를 제기하거나, 아니면 시각자료를 보여 주는 등 여러 가지 방법을 사용함으로써 수업을 시작하기 전 수업내용에 대해 학생들의 흥미를 최대로 이끄는 데 있다.
수업 절차 도식	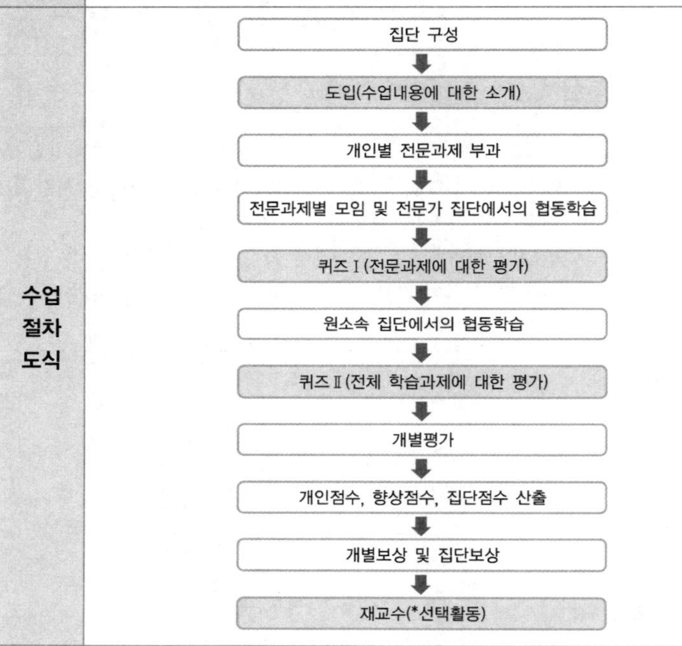

4. 집단조사 모형

(1) 개념

① 집단조사 모형(GI)은 5~6명의 학생들이 집단을 이루어 학습목표의 주제와 하위 주제를 선정하고, 하위 주제를 각 개인의 과제로 나누어 집단발표를 준비하기 위한 활동을 수행한 다음, 전체에게 전달하는 교수방법이다.

② 각 모둠이 동일한 주제를 학습하는 Jigsaw와 달리 모둠별로 각기 다른 학습주제로 탐구한 후, 그 결과를 학급전체가 공유하는 방식으로 진행된다.

(2) 절차 11중특

|탐구 주제 제시|
교사가 탐구 주제(학습 주제)를 제시한다.

⬇

|소주제 결정|
아동들은 교사가 제시한 탐구 주제와 관련하여 보다 구체적인 질문을 제기하고, 이러한 질문을 범주화하여 소주제를 정한다.

⬇

|모둠 구성|
아동들은 자신이 희망하는 소주제를 중심으로 모둠을 구성한다.

⬇

|모둠 내 역할 분담|
각 모둠은 자신들이 선택한 소주제에 대해 보다 구체적으로 무엇을, 어떻게 연구하고 누가 어떤 역할을 맡을지를 결정한다.

⬇

|개별 탐구학습|
아동들은 각자의 맡은 역할에 따라 탐구학습을 한다.

⬇

|협동학습 및 발표 준비|
탐구학습 결과를 모으고, 조직하고, 정보들을 통합시키기 위해 토론하고 발표를 준비한다.

⬇

|학급 보고|
각 모둠은 전체 학급을 대상으로 결과물을 발표한다.

⬇

|평가|
각 집단별 조사학습 이후 전체 학습에 대한 기여도를 평가하게 되는데, 최종 학업성취에 대한 평가는 개별 평가나 집단 평가를 실시한다. 이때 학습자들이 주어진 각 주제에 대해 얼마나 열심히 그리고 구체적으로 준비하였는지를 평가하게 된다.

5. 자율적 협동학습 모형

(1) 개념 15초특

① 자율적 협동학습 모형(Co-op Co-op)은 전체 학급에서 교사가 제시한 주제에 대하여 학생들이 대략적인 토의를 한 뒤, 여러 소주제로 나누고, 자신이 원하는 소주제를 다루는 소집단에서 토의를 통하여 조사하는 방법이다.

② 소주제를 탐구하는 과정에서 학생 개개인의 흥미나 관심에 따라서 세부적인 간단한 주제(즉, 미니 주제)를 선택하여 학습함으로써 모둠학습에 보다 적극적으로 참여하도록 하는 구조로 진행된다.

비교

자율적 협동학습과 과제분담 협동학습

과제분담 협동학습 모형과 자율적 협동학습 모형의 과정은 유사하다. 그러나 자율적 협동학습의 경우 학습과 협동을 모두 목적으로 하고 있으며, 주제를 선정하거나 작은 주제로 분할할 때 학생들의 자율성을 좀 더 보장해 준다는 차이점이 있다. 자율적 협동학습은 모둠에서의 협동의 결과물을 다른 모둠과 공유하여 학급 전체에 서로 도움을 준다는 점이 과제분담 협동학습과의 차이점이다(백영균 외, 2010).

Tip

자율적 협동학습의 경우 소주제-미니주제의 단계로 제시되는 것이 일반적이나 2024 중등B-9 기출에서와 같이 주제-소주제의 단계로 제시되는 경우도 있는 만큼 전체적인 맥락을 통해 협동학습의 유형을 파악하는 것이 필요하다.

(2) 절차 24중특

|학습과제 제시|
교사는 학습과제를 선정하여 아동들에게 소개한다.

⬇

|소주제 결정|
교사가 제시한 학습과제에 대해 학급토론을 개최하고 최종적으로 다룰 소주제를 선정한다.

⬇

|모둠 구성|
소주제 중 아동들은 자신이 학습하고자 하는 주제를 선택하고, 아동들이 선택한 주제를 중심으로 모둠을 편성한다.

⬇

|모둠 내 역할 분담 및 개별 탐구학습|
각 모둠은 자신들이 선택한 소주제에 대해 보다 구체적으로 무엇을, 어떻게 연구하고 누가 어떤 역할을 맡을지를 결정한다.

⬇

|소주제에 대한 미니 주제 선정|
모둠 구성원들은 소주제를 탐구하는 과정에서 아동 개개인의 흥미나 관심에 따라서 세부적인 간단한(mini) 주제를 선택하여 학습함으로써 모둠학습에 보다 적극적으로 참여하도록 한다.

⬇

|협동학습 및 발표 준비|
각자가 학습했던 소주제들을 팀 구성원들에게 제시한 후 종합하여 모둠별 보고서를 만든다.

⬇

|학급 보고|
각 모둠은 전체 학급을 대상으로 결과물을 발표한다.

⬇

|평가|
교사에 의한 소주제 학습기여도 평가, 팀 동료에 의한 팀 기여도 평가 그리고 전체 학급 동료들에 의한 팀 보고서 평가 등 세 가지 수준에서 평가가 이루어진다.

자율적 협동학습 모형 예시

1. 교사와 학생들이 토의를 통해서 학습과제를 선택한 후, 이것을 다시 소주제로 분류한다. 학생들은 각자 학습하고 싶은 소주제를 선택하고, 같은 소주제를 선택한 학생들끼리 팀을 구성한다. 팀 구성원들은 소주제를 더 작은 미니 주제(mini-topics)로 나누어 개별 학습한 후, 그 결과를 팀 내에서 발표한다. 팀별 보고서를 작성한 후, 학급 전체에서 발표한다.
출처 ▶ 2010 중등 기출

2. 자율적 협동학습 모형은 교사와 학생이 토의하여 학습할 주제를 선정합니다. 그리고 자신이 원하는 주제를 선택하고, 원하는 모둠에 들어가서 소주제를 분담한 후 조사한 결과를 발표합니다. 그런 다음 전체 학급에서 발표할 보고서를 준비하여 전체 학생들 앞에서 발표합니다.
출처 ▶ 2024 중등 기출

6. 팀 보조 개별학습 모형 13초특

(1) 개념

① 팀 보조 개별학습 모형(TAI)은 협동학습과 개별학습의 원리가 모두 반영되어 있는, 즉 각자 개별학습을 하되 서로 간에 학습을 도와주는 협동학습 유형이다.

② 각 학생이 먼저 사전 검사 결과에 따라 각 수준에 적합한 내용과 교재 혹은 학습과제를 부여받는다.

㉠ 개인별 수준에 적합한 내용과 교재 혹은 학습과제를 부여받은 후 수준이 다양한 학생이 한 팀을 구성하여 서로 구성원의 개별학습을 돕는다.

㉡ 평가는 팀 내 구성원이 완수한 학습활동 수나 점수 등을 팀별로 서로 비교하는 방식으로 이루어진다.

(2) 절차 18중특

|배치 검사 및 집단 구성|
- 수업을 시작하기 전에 개별 진단 및 배치 검사를 실시하여 집단을 구성한다.
- 집단은 4~5명씩 이질적인 학습집단으로 구성한다.

⬇

|학습 안내지와 문항지 배부|
- 각 학생의 학습 속도 및 수준에 적합한 학습지를 제공한다.
- 학습지는 안내(개념의 개관과 문제해결 절차 소개)-기능훈련(문제 제공, 4개 문항 4장)-형성평가(10개 문항 2장)-단원평가(15개 문항)-정답으로 구성된다.

⬇

|소집단 학습|
- 집단 구성원들은 자신의 집단 내에서 서로의 학업 정도를 점검하기 위해 2명 또는 3명씩 짝을 정해 먼저 기능훈련지로 문제를 해결한다. 4문항으로 된 각 장을 해결하고 나면 정답지를 가지고 가서 또래의 점검을 받는다. 모두 맞았으면 형성평가 단계로 넘어가고, 틀렸으면 또 다른 묶음의 4문제를 푼다. 이와 같은 방식으로 기능훈련 문제지 한 묶음(4문제)을 다 맞출 때까지 계속한다. 만약 이 과정에서 어려움이 있으면 동료에게 도움을 청하고, 그래도 안 되면 교사에게 도움을 청한다.
- 형성평가에서 80% 이상 도달되면 집단에서 주는 합격증을 받고 단원평가를 치른다.

|교수 집단|
학생들이 팀에서 개별로 학습하는 동안 교사는 각 집단에서 동일 수준의 학생을 불러 5~15분간 직접 교수한다.

⬇

|집단점수와 집단보상|
- 개별점수를 합하여 각 팀의 점수를 산출한다.
- 미리 설정해 놓은 준거에 도달한 팀에게 보상을 한다.

비교

형성평가, 단원평가

형성평가와 단원평가에 대한 명칭은 문헌에 따라 서로 다르게 사용된다.
- 신진숙(2016): 형성평가, 단원평가로 표현
- 송준만 외(2022): 신진숙의 형성평가, 단원평가에 대해 각각 '확인 검사', '최종 검사'로 표현
- 2018년 중등 특수 임용시험: 단원평가를 '개별평가'로 표현(형성평가에 해당하는 표현은 제시되어 있지 않음)
- 2004년 임용시험: '단원평가' 그리고 '최종적인 개별시험' 용어로 각각 표현(예시 참조)

비교

교수 집단

기출의 경우 팀 보조 개별학습 모형의 절차 중 '교수 집단' 단계는 제시된 경우(2013 초등A-1 기출)도 있고, 제시되지 않은 경우(2018 중등B-1 기출)도 있다.

비교

집단점수와 집단보상
- 신진숙(2016): 교사는 매주 말에 집단점수를 계산한다. 집단점수는 각 집단 구성원이 해결한 평균 단원 수와 단원평가의 점수를 기록해서 계산한다. 그리고 결과에 따라 집단보상을 한다.
- 송준만 외(2022): 팀은 매주 1회씩 학습한 단원에 대해 점수를 받으며, 사전에 정해진 준거를 달성한 팀은 '최고팀'의 자격을 받는다.
- 이대식 외(2018): 평가는 팀 내 구성원이 완수한 학습활동 수나 향상된 점수 등을 팀별로 서로 비교하는 방식으로 이루어진다.

> **팀 보조 개별학습 모형 예시**
> 김 교사는 다음과 같은 순서로 교수·학습 절차를 적용하였다.
> - 사전 진단검사를 통해 능력 수준이 각기 다른 학생들을 4~5명씩으로 하여 팀을 구성한다.
> - 각각의 수준에 맞는 학습과제를 교사의 도움 아래 개별적으로 학습한다.
> - 단원평가 문제를 각자 풀게 한 후, 팀 구성원들을 두 명씩 짝지어 교환 채점을 하게 한다.
> - 일정 성취 수준에 도달하면, 그 단원의 최종적인 개별시험을 보게 한다.
> - 개별점수를 합하여 각 팀의 점수를 산출한다.
> - 미리 설정해 놓은 팀 점수를 초과한 팀에게 보상을 한다.
>
> 출처 ▶ 2004 유치원, 초등, 치료교육 기출

7. 함께 학습하기 모형

(1) 개념

① 함께 학습하기 모형(LT)은 이질적인 집단 구성원이 주어진 과제를 협동적으로 수행하는 전략이다.

② 함께 학습하기 모형에서 과제부여, 보상, 평가는 집단별로 이루어진다.

㉠ 시험은 개별적으로 시행하지만 성적은 소속 집단의 평균 점수를 받게 되므로 집단 내의 다른 학생들의 성취 정도가 개인의 성적에 영향을 미친다. 이러한 특성 때문에 무임승차 효과나 봉 효과가 나타날 수도 있으므로 주의해야 한다.

㉡ 함께 학습하기 모형은 하나의 집단 보고서에 대해 집단보상을 하기 때문에 무임승차 효과나 봉 효과 같은 현상이 나타나 상대적으로 다른 협동학습 모형보다 효과적이지 못한 것으로 평가되고 있다.

> **봉 효과(sucker effect)**
> 팀의 다른 구성원들이 능력이 충분함에도 불구하고 노력을 하지 않을 때 나머지 구성원들도 노력을 감소시키는 것
> 동 남들만큼 하기 효과, 바보 효과

(2) 절차

|집단 구성|
학습능력을 기준으로 집단 간은 동질적으로, 집단 내에서는 이질적으로 집단을 구성한다.

⬇

|역할 부여|
개별 책무성을 강화하여 무임승차하는 학생이 없도록 하고 상호의존적인 관계를 확실히 하도록 팀원의 역할(팀장, 관찰자, 기록자, 격려자, 연구자 등)을 분담한다.

⬇

|교사의 직접 지도|
교사가 단원의 개요나 학습활동에 필요한 기본적인 내용을 직접 교수한다.

⬇

|집단 학습|
팀별로 2장의 학습지를 나누어 주고 팀원을 2팀으로 나누어 상호 협력하여 문제를 해결하게 한 후 집단 구성원 모두 협력하여 학습결과물 1장을 제출한다. 협동학습이 이루어지는 동안 교사는 체크리스트를 가지고 순회하며 학생의 행동을 관찰하여 기록한다.

⬇

|집단보상|
- 개별적으로 형성평가를 실시한 후 팀의 평균에 따라 팀 부가점을 팀원 모두에게 동일하게 부여한다.
- 집단점수는 개인의 점수를 합산하여 계산하고 집단을 보상한다.

8. 협동학습의 유형 구분 25초특

협동학습의 기법들은 집단 간 경쟁을 채택하는가 혹은 집단 간 협동을 채택하는가에 따라 '학생 팀 학습(Student Team Learning, STL)' 유형과 '협동적 프로젝트(Cooperative Projects, CP)' 유형으로 나눌 수 있다.

(1) 학생 팀 학습

① 학생 팀 학습 유형은 집단 내에서는 협동을 하도록 하지만 집단 간에는 경쟁체제를 적용한다.

② 학생 팀 학습 유형에는 모둠 성취 분담 모형, 토너먼트 학습 모형, 직소Ⅱ 모형, 팀 보조 개별학습 모형 등이 있다.

(2) 협동적 프로젝트

① 협동적 프로젝트 유형은 집단 내 협동뿐 아니라 집단 간 협동도 하도록 하고 있다.

② 협동적 프로젝트 유형에는 직소Ⅰ, 집단조사 모형, 자율적 협동학습 모형, 함께 학습하기 모형 등이 있다.

개념확인문제

01

2012 중등1-34

다음은 정신지체학생 A의 언어 지원을 위한 협력적 접근 사례이다. 사례에서 나타나는 협력적 접근 모델 및 방법만을 〈보기〉에서 있는 대로 고른 것은?

> 특수교사, 언어재활사(치료사), 부모는 학생 A의 의사표현이 가장 활발히 나타나는 사회 시간에 함께 모여 학생 A의 활동을 관찰하면서 언어평가를 실시하였다. 평가 후에 특수교사, 언어재활사, 부모는 평가 결과를 바탕으로 장·단기 목표 및 지원 방법에 대해 함께 논의하였다. 언어중재는 한 학기 동안 특수교사가 혼자 맡아서 교실에서 실시하기로 결정하였다. 정기적인 모임을 통해 언어재활사는 특수교사가 지도할 때에 필요한 구체적인 언어중재 전략에 관한 정보를 제공하기로 하였고, 부모는 가정에서의 언어능력 향상 정도를 특수교사에게 알려주기로 하였다.

보기

ㄱ. 팀 교수(team teaching)
ㄴ. 역할 양도(role release)
ㄷ. 원형 평가(arena assessment)
ㄹ. 간학문 접근(inter-disciplinary approach)
ㅁ. 초학문 접근(trans-disciplinary approach)

① ㄴ, ㅁ　② ㄷ, ㄹ
③ ㄱ, ㄴ, ㅁ　④ ㄱ, ㄷ, ㄹ
⑤ ㄴ, ㄷ, ㅁ

02

2012 중등1-12

다음은 일반 중학교의 일반학급에 배치된 학습장애 학생 A의 특성이다. 학생 A의 효과적인 통합교육을 위해 교수적 수정(교수적합화)을 할 때 고려할 사항으로 적절하지 않은 것은?

> - 수업 중 자주 주의가 흐트러진다.
> - 그림을 보고 그리는 데 어려움을 보인다.
> - 또래 일반학생들에 비해 필기 속도가 느리다.

① 과제를 나누어 제시하는 과제 제시 수정 방법을 고려한다.
② 교사가 판서한 내용을 유인물로 제작하여 학생에게 제공한다.
③ 교육과정 내용을 먼저 수정한 후, 교수 방법의 수정을 고려한다.
④ 지필 고사 시 시험 시간을 연장하는 평가 조정 방법을 고려한다.
⑤ 학습 자료를 제시할 때 주요 내용에 밑줄을 그어주는 등 시각적 단서를 제공한다.

03

2010 유아1-30

다음은 B초등학교 병설유치원 특수학급의 강 교사와 일반학급의 민 교사가 언어 생활 영역 중 '정확하게 발음해 보기'의 지도를 위해 나눈 대화이다. 대화 내용에 해당하는 협력 방법으로 가장 적절한 것은?

강 교사: 은주는 인공와우를 했지만 어릴 때부터 언어훈련을 잘 받았다고 들었는데, 잘 지내고 있나요?
민 교사: 네. 청각장애가 있다고 생각되지 않을 정도로 은주는 학습을 잘 하고 있어요. 그런데 초성 /ㄷ/발음을 약간 /ㅈ/처럼 발음하는 문제가 있는 것 같아요. 조금만 신경써서 연습하면 금방 좋아질 것 같은데요.
강 교사: 선생님, 잘 관찰하셨어요.
민 교사: 제가 '말하기'영역 수업 중에 이 문제에 대한 언어 지도를 구체적으로 하고 싶은데 어떻게 하면 될까요?
강 교사: 네, /ㄷ/발음은 앞 윗니 안쪽에 혀 끝 부분이 닿았다가 떨어지면서 나는 소리거든요. 그러니까 쌀과자 조각을 앞 윗니 안쪽에 붙이고 혀 끝 부분이 그 조각에 닿도록 놀이하면서 발음하게 해 보세요. 거울을 보면서 연습시키면 더 좋고요.
민 교사: 네, 그렇게 해 볼게요.

① 조정(coordination)
② 자문(consultation)
③ 순회(itinerant) 교육
④ 스테이션(station) 교수
⑤ 팀 티칭(team teaching)

04

2011 중등1-7

통합교육을 위한 교수적 수정의 유형별 방법과 내용이 바르게 연결된 것을 고른 것은?

	유형	방법	내용
(가)	교수 환경 수정	사회적 환경 조성	장애학생 개개인의 소속감, 평등감, 존중감, 협동심, 상호 의존감 등을 고려한다.
(나)	교수 집단 수정	성취-과제 분담 (STAD)	학업 수준이 비슷한 학생 4~6명의 구성원이 과제를 완성하는 데 필요한 일을 분배하고 자료를 구한 후, 과제가 완성되면 집단에게 보고하고 피드백을 받는 협동학습 방법을 사용한다.
(다)	교수 방법 수정	평행교수	두 교사가 동등한 책임과 역할을 분담하여 같은 학습 집단을 맡아서 가르치는 것으로, 수업 내용을 공동으로 구안하고 지도하는 협력교수 방법을 사용한다.
(라)	교수 내용 수정	중첩 교육과정 (curriculum overlapping)	장애학생을 일반학생과 같은 활동에 참여하게 하되, 각각 다른 교육과정 영역에서 다른 교수 목표를 선정하여 지도한다.
(마)	평가 방법 수정	다면적 점수화	학생의 능력, 노력, 성취 등의 영역을 평가한다.

① (가), (나), (라)
② (가), (나), (마)
③ (가), (라), (마)
④ (나), (다), (마)
⑤ (다), (라), (마)

05

2012 초등1-5

다음은 특수학급 유 교사와 일반학급 최 교사가 협력하여 장애 이해교육을 실시하기 위해 나눈 대화이다. 두 교사가 계획하는 협력교수(co-teaching)의 형태를 바르게 짝지은 것은?

(가) 유 교사: 이번 장애 이해교육의 주제는 '장애인에 대한 에티켓'이에요. 먼저 제가 청각장애인에 대해 설명하면 선생님께서 시범을 보이시고, 선생님께서 지체장애인에 대해 설명하시면 제가 시범을 보일게요. 시각장애인과 정신지체인의 경우도 마찬가지 방법으로 번갈아가면서 하고요.

(나) 최 교사: 그러지요. 그런 다음 두 집단으로 모둠을 나누어 선생님과 제가 각각 한 모둠씩 맡아서 같은 내용으로 학생들이 역할 놀이를 통해 장애인에 대한 에티켓을 연습해 볼 수 있도록 지도하지요.

(다) 유 교사: 좋은 생각이네요. 모둠별 학습이 끝나면 선생님께서 마무리 평가를 진행해 주세요. 저는 그 동안 정신지체 학생인 경수도 평가에 참여할 수 있도록 경수 옆에서 개별적으로 도울게요.

	(가)	(나)	(다)
①	팀교수	평행교수	대안교수
②	팀교수	스테이션 교수	대안교수
③	팀교수	평행교수	교수-지원
④	평행교수	스테이션 교수	대안교수
⑤	평행교수	팀교수	교수-지원

06

2013 중등1-25

경도 정신지체 학생이 통합된 학급에서 교사가 또래교수(peer tutoring)를 실시하고자 한다. 또래교수에 대한 특성과 유형에 대한 설명으로 옳은 것을 〈보기〉에서 고른 것은?

보기

ㄱ. 또래교수는 장애학생의 학업과 사회적 수용을 향상시키기 위하여 학급 교사의 역할과 책임을 또래교사를 하는 학생에게 위임하는 것이다.
ㄴ. 또래교수 실시를 위해 교사는 또래교사 역할을 할 학생을 훈련시키고, 역할을 수시로 변경할 경우 누가 먼저 또래교사가 되고 학습자가 될 것인지 결정한다.
ㄷ. 또래교수에서 또래지도를 받던 장애학생이 특정영역에서 뛰어난 능력을 보이는 경우, 역할을 바꾸어 또래교사가 되어 일반학생을 돕도록 하는 것은 상보적 또래교수 방법의 예이다.
ㄹ. 또래지원학습전략(PALS)은 비상보적 또래교수 전략 중의 하나로 학급에서 자연스럽게 또래교수의 형성이 이루어지지 않을 때, 고학년 일반학생이 저학년 장애학생의 짝이 되도록 지도하는 것이다.
ㅁ. 전학급또래교수(CWPT)는 교사가 학생들에게 개별적인 지도를 하기 어려운 학급에서 모든 학생들이 일대일 방식의 지원을 받을 수 있도록 하는 방법으로, 학생들이 짝을 지어 역할을 바꾸어 가면서 서로를 가르친다.

① ㄱ, ㄴ, ㄷ　② ㄱ, ㄷ, ㄹ
③ ㄱ, ㄹ, ㅁ　④ ㄴ, ㄷ, ㅁ
⑤ ㄴ, ㄹ, ㅁ

07

2012 초등1-2

특수학급의 박 교사는 읽기에 어려움을 보이는 지수와 읽기를 잘 하는 환희를 짝지어 아래와 같은 전략으로 읽기 지도를 하였다. 박 교사가 적용한 전략에 대한 설명으로 적절하지 않은 것은?

1. 파트너 읽기

- 박 교사: 학생의 수준에 맞게 선정한 읽기 자료를 제시하고 학습 활동을 자세히 안내한다.
- 환희, 지수: 환희가 자료를 먼저 읽고 지수가 뒤이어 읽는다.
- 환희: (지수가 읽기에서 오류를 보일 때) "잠깐, 잘못 읽었네. 무슨 단어인지 알아?"라고 묻는다.
- 환희: (지수가 대답을 못하면, 몇 초 후) "___라고 읽는 거야."라고 말한다.
- 환희, 지수: 함께 읽은 후 지수는 읽은 내용을 간략히 다시 말한다.

2. 단락 요약

- 환희: 지수에게 읽은 내용을 짧게 요약하도록 요구한다.
- 환희, 지수: 계속해서 소리 내어 본문을 읽는다.
- 지수: 문단이 끝나는 부분에서 멈추고 내용을 요약한다.
- 환희: 지수의 요약에 대해서 오류가 있을 경우 이를 수정해 준다.

3. 예상릴레이

- 환희: 다음 페이지에 나올 내용에 대해서 예측하고, 그 내용을 소리 내어 말한다.
- 지수: 예측한 내용이 맞는지 확인하고, 내용을 요약한다.
- 환희, 지수: 역할을 교대로 돌아가며 수행한다.

① 개념과 원리를 발견하는 데 초점을 둔다.
② 정해진 단계와 절차에 따라서 이루어진다.
③ 학습자의 수행 결과에 대해 동료의 교정적 피드백이 제공된다.
④ 학습자가 문제를 해결하도록 참여자 간 비계 활동이 이루어진다.
⑤ 학습 내용과 수준을 다양화할 수 있는 차별화 교수(differential instruction) 접근이라 할 수 있다.

08

2012 중등1-15

다음은 정신지체학생이 통합되어 있는 중학교 1학년 학급에서 사회과 '다양한 기후 지역과 주민 생활' 단원을 지도하기 위해 직소(Jigsaw) II 모형을 적용한 수업의 예이다. 바르게 적용한 내용만을 있는 대로 고른 것은?

(가) 장애학생을 포함한 모든 학생들은 기후에 대한 사전지식과 학업 수준을 고려하여 5명씩 4개 조를 동질집단으로 구성하였다.
(나) 각 조의 구성원들은 다섯 가지 기후(열대, 온대, 냉대, 한대, 건조) 중 서로 다른 한 가지 기후를 선택하였다.
(다) 다섯 가지 기후 중에 동일한 기후를 선택한 학생들끼리 전문가 그룹이라는 이름으로 헤쳐모여 그 기후에 대해 학습하였다.
(라) 각각의 학생 전문가는 자신의 소속 조로 돌아가 같은 조의 구성원들에게 자신이 학습한 기후에 대해 가르쳤다.
(마) 원래의 조별로 학습 성과를 평가하기 위하여, 같은 조의 구성원들이 서로 협력해서 공동답안을 만들게 한 후 조별 점수를 산출하였다.

① (가), (마)
② (나), (다)
③ (가), (라), (마)
④ (나), (다), (라)
⑤ (나), (다), (라), (마)

09

2018 중등B-1

다음은 A중학교에서 학기 초 교직원 연수를 위해 준비한 통합교육 안내자료 중 일부이다. 〈작성 방법〉에 따라 서술하시오.

… (생략) …

2. 교수 적합화 계획

학생 B	과목: 수학	방법: 교수 집단 적합화

팀 보조 개별학습(TAI)

1 모둠구성: 개별학생의 수준을 파악한 후, 4~6명의 이질적인 학생들로 모둠을 구성함

2 학습지 준비: (㉠)

3 학습활동: 모둠 내에서 학습지 풀이를 하는 동안 필요시 교사와 또래가 도움을 제공함

4 개별평가: (㉡)

5 모둠 평가 및 보상: 모둠 점수를 산출하고 기준에 따라 모둠에게 보상을 제공함

… (생략) …

작성 방법

- ㉠에 들어갈 학습지의 특성을 1가지 제시할 것
- ㉡에 들어갈 개별 평가 방법을 1가지 서술할 것

10

2025 초등A-2

다음은 특수교사가 통합교육 지원을 위한 협의회에서 통합학급 교사들과 나눈 대화의 일부이다. 물음에 답하시오.

홍 교사 : 선생님, 저는 체육 수업에서 협동학습을 적용해 보려고 합니다. ㉣ <u>학생 팀 학습(Student Team Learning : STL)과 협동적 프로젝트(Cooperative Project : CP)</u>를 고려하고 있는데 어떤 것을 선택하면 좋을까요?

특수교사: 잘 아시겠지만 두 가지 유형은 모두 장단점이 있습니다. 수업 내용이나 학생의 특성 등을 고려해서 선택해야 합니다.

홍 교사 : 알겠습니다. 그리고 기회가 되면 선생님과 제가 팀 티칭을 함께 준비하여 해 보면 어떨까요?

특수교사: 예, 좋습니다.

… (하략) …

3) 밑줄 친 ㉣을 집단 간 경쟁의 측면에서 비교하여 쓰시오.

모범답안

1	⑤
2	③
3	②
4	③
5	③
6	④
7	①
8	④
9	㉠ 각 학생의 학습 속도 및 수준에 적합한 학습지를 제공한다. ㉡ 형성평가에서 80% 이상 도달되면 단원평가를 치른다.
10	학생 팀 학습은 경쟁체제를, 협동적 프로젝트는 협동체제를 적용한다.

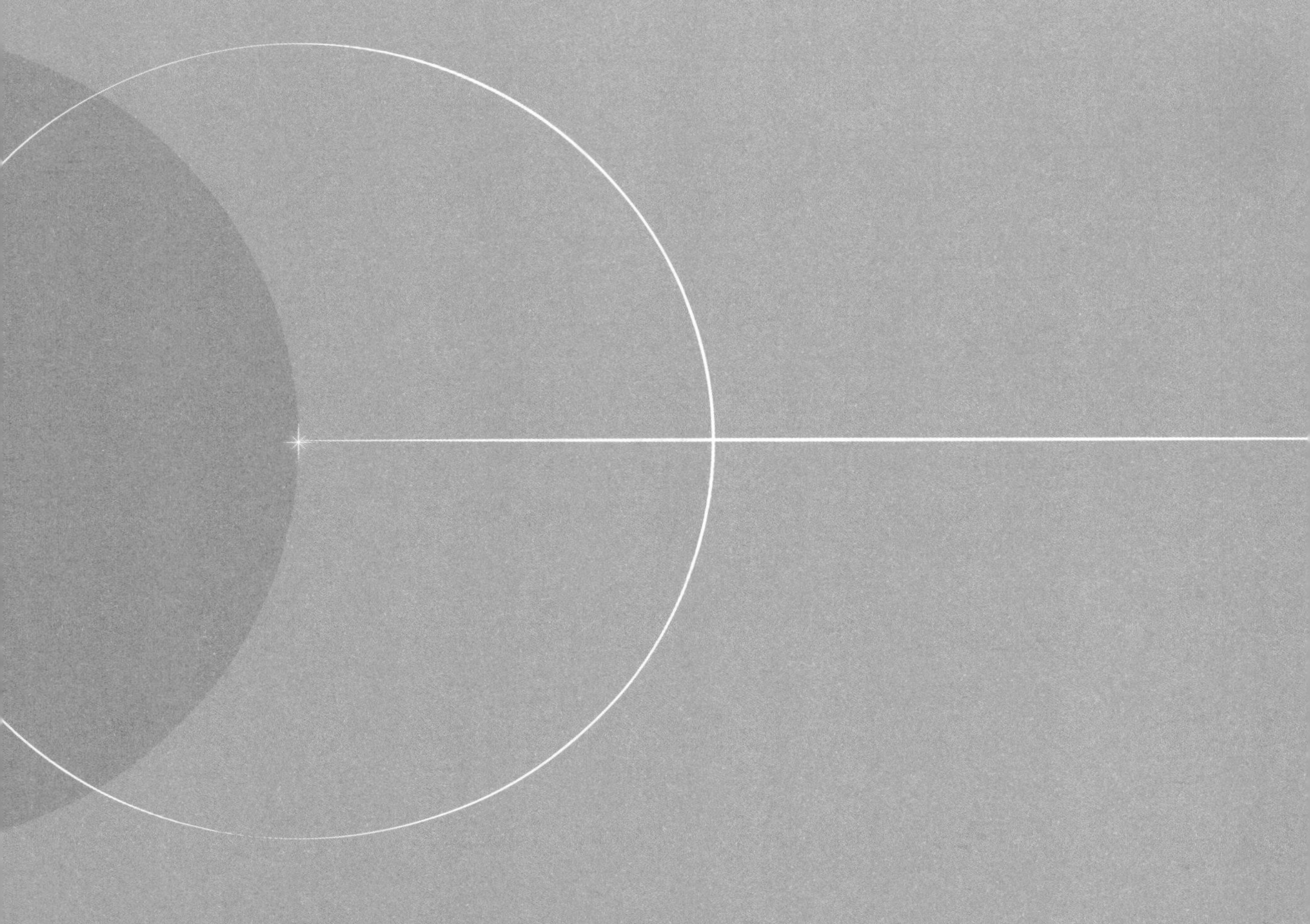

김남진

KORSET

특수교육 ①

PART 03

특수교육평가

PART 03 특수교육평가 Mind Map

Chapter 1 진단 및 평가의 개념

1 특수교육대상자의 판별 · 배치 과정
- 선별
  - 개념
  - 선별검사의 오류 유형 : 위양, 위음
  - 의뢰 전 중재
- 진단
  - 개념
  - 장애진단
- 적부성
- 배치 및 프로그램 계획
  - 배치
  - 교육진단
  - 프로그램 계획
    - 개별화교육지원팀의 구성
    - 개별화교육계획
- 평가
  - 형성평가
  - 총괄평가

2 사정방법의 분류
- 공식적 사정과 비공식적 사정
- 전통적 사정과 대안적 사정
- 정규사정과 대체사정

Chapter 2 사정 방법

1 검사
- 규준참조검사
- 준거참조검사
- 관찰의 장단점

2 관찰
- 관찰의 유형
- 관찰의 기록방법

3 면담
- 구조화 정도에 따른 유형
  - 비구조화 면담
  - 반구조화 면담
  - 구조화 면담
- 피면담자에 따른 유형
- 기타 유형
- 면담의 장단점

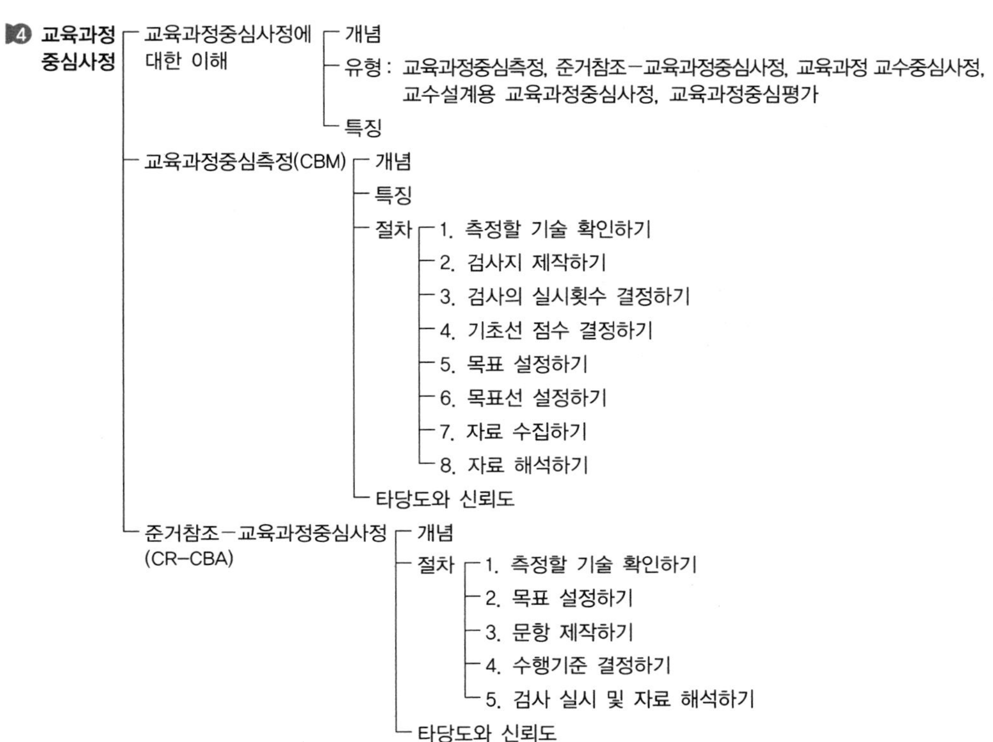
4 교육과정 중심사정
교육과정중심사정에 대한 이해
개념
유형 : 교육과정중심측정, 준거참조-교육과정중심사정, 교육과정 교수중심사정, 교수설계용 교육과정중심사정, 교육과정중심평가
특징
교육과정중심측정(CBM)
개념
특징
절차
1. 측정할 기술 확인하기
2. 검사지 제작하기
3. 검사의 실시횟수 결정하기
4. 기초선 점수 결정하기
5. 목표 설정하기
6. 목표선 설정하기
7. 자료 수집하기
8. 자료 해석하기
타당도와 신뢰도
준거참조-교육과정중심사정 (CR-CBA)
개념
절차
1. 측정할 기술 확인하기
2. 목표 설정하기
3. 문항 제작하기
4. 수행기준 결정하기
5. 검사 실시 및 자료 해석하기
타당도와 신뢰도

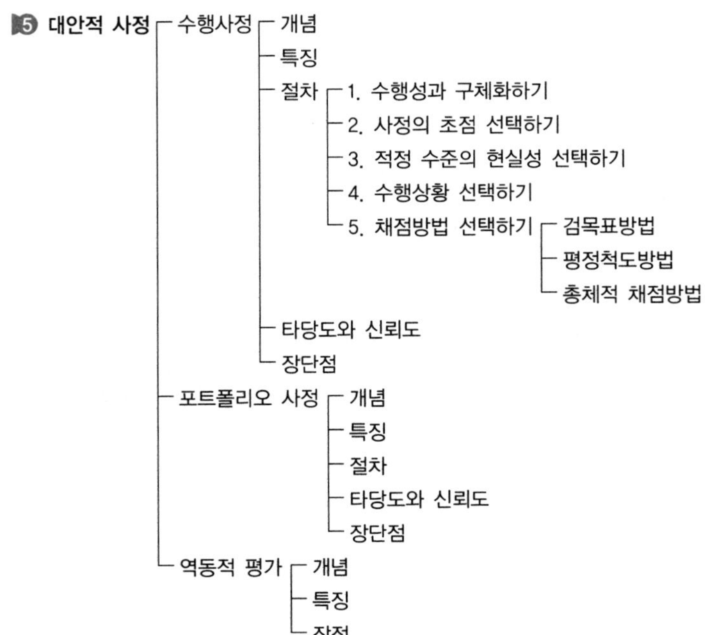
5 대안적 사정
수행사정
개념
특징
절차
1. 수행성과 구체화하기
2. 사정의 초점 선택하기
3. 적정 수준의 현실성 선택하기
4. 수행상황 선택하기
5. 채점방법 선택하기
검목표방법
평정척도방법
총체적 채점방법
타당도와 신뢰도
장단점
포트폴리오 사정
개념
특징
절차
타당도와 신뢰도
장단점
역동적 평가
개념
특징
장점

PART 03

특수교육평가 Mind Map

Chapter 3 검사도구의 이해

1 기본개념
- 척도
  - 개념
  - 종류
- 변인
- 분포 — 정규분포
- 상관

2 표준화검사의 이해
- 표준화검사의 개념
- 생활연령
- 기저점과 최고한계점
- 결과 산출을 위한 점수 유형
  - 원점수
  - 변환점수
    - 백분율점수
    - 유도점수
      - 발달점수
      - 상대적 위치점수
- 기타
  - 신뢰수준
  - 신뢰구간

3 타당도와 신뢰도
- 타당도
  - 개념
  - 종류 : 내용타당도, 준거타당도(공인타당도, 예언타당도), 구인타당도
- 신뢰도
  - 개념
  - 종류
  - 신뢰도 계수
- 타당도와 신뢰도의 관계

Chapter 4 지능 영역 진단 · 평가도구

1 한국 웩슬러 아동지능검사-4판(K-WISC-Ⅳ)
- 목적 및 대상
- 검사도구의 구성
- 결과 및 해석

2 한국 웩슬러 아동지능검사-5판(K-WISC-Ⅴ)
- 검사 체계
  - 전체척도 수준
  - 기본지표척도 수준 : 언어이해, 시공간, 유동추론 작업기억, 처리속도
  - 추가지표척도 수준
- 소검사 내용 및 범주
  - 소검사 내용
  - 소검사 범주
- 소검사의 실시
- 결과 및 해석
- 특별한 도움이 필요한 아동의 검사

③ 한국판 웩슬러 유아지능검사-4판(K-WPPSI-Ⅳ)
- 목적 및 대상
- 검사도구의 구성
- 결과 및 해석

④ 한국판 카우프만 지능검사 2판(KABC-Ⅱ)
- 목적 및 대상
- 이론적 모델 및 특징
- 검사도구의 구성
- 검사의 실시
- 결과 및 해석

Chapter 5 적응행동 영역 진단 · 평가도구

① 국립특수교육원 적응행동검사(KNISE-SAB)
- 목적 및 대상
- 검사도구의 특징
- 검사도구의 구성
- 결과 및 해석

② 국립특수교육원 적응행동검사(NISE-K · ABS)
- 목적 및 대상
- 검사도구의 구성
- 결과 및 해석

③ 지역사회적응검사 2판(CISA-2)
- 목적 및 대상
- 검사도구의 구성
- 검사의 실시
- 결과 및 해석

④ 한국판 적응행동검사(K-SIB-R)
- 목적 및 대상
- 검사도구의 구성
  - 독립적 적응행동
  - 문제행동
- 결과 및 해석

⑤ 사회성숙도검사(SMS)
- 목적 및 대상
- 검사도구의 구성: 자조, 이동, 작업, 의사소통, 자기관리, 사회화
- 검사의 실시
- 결과 및 해석: 원점수, 사회연령, 사회지수

6 한국판 바인랜드 적응행동척도 2판(K-Vineland-Ⅱ)
- 목적 및 대상
- 검사도구의 구성
- 기저점과 천정점
- K-Vineland-Ⅱ에서 사용되는 여러 가지 환산점수
- 결과 및 해석

Chapter 6 학습 영역 진단 · 평가도구

1 국립특수교육원 기초학력검사(KNISE-BAAT)
- 목적 및 대상
- 검사도구의 구성: 읽기, 쓰기, 수학
- 검사의 실시
- 결과 및 해석: 환산점수, 백분위점수, 학력지수, 학년규준

2 국립특수교육원 기초학습능력검사(NISE-B · ACT)
- 목적 및 대상
- 검사도구의 특징
- 검사도구의 구성: 읽기, 쓰기, 수학
- 검사의 실시
- 결과 및 해석: 표준점수(환산점수), 백분위점수, 학력지수, 학년규준

3 기초학습기능검사
- 목적 및 대상
- 검사도구의 특징
- 검사도구의 구성: 정보처리 기능, 언어 기능, 수 기능
- 결과 및 해석

4 기초학습기능 수행평가체제(BASA)
- 목적 및 대상
- 검사도구의 특징
- 검사도구의 구성
- 개별화교육계획 및 그래프의 작성
  - 기초선 설정 - 기초평가의 실시
  - 목표 세우기
  - 형성평가 실시
  - 검사점수를 활용한 진전도 분석방법
- 결과 및 해석

Chapter 7 정서 · 행동 영역 진단 · 평가도구

1 ASEBA 한국판 유아 행동평가척도(CBCL 1.5-5)
- 목적 및 대상
- 검사도구의 구성
  - CBCL 1.5-5
  - C-TRF
- 결과 및 해석

2 ASEBA 한국판 아동 · 청소년 행동평가척도(CBCL 6-18)
- 목적 및 대상
- 검사도구의 특징
- 검사도구의 구성
  - 문제행동척도
  - 적응척도
- 결과 및 해석: 하위척도별 백분위점수, T점수

3 한국판 정서행동문제 검사(K-SEAD)
- 목적 및 대상
- 검사도구의 구성
- 점수의 해석 및 심각도의 판정
- 결과 및 해석

4 한국판 정서-행동 평가시스템(K-BASC-2)
- 목적 및 대상
- 검사도구의 구성
  - 보고자 유형별, 연령대별 구성
  - 교사보고형 검사의 구성
- 결과 및 해석

Chapter 8 자폐성장애 영역 진단 · 평가도구

1 한국판 아동기 자폐 평정척도 2판(K-CARS2)
- 목적 및 대상
- 검사도구의 특징
- 검사도구의 구성
  - 표준형 평가지
  - 고기능형 평가지
  - 부모/양육자 질문지
- K-CARS2-ST와 K-CARS2-HF 점수 해석
- 결과 및 해석

2 한국 자폐증 진단검사(K-ADS)
- 목적 및 대상
- 검사도구의 구성
- 검사의 실시
- 결과 및 해석

3 이화-자폐아동 행동발달 평가도구(E-CLAC)
- 목적 및 대상
- 검사도구의 구성
- 결과 및 해석

PART 03

특수교육평가 Mind Map

Chapter 9 언어 및 의사소통 영역 진단 · 평가도구

1 우리말 조음 · 음운평가(U-TAP)
- 목적 및 대상
- 검사의 구성
- 검사의 실시
  - 그림낱말검사
  - 그림문장검사
  - 오류분석 기록하기
- 결과 및 해석

2 취학전 아동의 수용언어 및 표현언어 발달척도(PRES)
- 목적 및 대상
- 검사도구의 구성
- 검사의 실시
- 결과 및 해석

3 구문의미 이해력검사(KOSECT)
- 목적 및 대상
- 검사도구의 구성
- 검사의 실시
- 검사점수의 처리
- 결과 및 해석

Chapter 10 운동 및 지각 영역 진단 · 평가도구

1 한국판 오세레츠키 운동능력검사
- 목적 및 대상
- 검사도구의 구성 및 실시
- 결과 및 해석

2 한국판 아동 시지각발달검사 (K-DTVP-3)
- 목적 및 대상
- 검사도구의 구성
- 종합척도지수
  - 시각-운동 통합(VMI) 지수
  - 운동축소-시지각(MRVP) 지수
  - 일반시지각(GVP) 지수
- 결과 및 해석

Chapter 11 아동발달 영역 진단 · 평가도구

1 한국판 DIAL-3(K-DIAL-3)
- 목적 및 대상
- 검사도구의 구성
- 검사의 실시
- 결과 및 해석

Chapter

01 진단 및 평가의 개념

01 특수교육대상자의 판별 · 배치 과정

특수교육대상자로 판별 · 배치되기 위해서는 다음과 같은 법률이 정하는 절차를 따라야 한다. 09초특 · 중특, 10유특, 16유특

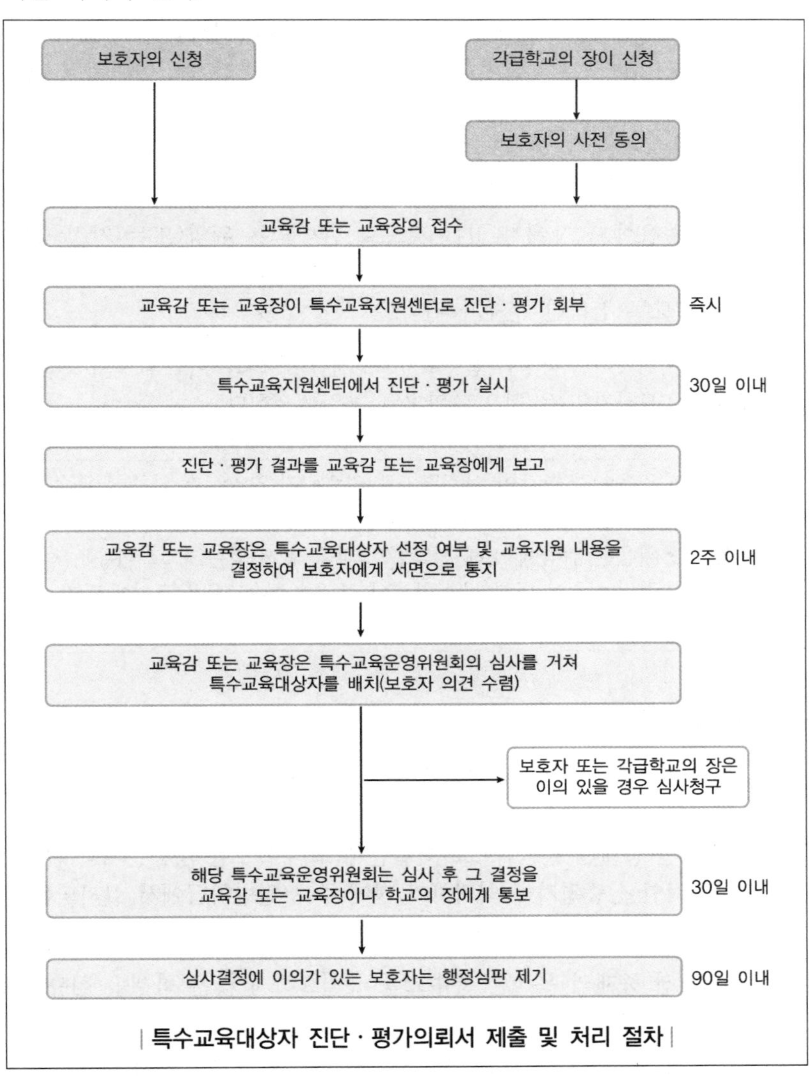

| 특수교육대상자 진단 · 평가의뢰서 제출 및 처리 절차 |

1. 선별

(1) 개념 25유특

① 선별이란 심층평가가 필요한 학생을 식별해 내는 과정이라고 할 수 있다.

㉠ 보호자의 신청, 각급 학교의 장이 교육감 혹은 교육장에게 신청하기 이전에 이루어지는 장애학생을 최초로 확인하는 평가 과정의 첫 단계이다.

㉡ 선별은 보다 전문적인 장애진단이 필요한지를 결정하는 과정으로 학생의 현재 및 과거의 행동을 대략적으로 평가하여 전형적인 발달 범위 내에 들어가지 않는 학생을 확인하는 것을 목적으로 한다.

② 선별 과정을 거친 학생들 가운데 대부분은 후속검사를 받지 않기 때문에, 선별 절차에서는 후속평가가 필요한 학생들이 적절히 판별될 수 있도록 유의하여야 한다.

(2) 선별검사의 오류 유형 13유특, 15유특, 23유특, 25중특

이상이 없음에도 장애가 있는 것으로 판별되는 위양(또는 거짓 긍정)과 학습문제가 있는 학생이 선별 과정에서 누락되는 위음(또는 거짓 부정), 두 가지 모두 심각한 문제가 된다.

위양	• 위양이란 학생이 심층평가(즉, 진단)로 의뢰되었으나 특수교육이 필요하지 않은 것으로 판별된 경우를 말한다. • 선별에서 학생을 특수교육이 필요한 학생으로 잘못 판단한 것이다.
위음	• 위음이란 학생이 심층평가로 의뢰되지 않았는데 나중에 특수교육이 필요한 학생으로 확인되는 경우이다. • 위음은 위양에 비해 심각한 결과를 낳게 되는데, 그 이유는 선별 과정의 실수로 인해 해당 학생이 필요한 특수교육을 조기에 받지 못하는 불이익을 당하게 되기 때문이다.

(3) 의뢰 전 중재 16유특, 25중특

선별에 의해 또는 부모나 교사에 의해 심층평가로 의뢰하기 전에 그 학생에게 의뢰 전 중재가 제공될 수 있다.

① 의뢰 전 중재란 일반적으로 학습문제 그리고/또는 행동문제와 관련하여 공식적인 심층평가에 의뢰하기 전에 주로 일반학급에서 실시되는 비공식적 문제해결 과정이다.

② 의뢰 전 중재의 목적은 특수교육이 필요하지 않은 학생을 심층평가에 의뢰하는 위양을 줄이는 데 목적이 있다.

- 의뢰 전 중재를 통하여 개별 학생의 필요에 따른 적절한 교육을 제공할 수 있으며, 특수교육대상자의 과잉진단을 예방할 수 있다.

위음
동 음성오류, 부적 오류, 거짓 부정, false negative

의뢰 전 중재
유치원 혹은 초등학교의 일반학급에 배치된 장애가 의심되는 아동에 대하여 공식적인 진단과 평가를 의뢰한 경우, 그 결과에 따라 다양한 특수교육 지원이 결정될 때까지 해당 아동의 교육 결손을 방지하기 위하여 일반교사와 특수교사가 협력하여 일반학급 내에서 아동에게 필요한 교육 욕구를 충족시켜 주는 협력적 교육 절차이다. 따라서 의뢰 전 중재는 아동을 가급적 일반학급에서 지속적으로 적절한 교육을 함으로써 통합교육의 이념을 실천하고자 하는 것과 밀접한 관계가 있다. 의뢰 전 중재를 통하여 일반학급 교사는 장애학생에 대한 이해와 지도 능력을 향상시킬 수 있는 장점이 있다. 의뢰 전 중재가 성공하기 위해서는 일반교사와 특수교사 간의 밀접한 상호 협력이 지속적으로 이루어져야 한다(특수교육학 용어사전).

Tip
의뢰 전 중재는 우리나라의 「장애인 등에 대한 특수교육법」에 의해 심층평가의 선행조건으로 요구되는 절차는 아니다.

비교
의뢰 전 중재의 목적
의뢰 전 중재란 공식적인 평가 단계로 아동을 의뢰하기 전에 일반학급 내에서 학습이나 행동문제를 보이는 아동을 도와주기 위한 절차이다. 교사는 장애가 의심되는 아동에 대한 의뢰 전 중재를 통하여 개별 아동의 필요에 따른 적절한 교육을 제공할 수 있으며 특수교육대상자의 과잉진단을 예방할 수 있을 것이다(이소현 외, 2011).

2. 진단 09초특

(1) 개념

① 어떤 상태의 특성과 원인을 파악하는 과정이라고 할 수 있다.

- 학생이 장애를 가지고 있는지, 만약 그렇다면 그 장애의 원인은 무엇인지에 대한 결정을 하게 된다.

② 진단에서는 특정 장애의 유무뿐만 아니라 그 장애의 원인을 파악하는 것도 중요하다. 적절한 중재나 교육 프로그램의 계획을 위한 유익한 정보를 제공하기 때문이다.

③ 「장애인 등에 대한 특수교육법 시행규칙」 제2조 제1항 관련 별표(특수교육대상자 선별검사 및 진단ㆍ평가 영역)에는 다양한 검사도구를 통한 자료의 수집을 규정하고 있다.

특수교육대상자 선별검사 및 진단ㆍ평가 영역 11초특, 13중특, 21중특

구분		영역
장애 조기 발견을 위한 선별검사		1. 사회성숙도검사 2. 적응행동검사 3. 영유아발달검사
진단ㆍ평가 영역	시각장애ㆍ청각장애 및 지체장애	1. 기초학습기능검사 2. 시력검사 3. 시기능검사 및 촉기능검사(시각장애의 경우에 한함) 4. 청력검사(청각장애의 경우에 한함)
	지적장애	1. 지능검사 2. 사회성숙도검사 3. 적응행동검사 4. 기초학습검사 5. 운동능력검사
	정서ㆍ행동장애 자폐성장애	1. 적응행동검사 2. 성격진단검사 3. 행동발달평가 4. 학습준비도검사
	의사소통장애	1. 구문검사 2. 음운검사 3. 언어발달검사
	학습장애	1. 지능검사 2. 기초학습기능검사 3. 학습준비도검사 4. 시지각발달검사 5. 지각운동발달검사 6. 시각운동통합발달검사

선별검사와 진단검사의 비교

구분	선별검사	진단검사
검사 목적	특수교육대상자로 의뢰될 수 있는 위험군 학생을 선별	특수교육대상자 적격성 여부를 결정, 구체적인 장애 유형을 확인
검사 대상	전체 집단 혹은 장애 위험군으로 선별될 수 있는 집단	선별 단계에서 의뢰된 개별 학생
검사도구 제작	상업용 표준화 검사도구와 교사에 의해서 제작된 검사도구 사용 가능	신뢰도와 타당도가 확보되지 않은 교사 제작 검사도구는 적합하지 않으며, 상업용 표준화 검사를 주로 사용함
검사 실시 시간	1~3분의 짧은 시간	30분 이상의 긴 검사시간
검사 비용	적은 검사 비용 소요	고가의 검사 비용 소요
검사 실시방법	간편한 검사방법으로 검사를 수행	검사 실시방법이 복잡하기 때문에 검사 매뉴얼을 충분히 숙지한 후 검사 실시
검사의 신뢰도와 타당도	신뢰도와 타당도가 우수함	신뢰도와 타당도가 우수함

출처 ▶ 여승수 외(2019)

(2) 장애진단

① 장애진단이란 학생에게 장애가 있는지(장애 유무), 장애가 있다면 어떤 유형의 장애가 있는지(장애 유형), 그리고 장애의 정도가 얼마나 심각한지(장애의 심각도)를 파악하는 과정이다.

- 장애진단은 종합적인 평가를 통하여 이루어지게 되는데, 장애나 발달 지체의 확인과 함께 그 정도와 특성도 알아보게 되며, 가능한 경우에는 원인도 밝히고, 학생이 지닌 문제가 발달에 어떤 영향을 미치는가에 대해서도 평가하게 된다.

② 장애진단에 필요한 정보는 면담이나 관찰 또는 공식적이고 표준화된 검사 등의 방법을 통해서 수집된다.

③ 장애진단에 의해 수집된 정보는 학생에 대한 특수교육 적격성을 판단하는 데 활용된다.

3. 적부성 09초특, 25유특

① 이 단계에서는 학생이 특수교육대상자로 적격한가를 결정하게 된다.

- 적부성이란 특수교육대상자로서의 적격성을 말한다.

② 진단과정에서 학생이 장애를 가진 것으로 판명되었다 하더라도 특수교육대상자로 반드시 선정되는 것은 아니다. 즉, 장애를 가졌어도 특수교육대상자로 선정이 되지 않을 수도 있다는 것을 의미한다.

- 특수교육대상자로 선정되기 위해서는 학생이 가진 장애의 유형과 정도가 「장애인 등에 대한 특수교육법」에 명시된 선정기준에 적합해야 한다.

4. 배치 및 프로그램 계획

(1) 배치

① 교육장 또는 교육감은 특수교육대상자로 선정된 자를 해당 특수교육운영위원회의 심사를 거쳐 일반학교의 일반학급, 일반학교의 특수학급, 특수학교 중 하나에 배치해야 한다.

② 특수교육대상자를 배치할 때에는 특수교육대상자의 장애정도·능력·보호자의 의견 등을 종합적으로 판단하여 거주지에서 가장 가까운 곳에 배치하여야 한다. 그리고 이 과정에서 특수교육대상자를 특수학급이 없는 일반학교의 일반학급에 배치한 경우에는 특수교육지원센터에 근무하는 특수교육교원에게 그 학교를 방문하여 학습을 지원하도록 하고 있다.

(2) 교육진단 15유특, 17유특

① 교육진단은 학생이 보이고 있는 학습 특성과 기술의 수준을 파악하고, 앞으로 반드시 습득해야 하는 학습 특성과 기술의 수준을 파악하는 과정이다.

② 교육 프로그램을 계획하기 위한 교육진단은 대상 학생이 자신의 자연적인 환경에서 어떻게 기능하고 있는지를 알기 위해서 정확한 강점과 요구 등을 평가하는 목적을 지닌다.

- 교육진단에서는 각 발달 영역의 기술 습득 정도, 강점, 요구 등이 반드시 평가되어야 한다.

③ 교육진단을 통해 수집한 자료에 근거하여 학생을 위한 개별적인 교육(또는 중재) 계획을 수립하고 실행에 옮긴다. 또 교육(또는 중재) 계획을 실행에 옮기는 과정에서 일정한 시간을 두고 정기적으로 학생의 진전 정도를 점검함으로써 계획의 수정 여부를 결정하게 된다.

- 장애진단이 특수교육의 필요성을 결정했다면 교육진단에서는 개별화된 교육이 계획되어야 한다.

판별

선별 및 평가 활동 이후에 의뢰한 서비스의 대상이 되는지를 결정하는 절차이다. 판별을 진단과 동일한 의미로 사용할 경우에는 장애의 명칭을 부여하는 결정이라고 할 수 있다. 「장애인 등에 대한 특수교육법」에서는 선정, 판정의 용어로 사용되고 있으며, 보호자나 각급 학교의 장이 장애를 가지고 있거나, 가지고 있다고 의심되는 아동을 보호자의 사전 동의를 거쳐 교육장 또는 교육감에게 판정을 의뢰한다. 이에 따라 특수교육지원센터에서는 진단평가를 실시하여 그 결과를 해당 영유아 및 보호자에게 통보하여야 한다. 교육장 또는 교육감은 「장애인 등에 대한 특수교육법」에 명시된 각 호의 어느 하나에 해당된 사람 중 특수교육을 필요로 하는 사람으로 진단·평가된 사람을 특수교육대상자로 선정하게 된다(특수교육학 용어사전, 2018).

비교

배치 및 프로그램 계획 순서

미국은 프로그램 계획, 배치의 순으로 이루어진다. 그러나 우리나라는 미국과 달리 학생이 해당 교육기관에 배치되고 난 후 해당 학교의 개별화교육지원팀에서 개별화교육계획을 작성한다.

장애진단과 교육진단의 차이점

적격성 판정을 위한 장애진단	프로그램 계획을 위한 교육진단
대상 아동을 집단과 비교한다.	아동의 발달 기술, 행동, 지식에 있어서의 현행 수준을 결정한다.
이미 정해진 항목이나 기술을 포함하고 있는 검사도구, 관찰, 점검표 등을 사용한다.	아동이 자신이 생활하고 있는 환경에서 기능하기 위해서 필요한 기술과 행동을 결정한다.
아동의 기술이나 행동이 정해진 수준 이하인지 결정한다.	아동의 가족과 주 양육자가 중요하다고 생각하는 기술, 행동, 지식을 결정한다.
대상 아동이 다른 아동들과 어떻게 다른지를 결정하기 위해서 계획된다.	아동의 개별적인 강점과 학습 양식을 결정하기 위해서 계획된다.
진단도구의 항목은 아동의 일상적인 생활 특성을 반영하지 않는다.	진단도구의 항목은 일반적인 준거참조 검사거나 아동의 일상적인 생활에서 중요한 기능적 기술에 초점을 맞춘다.

출처 ▶ 이소현(2020)

(3) 프로그램 계획

① 개별화교육지원팀의 구성

㉠ 특수교육대상자가 선정되고 각급 학교에 배치되면 개별화교육지원팀을 구성하고 이후의 과정을 진행하여야 한다.

㉡ 「장애인 등에 대한 특수교육법」에 명시되어 있는 개별화교육지원팀의 구성과 관련된 내용은 다음과 같다.

구성 책임자	해당 학교의 장
구성 기한	매 학년의 시작일로부터 2주 이내
구성원	• 보호자 • 특수교육교원 • 일반교육교원 • 진로 및 직업교육 담당 교원 • 특수교육 관련 서비스 담당 인력
담당 업무	개별화교육계획의 수립 및 개별화교육 실행

Tip
법에서는 1주와 7일을 구분하는 경우가 많으므로 2주, 30일을 각각 14일, 1개월과 동일시해서는 안 된다.

② 개별화교육계획

㉠ 개별화교육계획(IEP)이란 아동에게 어떤 교육 및 관련 서비스를 제공할 것인가에 대한 결정을 구체적으로 문서화한 것을 의미한다.

㉡ 「장애인 등에 대한 특수교육법」에 명시되어 있는 개별화교육계획의 구성 요소 및 관련 내용은 다음과 같다.

작성 책임자	개별화교육지원팀
작성 기한	• 매 학기의 시작일로부터 30일 이내 • 특수교육대상자가 다른 학교로 전학할 경우 또는 상급학교로 진학할 경우에 전출학교는 전입학교에 개별화교육계획을 14일 이내에 송부
구성 요소	• 특수교육대상자의 인적사항 • 특별한 교육지원이 필요한 영역의 현재 학습수행 수준 • 교육목표 • 교육내용 • 교육방법 • 평가계획 • 제공할 특수교육 관련 서비스의 내용과 방법

5. 평가 17유특

(1) 형성평가 09초특

① 형성평가란 교수·학습이 진행되는 과정에서 학생의 진전을 점검하고 필요한 경우 교과과정이나 수업방법을 개선시키기 위해 실시하는 평가라고 할 수 있다.

② 특수교육대상자에 대한 배치 및 개별화교육계획 작성이 이루어지고 이들에 대한 교수·학습이 시작되면 형성평가를 통해 학생이 적절한 진전을 보이고 있는가에 대한 결정을 해야 한다.

③ 형성평가는 일반적으로 학생의 교육에 직접 관여하는 교사들에 의해 실시되는데, 이때 교사들은 다양한 사정방법을 통해 자료를 수집하게 된다.

> **평가**
> 학생의 수행 혹은 교수전략 등에 대하여 양적·질적 측정과 가치판단을 포함하는 의사결정이다. 평가에 대한 개념은 문헌마다 조금씩 다르나, 양적 및 질적인 특성을 파악한 후 가치판단을 통하여 미래 방향을 설정해 주는 특징으로 설명된다(특수교육학 용어사전, 2018).

(2) 총괄평가 09초특

① 총괄평가란 일정 단위의 교육 프로그램이 실시된 후에 애초에 설정된 프로그램의 성공기준에 비추어 프로그램이 산출한 가치를 판단하기 위해 실시하는 평가를 말한다.

② IEP에 제시된 기간 동안 지속적인 형성평가와 함께 교수·학습이 이루어지고 나면, 이에 대한 종합적인 평가, 즉 총괄평가를 통해 학생이 제시된 기간 동안 IEP에 명시되어 있는 예상된 진전을 보였는지에 대한 결정을 해야 한다.

③ 총괄평가의 결과에 근거해 학생이 특수교육을 계속 받아야 할 필요가 있는지에 대한 결정을 하게 된다.

비교

「장애인 등에 대한 특수교육법」에 명시되어 있는 평가 관련 사항

- 「장애인 등에 대한 특수교육법」 제4조(차별의 금지)와 「장애인 등에 대한 특수교육법 시행규칙」 제4조(개별화교육지원팀의 구성 등) 그리고 「장애인차별금지 및 권리구제 등에 관한 법률」 제14조(정당한 편의제공 의무)의 규정에 따라 특수교육대상자가 학교단위 학업평가에 참여할 수 있도록 하며, 장애유형 및 특성을 고려한 평가의 실시를 통해 학업성취도 향상을 목적으로 장애학생 '학력평가제' 및 '평가조정제'를 실시하고 있다.
- 학교단위 평가 시 특수교육대상자가 평가에서 제외되지 않도록 하며, 장애유형에 따른 평가 조정 방안을 마련토록 하고 있다. 뿐만 아니라 학교별 학업성적관리위원회를 개최하여 학업성적관리규정에 특수교육대상자의 학업성취 평가 방법 및 학교생활기록부 기재방법 등을 명시하도록 하고 있다.

평가의 단계와 의사결정의 유형

단계	의사결정
선별	아동을 심층평가에 의뢰할 것인가를 결정
진단	아동이 장애를 가지고 있는가, 그렇다면 장애의 원인은 무엇인가를 결정
적부성	아동이 특수교육대상자로 적격한가를 결정
프로그램 계획 및 배치	아동에게 어떤 교육 및 관련서비스를 어디에서 제공할 것인가를 결정
형성평가	아동이 적절한 진전을 보이는가를 결정
총괄평가	아동이 예상된 진전을 보였는가를 결정

출처 ▶ 이승희(2019)

KORSET 합격 굳히기 특수교육대상자의 판별 관련 법률 조항

「장애인 등에 대한 특수교육법」 제16조(특수교육대상자의 선정절차 및 교육지원 내용의 결정)

① 특수교육지원센터는 진단·평가가 회부된 후 30일 이내에 진단·평가를 시행하여야 한다.

② 특수교육지원센터는 제1항에 따른 진단·평가를 통하여 특수교육대상자로의 선정 여부 및 필요한 교육지원 내용에 대한 최종의견을 작성하여 교육장 또는 교육감에게 보고하여야 한다.

③ 교육장 또는 교육감은 특수교육지원센터로부터 최종의견을 통지받은 때부터 2주일 이내에 특수교육대상자로의 선정 여부 및 제공할 교육지원 내용을 결정하여 부모 등 보호자에게 서면으로 통지하여야 한다. 교육지원 내용에는 특수교육, 진로 및 직업교육, 특수교육 관련서비스 등 구체적인 내용이 포함되어야 한다.

④ 제1항에 따른 진단·평가의 과정에서는 부모 등 보호자의 의견진술의 기회가 충분히 보장되어야 한다.

KORSET 합격 굳히기 특수교육대상자의 배치 관련 법률 조항

「장애인 등에 대한 특수교육법」 제17조(특수교육대상자의 배치 및 교육)

① 교육장 또는 교육감은 제15조에 따라 특수교육대상자로 선정된 자를 해당 특수교육운영위원회의 심사를 거쳐 다음 각 호의 어느 하나에 배치하여 교육하여야 한다.

1. 일반학교의 일반학급
2. 일반학교의 특수학급
3. 특수학교

② 교육장 또는 교육감은 제1항에 따라 특수교육대상자를 배치할 때에는 특수교육대상자의 장애정도·능력·보호자의 의견 등을 종합적으로 판단하여 거주지에서 가장 가까운 곳에 배치하여야 한다.

③ 교육감이 관할 구역 내에 거주하는 특수교육대상자를 다른 시·도에 소재하는 각급학교 등에 배치하고자 할 때에는 해당 시·도 교육감(국립학교의 경우에는 해당 학교의 장을 말한다)과 협의하여야 한다.

④ 제3항에 따라 특수교육대상자의 배치를 요구받은 교육감 또는 국립학교의 장은 대통령령으로 정하는 특별한 사유가 없으면 그 요구를 따라야 한다.

⑤ 제1항부터 제4항까지의 규정에 따른 특수교육대상자의 배치 등에 관하여 필요한 사항은 대통령령으로 정한다.

「장애인 등에 대한 특수교육법 시행령」 제11조(특수교육대상자의 학교 배치 등)

① 교육장 또는 교육감은 법 제17조 제1항에 따라 특수교육대상자를 학교에 배치할 때에는 해당 학교의 장과 특수교육대상자에게 각각 문서로 알려야 한다.

② 교육장 또는 교육감은 특수교육대상자를 일반학교의 일반학급에 배치한 경우에는 특수교육지원센터에서 근무하는 특수교육교원에게 그 학교를 방문하여 학습을 지원하도록 하여야 한다.

③ 각급학교의 장은 특수교육대상자에 대한 교육지원의 내용을 추가·변경 또는 종료하거나 특수교육대상자를 재배치할 필요가 있으면 법 제22조 제1항에 따른 개별화교육지원팀의 검토를 거쳐 교육장 및 교육감에게 그 특수교육대상자의 진단·평가 및 재배치를 요구할 수 있다.

「장애인 등에 대한 특수교육법 시행령」 제12조(배치에 대한 이의)

법 제17조 제4항에서 "대통령령으로 정하는 특별한 사유"란 해당 특수학교가 교육하는 특수교육대상자의 장애종류와 배치를 요구받은 특수교육대상자의 장애종류가 달라 효율적인 교육을 할 수 없는 경우를 말한다.

KORSET 합격 굳히기 **개별화교육 관련 법률 조항**

「장애인 등에 대한 특수교육법」 제22조(개별화교육)

① 각급학교의 장은 특수교육대상자의 교육적 요구에 적합한 교육을 제공하기 위하여 보호자, 특수교육교원, 일반교육교원, 진로 및 직업교육 담당 교원, 특수교육 관련서비스 담당 인력 등으로 개별화교육지원팀을 구성한다.

② 개별화교육지원팀은 매 학기마다 특수교육대상자에 대한 개별화교육계획을 작성하여야 한다.

③ 특수교육대상자가 다른 학교로 전학할 경우 또는 상급학교로 진학할 경우에는 전출학교는 전입학교에 개별화교육계획을 14일 이내에 송부하여야 한다.

④ 특수교육교원은 제1항부터 제3항까지의 규정에 따른 업무를 수행하기 위하여 각 업무를 지원하고 조정한다.

⑤ 제1항에 따른 개별화교육지원팀의 구성, 제2항에 따른 개별화교육계획의 수립·실시 등에 관하여 필요한 사항은 교육부령으로 정한다.

「장애인 등에 대한 특수교육법 시행규칙」 제4조(개별화교육지원팀의 구성 등)

① 각급학교의 장은 법 제22조 제1항에 따라 매 학년의 시작일부터 2주 이내에 각각의 특수교육대상자에 대한 개별화교육지원팀을 구성하여야 한다.

② 개별화교육지원팀은 매 학기의 시작일부터 30일 이내에 개별화교육계획을 작성하여야 한다.

③ 개별화교육계획에는 특수교육대상자의 인적사항과 특별한 교육지원이 필요한 영역의 현재 학습수행수준, 교육목표, 교육내용, 교육방법, 평가계획 및 제공할 특수교육 관련서비스의 내용과 방법 등이 포함되어야 한다.

④ 각급학교의 장은 매 학기마다 개별화교육계획에 따른 각각의 특수교육대상자의 학업성취도 평가를 실시하고, 그 결과를 특수교육대상자 또는 그 보호자에게 통보하여야 한다.

02 사정방법의 분류

1. 공식적 사정과 비공식적 사정

① 공식적 사정이란 실시·채점·해석에 대한 명확한 지침을 가지고 자료를 수집하는 방법(예 규준참조검사와 같은 표준화검사)을 말한다.

- 아동의 진전에 대한 종합적인 평가인 총괄평가에서는 공식적 사정이 주로 요구된다.

② 비공식적 사정은 실시·채점·해석에 대한 엄격한 지침 없이 자료를 수집하는 방법(예 교사제작 준거참조검사, 관찰, 면담 등)을 의미한다.

- 아동의 진전에 대해 지속적으로 평가하는 형성평가는 비공식적 사정에 주로 의존한다.

2. 전통적 사정과 대안적 사정

① 전통적 사정이란 표준화검사 혹은 선다형중심의 지필검사를 통하여 아동의 성취 수준, 능력, 잠재력 등에 대한 자료를 수집하는 것을 말한다.

② 대안적 사정은 전통적 사정방법을 지양하는 일련의 사정 방법을 총칭하는 용어이다.

㉠ 대표적인 예로는 수행사정과 포트폴리오 사정을 들 수 있다.

㉡ 최근에는 대안적 사정을 전통적 사정에 반하기보다는 전통적 사정에 대한 보완적·대용적 의미로 받아들이고 있다.

3. 정규사정과 대체사정

① 정규사정이란 통상적으로 실시되는 일반적 사정을 말한다.

② 대체사정은 조정에도 불구하고 정규사정에 참여할 수 없는 소수의 특수아동을 위해 고안된 사정을 말한다.

사정

교육적 의사결정에 필요한 자료를 수집하고 평가하는 과정이다. 즉, 자료를 수집하고 분석하며 종합하는 지속적인 과정을 거쳐 문제를 명확하게 해결하는 방법이다. 사정은 서비스 계획을 수립하는 데 필요한 의사결정 과정이며, 인지적 사고과정이라고 할 수 있다. 사정 방법은 검사, 관찰, 면접, 교육과정중심사정, 수행사정, 포트폴리오 사정 등을 포함한다(특수교육학 용어사전, 2018).

Tip

사정(assessment)과 평가(evaluation)는 서로 구분되는 개념이지만 많은 경우 혼용되고 있다.

자료

표준화검사

자세한 내용은 'Chapter 03. 검사도구의 이해' 참조

Tip

'공식적(formal)'과 '형식적', '비공식적(informal)'과 '비형식적'은 번역상의 차이이다.

비교

형식적 평가와 비형식적 평가

- 형식적 평가: 표준화된 검사도구를 사용하여 개인의 성취를 특정한 전체 집단의 성취와 비교하기 위한 목적으로 사용된다. 이러한 이유로 인하여 형식적 평가에 포함되는 검사들은 일반적으로 표준화검사와 규준참조검사의 특성을 갖고 있다.
- 비형식적 평가: 개인의 점수를 특정한 집단과 비교하기 위한 주된 목적을 갖고 있지 않다는 점에서 형식적 평가와 다르다. 대신 비형식적 평가는 특정한 교육적 목적에 도달했는지 여부를 확인하기 위한 목적으로 사용된다. 이러한 특성을 지닌 비형식적 평가의 대표적인 검사는 준거참조검사이다.

Chapter

02 사정 방법

01 검사

1. 검사의 개념

검사란 사전에 결정된 반응 유형을 요구하는 일련의 질문이나 과제를 통하여 점수 또는 다른 형태의 수량적 자료를 수집하는 방법이라고 할 수 있다.

2. 검사의 유형

(1) 규준참조검사 13중특, 19초특, 20중특

① 규준참조검사란 검사를 이미 받은 규준집단의 점수 분포인 규준에 검사하고자 하는 개인의 점수를 비교함으로써 집단 내 상대적 위치에 대한 정보를 알고자 하는 검사로 상대평가 또는 상대비교평가라고도 한다.

- 특수교육에서는 주로 장애진단을 목적으로 많이 사용된다.

② 규준은 또래집단 내 학생의 상대적 위치에 대한 정보를 제공하기 위하여 학생의 점수를 비교하는 근거가 되므로 규준집단의 양호성은 규준참조검사에서 매우 중요한 요소라고 할 수 있다. 규준집단의 양호성은 대표성, 크기, 적절성의 세 가지 요인과 관련해서 평가할 것을 권유하고 있다.

㉠ 대표성: 규준집단이 검사 대상 집단의 특성을 얼마나 잘 대표하는가를 말하는데, 이러한 특성에는 성, 연령, 사회·경제적 지위, 지역 등이 있다.

㉡ 크기: 규준집단에 포함된 사례 수를 의미한다.

㉢ 적절성(relevance): 검사를 받은 학생에 대한 규준집단의 적용 가능성을 말하며, 학생에게 검사를 실시하는 목적에 따라 필요한 규준의 유형(국가단위 규준 또는 지역단위 규준)이 다를 수 있다.

규준

규준이란 규준집단의 점수 분포라고 할 수 있다. 규준집단은 모집단에서 선정된 표본을 말하는데, 한 검사의 규준이 적절한지의 여부는 규준집단이 모집단을 얼마나 잘 대표하는가로 판단된다. 규준에는 국가단위 규준이나 지역단위 규준 등 여러 가지 유형이 있다. 예를 들어, 지능검사를 개발할 경우, 먼저 검사지를 만들고 여러 가지 요인들을 고려해서 표집한 아동들에게 그 검사를 실시한다. 여기에서 여러 가지 요인들을 고려해서 표집한다는 것은 모든 연령의 아동들에게 검사를 실시하는 것이 불가능하므로 성, 연령, 사회·경제적 지위, 지역 등을 고려하여 표본을 선정하는 것을 말한다. 이렇게 선정된 표본을 대상으로 검사를 실시해 얻은 점수를 이용해서 일종의 점수표를 만들어 지능검사에 포함시켜 놓았다면, 이후에 이 지능검사를 받은 개인의 점수는 이 점수와 비교된다. 이때, 이 지능검사를 실시한 집단을 규준집단이라 하고, 이 규준집단에 검사를 실시해 얻은 점수들을 이용해서 만든 점수표를 규준이라고 한다(특수교육학 용어사전, 2018).

Tip

규준은 검사의 타당도 및 신뢰도와는 필연적인 관계는 없다(이승희, 2019).

자료

규준참조검사의 장단점

장점	• 광범위한 영역의 지식 혹은 기능 평가 가능 • 개인차 변별
단점	• 상대적 위치 정보만 제공하여 교수 프로그램 구안에 대한 정보를 얻기가 어려움 • 낮은 성적을 받는 학생들이 반드시 존재함 • 경쟁을 심화시킬 수 있음

출처 ▶ 황정규 외(2020)

(2) 준거참조검사 13유특(추시), 19초특

① 준거참조검사란 사전에 설정된 숙달 수준인 준거에 학생의 점수를 비교함으로써 특정 지식이나 기술에 있어서의 학생의 수준에 대한 정보를 제공하는 검사로 절대평가라고도 한다.

- 피험자가 사전에 설정된 성취 기준에 도달했는지에 대한 정보를 제공하는 검사이다.

② 다른 학생들의 규준 점수와 비교하는 규준참조검사와는 달리, 어떤 준거참조검사의 학생 점수를 이미 결정된 준거 또는 숙련도와 비교한다.

규준참조검사와 준거참조검사 비교

구분	규준참조검사	준거참조검사
비교 대상	피검자의 수행을 그 검사를 받는 또래 아동들의 수준인 규준과 비교	사전에 설정된 숙달 수준인 준거와 비교
정보	또래집단 내 아동의 상대적 위치	특정 지식이나 기술에 있어서의 아동의 수준에 대한 정보
이용도	선별, 진단, 적격성, 그리고 배치와 관련된 의사결정	교육 프로그램 계획, 형성평가, 총괄평가
내용 범위	광범위한 영역의 각 영역당 소수의 문항	좁은 영역을 다루면서 각 영역당 더 많은 수의 문항을 포함
난이도	매우 쉬운 문항에서부터 매우 어려운 문항까지 다양하게 제작하여 쉬운 문항부터 난이도 순으로 배열	문항 간 난이도가 거의 동등

PART 03

자료

준거참조검사의 장단점

장점	• 학습성과(목표)에 부합되는 평가 • 경쟁 완화
단점	• 학습성과(목표)를 명료화하고, 수행 표준을 설정하기가 어려움 • 일반적인 지식이나 기능 측정 곤란

출처 ▶ 황정규 외(2020)

02 관찰

1. 관찰의 개념

관찰이란 일반적으로 일상적인 상황에서 자연스럽게 나타나는 학생의 행동을 기술 또는 기록함으로써 특정 현상에 대한 객관적인 자료를 수집하는 방법으로 정의된다.

2. 관찰의 유형

관찰 대상자와 상황에 대한 통제 정도	통제적 관찰	장면이나 조건이 통제된 상태에서 이루어지는 관찰
	비통제적 관찰	관찰 장면을 조작하거나 어떤 특별한 자극을 인위적으로 주지 않고, 자연적 관찰 장면에서 발생하는 행동과 사건을 있는 그대로 관찰하는 방법
관찰자의 관찰 상황에 대한 개입 여부	참여 관찰	관찰자가 피관찰자의 행동에 일체의 통제도 가하지 않고, 관찰자가 피관찰자와 함께 현장에서 지내면서 그들의 일상적이고 자연스러운 행동을 관찰하는 방법
	비참여 관찰	외부인으로서 관찰 장면에만 임할 뿐 피관찰자의 활동에는 직접적으로 참여하지 않는 관찰방법

3. 관찰의 기록방법 13중특

Tip
관찰의 기록방법은 'Part 01. 행동지원'에서 다룬 내용과 동일하다.

관찰의 기록방법은 서술기록, 시간표집, 사건기록, 그리고 평정기록의 네 가지 종류로 나눌 수 있으며 각 종류는 다시 몇 개의 유형으로 분류된다.

① 서술기록: 특정 사건이나 행동을 있는 그대로 사실적으로 묘사하는 방법으로 일화기록이 대표적이다.

② 시간표집 기록: 전체 간격 기록법, 부분 간격 기록법, 순간표집기록법 등이 있다.

③ 사건기록: 학생의 행동을 관찰하는 시간 동안 관찰하고자 하는 행동 발생을 기록하는 방법으로 행동의 빈도, 강도, 지속시간, 지연시간으로 구분하여 기록할 수 있다.

④ 평정기록: 관찰대상의 행동을 관찰한 후 사전에 준비된 평정수단(범주, 척도, 또는 검목표)을 이용하여 행동의 특성, 정도, 또는 유무를 판단해 기록하는 방법이다.

4. 관찰의 장단점

장점	• 학생의 전형적인 행동을 관찰할 수 있다. • 공식적인 검사 상황에서 발견되지 않는 여러 가지 중요한 기술(예 상호작용, 의사소통, 부적절한 행동)을 진단할 수 있다. – 관찰은 의도적인 상황에서 보다 더 폭넓은 관련 행동들을 관찰할 수 있다. • 행동과 행동이 발생하는 상황 간의 연속적인 관계에 대하여 알 수 있다.
단점	• 관찰 시점에 그 행동이 발생하지 않을 수 있다.

03 면담

1. 면담의 개념

면담은 면담자와 피면담자 간의 면대면 대화를 통해 일련의 질문에 대한 반응을 기록함으로써 자료를 수집하는 방법이라고 할 수 있다.

2. 면담의 유형

(1) 구조화 정도에 따른 유형

면담은 질문이 제시되는 방식의 구조화 정도에 따라 비구조화 면담, 구조화 면담 그리고 그 중간의 반구조화 면담으로 분류될 수 있다.

> Tip
> 일반적으로 면담의 유형을 묻는 문제는 구조화 정도에 따른 유형에 관한 것이다.

① 비구조화 면담 24유특

개념	• 비구조화 면담이란 특정한 지침 없이 면담자가 많은 재량을 가지고 융통성 있게 질문을 해나가는 면담 방법이다. • 아무런 준비 없이 면담이 이루어지는 것은 아니며 면담 목적과 대상자를 고려하여 미리 약술된 주제를 설정해 놓는 등의 사전 계획이 필요하다.
특성	• 반구조화 면담이나 구조화 면담에 앞서 전반적인 문제 확인에 유용하다. • 특정 영역을 심층적으로 다루고자 할 때나 아동의 문제가 즉각적인 의사결정을 필요로 할 만큼 심각한 상태일 때 선호된다. • 면담 주제를 중심으로 자유롭게 대화하면서 심층적인 정보를 수집한다.
장점	• 면담 대상자와 교사가 편안한 면담 분위기에서 친숙한 관계를 형성할 수 있다. • 면담 중 부모의 요구에 민감하게 반응하여 다양한 혹은 확장된 정보를 얻을 수 있다.
단점 (제한점)	• 교사의 능숙한 면담 실행 기술이 요구된다.

출처 ▶ 이소현(2020), 이승희(2019). 내용 요약정리

② 반구조화 면담

개념	• 반구조화 면담은 미리 준비된 질문목록을 사용하되 응답 내용에 따라 필요한 추가 질문을 하거나 질문 순서를 바꾸기도 하면서 질문을 해나가는 면담 방법이다.
특성	• 특정 심리적 관심사나 신체적 문제에 대한 자세한 정보를 얻고자 할 때 유용하다. • 준비된 질문 항목을 중심으로 면담 대상자의 응답에 따라 질문을 변화시켜 가면서 정보를 수집한다.
장점	• 면담 대상자의 응답에 따라 질문을 변화시킬 수 있다. • 면담 중 부모의 요구에 민감하게 반응하여 다양한 혹은 확장된 정보를 얻을 수 있다. • 응답자의 응답 내용에 따라 보다 구체적인 정보를 탐색할 수 있다.
단점 (제한점)	• 원하는 정보를 얻기 위해 구조화 면담보다 많은 시간이 소요된다.

출처 ▶ 이소현(2020), 이승희(2019). 내용 요약정리

③ 구조화 면담

개념	• 구조화 면담은 미리 준비된 질문목록 순서에 따라 정확하게 질문을 해나가는 면담 방법이다. – 면대면 면담 외에도 질문지나 평정척도를 사용하여 정보를 획득할 수도 있다.
특성	• 정신의학적 진단을 내리거나 연구를 위한 자료를 얻고자 할 때 유용하다. • 진단 대상자에 관한 특정 정보를 수집한다.
장점	• 질문의 항목이 미리 결정되어 있으므로 수량화가 가능하다. • 정해진 질문을 순서대로 진행하기 때문에 초임교사도 쉽게 실행할 수 있다. • 필요한 정보를 제한된 시간에 수집할 수 있어 효율적이다.
단점 (제한점)	• 부모 및 가족이 면담 상황을 부담스럽게 인식할 수 있다. • 피면담자가 표현하고자 하는 문제나 피면담자의 필요, 우선순위 등을 간과할 우려가 있다.

출처 ▶ 이소현(2020), 이승희(2019). 내용 요약정리

(2) 피면담자에 따른 유형

면담에서는 아동 자신뿐만 아니라 아동과 관련된 사람들을 대상으로 아동에 대한 정보를 수집하게 된다. 아동, 부모, 교사 면담 시 유의사항은 다음과 같다.

유형	설명
아동 면담	• 아동의 나이, 인지발달 수준, 자기 자신 표현능력, 집중력 등을 고려 • 면담장소나 면담자가 생소할 경우 면담과정에서 나타나는 아동들의 행동이 그들의 일상적인 행동이 아닐 수도 있음을 고려
부모 면담	• 아동의 성격이나 기질에 대한 정보보다는 아동의 몸무게, 키, 건강 등에 대한 정보가 더 정확 • 정의가 덜 명확한 증상(예 아동의 활동 수준, 감정 상태, 사회관계 등)보다는 명확히 분리되는 증상(예 악몽, 말더듬, 훔치기, 성질부리기 등)에 대한 기억이 더 정확 • 아동의 발달에 대해서 아버지보다는 어머니가 일반적으로 더 신뢰로운 정보 제공
교사 면담	교사를 대상으로 면담을 실시할 경우 면담자의 역할은 다음과 같다. • 아동의 문제행동에 대한 책임감으로 유발될 수 있는 교사의 불안 완화 • 아동들의 문제는 다양한 요인들로부터 야기되는 경향이 있음을 교사에게 알려줌 • 평가결과가 나올 시기를 교사에게 말해줌 • 중재와 관련된 제안사항이 있는지 교사에게 질문

(3) 기타 유형

분류 기준	유형
피면담자의 수	개인면담, 집단면담
면대면 접촉 여부	직접면담, 간접면담
면담자와 피면담자의 역할	집중면담, 비지시적 면담
기능	진단적 면담, 처치적 면담, 연구를 위한 면담
응답의 기술	자유기술식 면담, 선택형식 면담
접촉시간	단시간 면담, 장시간 면담

3. 면담의 장단점

(1) 장점

① 면담은 자연스럽고 인위적이지 않으며 융통성이 있다. 질문의 유형도 변화시킬 수 있으며 불분명한 점을 다시 물어볼 수 있다.

② 일관성이 없거나 모호한 부분은 다시 물어볼 수 있기 때문에 철저하게 조사할 수 있다.

③ 면담은 어린 아동이나 글을 모르는 피면담자를 대상으로도 정보를 얻는 데 유용하다.

④ 제3자의 개입을 막을 수 있고 본인의 의견을 직접 들을 수 있다.

(2) 단점

① 면담은 시간과 비용이 많이 들고 일시에 많은 대상에게 실시하기 어렵다.

② 비교적 비구조적이고 융통성을 지닌 방법이기 때문에 반응자의 질문에 대한 해석도 다를 수 있으며, 이로 인해 결과를 수량화하거나 종합하고 분류·평가·해석할 때 어려움이 따르게 된다.

③ 면담과정에서는 중요한 문제에 대해서 언급을 회피하려는 경향이 있다.

04 교육과정중심사정

1. 교육과정중심사정에 대한 이해

(1) 개념

① 교육과정중심사정(CBA)은 아동에게 가르치는 교육과정과 관련하여 아동의 수행에 대한 자료를 수집하는 방법이다.

② 규준참조검사, 준거참조검사의 한계점이 인식되면서 관심이 증가하였다.

㉠ 규준참조검사와 준거참조검사는 학년기대수행으로부터 추출된 문항들을 이용하여 아동의 학업기술을 사정하기 때문에 이러한 문항들은 아동들이 실제로 배운 내용과 깊게 관련되지 않을 수 있기 때문이다.

㉡ 규준참조검사와 준거참조검사는 시간의 경과에 따른 소폭의 변화에는 민감하지 않을 수 있기 때문이다.

③ 자신이 학습하지 않은 교육과정에 근거하여 학생이 평가를 받을 경우 그의 학습 진전도는 올바르게 평가하기 어렵기 때문에 강조되기 시작했다.

(2) 유형

교육과정중심사정과 관련한 문헌에는 주로 다음과 같은 다섯 가지 유형이 언급되고 있으며, 다섯 가지 유형 중에서 교육과정중심측정과 준거참조-교육과정중심사정이 가장 널리 사용되고 또 가장 많이 연구되고 있다.

유형	설명
교육과정중심측정 (CBM)	학생의 요구에 맞도록 교수 프로그램을 변경하거나 수정하기 위해 교사가 활용할 수 있는 자료를 제공하도록 설계됨으로써 교수 프로그램 수정 후 학생의 진전을 사정하는 데 강조점을 둠
준거참조-교육과정중심사정 (CR-CBA)	교실 수행능력으로부터 추출된 목표에 대해 학생의 숙달을 측정하는 데 초점을 두는 평가
교육과정 교수중심사정 (CIBA)	교육과정에서 학생 수행능력의 적절성을 나타내고 학생을 적절하게 배치하는 것을 보장하기 위한 사정
교수설계용 교육과정중심사정 (CBA-ID)	학생들의 수행에 근거하여 그들의 요구를 결정하기 위한 방법으로서 교수내용의 확인 및 수정뿐만 아니라 교수자료가 제시되는 수준의 조절에도 초점을 맞춤
교육과정중심평가(CBE)	학생의 실수를 분석하고 결핍된 기능을 확인하는 데 초점을 둠

KORSET 합격 굳히기 **교육과정중심사정의 유형**

1. 교육과정중심사정을 사용하는 교사는 그들이 가르치는 교육과정 또는 교육 내용과 사정도구를 연계시킨다. CBA에서 교수를 위해 사용되는 실제 교육과정 자료는 사정을 위해 활용되고, 직접 관찰과 학생 수행의 기록은 교수적 결정을 내리기 위해 활용된다. 교육과정중심측정, 정밀교수, 포트폴리오 사정은 CBA의 세 가지 예이다.
   ① 교육과정중심측정(CBM): 교육과정중심측정은 CBA의 형식적 유형이다.
   ② 정밀교수: 정밀교수는 시간제한 검사를 통한 유창성과 자료 비율, 학생 수행 결과의 도표화와 평가, 필요한 경우 교육과정 또는 교수변화가 이루어진다는 점에서 CBM과 유사하다.
   ③ 포트폴리오 사정

출처 ▶ Prater(2011)

2. 근래에는 특수아동을 대상으로 포트폴리오 사정을 준거참조-교육과정중심사정과 결합하거나 또는 교육과정중심측정과 결합하여 활용하기도 한다.

출처 ▶ 이승희(2019)

자료

정밀교수

정밀교수에 대한 내용은 'Part 05. 학습장애아교육'에서 자세히 다룬다.

PART 03

(3) 특징

① 초기 진단을 수행하기 위한 주요 절차로 사용: 교육과정중심사정은 일반적으로 여러 발달 영역을 고루 평가할 수 있도록 구성되어 있기 때문에 아동의 전반적인 발달 및 성취 수준에 대한 정보를 제공하고, 교사가 추가로 수집해야 할 정보를 결정하는 데에 도움이 된다.

② 장단기 교수목표를 판별하고 개별화교육계획을 작성하는 데 활용: 개별 아동의 강점과 제한점을 파악하는 데 적합하기 때문이다.

③ 교육과정의 내용이나 교수를 실행하는 데 유용한 도구로 활용: 아동이 학습해야 할 교육목표의 형태로 평가 문항이 기술되어 있고, 상업적으로 개발된 도구의 경우는 대개 교수목표별 교육 활동이 함께 제공되기 때문이다.

④ 교수목표를 가르치고 다시 검사를 하여 진도를 점검하는 연계적이고 지속적인 진도 점검 과정에 활용: 대체로 발달 순서에 따른 기술이 위계적으로 제시되어 있기 때문이다.

⑤ 전반적인 프로그램의 효과를 평가하기 위한 아동 평가의 한 과정으로 활용할 수 있다.

2. 교육과정중심측정(CBM)

(1) 개념 11중특

① 교육과정중심측정은 읽기, 철자법, 쓰기, 셈하기 등 기초학습기술에 있어서의 학생의 수행을 표준화된 방식으로 간단하게 측정하는 일련의 방법이다.

- 중재반응모델이 강조되면서 더욱 관심을 받고 있다.

② 규준참조검사의 대안적인 방법으로 표준화검사인 동시에 공식적 사정에 속한다.

- 특수아동의 경우 상대적 서열에 의한 평가보다는 시간에 따른 변화에 대한 평가가 중요한 의미를 갖는데, 이러한 변화를 측정・평가하는 데 규준참조검사는 제한점을 갖는다.

자료

CBA와 CBM

- 교육과정중심사정(CBA)은 교수 타당도가 우수한 대표적인 검사도구로 평가받고 있다. CBA는 일반적으로 교육한 내용을 1주 혹은 2주 간격으로 반복적으로 측정하고 있기 때문에 일반적으로 교수 타당도가 매우 뛰어난 장점을 갖고 있다. 하지만 이러한 장점은 한편으로 단점으로 평가받기도 한다. 1년 혹은 1학기의 교육과정을 고려했을 때 지나치게 지엽적인 교육내용만을 이해했다고 해서 달성되는 것은 아니며, 한 학기 혹은 1년간의 교육목표를 달성해야만 교육적 성취를 이뤘다고 평가할 것이다. 이러한 관점에 좀 더 무게를 두고 있는 검사 방법이 교육과정중심측정(CBM)이다.
- CBM은 지엽적인 내용이 아닌 해당 교과의 전반적인 능력을 측정하고 있다. CBM은 CBA보다 낮은 교수 타당도를 갖고 있지만, 그에 반해 해당 교과에서 달성해야 할 궁극적인 교육의 목표를 측정할 수 있는 장점을 기대할 수 있다.

출처 ▶ 여승수 외(2019)

비교

규준참조검사의 대안적인 방법

CBM의 특징을 '규준참조검사의 대안적인 방법'이 아닌 '규준참조검사의 반대의 개념인 준거참조검사'를 사용하고 있는 것으로 소개한 문헌(예 Hosp et al., 2015)도 있다.

③ 교육과정중심측정은 다음과 같은 점에서 규준참조검사와 차이를 보인다.

㉠ 규준참조검사에서는 보통 전국규준을 사용하는 데 비해 CBM에서는 지역규준을 사용한다.

㉡ 규준참조검사는 단기간 내에 재실시될 수 없으나 CBM은 자주 실시될 수 있다.

㉢ 규준참조검사는 교수내용과 교수방법에 대한 정보를 거의 제공하지 못하는 데 비해, CBM은 교수내용에 대한 정보뿐만 아니라 반복적인 측정을 통해 교수방법에 대한 정보도 제공한다.

㉣ 규준참조검사는 비교적 비용이 많이 들지만 CBM은 비교적 비용이 적게 든다.

규준참조검사와 교육과정중심측정의 비교

구분	규준참조검사	교육과정중심측정
적용 규준	국가단위규준	지역단위규준(학급규준, 학교규준, 학구규준)
반복 실시 정도	단기간 내 재실시 불가	단기간 내 반복 실시 가능
정보 제공	교육내용, 교육방법에 대한 정보 제공 기능 없음	교육내용, 교육방법에 대한 정보 제공 가능
형성평가 활용 가능성	형성평가를 위해 사용 불가	형성평가에 유용
비용	많은 비용	적은 비용

(2) 특징 21초특

① 수업활동과 연계된 직접 평가

특수아동들의 수업활동에서 활용되고 있는 읽기 자료들을 사용해 개발할 수 있기 때문에 수업활동과 그 결과를 직접적으로 반영할 수 있다.

② 학습기능의 성장을 평가

㉠ 교육과정중심측정은 주별 또는 격주별로 검사를 반복적으로 실시함으로써 아동의 상대적인 서열보다는 교육 프로그램 제공에 따른 학습기능의 성장을 평가하는 것에 관심을 갖는다.

㉡ 교육과정중심측정을 통해 진전도 모니터링을 할 수 있는 이유는 난이도가 동등한 검사지(즉, 동형검사지)를 이용하여 반복적인 측정이 가능하기 때문이다.

- 장기 교육목표 성취도 평가방법으로 사용된다.

③ 프로그램의 효과성에 대한 형성적 평가 자료

특수아동의 성장에 대한 평가 결과는 현재 특수아동에게 제공되고 있는 교육 프로그램의 효과성에 대한 형성적 평가 자료로서 활용된다.

규준참조검사의 반복 실시 어려움

규준에 기반한 전통적인 학업성취도 검사들은 상당히 짧은 기간에 실시된 교수전략이 효과적이었는지를 평가하기 위한 목적으로 사용될 수 없다. 왜냐하면 그러한 검사들은 시간이 지나더라도 변화가 적은 검사점수를 제공하기 위한 목적으로 개발되었기 때문이다(한 검사에서 학생의 점수는 짧은 기간에는 변하지 않는다는 것을 가정한다). 또한 그러한 전통적인 검사들은 반복적으로 검사가 가능한 충분한 동형검사의 문항을 갖고 있지 않다(Hosp et al., 2015).

교육과정중심측정의 장점

- 검사의 효율성: 실제로 실시하고 이해하기에 매우 단순하다.
- 일치성: 사용할 검사와 가르치고 있는 교육과정의 내용이 일치한다.
- 유용성: 진전도 모니터링이 가능하다.

출처 ▶ Hosp et al.(2015)

④ 높은 측정학적 적합성

지금까지의 경험적 연구들은 교육과정중심측정 검사가 평균 .90 이상의 높은 신뢰도와 .70 이상의 준거지향 타당도를 가지고 있는 것으로 보고하고 있다.

(3) 절차 12초특, 21초특 · 중특, 24초특, 25초특 · 중특

단계	설명
[1단계] 측정할 기술 확인하기	• 어떤 기술을 측정할 것인가를 결정해야 하는데 학생의 필요에 따라 한 가지 이상의 기술을 측정할 수도 있다.
[2단계] 검사지 제작하기	• 측정할 기술이 결정되면 그 기술과 관련된 향후 1년간의 교육과정을 대표할 수 있는 검사지를 제작한다. • CBM 기간에 실시할 검사의 횟수와 동일한 숫자의 동형검사지를 제작한다. – 동형검사란 문항의 내용, 유형, 문항 난이도가 유사한 검사를 의미한다. – 동형검사지를 사용하면 반복적인 측정을 통해 진전도를 파악할 수 있다. • 읽기, 철자법, 셈하기의 핵심적 기법을 고려하여 검사지를 제작한다.
[3단계] 검사의 실시횟수 결정하기	• CBM은 향후 1년간 해당 기술영역에서의 학생의 진전을 점검하게 되는데 이 과정에서 주 2회 검사를 실시할 것이 권장된다. • 주당 2회, 최소 7회 이상 검사하는 것이 바람직하다.
[4단계] 기초선 점수 결정하기	• 기초선 점수란 학생의 진전 여부를 결정하는 데 기초가 되는 시작 점수이다. • 기초선 점수를 결정하기 위해 3회의 검사점수가 필요하며 3회의 점수 중 중앙값이 기초선 점수가 된다.
[5단계] 목표 설정하기	• 해당 학년이 끝날 때 기대되는 목표점수를 결정한다. • 주단위 기대성장률을 적용하여 학생의 학년 말 현실적 목표와 도전적 목표를 산출한다. 현실적 목표 = 기초선 점수 + (현실적 성장률 × 기초선 점수 설정 이후 수업 주일 수) 도전적 목표 = 기초선 점수 + (도전적 성장률 × 기초선 점수 설정 이후 수업 주일 수)

동형검사

- 동형검사란 진점수와 오차점수의 분산이 동일한 검사로 동일한 내용을 측정하여야 하고, 동일한 문항 형태와 문항 수로 구성되어 있어야 하며 동일한 문항 난이도와 문항 변별도를 가지고 있어야 한다(이승희, 2019).
- 두 개의 서로 비슷한 검사를 동형검사라 부른다. 동형검사 간에는 서로 문항 수, 문항의 내용 및 난이도 수준 등이 유사해야 한다(황정규 외, 2020).
- 동형검사란 동일한 능력을 측정하는 공통점을 공유하고 있지만, 실제로 사용되는 문항은 동일하지 않은 검사를 말한다. 즉, 두 검사는 다른 문항으로 구성되어 있지만 궁극적으로 문항의 난이도가 동일하면서 동일한 능력을 측정하고 있다고 가정할 수 있어야 한다. 따라서 두 동형검사는 매우 유사한 특성을 지니고 있을 것으로 예상할 수 있을 것이다(여승수 외, 2019).

[6단계] 목표선 설정하기	• 목표선(표적선): 현 기초선 단계의 수행 수준과 일정 기간 후 도달해야 할 성취 수준을 연결하는 선 • 기초선 설정 이후 학생의 진전을 점검할 때 근거가 된다.
[7단계] 자료 수집하기	• 목표선이 설정된 그래프가 그려지고 나면 일주일에 2회씩 검사를 실시하여 그 결과를 그래프에 표시한다. 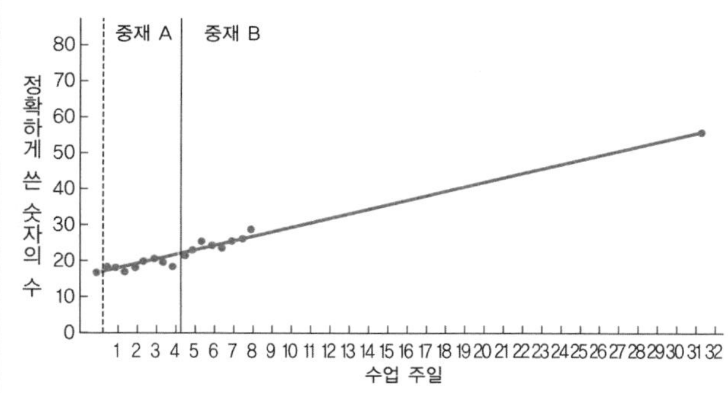 | 셈하기 CBM 그래프 예시 | 출처 ▶ 이승희(2019)
[8단계] 자료 해석하기	• 계획된 CBM 실시기간이 종료되면 그래프를 근거로 학생의 진전에 대한 해석을 내린다. – 목표선과 비교하여 수집된 점수들이 목표선을 웃도는 경향을 보이면 목표를 상향 조정한다. – 목표선과 비교하여 수집된 점수들이 목표선과 유사한 경향을 보이면 현재의 교수법을 계속 유지한다. – 목표선과 비교하여 목표 달성 여부를 확인하고, 만약 수집된 점수들이 목표선에 미치지 못하는 경향을 보이면 교수법을 수정하고 교수방법이 바뀐 시점을 세로선으로 표시한다.

출처 ▶ 이승희(2019). 내용 요약정리

자료

목표 설정하기 예시

학년	읽기 (정확하게 읽은 단어의 수)	
	현실적 성장률	도전적 성장률
1	2.00	3.00
2	1.50	2.00

• 이름: 홍길동
• 학년: 2학년
• 읽기영역 기초선 점수: 55
• 학년말까지 남은 주일 수: 32주
• 현실적 목표: 55 ± (1.50 × 32) = 103
• 도전적 목표: 55 ± (2.00 × 32) = 119

출처 ▶ 이승희(2019)

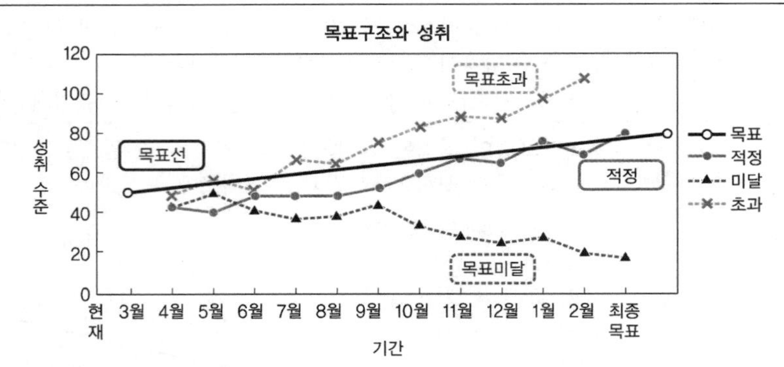

설명 '목표초과'의 경우는 애초에 목표가 너무 낮은 수준에서 결정되었거나, 아니면 수업이 예상보다 높은 효과를 나타내고 있다. 이 경우의 대처 방안은 먼저 목표를 상향 조정하는 것이다. '적정'의 경우에는 애초 설정되었던 목표선에 학생의 성취수준이 근접해 가는 모습을 보여 주고 있어 바람직하다고 할 수 있다. '목표미달'은 두 가지 경우로 설명할 수 있다. 우선, 애초에 목표가 너무 높았을 경우다. 이 경우에는 정확하게 학생의 현재 수준을 조사하여 목표를 재조정할 필요가 있다. 두 번째, 목표 자체에는 무리가 없지만 교수방법에 문제가 있을 수 있다. 이 경우에는 가능한 한 조속히 현재의 교수방법을 변경해야 한다.

| 목표선에 비추어 본 세 가지 형태의 학습 진행 유형 |

출처 ▶ 김동일 외(2016)

(4) 타당도와 신뢰도

CBM은 측정 절차가 표준화되어 있기 때문에 타당도와 신뢰도를 갖출 수 있다.

3. 준거참조 - 교육과정중심사정(CR-CBA)

(1) 개념

① 준거참조검사(특히, 교사제작 준거참조검사)의 대안적인 방법으로, 학급 수행으로부터 추출된 목표에 대한 학생의 숙달 정도 측정에 초점을 두고 있다.

구분	준거참조검사	준거참조-교육과정중심사정
비교준거	사전에 설정된 숙달 수준인 준거에 학생의 수행을 비교	학생에게 가르치는 교육과정에 학생의 수행을 비교
목적	사전에 설정된 기술을 학생이 습득했는지를 결정	학생에게 가르친 교육과정을 학생이 어느 정도 습득했는지를 결정
공통점	• 비공식적 사정의 성격을 가짐 • 특수교육평가의 교육 프로그램 계획, 형성평가, 총괄평가에서 유용하게 사용	

② 학생의 교육과정을 반영하여 교사가 제작한 검사를 통해 실시된다.

③ 교육과정중심측정과 비교하면 다음과 같다.

구분	교육과정중심측정 (CBM)	준거참조-교육과정중심사정 (CR-CBA)
개발 배경	규준참조검사의 대안적 방법	준거참조검사의 대안적 방법
표준화	표준화된 방법	비표준화된 방법
공식성	공식적 방법	비공식적 방법
타당도 신뢰도	타당도와 신뢰도 입증 가능	타당도와 신뢰도의 입증이 어려움
활용단계	특수아동 평가의 모든 단계(선별, 진단, 적격성, 프로그램 계획 및 배치, 형성평가, 총괄평가)에서 활용 가능	특수아동 평가의 단계 중 프로그램 계획, 형성평가, 총괄평가에서 주로 사용
활용영역	특정 영역, 즉 기초학습기술(읽기, 철자법, 쓰기, 셈하기)에 주로 사용됨	다양한 영역에서 사용됨(기초학습기술, 수학, 과학, 학습기술 등)
활용대상	학령기 아동들에게 유용하지만 학령기 이전 아동들에게는 제한적임	학령기 아동뿐만 아니라 학령기 이전 아동에게도 유용함
평가초점	장기 목표에 초점을 둠	단기 목표에 초점을 둠
공통점	아동에게 가르치는 교육과정내용을 근거로 아동의 수행에 대한 자료를 수집하며, 주로 경도장애를 가진 아동들에게 사용됨	

출처 ▶ 이승희(2019)

자료

CBM의 평가초점

이승희(2019)의 문헌에는 장기목적(long-term goals)으로 제시되어 있다.

(2) 절차 11초특

준거참조-교육과정중심사정을 실시하는 단계에 대한 지침들은 여러 문헌에서 다양하게 제시되고 있으나, 일반적으로 다음과 같은 절차를 따른다(Taylor).

측정할 기술 확인하기	학생에게 가르치는 교육과정을 분석하고 그 교육과정에 포함되어 있는 기술영역을 파악한다.
목표 설정하기	앞 단계에서 파악된 기술영역들을 목표(하위기술)별로 나눈다.
문항 제작하기	목표에 맞춰 검사지를 제작한다.
수행기준 결정하기	각 목표에서 숙달에 도달하기 위한 기준을 설정한다.
검사 실시 및 자료 해석하기	검사를 실시하고 결과를 분석한다.

출처 ▶ 이승희(2019). 내용 요약정리

Tip

2011 초등1-5 기출에서는 CR-CBA의 실행 절차가 '교육과정 분석 → 측정할 기술 확인 → 목표 설정 → 문항 제작 → 수행 기준 결정 → 검사 실시 및 자료 해석'의 순으로 제시되었다.

(3) 타당도와 신뢰도

① 적절한 타당도와 신뢰도를 갖추지 못할 수도 있다.

② 내용타당도를 갖출 것이 강조된다. 이를 위해 학생에게 가르치는 교육과정에 근거하여 작성된 충분한 수량의 문항들로 구성할 것이 강조된다.

05 대안적 사정

1. 수행사정 25중특

수행사정
동 수행평가

자료

대안적 사정과 수행사정

수행사정(또는 수행평가)의 유사 개념으로 많이 언급되는 것이 대안적 평가다. 대안적 평가라는 개념은 한 시대의 주류를 이루는 평가체제와 성질을 달리하는 평가체제라는 의미를 가지며, 주로 선택형 문항을 사용하는 표준화 검사에 대한 대안적 접근을 지칭할 때 사용된다. 대안적 평가는 수행사정의 동의어는 아니지만, 기존의 선택형 중심의 지필평가 방법이 다루지 못한 영역을 수행사정이 다룰 수 있음을 부각시키기 위해 주로 사용된다(황정규 외, 2020).

(1) 개념 09초특

① 수행사정은 과제를 수행하는 과정이나 결과를 통하여 학생의 지식, 태도, 또는 기능에 대한 자료를 수집하는 방법이라고 할 수 있다.

㉠ 행위를 수행하거나 결과를 산출하는 학생의 기술을 관찰하여 판단하는 방법이다.

㉡ 최근 특수아동의 학습영역에도 도입되면서 교육과정중심측정과 결합되어 활용되기도 한다.

② 수행사정은 학생의 수행 정도를 평가하고 이를 토대로 학생의 학습을 지도하고 부족한 부분을 개선하는 것을 주된 목적으로 한다.

③ 특수아동 평가단계 중 교육 프로그램 계획, 형성평가, 그리고 총괄평가에서 유익한 정보를 제공할 수 있다.

(2) 특징

① 수업과 평가를 통합함으로써 유의미한 학습을 촉진한다.

② 인지적 영역은 물론 정의적 및 심동적 영역 전반에 걸친 총체적 평가를 지향한다. 또 종합력, 추리력, 문제해결능력, 메타인지능력 등과 같은 고차원적인 능력을 측정한다.

③ 수행사정은 일반적으로 과정과 결과 모두에 초점을 두지만 수행의 과정 혹은 결과에 초점을 두는 경우도 있다.

과정에 초점을 두는 경우	• 결과가 존재하지 않거나 경비 등의 이유로 결과평가가 실행 불가능할 때 • 과정이 순서적이고 직접관찰이 가능할 때 • 정확한 과정이 추후 성공에 필수적일 때 예 키를 보지 않고 타이프 치기 • 과정단계의 분석이 결과를 향상시키는 데에 도움이 될 수 있을 때 예 요리, 목공
결과에 초점을 두는 경우	• 결과가 명확히 확인되고 판단 가능한 특성을 가지고 있을 때 • 다양한 과정이 동질의 결과를 산출할 수 있을 때 예 작문, 곤충채집 • 과정의 관찰이 불가능할 때 예 숙제 • 과정단계가 숙달되었을 때

④ 학습자의 발달양상을 정확하게 파악하기 위하여 단편적인 영역에 대한 일회적인 평가를 지양하고, 전체적인 영역에 대한 지속적인 평가를 지향한다.

⑤ 교육목표의 달성 여부를 실제 상황에서 확인한다. 이러한 목적을 달성하기 위해 흥미롭고 유의미하며 현실적이고 도전적인 평가과제를 사용한다.

⑥ 학습의 성공 여부를 판단하기 위해 복합적인 준거를 활용한다. 이러한 준거들은 학생들에게 사전에 공표하여 학습의 기준으로 활용할 수 있도록 한다.

⑦ 평가과제를 수행하는 데 상당한 정도의 시간을 허용한다.

⑧ 채점은 주로 관찰과 판단을 통해 이루어진다.

⑨ 평가결과는 총점이 아니라 프로파일로, 점수가 아니라 서술적으로 보고한다.

자료

수행사정의 주목적

수행사정에서는 평가의 주목적이 학생의 학습을 지도하고 부족한 부분을 개선하는 것에 있다. 학습 과정에서 나타나는 실제 수행을 관찰하고 이를 바탕으로 학생의 능력과 기능 수준을 판단할 뿐만 아니라, 평가결과를 바탕으로 현재 학생의 능력 또는 기능 수준을 향상시키기 위한 수업계획이 만들어지는 과정, 즉 교육과 평가 활동 간의 상호적 과정이 중시된다(황정규 외, 2020).

자료

수행사정에서의 자기평가

수행사정에서는 주어진 과제나 문제를 해결하기 위하여 아동이 자신의 능력(지식, 태도, 기능 등)을 어떻게 활용하고 어떤 결과를 만들어 내는지를 평가한다. 그러므로 아동은 자신의 능력을 표현할 수 있는 다양한 활동을 수행하여야 하고, 활동에 대한 결과(산출물)을 만들어 내야 한다(송현종 외, 2021).

Tip

이승희(2019)의 문헌에는 수행사정 준비절차로 제시되지만, 임용(2023 초등A-2 기출)에서는 수행사정 절차로 제시되었다.

(3) 절차

Gronlund에 의하면 수행사정은 다음과 같은 5단계의 준비 절차를 거친다.

① [1단계] 수행성과 구체화하기

㉠ 일반적으로 '확인한다', '구성한다', '드러내다'와 같은 행위동사나 그 유사어들을 사용하여 수행성과를 기술한 뒤, 그 수행의 결정적인 요인들을 찾아내어 수행성과를 구체화한다.

㉡ 수행과제들의 순서가 중요하지 않은 경우와 수행과제들의 순서가 중요한 경우가 있는데, 수행과제들의 순서가 중요한 경우에는 수행과제를 적합한 순서대로 배열함으로써 관찰 및 기록을 더 용이하게 하고 절차상의 오류를 발견하게 할 수 있다.

수행성과 구체화하기 예시

수행성과: 고장난 전동기를 수리한다.

- 고장의 특징을 파악한다.
- 고장을 유발한 시스템을 파악한다.
- 실시할 검사를 선택한다.
- 적합한 순서로 검사를 실시한다.
- 고장난 부분을 찾아낸다.

… (하략) …

② [2단계] 사정의 초점 선택하기

1단계에서 구체화된 수행성과의 특성에 따라 수행의 과정, 혹은 결과에 초점을 둘 것인지 또는 과정과 결과 모두에 초점을 둘 것인지를 선택한다.

③ [3단계] 적정 수준의 현실성 선택하기

수행사정을 준비할 때 가능한 한 실제상황에 근접한 상황을 고려하게 되는데, 이때 어느 수준까지 사정상황에 현실성(realism)을 반영할 것인가를 선택해야 한다. 즉, 실제상황에 가까울수록 더 좋겠지만 실제성(authenticity)의 정도를 결정해야 한다.

예 상점에서 정확한 거스름돈을 결정하는 능력을 측정할 경우 아동에게 이야기 문제를 풀게 하는 것은 낮은 현실성을, 모의장난감 상점을 설치한 후 아동에게 실제의 돈으로 장난감을 구입하도록 하는 것은 높은 현실성을 선택한 것이다.

④ [4단계] 수행상황 선택하기

수행사정은 실시상황에 따라 분류될 수도 있는데, Gronlund에 의하면 실시상황에 따른 수행사정의 분류에는 다음과 같은 유형이 포함된다.

수행상황	설명
지필수행	• 모의상황에서의 지식과 기술의 적용을 더 강조한다는 점에서 전통적인 지필검사와 구별된다. • 지필수행은 바람직한 최종 학습성과로 귀착되거나(예 그래프 작성하게 하기, 시험문항 제작하게 하기, 시 쓰기, 수필 쓰기) 또는 현실성의 정도를 높인 수행으로 가는 중간 단계의 역할(예 현미경을 사용하기에 앞서 현미경의 구조와 사용방법에 대한 시험 치르기)을 할 수도 있다.
확인검사	• 다양한 정도의 현실성을 보이는 상황에서 실시될 수 있다. 예 생물교사가 야외에서 생물들의 이름을 적게 하기, 고장난 기계의 작동소리를 들려주고 고장의 원인을 지적하도록 하기
구조화수행검사	• 조건이 통제된 상황에서 실시된다. – 수행상황이 구조화되어 있어서 모든 아동들이 거의 동일한 조건에서 과제를 수행하게 된다. • 구조화수행검사의 구성과정은 다른 유형의 성취검사의 구성과정과 어느 정도 유사할 수 있지만 좀 더 복잡한 측면을 가지고 있다. – 수행상황의 통제 가능성을 높이기 위해서 검사상황, 요구되는 수행, 수행이 진행되는 조건 등이 기술된 지시문을 사용한다. • 수행판단을 위해서 만족스러운 수행의 최소수준을 가리키는 준거를 설정하는 것이 바람직하다. – 수행을 판단하기 위해 설정된 준거의 예: 속도, 오류, 시간, 정확성, 정답률, 재료 사용, 안전성
모의수행	• 전체 또는 부분적으로 실제상황에서의 수행에 필적하는 시도로 실시된다. 예 모의재판, 모의인터뷰 등 • 많은 경우 모의수행은 실제수행을 시도할 수 있는 준비성을 나타내는 것으로 간주된다.
작업표본	• 작업표본은 측정하고자 하는 전체수행을 대표할 수 있는 실제의 과제를 수행하도록 요구한다. • 표본과제는 전형적으로 전체수행의 가장 필수적인 요소들을 포함하여 통제된 조건하에서 수행된다. 예 자동차 운전기술을 측정할 때 정규운전에서 발생할 수 있는 가장 일반적인 문제 상황을 포함하는 표준코스를 운행하도록 요구함

출처 ▶ 이승희(2019). 내용 요약정리

자료

구조화수행검사의 지시문 예시

전기용품의 고장을 찾아내는 수행검사의 지시문에는 전형적으로 다음과 같은 사항들이 포함된다.

- 검사의 목적
- 제공되는 용품과 도구
- 검사의 절차
  - 용품의 유형과 상태
  - 요구되는 수행에 대한 묘사
  - 시간제한 및 다른 실시조건
- 수행판단의 방법

출처 ▶ 이승희(2019)

⑤ [5단계] 채점방법 선택하기 23초특

수행사정과 포트폴리오 사정에서 사용되는 채점방법으로는 일반적으로 검목표방법, 평정척도방법, 총체적 채점방법의 세 가지 유형이 있다.

채점방법	설명
검목표방법	• 검목표를 활용하여 채점기준표를 만들어 채점하는 방법이다.
평정척도방법	• 평정척도를 활용하여 채점기준표를 만들어 채점하는 방법이다. • 총체적 채점방법과 대비하여 분석적 채점방법이라고도 한다. • 검목표방법과 유사하게 수행의 과정이나 결과를 판단하는 방법이지만 단순히 행동이나 특성의 유무를 판단하는 대신에 행동이나 특성의 정도를 판단한다는 점에서 검목표방법과 구별된다. • 주로 3~5점 숫자척도가 사용된다. • 장단점 장점: 수행의 과정이나 결과를 구성 요소별로 채점하기 때문에 학생들의 강점과 약점을 파악할 수 있다. / 수행의 문제점을 파악하여 교육 프로그램에 반영할 수 있다는 점에서 특수아동에게 특히 유용할 수 있다. 단점: 구성 요소별로 채점해야 하기 때문에 준비와 실시에서 많은 시간과 노력이 필요하다.
총체적 채점방법	• 수행의 과정이나 결과를 채점할 때 개별적인 요소를 고려하기보다는 전체적으로 판단하여 단일점수를 부여하는 방법이다. – 과정보다는 결과를 채점할 때 좀 더 사용하기 수월한 경향이 있다. • 장단점 장점: 준비와 실시에서 시간과 노력을 절약할 수 있다. 단점: – 전반적인 인상에 의한 단일점수를 부여하기 때문에 일관성이 낮아질 수 있다. – 학생의 강점과 약점에 대한 구체적인 정보를 제공하지 못한다.

분석적 채점방법

분석적 채점방법이란 수행의 과정이나 결과를 채점할 때 구성 요소, 즉 준거항목들을 선정하여 준거항목별로 채점을 한 뒤에 이 점수들을 총합하여 점수를 산출하는 방법을 말한다(이승희, 2019).

수행사정에 사용되는 세 가지 채점방법의 비교

채점방법	제작의 용이성	채점의 효율성	신뢰도	방어성	피드백의 질
검목표방법	낮음	보통	높음	높음	높음
평정척도방법	보통	보통	보통	보통	보통
총체적 채점방법	높음	높음	낮음	낮음	낮음

출처 ▶ 이승희(2019)

채점방법 비교 준거

- 제작의 용이성: 성공적이거나 비성공적인 수행의 특성 또는 요소들을 선정하여 기술하는 데에 걸리는 시간과 관련된다.
- 채점의 효율성: 수행의 다양한 요소들을 채점한 후 종합하여 단일한 종합점수를 산출하는 데에 걸리는 시간과 관련이 있다.
- 신뢰도: 두 채점자가 독립적으로 채점한 점수가 얼마나 유사한가를 말한다.
- 방어성: 점수에 대해 이의를 제기하는 아동이나 부모에게 해명을 할 수 있는 용이성과 관련이 있다.
- 피드백의 질: 수행의 강점과 약점에 관심이 있는 학습자나 부모에게 줄 수 있는 정보의 양과 관련된다.

출처 ▶ 이승희(2019)

검목표방법 예시(구강체온계의 사용)

■ 기록지시: 수행이 나타난 단계의 앞줄에 √로 표시하시오.

______ 1) 구(球)의 반대쪽 끝부분을 잡고 체온계를 케이스에서 꺼낸다.

______ 2) 위생수건으로 구의 반대쪽에서부터 아래 방향으로 체온계를 꺼낸다.

______ 3) 구의 반대쪽을 잡고 35도 이하로 떨어질 때까지 체온계를 아래로 흔든다.

______ 4) 체온계의 구쪽 끝부분을 환자의 혀 밑에 넣는다.

출처 ▶ 이승희(2019)

평정척도방법 예시(목공 프로젝트)

■ 기록지시: 아래의 구분을 적용해 적절한 숫자에 ○를 하여 각 항목을 평정하시오.

5 – 아주 잘함
4 – 잘함
3 – 보통
2 – 못함
1 – 아주 못함

A. 과정 평정척도

- 다음의 각 항목에서 아동의 수행은 얼마나 능률적인가?

5 4 3 2 1	1) 프로젝트에 대한 상세한 계획을 세운다.
5 4 3 2 1	2) 필요한 프로젝트의 양을 결정한다.
5 4 3 2 1	3) 적절한 도구들을 선택한다.
5 4 3 2 1	4) 각 작업에서 정확한 절차를 따른다.

B. 결과 평정척도

- 결과가 다음 준거들을 어느 정도 충족시키는가?

5 4 3 2 1	1) 결과가 말끔하게 잘 제작된 것으로 보인다.
5 4 3 2 1	2) 치수들이 원 안에 들어맞는다.
5 4 3 2 1	3) 끝마무리가 명세사항을 만족시킨다.
5 4 3 2 1	4) 이음매에서 부분들이 잘 접합되어 있다.

출처 ▶ 이승희(2019)

자료

총체적 채점방법

각 수준별로 기술된 사항은 수행 결과의 분석을 위해 제공된 것이 아니라 단지 전체적인 판단을 할 때 고려할 수 있는 준거로 제공된 것이다(이승희, 2019).

총체적 채점방법 예시

※ 해당 점수에 ○표 하시오.

3 ___ • 교사가 보여 주는 모양과 같은 드라이버를 매우 잘 꺼냄
• 교사가 나사못에 드라이버를 맞추어 주면 매우 잘 돌림
• 건전지 교체를 매우 잘함
• 공구함 정리와 끝마무리가 전반적으로 매우 깔끔함

2 ___ • 교사가 보여 주는 모양과 같은 드라이버를 대체로 잘 꺼냄
• 교사가 나사못에 드라이버를 맞추어 주면 대체로 잘 돌림
• 건전지를 대체로 잘 교체함
• 공구함 정리와 끝마무리가 대체로 깔끔함

1 ___ • 교사가 보여 주는 모양과 같은 드라이버를 잘 꺼내지 못함
• 교사가 나사못에 드라이버를 맞추어 주어도 잘 돌리지 못함
• 건전지를 잘 교체하지 못함
• 공구함 정리와 끝마무리가 거의 깔끔하지 못함

출처 ▶ 2023 초등A-2 기출

(4) 타당도와 신뢰도

① 타당도

㉠ 내용타당도는 수행사정에서 타당도를 검증하기 위하여 가장 기본적으로 사용되는 타당도라고 할 수 있는데, 그 이유는 수행사정이 아직 현실적으로 정착되지 않아 준거관련타당도와 구인타당도를 검증하기 위한 자료가 부족하기 때문이다.

㉡ 수행사정에서 준거관련타당도의 검증이 가장 문제시되고 있다.

② 신뢰도

수행사정은 전형적으로 신뢰도가 낮게 추정되는 경향이 있다. 따라서 수행사정에서는 채점자의 훈련과 명료한 채점기준표의 제작이 반드시 필요하다.

(5) 장단점

장점	• 전통적인 지필검사로는 평가할 수 없는 복잡한 학습결과나 기술을 평가할 수 있다. • 논리적이고 구두적이며 신체적인 기술에 대한 좀 더 자연스럽고 직접적이며 완전한 평가를 제공한다. • 목적을 명료화하고 학습을 좀 더 의미 있게 함으로써 학생들에게 동기를 더 부여한다. • 실제상황에 대한 학습의 응용을 조장한다.
단점	• 상당한 시간과 노력을 요구한다. • 판단과 채점이 주관적이며 전형적으로 낮은 신뢰도를 보인다. • 집단적으로 실시되기보다는 종종 개별적으로 실시되어야 한다.

출처 ▶ 이승희(2019). 내용 요약정리

2. 포트폴리오 사정

(1) 개념 09유특, 11중특

① 포트폴리오 사정은 학생의 성취를 평가하기 위해 학생 그리고/또는 교사가 선택한 학생의 작업이나 작품의 수집에 의존하는 사정방법이다.

- 학생이 쓰거나 만든 결과물을 일정 기간 지속적으로 모아 둔 개인별 작품집 혹은 서류철을 이용한 평가 방법으로 특정한 영역에 대해 일회적으로 평가하는 것이 아니라 학생 개개인의 변화 과정을 종합적으로 평가하기 위해 일정 기간 지속적으로 평가하는 방법이다.

② 학생의 발달적 변화를 파악하기에 적합한 방법이다.

③ 학생의 수행에 기초한 평가의 한 형태이며, 학생의 강점과 약점을 파악하는 데 필요한 근거를 제공한다.

④ 준거참조－교육과정중심사정과 결합하거나 교육과정중심측정과 결합하여 활용하기도 한다.

(2) 특징 09유특, 11중특

① 포트폴리오는 한 번의 검사 상황보다는 오히려 학생의 행동을 계속해서 수집하는 표본을 포함한다.

② 포트폴리오 사정은 다양한 절차와 다양한 자극과 반응 조건하에서 생성된 자료를 적용한다.

- 수집된 자료는 개별화교육의 목표, 활동 내용, 활동 주제에 따라 다양하게 조직될 수 있다.

포트폴리오 평가

하나 혹은 그 이상의 영역에서 노력, 진보, 성취와 관련한 학생의 지속적인 성취 과제를 근거로 한 평가 방법이다. 포트폴리오 평가는 준거참조로서 수행평가와 더불어 대안적 평가 중 하나이다. 한 학기나 한 해 등의 장기간의 시간을 필요로 하며 교사와 아동 간의 포트폴리오 협의가 요구된다. 아동의 자기성찰이 평가의 중요한 요인이라는 점에서 수행평가와 구분된다(특수교육학 용어사전, 2018).

포트폴리오

하나 또는 그 이상의 영역에서 학생의 능력, 진보, 성취를 나타내 주는 의미 있는 학생 작품 모음집

- 단순한 누적 기록과는 구분되며 학생의 활동, 기준, 판단 등이 함께 포함되어 향상을 설명해 주는 자료이다.
- 포트폴리오의 목적: 포트폴리오는 단순한 학생활동 결과의 수집이 아닌 학생의 결과물을 교사와 학생이 함께 순차적으로 평가하고 비교함으로써 수행능력을 향상시키는 데 있다.

③ 포트폴리오 사정은 자연적 또는 실제적인 맥락에서 정기적으로 수행되는 과제를 표집하려는 경향이 있다.

④ 포트폴리오 사정은 전형적으로 적어도 두 가지 유형의 자료, 즉 학생의 실제 작품으로 구성되는 원자료와 교사가 편집하는 요약된 자료 형태를 포함한다.

⑤ 수행사정과 구별되는 특징은 다음과 같다.

㉠ 한 학기나 한 해 등의 장기간의 시간을 필요로 한다.

㉡ 교사와 학생 간의 포트폴리오협의가 요구된다.

㉢ 학생의 자기성찰이 중요한 요소이다.

- 학습자들은 한 학기나 한 해 동안 모아 온 작품집에서 작품을 선별하여 평가자에게 제출하기 때문에 포트폴리오 사정에서는 자기반성과 평가의 과정이 포함된다.

비교

Salend의 포트폴리오 사정 준비절차

1. 포트폴리오의 목적 확인하기
2. 포트폴리오의 유형 결정하기
3. 포트폴리오의 조직화를 위한 절차 결정하기
4. 포트폴리오 목표와 관련된 학급 내 실제상황결과물의 범위 선정하기
5. 포트폴리오에 포함된 품목의 중요성을 기록하는 방법 결정하기
6. 포트폴리오의 정기적 검토계획 설정하기

출처 ▶ 이승희(2019)

(3) 절차

Vavrus가 제시한 5단계를 중심으로 포트폴리오 사정의 준비절차를 살펴보면 다음과 같다.

① [1단계] 포트폴리오의 구조 결정하기

포트폴리오 사정을 실시하고자 할 때는 포트폴리오의 물리적 구조와 개념적 구조에 대한 구상이 필요하다.

물리적 구조	포트폴리오에 포함된 품목들의 실제적 배열을 말한다. 예 포트폴리오는 교과목, 날짜, 또는 작업양식에 따라 구조화될 수 있다.
개념적 구조	학생의 학습목적과 그 목적을 잘 반영하는 품목을 말한다. 예 글을 읽지 못하는 학생을 위해 그림의 의미를 이해하는 것이 학습목적으로 설정되었을 때, 학생이 그림에 대해 이야기하는 것을 녹음 또는 녹화한 테이프는 학생의 학습목적을 잘 반영하는 품목이 되는 것이다.

② [2단계] 포트폴리오의 유형 결정하기

포트폴리오는 목적에 따라 학생의 학습과정을 보여 주기 위한 과정포트폴리오와 학생의 최상의 작업이나 작품을 보여 주기 위한 결과포트폴리오의 두 가지 유형으로 분류된다. 따라서 포트폴리오 사정을 실시하고자 할 때에는 두 가지 유형 중 어느 유형을 사용할 것인가 또는 두 가지 유형을 병행할 것인가에 대한 결정이 필요하다.

③ [3단계] 품목의 선정과정 결정하기

㉠ 포트폴리오는 학생의 성취를 평가하기 위하여 수집된 학생의 작업집이나 작품집이지만 학생의 모든 작업이나 작품이 포트폴리오에 포함되는 것은 아니다. 따라서 설정된 학습목적과 관련하여 포트폴리오에 포함될 작업이나 작품의 선정과정을 결정할 필요가 있다.

㉡ 예를 들어, 작문기술을 향상시키는 것이 학습목적으로, 그리고 일기, 편지, 수필, 독후감, 보고서 등이 품목으로 설정되었을 때 한 학기 또는 한 학년 동안 2주마다 학생과 교사 간의 포트폴리오협의를 통하여 한 품목을 선정하고 학생으로 하여금 그 품목에 대하여 자기성찰을 하여 그 품목에 첨부하게 할 수 있다.

> 포트폴리오 사정에서 사용되는 자기성찰지 예시(작문)

날　　짜:

아동성명:

선정품목:

1) 이 작문을 선정한 이유는 무엇인가?

2) 이 작문의 좋은 점은 무엇인가?

3) 이 작문을 수정한다면 어떤 점을 고칠 것인가?

4) 이 과제의 쉬웠던 점은 무엇인가?

5) 이 과제의 어려웠던 점은 무엇인가?

출처 ▶ 이승희(2019)

④ [4단계] 포트폴리오의 채점방법 결정하기

㉠ 수행사정에서와 마찬가지로 포트폴리오 사정에서도 채점방법으로 검목표방법, 평정척도방법, 총체적 채점방법의 세 가지 유형이 주로 사용된다.

㉡ 포트폴리오 사정에서는 교사와 학생 간의 포트폴리오협의를 통하여 선정된 품목을 채점하는 것 외에 한 학기 또는 한 학년이 끝날 때 포트폴리오의 구조와 학생의 수행진전에 대해 채점하는 것도 필요하다.

⑤ [5단계] 포트폴리오 사정 결과의 활용방법 결정하기

㉠ 포트폴리오 사정을 준비할 때 마지막으로 결정해야 할 사항은 포트폴리오 사정 결과의 활용방법을 구체화하는 것이다. 이는 한 학기 또는 한 학년이 끝나더라도 포트폴리오는 종결되어서는 안 되기 때문이다.

㉡ 한 학년이 끝날 때 학생의 다음 담당교사에게 전달됨으로써 포트폴리오는 교육의 연속성을 조장하고 다음 담당교사와 학생에 대한 중요한 정보를 공유할 수 있는 기회를 제공한다.

- 학생의 부모와 함께 포트폴리오를 검토함으로써 학생의 학업성취에 대한 의견을 교환할 수도 있는데, 이 점은 학년이 끝날 때마다 부모의 참석하에 개별화교육프로그램의 검토가 요구되는 특수교육의 경우 특히 필요한 사항이라고 할 수 있다.

KORSET 합격 굳히기 **벤치마크**

1. 벤치마크(benchmark)란 사정척도의 각 수준을 예증하는 실례(example)라고 할 수 있다.
   ① 수행사정이나 포트폴리오 사정에서 아동의 수행을 총체적 채점방법으로 채점할 때에 각 수준별로 표본(sample)을 제공함으로써 채점의 일관성을 높일 수도 있는데 이와 같은 수준별 표본을 벤치마크라고 한다.
   ② 채점할 수행결과가 수필이나 보고서 등과 같은 작문일 경우에는 벤치마크를 모범답안 또는 가교답안이라고 부르기도 한다.
2. 벤치마크는 아동들로 하여금 교사가 그들의 수행이나 작품을 어떻게 채점하는지를 이해하게 하는 데에도 도움이 된다.
3. 벤치마크를 아동들과 공유할 때는 그들이 벤치마크를 따라 해야만 한다는 생각으로 그들의 수행이나 작품의 개별성을 잃어버리는 일이 없도록 주의를 기울여야 한다.

출처 ▶ 이승희(2019)

(4) 타당도와 신뢰도

① 타당도

포트폴리오 사정의 타당도는 적절성과 대표성으로 판단한다.

적절성	• 포트폴리오를 구성할 때 측정하고자 하는 바를 벗어나는 능력이나 특성을 요구해서는 안 된다. 예 문제해결력을 반영하기 위하여 고안된 중학교 과학 포트폴리오는 중학교 학생의 이해력을 초월하는 과학 정기간행물을 읽도록 요구해서는 안 된다.
대표성	• 포트폴리오에는 사정의 목적과 관련된 중요한 과제를 충분히 포함하고 있어야 한다. • 대표성을 보장하는 가장 좋은 방법은 측정하고자 하는 능력이나 특성을 명확히 제시하고 이러한 능력이나 특성을 반영하는 다양한 결과물을 요구하는 것이다.

② 신뢰도

㉠ 포트폴리오 사정은 한 학기 또는 한 학년 동안 교사와 학생 간의 정기적인 포트폴리오협의를 통하여 진행되므로 교사는 학생과 매우 친숙할 수 있다. 따라서 교사가 포트폴리오를 채점할 때 객관성이 결여될 수도 있으며 어떤 상황에서는 학생에 대해 너무 비판적이 될 수도 있다.

㉡ 포트폴리오 사정이 갖는 객관성 결여, 비판적 태도의 문제를 해결하기 위해 관찰자 간 신뢰도를 추정할 때 학생과 전혀 접촉한 적이 없는 사람과 교사 간의 신뢰도, 즉 외부 채점자와 내부 채점자 간의 신뢰도를 산출하는 방법을 활용할 수 있다.

PART 03

(5) 장단점 11중특

① 장점

㉠ 시간의 경과에 따른 학습의 진전을 명확히 보여 줄 수 있다.

- 학생 진전의 다양한 측면을 측정할 수 있다.
- 학습의 진전에 대한 학생, 부모 그리고 다른 사람들과의 의사소통을 원활하게 한다.
  - 교사와 학부모에게도 학생들의 학습의 진보와 강·약점에 대한 정보를 제공하여 학생들의 성취에 대한 의사소통을 하는 데 용이하다.

㉡ 학생으로 하여금 스스로 최상의 작업이나 작품을 선정하게 함으로써 자기성찰 기술을 높인다.

- 학생의 최상의 작업이나 작품에 초점을 둠으로써 학습에 긍정적인 영향을 미친다.
- 학생으로 하여금 선정된 작업이나 작품에 대한 자기성찰지를 작성하게 함으로써 성찰학습을 조장한다.

㉢ 다른 학생들의 작업이나 작품과 비교하기보다는 학생 자신의 과거 작업이나 작품과 비교함으로써 동기를 더 부여한다.

㉣ 교수 – 학습 – 사정 과정에 있어서 교사와 학생 간의 협력을 강화한다.

② 단점

㉠ 포트폴리오를 유지하고 사용하는 데에 많은 시간이 소요된다.

- 체크리스트와 평정척도를 포트폴리오 사정에 활용하면 시간을 효율적으로 사용할 수 있다.

㉡ 주관적인 판단과 채점이 사용되므로 신뢰도 확보에 어려움이 있다.

- 신뢰도를 높이기 위해서는 두 명 이상이 채점한 결과를 비교하는 것이 필요하다.

㉢ 정기적으로 교사와 학생 간의 포트폴리오협의를 실시하는 데에 어려움이 따를 수 있다.

포트폴리오 사정의 장단점

포트폴리오 평가의 장점은 교사와 학생 모두 과제나 목표를 향한 진보를 점검할 수 있고, 학생 반성의 계기, 학생과 교사 사이의 협력, 다른 학생과의 비교보다는 학생 자신의 능력 향상에 초점을 맞출 수 있으며, 다른 평가 절차보다 학생 수행에 대한 더 많은 정보를 확인할 수 있다는 것을 들 수 있다. 포트폴리오 평가의 단점으로는 표준화검사보다는 덜 변별적이라는 것, 타당도와 신뢰도의 문제, 공평성의 문제, 일반화 가능성의 부족, 계획을 실행하는 데 필요한 시간에 대한 문제 등을 들 수 있다(특수교육학 용어사전, 2018).

KORSET 합격 굳히기 **특수교육대상자 측면에서 포트폴리오 사정의 장점**

1. 내용의 융통성: 융통성이 아동들에게 다양한 창의적인 방법으로 학업성취를 나타낼 수 있는 기회를 제공한다.
2. 학습활동의 개별화: 포트폴리오는 학습활동을 개별화하는 데 도움이 되므로 교사는 아동의 개별적인 요구에 맞추어 과제 부여가 가능하다.
3. 학습동기 향상: 포트폴리오는 본인의 관심영역에 노력을 집중하게 함으로써 아동들의 학습동기 향상에 기여한다.
4. 학습숙달 촉진: 포트폴리오는 아동에게 새로운 기술로 옮겨가기 전에 특정기술에 능숙해지는 데 필요한 시간과 연습을 허용한다.
5. 자신감 향상: 포트폴리오는 읽기 및 쓰기 기술을 익히고 새로운 기술을 배우는 데 필요한 자신감을 발달시키는 이상적인 방법을 제공한다.

출처 ▶ 이승희(2019)

자료

정적 평가와 역동적 평가

역동적 평가는 전통적인 평가가 잠재적 역량 중에서 검사 문항이나 수행을 통해 드러난 능력, 평가하는 시점에 '이미 발달된 능력', 즉 '정적 상태'를 주로 측정한다는 문제점이 있다고 지적하면서 등장하였다. 정적 검사에 해당하는 전통적인 검사에서는 각 개인에게 일단의 검사 문항을 제시하고 나서 거의 또는 전혀 피드백 없이 문항을 풀게 한다. 피드백을 제공하는 것은 측정오차를 야기할 수 있으므로 지양해야 할 일로 간주한다. 반면에 동적이고 역동적인 검사에서는 각 개인에게 일단의 검사 문항을 제시하되 명시적인 교수활동을 통해 해결하도록 한다(황정규 외, 2020).

3. 역동적 평가 [19중특]

(1) 개념

① 역동적 평가는 학생에게 자극이나 촉진이 주어졌을 때 학생의 반응을 통해 향상 정도를 알아보는 대안평가 방법이다.

㉠ 역동적 평가는 Vygotsky의 근접발달영역 이론에 근거하여 개별 학생의 향상도를 평가하기 위한 방법이다.

㉡ 역동적 평가는 교사가 학생과의 대화나 상호작용을 통해 학습자의 잠재적 발달 수준에 대한 정보를 수집하고 교육 활동 속에서 학생의 학습능력을 평가하는 방법으로, 역동적 평가를 통해 교사는 학생의 사고나 학습 상황에 대한 반응을 파악할 수 있다.

- 학생의 잠재적 발달 수준에 대한 양적 정보와 심리과정에 대한 질적 정보를 획득하는 평가방안으로, 학생의 가능성과 강점을 확인할 수 있다.
- 학생의 개별화교육에 활용할 수도 있다.

② 개별 학생의 향상도 측정과 개별 학생의 교수·학습 활동을 개선하거나 촉진하기 위해 어떠한 교육적 처방이 필요한지를 파악하는 것을 목적으로 한다.

③ 역동적 평가는 평가과정과 교수·학습 과정이 통합된다는 면에서 수행평가에 비해 진보한 형태로 볼 수 있다.

(2) 특징

① 역동적 평가는 근접발달영역의 개념에 근거하여 발달 잠재력을 확인하기 위한 평가로서 전통적인 정적 평가(static assessment)와 대비된다.

구분	정적 평가	역동적 평가
평가 목적	교육목표 달성 정도 평가	향상도 평가
평가 내용	학습 결과 중시	학습 결과 및 학습 과정 중시
평가 방법	• 정답 반응 수 중시 • 일회적 · 부분적 평가	• 응답의 과정이나 이유도 중시 • 지속적 · 종합적 평가
평가 상황	• 획일적이고 표준화된 평가 • 탈맥락적인 상황	• 다양하고 융통성 있는 상황 • 맥락적인 상황
평가 시기	특정 시점(주로 도착점)	출발점 및 도착점을 포함한 교수 · 학습 전과정
평가 결과 활용	선발 · 분류 · 배치	지도 · 배치 · 조언
교수 · 학습 활동	교수 · 학습과 평가 활동 분리	교수 · 학습과 평가 활동 통합

출처 ▶ 김삼섭(2010)

② 역동적 평가는 학습 과제를 하는 동안 학생에게 적절한 피드백을 주면서 문제를 어떻게 해결하는지 확인하기 때문에 학습 결과보다는 학습 과정을 강조한다.

- 역동적 평가에서는 피드백이나 힌트를 제공하여 장애학생이 주어진 문제를 해결하는 데 어떤 피드백을 얼마나 활용하는지 확인하여 학생의 학습능력을 평가한다.

역동적 평가는 학습 결과와 과정을 모두 강조하지만 학습 과정에 좀 더 많은 초점을 둔 평가 방법이다.

③ 평가자가 장애학생을 도와줌으로써 평가자와 학습자 간의 역동적인 상호작용을 강조한다.

(3) 장점

① 역동적 평가는 교육목표와 달성도뿐만 아니라 향상도를 평가하기 위한 것이고, 학습의 결과뿐만 아니라 학습의 과정도 중요시하며, 지속적이고 종합적인 진단평가를 강조한다.

② 학생의 교수 · 학습 활동을 개선하고 교육적인 지도와 조언을 제공하는 것을 강조한다.

③ 역동적 평가에서는 상호작용적인 교수를 통해 학생의 반응성을 최대한 이끌어 낸다.

④ 검사 – 교육 – 재검사의 과정을 거치며 학생의 교육 향상을 위해 지속적으로 노력한다.

Chapter

03 검사도구의 이해

01 기본개념

1. 척도

(1) 개념

척도란 사물의 속성을 구체화하기 위한 측정단위라고 할 수 있으며, 측정의 형태 또는 측정의 수준을 의미한다.

(2) 종류

척도는 측정치가 갖는 수치의 의미에 따라 일반적으로 명명척도, 서열척도, 등간척도, 비율척도로 구분된다.

명명척도	• 어떤 사물의 속성을 분류할 목적으로 숫자 혹은 기호를 부여하는 것을 의미하는 척도 • 두 개 이상의 각기 다른 범주에 동시에 포함될 수 없는 불연속적 척도 • 예 성별, 종교, 직업, 거주 지역, 차량번호 등
서열척도	• 사정 대상의 속성을 크기 혹은 양에 따라 파악함으로써 서열을 비교해 주는 척도 • 서열척도는 명명척도의 특징뿐만 아니라 크고 작음 그리고 순서의 서열 지움 기능, 즉 비교의 기준이 되는 어떤 특징도 동시에 갖고 있다. • 예 교육수준, 성적(순위, 백분위 등), 사회계층의 높낮이, 직업의 직급(사원, 대리, 과장, 차장, 부장 등) 등
등간척도	• 분류와 서열의 의미를 갖는 동시에 측정단위 사이의 등간성(等間性)이 유지되는 척도 • 등간척도는 명명척도와 서열척도의 특징뿐만 아니라, 어느 것이 다른 어느 것보다 얼마나 더 큰지 혹은 많은지를 측정할 수 있게 해준다. • 단순히 어떤 상태를 다른 상태와 비교하기 위해 사용되는 상대영점(relative zero)의 의미를 갖는 척도이다. • 예 온도, 학업성취도 점수, 지능지수 등
비율척도	• 분류와 서열, 등간의 의미와 함께 절대영점의 특성을 모두 갖는 척도 • 비율척도는 명명척도, 서열척도, 등간척도의 특성을 모두 포함하고 있는 척도로, 측정치들은 사칙연산이 가능하다. • 예 나이, 무게, 길이, 월수입, 취업률, 인구의 크기 등

등간척도
동 동간척도

상대영점
동 가상적 영점

절대영점
절대영점은 0으로 측정되었을 경우 아무것도 존재하지 않음을 의미한다. 예를 들어, 키가 0이라면 우리는 키의 길이가 존재하지 않는 것으로 해석할 수 있다. 이러한 척도의 경우 절대영점을 갖고 있다고 가정할 수 있다(여승수 외, 2019).

2. 변인

① 변인(또는 변수)이란 관찰대상의 특성 혹은 사건의 속성을 의미한다.

② 특수교육에서는 학생의 성, 생활연령, 정신연령, 지능지수, 장애 종류, 장애 정도, 배치 현황 등이 장애학생의 특성을 구별 짓기 위한 주요 변인으로 많이 사용된다.

③ 대표적인 변인의 종류에는 독립변인과 종속변인이 있다.

독립변인	• 변인들 간의 관계에 있어서 어떤 변인에 영향을 주거나 예언해 주는 변인
종속변인	• 인과관계에 있어 원인에 따른 결과에 해당되는 변인 • 독립변인의 영향을 받는 변인

비교

매개변인과 선행변인

독립변인과 종속변인 외에 인과관계를 설명하는 데 사용되는 변인으로 매개변인, 선행변인이 있다.

매개변인	• 종속변인에 영향을 주는 변인인 동시에 한편으로는 독립변인의 영향을 받는 변인 • 시간적으로는 독립변인과 종속변인의 사이에 존재
선행변인	• 독립변인보다 먼저 발생한 상황으로 독립변인에 영향을 주는 변인 • 다음의 세 가지 조건을 갖추어야 한다. – 선행변인, 독립변인, 그리고 종속변인이 서로 연관이 있어야 한다. – 선행변인이 통제되어도 독립변인과 종속변인의 관계가 유지되어야 한다. – 독립변인이 통제되면 선행변인과 종속변인 간에는 아무런 관계가 없어야 한다.

PART 03

3. 분포

(1) 정규분포

① 개념

㉠ 정규분포(또는 정상분포)란 대부분의 점수가 평균 주위에 모여 있으면서 평균 이상과 이하의 점수가 좌우 대칭 모양을 갖춘 분포를 의미한다.

㉡ 측정에 있어서 정규분포의 사용은 모집단의 인지적, 심리적, 정서적 특성이 균일하게 분포되어 있다는 개념에 근거를 두고 있다.

㉢ 검사도구 개발에서 중요한 이론적 가정으로 받아들여져 있다.

② 특성 10중특, 11유특

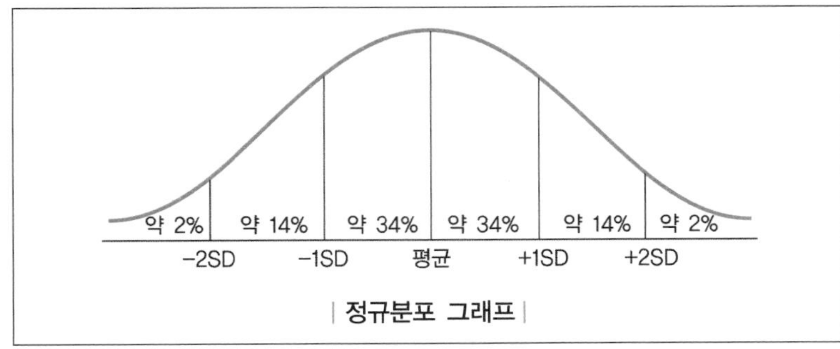

| 정규분포 그래프 |

정규분포는 집단의 통계적 특성으로 인하여 다양한 모양을 나타냄에도 불구하고 다음과 같은 공통된 특성을 갖는다.

㉠ 정규분포는 평균을 중심으로 좌우 대칭을 이루고 있다.

㉡ 정규분포는 평균치가 가장 높고, 양쪽으로 가면서 점차 낮아진다.

ⓒ 정규분포의 중앙에 있는 값이 갖는 확률이 가장 높다.

ⓔ 정규분포에서 최고로 높은 점은 평균치에 있으므로 평균치와 최빈치는 일치하며, 곡선은 좌우 대칭 구조이므로 중앙치와 평균치 역시 일치한다. 즉, 평균치 = 최빈치 = 중앙치의 관계가 형성된다.

4. 상관

① 상관이란 두 변인 간의 관계를 말한다.

② 상관계수(r)란 변인 간 관계의 방향과 강도를 나타내는 통계적 수치로서 그 범위는 −1.00에서 +1.00까지다.

- 상관계수에서 부호는 관계의 방향을 나타내고 숫자는 관계의 강도를 나타낸다.

상관계수	해석
0.9~1.0	상관관계가 매우 높다.
0.7~0.9	상관관계가 높다.
0.4~0.7	상관관계가 있다.
0.2~0.4	상관관계가 있기는 하지만 낮다.
0.0~0.2	상관관계가 거의 없다.

02 표준화검사의 이해

표준화검사
모집단을 대표하는 피험자를 표집하여 동일한 지시와 절차에 따라 검사를 시행한 후 객관적 채점방법에 따라 규준이 만들어진 검사이다. 즉, 검사의 구성 요소, 실시 과정, 채점 방법, 결과 해석 기법을 구조화하는 과정을 거쳐 제작된 검사이다. 표준화검사의 목적은 모든 피검자들이 동일한 물질로 동일한 과제를 수행하고 검사자로부터 동일한 정도의 보조를 받고, 동일한 채점 방법 및 해석 지침에 따라 수행 결과를 평가받도록 하는 것이다(특수교육학 용어사전, 2018).

1. 표준화검사의 개념 13중특, 18유특

① 표준화검사란 검사의 구성 요소, 실시 과정, 채점 방법, 결과 해석 기법을 구조화하는 과정을 거쳐 제작된 검사를 의미한다.

② 일반적으로 표준화검사는 대부분 규준참조검사에 해당된다.

- 규준참조검사는 표준화검사지만 표준화검사라고 해서 반드시 규준참조검사는 아니다.

③ 표준화검사의 장점 중 하나는 측정 영역에 대한 학생의 수준을 객관적으로 볼 수 있다는 점이다.

2. 생활연령

① 생활연령(CA)은 출생 이후의 햇수와 달수를 말한다.

② 대부분의 표준화검사는 여러 연령층의 아동들을 대상으로 하며, 검사지에는 검사일을 기준으로 한 생활연령을 기입해야 한다. 만약 검사가 며칠간에 걸쳐 실시되었을 경우, 첫 검사일을 기준으로 생활연령을 산출한다.

③ 생활연령 산출을 위한 구체적인 방법은 다음과 같다.

예			설명	비고
아동 A	검사일	2006년 11월 28일	일·월·년의 순으로 검사일에서 출생일을 뺀다. 그 결과, 날짜가 15일 미만일 경우 날짜는 무시하고 생활연령을 산출한다. 따라서 아동 A의 생활연령은 7-3으로 기록된다.	영유아를 대상으로 하는 검사에서는 조산을 고려하여 조산 교정 연령을 산출하기도 한다. 즉, 조산아동의 경우에 검사일에서 출생일을 뺀 생활연령에서 다시 조산기간을 빼서 조산 교정 연령을 산출한다. 단, 월령이 24개월 이하인 조산아동에게만 해당된다.
	출생일	1999년 8월 17일		
	생활연령	7년 3월 11일		
아동 B	검사일	2006년 10월 3일	일반적으로 출생일의 날짜가 검사일의 날짜보다 큰 수일 경우 한 달을 30일로 가정하고 내려서 계산한다. 그 결과, 날짜가 15일 이상일 경우 한 달을 더하여 생활연령을 산출한다. 따라서 아동 B의 생활연령은 8-7로 기록된다.	
	출생일	1998년 3월 10일		
	생활연령	8년 6월 23일		
아동 C	검사일	2006년 9월 20일	출생일의 달이 검사일의 달보다 큰 수일 경우 1년을 12개월로 가정하고 내려서 계산한다. 따라서 아동 C의 생활연령은 8-11로 기록된다.	
	출생일	1997년 10월 13일		
	생활연령	8년 11월 7일		

생활연령 산출 방법

생활연령의 산출 방법은 검사도구마다 다소 차이를 보인다.

- 한국판 적응행동검사(K-SIB-R): 검사일자에서 생년월일을 뺀 수가 30일을 기준으로 하였을 때 15일 이상이라면 한 달로 간주하여 한 달을 올려주고, 1일에서 14일까지라면 15일을 기준으로 반올림 대신 버림을 한다. 이러한 계산법은 생활연령을 기록할 때 다른 검사에서도 같은 방법으로 사용한다.
- 국립특수교육원 적응행동검사(KISE-SAB): 인적사항에서 피검사자의 연령을 계산할 때 1개월은 30일로 계산하고, 1년은 12개월로 계산한다. 그리고 연령에서 15일 이상인 경우에는 반올림하여 이용하고, 15일 미만인 경우에는 버린다.
- 이승희(2019): 일수가 16일 이상일 경우 반올림하는 것으로 제시되어 있다.
- 생활연령을 산출할 때 개월과 연도를 반올림하지 않는 검사도 있다.
  - 예 K-WISC-V의 경우, 8년 11개월 26일의 연령은 반올림하지 않으며, 아동은 거의 9살이 되었더라도 8년 11개월로 본다.

3. 기저점과 최고한계점 15초특

① 전체 문항들이 난이도에 따라 쉬운 문항부터 배열되어 있는 규준참조검사는 검사설명서에 피검자의 연령이나 능력에 적합한 문항들을 찾아 실시할 수 있도록 기저점과 최고한계점에 대한 지침을 제시하고 있다.

기저점	• 그 이하의 모든 문항들에서는 피검자가 정답(또는 옳은 반응)을 보일 것이라고 가정되는 지점 • 제시된 수만큼의 연속적 문항에서 피검자가 정답을 보이는 지점
최고 한계점	• 그 이상의 모든 문항들에서는 피검자가 오답(또는 틀린 반응)을 보일 것이라고 가정되는 지점 • 제시된 수만큼의 연속적 문항에서 피검자가 오답을 보이는 지점

② 원점수는 '기저점 이전의 문항에 부여된 배점의 합 + 기저점과 최고한계점 사이의 정답에 부여된 배점의 합'으로 산출한다.

문항	반응	기저점 및 최고한계점	원점수 산출
1			1. 조건 • +: 정답 • −: 오답 • 기저점: 연속적 4개 문항에서 정답 • 최고한계점: 연속적 3개 문항에서 오답 2. 검사 결과 • 기저점: 5번 문항 • 최고한계점: 19번 문항 3. 원점수 산출 • 기저점 이전의 문항 수: 4개 • 기저점과 최고한계점 사이의 정답 문항 수: 9개 • 원점수: 기저점 이전의 문항에 부여된 배점의 합(4점) + 기저점과 최고한계점 사이의 정답에 부여된 배점의 합(9점) = 13점(학생이 맞힌 문항에 부여된 배점이 각각 1점인 경우)
2			
3			
4			
5	+	기저점	
6	+		
7	+		
8	+		
9	−		
10	+		
11	+		
12	+		
13	−		
14	+		
15	−		
16	+		
17	−		
18	−		
19	−	최고한계점	
20			

출처 ▶ 이승희(2019)

비교
본문에 제시된 기저점, 최고한계점의 예와 관련하여 검사도구(예 한국판 바인랜드 적응행동척도)에 따라서는 기저점을 8번 문항, 최고한계점을 17번 문항으로 보기도 한다. 그러나 원점수에는 차이가 없다.

③ 피검자의 기저점 또는 최고한계점이 나타나지 않는 경우도 있다.

㉠ 바닥효과

- 바닥효과란 측정도구가 측정하려는 특성의 하위수준에 속하는 학생들을 변별해 내지 못하는 현상을 말한다.
- 피검자의 기저점이 나타나지 않는다.
- 도구 자체의 점수범위가 제한적이거나 검사가 너무 어려우면 발생할 수 있다.

㉡ 천장효과

- 천장효과란 측정하려는 특성의 상위수준에 속하는 학생들을 변별하지 못하는 현상을 말한다.
- 최고한계점이 나타나지 않는다.
- 도구 자체의 점수범위가 제한적이거나 검사가 너무 쉬우면 발생할 수 있다.

PART 03

4. 결과 산출을 위한 점수 유형 12초특

(1) 원점수

① 한국교육평가학회는 원점수를 피험자가 정답한 문항에 부여된 배점을 단순히 합산한 점수로 정의한다.

- 검사(평가) 도구를 이용하여 대상을 측정한 결과 얻게 되는 원래의 점수로서 다른 유형의 점수로 바꾸기 전의 점수를 말한다.

예 한 아동이 총 15개 문항(문항당 1점)으로 구성된 수학시험에서 12개 문항에 정답을 보였다면, 그 아동의 수학시험 원점수는 12가 된다.

② 소검사의 원점수가 0점이라면, 그 소검사에서 측정하는 수행능력에 대해 상대적으로 부족함을 의미하는 것으로 수행능력이 완전히 결핍된 것으로 해석해서는 안 된다.

③ 원점수는 검사 대상의 수행결과를 숫자로 요약하여 나타낼 수 있지만, 의미 있는 해석을 할 수 있는 기준이 없기 때문에 그 자체만으로는 검사 대상의 수행에 관한 의미 있는 해석을 할 수 있는 정보를 주지 못한다. 따라서 원점수는 백분율점수, 발달점수, 상대적 위치점수 등으로 변환하여 사용하는 경우가 많다.

자료

점수 유형

원점수				
변환점수	백분율점수			
	유도점수	발달점수	등가점수	연령등가점수
				학년등가점수
		지수점수		
		상대적 위치점수	백분위점수	
			표준점수	Z점수
				T점수
				능력점수
				척도점수
				정규곡선등가점수
			구분점수	

비교

원점수

- 문항당 배점의 합에 의해 채점 결과 얻은 그대로의 점수이다(고교 성적표 안내 자료).
- 원점수와 획득점수를 동의어로 보는 경우(예 이승희, 2019)도 있다.

Tip

원점수	47
백분위점수	6
학력지수	72
95% 신뢰수준 (신뢰구간)	68~76

획득점수란 검사에서 아동이 획득한 점수를 의미하는데 위의 표에서 원점수는 47점, 획득점수는 72점이다.

(2) 변환점수

원점수는 피검자의 수행에 대한 의미 있는 해석을 할 수 있는 정보를 주지 못한다. 예를 들어, 수학시험에서의 12점 그 자체로는 아무런 의미가 없다. 즉, 12점이 절대적으로 높은 점수인지 또는 다른 점수와 비교해서 상대적으로 높은 점수인지 등에 대한 해석을 할 수 없다. 이와 같은 해석을 하기 위해서 원점수를 다른 형태의 점수로 변환시키게 되는데, 이러한 점수를 변환점수라고 한다. 변환점수에는 백분율점수와 유도점수의 두 가지 유형이 있다.

① 백분율점수

㉠ 백분율점수란 총 문항 수에 대한 정답 문항 수의 백분율 또는 총점에 대한 획득점수의 백분율이다.

예 한 아동이 총 15개 문항으로 구성된 수학시험에서 12개 문항에서 정답을 보였거나 50점 만점의 수학시험에서 40점을 받았다면, 이 아동의 수학시험 백분율점수는 80%가 된다.

㉡ 백분율점수는 다른 점수와 상대적으로 비교할 수 없는 제한점이 있다.

예 한 아동의 수학시험 점수를 다음 수학시험 점수와 비교한다든지 또는 다른 교과목시험 점수와 비교하여 해석할 수 없다. 즉, 세 경우에 모두 80%라는 백분율점수를 받았다 하더라도 어느 수학시험에서 또는 어느 교과목에서 더 나은 수행을 보였는지 비교하여 해석할 수 없다는 것이다. 이러한 상대적 해석을 하기 위해서는 원점수를 유도점수로 변환시켜야 한다.

② 유도점수

유도점수란 점수들 간의 상대적 비교가 가능하도록 원점수를 변환시킨 점수로, 발달점수와 상대적 위치점수의 두 가지 유형이 있다.

㉠ 발달점수 11유특

발달점수란 아동의 발달 정도를 나타내는 점수로, 발달점수에는 등가점수와 지수점수가 있다.

<table>
<tr><td rowspan="3">등가
점수</td><td colspan="2">• 등가점수란 특정 원점수를 평균수행으로 나타내는 연령 또는 학년을 말한다. 즉, 그 연령 또는 학년 아동들의 평균점수가 특정 원점수와 같다는 뜻이다.
• 등가점수에는 연령등가점수와 학년등가점수가 있다.</td></tr>
<tr><td>연령
등가점수</td><td>– 년 수와 개월 수를 하이픈으로 연결하여 나타낸다.
– 예를 들어, 연령등가점수 8-5란 8년 5개월을 나타내며 아동이 8년 5개월 된 아동들의 평균수행 수준을 보인다는 뜻이다. 즉, 아동의 원점수가 8년 5개월 된 아동들의 평균점수와 같다는 것이다.</td></tr>
<tr><td>학년
등가점수</td><td>– 연령등가점수와 구분하기 위하여 보통 학년과 달을 소수점으로 연결하여 나타낸다.
– 예를 들어, 학년등가점수 1.2란 1학년 둘째 달을 나타내며 아동이 1학년 둘째 달 아동들의 평균수행 수준을 보인다는 것을 의미한다. 즉, 아동의 원점수가 1학년 둘째 달 아동들의 평균점수와 같다는 것이다.</td></tr>
<tr><td>지수
점수</td><td colspan="2">• 지수점수란 발달률의 추정치를 말하는데, 아동의 연령등가점수를 아동의 생활연령으로 나눈 후 100을 곱해서 산출한다.
예 생활연령 : 10세, 연령등가점수 : 8세인 경우,
지수점수 = 8/10 × 100 = 80
• 지수점수는 생활연령에 대한 연령등가점수 비율이므로 ‘비율점수’라고도 한다.
• 지수점수를 산출할 때 연령등가점수의 명칭에 따라 지수점수의 명칭이 달라지는데, 연령등가점수가 발달연령(DA), 정신연령(MA), 사회연령(SA), 언어연령(LA)일 때 지수점수는 각각 발달지수(DQ), 비율 IQ, 사회지수(SQ), 언어지수(LQ)가 된다.</td></tr>
</table>

Tip

표준화검사에서 지능지수는 편차지능지수로써 능력점수에 해당한다. 발달점수에 해당하는 지수점수와 동일한 의미가 아님에 유의한다.

㉡ 상대적 위치점수 10중특, 11유특, 15초특, 18유특, 19초특, 20중특

- 상대적 위치점수는 아동의 수행 수준을 또래집단 내 그 아동의 상대적 위치로 나타낸다.
- 상대적 위치점수의 이점은 다음과 같다.
  - 원점수를 상대적 위치점수로 변환시킴으로써 한 아동의 여러 가지 검사점수를 비교할 수 있을 뿐만 아니라 연령층이 다른 아동들과도 비교할 수 있다.
  - 상대적 위치점수들 간의 상호 비교도 가능하다.

- 상대적 위치점수는 백분위점수, 표준점수, 구분점수의 세 가지 유형으로 구분할 수 있다.

<table>
<tr><td>백분위 점수</td><td colspan="2">• 백분위점수(퍼센타일, %ile)란 특정 점수 이하의 점수를 받은 학생 사례수를 전체 학생 사례수에 대한 백분율로 나타낸 것이다. 예를 들어, 한 학생의 원점수가 60점이고 그 원점수에 해당하는 백분위점수가 75라면, 전체 학생 중의 75%가 60점 또는 그 미만의 점수를 받았다는 의미이다.
• 백분위점수는 전체 학생의 점수를 크기순으로 늘어놓고 100등분하였을 때의 순위라고 할 수 있다.</td></tr>
<tr><td rowspan="6">표준점수</td><td colspan="2">• 표준점수란 사전에 결정된 평균과 표준편차를 가지고 정규분포를 이루도록 변환된 점수들을 총칭하는 용어이다.
• 표준점수는 특정 원점수가 평균으로부터 그 이상 또는 이하로 얼마나 떨어져 있는가를 나타낸다.
• 표준점수에는 Z점수, T점수, 능력점수, 척도점수, 그리고 정규곡선등가점수가 있다.</td></tr>
<tr><td>Z점수</td><td>평균 0, 표준편차 1을 가진 표준점수
[Z점수 = (원점수 − 평균) ÷ 표준편차]</td></tr>
<tr><td>T점수</td><td>평균 50, 표준편차 10을 가진 표준점수
[T점수 = 50 + 10Z]</td></tr>
<tr><td>능력점수</td><td>− 일반적으로 평균 100, 표준편차 15(또는 16)를 가지는 표준점수
− 학업능력검사에서 주로 사용되는 표준점수
− 지능검사의 지능지수도 능력점수에 해당하며, 지능지수는 기존의 비율 IQ를 대치하였기 때문에 편차 IQ로 불리기도 한다.</td></tr>
<tr><td>척도점수</td><td>주로 평균 10, 표준편차 3을 가지는 표준점수</td></tr>
<tr><td>정규곡선 등가점수</td><td>주로 평균 50, 표준편차 21을 가지는 표준점수</td></tr>
<tr><td>구분점수 (스테나인)</td><td colspan="2">• 구분점수란 정규분포를 9개 범주로 분할한 점수이며 따라서 1부터 9까지의 점수분포를 가진다.
• 평균 5, 표준편차 2를 가진 표준점수 [C점수 = 5 + 2Z)]
• 구분점수를 표준점수로 분류하는 경우도 있다.</td></tr>
</table>

비교

지능지수

1. 비율지능지수(비율 IQ)
   - 정신연령을 생활연령과 비교하여 지능의 정도를 표시하는 방법으로, 생활연령이 100일 때 정신연령이 어느 정도 되는가를 나타내는 것

비율지능지수(IQ) = [정신연령(MA) / 생활연령(CA)] × 100

   - 나이에 기대되는 성장 속도에 대한 비율로 아동의 정신적인 성숙 속도를 의미
2. 편차지능지수(편차 IQ)
   - 동일 연령 집단 내에서의 상대적 위치로 규정한 IQ
   - 웩슬러는 지능지수(IQ)라는 말을 사용하였지만 실제로는 지능편차치를 구하는 공식에 의해 표시

편차지능지수(DIQ) = 15Z + 100

출처 ▶ 김삼섭(2010)

KORSET 합격 굳히기 정규분포곡선과 점수 유형 간 관계

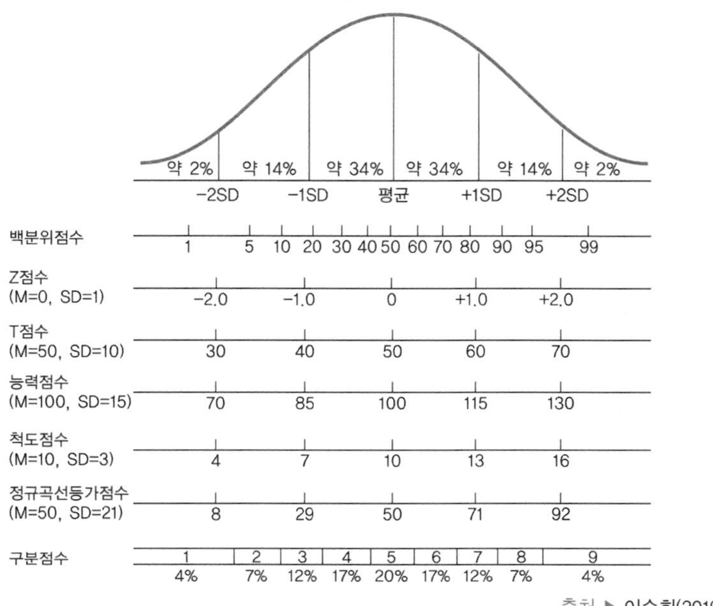

출처 ▶ 이승희(2019)

5. 기타

(1) 신뢰수준

① 신뢰수준은 진점수 추정의 정확성을 확률로 표현한 개념이다.

② 사회과학에는 95%, 99%, 99.9%를 통계적으로 유의한 신뢰수준으로 사용한다.

③ 신뢰수준은 다음과 같은 방법으로 해석한다.

- 95%의 신뢰수준을 설정했다면, 진점수가 이 구간(신뢰구간의 범위) 내에 포함될 가능성이 95%임을 의미한다.

(2) 신뢰구간 10중특, 14중특, 18유특, 20중특

① 신뢰구간이란 진점수(혹은 모수치)가 존재할 범위를 의미한다.

- 예를 들어, 어떤 학생에게 검사를 실시할 필요가 있을 때 무한히 반복 실시할 수만 있다면 그 평균으로 학생의 진점수를 얻을 수 있다. 그러나 현실적으로는 한두 번의 검사를 실시하여 학생의 획득점수를 제공하게 되므로, 이때 이 획득점수를 중심으로 그 학생의 진점수가 포함되는 점수범위를 제시할 필요가 있다. 이 범위를 신뢰구간이라고 한다.

> **측정의 표준오차(SEM)**
> 측정의 표준오차는 획득점수의 표준편차 또는 오차점수라고 할 수 있다. 즉, 어떤 검사도구를 한 아동에게 무한히 반복해서 실시한다고 가정할 때 얻어지는 획득점수 분포의 평균이 진점수이고 그 표준편차는 측정의 표준오차가 된다(이승희, 2019).

② 신뢰구간을 설정하기 위해서는 획득점수와 측정의 표준오차(SEM) 외에 선택된 신뢰수준에 해당하는 Z점수(95% 신뢰수준인 경우의 Z = 1.96, 99% 신뢰수준인 경우의 Z = 2.58)가 필요하다.

$$\text{신뢰구간} = \text{획득점수} \pm Z(SEM)$$

③ 신뢰구간은 다음과 같은 방법으로 해석한다.

- 획득점수가 72점이고 95% 신뢰수준에서 신뢰구간을 추정했을 때 그 값이 [68~76]이라면, 이는 진점수가 68점과 76점 사이에 있을 확률이 95%라는 의미이다.

신뢰구간 설정 및 해석의 예(*SEM* 3, 획득점수 100)

신뢰수준	신뢰구간	해석
68%	100 ± 1.00(3) = 100 ± 3	97점과 103점 사이에 아동의 진점수가 속해 있을 확률이 68%다. 즉, 100회 검사를 실시한다면 68회는 97점과 103점 사이에 아동의 진점수가 있을 것이다.
85%	100 ± 1.44(3) = 100 ± 4	96점과 104점 사이에 아동의 진점수가 속해 있을 확률이 85%다. 즉, 100회 검사를 실시한다면 85회는 96점과 104점 사이에 아동의 진점수가 있을 것이다.
90%	100 ± 1.65(3) = 100 ± 5	95점과 105점 사이에 아동의 진점수가 속해 있을 확률이 90%다. 즉, 100회 검사를 실시한다면 90회는 95점과 105점 사이에 아동의 진점수가 있을 것이다.
95%	100 ± 1.96(3) = 100 ± 6	94점과 106점 사이에 아동의 진점수가 속해 있을 확률이 95%다. 즉, 100회 검사를 실시한다면 95회는 94점과 106점 사이에 아동의 진점수가 있을 것이다.
99%	100 ± 2.58(3) = 100 ± 8	92점과 108점 사이에 아동의 진점수가 속해 있을 확률이 99%다. 즉, 100회 검사를 실시한다면 99회는 92점과 108점 사이에 아동의 진점수가 있을 것이다.

03 타당도와 신뢰도

1. 타당도

(1) 개념

타당도란 검사도구가 측정하고자 하는 것을 얼마나 충실히 측정하였는가를 의미한다.

① 무엇(what)을 얼마나 충실하게 측정했는가를 뜻하는 개념이다.

② 검사목적에 따른 검사도구의 적합성을 의미한다.

(2) 종류

타당도는 일반적으로 내용타당도, 준거타당도, 구인타당도로 구분한다.

① 내용타당도 18중특, 22초특

㉠ 내용타당도란 검사도구가 얼마나 검사의 목적을 달성할 수 있는 문항으로 구성되었는지를 나타내는 것이다.

- 측정하고자 하는 영역을 검사문항이 얼마나 충실하게 대표하는가를 의미한다.

㉡ 검사문항들이 측정하고자 하는 전체 내용을 얼마나 잘 대표하고 있는가를 전문가가 주관적으로 판단하는 주관적 타당도이다.

㉢ 내용타당도에서 주요한 관심은 검사에 포함된 문항의 대표성을 증명할 수 있는 증거들을 수집하는 것이다.

- 예를 들어, 지적장애 아동을 진단하기 위한 검사는 지적장애의 중요한 특성인 지적 능력과 적응행동을 평가하는 핵심 문항들을 포함해야 한다. 이러한 중요한 특성을 측정하는 문항들이 검사문항에서 배제되었다면 내용타당도 측면에서 문제점이 발생할 수 있다.

주관적 판단
단순히 개인적인 생각을 말하는 것이 아닌 전문가의 체계적이고 논리적인 사고에 입각한 판단

준거타당도
동 경험적 타당도

② 준거타당도

㉠ 준거타당도란 검사도구의 측정결과와 준거가 되는 변인의 측정결과와의 관련 정도를 말한다.

- 이때 준거란 다른 검사점수 혹은 미래의 행위를 의미한다.

㉡ 준거가 가지는 일치성과 예측성에 따라 공인타당도와 예언타당도로 구분한다.

공인타당도
동 공유타당도, 공존타당도, 동시타당도

예언타당도
동 예측타당도

공인 타당도	• 공인타당도란 검사결과가 거의 동일한 시기에 실시된 다른 검사결과와 일치하는 정도를 말한다. – 새로운 검사의 타당도를 이미 타당성을 인정받고 있는 기존 검사와의 일치성에 의해 검증하며, 이때 비교가 되는 준거는 다른 기존 검사의 결과이다. • 예를 들어, 검사 개발자가 새로운 적응행동검사를 개발한 후에 공인타당도와 관련된 증거를 수집하려고 한다면, 새롭게 개발된 검사를 실시한 후에 거의 동시에 이미 타당도가 검증된 적응행동검사를 실시해야 한다. 이러한 검사 실시 과정을 통해서 만약 두 검사 간에 높은 타당도 계수가 산출되었다면, 새롭게 개발된 적응행동검사는 실제로 적응행동과 관련된 학생의 특성을 측정하고 있다고 추정할 수 있을 것이다.
예언 타당도	• 예언타당도는 검사를 통해 얻어진 결과가 향후 학생의 행동이나 특성을 얼마나 정확하게 예측할 수 있는지를 나타내는 것이다. • 공인타당도의 준거 변인과는 달리 예언타당도의 준거 변인은 측정 시점에서 차이점이 있다. 즉, 예언타당도를 검증하기 위해서 먼저 타당도를 검증하고자 하는 검사를 실시한 이후 일정한 시간이 지난 후에 준거 검사를 실시하게 된다. • 예를 들어, 학업성취를 예측할 수 있는 교사의 평정척도를 개발한다고 가정한다면, 먼저 교사의 평정척도검사를 실시한 후에 한 학기 혹은 1년이 지난 다음 학생들의 학업성취점수를 산출하여 교사의 평정척도와 학업성취 간의 상관관계를 추정할 수 있다. • 예언타당도의 결과는 특수아동의 조기 선별을 강조하고 있는 특수교육 분야에서 특별히 중요하게 여겨진다. 특수교육의 성과를 극대화할 수 있는 최선의 방법은 조기에 특수교육대상자를 진단하여 적합한 교육을 조기에 제공하는 것이다. 따라서 특수아동의 조기 선별을 위한 목적으로 검사도구를 개발할 경우, 우선 예언타당도를 지지할 수 있는 경험적 증거를 검증할 필요가 있다.

㉢ 공인타당도와 예언타당도 검증에는 타당도 계수가 사용된다.

- 상관계수(r)가 특정 검사점수와 준거변인 측정치 간의 관련 정도를 나타내기 위해 사용될 때 타당도 계수(r_{xy})라고 하며, 범위는 0.00에서 +1.00까지다.
  - 공인타당도와 예언타당도 검증에 사용된다.
- 타당도 계수를 평가하는 절대적 기준은 없으나 일반적으로 다음과 같은 평가기준을 적용한다. [10중특]

상관계수에 의한 타당도 계수	타당도 평가
.00 이상~.20 미만	타당도가 거의 없다.
.20 이상~.40 미만	타당도가 낮다.
.40 이상~.60 미만	타당도가 있다.
.60 이상~.80 미만	타당도가 높다.
.80 이상~1.00 미만	타당도가 매우 높다.

③ 구인타당도

㉠ 구인타당도란 연구자에 의해서 가설된 검사의 구인(즉, 특정 검사에서 조작적으로 정의한 구인)을 검사결과로 얼마나 잘 측정할 수 있는지를 평가할 수 있는 증거들을 수집하는 과정이다.

- 예를 들어, 구인에 해당하는 창의성을 측정하는 검사를 개발했다면, 창의성의 이론적인 특성을 얼마나 잘 측정하고 있는지를 평가할 수 있는 증거들을 수집할 필요가 있으며, 이러한 증거들은 구인타당도의 자료로 활용될 수 있다.

㉡ 타당도 유형 중에서 가장 입증하기 어려운 유형이다.

2. 신뢰도

(1) 개념

① 신뢰도란 측정도구가 측정하려는 것을 얼마나 안정적으로 그리고 일관성 있게 측정하였는지를 나타내는 용어이다.

② 어떻게(how) 측정하였는가와 관련된 것으로 측정의 오차 그리고 객관성의 정도를 보여 준다.

(2) 종류

신뢰도는 시간에 따른 일관성을 추정하는 검사-재검사 신뢰도, 동형검사와의 일관성을 추구하는 동형검사 신뢰도, 검사 자체 내의 일관성을 추정하는 내적 일관성 신뢰도, 그리고 검사자 간의 일관성을 추정하는 채점자 간 신뢰도의 네 가지 종류로 크게 분류되고 있다.

자료

타당도 계수

상관계수가 음수로 산출되었을 경우에는 타당도 계수를 0.00으로 표시한다(이승희, 2019).

구인

- 가설적 개념으로 지능, 동기, 태도 등과 같은 심리적 특성이나 행동양상을 설명하기 위한 구성 개념
- 구인이란 심리적 특성이나 행동 양상을 설명하기 위하여 존재를 가정하는 심리적 요인을 말한다. 창의력검사의 예에서 민감성, 이해성, 도전성 등을 구인이라 할 수 있다. Thurstone의 이론에 기초하여 개발된 지능검사에서는 일곱 가지 기본 정신능력, 즉 어휘력, 수리력, 추리력, 공간력, 지각력, 기억력, 언어유창성이 구인이다(성태제 외, 2009).

자료

구인타당도 검증방법

- 구인타당도를 검증하는 방법에는 여러 가지가 있는데 일반적으로 수렴타당도와 판별타당도 확인, 요인분석, 상관계수법, 실험설계법의 네 가지 방법이 주로 사용된다(이승희, 2019).
- 구인타당도를 검증하기 위하여 가장 많이 쓰이는 통계적 방법은 요인분석이다(성태제 외, 2019).

<table>
<tr><td rowspan="1">검사-재검사 신뢰도</td><td colspan="2">• 개념: 동일한 검사를 동일한 사람을 대상으로 일정 시간 간격(대략 2~4주)을 두고 두 번 실시하여 두 검사점수 사이의 상관관계를 산출하는 방법
• 추정 방법: 처음의 결과와 나중 검사결과 간 상관관계를 통해 신뢰도를 계산</td></tr>
<tr><td>동형검사 신뢰도</td><td colspan="2">• 개념: 두 개의 동형검사를 제작한 뒤 동일한 대상에게 일정한 간격을 두고 실시하여 얻은 점수 간의 상관관계에 의해 추정되는 신뢰도
• 추정 방법: 두 개의 유사한 검사를 제작하여 긴 시간차를 두지 않고 거의 동시에 동일한 대상에 실시하여 검사점수 간의 상관관계를 계산하여 추정</td></tr>
<tr><td rowspan="3">내적 일관성 신뢰도</td><td colspan="2">• 개념: 검사를 구성하고 있는 부분 검사 또는 문항 간의 일관성의 정도
• 검사를 구성하는 부분 검사나 문항들이 측정하고자 하는 내용을 얼마나 일관성 있게 측정하였는가의 문제</td></tr>
<tr><td>반분검사 신뢰도</td><td>– 개념: 검사도구의 문항을 두 개의 검사로 나누는 방법
– 종류: 기우반분법, 전후반분법, 무선반분법 등</td></tr>
<tr><td>문항내적 일관성 신뢰도</td><td>– 개념: 검사에 포함된 문항 하나하나를 모두 독립된 한 개의 검사로 생각하여 그들 간의 합치도, 동질성, 일치성을 종합하는 신뢰도
– 종류: KR-20, KR-21, Hoyt 신뢰도, Cronbach α 등
– 장점: 검사를 두 번 실시하지 않고 검사의 신뢰도 추정 가능</td></tr>
<tr><td>채점자 간 신뢰도</td><td colspan="2">• 개념: 두 검사자가 동일 집단의 피검자에게 부여한 점수 간의 상관계수에 의해 추정되는 신뢰도
• 검사결과가 검사자들 사이에서 얼마나 유사한가를 나타냄</td></tr>
</table>

(3) 신뢰도 계수

① 검사의 신뢰도는 신뢰도 계수로 나타내며, 범위는 0.00에서 +1.00까지다.

② 신뢰도 계수를 평가하는 절대적인 기준은 없으나 일반적으로 다음과 같은 기준을 따른다.

㉠ 검사도구 선정 시 일반적으로 신뢰도 계수 .80 이상을 기준으로 한다.

㉡ 검사점수가 중요한 교육적 의사결정(예 특수교육 적격성 결정)과 관련된 경우 신뢰도 계수 .90 이상을 기준으로 한다.

비교

채점자 간 신뢰도와 관찰자 간 신뢰도

채점자 간 신뢰도란 검사결과가 검사결과자들 사이에서 얼마나 유사한가를 나타내며 두 검사자가 동일 집단의 피검자에게 부여한 점수 간의 상관계수에 의해 추정된다. 이에 비해 관찰자 간 신뢰도는 관찰결과가 관찰자들 사이에서 얼마나 유사한가를 나타내며 관찰자들이 동일 아동 또는 집단을 동시에 그리고 독립적으로 관찰한 자료의 단순적률상관계수, 일치율 또는 일치계수인 카파에 의해 추정되는데 추정방법은 사용된 기록방법에 따라 달라질 수 있다(이승희, 2019).

3. 타당도와 신뢰도의 관계

① 신뢰도는 타당도의 선행조건이다. 반복 시행된 검사에서 검사점수가 일관성 없이 나타난다면 그 검사의 타당도는 기대할 수 없을 것이다.

② 신뢰도는 타당도를 위한 필요조건에 해당할 뿐 충분조건은 아니다. 어떤 검사도구의 신뢰도가 입증되어 타당도의 선행조건을 갖추었다 하더라도 그 신뢰도가 검사도구의 타당도를 보장하지는 못한다. 즉, 타당도가 결여된 검사라도 신뢰도는 높게 나타날 수 있다는 것이다.

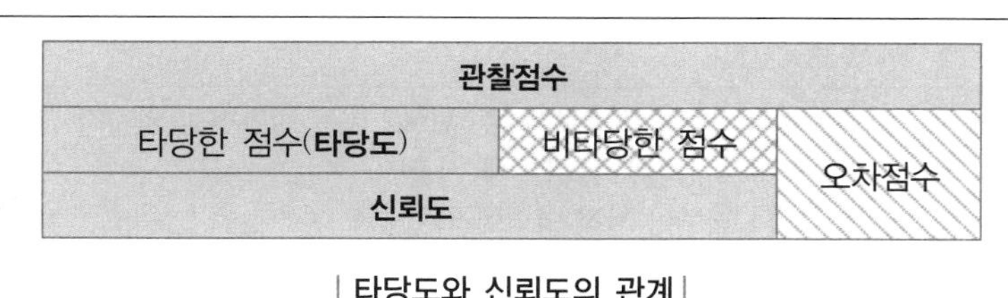

| 타당도와 신뢰도의 관계 |

㉠ 일반적으로 타당도는 신뢰도보다 높을 수 없으며 타당도가 높기 위해서는 신뢰도가 높아야 한다.

㉡ 신뢰도가 높다고 해서 타당도가 항상 높은 것은 아니다.

③ 타당도는 신뢰도보다 더 높을 수 없다. 타당도 계수는 신뢰도 계수의 제곱근보다 작거나 같기 때문이다.

④ 검사도구의 양호성을 판단할 때 신뢰도보다는 타당도가 우선시되어야 한다.

- Williams 등은 검사도구의 양호성을 판단할 때는 타당도, 측정의 표준오차(SEM), 신뢰도의 순서를 따르도록 하고 있다.

KORSET 합격 굳히기 **검사도구의 신뢰도에 영향을 주는 요인**

1. 문항 수
많은 수의 문항으로 검사를 실시할 때 측정의 오차를 줄일 수 있다.

2. 문항의 난이도
문항이 응답자의 수준과 상이하면 일관성 있는 응답을 하지 못하므로 신뢰도가 저하된다.

3. 문항변별도
문항이 피험자를 능력에 따라 혹은 피험자의 정의적 특성에 따라 구분할 수 있을 만큼 변별력이 높아야 검사의 신뢰도가 높아진다.

4. 검사도구의 측정 내용
검사내용의 범위를 좁힐 때, 문항 간의 동질성을 유지하기가 용이하기 때문에 검사의 신뢰도는 증가한다.

5. 검사 시간
충분한 시간이 부여될 때 응답의 안정성을 보장받을 수 있어서 신뢰도가 높아진다.

출처 ▶ 성태제 외(2009)

Chapter

04 지능 영역 진단 · 평가도구

01 한국 웩슬러 아동지능검사-4판(K-WISC-Ⅳ) 13중, 17초, 20중

1. 목적 및 대상

목적	• 심리교육적 도구로서 K-WISC-Ⅳ는 전반적인 인지적 기능에 대한 포괄적인 평가를 할 때 사용 • 이와 더불어 지적 영역에서의 영재, 지적장애, 그리고 인지적 강점과 약점을 확인하기 위한 평가의 일부분으로 사용 가능하며, 검사의 결과는 임상 장면 및 교육 장면에서 치료계획이나 배치 결정을 내릴 때 지침으로 사용
대상	만 6세 0개월~16세 11개월까지

2. 검사도구의 구성

4개의 지표, 15개의 소검사로 총 627문항으로 구성되어 있다.

① 언어이해지표, 지각추론지표, 작업기억지표, 처리속도지표의 4개 지표로 구성되어 있다.

② 15개의 소검사로 구성되어 있지만 대부분 10개의 주요 소검사만을 실시한다.

③ 소검사는 다음의 일정한 순서에 의해 실시한다.

- 토막짜기 → 공통성 → 숫자 → 공통그림찾기 → 기호쓰기 → 어휘 → 순차연결 → 행렬추리 → 이해 → 동형찾기 → 빠진곳찾기 → 선택 → 상식 → 산수 → 단어추리

K-WISC-Ⅳ 지표의 내용

지표	내용
언어이해 지표	언어적 추론, 이해, 개념화, 단어 지식 등을 이용하는 언어 능력을 측정한다.
지각추론 지표	시각적 자극을 통합하거나 비언어적으로 추론하는 능력, 학습을 통해 배울 수 없는 문제를 해결하기 위해 시공간적인 시각-운동 기술을 적용하는 능력을 측정한다.
작업기억 지표	주의력, 집중력, 작업기억(제시되는 정보를 효율적으로 처리하기 위해 아주 짧은 시간 동안 머릿속에 정보를 유지하는 능력)을 측정한다.
처리속도 지표	간단한 시각적 정보를 빠르고 정확하게 탐색하고 변별하는 능력, 정신 속도와 소근육 처리 속도를 측정한다.

출처 ▶ K-WISC-Ⅳ 결과 프로파일

지표의 구성 및 소검사의 측정 사항(내용)

지표	소검사	측정 사항 및 내용
언어 이해	공통성	• 언어적 추론과 개념 형성 – 공통적인 사물이나 개념을 나타내는 두 개의 단어를 듣고, 두 단어가 어떻게 유사한지를 말한다.
	어휘	• 언어지식과 언어적 개념 형성 – 그림문항에서 아동은 소책자에 있는 그림들의 이름을 말하고, 말하기 문항에서는 검사자가 읽어주는 단어의 정의를 말한다.
	이해	• 언어적 추론과 개념화, 언어적 이해와 표현, 과거 경험을 평가하고 사용하는 능력, 실제적인 지식을 발휘하는 능력 – 아동은 일반적인 원칙과 사회적 상황에 대한 이해에 기초하여 질문에 대답한다.
	상식 (보충소검사)	• 일반적이고 사실적인 지식을 획득, 유지, 인출하는 능력 – 아동이 일반적 지시에 관한 광범위한 주제를 다루는 질문에 대답을 한다.
	단어추리 (보충소검사)	• 서로 다른 유형의 정보를 통합 및 종합하는 능력 – 아동이 일련의 단서들에 설명된 일치된 개념을 인식한다.
지각 추론	토막짜기	• 추상적 시각 자극을 분석하고 종합하는 능력 – 제한시간 내에 흰색과 빨간색으로 이루어진 토막을 사용하여 제시된 모형이나 그림과 똑같은 모양을 만든다.
	공통그림찾기	• 추상화와 범주적 추론 능력 – 제시된 그림에서 공통된 특성으로 묶일 수 있는 그림을 각 줄에서 한 가지씩 고른다.
	행렬추리	• 유동적 지능 – 아동은 불완전한 행렬을 보고, 다섯 개의 반응 선택지에서 행렬의 빠진 부분을 찾는다.
	빠진곳찾기 (보충소검사)	• 시지각 및 시각적 조직화, 집중력, 사물에 대한 시각적 재인 – 아동이 그림을 보고 제한시간 내에 빠져있는 중요한 부분을 가리키거나 말한다.
작업 기억	숫자	• 청각적 단기기억, 계열화능력, 주의력, 집중력 – 숫자 바로 따라 하기에서는 검사자가 읽어준 것과 같은 순서로 아동이 따라 한다. – 숫자 거꾸로 따라 하기에서는 검사자가 읽어준 것과 반대 방향으로 아동이 따라 한다.
	순차연결	• 계열화, 정신적 조작, 주의력, 처리 속도 – 아동에게 연속되는 숫자와 글자를 읽어주고, 숫자가 많아지는 순서와 한글의 가나다 순서대로 암기하도록 한다.
	산수 (보충소검사)	• 정신적 조작, 집중력, 주의력, 단기기억 및 장기기억, 수와 관련된 추론 능력, 기민함 – 아동이 구두로 주어지는 일련의 산수 문제를 제한 시간 내에 마음속으로 푼다.
처리 속도	기호쓰기	• 처리속도와 단기기억, 학습능력, 시지각, 시각-운동 협응 – 기호표를 이용하여, 아동은 해당하는 모양이나 박스 안에 각각의 기호를 주어진 시간 안에 그린다.
	동형찾기	• 집중력, 시각적 변별, 학습능력, 시지각, 시각-운동 협응 – 아동은 반응부분을 훑어보고 반응부분의 모양 중 표적 모양과 일치하는 것이 있는지를 제한시간 내에 표시한다.
	선택 (보충소검사)	• 시각적 선택 주의, 각성, 시각적 무시 – 아동이 무선으로 배열된 그림과 일렬로 배열된 그림을 훑어보고, 제한시간 안에 표적 그림들에 표시한다.

Tip

검사점수의 산출 과정과 검사 결과 제시되는 내용(예 점수 유형)은 명확히 파악해 두어야 한다.

3. 결과 및 해석

① 점수 산출 17초특

㉠ K-WISC-Ⅳ는 15개 소검사별 환산점수, 네 가지 지표에 대한 합산점수 및 전체 IQ, 백분위점수를 산출한다.

- 소검사별 환산점수는 평균이 10, 표준편차 3인 표준점수이다.
- 네 가지 지표에 대한 합산점수 및 전체 IQ는 평균 100, 표준편차 15인 표준점수이다.
  - 네 가지 지표에 대한 합산점수는 소검사의 환산점수의 합계에 근거하여 산출된다.
  - 전체 IQ의 합산점수는 전체 IQ의 환산점수 합계를 표준점수로 환산한 것이다.

㉡ 네 가지 지표에 대한 합산점수 및 전체 IQ에 대해서는 백분위점수도 제공한다.

구분	언어이해	지각추론	작업기억	처리속도	전체 IQ
환산점수 합계	29	34	23	21	107
합산점수	98	109	109	103	106
백분위	45.6	72.1	72.1	57.9	64.6
95% 신뢰구간	92~105	101~115	101~115	94~115	100~111

② 결과 프로파일

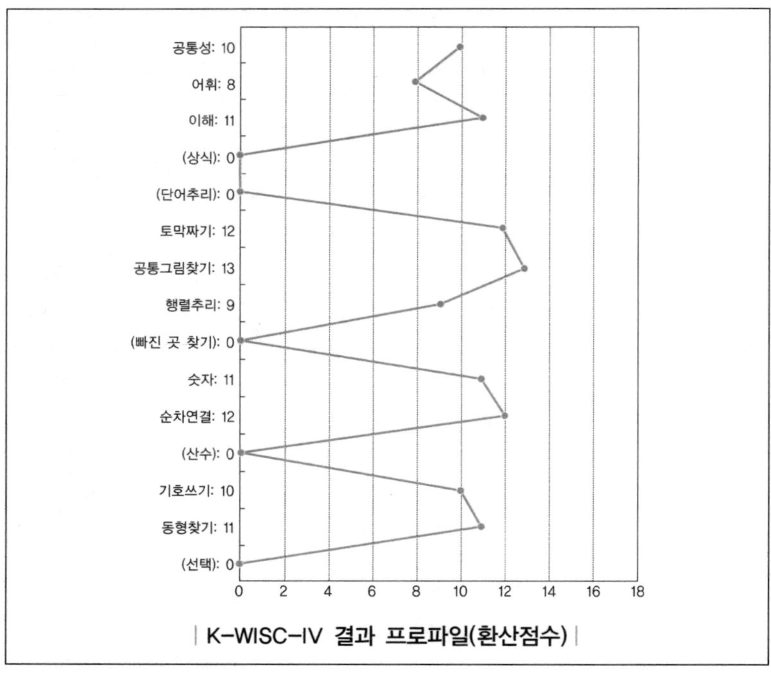

| K-WISC-IV 결과 프로파일(환산점수) |

③ 결과 해석

전체 IQ와 지표점수	• 길동이의 전체 IQ는 106점으로 또래집단과 비교해 볼 때 평균수준이다. • 언어이해지표는 98점, 지각추론지표와 작업기억지표는 109점, 처리속도지표는 103점으로 또래집단과 비교해 볼 때 평균 수준이다. • 전체 IQ 백분위 64.6 : 이 연령대의 아동 중 64.6%는 길동이보다 낮은 수준의 지능을 가지고 있다. • 전체 IQ 95% 신뢰구간 100~111 : 길동이의 IQ는 106점으로, 진점수가 100~111 사이에 있을 확률이 95%이다.

02 한국 웩슬러 아동지능검사-5판(K-WISC-Ⅴ)

1. 검사 체계

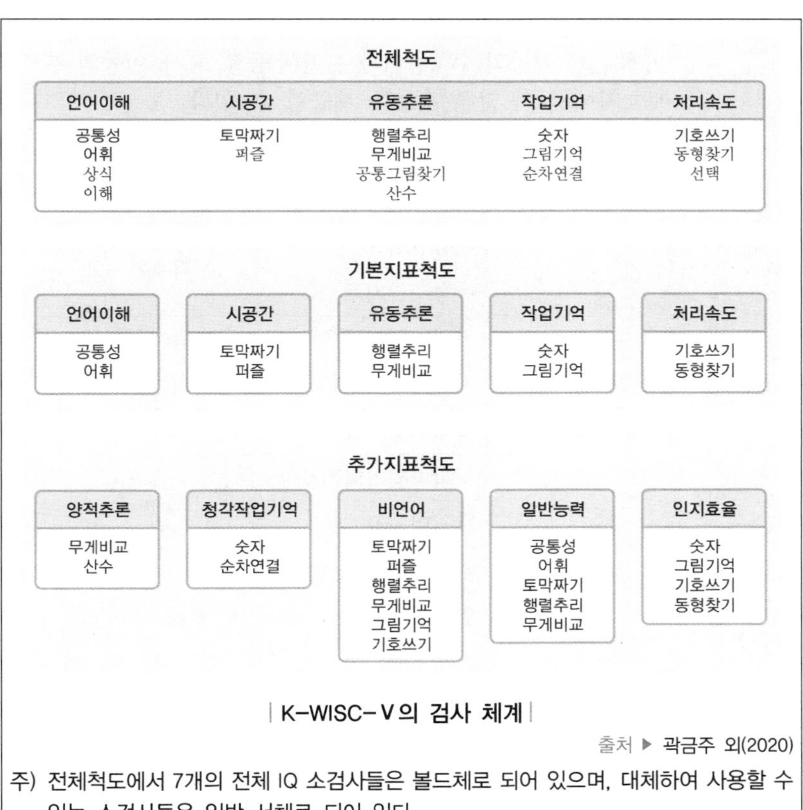

| K-WISC-Ⅴ의 검사 체계 |

출처 ▶ 곽금주 외(2020)

주) 전체척도에서 7개의 전체 IQ 소검사들은 볼드체로 되어 있으며, 대체하여 사용할 수 있는 소검사들은 일반 서체로 되어 있다.

(1) 전체척도 수준

① 전체척도 수준은 언어이해, 시공간, 유동추론, 작업기억, 처리속도의 5개의 영역으로 구성되어 있다.

② 전체 IQ 소검사에는 공통성, 어휘, 토막짜기, 행렬추리, 무게비교, 숫자, 기호쓰기의 7개 소검사가 해당되며, 대체하여 사용할 수 있는 소검사에는 상식, 이해, 퍼즐, 공통그림찾기, 산수, 그림기억, 순차연결, 동형찾기, 선택 등이 있다.

(2) 기본지표척도 수준 23중특

① 기본지표척도 수준은 언어이해, 시공간, 유동추론, 작업기억, 처리속도의 5개 기본지표척도로 구성된다.

㉠ 기본지표점수는 10개의 기본 소검사를 사용하여 산출한다.

㉡ K-WISC-Ⅳ와 비교했을 때 지각추론지표가 없어지고 시공간지표와 유동추론지표로 바뀌었다.

- 그 결과 시각추론과 유동적 추리 능력을 더욱 정확히 측정할 수 있고 이에 대한 아동의 수행능력과 관련해 동료, 교사, 아동의 부모 또는 보호자에게 더 많은 정보를 제공할 수 있다.

구분		K-WISC-Ⅴ	K-WISC-Ⅳ
기본지표	①	언어이해지표	언어이해지표
	②	시공간지표	지각추론지표
	③	유동추론지표	
	④	작업기억지표	작업기억지표
	⑤	처리속도지표	처리속도지표
추가지표	①	양적추론지표	–
	②	청각작업기억지표	
	③	비언어지표	
	④	일반능력지표	
	⑤	인지효율지표	

② 전체 IQ와 더불어 기본지표점수는 아동의 가장 일반적인 인지능력을 설명하고 평가하기 위한 것이다. 23중특

지표	내용
언어이해	언어적 추론, 이해, 개념화, 단어 지식 등을 이용하는 언어 능력 측정
시공간	시공간 조직화 능력, 전체-부분 관계성의 통합 및 종합능력, 시각적 세부사항에 대한 주의력, 시각-운동 협응 능력 등을 측정
유동추론	귀납적 추론과 양적 추론능력, 전반적인 시각지능, 동시처리, 개념적 사고, 추상적 사고 능력 등을 측정
작업기억	주의력, 집중력, 작업기억(제시되는 정보를 효율적으로 처리하기 위해 아주 짧은 시간 동안 머릿속에 정보를 유지하는 능력) 등을 측정
처리속도	간단한 시각적 정보를 빠르고 정확하게 탐색하고 변별하는 능력, 정신 속도와 소근육 처리 속도 등을 측정

출처 ▶ K-WISC-V 검사결과 소견서

③ 소검사 대체는 어떤 기본지표점수에서도 허용되지 않는다.

(3) 추가지표척도 수준

① 추가지표척도 수준은 양적추론, 청각작업기억, 비언어, 일반능력, 인지효율과 같은 5개로 구성된다.

② 추가지표점수들은 기본 소검사 또는 기본과 추가 소검사의 조합으로 산출되며, 이는 아동의 인지적 능력과 K-WISC-V 수행에 대한 추가적인 정보를 제공한다.

③ 소검사 대체는 어떤 추가지표점수에서도 허용되지 않는다.

2. 소검사 내용 및 범주

(1) 소검사 내용 23중특

K-WISC-V는 16개의 소검사로 이루어져 있다.

① K-WISC-IV와 동일한 13개 소검사: 토막짜기, 공통성, 행렬추리, 숫자, 기호쓰기, 어휘, 동형찾기, 상식, 공통그림찾기, 순차연결, 선택, 이해, 산수

② K-WISC-V에서 새롭게 개발된 3개 소검사: 퍼즐, 무게비교, 그림기억

소검사 비교

K-WISC-IV의 소검사 중 K-WISC-V의 소검사에 포함되지 않는 소검사는 '단어추리'와 '빠진곳찾기' 2개이다.

자료

소검사 점수 유형 및 범주

소검사	범주
토막짜기	기본(전체 IQ)
공통성	기본(전체 IQ)
행렬추리	기본(전체 IQ)
숫자	기본(전체 IQ)
기호쓰기	기본(전체 IQ)
어휘	기본(전체 IQ)
무게비교	기본(전체 IQ)
퍼즐	기본
그림기억	기본
동형찾기	기본
상식	추가
공통그림찾기	추가
순차연결	추가
선택	추가
이해	추가
산수	추가

(2) 소검사 범주

소검사는 두 가지 일반적인 범주인 기본 소검사와 추가 소검사에 속하게 된다.

① 지적 능력의 종합적인 설명과 평가를 위해 10개의 기본 소검사를 실시해야 한다.

㉠ 10개의 기본 소검사들은 전체 IQ, 5개의 기본지표점수, 5개의 추가지표점수를 산출하기 위해 특정한 조합으로 구성된다.

㉡ 전체 IQ를 얻기 위해 10개의 기본 소검사 중 7개가 사용된다.

② 추가 소검사는 전체 IQ 소검사 중 하나가 빠졌거나 유효하지 않은 경우, 대체하여 사용할 수 있다. 그리고 전체 IQ를 얻는 데 사용하지 않는 3가지 기본 소검사들(퍼즐, 그림기억, 동형찾기)도 대체하여 사용할 수 있다.

- 6개의 추가 소검사들은 지적 기능에 대해 조금 더 풍부한 정보를 제공하고, 임상적인 의사결정을 하는 데 추가적인 정보를 줄 수 있으므로 기본 소검사들과 더불어 실시하는 것이 좋다.

③ K-WISC-V에서 소검사 대체는 전체 IQ를 산출할 때, 한 번의 대체만이 허용된다.

- 대체되는 소검사는 같은 영역의 다른 소검사를 위해서 쓰여야 한다.

예 언어이해 소검사가 누락되거나 유효하지 않을 경우 언어이해 소검사에서는 대체될 수 있지만, 시공간, 유동추론, 작업기억, 처리속도의 소검사를 대체할 수는 없다.

3. 소검사의 실시

① 전체 IQ 소검사들을 제일 먼저 실시하고, 그다음에는 나머지 기본 소검사들을 실시한다. 필요하다면 추가 소검사들을 그 이후에 실시한다.

② 모든 소검사를 다 실시하지 않는 경우, 불필요한 소검사를 건너뛰고 표준 순서에 따라 검사를 계속 실시하면 된다.

③ 표준 소검사 실시 순서는 다음과 같다.

- 토막짜기 → 공통성 → 행렬추리 → 숫자 → 기호쓰기 → 어휘 → 무게비교 → 퍼즐 → 그림기억 → 동형찾기 → 상식 → 공통그림찾기 → 순차연결 → 선택 → 이해 → 산수

④ 10개의 기본 소검사를 모두 실시하였을 경우 아동의 지적 능력에 대한 종합적인 설명과 평가는 가능하다. 그러나 6개의 추가 소검사는 아동의 지적 기능에 대해 좀 더 풍부한 정보를 제공할 수 있으므로 기본 소검사와 더불어 실시하는 것이 좋다.

4. 결과 및 해석

① K-WISC-V는 16개 소검사별 환산점수와 전체 IQ 및 10개 지표(5개 기본지표, 5개 추가지표)에 대한 합산점수를 제공한다.

② 소검사별 환산점수는 평균이 10이고 표준편차가 3인 표준점수이며, 전체 IQ 및 10개 지표에 대한 합산점수는 평균이 100이고 표준편차가 15인 표준점수이다. 전체 IQ 및 10개 지표에 대해서는 백분위점수도 제공한다.

K-WISC-V의 지표점수 분석

지표	환산 점수합	지표 점수	백분위	신뢰구간 (95%)	진단분류 (수준)	측정표준오차 (SEM)
언어이해	14	84	14	77~93	평균 하	3.55
시공간	16	89	23	82~99	평균 하	4.61
유동추론	15	86	17	79~95	평균 하	4.39
작업기억	5	58	0.3	54~69	매우 낮음	3.93
처리속도	7	65	1	60~77	매우 낮음	4.89
전체 IQ	40	69	2	65~76	매우 낮음	2.77

전체 IQ 및 5개 지표 IQ는 다음과 같이 해석된다.

IQ	130 이상	120~129	110~119	90~109	80~89	70~79	69 이하
지능의 진단적 분류	매우 우수 수준	우수 수준	평균 상 수준	평균 수준	평균 하 수준	낮음 수준	매우 낮음 수준

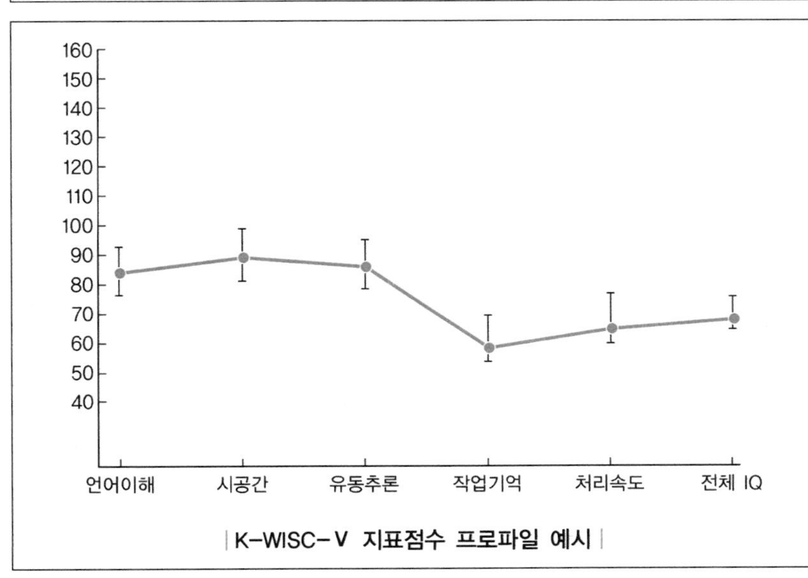

| K-WISC-V 지표점수 프로파일 예시 |

자료

특별한 도움이 필요한 아동의 검사

신체적, 언어적, 감각적 어려움을 가져 특별한 도움이 필요한 아동에게 심리학적 평가가 필요한 경우도 있다. 이러한 아동의 경우, 인지 검사에서 낮은 수행을 보이는 원인이 지적 능력이 낮기 때문이라기보다는 실제 신체적, 언어적, 감각적 어려움 때문일 수 있다는 것이 중요하다(곽금주 외, 2020).

5. 특별한 도움이 필요한 아동의 검사

① 특별한 도움이 필요한 아동을 평가할 때, 검사자는 아동의 특별한 요구에 적합하게 고안된 검사뿐만 아니라 K-WISC-V를 포함하는 종합적인 검사도구를 사용해야 한다. 비표준적인 실시 순서, 대체, 번역 등 표준적인 실시와 채점방법에서 수정된 것은 어떤 것이든 전부 기록용지에 기록해야 하며 검사 결과를 해석할 때 고려해야 한다.

- 일부 수정은 규준을 그대로 사용하는 것이 타당하지 않게 만들 수 있음에도 불구하고, 한계검증을 통하여 종종 지적 기능에 관한 아동의 강점과 약점에 대한 중요한 질적, 양적 정보를 제공한다.

② 신체적, 언어적, 감각적 어려움이 있는 아동을 검사하기에 앞서, 검사자는 아동의 한계와 아동이 선호하는 형태의 의사소통 방식을 알아야 하며 표준절차와 다르게 진행할 수 있다.

㉠ 표준절차 유지의 필요성과 아동의 요구 사이에서 균형을 맞추기 위해 어느 정도 융통성이 필요하다.

㉡ 예를 들어, 아동은 토막짜기, 기호쓰기, 동형찾기, 또는 선택 소검사를 수행하는 능력에 영향을 주는 운동 기술에 어려움을 보일 수도 있다. 이런 상황에서 검사자는 운동 능력을 전혀 요구하지 않거나 비교적 단순한 정도로만 요구하는 언어이해, 시공간, 유동추론, 작업기억 소검사만 실시하는 것을 고려해야 한다.

③ 언어적 어려움이 있는 아동의 경우, 검사자는 아동의 인지적 능력에 대한 추정 시에는 비언어 소검사와 비언어지표(NVI)에 더 비중을 둘 수 있다. 한국어가 유창하지 않은 아동이 평가를 받을 때에도 비슷한 어려움들이 나타날 수 있다.

㉠ 검사의 번역 및 이중언어로의 실시는 표준화된 실시에서 벗어난 것이며 점수 해석 시 반드시 고려되어야 한다.

㉡ 표준화된 검사 실시를 통해 점수를 얻게 되는 점수와 아동이 지시문을 충분히 이해할 수 있도록 수정된 절차에 따라 얻어지는 점수에 대해서는 임상적인 판단이 필요하다.

03 한국판 웩슬러 유아지능검사-4판(K-WPPSI-Ⅳ) 18유특

1. 목적 및 대상

목적	유아의 인지능력 평가
대상	만 2세 6개월~7세 7개월

2. 검사도구의 구성

① K-WPPSI-Ⅳ는 15개의 소검사로 구성되어 있으며, 15개의 소검사는 핵심소검사와 보충소검사, 선택소검사의 세 가지 범주로 나뉜다.

② K-WPPSI-Ⅳ는 2세 6개월~3세 11개월용, 4~7세 7개월용의 두 연령군으로 나누어지며, 각 연령군은 서로 다른 소검사로 구성되어 있다.

- 4 : 0-7 : 7세용에서는 15개 소검사가 모두 사용되는 반면 2 : 6-3 : 11세용에서는 7개의 소검사가 사용된다.

K-WPPSI-Ⅳ의 구성 내용

4 : 0-7 : 7세용			2 : 6-3 : 11세용		
소검사 범주	소검사		소검사 범주	소검사	
핵심소검사	①	토막짜기	핵심소검사	①	수용어휘
	②	상식		②	토막짜기
	③	행렬추리		③	그림기억
	④	동형찾기		④	상식
	⑤	그림기억		⑤	모양맞추기
	⑥	공통성		⑥	위치찾기
	⑦	공통그림찾기	-		
	⑧	선택하기			
	⑨	위치찾기			
	⑩	모양맞추기			
보충소검사	⑪	어휘	보충소검사	⑦	그림명명
	⑫	동물짝짓기	-		
	⑬	이해			
선택소검사	⑭	수용어휘	-		
	⑮	그림명명			

③ 4~7세 7개월용은 전체 IQ와 더불어 5개 기본지표점수와 4개 추가지표점수를 산출하는 데 반해 2세 6개월~3세 11개월용에서는 전체 IQ와 더불어 3개 기본지표점수와 3개의 추가지표점수를 산출한다.

K-WPPSI-Ⅳ의 전체 IQ와 지표점수의 소검사 구성

<table>
<tr><th colspan="4">4:0-7:7세용</th><th colspan="4">2:6-3:11세용</th></tr>
<tr><th colspan="3">구분</th><th>소검사</th><th colspan="3">구분</th><th>소검사</th></tr>
<tr><td colspan="3">전체 IQ</td><td>• 토막짜기
(대체가능 소검사: 모양맞추기)
• 상식
(대체가능 소검사: 어휘, 이해)
• 행렬추리
(대체가능 소검사: 공통그림찾기)
• 동형찾기
(대체가능 소검사: 선택하기, 동물짝짓기)
• 그림기억
(대체가능 소검사: 위치찾기)
• 공통성
(대체가능 소검사: 어휘, 이해)</td><td colspan="3">전체 IQ</td><td>• 수용어휘
(대체가능 소검사: 그림명명)
• 토막짜기
• 그림기억
(대체가능 소검사: 위치찾기)
• 상식
• 모양맞추기</td></tr>
<tr><td rowspan="5">기본지표</td><td>①</td><td>언어이해지표</td><td>• 상식 • 공통성</td><td rowspan="3">기본지표</td><td>①</td><td>언어이해지표</td><td>• 수용어휘 • 상식</td></tr>
<tr><td>②</td><td>시공간지표</td><td>• 토막짜기 • 모양맞추기</td><td>②</td><td>시공간지표</td><td>• 토막짜기 • 모양맞추기</td></tr>
<tr><td>③</td><td>유동추론지표</td><td>• 행렬추리 • 공통그림찾기</td><td>③</td><td>작업기억지표</td><td>• 그림기억 • 위치찾기</td></tr>
<tr><td>④</td><td>작업기억지표</td><td>• 그림기억 • 위치찾기</td><td colspan="4" rowspan="2">–</td></tr>
<tr><td>⑤</td><td>처리속도지표</td><td>• 동형찾기 • 선택하기</td></tr>
<tr><td rowspan="4">추가지표</td><td>①</td><td>어휘습득지표</td><td>• 수용어휘 • 그림명명</td><td rowspan="3">추가지표</td><td>①</td><td>어휘습득지표</td><td>• 수용어휘 • 그림명명</td></tr>
<tr><td>②</td><td>비언어지표</td><td>• 토막짜기
(대체가능 소검사: 모양맞추기)
• 행렬추리
• 동형찾기
(대체가능 소검사: 선택하기, 동물짝짓기)
• 그림기억
(대체가능 소검사: 위치찾기)
• 공통그림찾기</td><td>②</td><td>비언어지표</td><td>• 토막짜기 • 그림기억
• 모양맞추기 • 위치찾기</td></tr>
<tr><td>③</td><td>일반능력지표</td><td>• 토막짜기
(대체가능 소검사: 모양맞추기)
• 상식
(대체가능 소검사: 어휘, 이해)
• 행렬추리
(대체가능 소검사: 공통그림찾기)
• 공통성
(대체가능 소검사: 어휘, 이해)</td><td>③</td><td>일반능력지표</td><td>• 수용어휘
(대체가능 소검사: 그림명명)
• 토막짜기
• 상식
• 모양맞추기</td></tr>
<tr><td>④</td><td>인지효율성 지표</td><td>• 동형찾기
(대체가능 소검사: 동물짝짓기)
• 그림기억
• 선택하기
(대체가능 소검사: 동물짝짓기)
• 위치찾기</td><td colspan="4">–</td></tr>
</table>

3. 결과 및 해석

① K-WPPSI-Ⅳ는 4:0-7:7세용의 경우 15개 소검사별 환산점수와 전체 IQ 및 9개 지표(5개 기본지표, 4개 추가지표)에 대한 합산점수를 제공하고, 2:6-3:11세용의 경우 7개 소검사별 환산점수와 전체 IQ 및 6개 지표(3개 기본지표, 3개 추가지표)에 대한 합산점수를 제공한다.

② 소검사별 환산점수는 평균이 10이고 표준편차가 3인 표준점수이며, 전체 IQ 및 지표에 대한 합산점수는 평균이 100이고 표준편차가 15인 표준점수이다.

- 전체 IQ 및 지표에 대해서는 백분위점수도 제공한다.

K-WPPSI-Ⅳ의 지표점수 분석

척도	환산 점수합	지표 점수	백분위	신뢰구간 90%(95%)	분류 범주	SEM
언어이해	13	80	8.0	72~88(70~90)	평균 이하	4.62
시공간	8	64	1.0	53~75(51~77)	매우 낮음	8.23
유동추론	5	57	0.2	50~64(49~65)	매우 낮음	4.45
작업기억	7	61	0.5	53~69(51~71)	매우 낮음	5.32
처리속도	25	115	83.0	105~125(103~127)	평균 이상	5.81
전체척도	44	79	8.0	68~90(66~92)	경계선	6.35

설명 6세 10개월인 길동이의 전체 IQ는 79점으로 또래 집단과 비교해 보면 경계선 수준이다. 언어이해지표는 80점으로 평균 이하이고, 시공간지표 64점, 유동추론 57점, 작업기억 61점으로 매우 낮은 수준으로 나타났고, 처리속도는 115점으로 평균 이상으로 나타났다.

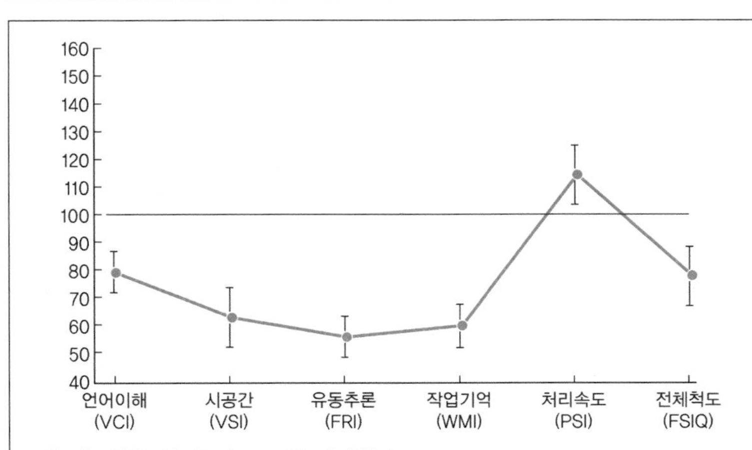

주) 세로선은 신뢰구간 90%를 나타낸다.

| K-WPPSI-Ⅳ 지표점수 프로파일 예시 |

04 한국판 카우프만 지능검사 2판(KABC-II) 11유특, 25중특

1. 목적 및 대상

목적	• 주된 검사 목적: 인지능력의 사정 • 학습장애와 다른 특수아의 심리적, 임상적, 심리·교육적 사정을 목적으로 하기도 함
대상	만 3~18세

2. 이론적 모델 및 특징 18초특

① Luria의 신경심리학적 모델과 Cattell-Horn-Carroll(CHC) 모델의 이론 구조에 입각하여 개발되었다. CHC 모델과 Luria 모델에 근거하여 개발되었기 때문에 보완적인 두 이론적 관점에서 진단하고 해석 가능하다.

㉠ CHC 심리측정이론은 구체적인 인지능력을 강조하며, 장기기억과 인출, 단기기억, 시각적 처리, 유동성 추론, 결정성 능력 등과 같은 광범적 능력을 측정한다.

㉡ Luria의 신경심리이론은 아동이 문제를 해결할 때 정보를 처리하는 과정(학습력, 순차처리, 동시처리, 계획력)을 강조한다.

② 비언어성 척도를 포함하고 있어 제한된 언어능력을 가진 아동들을 타당하게 평가할 수 있다.

- 비언어성 척도는 언어를 사용하지 않고 몸짓으로 반응할 수 있는 검사들로 구성되어 있으며, 언어장애가 있거나 우리말을 유창하게 사용할 수 없는 아동들의 인지적 능력을 측정하기 위한 것이다.

③ 검사자가 검사의 목적과 피검사자의 특성에 따라 Luria 모델과 CHC 모델 중 하나를 선택하여 검사를 실시할 수 있으며, 검사 실시 전에 어느 모델을 선택할 것인지를 결정해야 한다.

㉠ 검사자는 대개의 경우 CHC 모델을 선택하면 된다.

- Kaufman은 지식/Gc가 원칙적으로 인지기능의 중요한 측면이라고 믿기 때문에 Luria 모델보다 우선적으로 CHC 모델을 선택할 것을 권한다.

㉡ Luria 모델은 다문화 가정의 아동, 언어장애, 청각장애, 자폐성장애가 있거나 의심되는 경우 등에서 활용이 가능하다.

Carroll의 위계적 이론

Carroll은 지적 능력을 세 가지 수준 또는 계층으로 나눈 위계적 이론을 개발하였다.

- 계층 III(일반능력): Spearman의 g와 같은 것으로, Carroll은 요인분석을 통한 확실한 증거에 근거하는 타당한 구조로 보았다.
- 계층 II(광범적 능력): Gardner의 일곱 가지 '지능'과 대략 유사한 것으로 볼 수 있으며 Horn의 광범적 능력과 상당히 근접하게 일치하는 8개의 대단위 능력으로 구성되어 있다.
- 계층 I(한정적 능력): 상당히 구체적인 약 70개의 특정한 능력들로 구성되어 있으며 각각은 가장 밀접하게 관련 있는 광범적 능력에 속해 있다. '검사의 난이도에 따른 수행수준', '개인이 과제를 수행하는 속도', 혹은 '학습과 기억과제에서의 학습 속도'를 나타낸다.

출처 ▶ 문수백(2014)

자료

심리측정이론과 신경심리이론

CHC모델은 10년 이상 축적되어 온, 말 그대로 수천의 실증적 연구들, 특히 요인분석의 통계적 기술을 사용한 수많은 연구에 기초하고 있다. 이러한 점에서, Luria의 이론이 연구자들 또는 Luria 자신의 뇌와 행동의 관계에 관한 임상적, 신경심리학적 연구에 근거를 두고 있는 이론인 것에 반해 CHC이론은 데이터에 근거하여 개발된 이론임을 알 수 있다. Luria의 이론 또한 요인분석을 포함한 타당도를 확인할 수 있는 다양한 심리측정적 연구들에 의해 확인된 바 있으므로 실증적 검증에 근거하지 않는다는 것은 아니다. 그러나 CHC이론은 임상적 연구에 기인하는 Luria의 이론과는 확실하게 구분되는 심리측정학적 이론이다(문수백, 2014).

3. 검사도구의 구성

① KABC-Ⅱ는 2개의 지표와 5개의 척도, 18개의 하위검사로 구성되어 있다.

㉠ 지표: 인지처리지표, 유동성-결정성지표

㉡ 척도: 순차처리, 동시처리, 계획력, 학습력, 지식

	Luria 용어	CHC 용어	KABC-II 하위척도 명칭
구분	순차처리	단기기억	순차처리
	동시처리	시각적 처리	동시처리
	학습력	장기기억-회생	학습력
	계획력	유동성 추리	계획력
	-	결정적 능력	지식
KABC-II 전체척도 명칭	인지처리지표 (MPI)	유동성-결정성지표 (FCI)	-

② 18개의 하위검사는 핵심 하위검사와 보충 하위검사의 두 가지 유형으로 나누어진다.

㉠ 핵심 하위검사의 점수를 이용하여 하위척도지수와 전체척도지수를 산출한다.

㉡ 보충 하위검사는 인지적 기능과 처리과정에서 존재할 수 있는 결손을 측정할 수 있도록 해주기 때문에, KABC-Ⅱ를 통해서 측정할 수 있는 인지능력을 보다 넓게 그리고 심도 있게 측정할 수 있도록 해준다.

- 보충 하위검사에서 얻어진 점수는 비언어성 척도일 경우를 제외하고 KABC-Ⅱ 척도지수를 계산하기 위해 사용하지 않는다.

③ 비언어성 척도는 네 개나 다섯 개의 핵심, 보충 하위검사로 이루어져 있다.

유동성지능

Cattell은 추론을 통해 새로운 문제를 해결하는 능력인 유동성지능을 아주 중요한 생물학적, 신경학적 기능이라고 보았으며 연령의 증가에 따라 영향을 받는다고 믿었다(문수백, 2014).

결정성지능

교육과 개인이 접하는 문화적인 환경에 의해 많은 영향을 받는 지식 기반 능력이며 연령에 의해 영향을 덜 받는다(문수백, 2014).

4. 검사의 실시

① 핵심 하위검사를 실시할 경우, 연령에 따라 다소 다르지만 약 25~60분(Luria 모델) 또는 70분(CHC 모델)이면 척도점수 프로파일을 할 수 있다.

- 피검자의 연령에 따라 실시하는 하위검사의 수와 소요 시간이 달라진다.

연령별 실시검사의 수 및 평균 검사 실시 추정시간

구분	연령					
	3	4	5	6	7~12	13~18
Luria 모델(MPI)						
하위검사의 수	5	7	7	8	8	8
핵심 하위검사 실시의 평균시간(분)	25-30	30-35	35-40	45-50	55-60	50-55
CHC 모델(FCI)						
하위검사의 수	7	9	9	10	10	10
핵심 하위검사 실시의 평균시간(분)	30-35	40-45	45-50	55-60	70-75	65-70
비언어성 척도(NVI)						
하위검사의 수	4	4	5	5	5	5
핵심 하위검사 실시의 평균시간(분)	20	20	30	30	40	40

② 보통의 경우, 비언어성 척도는 청각장애나 듣기에 문제가 있는 아동, 보통 정도에서 중증까지의 언어장애 아동, 사실상 우리말을 거의 할 수 없는 아동들을 위해 실시된다.

5. 결과 및 해석

① KABC-Ⅱ는 실시된 하위검사별로 환산점수(평균 10, 표준편차 3), 백분위 점수, 연령점수를 제공한다.

② 5개 하위척도와 2개 전체척도에 대해서는 평균 100, 표준편차 15의 표준 점수와 백분위점수를 제공한다.

③ 전체적인 수행결과를 요약해 주는 전체척도지수(FCI)의 결과를 해석하면 다음과 같다.

CHC 모델

이름(성별)	홍길동(남)
연령	11세
특성	학습장애

전체 척도	하위검사 환산 점수의 합	표준점수 M=100, SD=15	신뢰구간 90%	신뢰구간 95%	백분위	서술적 범주
유동성-결정성 지표(FCI)	106	104	101~107	100~108	61	보통 정도이다

출처 ▶ 문수백(2014)

- 길동이의 FCI는 104 정도 되는 것으로 나타났다.
- 측정의 오차를 고려할 때 길동이의 FCI 진점수는 95% 신뢰수준에서 100~108 구간에 존재할 것으로 추정된다.
- FCI 점수인 104점은 길동이의 일반 인지능력을 나타내는 점수로 "보통 정도"에 해당된다고 말할 수 있다. 이 정도의 FCI 점수는 길동이의 또래 연령대인 11세 전체아동들의 FCI와 비교해 볼 때 상위 39%에 해당되는 점수이다.

Tip

KABC-Ⅱ의 결과 및 해석에 제시된 모든 내용은 KABC-Ⅱ 전문가 지침서(문수백, 2014)를 인용하였다.

자료

KABC-Ⅱ의 서술적 분류 체계

표준점수 범위	서술적 분류
131 이상	매우 높다.
116~130	보통 이상이다.
85~115	보통 정도이다.
70~84	보통 이하이다.
69 이하	매우 낮다.

KORSET 합격 굳히기 한국판 라이터 비언어성 지능검사 - 개정판

1. 목적 및 대상 25중특

K-Leiter-R은 2세 0개월부터 7세 11개월까지의 아동들을 대상으로 인지기능을 평가하기 위한 검사이다. 특히, K-Leiter-R은 이중 언어환경에서 자란 아동이나 청각장애, 의사소통장애, 주의력결핍 과잉행동장애, 학습장애, 뇌손상 등을 가진 아동들에게도 실시할 수 있는 비언어성 지능검사이다.

2. 검사도구의 구성

① K-Leiter-R은 크게 검사와 평정척도의 두 부분으로 이루어져 있다.

② 검사는 시각화, 추론 및 공간 능력과 관련된 비언어적 지적 능력을 평가하는 '시각화 및 추론(VR) 검사'와 비언어적 주의력 및 기억력을 평가하는 '주의력 및 기억력(AM) 검사'로 구성되어 있다.

- VR 검사에서는 9개의 소검사가 그리고 AM 검사에서는 10개의 소검사가 포함되어 있다.

③ 아동에 대한 다차원적인 행동관찰 정보를 제공하는 평정척도는 '검사자 평정척도'와 '부모 평정척도'로 구성되어 있으며 각각 8개의 하위척도가 포함되어 있다.

3. 결과 및 해석

① VR 검사

㉠ 소검사별로 환산점수(평균 10, 표준편차 3), 백분위점수, 성장점수, 연령등가점수를 제공한다.

㉡ 전체지능과 단축지능별로 지능지수(평균 100, 표준편차 15), 백분위점수, 성장점수, 연령등가점수를 제공한다.

㉢ 복합점수의 2개 영역별로 복합지수(평균 100, 표준편차 15), 백분위점수, 성장점수, 연령등가점수를 제공한다.

② AM 검사

㉠ 소검사별로 환산점수(평균 10, 표준편차 3), 백분위점수, 성장점수, 연령등가점수를 제공한다.

㉡ 복합점수의 6개 영역별로 복합지수(평균 100, 표준편차 15), 백분위점수, 성장점수(단, 주의력 영역 제외), 연령등가점수(단, 주의력 영역 제외)를 제공한다.

③ 평정척도

㉠ 하위척도별로 환산점수(평균 10, 표준편차 3)와 백분위점수를 제공한다.

㉡ 복합점수의 2개 영역별로 복합지수(평균 100, 표준편차 15)와 백분위점수를 제공한다.

출처 ▶ 이승희(2019)

05 적응행동 영역 진단 · 평가도구

01 국립특수교육원 적응행동검사(KNISE-SAB) 11초특, 13중특, 13유특(추시), 18초특

1. 목적 및 대상

목적	• 검사 대상자의 선별과 특수교육의 적격성 결정 • 특정 교수 프로그램의 개발과 평가
대상	• 지적장애 아동의 경우: 만 5세~17세 • 일반아동의 경우: 만 21개월~17세

2. 검사도구의 특징

① 아동을 6개월 이상 관찰하여 아동의 특성과 행동을 제대로 파악하고 있는 정보 제공자와의 면담을 통해 실시된다.

② 결과는 개념적 적응행동지수, 사회적 적응행동지수, 실제적 적응행동지수 그리고 전체 적응행동지수로 산출되는데, 평균은 100, 표준편차가 15인 표준점수이다.

③ 검사자는 한 번의 회기 내에 전체 검사를 실시할 수 있도록 해야 한다.

④ 여러 가지 사정으로 인해 불가피하게 소검사를 분리해서 실시해야 하는 경우라면, 첫 번째 검사와 두 번째 검사와의 간격은 일주일 이상이어서는 안 된다.

3. 검사도구의 구성

국립특수교육원 적응행동검사는 3개 영역, 24개 소검사, 242문항으로 구성되어 있다.

개념적 적응행동	• 구체적 · 현실적인 실제가 아닌 학문적 상황에서 성공하는 데 필요한 기술 • 언어이해, 언어표현, 읽기, 쓰기, 돈 개념, 자기지시의 6개 소검사(72문항)로 구성
사회적 적응행동	• 사회적 기대와 다른 사람의 행동을 이해하고 사회적 상황에서 자신이 어떻게 행동하는 것이 적절한지를 판단하는 기술인 사회적 기술 • 사회성 일반, 놀이 활동, 대인관계, 책임감, 자기존중, 자기보호, 규칙과 법의 7개 소검사(68문항)로 구성
실제적 적응행동	• 평범한 일상생활 활동을 해 나가는 데 있어 독립된 인간으로서 자신을 유지해 가는 실제적 적응기술 • 화장실 이용, 먹기, 옷 입기, 식사준비, 집안정리, 교통수단 이용, 진료받기, 금전관리, 통신수단 이용, 작업기술, 안전 및 건강관리의 11개 소검사(102문항)로 구성

4. 결과 및 해석

KNISE-SAB는 개념적 적응행동지수, 사회적 적응행동지수, 실제적 적응행동지수, 전체 적응행동지수를 제공하는데 이러한 지수들은 모두 평균이 100이고 표준편차가 15인 표준점수이다.

Tip
KNISE-SAB의 결과 및 해석에 제시된 모든 내용은 KNISE-SAB 요강(정인숙 외, 2003)을 인용하였다.

홍길동의 KNISE-SAB 검사 결과

구분 \ 소검사		언어이해	언어표현	읽기	쓰기	돈 개념	자기지시	사회성일반	놀이활동	대인관계	책임감	자기존중	자기보호	규칙과 법	화장실 이용	먹기	옷 입기	식사준비	집안정리	교통수단이용	진료받기	금전관리	통신수단이용	작업기술	안전및건강관리	환산점수합	적응행동지수
원점수		25	18	12	12	14	10	16	9	9	8	10	8	17	15	24	27	6	11	13	11	5	9	11	25		
일반학생 환산점수	개념적 적응행동검사	1	0	0	3	1	2																			7	46
	사회적 적응행동검사							4	6	2	0	4	1	6												23	58
	실제적 적응행동검사														10	8	4	4	4	5	12	1	0	4	3	45	58
	전체 적응행동검사																									75	50
지적장애학생 환산점수	개념적 적응행동검사	12	11	13	14	17	13																			80	119
	사회적 적응행동검사							11	8	11	11	12	11	13												77	106
	실제적 적응행동검사														12	11	12	11	12	13	12	12	14	13	12	134	113
	전체 적응행동검사																									291	113

출처 ▶ 국립특수교육원(2003)

① 소검사의 환산점수를 토대로 환산점수의 합을 산출한 결과, 일반학생의 환산점수 산출표에 의한 홍길동의 개념적 적응행동검사의 합은 7점이고, 사회적 적응행동검사의 합은 23점이며, 실제적 적응행동검사의 합은 45점이고, 이 세 가지 환산점수를 합한 전체 적응행동검사의 환산점수의 합은 75점이었다. 그리고 지적장애 학생의 환산점수 산출표에 의한 홍길동의 개념적 적응행동검사의 합은 80점이고, 사회적 적응행동검사의 합은 77점이며, 실제적 적응행동검사의 합은 134점이며, 이 세 가지 환산점수를 합한 전체 적응행동검사의 환산점수의 합은 291점이었다.

㉠ 개념적 적응행동 검사, 사회적 적응행동 검사, 실제적 적응행동 검사 및 전체 적응행동 검사의 환산점수의 합을 산출한 다음, 이 합을 가지고 적응행동지수 산출표에서 해당하는 적응행동지수를 찾으면 홍길동의 적응행동지수를 산출할 수 있다.

㉡ 적응행동지수는 일반학생 적응행동지수 산출표로 먼저 산출한 다음, 어느 한 검사나 전체 검사의 적응행동지수가 평균으로부터 −2표준편차 이하에 포함되는 경우 지적장애학생 적응행동지수 산출표로 또 하나의 적응행동지수를 더 산출해야 한다. 그렇지 않은 경우에는 지적장애 학생 적응행동지수 산출표를 이용할 필요가 없다.

② 홍길동의 환산점수의 합을 토대로 매뉴얼의 적응행동지수 산출표를 참조하여 적응행동지수를 산출한 결과, 일반학생의 적응행동지수 산출표에 의한 홍길동의 개념적 적응행동지수는 46, 사회적 적응행동지수는 58, 실제적 적응행동지수는 58로 전체 적응행동지수는 50이었다. 그리고 매뉴얼의 지적장애 학생 적응행동지수 산출표에 의한 개념적 적응행동지수는 119, 사회적 적응행동지수는 106, 실제적 적응행동지수는 113으로 전체 적응행동지수는 113이었다.

㉠ 일반학생을 규준으로 하면 개념적 적응행동지수에서는 약 0.1% 이상의 학생이 홍길동의 점수 아래에 분포하고, 사회적 적응행동지수에서는 약 0.4% 이상의 학생이 홍길동의 점수 아래에 분포하며, 실제적 적응행동지수에서는 약 0.4% 이상의 학생이 홍길동의 점수 아래에 분포한다. 따라서 홍길동의 적응행동지수를 진단적 분류에 따라 해석해 보면 전체 적응행동지수, 개념적 적응행동지수, 사회적 적응행동지수 및 실제적 적응행동지수 모두 지적장애의 범주에 해당된다고 할 수 있다.

✿ 적응행동지수와 백분위점수와의 관계

적응행동지수	백분위점수	적응행동지수	백분위점수
–	–	100	50.0
55	0.1	105	63.0
60	0.4	110	75.0
65	1.0	115	84.0
70	2.0	120	91.0
75	5.0	125	95.0
80	9.0	130	98.0
85	16.0	135	99.0
90	25.0	140	99.6
95	37.0	145	99.9

ⓛ 지적장애 학생을 규준으로 한 홍길동의 개념적 적응행동지수는 119, 사회적 적응행동지수는 106, 실제적 적응행동지수는 113, 전체 적응행동지수는 113으로 지적장애 학생의 평균수준보다 상위이다. 따라서 홍길동은 지적장애의 범주에 해당하는 학생이며, 그의 적응행동은 평균적인 지적장애 학생의 수준이라 할 수 있다.

✿ 적응행동지수의 진단적 분류

적응행동지수	분류	비율(%)
130 이상	최우수	2.2
120~129	우수	6.7
110~119	평균 상	16.1
90~109	평균	50.0
80~89	평균 하	16.1
70~79	경계선	6.7
69 이하	지체	2.2

✿ 적응행동 프로파일

	개념적 적응행동검사							사회적 적응행동검사								실제적 적응행동검사											
환산점수	언어표현	언어이해	읽기	쓰기	돈개념	자기지시	환산점수	사회성일반	놀이활동	대인관계	책임감	자기존중	자기보호	규칙과법	환산점수	화장실이용	먹기	옷입기	식사준비	집안정리	교통수단이용	약먹기	금전관리	통신수단이용	작업기술	건강과안전	환산점수
20							20								20												20
19							19								19												19
18							18								18												18
17							17								17												17
16							16								16												16
15							15								15												15
14							14								14												14
13							13								13												13
12	d						12								12												12
11	c						11								11												11
10							10								10												10
9							9								9												9
8							8								8												8
7							7								7												7
6							6								6												6
5							5								5												5
4							4								4												4
3	b						3								3												3
2							2								2												2
1	a						1								1												1
0							0								0												0

a. 일반학생 규준 소검사 환산점수선: —○—○—
b. 일반학생 규준 전체검사 평균선: ————
c. 지적장애학생 규준 소검사 환산점수선: —×—×—
d. 지적장애학생 규준 전체검사 평균선: ------------

출처 ▶ 국립특수교육원(2003)

적응행동 프로파일의 위쪽 그래프의 규준을 단순히 장애학생이라고 해서는 안 되며 지적장애 학생임을 명확히 제시할 수 있어야 한다.

02 국립특수교육원 적응행동검사(NISE-K · ABS)

1. 목적 및 대상

유아용	만 2세(24개월)~만 6세 5개월(77개월)까지
초 · 중등용	만 6세~만 18세까지

① 생활연령이 만 18세를 넘는 지적장애로 의심되는 경우에도 초 · 중등용 NISE-K · ABS를 부분적으로 사용할 수 있다.

② 지필 검사를 할 때 15일 미만은 버리고 15일 이상은 한 달을 올려서 생활연령을 계산한다.

2. 검사도구의 구성

영역	유아용		초 · 중등용	
	소검사	문항 수	소검사	문항 수
개념적 기술	인지	18	인지	25
	언어	8	언어	12
	수	7	수	12
사회적 기술	자기표현	9	자기표현	10
	타인인식	14	타인인식	17
	대인관계	26	대인관계	19
실제적 기술	운동 및 식사	14	기본생활	27
	의복	9	가정생활	10
	위생	7	지역적응	14
	일상	13	IT활용	12
합계		125		158

자료

초 · 중등용의 IT활용 검사 문항 일부

- 문자 메시지를 상황에 맞게 주고받는다.
- 필요한 정보를 얻기 위해 검색창에 적절한 핵심단어(키워드)를 입력한다.
- SNS, 메신저 등에서 자신의 감정을 표현하기 위하여 적절한 그림말(이모티콘)을 사용한다.
- 컴퓨터나 휴대폰 등의 기기에서 와이파이를 연결하여 사용한다.

… (이하 생략) …

3. 결과 및 해석

적응행동검사 결과			
원점수	적응지수	표준점수	백분위점수
121	45	66	1.0

적응행동검사 결과 해석

- 표준점수가 69 이하인 경우는 상당히 저조한 수준입니다.

※ 적응행동검사 결과 표준점수가 69 이하인 경우에는 적절한 관심과 지원이 시급하다는 의미입니다.

하위 영역별 결과				
영역	원점수	척도점수	표준점수	백분위점수
개념적 기술	25	11	66	1
사회적 기술	51	12	68	2
실제적 기술	45	22	72	3

출처 ▶ 국립특수교육원(2019)

① 적응행동검사 결과는 모든 검사 문항에 관한 결과이다. 위의 〈표〉에서 피검사자의 표준점수는 66점이다. 적응행동검사 결과 해석에서는 표준점수가 69 이하이면 적응행동이 상당히 저조한 수준이라는 것을 알려 주고 있다. 표준점수는 평균 100, 1표준편차는 15로 규준이 개발되었다. 2표준편차 미만이면 통계적으로 유의한 수준에서 적응행동에 결함이 있다는 것으로 간주하게 된다. 따라서 이 피검사자는 표준점수가 2표준편차인 70보다도 낮은 66점이기 때문에 적응행동에 결함이 있는 것으로 판단할 수 있다.

㉠ 적응지수는 모든 소검사 척도점수의 합으로 개념적 기술, 사회적 기술, 실제적 기술 척도점수의 합이다.

㉡ 표준점수에 의한 적응행동의 판단 기준은 다음과 같다.

표준점수	수준
69 이하	상당히 저조한 수준
70~84 이하	저조한 수준
85~115 이하	평균 수준
116~130	평균 이상 수준
131 이상	상당히 높은 수준

Tip

NISE-K · ABS의 결과 및 해석에 제시된 모든 내용은 국립특수교육원 적응행동검사 NISE-K · ABS 요강(류재연 외, 2003)을 인용하였다.

자료

적응행동검사 결과

지필 검사를 할 경우에는 소검사 척도점수의 합을 먼저 구해야 적응행동검사 최종 결과를 확인할 수 있다. 따라서 결과표에서는 가장 먼저 적응행동검사 결과가 제시되었지만, 실제는 가장 나중에 계산된다(류재연 외, 2019).

② 위의 〈표〉에 의하면 개념적 기술은 66, 사회적 기술은 68로 두 기술 모두 −2표준편차 미만이다. 그러나 실제적 기술만 72점으로 표준점수가 69점 이상의 범위에 있는 것을 알 수 있다. 통계적으로 볼 때, 이 피검사자의 실제적 기술 수준이 다른 기술 수준보다 아주 근소하게 높지만 이런 경우에는 현실적으로 그 의미가 크지 않다. 이 피검사자의 적응행동 백분위 점수는 1점이다. 따라서 동일한 연령 100명을 기준으로 볼 때, 이 피검사자보다 점수가 낮은 피검사자는 1명이다. 1등에서 100으로 순서를 정한다면 99등에 해당하는 최하위 수준이라고 할 수 있다.

③ 아래의 표는 하위 소검사 유형별 결과이다. 소검사 척도점수의 경우는 평균 10점, 1표준편차 3점으로 개발되었다. 〈표〉를 보면 이 피검사자의 척도점수는 수에서 8점, 위생 9점, 일상 8점이고 나머지는 1점, 2점, 3점 혹은 5점이다. 소검사 척도점수의 경우 4점 이하이면 시급하게 지원이 필요하다는 것을 의미한다.

하위 소검사 유형별 검사

구분	개념적 기술			사회적 기술			실제적 기술			
	인지	언어	수	자기 표현	타인 인식	대인 관계	운동 및 식사	의복	위생	일상
원점수	12	6	7	6	18	27	11	9	9	16
척도 점수	1	2	8	2	5	5	2	3	9	8
백분위	00.1	00.4	25.0	00.4	05.0	05.0	00.4	01.0	37.0	25.0
적응 연령	2세 0~2개월	2세 0~2개월	4세 9~11개월	2세 0~2개월	2세 6~8개월	2세 9~11개월	2세 0~2개월	2세 6~8개월	3세 9~11개월	4세 0~2개월

※ 척도점수가 4점 이하인 경우는 적절한 관심과 지원이 시급하다는 의미입니다.

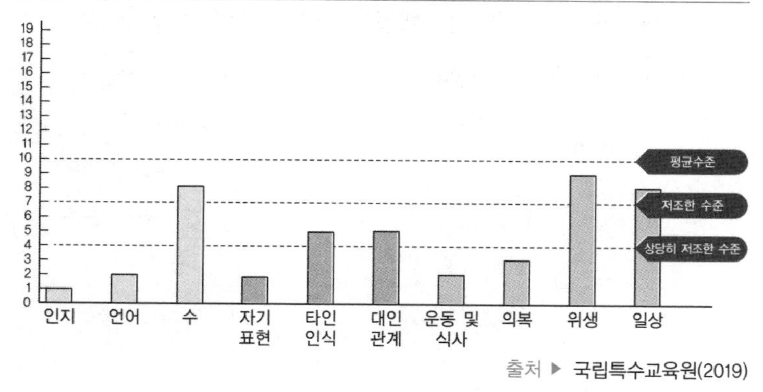

출처 ▶ 국립특수교육원(2019)

④ 소검사 점수별 적응연령의 범위를 살펴보면 인지와 언어는 2세 0개월~2개월 사이에 해당하고, 수는 4세 9개월에서 11개월 사이, 위생은 3세 9개월에서 11개월 사이, 일상은 4세 0개월에서 2개월 사이에 해당한다. 따라서 이 피검사자의 경우는 수를 제외하고는 거의 자기 생활연령(5세 1개월)에 비하여 대략 2세에서 3세 정도 적응행동 수준이 뒤처진다는 것을 알 수 있다. 이 피검사자의 경우 수와 일상을 제외하고는 상당 부분 2세에서 3세 수준에 머물러 있으므로, 전체 적응행동도 대략 2세에서 3세 수준에 해당한다고 예상할 수 있다.

03 지역사회적응검사 2판(CISA-2) 10중특

1. 목적 및 대상

목적	발달장애인이 지역사회에 통합되는 데 필수적인 적응기술들을 포괄적으로 검사
대상	만 5세 이상의 지적장애인 및 자폐성 장애인

2. 검사도구의 구성

① 지역사회적응검사 2판은 기본생활영역, 사회자립영역, 직업생활영역의 3개 영역 총 161문항으로 구성되어 있다.

기본생활 영역	• 개인의 자조기술을 비롯하여 개인생활, 가정생활, 지역사회에 적응하는 데 필요한 기초적인 생활기술을 의미한다. • 기초개념, 기능적 기호와 표지, 가정관리, 건강과 안전의 4개 하위검사로 구성되어 있다.
사회자립 영역	• 독립적인 사회생활을 유지하는 데 필요한 기술을 의미하고, 공공 서비스와 통신서비스에 대한 지식, 시간의 개념과 활용 능력, 측정 능력, 금전의 관리와 구매기술과 관련된 기술을 의미한다. • 지역사회 서비스, 시간과 측정, 금전관리, 통신서비스의 4개 하위검사로 구성되어 있다.
직업생활 영역	• 직업생활을 준비하고 유지하는 데 필요한 기술을 의미하고, 도구명과 쓰임새, 직업 인식과 태도, 대인관계 및 예절과 관련된 기술을 의미한다. • 직업기능, 대인관계와 예절의 2개 하위검사로 구성되어 있다.

자료

지역사회적응검사의 특징

국내 · 외 대부분의 적응행동검사 도구들이 교사나 부모와 같은 정보 제공자의 관찰이나 면접 보고서를 통해 정보를 수집하는데, 이러한 간접평가는 정보 제공자 반응의 타당도와 신뢰도에 전적으로 의존하게 된다는 약점이 있다. 면접 체크리스트와 같은 형식을 따르는 것은 피검자의 의사소통 기술상의 제약과 관찰의 비실용성 때문인데, CIS-A는 이러한 약점을 극복할 수 있도록 말이나 신체 조작으로 반응하지 않고 답을 얻을 수 있게 구성되어 있다. 또한 CIS-A는 교육 및 재활계획 수립에 필요한 정보를 제공하며 지역사회적응 교육과정을 토대로 교육 훈련에 직접적으로 연계할 수 있도록 구성되어 있어 평가와 교육의 순환적 모형을 따르고 있는 교육 친화적인 검사도구이다. 최근의 시대적 문물을 반영하며 최신의 규준을 적용하기 위해 CISA-2로 개정되었다.

출처 ▶ 김동일 외(2018)

영역	하위검사	문항 수	총 문항 수
기본생활	1. 기초개념	66	161
	2. 기능적 기호와 표지		
	3. 가정관리		
	4. 건강과 안전		
사회자립	5. 지역사회 서비스	64	
	6. 시간과 측정		
	7. 금전관리		
	8. 통신서비스		
직업생활	9. 직업기능	31	
	10. 대인관계와 예절		

② 검사자가 질문하면 피검사자가 답변하는 형식으로 실시된다.

3. 검사의 실시 24중특

① 원칙적으로 검사자와 피검사 외에 다른 사람이 없는 검사실에서 실시된다.

- 간혹 검사자의 판단하에 원만한 검사진행을 위해서 보호자가 검사실 안에 있도록 허락할 수도 있는데, 이런 경우 보호자는 검사 시 피검자가 볼 수 없는 곳에 조용히 앉아 있어야 한다.

② 검사자가 피검자에게 문항에 관한 질문을 제시하고, 피검자의 답변을 기록지에 작성한다.

③ 대체로 하위영역 1에서 10의 순서로 진행되지만 검사자의 판단하에 하위영역의 실시순서를 변경할 수도 있다.

4. 결과 및 해석 24중특

(1) 검사결과의 제시 방법

① 검사결과로 원점수, 환산점수, 세 영역별 영역지수(기본생활지수, 사회자립지수, 직업생활지수)와 전반적인 적응지수가 제시된다.

㉠ CISA-2에는 일반규준과 임상규준의 두 가지 규준이 제시되어 있는데, 초등학교 3학년 이하는 일반규준으로 결과가 산출되고 초등학교 4학년 이상은 일반규준과 임상규준 두 가지로 결과가 산출된다.

- 검사결과를 통해 일반규준과 임상규준에서의 적응 수준과 강·약점을 파악할 수 있다.

자료

CISA-2의 검사 실시 방법

피검자는 검사자의 왼쪽 또는 오른쪽 편에 마주 앉으며, 검사도구는 피검자가 잘 볼 수 있도록 검사자와 피검자 사이에 배치한다.

검사도구의 각 문항에 대한 질문은 검사자가 검사 책자에 제시된 문장을 구두로 표현한다. 검사자는 천천히, 정확하게 검사 책자에 인쇄된 질문을 읽는다. 검사자는 도구에 제시된 지시어를 구두로 묻고, 피검자는 4개의 '보기 그림' 중에서 하나를 말하거나 손으로 가리켜 응답한다.

출처 ▶ 김동일 외(2018)

CISA-2의 결과 및 해석에 제시된 모든 내용은 CISA-2 전문가 지침서(김동일 외, 2018)를 인용하였다.

임상규준에 해당하는 장애영역을 정확히 제시할 수 있어야 하며, 프로파일에서 구분할 수도 있어야 한다.

㉡ 임상규준: 임상집단인 지적장애 및 자폐성장애 집단과 비교해서 피검자의 적응 수준이 제시된다.

㉢ 적응지수는 환산점수의 합을 평균이 100이고 표준편차가 15인 표준점수로 변환시킨 것이다. 점수의 해석은 다음 기준에 따른다.

적응 수준	적응행동 지체	경계선	평균 하	평균	평균 상	우수
지수	69 이하	70~79	80~89	90~109	110~119	120 이상

- 적응지수 100의 의미는 적응행동의 평균적 수행 수준을 나타내며, 모집단의 1/2가량이 90에서 109 사이에 분포되어 있다.

㉣ 하위검사의 환산점수는 평균이 10이며 표준편차가 3인 점수로 변환시킨 점수이다. 점수의 해석은 다음 기준을 따른다.

적응 수준	매우 낮음	낮음	평균 하	평균	평균 상	높음	매우 높음
환산점수	1~3	4~5	6~7	8~12	13~14	15~16	17~18

② 일반집단과 임상집단의 규준을 구별하기 위해 일반집단 규준을 이용한 프로파일은 실선으로 표시하고 임상집단 규준을 이용한 프로파일은 점선으로 표시한다.

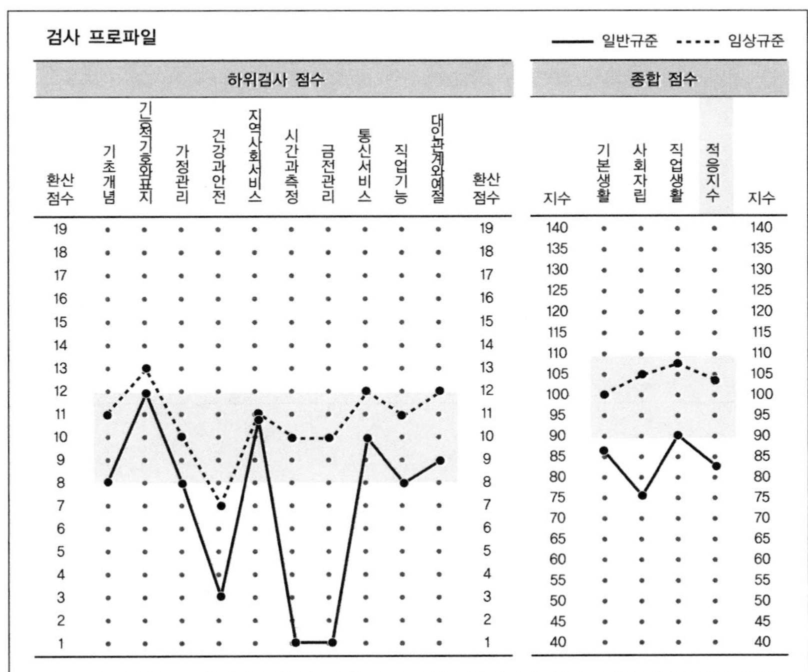

(2) 결과

• 피검사자명(연령): 홍길동(만 25세)
• 장애명/등급: 지적장애 2급

검사 점수표

영역	하위검사	원점수
기본생활	1. 개초개념	15
	2. 기능적 기호와 표지	14
	3. 가정관리	6
	4. 건강과 안전	12
사회자립	5. 지역사회 서비스	12
	6. 시간과 측정	8
	7. 금전관리	5
	8. 통신서비스	11
직업생활	9. 직업기능	9
	10. 대인관계와 예절	11

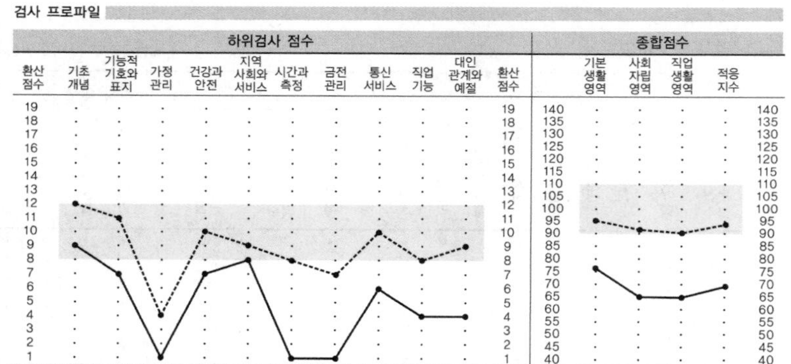

출처 ▶ 김동일 외(2018)

(3) 해석

① 검사결과를 일반집단(초등 3학년) 규준을 활용하여 해석한 결과, 적응지수 69점으로 적응행동 지체 또는 경계 수준으로 평가된다.

㉠ 각 영역지수를 살펴보면, 기본생활 영역지수 77점(경계선), 사회자립 영역지수 65점(지체), 직업생활 영역지수 65점(지체)으로 평가된다.

㉡ 하위검사를 살펴보면, 기초개념(9점), 기능적 기호와 표지(7점), 건강과 안전(7점), 지역사회 서비스(8점)는 평균 수준을 보인다. 직업기능(4점)과 대인관계와 예절(4점)은 낮음 수준을, 가정관리(1점), 시간과 측정(1점), 금전관리(1점)는 매우 낮은 수준을 보인다.

㉢ 홍길동은 가정관리, 시간과 측정, 금전관리에서 교육훈련이 필요하다. 직업기능, 대인관계와 예절에서도 교육훈련이 필요할 수 있다. 적응행동은 경계 수준에 가까워 체계적인 교육훈련이 제공된다면 지역사회에서 독립적인 생활이 어느 정도 가능할 것으로 예상된다.

② 임상집단 규준을 활용하여 재해석한 결과, 적응지수 93점으로 동일 장애집단의 평균 수준으로 평가된다.

㉠ 각 영역지수를 살펴보면 기본생활 영역지수 96점, 사회자립 영역지수 92점, 직업생활 영역지수 91점으로 모두 평균 수준을 보인다.

㉡ 하위검사를 살펴보면, 가정관리 4점(낮음) 수준이고 그 외는 모두 평균 수준을 보인다.

㉢ 홍길동은 동일 장애 집단과 비교 시 가정관리에서 교육훈련이 우선적으로 필요하다. 홍길동의 가정환경과 장애 특성을 고려해 볼 때, 가정관리와 관련된 체계적인 교육훈련 서비스가 필요할 것으로 판단된다.

04 한국판 적응행동검사(K-SIB-R)

1. 목적 및 대상

목적	개인의 적응력 및 특정 환경에서의 기능적 독립성의 정도를 구체화하는 것 - 다양한 일상생활 영역에서 지적장애 아동의 적응행동 수준 평가 - 추후 학생의 개별화가족지원계획이나 개별화교육프로그램의 교육목표 설정 및 프로그램 계획에 유용한 자료로 사용
대상	만 0~17세

2. 검사도구의 구성 15유특

① 한국판 적응행동검사 개정판은 독립적 적응행동 영역과 문제행동 영역으로 구성되어 있다.

㉠ 독립적 적응행동 영역: 운동 기술(대근육 운동과 소근육 운동), 사회적 상호작용 및 의사소통 기술(사회적 상호작용, 언어 이해, 언어 표현), 개인 생활기술(식사와 음식 준비, 신변 처리, 옷 입기, 개인위생, 가사/적응행동), 지역사회 생활기술(시간 이해 및 엄수, 경제생활, 작업 기술, 이동 기술)의 4개 범주 총 259문항으로 구성되어 있다.

㉡ 문제행동 영역: 내적 부적응행동(자신을 해치는 행동, 특이한 반복적인 습관, 위축된 행동이나 부주의한 행동), 외적 부적응행동(타인을 해치는 행동, 물건을 파괴하는 행동, 방해하는 행동), 반사회적 부적응행동(사회적으로 공격적인 행동, 비협조적인 행동)의 3개 범주 총 32문항으로 구성되어 있다.

영역	범주	하위척도
독립적 적응행동	운동 기술	• 대근육 운동 • 소근육 운동
	사회적 상호작용 및 의사소통 기술	• 사회적 상호작용 • 언어 이해 • 언어 표현
	개인 생활기술	• 식사와 음식 준비 • 신변 처리 • 옷 입기 • 개인위생 • 가사/적응행동
	지역사회 생활기술	• 시간 이해 및 엄수 • 경제생활 • 작업 기술 • 이동 기술
문제행동	내적 부적응행동	• 자신을 해치는 행동 • 특이한 반복적인 습관 • 위축된 행동이나 부주의한 행동
	외적 부적응행동	• 타인을 해치는 행동 • 물건을 파괴하는 행동 • 방해하는 행동
	반사회적 부적응행동	• 사회적으로 공격적인 행동 • 비협조적인 행동

② 검사는 대상 아동의 부모 또는 양육자가 체크리스트 형식의 검사지에 기입하거나 검사자의 질문에 응답하는 방식을 통하여 실시한다.

㉠ 독립적 적응행동 영역: 4점 척도(0점에서 3점까지)로 구성되어 있다.

㉡ 문제행동 영역: '예', '아니오'로 답한 후 빈도(0~5점)와 심각성(0~4점)으로 평가하도록 구성되어 있다.

3. 결과 및 해석

(1) 결과

① 검사 결과는 독립적 적응행동과 문제행동별로 나누어진다.

㉠ 독립적 적응행동

각 검사 문항에 대한 원점수를 계산하고, 원점수를 W점수로 바꾸며, 등가연령점수를 제공한다. 이를 바탕으로 비교습득지수, 표준점수 및 백분위점수를 산출하고 해석한다.

㉡ 문제행동

각 영역별 검사에 따른 부적응행동지수를 제공하며 이를 해석한다. 부적응행동지수는 각 연령에서 정상일 때 0으로 표시되며, 지수가 0 이하로 내려가면 문제행동이 있음을 의미한다.

부적응행동지수의 심각성 단계

지수	심각성 수준
−10 이상	정상
−11~−20	심각성의 경계
−21~−30	약간 심각
−31~−40	심각
−41 이하	매우 심각

② K-SIB-R의 독특한 점수인 지원점수는 독립적 적응행동과 문제행동 점수의 조합으로 이루어지며, 이 결과를 통해 지원의 강도를 결정하는 데 활용할 수 있다.

㉠ 지원점수는 0~100의 범주로 분포되어 있으며, 여섯 가지 수준으로 분류된다.

㉡ 높은 점수는 기능 수준과 독립성이 높기 때문에 지원 정도, 도움, 관리 및 특수교육이 덜 필요하다는 것을 의미하며, 낮은 점수들은 제한된 적응행동, 과다한 문제행동 또는 이 두 가지 영역이 합쳐져 높은 강도의 지원이 필요함을 나타낸다.

- 적응행동과 부적응행동을 조합한 지원점수의 예를 보여 주는 표에서 전반적 독립성 W점수가 486점이며, 일반적 부적응행동지수가 −15인 개인의 지원점수는 63이 되며, 제한적인 지원이 필요하다.

Tip

K-SIB-R의 결과 및 해석에 제시된 모든 내용은 K-SIB-R 전문가 지침서(백은희 외, 2011)를 인용하였다.

자료

적응행동 점수 산출 과정

독립적 적응행동 검사 실시 후 점수 산출 과정은 다음과 같다.

1단계	W점수 구하기
2단계	W점수, 표준오차(SEM), 차이점수 구하기
3단계	차이점수 산출하기: W점수와 참조 W값의 차이
4단계	비교습득지수(RMI), 표준점수(SS), 백분위점수(PR) 산출하기
5단계	신뢰도 범위 구하기: 이미 기록된 표준점수 ±1(표준점수는 4단계에서 확인)
6단계	적응행동 기술 수준 구하기: 비교습득점수 혹은 차이점수 이용
7단계	확인하기

자료

문제행동 점수 산출 과정

문제행동 검사 실시 이후 문제행동 점수는 다음과 같은 과정을 통해 산출된다.

1단계	척도의 전환
2단계	부분 점수 내기
3단계	연령 정하기
4단계	점수 합산하기
5단계	부적응행동지수 기록하기

자료

지원점수와 지원수준

'적응행동과 부적응행동을 조합한 지원점수의 예' 하단 참조

적응행동과 부적응행동을 조합한 지원점수의 예

일반적 부적응 행동지수	전반적 독립 W점수																
	466~467	468~469	470~471	472~473	474~475	476~477	478~479	480~481	482~483	484~485	486~487	488~489	490~491	492~493	494~495	496~497	498~499
4	66	67	69	70	71	72	73	75	76	77	79	80	82	83	85	86	87
3	65	66	68	69	70	71	72	74	75	76	78	79	81	83	84	85	87
2	65	66	67	68	69	71	72	73	74	75	77	79	80	82	83	84	86
1	64	65	66	67	69	70	71	72	74	75	76	78	80	81	82	83	85
0	63	64	65	66	68	69	70	71	73	74	75	77	79	80	82	83	84
−1	62	63	65	66	67	68	69	71	72	73	74	76	78	79	81	82	83
−2	61	62	64	65	66	67	68	70	71	72	74	75	77	79	80	81	82
−3	60	61	63	64	65	66	67	69	70	71	73	75	76	78	79	80	82
−4	60	61	62	63	65	66	67	68	69	71	72	74	75	77	78	79	81
−5	59	60	61	62	64	65	66	67	69	70	71	73	75	76	77	78	80
−6	58	59	60	61	63	64	65	66	68	69	70	72	74	75	77	78	79
−7	57	58	60	61	62	63	64	66	67	68	69	71	73	74	76	77	78
−8	56	57	59	60	61	62	63	65	66	67	69	70	72	74	75	76	77
−9	55	57	58	59	60	61	63	64	65	66	68	70	71	73	74	75	77
−10	55	56	57	58	60	61	62	63	65	66	67	69	70	72	73	74	76
−11	54	55	56	57	59	60	61	62	64	65	66	68	70	71	72	74	75
−12	53	54	55	57	58	59	60	61	63	64	65	67	69	70	72	73	74
−13	52	53	55	56	57	58	59	61	62	63	64	66	68	69	71	72	73
−14	51	52	54	55	56	57	58	60	61	62	64	65	67	69	70	71	72
−15	51	52	53	54	55	57	58	59	60	61	(63)	65	66	68	69	70	72
−16	50	51	52	53	55	56	57	58	60	61	62	64	66	67	68	69	71
−17	49	50	51	52	54	55	56	57	59	60	61	63	65	66	68	69	70
−18	48	49	51	52	53	54	55	56	58	59	60	62	64	65	67	68	69
−19	47	48	50	51	52	53	54	56	57	58	60	61	63	64	66	67	68
−20	46	47	49	50	51	52	53	55	56	57	59	60	62	64	65	66	68
−21	46	47	48	49	50	52	53	54	55	56	58	60	61	63	64	65	67
−22	45	46	47	48	50	51	52	53	55	56	57	59	61	62	63	64	66
−23	44	45	46	47	49	50	51	52	54	55	56	58	60	61	63	64	65
−24	43	44	46	47	48	49	50	52	53	54	55	57	59	60	62	65	64

지원점수

지시사항

1. 전반적 독립 W점수를 기록하세요. 486
2. 일반적 부적응행동지수를 기록하세요. −15
3. 두 점수를 이용하여 [부록 4]에서 지원점수를 찾아 기록하세요. 63
4. 오른쪽 표를 참고하여 개인의 지원점수 수준에 따라 기록하세요. 제한적인

지원점수	지원수준
1~24	전반적인
25~39	확장적인
40~54	빈번한
55~69	제한적인
70~84	간헐적인
85~100	가끔 혹은 필요하지 않음

출처 ▶ 백은희 외(2011)

(2) 프로파일

① 훈련 프로파일, 표준점수/백분위 프로파일, 부적응행동지수 프로파일 등 세 가지 프로파일이 제시된다.

② 훈련 프로파일(하위척도와 영역 프로파일로 구성)이 검사결과 해석에 가장 유용하다.

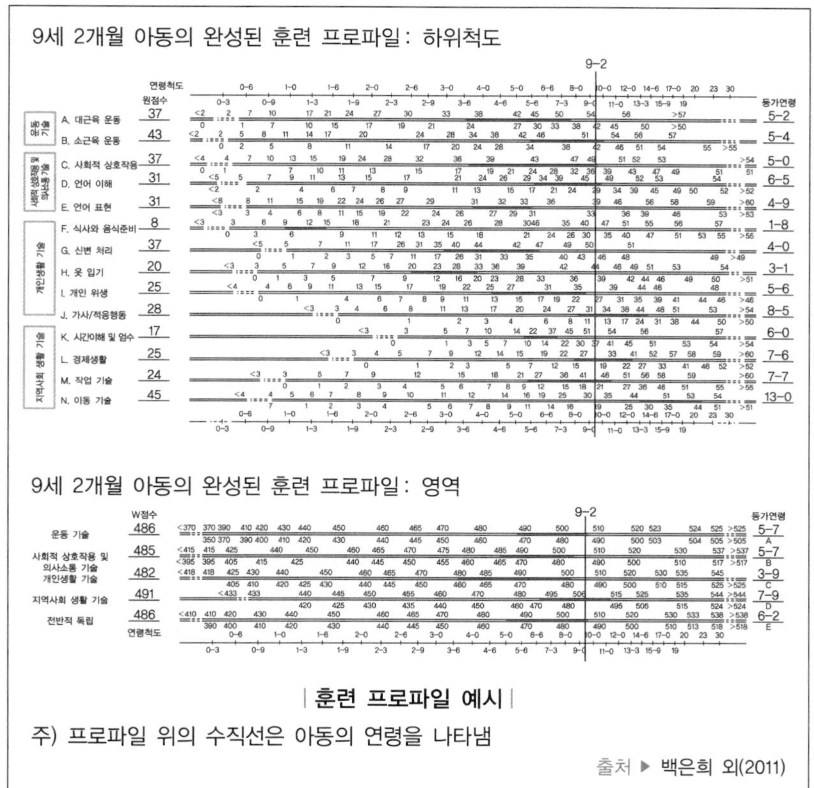

| 훈련 프로파일 예시 |

주) 프로파일 위의 수직선은 아동의 연령을 나타냄

출처 ▶ 백은희 외(2011)

㉠ 훈련 프로파일(하위척도)의 대근육 운동 발달 범위를 표시해 놓은 그래프를 확대하면 다음과 같다. 발달 범위를 표시하는 그래프는 가로줄의 상단과 하단에 원점수가 각각 표시되어 있는데, 상단에서 원점수 37에 해당하는 지점 그리고 하단의 37에 해당하는 지점까지가 발달 범위가 되고 색깔이 칠해진다.

38 42 45 50
24 27 30 33 38

㉡ 발달 범위란 연령척도상의 아동의 능력 범위로 정의된다.

- 발달 범위의 가장 낮은 지점이란 아동이 그 지점 아래의 과제들을 매우 쉽게 수행할 수 있는 발달 연령 수준을 의미한다.
- 발달 범위의 가장 높은 지점이란 아동이 그 지점 이상의 과제들에 대해 매우 어렵다고 느끼는 발달 연령 수준을 의미한다.

③ K-SIB-R 검사 결과 제시된 9세 2개월 된 아동의 훈련 프로파일(하위척도)은 다음과 같이 해석할 수 있다.

- 이 아동은 사회적 상호작용 기술에서 37점의 원점수를 획득하였다. 사회적 상호작용의 발달 범위를 표시한 후 페이지의 상단과 하단의 연령척도에서 아동이 '쉽다고 느끼는' 지점과 '어렵다고 느끼는' 지점을 파악할 수 있다. 예를 들어, 이 발달 범위의 아동에게는 3세 8개월 수준의 사회적 상호작용 과제들은 매우 쉽다고 느껴질 것이고, 9세 4개월 발달 수준 이상의 과제들은 매우 어렵다고 느낄 수 있다.

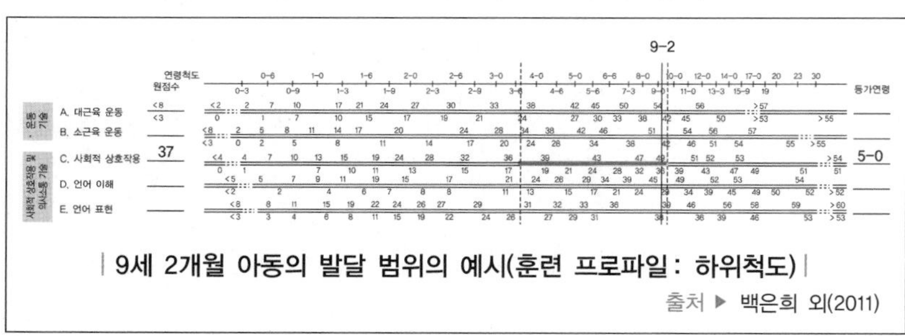

| 9세 2개월 아동의 발달 범위의 예시(훈련 프로파일 : 하위척도) |

출처 ▶ 백은희 외(2011)

자료

발달 범위

- 아동은 발달 범위의 가장 낮은 지점에서 동일 연령의 아동들이 평균적으로 90%의 숙련도를 나타내는 과제들의 유형에서 96%의 숙련도를 보일 것으로 기대된다.
- 발달 범위의 가장 높은 지점에서 아동은 동일 연령의 아동들이 평균적으로 90%의 숙련도를 보이는 과제들의 유형에서 75%의 숙련도를 보일 것이다.

출처 ▶ 백은희 외(2011)

05 사회성숙도검사(SMS) 09중특, 11유특

1. 목적 및 대상

목적	적응행동 측정
대상	0세부터 30세까지

2. 검사도구의 구성 24중특

6개 행동영역(자조, 이동, 작업, 의사소통, 자기관리, 사회화)에 걸쳐 117문항으로 구성되어 있다.

영역	문항 구성
자조 (SH)	일반(self-help general; SHG), 식사(self-help eating; SHE), 용의(self-help dressing; SHD) 등 3개 영역의 29개 문항으로 구성
이동 (L)	기어 다니는 능력에서부터 어디든지 혼자 다닐 수 있는 능력까지를 알아보는 10개 문항으로 구성
작업 (O)	단순한 놀이에서부터 고도의 전문성을 요하는 직업에 이르는 다양한 능력을 알아보는 22개 문항으로 구성
의사소통 (C)	동작, 음성, 문자 등을 매체로 한 수용과 표현에 관한 15개 문항으로 구성
자기관리 (SD)	금전의 사용, 구매, 경제적 자립 준비와 지원, 기타 책임감 있고 분별 있는 행동 등에 관한 것으로 독립성과 책임감을 알아보는 14개 문항으로 구성
사회화 (S)	사회적 활동, 사회적 책임, 현실적 사고 등에 관한 17개 문항으로 구성

3. 검사의 실시 24중특

① 사회성숙도검사는 검사대상을 잘 아는 부모와의 면담을 통하여 실시되며 부모가 없는 경우에는 검사대상을 잘 아는 형(오빠)이나 누나(언니), 친척, 또는 후견인과의 면담을 통해서 실시된다.

② 정보제공자의 응답이 믿기 어려운 경우에는 검사대상을 직접 만나서 행동을 관찰하고 판단하는 것이 좋다.

비교

SMS 검사 결과 제공 점수

2024 중등A-8 기출	본문 참조
이승희 (2019)	사회연령, 사회지수

자료

사회지수 산출 방법

사회연령(SA)은 10진법, 생활연령(CA)은 12진법으로 되어 있어 진법을 동일하게 만든 후 사회지수(SQ)를 산출해야 한다.

예 SA가 3.38세, CA가 5.5세(5년 5개월)인 경우, CA를 10진법으로 변환하면 약 5.41세가 된다. 이를 SQ 산출 공식에 적용시켜 구하면 다음과 같다.

$$\frac{SA(3.38)}{CA(5.41)} \times 100 = 62.4$$

출처 ▶ 김남진 외(2012)

자료

K-Vineland-II 측정 양식

K-Vineland-II의 두 가지 양식(면담형과 보호자평정형)은 실시 절차는 다르지만 문항 내용은 전적으로 동일하다(황순택 외, 2015).

4. 결과 및 해석 24중특

① 검사 결과는 원점수, 사회연령, 사회지수를 제공한다.

② 사회연령(SA)은 총점(기본점수 + 가산점)을 이용하여 '사회연령 환산표'에서 구한 값이며, 사회지수(social quotient; SQ)는 다음 공식에 따라 산출되는 값이다.

$$\text{사회지수(SQ)} = \frac{\text{사회연령(SA)}}{\text{생활연령(CA)}} \times 100$$

06 한국판 바인랜드 적응행동척도 2판(K-Vineland-II)

1. 목적 및 대상

목적	• 바인랜드 사회성숙도 검사(SMS)의 개정판인 동시에 바인랜드 적응행동 척도(Vineland-I)의 개정판 • 개인의 일상생활 기능에 대한 평가가 요구되는 진단평가, 발달평가, 진보 정도의 모니터링, 프로그램 계획 등에 사용
대상	만 0세에서 만 90세까지의 모든 사람

① 어떠한 측정 양식(면담형 혹은 보호자평정형)을 선택하든 응답자는 반드시 성인이어야 하며, 대상자와 매일 함께 생활할 만큼 친숙한 사이여야 한다.

② 제3자를 통한 평정을 원칙으로 하지만 성인의 경우 스스로의 행동에 대한 정보를 충분히 제공할 수 있을 것으로 판단되는 경우 대상자 본인이 응답자가 될 수도 있다.

③ 아동이 대상자인 경우 집에서 함께 거주하는 부모가 가장 적합한 응답자이다.

2. 검사도구의 구성

① 평가 방식에 따라 면담형과 보호자평정형으로 구성되어 있다.

② 두 가지 측정 양식은 모두 의사소통, 생활기술, 사회성, 운동기술의 4개 주영역(433문항) 및 선택적으로 실시할 수 있는 부적응행동 영역으로 구성되어 있으며, 이들을 구성하는 11개 하위영역으로 조직화되어 있다.

주영역	하위영역		내용
	면담형	보호자평정형	
의사소통	수용	듣기, 이해하기	듣기, 주의집중, 이해하기
	표현	말하기	언어구사, 정보 수집을 위한 단어와 문장 이용
	쓰기	읽기, 쓰기	독해, 읽기, 쓰기
생활기술 (일상생활)	개인	자신 돌보기	먹는 것, 입는 것, 위생관리
	가정	집안 돌보기	집안일 수행
	지역사회	사회생활	시간, 돈, 전화, 컴퓨터, 직업기술
사회성	대인관계	다른 사람과의 관계	타인과의 상호작용
	놀이 및 여가	놀이, 여가시간	놀이, 여가시간 활용
	대처기술	적응하기	타인에 대한 책임감과 세심함 표현
운동기술 (신체활동)	대근육	대근육운동	동작 및 조작을 위한 팔과 다리 사용
	소근육	소근육운동	사물 조작을 위한 손과 손가락 사용
부적응행동 (문제행동)	내면화	하위영역A	개인의 적응적 기능을 방해하는 내현적, 외현적 행동과 그 밖의 바람직하지 않은 행동의 조합
	외현화	하위영역B	
	기타	하위영역C	
	결정적 문항	하위영역D	임상적으로 중요한 정보를 제공하는 보다 심각한 수준의 부적응적 행동들

③ 보호자평정형은 면담형과 동일한 문항으로 구성되어 있으나, 일부 용어는 부모나 양육자가 쉽게 이해할 수 있는 용어로 대체되었으며 영역이 동일하더라도 면담형에 비해 좀 더 쉬운 문항에서부터 시작하도록 되어 있다.

기저점과 천정점

K-Vineland-Ⅱ는 임상가가 대상자의 행동 수행 능력을 직접 관찰하면서 평가가 이루어지는 것이 아니라 적응행동과 발달에 관한 전문적인 수준의 지식이 없는 보호자(응답자)의 지각과 기억을 토대로 이루어진다. 이러한 검사 절차상의 특징 때문에 이 검사가 임상 현장에서 사용될 때 대상자의 실제 기능뿐 아니라 응답자의 비동기적 또는 동기적 편향이 검사 결과에 영향을 줄 수 있다. K-Vineland-Ⅱ의 문항이 표준화집단의 수행에서 확인된 난이도 순으로 배열되어 있는 점을 활용하여 편향적 결과를 보정해 주기 위해 도입된 것이 기저점과 천정점이다.

3. 기저점과 천정점

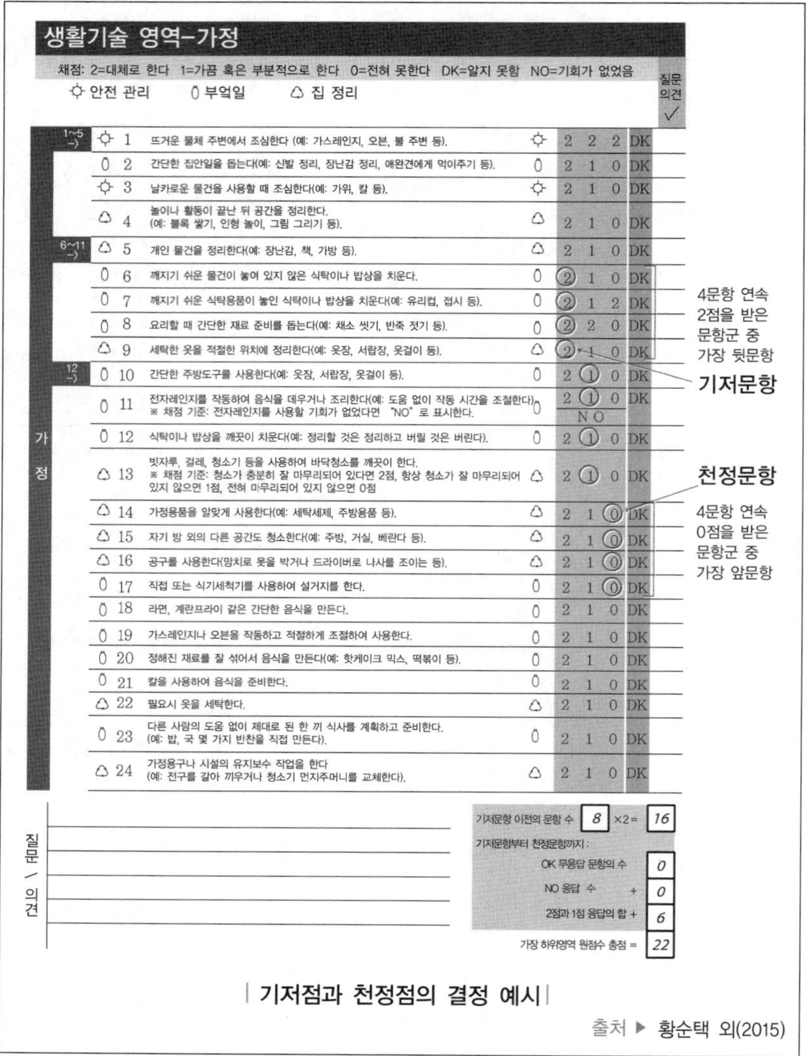

생활기술 영역-가정

채점: 2=대체로 한다 1=가끔 혹은 부분적으로 한다 0=전혀 못한다 DK=알지 못함 NO=기회가 없었음

☼ 안전 관리 0 부엌일 △ 집 정리

질문 의견 ✓

시작		문항	내용		점수			
1~5 →	☼	1	뜨거운 물체 주변에서 조심한다 (예: 가스레인지, 오븐, 불 주변 등).	☼	2	2	2	DK
	0	2	간단한 집안일을 돕는다(예: 신발 정리, 장난감 정리, 애완견에게 먹이주기 등).	0	2	1	0	DK
	☼	3	날카로운 물건을 사용할 때 조심한다(예: 가위, 칼 등).	☼	2	1	0	DK
	△	4	놀이나 활동이 끝난 뒤 공간을 정리한다. (예: 블록 쌓기, 인형 놀이, 그림 그리기 등).	△	2	1	0	DK
6~11 →	△	5	개인 물건을 정리한다(예: 장난감, 책, 가방 등).	△	2	1	0	DK
	0	6	깨지기 쉬운 물건이 놓여 있지 않은 식탁이나 밥상을 치운다.	0	(2)	1	0	DK
	0	7	깨지기 쉬운 식탁용품이 놓인 식탁이나 밥상을 치운다(예: 유리컵, 접시 등).	0	(2)	1	2	DK
	0	8	요리할 때 간단한 재료 준비를 돕는다(예: 채소 씻기, 반죽 젓기 등).	0	(2)	2	0	DK
	△	9	세탁한 옷을 적절한 위치에 정리한다(예: 옷장, 서랍장, 옷걸이 등).	△	(2)	1	0	DK
12 →	0	10	간단한 주방도구를 사용한다(예: 옷장, 서랍장, 옷걸이 등).	0	2	(1)	0	DK
	0	11	전자레인지를 작동하여 음식을 데우거나 조리한다(예: 도움 없이 작동 시간을 조절한다). ※ 채점 기준: 전자레인지를 사용할 기회가 없었다면 "NO"로 표시한다.	0	2	(1)	0	DK NO
	0	12	식탁이나 밥상을 깨끗이 치운다(예: 정리할 것은 정리하고 버릴 것은 버린다).	0	2	(1)	0	DK
	△	13	빗자루, 걸레, 청소기 등을 사용하여 바닥청소를 깨끗이 한다. ※ 채점 기준: 청소가 충분히 잘 마무리되어 있다면 2점, 항상 청소가 잘 마무리되어 있지 않으면 1점, 전혀 마무리되어 있지 않으면 0점	△	2	(1)	0	DK
	△	14	가정용품을 알맞게 사용한다(예: 세탁세제, 주방용품 등).	△	2	1	(0)	DK
	△	15	자기 방 외의 다른 공간도 청소한다(예: 주방, 거실, 베란다 등).	△	2	1	(0)	DK
	△	16	공구를 사용한다(망치로 못을 박거나 드라이버로 나사를 조이는 등).	△	2	1	(0)	DK
	0	17	직접 또는 식기세척기를 사용하여 설거지를 한다.	0	2	1	(0)	DK
	0	18	라면, 계란프라이 같은 간단한 음식을 만든다.	0	2	1	0	DK
	0	19	가스레인지나 오븐을 작동하고 적절하게 조절하여 사용한다.	0	2	1	0	DK
	0	20	정해진 재료를 잘 섞어서 음식을 만든다(예: 핫케이크 믹스, 떡볶이 등).	0	2	1	0	DK
	0	21	칼을 사용하여 음식을 준비한다.	0	2	1	0	DK
	△	22	필요시 옷을 세탁한다.	△	2	1	0	DK
	0	23	다른 사람의 도움 없이 제대로 된 한 끼 식사를 계획하고 준비한다. (예: 밥, 국 몇 가지 반찬을 직접 만든다).	0	2	1	0	DK
	△	24	가정용구나 시설의 유지보수 작업을 한다 (예: 전구를 갈아 끼우거나 청소기 먼지주머니를 교체한다).	△	2	1	0	DK

가정

질문 / 의견

기저문항 이전의 문항 수 8 ×2= 16
기저문항부터 천정문항까지 :
OK 무응답 문항의 수 0
NO 응답 수 + 0
2점과 1점 응답의 합 + 6
가장 하위영역 원점수 총점 = 22

| 기저점과 천정점의 결정 예시 |

출처 ▶ 황순택 외(2015)

기저점과 천정점의 결정 방법은 다음과 같다.

① 기저점은 각 하위영역에서 4문항 연속 2점으로 채점된 문항군 중 가장 뒤 문항(즉, 기저문항)으로 정의된다. 만약 어떤 하위영역에서 4문항 연속 2점을 받은 문항군이 없다면 그 하위영역의 첫 번째 문항을 기저점으로 결정한다.

② 천정점은 각 하위영역에서 4문항 연속 0점으로 채점된 문항군 중 가장 앞 문항(즉, 천정문항)으로 정의된다. 만약 어떤 하위영역에서 4문항 연속 0점을 받은 문항군이 없어 천정점을 결정할 수 없는 경우 그 하위영역의 제일 끝 문항이 천정점이 된다.

③ 기저점과 천정점은 K-Vineland-Ⅱ의 문항이 표준화집단의 수행에서 확인된 난이도 순으로 배열되어 있다는 점을 활용하여 응답자의 동기적 혹은 비동기적 편향 결과를 보정하기 위한 장치라고 할 수 있다.

4. K-Vineland-Ⅱ에서 사용되는 여러 가지 환산점수

① 적응행동조합과 주영역의 표준점수는 평균 100, 표준편차 15인 분포에서의 위치를 보여 준다.

② K-Vineland-Ⅱ에서는 표준점수의 일종인 V-척도점수를 사용하여 적응행동의 하위영역에서 같은 연령대의 다른 사람들과 비교하여 개인의 상대적인 기능 수준을 나타내 준다. 그리고 부적응행동지표에 속하는 하위영역에서 같은 연령대의 다른 사람들과 비교하여 개인의 상대적인 역기능 수준을 나타내 준다.

- K-Vineland-Ⅱ에서 사용하는 V-척도점수는 평균 15, 표준편차 3인 분포에서의 개인의 위치를 나타내 준다.

③ 적응 수준은 대상자의 전반적인 기능 수준을 요약할 때 그리고 주영역이나 하위영역 점수들 간의 주목할 만한 차이를 강조하고자 할 때 사용하기에 편리하다. 표준점수와 V-척도점수의 범위에 따라 낮음, 약간 낮음, 평균, 약간 높음, 높음의 다섯 개 범주가 사용된다.

적응기능 수행 수준에 대한 기술적 범주

적응 수준의 기술적 범주	표준편차	표준점수 범위	V-척도점수 범위	백분위 범위
높음	2.0 이상	130 이상	21 이상	98%ile 이상
약간 높음	1.0~2.0	115~129	18~20	84~97%ile
평균	−1.0~1.0	86~114	13~17	18~83%ile
약간 낮음	−2.0~−1.0	71~85	10~12	3~7%ile
낮음	−2.0 이하	70 이하	9 이하	2%ile 이하

④ 스테나인은 연속 변인을 1부터 9까지의 범위를 가지는 척도점수로 환산한 값이다.

- 스테나인은 평균 5, 표준편차 2인 분포이다.

⑤ 부적응행동 영역에서는 개인의 부적응 수준을 '보통 정도', '다소 높은', '임상적으로 의미 있는'의 3단계로 표시한다. 적응 수준에 대해 기술적 범주를 사용하는 것과 마찬가지로 부적응행동 영역에 대해서도 기술적 범주를 사용한다.

자료

적응행동조합

적응행동조합(ABC)은 모든 영역 내 전체 문항에 기반을 둔 것이며, 이 때문에 이 점수는 통계적으로 가장 믿을 만한 적응기능 추정치이다(황순택 외, 2015).

✿ 부적응행동 하위영역 및 부적응행동지표 V-척도점수에 대한 부적응 수준

부적응 수준	V-척도점수
임상적으로 의미 있는	21~24
다소 높은	18~20
보통 정도	1~17

5. 결과 및 해석

K-Vineland-Ⅱ는 필수 주영역의 11개 하위영역별로 V-척도점수, 백분위점수, 등가연령, 스테나인을 제공하며 4개 필수 주영역별로는 표준점수(평균 100, 표준편차 15), 백분위점수, 스테나인을 제공한다.

자료

주영역, 적응행동 조합점수의 표준점수

- 주영역 표준점수는 해당 주영역의 하위영역 V-척도점수의 합으로부터 산출된다
- 적응행동 조합점수의 표준점수는 주영역 표준점수의 합으로부터 산출된다.

출처 ▶ 황순택 외(2015)

(1) 결과

바인랜드 적응행동 점수 요약

하위영역 및 주영역 점수									강점 및 약점	
하위영역/주영역	원점수	v-척도 점수	주영역 표준점수	신뢰 구간	백분위	적응 수준	등가 연령	스테 나인	점수-중위수*	강점(S) 또는 약점(W)
수용	10	5		3~7		낮음	0:10		0	-
표현	19	4		2~6		낮음	1:00		-1	-
쓰기	0	6		5~7		낮음	2:06		1	-
의사소통	합계	15	40	34~46	〈0.1	낮음		1	-2.5	-
개인	42	8		6~10		낮음	2:07		0	-
가정	2	8		7~9		낮음	1:03		0	-
지역사회	0	3		2~4		낮음	0:10		-5	W
생활기술	합계	19	45	40~50	〈0.1	낮음		1	2.5	-
대인관계	12	4		2~6		낮음	0:04		-1	-
놀이 및 여가	6	5		4~6		낮음	0:07		0	-
대처기술	4	6		4~8		낮음	1:02		1	—
사회성	합계	15	37	32~42	〈0.1	낮음		1	-5.5	-
대근육	63	10		8~12		약간낮음	2:08		1.5	-
소근육	29	7		5~9		낮음	1:11		-1.5	-
운동기술	합계	17	58	50~66	0.3	낮음		1	15.5	S

주영역 표준점수의 합 180

	표준 점수	90 % 신뢰구간	백분위	적응 수준		스테 나인
적응행동 조합점수	38	34~42	<0.1	낮음		1

주영역 강점(S)/약점(W)
S=표준점수-중위수≥10
W=표준점수-중위수≤-10

하위영역 강점(S)/약점(W)
S=v-척도점수-중위수≥2
W=v-척도점수-중위수≤-2

	원점수	v-척도 점수	90 % 신뢰구간	수준
부적응행동지표	21	21	19~23	임상적으로 의미 있는
내현화	12	24	22~26	임상적으로 의미 있는
외현화	6	19	17~21	다소 높은

부적응행동 결정적 문항

문항들(2점 또는 1점)을 받은 문항들의 심각도에 표시하시오.

1$^{S}_{W}$ 2$^{S}_{W}$ 3$^{S}_{W}$ 4$^{S}_{W}$ 5$^{S}_{W}$ 6$^{S}_{W}$ 7$^{S}_{W}$ 8$^{S}_{W}$ 9$^{S}_{W}$ 10$^{S}_{W}$ 11$^{S}_{W}$ 12$^{S}_{W}$ 13$^{S}_{W}$ 14$^{S}_{W}$

( ) ( ) ( ) ( ) ( ) ( ) ( ) ( ) ( ) ( ) ( ) ( ) ( ) ( )

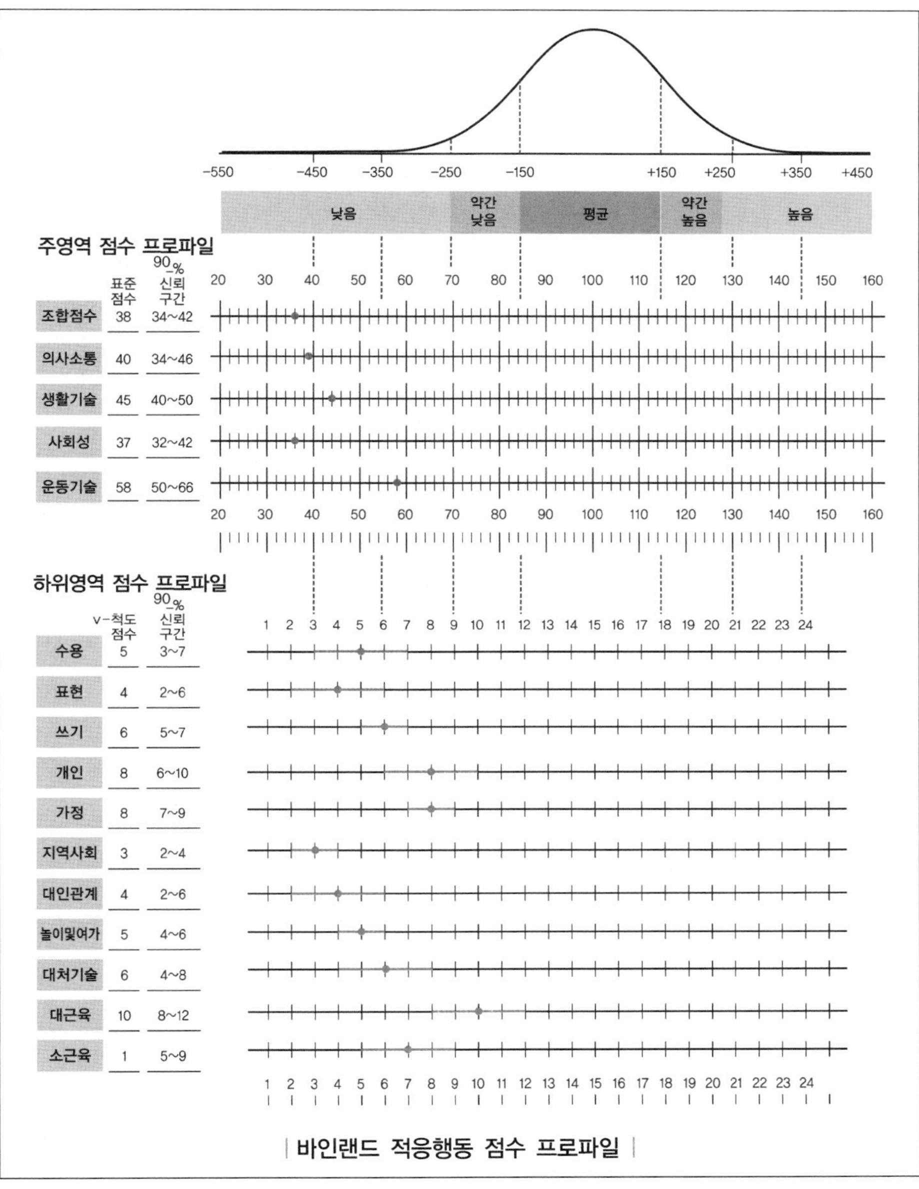

| 바인랜드 적응행동 점수 프로파일 |

(2) 해석

① 홍길동의 적응행동 표준점수는 38점으로, 신뢰구간을 90%로 설정할 경우 홍길동의 적응행동 조합 표준점수는 34~42점 범위 안에 있다. 적응행동 조합점수는 홍길동의 적응행동이 '낮음' 수준으로 분류되는 것을 보여 주는데, 홍길동보다 적응행동에 더 심각한 문제가 있는 아동이 0.1%도 안 될 정도로 낮은 것으로 나타났다.

② 홍길동의 적응행동 주영역 표준점수는 90% 신뢰수준에서 의사소통 34~46, 생활기술 40~50, 사회성 32~42, 운동기술 50~66 수준이다. 의사소통, 생활기술, 사회성 주영역에서 홍길동의 점수는 0.1%ile 미만 수준으로 '낮음' 적응 수준에 해당한다. 그리고 운동기술 점수는 0.3%ile 수준으로 또래들과 비교했을 때 '낮음' 수준에 해당된다.

③ 선생님이나 또래들과 잘 어울리지 못하는 홍길동의 행동 패턴은 부적응행동 영역 V-척도점수에서 확인할 수 있다. 내현화 24점, 외현화 19점이라는 부적응행동 V-척도점수는 '임상적으로 의미 있는' 그리고 '다소 높은' 수준에 해당된다.

KORSET 합격 굳히기 적응행동검사

1. 목적 및 대상

① 적응행동을 측정하기 위한 검사이다.
② 검사대상의 연령범위는 3세부터 17세까지이다.

2. 검사도구의 구성

① 적응행동검사는 21개 영역의 95개 문항으로 구성되어 있으며 제1부와 제2부로 나누어져 있다.
② 제1부는 9개 영역의 56개 문항으로 구성되어 있으며, 제2부는 12개 영역의 39개 문항으로 구성되어 있다.
③ 적응행동검사는 개인요구 충족, 지역사회요구 충족, 개인 및 사회적 책임, 사회적 적응, 개인적 적응의 5개 요인으로 구성되어 있는데, 첫 3개 요인은 제1부에 속하고 나머지 2개 요인은 제2부에 속한다.

구분	영역	구분	영역
제1부	독립기능	제2부	공격
			반사회적 행동
	신체발달		반항
	경제활동		신뢰성
	언어발달		위축
			버릇
	수와 시간		대인관계 예법
	직업 전 활동		발성습관
	자기관리		습관
			활동수준
	책임		증후적 행동
	사회화		약물복용

3. 검사의 실시

적응행동검사는 검사자가 피검자를 직접 관찰하여 검사문항의 해당 항목에 표시하거나 피검자를 잘 아는 사람(예 부모, 교사 등)과의 면담을 통해 각 문항에 대한 반응을 해당 항목에 표시하도록 되어 있다.

4. 결과 및 해석

① 적응행동검사는 21개 영역별로 백분위점수를 그리고 5개 요인별로 척도점수(평균이 10이고 표준편차가 3인 표준점수)를 제공한다.
② 적응행동검사는 제1부에 속해 있는 3개 요인들의 점수들에 의해 산출되는 비교점수를 제공하는데 비교점수는 피검자의 수준이 일반아동, 교육가능 지적장애아동, 훈련가능 지적장애아동의 세 준거집단 중에서 어떤 준거집단과 가장 비슷한지를 판별하는 데 활용한다.

출처 ▶ 이승희(2019)

Chapter

06 학습 영역 진단 · 평가도구

01 국립특수교육원 기초학력검사(KNISE-BAAT) 09중특, 13중특

1. 목적 및 대상

목적	• 국어와 수학에서 부진을 나타내는 아동과 청소년 선별 및 진단 • 부진을 나타내는 영역과 수준을 파악하여 아동의 교육계획 수립과 적용에 필요한 정보 제공
대상	만 5~14세

2. 검사도구의 구성

① 국립특수교육원 기초학력검사는 읽기, 쓰기, 수학의 세 개의 소검사로 이루어져 있으며, 소검사들은 가형과 나형의 동형검사로 구성되어 있다.

② 읽기검사는 선수기능, 음독능력, 독해능력(낱말이해, 문장완성, 어휘선택, 어휘배열, 짧은글이해)으로 구성되어 있다.

③ 쓰기검사는 선수기능, 표기능력, 어휘구사력, 문장구사력, 글 구성력으로 구성되어 있다.

④ 수학검사는 수, 도형, 연산, 측정, 확률과 통계, 문제해결로 구성되어 있다.

3. 검사의 실시

읽기검사를 기준으로 검사 과정을 살펴보면 다음과 같다.

① 피검사자의 인적사항 기록란을 작성한다.

② 검사를 실시하고 원점수를 산출한다.

③ 백분위점수를 산출한다.

- 기록용지에 원점수를 이기한 후, 검사영역별로 원점수에 해당하는 백분위점수를 매뉴얼의 학년별 백분위 점수표에서 찾아 기록한다.

④ 환산점수를 산출한다.

- 백분위점수를 기록한 다음에는 검사영역별로 원점수에 해당하는 환산점수를 매뉴얼의 학년별 환산점수표에서 찾아 기록한다.
- 홍길동(초등학교 5학년)의 KNISE-BAAT(읽기) 환산점수를 기록한 사례는 다음과 같다.

검사영역		원점수	백분위점수	환산점수
선수기능		15	–	10
음독능력		21	33	7
독해능력	낱말이해	17	66	11
	문장완성	5	3	1
	어휘선택	5	5	4
	문장배열	9	53	10
	짧은글이해	14	59	10
합계		86	15	53

출처 ▶ 박경숙 외(2009)

자료

선수기능

KNISE-BAAT(읽기)의 백분위점수에서 선수기능의 백분위점수는 초등학교 4학년부터 검사를 실시하지 않아(초등학교 3학년 이하의 경우에는 선수기능 점수를 포함한다) KNISE-BAAT(읽기)의 규준 작성과정에서 제외하였기 때문에 산출하지 않는다. 그러므로 KNISE-BAAT(읽기) 원점수 합의 백분위점수는 전체 원점수의 합 86에서 선수기능의 원점수 15점을 뺀 원점수 71점에 해당하는 15점이 된다(박경숙 외, 2009).

⑤ 학력지수를 산출한다. 환산점수를 구한 다음에는 환산점수의 합계에 해당하는 학력지수(평균 100, 표준편차 15)를 매뉴얼의 학력지수표에서 찾아 점수기록란의 학력지수란에 기록한다.

구분	점수
백분위	15
학력지수	85

㉠ KNISE-BAAT는 학업의 수행이나 발달 정도를 나타내는 학력지수에 대한 진단적 분류를 제공하고 있어 검사 결과를 해석하는 데 도움이 된다.

✿ KNISE-BAAT(읽기, 쓰기, 수학) 학력지수의 진단적 분류

학력지수	분류	포함된 비율(%)
130 이상	최우수	2.3
115~129	우수	13.6
105~114	평균 상	21.2
95~104	평균	25.8
85~94	평균 하	21.2
70~84	학습지체	13.6
69 이하	심한 학습지체	2.3

㉡ 홍길동의 환산점수 합계인 53점에 해당하는 학력지수를 찾으면 85점이 된다. 홍길동의 학력지수 85점은 학력지수의 진단적 분류기준에 의하면 '평균 하'에 해당하는 것으로 해석할 수 있다.

⑥ 검사영역 간 결과를 비교한다.

- KNISE-BAAT(읽기)의 백분위점수, 학력지수 등은 홍길동의 읽기점수가 규준집단과 상대적으로 비교하여 어떤 위치에 있는지를 나타내어 줄 뿐, 홍길동의 읽기학력이 어떤 영역에서 어떤 위치에 있는지에 대해서는 정보를 제공해 주지 않는다. 그러므로 홍길동의 검사결과를 제대로 해석, 활용하기 위해 검사영역의 점수를 비교해 보는 것이 필요하다.

4. 결과 및 해석 [23중특]

> **Tip**
> KNISE-BAAT의 결과 및 해석에 제시된 모든 내용은 KNISE-BAAT 검사요강(읽기)(박경숙 외, 2009)을 인용하였다.

국립특수교육원 기초학력검사는 규준 작성과 해석을 위해 소검사별로 환산점수, 백분위점수, 학력지수, 학년규준을 제공한다.

(1) 백분위점수 프로파일 작성 및 해석

백분위점수 프로파일

검사영역	선수기능	음독능력	독해능력					검사영역
			낱말이해	문장완성	어휘선택	문장배열	짧은글이해	
백분위점수	–	33	66	3	5	53	59	백분위점수
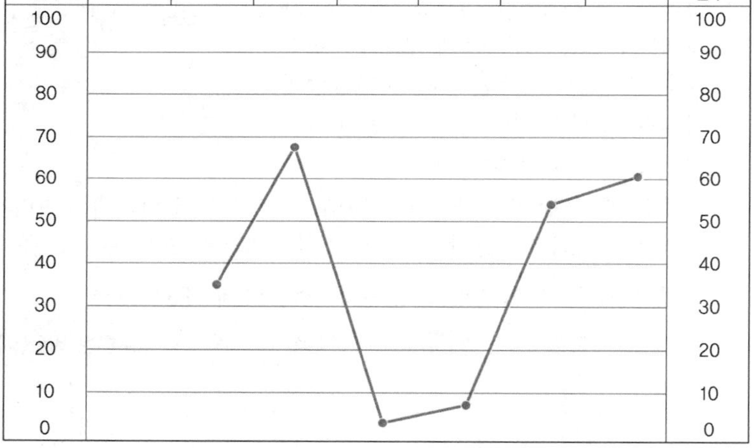 100								100
90								90
80								80
70								70
60								60
50								50
40								40
30								30
20								20
10								10
0								0

① 백분위점수 프로파일은 홍길동의 KNISE-BAAT(읽기) 검사영역별 원점수 아래 어느 정도의 아동들이 분포하고 있는지를 나타내어 준다. 따라서 백분위점수 프로파일은 검사영역별로 홍길동의 학력이 같은 학년집단의 어느 위치에 속하는지를 한눈에 파악할 수 있는 장점을 지니고 있다.

② 홍길동의 낱말이해능력, 문장배열 및 짧은글 이해능력은 같은 학년집단의 중간에 속해 있고, 문장완성과 어휘선택능력은 같은 학년집단의 최하위집단에 속해 있음을 나타내어 준다.

(2) 환산점수 프로파일 작성 및 해석

환산점수 프로파일								
검사영역	선수기능	음독능력	독해능력					검사영역
			낱말이해	문장완성	어휘선택	문장배열	짧은글이해	
환산점수	10	7	11	1	4	10	10	환산점수
20								20
19								19
18								18
17								17
16								16
15								15
14								14
13								13
12								12
11								11
10	a							10
9								9
8								8
7								7
6	b							6
5								5
4								4
3								3
2								2
1								1
0								0

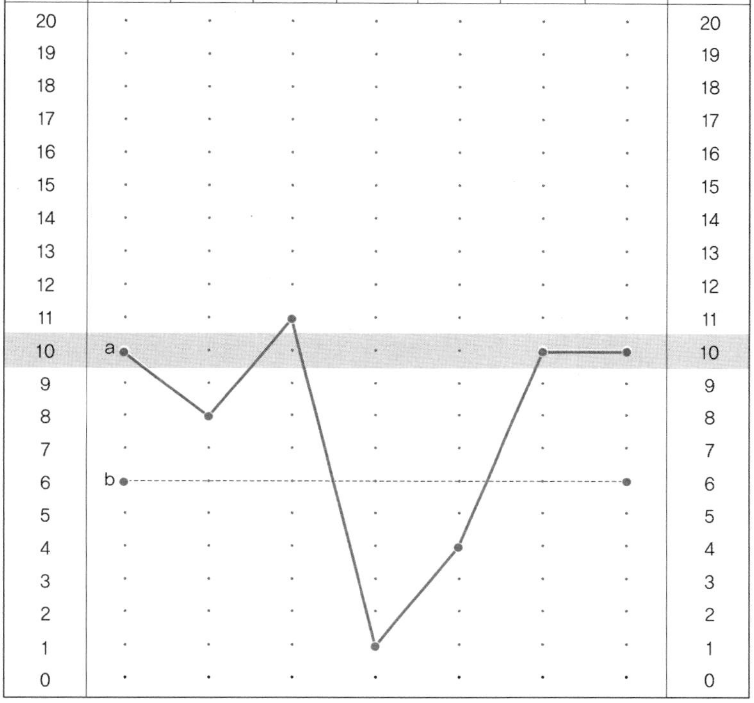

a, 검사영역별 프로파일선
b, 검사전체 평균선

① KNISE-BAAT(읽기) 환산점수 프로파일은 검사영역별 환산점수를 이용하여 작성한다. 홍길동의 환산점수 프로파일을 작성하기 위해서는 기록용지 환산점수 프로파일란에서 검사영역별로 환산점수에 해당하는 점을 찾아 표시한 다음, 이 표시들을 실선으로 연결한다. 그러면 이 선은 검사영역별 프로파일선이 된다.

② 홍길동의 전체 환산점수의 평균을 계산하면 6.1점[6.1 = (10 + 7 + 11 + 1 + 4 + 10 + 10) ÷ 7]인데, 이 평균점수에 해당하는 환산점수를 좌우에서 찾아 직선으로 연결하면, 검사전체의 평균선이 된다. 검사전체의 평균선과 검사영역별 프로파일선을 비교하면 검사영역별로 홍길동의 학력 내의 이탈도를 나타내어 준다.

③ 위의 프로파일을 보면 홍길동의 학력이 검사영역별로 자신의 전체 평균으로부터 어느 정도 이탈되었는가를 구체적으로 나타내어 준다. 홍길동의 경우 선수기능, 낱말이해, 문장배열 및 짧은글 이해 점수는 자신의 평균 수준이나, 문장완성과 어휘선택 점수는 자신의 평균 이하로 검사영역에 따라 이탈도가 심하다. 특히 홍길동의 문장완성과 어휘선택 점수는 자신의 평균치에서 많이 이탈되어 있어 이 영역의 지체 정도가 심함을 알 수 있다.

(3) 소검사 간 비교

학력지수 프로파일				
검사영역	읽기	쓰기	수학	검사영역
학력지수	*85*	*98*	*80*	학력지수
200				200
190				190
180				180
170				170
160				160
150				150
140				140
130				130
120				120
110				110
100				100
90				90
80				80
70				70
60				60
50				50
40				40
30				30
20				20
10				10
0				0

① KNISE-BAAT 읽기, 쓰기, 수학을 실시하였다면, KNISE-BAAT 전체 기록용지의 학력지수 프로파일과 학년규준 프로파일을 작성해야 한다.

② 예를 들어, 홍길동의 학력지수가 KNISE-BAAT(읽기) 85점, KNISE-BAAT(쓰기) 98점, KNISE-BAAT(수학) 80점이라고 가정하면, KNISE-BAAT 전체 기록용지의 학력지수 프로파일란에 이 점수에 해당하는 위치를 찾아 표시를 하고, 이 표시들을 실선으로 연결하면 학력지수 프로파일이 된다.

③ 위의 학력지수 프로파일에 의하면 홍길동의 읽기, 쓰기, 수학 학력지수는 모두 평균수준 이하이며, 특히 수학 학력지수는 읽기와 쓰기 학력지수보다 낮은 것으로 나타났다. 그러므로 홍길동의 읽기, 쓰기, 수학 기초학력은 또래들에 비해 전반적으로 지체되어 있으며, 특히 쓰기와 읽기 기초학력보다 수학 기초학력이 더 많이 지체되어 있다고 할 수 있다.

④ KNISE-BAAT의 결과로 학습장애를 진단할 때, 유의해야 할 점의 하나는 학력지수가 −2표준편차 이하, 즉 학력지수가 69점 이하로 나타났을 때, 학습장애로 진단할 수 있다는 점이다.

02 국립특수교육원 기초학습능력검사(NISE-B · ACT)

1. 목적 및 대상

목적	기초학습부진과 특수교육대상 학생을 선별 및 진단하고, 그들의 기초학습능력 평가
대상	만 5세~만 14세 11개월 30일까지

2. 검사도구의 특징

① NISE-B · ACT는 특수교육대상 학생이나 장애발생 위험성이 높은 경계선급 학생 및 학습부진 학생 등의 기초학습능력을 평가하기 위한 규준참조검사이다.

② NISE-B · ACT는 특정한 영역의 수행능력을 집중적으로 평가하기 위한 검사가 아니라 기초학습능력을 구성하는 읽기, 쓰기, 수학이라는 세 영역을 모두 검사할 수 있는 종합적인 검사도구이다.

③ NISE-B · ACT는 개인용 검사로 개발되어 보다 신뢰롭고 타당하게 특수교육대상 학생에 대한 적격성과 교육계획을 수립할 수 있는 정보를 얻을 수 있다.

- 표준화 과정에서 집단검사가 아닌 개별검사로 표준화를 진행함으로써 개인용 검사로서의 적합성을 높였다.

④ NISE-B · ACT는 학생의 수행능력을 평가할 수 있는 검사도구이다.

- 읽기, 쓰기, 수학이라는 기초학습능력은 그 자체로 목적적 영역일 뿐만 아니라 다른 교과를 학습하기 위한 도구적 속성을 가지고 있다.

3. 검사도구의 구성

NISE-B · ACT는 읽기, 쓰기, 그리고 수학이라는 세 개의 하위영역으로 구성되어 있다.

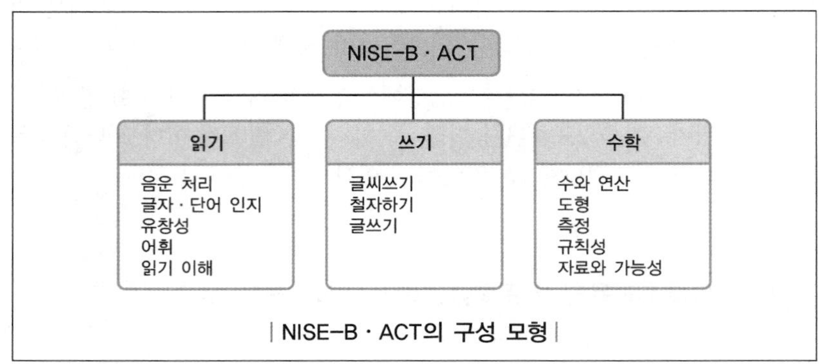

| NISE-B · ACT의 구성 모형 |

4. 검사의 실시

① 검사는 검사 대상의 학년 수준에 맞게 소검사를 선정하여 교사용 읽기 검사 기록지에 제시된 순서대로 실시하는 것을 기본으로 한다.

- 검사 대상의 수준에 따라 소검사나 하위 검사를 추가하여 실시할 수 있으며, 검사 대상의 특성이나 검사 실시 환경에 따라 소검사의 순서를 바꾸어 실시할 수도 있다.

② 검사는 검사 대상의 현재 학년 수준부터 시작한다.

유치원과 초등학교 1학년	음운 처리 검사부터 시작하여 읽기 이해 검사(문장 이해)까지 실시
초등학교 2학년	글자 · 단어 인지 검사부터 시작하여 읽기 이해 검사(짧은 글 이해)까지 실시
초등학교 3~6학년	유창성 검사부터 시작하여 읽기 이해 검사(긴 글 이해)까지 실시
중학교 1~3학년	어휘 검사(반대말)부터 시작하여 읽기 이해 검사(긴 글 이해)까지 실시

자료

음운 처리와 글자 · 단어 인지 영역

읽기 검사의 경우 음운 처리와 글자 · 단어 인지 영역은 선수 기능으로서의 성격이 강하다. 이 두 영역에 대해서는 초등학교 2학년과 3학년부터는 천정효과가 나타나기 때문에 검사를 실시하지 않는 학년이 있다. 그러나 학생의 읽기 문제가 심각할 경우에는 음운 처리와 글자 · 단어 인지 영역에 대한 검사를 실시할 수 있으며, 이때에는 학년 규준 점수가 산출된다. 반대로 읽기 능력이 뛰어난 학생의 경우, 검사를 실시하지 않아도 되는 영역에 대하여 검사를 실시할 수 있다. 이때에도 학년 규준 점수가 산출된다(이태수 외, 2017).

③ 특수교육대상자 선정을 위한 검사에서는 보다 정밀한 검사를 위하여 다음과 같이 추가 검사를 실시하는 것이 바람직하다.

㉠ 음운 처리와 글자 · 단어 인지 소검사는 선수 기능으로서의 성격이 강하므로, 초등학교 3~6학년 학생의 검사에서 피검사자 학생의 수행 수준이 초등학교 2~3학년 정도의 수행 수준을 나타낼 경우에는 음운 처리와 글자 · 단어 인지에 대한 검사를 추가로 실시하여야 한다.

㉡ 중학생 이상의 피검사자가 초등학교 4~6학년 수준으로 나올 경우에는 유창성 검사를 실시하고, 3학년 이하의 수준이 나올 경우에는 유창성 검사와 글자 · 단어 인지 그리고 음운 처리 검사를 모두 실시해야 검사 결과의 정확도를 높일 수 있다.

PART 03

5. 결과 및 해석 23중특

NISE-B · ACT의 결과 및 해석에 제시된 모든 내용은 NISE-B · ACT 요강(읽기)(이태수 외, 2017)을 인용하였다.

(1) 결과

① 국립특수교육원 기초학습능력검사의 결과는 표준점수(환산점수를 의미함), 백분위점수, 학력지수, 학년규준을 제공한다.

② 소검사 영역별 표준점수는 하위검사의 원점수를 평균 10점, 표준편차 3점인 점수로 변환한 점수이다.

③ 백분위점수는 한 집단의 점수분포 상에서 특정 피검사자의 점수 미만에 놓여 있는 사례에 대한 백분율이다.

④ 학력지수는 평균이 100이고 표준편차가 15인 표준점수로 변환한 편차 지수이다.

- 학업의 수행이나 발달 정도를 나타내는 학력지수는 다음과 같은 진단적 분류에 따라 제시되어 검사 결과를 해석하는 데 도움을 준다.

학력지수	분류	포함 비율(%)
130 이상	최우수	2.3
115~129	우수	13.6
105~114	평균 상	21.2
95~104	평균	25.8
85~94	평균 하	21.2
70~84	학습지체	13.6
69 이하	심한 학습지체	2.3

⑤ 학년규준은 피검사자 학생의 수행 수준을 파악하기 위한 것이다.

이름	생년월일	학년
홍길동	2010년 5월 7일	초등학교 2학년 1학기

소검사	음운처리	글자/단어인지	유창성	어휘	읽기이해	읽기능력
원점수	142	85	242	22	7	-
표준점수		9	5	10	5	81
백분위		37.00	5.00	50.00	5.00	10.00
학력지수		평균	학습지체	평균	학습지체	학습지체
학년규준	초1-1학기	초1-2학기	유치원-2학기	초1-2학기	유치원-1학기	초1-1학기

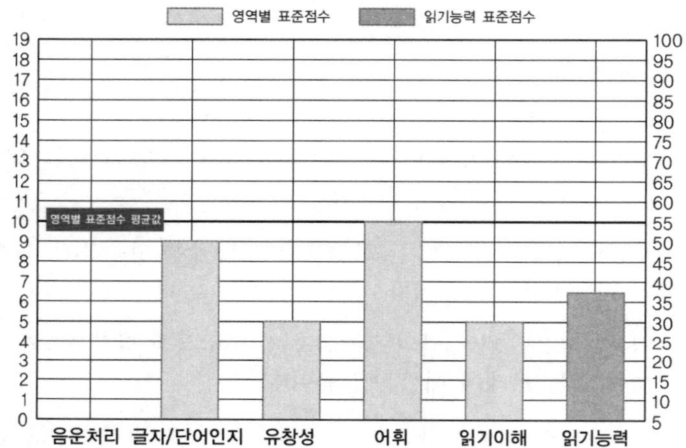

설명 홍길동의 경우, 홍길동은 2학년이므로 글자 · 단어인지, 유창성, 어휘, 읽기 이해의 네 영역에 대하여 검사를 실시하면 된다. 그러나 검사자는 홍길동의 읽기 능력이 낮다는 판단하에 음운처리 검사를 실시하였다.

| NISE-B · ACT(읽기) 검사 결과(읽기) 및 소검사 프로파일 |

출처 ▶ 이태수 외(2017)

(2) 해석

① 음운처리 영역의 원점수는 142점에 해당한다. 이러한 결과에 기초한 학년 규준은 초1-1학기에 해당한다.

② 글자/단어인지 영역의 원점수는 85점이고, 표준점수는 9점, 백분위점수는 37.00%에 해당한다. 이러한 결과에 기초한 학력지수 분류는 평균 수준에 해당하며, 학년규준은 초1-2학기에 해당한다.

③ 유창성 영역의 원점수는 242점이고, 표준점수는 5점, 백분위점수는 5.00%에 해당한다. 이러한 결과에 기초한 학력지수 분류는 학습지체 수준에 해당하며, 학년규준은 유치원-2학기에 해당한다.

④ 어휘 영역의 원점수는 22점이고, 표준점수는 10점, 백분위점수는 50.00%에 해당한다. 이러한 결과에 기초한 학력지수 분류는 평균 수준에 해당하며, 학년규준은 초1-2학기에 해당한다.

⑤ 읽기이해 영역의 원점수는 7점이고, 표준점수는 5점, 백분위점수는 5.00%에 해당한다. 이러한 결과에 기초한 학력지수 분류는 학습지체 수준에 해당하며, 학년규준은 유치원-1학기에 해당한다.

⑥ 검사에 대한 총평 : 홍길동 학생에 대한 읽기 검사 결과, 소검사 영역지수별 합산점수의 표준점수(학력지수 점수)는 81점이고, 학력지수 분류는 학습지체 수준에 해당한다. 표준점수에 기초한 백분위점수는 10.00%이며, 학년규준은 초1-1학기에 해당한다.

03 기초학습기능검사 10유특, 11초특, 13유특(추시)

1. 목적 및 대상

목적	• 아동의 학습 수준이 정상과 어느 정도 떨어져 있는가를 알아보거나 학습집단 배치에서 어느 정도 수준의 아동집단에 들어가야 하는가를 결정 • 아동의 구체적인 개별화 교수안 작성 • 유치원이나 초등학교 수준의 일반아동뿐만 아니라 장애아동들의 기초학습기능 또는 기초 능력을 평가하는 데 사용 가능
대상	만 5세~만 12세 11개월까지

2. 검사도구의 특징

우리나라에서 거의 유일하게 전국표준과 학년, 연령별 규준을 가진 학력검사이다.

3. 검사도구의 구성

① 기초학습기능검사는 정보처리 기능과 언어 기능 및 수 기능의 세 가지 기능을 측정하도록 구성되어 있다.

㉠ 정보처리 기능 : 모든 학습에 일반적으로 적용되는 기능

㉡ 언어 기능, 수 기능 : 초기의 학교 학습에서 획득되는 최소한의 교육적 성취를 나타냄

② 검사에서 다루는 세 기능은 모두 학교 학습에 기초가 되는 기능이며, 학생이 얻은 점수는 유치원 및 초등학교 과정의 학년 수준을 측정할 수 있는 내용이기도 하다.

기초학습기능검사의 구성

기능	소검사명	측정요인	문항 수	
정보처리	정보처리	관찰	60	270
		조직		
		관계짓기		
수	셈하기	기초 개념 이해	60	
		계산능력		
		문제해결력		
언어	읽기 I	문자와 낱말의 재인	50	
	읽기 II	독해력	50	
	쓰기	철자의 재인	50	

4. 결과 및 해석

기초학습기능검사는 각 소검사 및 전체 검사에 대하여 학년점수와 연령점수, 학년별 백분위점수, 연령별 백분위점수를 제공한다.

(1) 학년 규준점수 프로파일 작성 및 해석

① 학년 규준점수 프로파일 작성 방법은 다음과 같다.

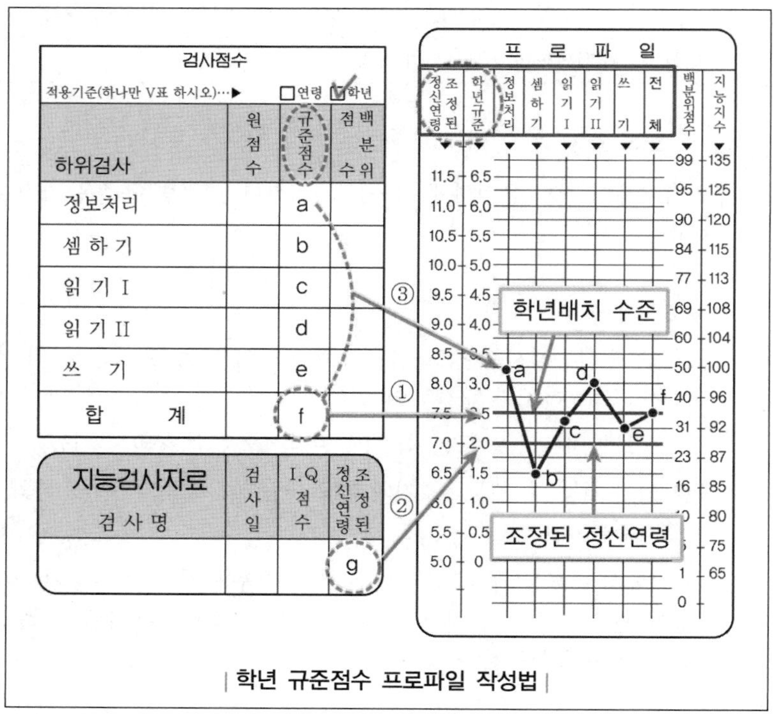

| 학년 규준점수 프로파일 작성법 |

㉠ 소검사별 원점수, 변환점수(규준점수, 백분위점수)를 산출한다. 이때 '적용규준'의 '학년'에 체크했으므로 학년 규준점수와 학년별 백분위 점수를 표에 기록해야 한다.

㉡ 지능검사 결과를 토대로 조정된 정신연령을 산출한다.

- 조정된 정신연령이란 정신연령의 조정을 통해 검사 실시 시작점을 추측할 수 있도록 하기 위한 것이다.

㉢ 프로파일 작성란의 합계(f)에 해당하는 값을 프로파일의 학년규준에서 찾아 직선으로 표시한다(그림의 ①에 해당하는 과정).

- 각 소검사별 규준점수의 합계(f)는 학년 배치 수준으로서 해당 아동의 기초학습기능 전체 검사의 대표치 역할을 한다.
- 연령 규준점수 프로파일을 작성할 때는 프로파일의 조정된 정신연령의 값에서 해당 아동의 생활연령을 찾아 직선으로 표시한다.

㉣ 조정된 정신연령(g)에 해당하는 값을 프로파일의 조정된 정신연령에서 찾아 직선으로 표시한다(그림의 ②에 해당하는 과정).

㉤ 각 소검사별 규준점수(a, b, c, d, e)와 합계(f)의 값을 프로파일에 점으로 찍어 표시한 후, 직선으로 연결한다(그림의 ③에 해당하는 과정).

② 아동의 각 소검사별 점수를 전체 검사의 대표치 역할을 하는 학년 배치 수준과 비교해 봄으로써 각 영역의 능력을 알 수 있다. 학년 배치 수준을 나타내는 직선 위에 위치하고 있는 정보처리(a), 읽기Ⅱ(d)는 학년 배치 수준보다 높은 데 반해, 직선 밑에 위치하고 있는 셈하기(b), 읽기 Ⅰ(c), 쓰기(e)는 학년 배치 수준에 미달하는 것을 알 수 있다.

③ 조정된 정신연령은 학력의 기대치 역할을 하는데, 학년 배치 수준이 조정된 정신연령보다 높으면 정신능력에 비해 우수한 학력을 갖춘 것으로 그리고 이와 반대의 순으로 배치된 경우는 정신능력에 비해 학력 수준이 미달인 것을 나타낸다.

학년 규준점수

학년 규준점수란 한 개인의 검사결과를 여러 학년 집단의 검사결과와 비교하는 것이 아니라 각 학년 학생들이 받은 원점수의 중앙치와 비교하여 학년 수준별로 표시되는 점수를 말한다. 변환점수로서의 학년 규준점수는 학년규준표를 참고하면 된다.

연령 규준점수

연령 규준점수는 생활연령(검사 시 연령)을 이용한다는 점에서만 차이가 있을 뿐 학생들이 받은 원점수의 중앙치와 비교하여 연령 수준으로 표시되는 점수라는 측면에서 학년 규준점수와 비슷하다. 원점수에 대한 연령점수는 연령 규준표를 참고하여 찾으면 된다.

자료

조정된 정신연령

- 조정된 정신연령 산출 공식

$$정신연령 = \frac{지능지수}{100} \times 생활연령(개월로\ 표시)$$

- 산출 예시
  - 이름: 홍길동
  - 지능지수: 98
  - 생활연령: 11년 2개월
  - 조정된 정신연령 $= \frac{98}{100} \times 134$ = 131.32개월(약 131개월) = 10년 11개월

설명 길동이의 조정된 정신연령은 10년 11개월이므로 초등학교 4~5학년 수준에서 검사를 시작해야 함을 시사한다.

출처 ▶ 김남진 외(2017)

PART 03

(2) 학년규준 백분위점수 프로파일 작성 및 해석

① 학년규준 백분위점수 프로파일 작성 순서 및 방법을 살펴보면 다음과 같다.

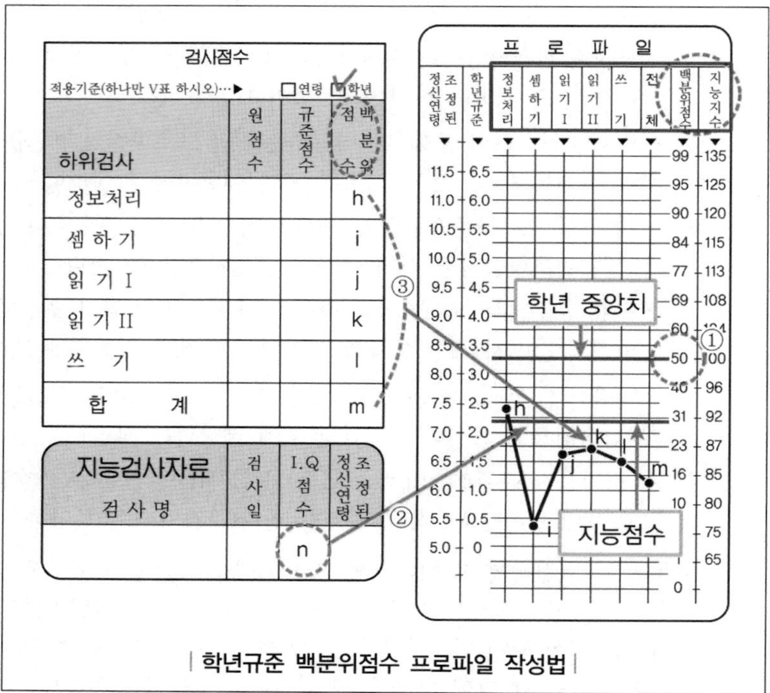

| 학년규준 백분위점수 프로파일 작성법 |

㉠ 소검사별 원점수, 변환점수(규준점수, 백분위점수)를 산출한다. 이때 '적용규준'의 '학년'에 체크했으므로 학년 규준점수와 학년별 백분위점수를 표에 기록해야 한다.

㉡ 지능검사 결과를 기록한다.

㉢ 모든 학년의 학년 중앙치는 백분위점수 50점이므로, 백분위점수 '50'을 찾아 이에 해당하는 지점을 직선으로 표시한다(그림의 ①에 해당하는 과정).

- 학년규준 백분위점수 프로파일은 피검사자인 아동이 속해 있는 학년 안에서 아동이 몇 퍼센트 수준에 해당하는가를 나타내는 것이다. 모든 학년의 학년 중앙치는 백분위점수 50점이므로 모든 프로파일이 동일한 위치에 직선으로 표시된다.
- 연령규준 백분위점수 프로파일을 작성할 때는 연령 중앙치를 직선으로 표시하는데, 이때도 마찬가지로 백분위점수 '50'에 해당하는 지점을 직선으로 표시하면 된다.

㉣ 프로파일의 지능지수 범위를 참고하여 IQ점수(n)에 해당하는 값을 찾아 직선으로 표시한다(그림의 ②에 해당하는 과정).

- (학년, 연령) 규준점수 프로파일을 작성할 때는 조정된 정신연령을 이용하는 데 반해, (학년, 연령) 백분위점수 프로파일을 작성할 때는 IQ점수를 이용하는 것이 차이점이다.

㉤ 각 소검사별 백분위점수(h, i, j, k, l)와 합계(m)의 값을 프로파일에 점으로 찍어 표시한 후, 직선으로 연결한다(그림의 ③에 해당하는 과정).

② 아동의 각 소검사(h, i, j, k, l) 및 전체 검사(m)의 백분위점수는 모두 중앙치를 넘지 못하고 있으므로 아동의 학력은 또래 학년 수준보다 아주 낮은 편이다. 아동의 지능 수준에 비추어 보면 정보처리검사(h)는 지능에 비해 높은 수준이지만, 나머지 네 개 검사에서의 백분위점수는 지능 수준보다 낮은 편이다.

04 기초학습기능 수행평가체제(BASA) 12중특

1. 목적 및 대상

목적	아동의 기초학습 수행발달 수준과 발달 정도를 기초평가와 형성평가를 통해 반복적으로 평가하고 진전도를 측정함으로써 추후 학업에서 발생할 수 있는 문제점 예방
대상	읽기, 쓰기, 수학: 초등학교 1~3학년

2. 검사도구의 특징

① 교육과정중심측정(CBM) 절차에 근거하여 제작한 검사이다.

② 각 검사는 진단과 더불어 아동의 변화를 지속적으로 점검하는 형성평가 도구로도 활용된다.

3. 검사도구의 구성

① 읽기, 쓰기, 수학검사로 구성되어 있다.

- 초기에는 읽기, 쓰기, 수학의 3종이었으나 최근 초기문해, 읽기이해, 어휘, 초기수학, 수학 문장제 등의 5종이 추가로 개발되었다.

② BASA 읽기검사의 기본 체제는 기초평가와 형성평가로 나누어져 있다. 기초평가용으로 제작된 읽기검사를 3회 실시하여 아동의 기초선을 확인하고, 이후의 형성평가를 통하여 아동의 지속적인 성장을 점검할 수 있다.

자료

추후 개발된 BASA의 대상

- 읽기이해, 어휘, 수학 문장제: 초등학교 3학년 이상
- 초기수학과 초기문해: 만 4세 이상

BASA 읽기검사의 구성

평가	하위검사	검사내용
기초평가	읽기 유창성 검사	• 개인 검사 • 읽기 유창성 측정 • 학생용, 검사자용(기록지) • 제한된 시간 내에 얼마나 많은 글자를 정확히 읽는가를 측정 • 읽기검사자료 1－(1), 1－(2)로 구성
	빈칸 채우기 검사	• 집단 검사 • 독해력 측정 • 학생용, 검사자용(기록지) • 문맥에 맞는 적절한 단어를 선택하는 문항으로 구성
형성평가	읽기 유창성 검사	• 개인 검사 • 학생용, 검사자용(기록지) • 읽기 유창성 측정 • 23개의 읽기검사자료 중 하나를 선택하여 지속적인 읽기 진전도 모니터링

③ BASA 수학검사는 네 가지 검사로 나누어져 있다. 1, 2, 3학년의 교과서와 익힘책을 분석하여 개발한 각 학년 수준의 검사도구와 통합 수준의 검사도구로 구성되어 있다. Ⅰ단계 검사는 1학년 수준, Ⅱ단계 검사는 2학년 수준, Ⅲ단계 검사는 3학년 수준, 통합단계 검사는 1, 2, 3학년 수준의 문제를 모두 담고 있다.

BASA 수학검사의 구성

평가	수준	단계	수준	문항 수	분량(회)
기초평가	학년 수준	Ⅰ	1학년	32	10
		Ⅱ	2학년	33	10
		Ⅲ	3학년	32	10
	통합 수준	통합	1~3학년 통합	24	10
형성평가	학년 수준	Ⅰ	1학년	32	10
		Ⅱ	2학년	33	10
		Ⅲ	3학년	32	10
	통합 수준	통합	1~3학년 통합	24	10

PART 03

4. 개별화교육계획 및 그래프의 작성

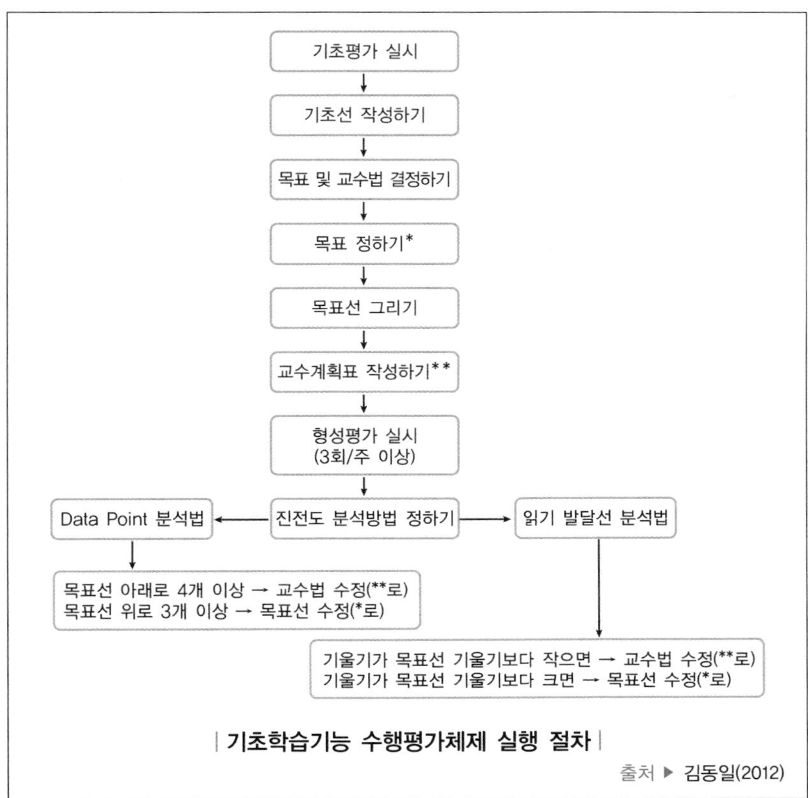

| 기초학습기능 수행평가체제 실행 절차 |

출처 ▶ 김동일(2012)

(1) 기초선 설정 – 기초평가의 실시 17초특

① 기초선은 아동에 대한 중재전략에 들어가기 전 아동의 수행 수준을 말하는 것으로, 교수목표의 기초가 된다.

② 기초선을 잡기 위해 읽기검사를 3회 실시하고, 그중 중앙값을 기초선으로 결정한다.

(2) 목표 세우기

① 개별화교육의 목표 정하기

개별화교육의 목표는 관찰 가능하고 측정 가능한 행동으로 표현해야 하며, 조건, 행동, 준거의 세 가지 요소를 포함시켜 기술한다.

② 목표설정 방법

월 진전도를 이용한 목표치 설정 규정에 명시된 월 진전도만큼 읽기 수행이 향상될 것을 기대하고 목표치를 결정하는 방법으로, 아동의 기초선 값에 아동이 속한 연령집단의 월 진전도를 합산하여 목표치를 정한다.

예 홍길동이 현재 1학년이고, 기초평가를 3월 첫째 주에 실시한 결과 79개의 기초선 값이 결정되었다면 6개월 후인 9월 첫째 주에 도달할 홍길동의 읽기 수행 목표는 121개[기초선 79개 + 1.0학년의 평균 월 진전도(7개) × 6개월 = 121개]이다.

③ 장기목표와 단기목표

아동의 읽기지도를 위한 목표는 1학기 또는 1년 동안의 장기목표를 설정한다. 설정된 장기목표를 기준으로 1개월 단위의 단기목표도 함께 가지고 있어야 한다.

④ 목표선 긋기

㉠ 목표선은 기초선 값과 장기목표로 설정한 목표치를 이어 그린다.

㉡ 아동에 대한 개별화교육 목표를 설정하고 목표선이 그래프에 표기되면, 아동의 실제 학습진전도를 그 목표선에 비교하여 교수의 효과를 판단하는 데 이용된다.

Tip
BASA 채점프로그램을 이용하면 목표선이 자동으로 표기된다.

(3) 형성평가 실시 [17초특]

① 형성평가는 주 1~3회 정도 실시하고 실시한 결과를 매회 그래프에 기록한다.

② 형성평가는 아동의 학습진전도를 점검함으로써 필요한 경우 교수목표 또는 교수법을 수정하기 위해 실시되는 것이다.

(4) 검사점수를 활용한 진전도 분석방법

① 3주에 한 번씩 또는 검사점수가 9~12개 이상이 되면, 진전도 분석을 하고 이에 따라 교수법 혹은 목표 수정 여부를 결정해야 한다.

② Data Points 이용하기와 읽기 발달선 이용하기의 두 가지 방법 중 하나를 사용하여 현재 아동의 학습진전도를 교사가 설정한 목표선과 비교한다. 그 결과에 따라 현재의 교수법을 계속 사용하거나, 교수법을 수정하거나, 목표를 수정한다.

㉠ Data Points 이용하기

- 아동의 검사점수가 4회 이상 연속하여 목표선 아래로 떨어지면, 교수법을 변경할 수 있다.
- 아동의 검사점수가 3회 이상 연속하여 목표선 위로 올라가면, 목표를 상향조정할 수 있다.

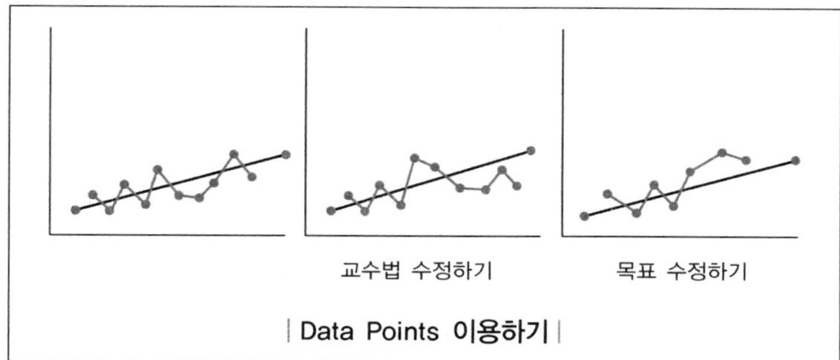

| Data Points 이용하기 |

㉡ 읽기 발달선 이용하기

- 읽기 발달선은 아동의 학습진전도를 요약하여 나타내어 아동에 대한 교수 프로그램의 효과성을 한눈에 알아볼 수 있게 해준다.
- 읽기 발달선 이용하기에서는 읽기 발달선의 기울기와 목표선의 기울기를 비교하여 교수수정에 대한 의사결정을 한다.
  - 읽기 발달선의 기울기가 목표선보다 훨씬 작으면, 중재전략을 변경한다.
  - 읽기 발달선의 기울기가 목표선과 같다면, 현재의 교수법을 계속 사용한다.
  - 읽기 발달선의 기울기가 목표선보다 크면, 목표를 상향조정할 수 있다.

읽기 발달선
동 성장선

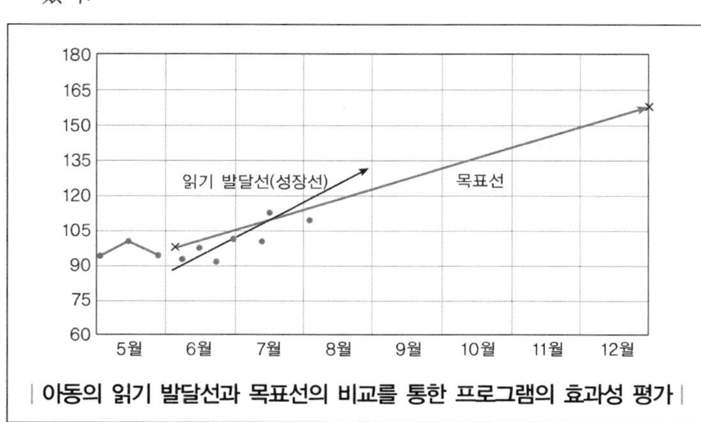

| 아동의 읽기 발달선과 목표선의 비교를 통한 프로그램의 효과성 평가 |

• 읽기 발달선은 다음과 같은 절차에 따라 그린다.

1단계	형성평가 기간을 둘로 나눌 수 있는 이등분선을 그래프에 그리고 그 선 위에 '2'라고 쓴다. 검사점수의 개수가 짝수이면 검사점수들 사이에, 검사점수의 개수가 홀수일 경우 가운데 점에 직선이 그어질 것이다. 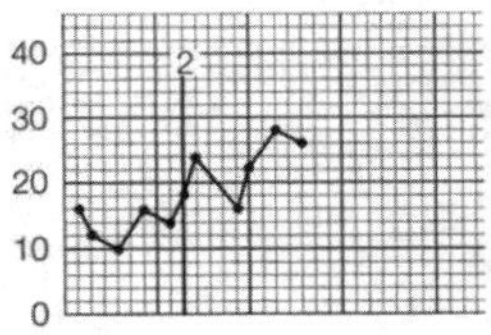 홀 수 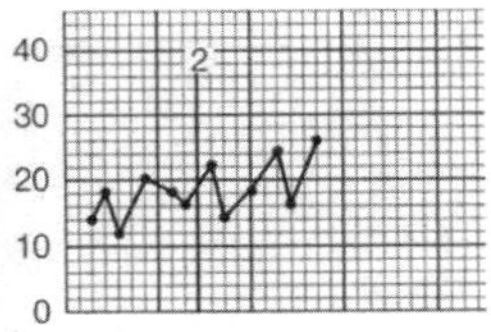 / 짝 수
2단계	앞에서 이등분한 선의 왼쪽편의 기간과 오른쪽편의 기간을 각각 이등분한 선을 그리고 그 선들 위에 각각 '1'과 '3'이라고 쓴다. 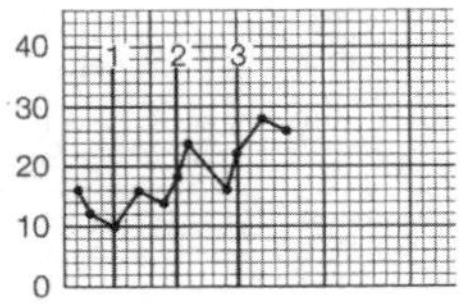
3단계	2번 선의 왼쪽에 있는 모든 검사점수의 중앙치를 찾아 가로로 선을 긋고, 1번 선과 만나는 점을 'a'라고 한다. 2번 선의 왼쪽에 있는 검사점수의 개수가 짝수일 경우 중앙치는 가운데 두 중앙치의 평균으로 한다. 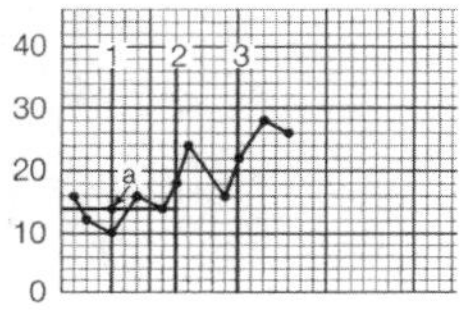
4단계	2번 선의 오른쪽에 있는 모든 검사점수의 중앙치를 찾아 가로로 선을 긋고, 3번과 만나는 점을 'b'라고 한다. 2번 선의 오른쪽에 있는 검사점수의 개수가 짝수일 경우의 중앙치는 가운데 두 중앙치의 평균으로 한다. 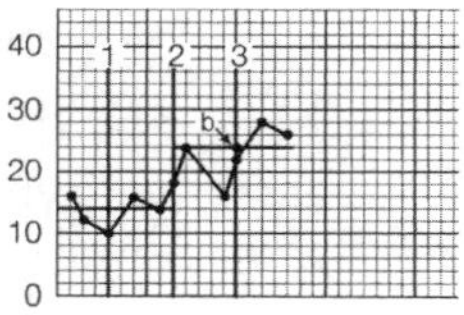
5단계	a와 b점을 이으면 학습진전도를 나타내는 읽기 발달선이 된다. 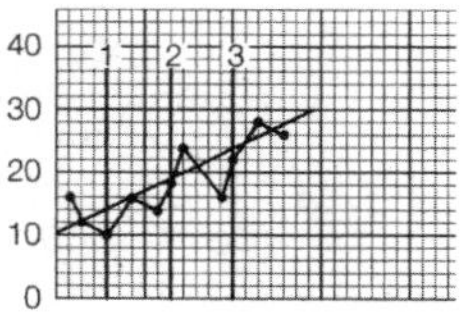

5. 결과 및 해석

기초학습기능 수행평가체제(읽기, 쓰기, 수학)는 백분위점수, T점수, 그리고 학년점수를 제공한다.

(1) 결과

BASA : 읽기검사 결과 기록지			
이 름	홍길동	검 사 자	이순신
학교명	○○초등학교	검사실시일	2011년 6월 27일
성 별	여	출 생 일	2002년 5월 23일
학년/반	3학년 2반 5번	검사시연령	9년 1월 4일
읽기검사 1회	① 원점수		135
읽기검사 2회	② 원점수		152
읽기검사 3회	③ 원점수		143
읽기수행 수준	④ 원점수(중앙치)		143
	⑤ T점수(중앙치)		31.31
	⑥ 백분위점수(중앙치)		4%
	⑦ 백분위점수 단계		5단계
	⑧ 현재 수준 설명		전반적이고 지속적인 읽기 지도가 필요합니다.
	⑨ 현재 학년		3.3
	⑩ 학년점수(중앙치)		1.4
	⑪ 학년 차이(학년점수 − 현재학년)		1.9
	⑫ 월진전도		8+
빈칸 채우기	⑬ 원점수		4
	⑭ 백분위점수		14.00
	⑮ T점수		38.07
	⑯ 학년점수		1.6

KORSET 합격 굳히기 BASA에서의 현재 학년

1. 현재 학년이란 학생이 학교에 다니기 시작한 시점을 기준으로 하여 산출된 연령이다.
   예 3월에 입학한 1학년 아동의 학령은 3월 현재 1.0이며, 4월이 되면 1.1, 5월이 되면 1.2로 기록된다. 단, 여름방학인 8월과 겨울방학인 1월은 현재 학년 계산에서 제외하므로, 1학년 7월의 현재 학년은 1.4, 그다음 9월의 현재 학년은 1.5로 정해진다.

2. 학년 및 월별 현재 학년은 다음의 〈표〉와 같다.

	1학년	2학년	3학년
3월	1.0	2.0	3.0
4월	1.1	2.1	3.1
5월	1.2	2.2	3.2
6월	1.3	2.3	3.3
7월	1.4	2.4	3.4
9월	1.5	2.5	3.5
10월	1.6	2.6	3.6
11월	1.7	2.7	3.7
12월	1.8	2.8	3.8
2월	1.9	2.9	3.9

출처 ▶ 김동일(2012)

Tip
BASA(읽기검사)의 결과 및 해석에 제시된 모든 내용은 기초학습기능 수행평가체제 읽기검사 전문가 지침서(김동일, 2012)를 인용하였다.

PART 03

(2) 해석

① 홍길동에게 읽기검사를 실시한 결과 홍길동의 현재 학년점수는 1.4학년으로 현재 학년인 3.3학년과 비교할 때 1.9학년의 차이를 보이고 있다.

② 백분위점수에 의해 아동은 현재 가장 낮은 5단계("전반적이고 지속적인 읽기 지도가 필요합니다") 수준인 것으로 나타났다. 대체로 백분위점수가 15% 이하인 경우 구체적인 중재가 필요한 것으로 판단되는 만큼, 홍길동은 읽기 영역에 있어 구체적인 중재가 필요하다. 월 진전도는 8이므로, 검사실시 이후 읽기수행 수준은 매달 8점의 진전을 나타낼 수 있을 것으로 기대된다.

③ 홍길동의 기초 독해력 수준을 보여 주는 빈칸 채우기 검사 결과, 홍길동은 현재 1.6학년 수준의 독해 능력인 것으로 나타났다. 백분위점수는 약 15%를 기준으로 그 미만인 경우에 구체적인 중재가 들어가야 하는 것으로 여겨지는데, 홍길동은 14.00%로 독해력 향상을 위한 지도가 필요한 상황이다.

KORSET 합격 굳히기 학습준비도검사

1. 목적 및 대상

① 학습준비도검사는 특별한 조력이 제공되지 않으면 초등학교 2학년 학습을 수행할 만한 준비성이 없는 것으로 생각되는 아동들을 미리 선별하는 데 목적을 두고 개발된 집단검사이다.

② 유치원 졸업생 또는 초등학교 1학년 초기의 아동들을 대상으로 실시된다.

- 학습준비도검사는 초등학교 1학년 아동들의 규준만 제시하고 있으므로 유치원 졸업생을 대상으로 실시할 경우 그 결과는 참고로만 활용해야 한다.

2. 검사도구의 구성

① 학습준비도검사는 8개 요인, 총 27문항으로 이루어져 있다.

② 8개 요인은 지식, 신체 개념, 정서적 지각, 부모상 지각, 놀이 지각, 시각-운동 협응, 지시 순종, 기억이다.

3. 검사의 실시

① 집단검사인 학습준비도검사의 적정인원은 25~30명이며 그 이상의 인원에게 실시할 경우에는 보조자가 필요하다.

② 검사시간은 제한되어 있지 않으나 대체로 초등학교 1학년 아동의 경우에는 약 40분이 소요되고 유치원 졸업생의 경우에는 약 50분이 소요된다.

4. 결과 및 해석

① 학습준비도검사는 백분위점수와 표준점수(평균 100, 표준편차 15)를 제공한다.

② 백분위점수는 남 · 녀 · 전체별로 그리고 표준점수는 지역(도시 · 지방 · 전국)으로 나누어 남 · 녀 · 전체별로 제시된다.

출처 ▶ 이승희(2019)

07 정서 · 행동 영역 진단 · 평가도구

01 ASEBA 한국판 유아 행동평가척도(CBCL 1.5-5)

1. 목적 및 대상

목적	유아의 문제행동을 평가하여 문제를 조기에 감별하고, 진단에 활용하여 적응의 경과를 비교 판단하는 데 활용하기 위한 목적
대상	만 18개월~만 5세까지

2. 검사도구의 구성

ASEBA 유아용은 부모용인 CBCL 1.5-5, 교사용인 C-TRF의 두 가지 검사로 구성되어 있으며, 각기 유아의 주 양육자(주로 부모), 교사/보육사가 작성하게 되어 있다.

(1) CBCL 1.5-5

① 유아의 문제행동을 부모 보고를 통해 평가한다.

② CBCL 1.5-5에는 만 18개월~3세 미만의 유아를 대상으로 하는 언어발달 검사(LDS)가 포함되어 있다.

(2) C-TRF

① 유치원, 어린이집, 보육원의 교사 또는 영유아 집단(4명 이상)의 양육자가 영유아의 적응상태 및 문제행동을 평가하도록 표준화된 도구이다.

② C-TRF는 독립적으로 사용되어 어린이집, 유치원 장면에서의 영유아 문제행동 수준의 평가와 이해를 위한 목적으로 활용될 수 있고, CBCL 1.5-5의 실시 결과와 비교 자료로도 활용될 수 있다.

한국판 유아 행동평가척도 검사별 문제행동척도의 구성

요인명			내용 및 점수계산
증후군 척도	내재화	① 정서적 반응성	• 낯선 상황에 대한 불안, 일상생활의 변화에 대한 저항, 짜증, 걱정 등 정서적 안정성과 관련된 문항들로 구성 • 정서적 반응성과 관련된 문항의 합
		② 불안/우울	• 날카롭게 곤두선 기분, 긴장, 스스로의 행동이나 감정 표현에 대해서 지나치게 의식하며 불안해하고 전반적으로 슬퍼 보이는 등 부정적인 감정과 관련된 문항들로 구성 • 불안/우울과 관련된 문항의 합
		③ 신체증상	• 분명한 의학적 원인이 없음에도 불구하고 다양한 신체증상을 호소하거나, 물건이 제자리에 있지 않으면 견디지 못하는 등의 불분명한 예민함과 관련된 문항들로 구성 • 신체증상과 관련된 문항의 합
		④ 위축	• 연령대에 기대되는 것보다 위축되고 어린 행동, 애정 표현이나 주변의 즐거운 놀이에 대한 무관심과 관련된 문항들로 구성 • 위축과 관련된 문항의 합
	⑨ 내재화 총점		① 정서적 반응성 + ② 불안/우울 + ③ 신체증상 + ④ 위축
	외현화	⑤ 주의집중 문제	• 안절부절 못하고 부산하게 움직이는 과잉행동 등과 관련된 문항들로 구성 • 주의집중문제와 관련된 문항의 합
		⑥ 공격행동	• 타인에 대한 물리적인 공격 및 물건 파괴 등의 행동적인 측면과 자신의 요구를 고집스럽게 주장하고 여의치 않을 경우 쉽게 좌절하고 분노발작을 하는 등의 정서적 측면과 관련된 문항들로 구성 • 공격행동과 관련된 문항의 합
	⑩ 외현화 총점		⑤ 주의집중문제 + ⑥ 공격행동
	⑦ 수면문제		• 혼자 자려 하지 않고 연속적인 수면을 이루지 못하며 악몽, 잠꼬대 등으로 수면의 질이 좋지 않은 것과 관련된 문항들로 구성 • 수면의 질과 관련된 문항의 합

	⑧ 기타문제	• 위의 증후군 요인들에는 포함되지 않지만 유의미한 수준의 빈도로 나타나는 문제행동들로 구성 • 특정 증후군으로 분류되지 않은 문항의 합
	⑪ 총 문제행동 점수 (문제행동 총점)	⑨ 내재화 총점 + ⑩ 외현화 총점 + ⑦ 수면문제 + ⑧ 기타문제
DSM 진단척도	① DSM 정서문제	DSM 정서문제를 반영한 문항의 합
	② DSM 불안문제	DSM 불안문제를 반영한 문항의 합
	③ DSM 전반적 발달문제	DSM 전반적 발달문제를 반영한 문항의 합
	④ DSM ADHD	DSM ADHD를 반영한 문항의 합
	⑤ DSM 반항행동문제	DSM 반항행동문제를 반영한 문항의 합

Tip
수면문제는 CBCL 1.5-5에만 포함되어 있다.

PART 03

3. 결과 및 해석

CBCL 1.5-5는 문제행동증후군척도의 11개 하위척도별로 백분위점수와 T점수를 제공한다.

Tip
CBCL 1.5-5의 결과 및 해석에 제시된 모든 내용은 ASEBA 유아 행동평가척도 매뉴얼(오경자 외, 2015)을 인용하였다.

(1) 문제행동증후군 상위 척도

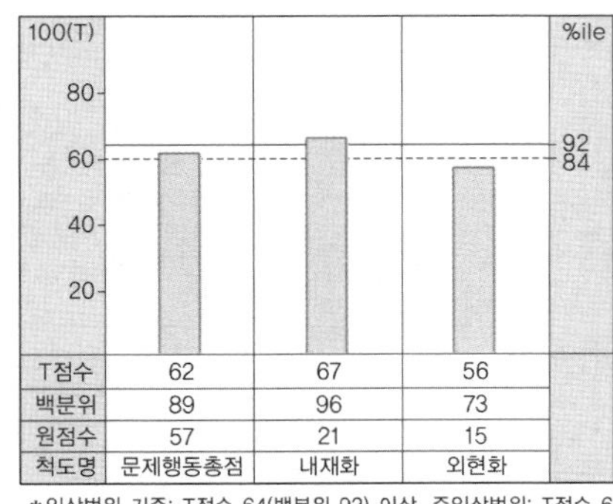

결과해석

문제행동 총점은 T점수=62로 **준임상범위**이며,
내재화 척도는 T점수=67로 **임상범위**,
외현화 척도는 T점수=56으로 **정상범위**입니다.
현재 임상범위에 해당하는 것으로 보이는 문제행동 증후군은 (없음)이며, 준임상범위에 해당하는 문제행동증후군은 (위축)으로 나타나고 있습니다.

***무응답 문항 수: 0개(8개 이상이면 재검사 권고)**

*임상범위 기준: T점수 64(백분위 92) 이상, 준임상범위: T점수 60(백분위 84) 이상, T점수 64 미만

설명 전체 문제행동증후군 척도들을 합친 문제행동 총점(총 문제행동 점수)은 원점수 57, 백분위점수 89, T점수 62에 해당하는 것으로 나타났다. T점수 62는 임상범위 기준인 64T보다는 낮지만 정상범위(60T 미만) 기준보다는 높아 준임상범위에 해당한다. 정서적 반응성, 불안/우울, 신체증상, 위축 하위 척도의 합으로 계산되는 내재화 총점은 T점수 67로 임상범위에 해당하여 내재화 관련 문제를 주의 깊게 살펴볼 필요성이 있음을 시사한다. 주의집중문제와 공격행동 하위 척도의 합으로 계산되는 외현화 총점은 T점수 56으로 정상범위에 해당한다.

원점수
각 문항들에 0-1-2로 응답한 것을 척도별로 합친 점수이다. 예를 들어, 불안/우울 요인에 해당하는 8개 문항 중에서 1개의 문항에는 2점, 4개의 문항에는 1점, 나머지 3개의 문항에는 0점으로 응답한 경우, 원점수는 (1×2)+(4×1)+(3×0)=6점이 된다.

백분위점수
표준화 대상이 된 전체 집단 내에서의 원점수 분포에 대응되는 점수로 %ile단위로 표시된다. 백분위점수 98%에 해당하는 사람은 100명 중 2번째로 높은 원점수에 해당함을 의미한다.

T점수
표준화 대상이 된 전체 집단 내에서의 상대적 위치를 표시하기 위해 원점수를 통해 얻어진 백분위 분포의 평균과 표준편차를 사용하여 환산한 점수이다. 유아 행동평가척도에서는 점수의 의미와 분포를 고려하여 T점수를 특정 백분위점수에 할당하는 방식을 사용하고 있다. T점수 50은 백분위점수 50, T점수 70은 백분위점수 98에 해당한다.

(2) 문제행동증후군 하위 척도

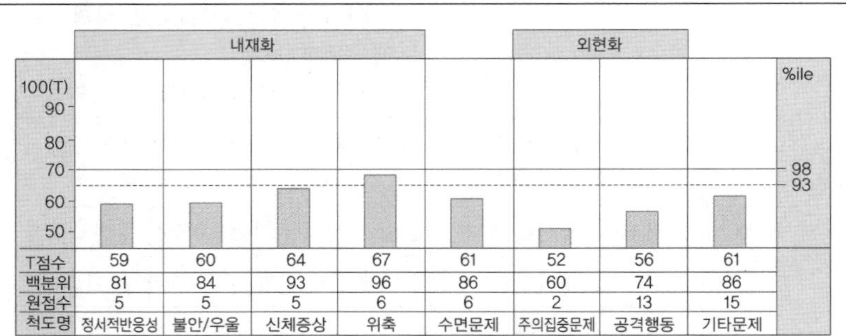

척도명	정서적반응성	불안/우울	신체증상	위축	수면문제	주의집중문제	공격행동	기타문제
T점수	59	60	64	67	61	52	56	61
백분위	81	84	93	96	86	60	74	86
원점수	5	5	5	6	6	2	13	15

*증후군 소척도 임상범위 기준: T점수 70(백분위 98) 이상, 준임상범위 기준: T점수 65(백분위 93) 이상, T점수 70 미만

설명 위축 척도의 T점수 67은 증후군 하위 척도 임상범위 기준인 70T보다는 낮지만 정상범위(65T 미만) 기준보다는 높은 수준으로 준임상범위에 해당된다. 이는 부모(주양육자)의 보고에 기초한 행동평가 결과, 해당 유아에게 '위축'증후군의 문제가 상당 부분 나타날 가능성이 있음을 말해주는 것으로 이를 토대로 임상가가 추가적인 평가를 하거나 개입을 할 수 있다. 8개 증후군 하위 척도 중 임상범위에 이르는 수준의 문제행동을 보이는 증후군은 관찰되지 않았지만, 준임상범위로 나타난 위축문제를 비롯하여 내재화에 포함되는 신체증상, 불안/우울, 정서적 반응성 척도들의 점수가 대체로 상승해 있고, 앞서 내재화 총점이 임상범위에 나타났던 것을 토대로 해당 유아의 내재화 관련 문제를 주의 깊게 살펴볼 필요성이 있음을 시사한다.

(3) DSM 진단척도

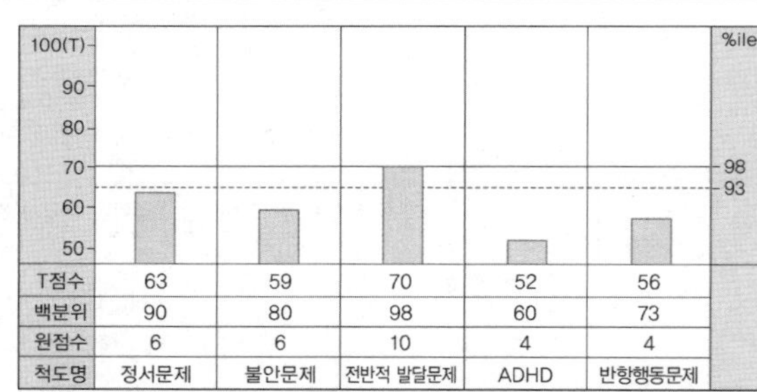

척도명	정서문제	불안문제	전반적 발달문제	ADHD	반항행동문제
T점수	63	59	70	52	56
백분위	90	80	98	60	73
원점수	6	6	10	4	4

결과해석

현재 임상범위에 해당하는 것으로 보이는 DSM 진단기준 문제행동은 (**전반적 발달문제**)이며 준임상범위에 해당하는 DSM 진단기준 문제행동은 (**없음**)으로 나타나고 있습니다.

*임상범위 기준: T점수 70(백분위 98) 이상, 준임상범위: T점수 65(백분위 93) 이상, T점수 70 미만

설명 DSM 진단 기준에 맞춰 개발된 DSM 진단척도 중에서는, 전반적 발달문제의 T점수가 70으로 임상범위에 해당하는 높은 점수를 보이고 있어 이 영역에 대한 추가적인 탐색이 필요하다. 정서문제는 T점수 63으로 정상범위에 속하지만, 준임상 수준에 근접하게 상승해 있어 문제로 발전할 가능성을 염두에 두고 지켜보는 것이 좋다.

(4) 어휘력

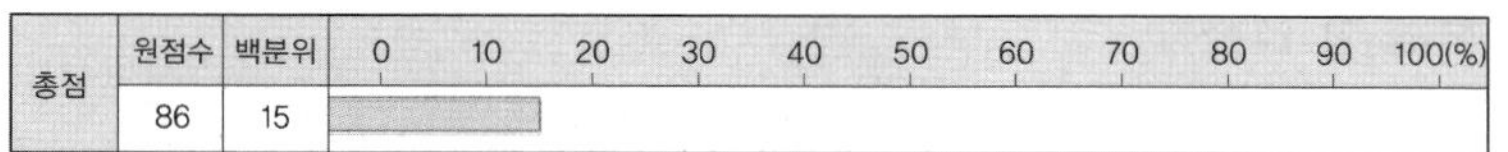

총점	원점수	백분위	0 10 20 30 40 50 60 70 80 90 100(%)
	86	15	

범주	음식	장난감	야외	동물	신체부위	탈것	행동
백분위	28	60	45	20	15	30	15
범주	집안물건	개인사물	장소	수식어	의류	기타	사람
백분위	28	40	38	18	18	13	10

설명 해당 유아는 만 2세 남아로 310개 단어 중 86개를 알고 사용하는 것으로 보고되었다. 이를 또래집단 내에서 비교한 어휘력 백분위점수는 15%ile로 낮은 수준(임상범위)으로 볼 수 있다(임상범위 : 백분위 15%ile 이하). 각 언어 범주별로 볼 때 어휘력 발달의 편차가 심한 편인데, 장난감과 개인사물과 같은 물건에 대한 어휘력은 비교적 평균 발달 수준을 유지하는 반면, 사람, 행동, 신체부위 관련 어휘 발달이 특히 지연되어 있는 편이다.

(5) 문장길이

총점	원점수	백분위	0 10 20 30 40 50 60 70 80 90 100(%)
	2.3	34	

설명 해당 유아는 평균 2.3개 단어로 이루어진 문장을 표현할 수 있는 것으로 보고되었다. 이는 또래집단과 비교 시 백분위 34%ile에 해당하는 것으로, 또래 평균에 비해 다소 짧은 편이긴 하지만 발달이 지연(임상범위 : 백분위 20%ile 이하)되어 있다고 볼 수준은 아니다.

결과지 마지막 부분에는 어휘력, 문장길이의 내용을 토대로 다음과 같은 결과 해석이 제공된다.

어휘력 총점(%ile) = 15

유아가 사용하는 단어의 숫자를 기준으로 한 어휘력 총점은 15%ile로 현재 **발달이 또래에 비해 다소 지연**되어 있습니다.

문장길이 총점(%ile) = 34

현재 유아가 사용하는 문장 길이는 34%ile로, 또래 평균과 비교할 때 문제가 관찰되지 않습니다.

＊위 결과는 **남아 24~29개월**의 규준집단으로 평가한 결과입니다.

02 ASEBA 한국판 아동 · 청소년 행동평가척도(CBCL 6-18) 20초특

1. 목적 및 대상

목적	아동 및 청소년의 정서 · 행동적 문제와 상태를 파악하여 중재하기 위해 사용
대상	만 6~18세 아동 및 청소년

2. 검사도구의 특징

① 아동 · 청소년기의 행동 문제들을 평가하여 문제를 조기에 감별하고, 진단에 활용하며 적응의 경과를 비교 판단하는 데 활용하기 위해 개발되었다.

② 기본적으로 1명 이상의 보고자에 의한 다각적 평가를 통합하여 개인에 대한 전반적 이해에 도움을 준다.

③ 다양한 평가자가 다양한 환경적 맥락에서 평가를 할 경우 평가자 간 관점의 차이를 알 수 있다.

④ 아동 · 청소년의 문제행동을 유발하는 요인이 어떤 것인지를 탐색하는 데 있어 이해의 폭을 넓힐 수 있다.

⑤ 아동 · 청소년의 정서 및 행동 문제가 학업성취뿐만 아니라 다른 학교생활을 어렵게 하는 것을 방지하기 위해 학생의 상태를 파악하여 중재한다.

3. 검사도구의 구성

- ASEBA 학령기용은 CBCL 6-18, YSR(Youth Self-Report), TRF(Teacher's Report Form)의 세 가지 검사로 구성되어 있다.

검사	평가 대상	검사지 작성자 (검사 실시)	검사 사용자 (실시관리/채점/해석)
CBCL 6-18	초등학생, 중학생, 고등학생 (만 6~18세)	양육자(부모)	• 실시 및 채점: 매뉴얼 숙지한 관리자 • 해석: 임상가
YSR	중학생, 고등학생(만 11~18세)	청소년 본인	
TRF	초등학생, 중학생, 고등학생 (만 6~18세)	교사	

- 동일한 대상에 대해 다양한 평가자들이 그들이 접할 수 있는 다양한 환경적 맥락에서 해당 척도를 이용하여 평가를 할 경우, 평가자 간 관점의 차이를 알아볼 수 있을 뿐 아니라 아동 · 청소년의 문제행동을 유발하는 요인이 어떤 것인지를 탐색하는 데 있어 이해의 폭을 넓힐 수 있다는 장점이 있다.
- 모든 검사는 문제행동척도와 적응척도로 구성되며 검사도구의 종류에 따라 요인 및 척도에 차이가 있다.

(1) 문제행동척도 20초특

문제행동척도는 문제행동증후군 척도, DSM 진단척도, 문제행동 특수척도로 구성되어 있다.

① 문제행동증후군 척도는 증후군 소척도 8개, 기타문제와 이들 하위 척도의 합으로 구성되는 상위 척도인 내재화, 외현화, 총 문제행동 점수(문제행동 총점)로 구성된다.

② 아동·청소년 행동평가척도에는 6개의 DSM 진단척도가 제공된다.

③ CBCL 6-18, TRF에는 강박증상, 외상후 스트레스 문제, 인지속도부진의 세 가지 문제행동 특수척도가 제공되며, YSR에서는 이 중 강박증상, 외상후 스트레스 문제만이 제공된다.

문제행동척도의 구성

척도	요인명		내용
문제행동 증후군 척도	내재화	불안/우울	정서적으로 우울하고 지나치게 걱정이 많거나 불안해하는 것과 관련
		위축/우울	위축되고 소극적인 태도, 주변에 대한 흥미를 보이지 않는 것 등과 관련
		신체증상	의학적으로 확인된 질병이 없음에도 불구하고 다양한 신체증상을 호소하는 것과 관련
	외현화	규칙위반	규칙을 잘 지키지 못하거나 사회적 규범에 어긋나는 문제행동들을 충동적으로 하는 것과 관련
		공격행동	언어적, 신체적으로 파괴적이고 공격적인 행동이나 적대적인 태도와 관련
	사회적 미성숙		나이에 비해 어리고 미성숙한 면, 비사교적인 측면 등 사회적 발달과 관련
	사고문제		어떤 특정한 행동이나 생각을 지나치게 반복하거나, 실제로는 존재하지 않는 현상을 보거나 소리를 듣는 등의 비현실적이고 기이한 사고 및 행동과 관련
	주의집중문제		주의력 부족이나 과다한 행동 양상, 계획을 수립하는 것에 곤란을 겪는 것 등과 관련
	기타문제		"손톱을 깨문다", "체중이 너무 나간다" 등 위에 제시된 8개 증후군에는 포함되지 않지만 유의미한 수준의 빈도로 나타나는 문제행동과 관련

자료

DSM 진단척도

임상 장면에서 사용되어 온 전통적인 진단 기준체계인 DSM(정신장애의 진단 및 통계편람)의 분류 기준을 활용하면 일반적인 하위 척도와는 달리 보다 진단적인 기준에 의거하여 문제행동의 수준을 평가할 수 있다는 판단하에 DSM 진단척도가 추가되었다(오경자 외, 2019).

Tip

내재화 및 외현화에 해당하는 척도 및 각 척도의 내용 이해가 요구된다.

	내재화 총점	• 소극적이고 위축된 행동과 같이 지나치게 통제된 행동 문제 • 불안/우울, 위축/우울, 신체증상 척도의 합
	외현화 총점	• 통제가 부족한 행동 문제 • 규칙위반과 공격행동 척도의 합
	총 문제행동 점수	전체 문제행동 문항을 합한 것(문제행동 총점)
DSM 진단척도	DSM 정서문제	여러 가지 증상들로 나타나는 정서문제와 관련
	DSM 불안문제	불안 증상과 유사한 행동들을 평가하는 척도로 전반적인 혹은 구체적인 상황에서의 불안을 측정
	DSM 신체화문제	의학적으로 확인된 질병이 없음에도 불구하고 심리적인 불안정, 긴장들이 해소되지 않을 경우 나타날 수 있는 신체적인 불편 또는 통증을 호소하는 것과 관련
	DSM ADHD	행동에 일관성이 없고 부산하거나 한 가지 일에 주의집중하는 데 어려움을 겪고 즉각적인 욕구 충족을 바라는 것과 관련
	DSM 반항행동문제	행동적으로 나타나는 폭력성, 비협조적 행동 등과 관련
	DSM 품행문제	사회적으로 용납되지 않는 행동을 반복적으로 하는 것과 관련
문제행동 특수척도	강박증상	특정 사고나 행동을 반복적으로 하는 것과 관련
	외상후스트레스문제	심각한 외상적인 사건에 직면한 후 나타날 수 있는 문제행동과 관련
	인지속도부진	정신 및 신체적으로 수동적이고 활동 저하와 관련

(2) 적응척도

① 아동・청소년이 집, 학교 등에서 가족 및 친구와 관계를 유지하고 학업을 수행하는 면에서 어느 정도 적응 수준을 보이고 있는지를 평가한다.

② 아동・청소년에 대한 이해에 있어 특정 문제행동뿐 아니라 일상적인 적응 수준도 함께 파악하는 것이 의미가 있다는 차원에서 포함된 것이다.

③ CBCL 6-18 적응척도 총점은 사회성, 학업수행 척도의 합으로 계산된다.

구분	척도명	영역/문항 수	점수범위	내용 및 점수계산
CBCL 6-18	① 사회성	4개 영역	0~9	(친구 수) + (어울리는 정도) + (관계 평균: 3문항의 평균) + (혼자놀기/공부)
	② 학업수행	4개 영역	0~7	(성적평균: 학업성적 4문항(국어, 수학, 사회, 과학)의 평균) + (특수학급) + (휴학) + (학교문제)
	③ 적응척도 총점	–	0~16	① 사회성 + ② 학업수행
YSR	① 사회성	4개 영역	0~9	(친구 수) + (어울리는 정도) + (관계 평균: 3문항의 평균) + (혼자놀기/공부)
	② 성적	1개 영역	0~4	성적평균: 학업성적 4문항(국어, 수학, 사회, 과학)의 평균
	③ 적응척도 총점	–	0~13	① 사회성 + ② 성적
	④ 긍정자원 척도	14개 문항	0~28	문제행동척도 중 긍정적 행동과 관련된 14개 문항의 합
TRF	① 성적	1개 영역	0~4	성적평균: 학업성적 4문항(국어, 수학, 사회, 과학)의 평균
	② 학교적응	4개 영역	0~24	(성실) + (행동 적절성) + (학습) + (밝은 정서)

CBCL 6-18의 결과 및 해석에 제시된 모든 내용은 ASEBA 아동·청소년 행동평가척도 매뉴얼(오경자 외, 2019)을 인용하였다.

4. 결과 및 해석

CBCL 6-18은 하위척도별로 백분위점수와 T점수를 제공하며 T점수는 다음과 같이 정상범위, 준임상범위, 임상범위로 해석된다.

척도	정상범위	준임상범위	임상범위
문제행동 총점 내재화 척도 외현화 척도	T점수 60 미만	T점수 60~63	T점수 64 이상
문제행동증후군 척도 DSM 진단척도 문제행동 특수척도	T점수 65 미만	T점수 65~69	T점수 70 이상

(1) 문제행동증후군 상위 척도

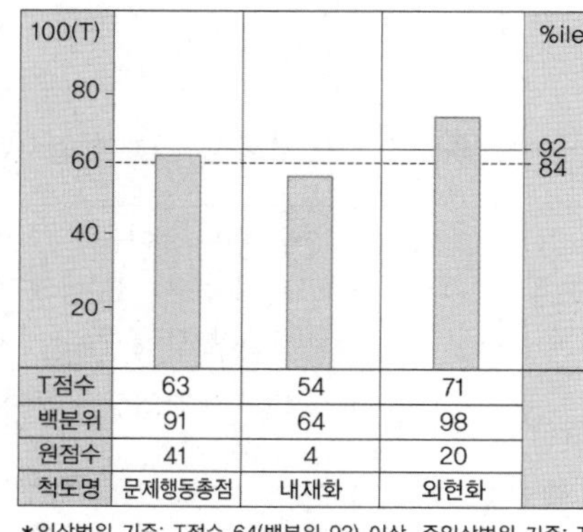

결과해석

문제행동 총점은 T점수=63으로 **준임상범위**이며, 내재화 척도는 T점수=54로 **정상범위**, 외현화 척도는 T점수=71로 **임상범위**입니다. 현재 임상범위에 해당하는 것으로 보이는 문제행동증후군은 (사고문제, 규칙위반)이며, 준임상범위에 해당하는 문제행동증후군은 (공격행동)으로 나타나고 있습니다.

* 무응답 문항 수: 0개(8개 이상이면 재검사 권고)

* 임상범위 기준: T점수 64(백분위 92) 이상, 준임상범위 기준: T점수 60(백분위 84) 이상, T점수 64 미만

설명 전체 문제행동증후군 척도들을 합친 문제행동 총점(총 문제행동점수)은 원점수 41, 백분위점수 91, T점수 63에 해당하는 것으로 나타났다. T점수 63은 임상범위 기준인 64T보다는 낮지만 정상범위(60T 미만) 기준보다는 높아 준임상범위에 해당한다. 불안/우울, 위축/우울, 신체증상 소척도의 합으로 계산되는 내재화 총점은 T점수 54로 정상범위이며, 규칙위반과 공격행동 소척도의 합으로 계산되는 외현화 총점은 T점수 71로 임상범위에 해당하여 외현화 관련 문제를 주의 깊게 살펴볼 필요성이 있음을 시사한다.

(2) 문제행동증후군 하위 척도

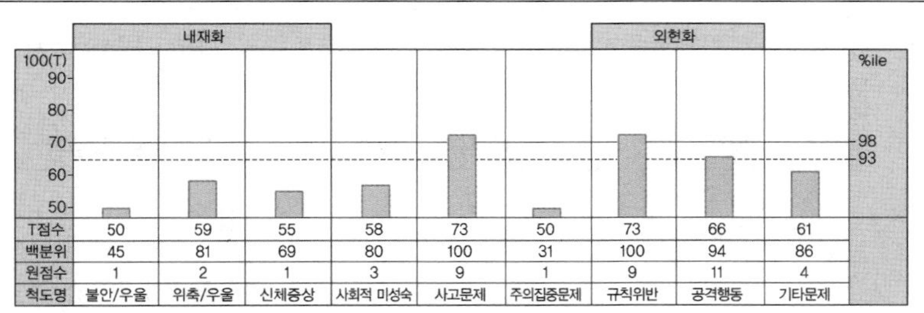

척도명	불안/우울	위축/우울	신체증상	사회적 미성숙	사고문제	주의집중문제	규칙위반	공격행동	기타문제
T점수	50	59	55	58	73	50	73	66	61
백분위	45	81	69	80	100	31	100	94	86
원점수	1	2	1	3	9	1	9	11	4

*증후군 임상범위 기준: T점수 70(백분위 98) 이상, 준임상범위: T점수 65(백분위 93) 이상, T점수 70 미만

설명 공격행동 소척도의 T점수 66은 증후군 소척도 임상범위 기준인 70T보다는 낮지만 정상범위(65T 미만) 기준보다는 높은 수준으로 준임상범위에 해당된다. 이는 부모의 보고에 기초한 행동평가 결과, 해당 아동에게 '공격행동' 증후군의 문제가 나타날 가능성이 상당 부분 있음을 말해주는 것으로 이를 토대로 임상가가 추가적인 평가를 하거나 개입을 할 수 있다. 증후군 소척도 중 임상범위에 이르는 수준의 문제행동을 보이는 증후군은 사고문제와 규칙위반으로 나타났다.

(3) DSM 진단척도

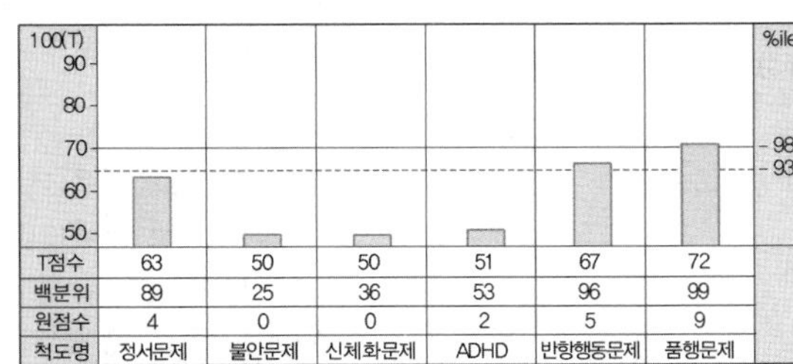

척도명	정서문제	불안문제	신체화문제	ADHD	반항행동문제	품행문제
T점수	63	50	50	51	67	72
백분위	89	25	36	53	96	99
원점수	4	0	0	2	5	9

결과해석

현재 임상범위에 해당하는 것으로 보이는 DSM진단기준 문제행동은 (품행문제)이며, 준임상범위에 해당하는 DSM진단기준 문제행동은 (반항행동문제)으로 나타나고 있습니다.

*임상범위 기준: T점수 70(백분위 98) 이상, 준임상범위: T점수 65(백분위 93) 이상, T점수 70 미만

설명 DSM 진단 기준에 맞춰 개발된 DSM 진단척도 중에서는, 반항행동문제의 T점수가 67로 임상범위 기준인 70T보다는 낮지만 정상범위(65T) 기준보다는 높은 준임상범위에 해당하고, 품행문제의 T점수는 72로 임상범위에 해당하는 높은 점수를 보이고 있다. 이를 통해 증후군 척도에서 외현화 점수가 상승했던 것에 대해 추가적인 탐색을 할 수 있다. 정서문제는 T점수 63으로 정상범위에 속하지만, 준임상 수준에 근접하게 상승해 있어 문제로 발전할 가능성을 염두에 두고 지켜보는 것이 좋다.

⑷ 문제행동척도 해당 문항

아래 내용은 문제행동척도에서 (1) 가끔 그렇다, 혹은 (2) 자주 그렇다로 보고된 문항들을 해당 척도별로 정리한 것입니다.

척도	(2) 자주 그렇다	(1) 가끔 그렇다
불안/우울 (Anxious/Depressed)		자살 이야기(1)
위축/우울 (Withdrawn/Depressed)		비활동적(1), 슬픔, 우울(1)
신체증상 (Somatic Complaints)		어지러움(1)
사회적 미성숙 (Social Problems)	언어문제(2)	샘(1)
사고문제 (Thought Problems)	헛것 들음(2), 타인 앞 성기장난(2)	강박행동(1), 헛것 봄(1), 물건모음(1), 자면서 걷기(1), 수면문제(1)
주의집중문제 (Attention Problems)		허공응시(1)
규칙위반 (Rules-breaking Behavior)		가책 없음(1), 규율 어김(1), 가출(1), 불지름(1), 성 문제(1), 집안 도벽(1), 집밖 도벽(1), 욕(1), 무단결석(1)
공격행동 (Aggressive Behavior)	고집, 시무룩(2)	자기 물건 파괴(1), 남 물건 파괴(1), 집 반항(1), 학교 반항(1), 고함(1), 의심(1), 남 놀림(1), 분노발작(1), 소란스러움(1)
기타문제 (Other Problems)		과식(1), 과체중(1), 수다(1)

설명 가장 높은 점수를 보였던 사고문제 척도를 구성하는 문항 중에서 부모는 해당 아동이 '헛것 들음', '타인 앞 성기장난'을 자주 보이는 것으로, '강박행동', '헛것 봄', '물건모음', '자면서 걷기', '수면문제'는 가끔 보이는 것으로 보고하였다. 사회적 미성숙의 경우 정상범위로 나타났지만, '언어문제'와 같이 '자주 그렇다'라고 보고한 개별 문항도 주의 깊게 살펴볼 필요가 있다. 또한 불안/우울 총점은 높지 않더라도 '자살 이야기'와 같이 주의를 기울일 만한 행동이 보고된 것에 대해 확인하고 탐색할 수 있다.

(5) DSM 진단척도 해당 문항

아래 내용은 DSM 진단척도에서 (1) 가끔 그렇다, 혹은 (2) 자주 그렇다로 보고된 문항들을 해당 척도별로 정리한 것입니다.

척도	(2) 자주 그렇다	(1) 가끔 그렇다
정서문제 (Affective Problems)		자살 이야기(1), 수면문제(1), 비활동적(1), 슬픔, 우울(1)
불안문제 (Anxiety Problems)		
신체화 문제 (Somatic Problems)		
ADHD (Attention Deficit Hyperactivity Problems)		수다(1), 소란스러움(1)
반항행동문제 (Oppositional Defiant Problems)	고집, 시무룩(2)	집 반항(1), 학교 반항(1), 분노발작(1)
품행문제 (Conduct Problems)		남 물건 파괴(1), 가책 없음(1), 규율 어김(1), 가출(1), 불지름(1), 집안 도벽(1), 집밖 도벽(1), 욕(1), 무단결석(1)

설명 DSM 진단척도 중 가끔 혹은 자주 보이는 것으로 보고되는 문항들이 제시되어 있다. 증후군 척도와 DSM 진단척도에 공통으로 속해 있는 문항들이 많기 때문에 증후군 척도 해당 문항에 제시되었던 문항과 동일한 문항들이 있을 수 있다.

PART 03

(6) 문제행동 특수척도

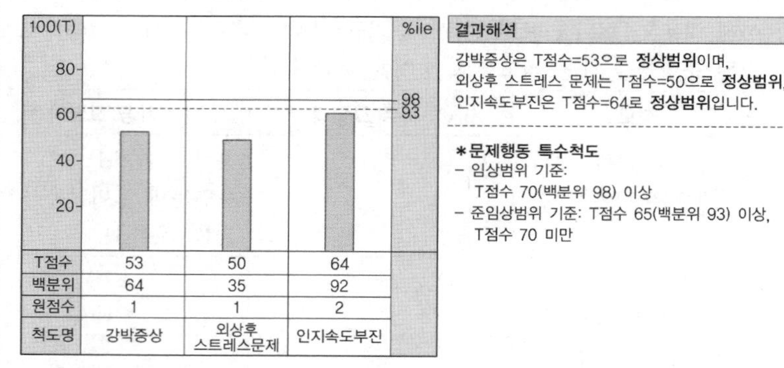

설명 문제행동 특수척도는 모두 정상범위(T점수 65 미만)이나 인지속도부진의 경우 T점수 64로 거의 준임상 수준에 근접하게 상승하고 있어 관심을 갖고 지켜볼 필요가 있다.

(7) 적응척도

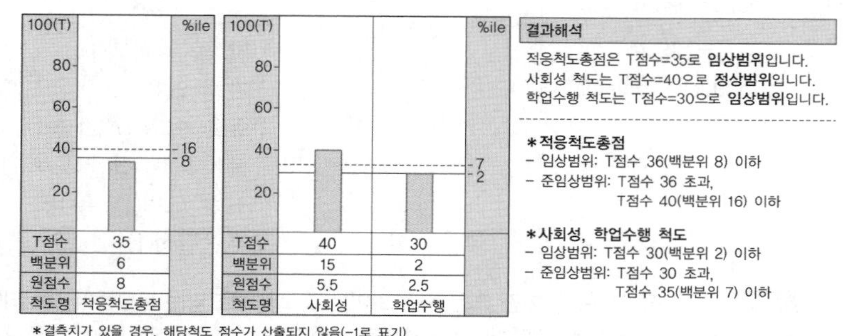

설명 적응척도총점은 T점수 35로 임상범위 기준인 T점수 36보다 낮은 점수를 보이고 있다. 적응척도총점은 사회성과 학업수행으로 구성되는데, 사회성은 T점수 40으로 정상범위이나, 학업수행이 임상범위 기준점인 T점수 30으로 나타나고 있어 해당 아동이 학업과 관련된 적응문제를 보일 가능성이 있어 보인다.

03 한국판 정서행동문제 검사(K-SEAD)

1. 목적 및 대상

목적	• 정서・행동문제로 인해 특수교육 서비스에 의뢰되는 학생을 객관적인 기준으로 선별하고 진단 • 정서・행동장애를 가진 학생의 판별, 개별화교육프로그램의 목표 수립, 행동기능평가의 보충, 진보의 기록, 연구의 촉진을 위한 목적
대상	만 6~18세

• 제3자(평정 응답자)에 의한 평정이 이루어진다.

2. 검사도구의 구성

구분		내용
평정척도	학습에 대한 어려움	읽기, 듣기, 쓰기, 수학 등에서의 어려움, 주어진 학교 활동이나 숙제를 독립적으로 수행하지 못함, 주의집중의 어려움, 학교 과제에 대한 흥미나 동기의 부족 등과 관련된 정서・행동문제 영역
	대인관계 문제	반사회적 행동 또는 효과적인 사회적 행동의 부족으로 나타나는 정서・행동문제 영역
	부적절한 행동	파괴적 행동과 공격적 행동에 초점을 둔 영역으로 공격, 반항, 방해, 파괴적인 특성으로 나타날 수 있는 이러한 특성은 타인을 괴롭히고 위협하거나 속이거나 거짓말을 하는 행동과 물건들을 파괴하고 망가뜨리는 행동으로 표출되어 예의가 없고 반항적으로 보이는 정서・행동문제 영역
	불행감이나 우울	전반적으로 부정적인 사고와 정서(예 슬픈 사건, 상실, 죽음, 무가치함, 죄책감 등) 및 행동들(예 사회적 활동과 관계로부터 위축 등)을 포함한 정서・행동문제 영역
	신체적 증상이나 공포	괴로운 기분과 생각(예 발생 가능성이 거의 없는 재난에 대한 걱정 등), 부적절한 움직임(예 틱, 손톱 물어뜯기, 머리카락 꼬기), 언어적 행동, 편치 못한 신체적 증상들(예 복통, 두통) 등을 포함한 정서・행동문제 영역
발달과 교육에 관한 면담 기록지		학생의 부모나 다른 주요 보호자로부터 정보를 얻기 위해 구안된 보충 검사도구
직접관찰 기록지		학생의 정서 문제와 학급에서의 행동을 직접관찰 방법으로 평가하기 위한 보충 검사도구

3. 점수의 해석 및 심각도의 판정

(1) 정서행동문제 지수

① 평균 100, 표준편차 15인 표준점수로, 정서행동문제 특징을 구성하는 5가지 척도점수의 합에서 직접 변환 적용하여 산출한다.

지수	기술 평정	백분율
>130	매우 심각	2.34
121~130	심각	6.87
111~120	평균 이상	16.12
90~110	평균	49.51
80~89	보통 정도	16.12
70~79	양호	6.87
<70	문제 없음	2.34

② 정서행동문제 지수는 장애 판별의 측면보다는 학생이 가진 정서・행동 문제들의 전반적인 정도를 측정하기 위한 것이다.

㉠ 법적 정의는 5가지 정서・행동문제 특징의 어떤 조합이라는 관점에서 정서・행동장애를 정의하지 않기 때문에, 정서・행동장애인지를 판별하기 위하여 정서행동문제 지수를 사용할 것을 권하지 않는다.

㉡ 판별이 아닌 다른 목적을 위하여 정서행동문제 지수가 높다는 것은 분명히 전반적으로 높은 정도의 정서 및 행동의 문제를 가지고 있음을 의미한다.

㉢ 그것은 해당 학생이 정서・행동장애를 가진 특수교육대상자로 선정된 여부와 관계없이 그 학생을 위하여 관련 교육이나 지원을 고려할 필요가 있다는 것을 의미하는 것이기도 하다.

자료

정서・행동장애를 지닌 특수교육대상자의 법적 정의

장기간에 걸쳐 다음 각 목의 어느 하나에 해당하여, 특별한 교육적 조치가 필요한 사람

가. 지적・감각적・건강상의 이유로 설명할 수 없는 학습상의 어려움을 지닌 사람
나. 또래나 교사와의 대인관계에 어려움이 있어 학습에 어려움을 겪는 사람
다. 일반적인 상황에서 부적절한 행동이나 감정을 나타내어 학습에 어려움이 있는 사람
라. 전반적인 불행감이나 우울증을 나타내어 학습에 어려움이 있는 사람
마. 학교나 개인 문제에 관련된 신체적인 통증이나 공포를 나타내어 학습에 어려움이 있는 사람

출처 ▶ 장애인 등에 대한 특수교육법 시행령

(2) 심각도의 판정

정서행동장애가 아님(문제 없음)	척도점수 13 이하
정서행동장애의 가능성이 있음(준임상군)	척도점수 14~16
정서행동장애의 가능성이 높음(임상군)	척도점수 17 이상

4. 결과 및 해석

K-SEAD는 평정척도의 5개 하위척도별로 백분위점수와 척도점수(평균 10, 표준편차 3)를 제공한다. 또한 5개 하위척도 척도점수의 합으로 산출되는 백분위점수와 정서행동문제지수(평균 100, 표준편차 15)도 제공한다. 정서행동문제지수는 정서·행동장애를 판별하는 목적으로 사용하는 것이 아니라 학생이 가진 정서·행동문제의 전반적인 정도를 측정하기 위한 것이다.

> **Tip**
> K-SEAD의 결과 및 해석에 제시된 모든 내용은 한국판 정서행동문제 검사 전문가 지침서(진미영 외, 2017)를 인용하였다.

(1) 결과

Section 2. 정서행동문제 특징의 평정 결과

정서행동문제 특징 하위척도	원점수	%ile (백분위)	척도점수	해석 (descriptive term)
학습에 대한 어려움(IL)	9	75	12	문제 없음
대인관계 문제(RP)	14	98	16	준임상군
부적절한 행동(IB)	18	95	15	준임상군
불행감이나 우울(UD)	6	84	13	문제 없음
신체적 증상이나 공포(PF)	8	91	14	준임상군
척도점수의 총합 = 70				

Section 3. 정서행동문제 특징의 해석

정서행동문제 특징 척도점수	13 이하	14~16	17 이상
정서행동문제 특징의 해석	정서행동장애가 아님 (문제 없음)	정서행동장애의 가능성이 있음 (준임상군)	정서행동장애의 가능성이 높음 (임상군)

Section 4. 평정척도 검사 결과

척도점수의 총합	70	%ile(백분위)	92	정서행동문제 지수	124

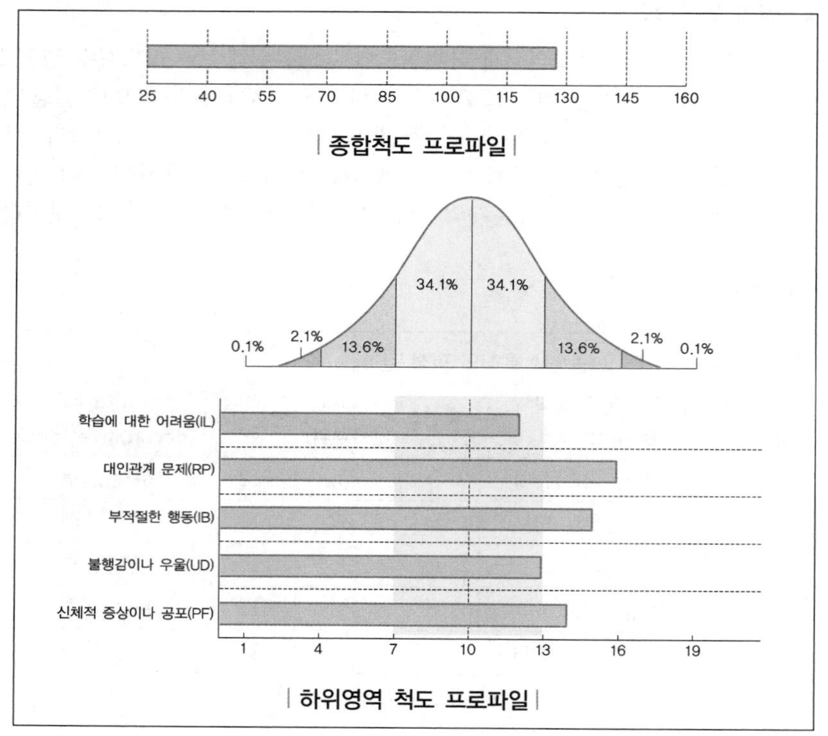

(2) 해석

① 홍길동 학생은 대인관계 문제, 부적절한 행동, 신체적 증상이나 공포 영역에서 정서·행동문제의 가능성이 있는 것으로 나타났다. 이러한 정서·행동문제는 홍길동 학생의 교육적 수행에 심각한 정도로 불리한 영향을 미치고 있다.

② 쉬는 시간에 친구들에게 물건을 던지거나 욕을 하는 등의 부절절한 행동을 하며 교사에게도 무례한 태도로 반항한다. 자신이 한 행동을 인정하기보다는 친구들이 자기를 무시하거나 괴롭혔다고 주장할 때가 많다. 이러한 일들이 반복되면서 가깝게 지내는 친구가 거의 없는 채로 학교생활을 하고 있다.

③ 홍길동 학생의 학교생활 적응을 높이기 위하여 특별한 지원이 필요하다. 이러한 지원에는 사회성 기술 향상 프로그램, 자기조절 훈련, 특수교사와의 협력교수 등이 포함될 수 있다. 투입된 교육적 지원의 성과를 지속적으로 평가하여 적절한 행동의 증가를 위한 중재 방안을 추가 보완해 나가야 할 것이다.

04 한국판 정서-행동 평가시스템(K-BASC-2)

1. 목적 및 대상

목적	개인의 적응적 혹은 긍정적 성격특성과 부정적 정서증상 및 문제행동을 동시에 평가하는 성격검사이자 정신장애 선별검사
대상	만 2~25세

2. 검사도구의 구성

(1) 보고자 유형별, 연령대별 구성

① 보고자 유형별: 교사보고형, 부모보고형, 자기보고형 검사로 구성

② 연령대별: 유아(만 2~5세), 아동(만 6~11세), 청소년(만 12~21세), 대학생용(만 18~25세)으로 구성

유형	설명
교사보고형 (TRS)	교사나 그와 유사한 역할을 하는 사람이 유치원이나 어린이집 그리고 초·중·고등학교 장면에서 유아·아동·청소년의 성격특성과 정서 및 행동문제를 평가하는 검사 – 유아용, 아동용, 청소년용으로 구성 – 아동·청소년의 평소 행동을 기술하는 문항에 교사가 리커트 4점 척도로 응답
부모보고형 (PRS)	가정이나 아동보호기관에서 유아·아동·청소년의 문제행동과 적응력 평가 – 유아용, 아동용, 청소년용으로 구성
자기보고형 (SRP)	응답자가 자신의 성격특성, 정서 상태 그리고 문제행동에 대한 인식 수준 보고 – 초등학교 3학년 수준의 읽기 능력 수준에서 기술되어 있음 – 초등용(만 8~11세), 청소년용, 대학생용의 연령대로 구성 – 포함된 문항들에 대해 이분형 응답과 연속형 응답 문항으로 구성

(2) 교사보고형 검사의 구성

① 종합척도: 포괄적인 영역을 평가하며 외현화 문제행동, 내면화 문제행동, 학교문제, 행동증상지표, 적응기술로 구성되어 있다.

② 소척도: 각각의 종합척도를 구성하고 있는 척도이다.

③ 내용 소척도: 선택적으로 사용 가능하며, 임상적으로 유의한 다양한 구성 개념들이 중첩되어 있는 행동패턴을 분석할 수 있다.

구분	문제행동				적응적 행동	내용 소척도
	외현화 문제 행동	내면화 문제 행동	학교문제	행동증상 지표	적응기술	
교사 보고형 유아용	과잉행동 공격성	불안 우울 신체화		과잉행동 공격성 우울 비정형성 사회적 철회 주의집중문제	적응성 사회성 기술 기능적 의사소통	분노 조절 집단 괴롭힘 발달적 사회성 장애 정서적 자기통제 고등실행기능 부정적 정서성 회복력
교사 보고형 아동용	과잉행동 공격성 품행문제	불안 우울 신체화	주의집중문제 학습문제	과잉행동 공격성 우울 비정형성 사회적 철회 주의집중문제	적응성 사회성 기술 리더십 학습기술 기능적 언어소통	분노 조절 집단 괴롭힘 발달적 사회성 장애 정서적 자기통제 고등실행기능 부정적 정서성 회복력
교사 보고형 청소년용	과잉행동 공격성 품행문제	불안 우울 신체화	주의집중문제 학습문제	과잉행동 공격성 우울 비정형성 사회적 철회 주의집중문제	적응성 사회성 기술 리더십 학습기술 기능적 언어소통	분노 조절 집단 괴롭힘 발달적 사회성 장애 정서적 자기통제 고등실행기능 부정적 정서성 회복력

3. 결과 및 해석

① K-BASC-2의 점수는 응답자의 원점수를 T점수로 변환한 것이다.

② 준임상 수준 내의 점수는 출현한 문제들에 대해 주의 깊게 살펴야 할 필요가 있다.

- 현재로서는 그 심각도가 공식적 진단을 받을 정도는 아니나 해당 증상이 잠재하고 있거나 진행되는 과정이어서 신중한 관찰이 필요하다.

③ 임상 수준 내의 점수들은 그 심각도의 측면에서 상당히 높은 수준의 부적응 행동 혹은 적응력의 결핍을 나타낸다.

분류	T점수 범위				
	30 이하	31~40	41~59	60~69	70 이상
적응 소척도	임상 수준	준임상 수준	문제시 되지 않는 수준	높음	매우 높음
임상 소척도	매우 낮음	낮음	문제시 되지 않는 수준	준임상 수준	임상 수준

Chapter

08 자폐성장애 영역 진단 · 평가도구

01 한국판 아동기 자폐 평정척도 2판(K-CARS2) 13유특(추시)

1. 목적 및 대상

목적	자폐성장애를 판별하고, 대상자의 자폐적 특성과 정도 확인
대상	전 연령

2. 검사도구의 특징 24중특

① 아동, 청소년, 성인을 포함하여 모든 연령의 대상자에게 적용이 가능하다.

② 직접적인 행동관찰과 부모 및 양육자 면담을 통해 객관적이고 수량화된 평정척도로 활용이 가능하다.

③ 고기능형 평가지가 추가되어 자폐성장애에 대한 다양한 행동 특성을 진단하는 데 유용하다.

④ 간략하면서도 신뢰할 만한 종합적 정보를 제공한다.

비교

CARS의 구성

CARS는 15개 문항으로 구성되어 있으며 각 문항은 1점에서 4점까지 평정된다(이승희, 2014).

3. 검사도구의 구성 24중특

① 한국판 아동기 자폐 평정척도 2판은 표준형 평가지, 고기능형 평가지, 부모/양육자 질문지 등 세 가지 양식으로 구성되어 있다.

유형	설명
표준형 평가지 (K-CARS2-ST)	• 초판을 개정하여 다시 명명한 것 • 대상 – 측정된 IQ와 상관없이 6세 미만의 아동 – 측정된 IQ가 80 미만이거나 의사소통 능력이 눈에 띄게 손상된 6세 이상의 아동 • K-CARS2-ST의 평정은 심리측정 검사나 학급 관찰과 같은 다양한 상황에서의 관찰, 자녀에 대한 부모 보고, 종합적인 임상 기록 또는 이러한 정보를 종합함으로써 이루어질 수 있음

고기능형 평가지 (K-CARS2-HF)	• 고기능형 평가지로, 개정판에 새롭게 추가 • 대상: IQ 80 이상이면서 의사소통이 유창한 6세 이상의 아동
부모/양육자 질문지 (K-CARS2-QPC)	• 표준형 평가지, 고기능형 평가지와 공통적으로 실시하는 검사지 • 행동관찰과 양육자 면담 검사지

② 아동기 자폐 평정척도의 표준형(CARS2-ST)과 고기능형(CARS2-HF)은 각각 평가자에게 자폐 진단과 관련된 주요 영역에 대해 1부터 4까지 평정하도록 질문하는 15개의 항목으로 구성된다.

CARS2-ST 항목	CARS2-HF 항목
1. 사람과의 관계	1. 사회-정서 이해
2. 모방	2. 정서 표현 및 정서 조절
3. 정서 반응	3. 사람과의 관계
4. 신체 사용	4. 신체 사용
5. 사물 사용	5. 놀이에서의 사물 사용
6. 변화에 대한 적응	6. 변화에 대한 적응/제한된 관심
7. 시각 반응	7. 시각 반응
8. 청각 반응	8. 청각 반응
9. 미각, 후각, 촉각 반응 및 사용	9. 미각, 후각, 촉각 반응 및 사용
10. 두려움 또는 불안	10. 두려움 또는 불안
11. 구어 의사소통	11. 구어 의사소통
12. 비구어 의사소통	12. 비구어 의사소통
13. 활동 수준	13. 사고/인지적 통합 기술
14. 지적 반응 수준 및 일관성	14. 지적 반응 수준 및 일관성
15. 전반적 인상	15. 전반적 인상

③ 행동이 두 점수 사이에 속하는 것으로 보일 때에는 4개의 평정값 외에 두 점수 간 중간 점수(1.5, 2.5, 3.5)를 사용한다. 따라서 각 항목은 7점 척도로 평정된다.

자료

고기능 자폐

- 자폐성장애의 진단 기준을 일정하게 충족시키지만 특정한 상위 능력을 가진 모든 유형의 자폐를 지칭한다. 그러나 정의 및 진단은 분명하지 않다(특수교육학 용어사전, 2018).
- 일반적으로 연구자들은 고기능 자폐인을 '지능지수가 70 이상의 자폐성 장애 진단을 받은 집단'으로 정의하였다(방명애 외, 2019).
- 일반적으로 IQ 85 이상을 고기능 자폐로 분류하는데, 이것은 IQ 70 이상이면 전형적인 발달로 간주하지만 85 이하의 수준에서는 지적 기능을 요구하는 과제에서 여전히 어려움을 보이기 때문이다(이소현, 2020).

비교

CARS의 진단적 범주

CARS는 15개 문항의 전체점수를 근거로 한 진단적 범주를 제공하는데 다음과 같다.

전체 점수	진단적 분류	기술적 수준
15~29.5	자폐증 아님	(자폐증 아님)
30~36.5	자폐증	경증, 중간 정도 자폐증
37~60.0	자폐증	중증 자폐증

출처 ▶ 이승희(2014)

4. K-CARS2-ST와 K-CARS2-HF 점수 해석

① 원점수

K-CARS2-ST와 K-CARS2-HF의 원점수는 각각 15개 평정 영역에 대한 평정값을 모두 합한 점수이다. 원점수는 15개 항목의 행동이 모두 전형적인 범위에 속하는 것으로 평정되는 가장 낮은 점수인 15점에서부터 15개 항목의 행동이 모두 전형적인 범위에서 심각하게 벗어나는 것으로 평정되는 가장 높은 점수인 60점까지로 구성된다.

㉠ K-CARS2-ST

원점수	장애진단 가설	서술적 수준
15~29.5	자폐 아님	증상이 없거나 최소한의 자폐 관련 행동
30~36.5	자폐 범주	경도에서 중등도 수준의 자폐 관련 행동
37~60	자폐 범주	중도 수준의 자폐 관련 행동

㉡ K-CARS2-HF

원점수	장애진단 가설	서술적 수준
15~26	자폐 아님	증상이 없거나 최소한의 자폐 관련 행동
26.5~29.5	자폐 범주	경도에서 중등도 수준의 자폐 관련 행동
30~60	자폐 범주	중도 수준의 자폐 관련 행동

② T점수

K-CARS2-ST와 K-CARS2-HF 원점수에 해당하는 T점수의 평균은 50이며 표준편차는 10이다. K-CARS2-ST와 K-CARS2-HF의 T점수 범위와 관련된 해석은 다음과 같다.

T점수 범위	설명
>70	자폐로 진단된 사람과 비교할 때 극심한 수준의 자폐 관련 증상
60~70	자폐로 진단된 사람과 비교할 때 매우 높은 수준의 자폐 관련 증상
55~59	자폐로 진단된 사람과 비교할 때 높은 수준의 자폐 관련 증상
45~54	자폐로 진단된 사람과 비교할 때 평균 수준의 자폐 관련 증상
40~44	자폐로 진단된 사람과 비교할 때 낮은 수준의 자폐 관련 증상
25~39	자폐로 진단된 사람과 비교할 때 매우 낮은 수준의 자폐 관련 증상
<25	자폐로 진단된 사람과 비교할 때 최소한에서 전혀 없는 수준의 자폐 관련 증상

5. 결과 및 해석(ST 표준형) 24중특

K-CARS2는 표준형 평가지(K-CARS2-ST)와 고기능형 평가지(K-CARS2-HF) 실시 후 15개 문항의 총점인 원점수와 그에 상응하는 T점수 및 백분위점수를 제공한다.

전체 프로파일

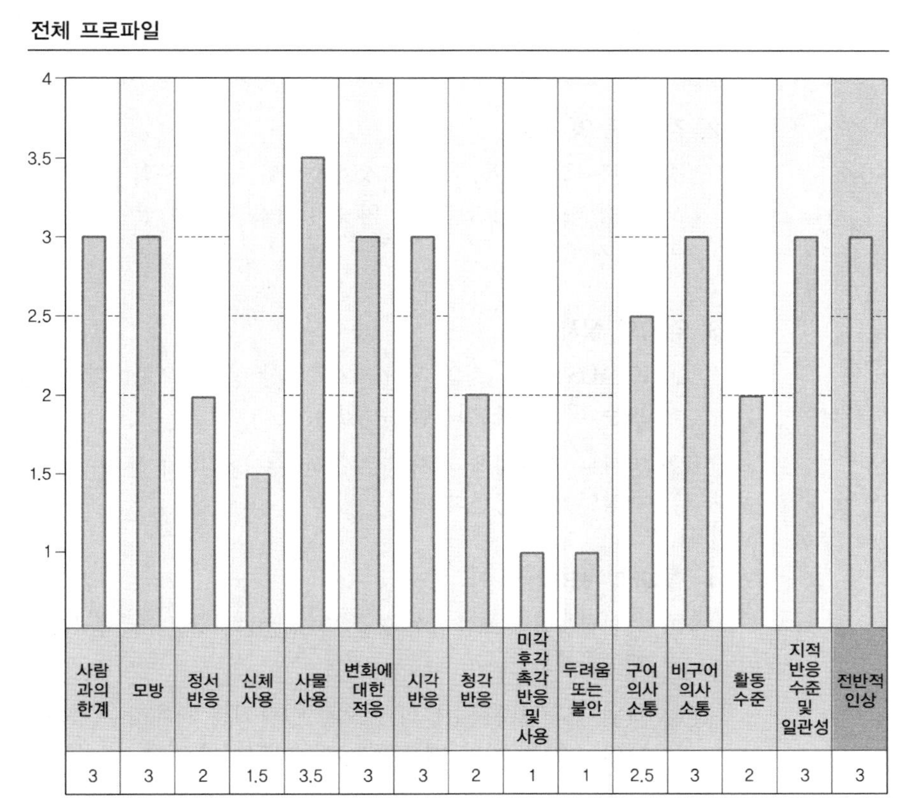

*그래프의 점선은 중앙값을 의미하며, 이 중앙값은 자폐범주성 장애로 진단받은 사람들의 점수를 크기순으로 나열했을 때 최고점과 최저점의 한가운데 있는 값을 의미합니다.

원점수(총점)	T점수	백분위	증상의 정도
36.5	54	65	경도에서 중등도 수준의 자폐 관련 행동

수준별 기준 점수

증상의 정도	
	증상이 없거나 최소한의 자폐 관련 행동
	경도에서 중등도 수준의 자폐 관련 행동
	중도 수준의 자폐 관련 행동

*총점이나 각 항목의 점수만으로 임상적인 장애진단을 위한 결정을 내려서는 안 됩니다. 즉, 해당 검사의 결과는 활용 가능한 다른 정보와 함께 종합적인 판단을 위해 사용되어야 합니다.

출처 ▶ 이소현 외(2019)

02 한국 자폐증 진단검사(K-ADS) 13유특(추시)

1. 목적 및 대상

목적	자폐성장애 진단
대상	만 3세~21세까지

2. 검사도구의 구성

상동행동, 의사소통, 사회적 상호작용의 세 개 하위 영역으로 구성되어 있으며, 각 하위검사마다 14개의 문항이 포함되어 있어 총 42개의 문항으로 이루어져 있다.

3. 검사의 실시

① K-ADS는 피검자와 적어도 2주 이상 정규적으로 접촉해 온 부모나 교사 또는 치료사가 실시할 수 있다.

② 검사는 검사지에 제시된 일정한 순서에 따라 문항 1에서 문항 42까지 빠짐없이 평정한다.

4. 결과 및 해석

① 하위검사별로 표준점수(평균 10, 표준편차 3인 표준점수)와 백분위점수를 제공한다.

② 하위검사 표준점수들의 합으로 산출되는 자폐지수(평균 100, 표준편차 15인 표준점수)와 백분위점수도 제공된다.

03 이화 – 자폐아동 행동발달 평가도구(E-CLAC)

1. 목적 및 대상

목적	자폐로 의심되거나 자폐성장애, 지적장애, 기타 발달장애 아동의 행동발달 및 병리성 수준을 평가하여 치료교육의 근거 제시
대상	• 만 1~6세까지 • 적용연령 및 장애의 대상이 반드시 한정되어 있는 것은 아니다.

2. 검사도구의 구성

E-CLAC는 18개 영역의 56문항으로 구성되어 있다.

영역의 구성	척도문항	1~5단계까지 체크하도록 되어 있는 총 43개의 문항	
		발달문항	아동의 전반적인 발달 수준(18문항)
		병리문항	자폐성장애 아동의 증상(25문항)
	비척도문항	해당되는 모든 항목에 표시하도록 되어 있는 총 13개의 문항	

3. 결과 및 해석

① 결과는 검사 문항과 지침서에 제시되어 있는 '발달문항에서의 단계별 달성 연령', '병리문항에서의 단계별 달성 연령'을 번호순서대로 비교하면 되지만 척도문항의 경우 관찰의 편의를 위해 발달용 Psychogram과 병리용 Psychogram에 평가단계를 각각 옮겨 적는다.

발달문항 결과 예시

문항	1	3	4	5	9	10	12	24	26	29	30	31	32	33	39	40	41	42
단계	1	2	2	3	2	2	1	4	1	2	2	1	3	3	2	1	3	2

병리문항 결과 예시

문항	2	6	7	11	13	14	15	16	17	19	20	21	22
단계	4	4	4	3	3	4	4	4	3	2	4	4	4
문항	23	25	27	28	34	35	36	37	38	43	44	46	
단계	3	3	3	4	3	3	4	4	3	4	3	3	

② 원형 Psychogram에서 방사선은 각 문항을, 5개의 동심원은 각 단계를 나타낸다. 각각의 방사선에는 문항 번호가 숫자로 표시되어 있으며 동심원은 가장 안쪽의 작은 동심원이 1단계, 가장 밖의 제일 큰 동심원이 5단계이다. 각 문항의 해당 달성단계를 표시하고 이를 선으로 연결하면 Psychogram이 완성된다.

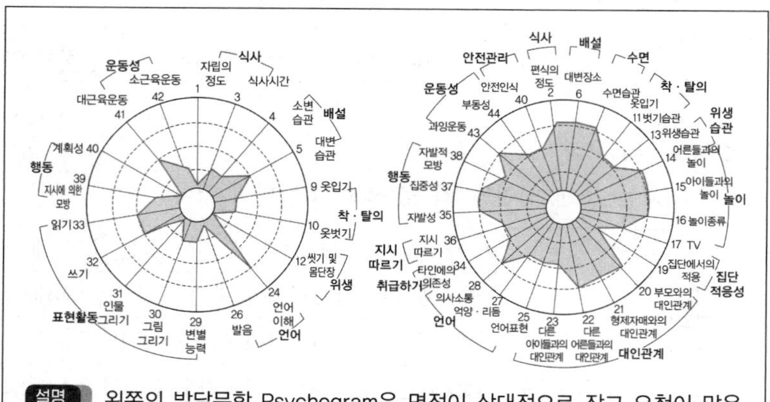

설명 왼쪽의 발달문항 Psychogram은 면적이 상대적으로 작고 요철이 많은 것으로 보아 발달적으로 문제가 있음을 알 수 있다. 반면에 오른쪽의 병리문항 Psychogram은 면적이 넓고 요철이 적은 것으로 보아 발달적으로 문제가 없음을 알 수 있다.

③ 아동의 발달정도를 정확히 파악하기 위해서는 TP에 복사된 '발달문항에서의 단계별 달성 연령', '병리문항에서의 단계별 달성 연령'을 해당 Psychogram에 덧씌워 각 문항별로 발달단계를 비교한다. 위의 Psychogram에 TP를 올려놓으면 다음과 같이 단계별 달성 연령이 나타나 각 문항별 발달단계를 비교할 수 있다.

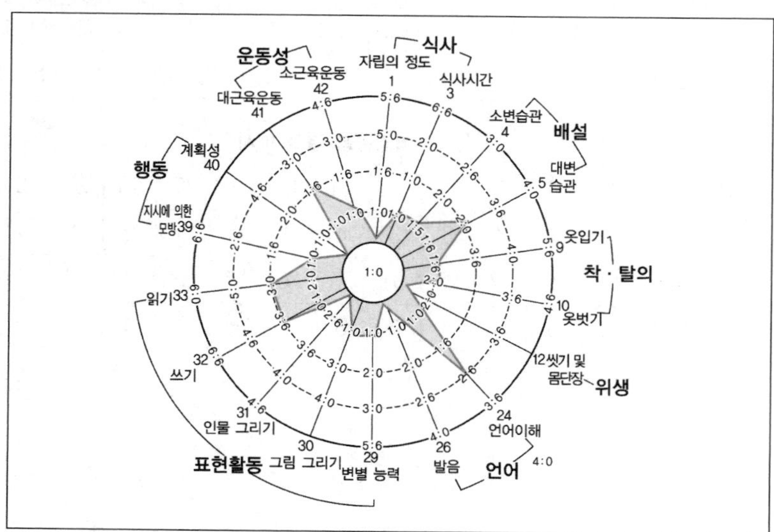

09 언어 및 의사소통 영역 진단 · 평가도구

01 우리말 조음 · 음운평가(U-TAP)

1. 목적 및 대상

목적	아동의 자음과 모음 오류 여부를 검사
대상	주대상은 2세부터 12세의 아동이지만, 그림을 이용하여 명명하기나 설명하는 과제를 사용하기 때문에 취학 전(2~6세) 아동들에게 가장 적합

2. 검사도구의 구성

그림낱말 검사	• 아동들이 목표단어를 쉽게 산출할 수 있는 30개의 그림들로 구성되어 있으며, 각 단어는 자음검사 부분과 단모음검사 부분으로 구성되어 자음 19개와 단모음 10개의 조음을 유도할 수 있다.
그림문장 검사	• 한 아동이 아빠와 함께 동물원에 가는 과정을 회화로 표현한 9장의 그림으로 구성되어 있으며, 그림 내의 각 사물을 보면서 장당 1~3개의 문장을 산출할 수 있도록 되어 있다. • 즉, 아동이 그림을 보면서 하나의 이야기를 말하거나 검사자가 그림을 보여 주면서 목표문장을 들려주면 아동이 이를 재구성해서 말하게 함으로써 조음을 평가한다.

3. 검사의 실시 22중특

검사는 적절한 유대관계를 형성한 후 그림낱말검사부터 먼저 실시하며, 준비된 비디오나 녹음기로 녹화 또는 녹음을 하면서 검사를 시작한다.

(1) 그림낱말검사

① 첫 번째 그림자료를 보여 주며 "이건 뭐죠?"라고 질문한다.

㉠ 아동이 정반응을 한 경우에는 "응, 그렇구나" 등과 같은 반응을 해준다.

㉡ 아동이 반응을 보이지 않는 경우, 그림의 이름을 모르는 경우 또는 다른 단어를 말하는 경우, 검사자는 그림자료 뒷면에 있는 반응유도 문장을 그대로 말해주고 아동의 반응을 기다린다.

지시문: 이건 뭐죠?
정답: 자동차

반응이 없는 경우
(a) 사람들이 타고 다니는게 뭐죠?
(b) 나를 따라서 하세요. '자동차'

| 우리말 조음 · 음운평가의 단어수준 검사 예시 |

출처 ▶ 고은(2021)

② 아동의 반응을 다음과 같은 방법에 따라 검사지(낱말발음전사란)에 표시한다.

오류가 없는 경우(정조음)		'+'로 표기
오조음	목표음소를 대치한 경우	대치한 음소를 그대로 기록
	목표음소를 왜곡한 경우	'D'로 표기
	목표음소를 생략한 경우	'∅'로 표기

③ 이와 같이 아동이 검사방식을 이해한 것을 확인한 후, 이어서 두 번째 검사문항으로 넘어간다. 방법은 위 ①, ②와 같은 과정을 되풀이한다.

④ 전 항목에 걸친 검사낱말을 조음한 후 마친다.

자료

문장수준 검사 예시

그림판 앞면	
그림판 뒷면	그림 2) 지시문: 그림에 그려진 제시어를 가리키며(책상, 가방, 사탕, 연필) 문장을 말해 준다. "**책상** 위에 **가방**이 있습니다." "**가방**에 **사탕**과 **연필**을 넣을 거에요." 제시된 단어가 포함되지 않은 경우: (1) 다시 한번 시청각적인 단서를 주며 문장을 유도한다. (2) 자, 나를 따라 해보세요. 2. **책상** 위에 **가방**이 있습니다. 3. **가방**에 **사탕**과 **연필**을 넣을 거에요.

출처 ▶ 김남진 외(2017)

(2) 그림문장검사

① 검사자는 아동에게 이야기 그림자료를 보여 주면서 제목과 이야기 상황을 들려준다.

② 검사자는 먼저 첫 번째 그림자료를 보여 주면서 제시된 문장들을 말해준다. 목표문장들을 모두 들려준 후, 검사자는 아동이 그림자료를 보고 그 그림 속에 있는 여러 가지 사물과 동물을 이용한 문장을 만들도록 이끈다.

㉠ 목표낱말이 포함된 문장을 발화하면 아동의 반응을 검사지(문장발음전사란)에 표시한다. 한 그림은 2~3문장으로 구성되어 있으므로 한 그림에서 목표낱말이 들어간 문장이 모두 유도되었을 때 다음 그림으로 넘어간다.

㉡ 자발화 유도가 어려운 경우에는 검사자가 목표낱말을 포함한 문장을 하나씩 들려주면서(예 "가방에 사탕을 넣어요.") 아동이 이야기하거나 문장을 모방하도록 이끈다.

③ 위와 같은 방법으로 그림 2~9까지 실시한 후 검사를 마친다.

(3) 오류분석 기록하기

① 그림낱말검사와 그림문장검사 각각의 개별음소 분석표의 발음전사란을 완성한 후에는 해당 분석표 오른쪽의 오류분석란을 기록한다.

검사 낱말 목표음소 위의 기호와 번호의 의미

자음	○ 어두초성자음
	● 어중초성자음
	□ 종성자음
모음	번호

② 오류분석란은 각 음소별 목표자음의 음운환경, 즉 어두초성, 어중초성, 종성 그리고 목표모음에 따라 오류를 표시하게 되어 있다.

예

낱말 발음전사		
번호	목표단어	발음전사
2	⑩ ⓲ 단 추	다추
3	⑱[7] 책 상	채차
25	7 참 새	참쳐
27	⑰ ⓱ 짹 짹	채챈

오류분석				
번호	자음	어두 초성 ⓪	어중 초성 ❶	종성 [0]
7	ㄱ			Ø
10	ㄷ	+		
17	ㅉ	ㅊ	ㅊ	
18	ㅊ	+	+	
번호	모음	발음전사		
7	ㅐ	ㅚ		

- 2번 문항의 단추를 길동이는 /다추/라고 발음하였다. 이에 '단'의 목표음소 위에 표시된 ⑩은 오류분석의 10번에서 어두초성을 의미하며, 길동이는 이를 바르게 발음하였으므로 '+'로 표기한다. 반면 목표음소 '추'는 오류분석의 18번에서 어중초성을 의미하기 때문에 어중초성란에 '+'로 표기하였다.
- 낱말 발음전사 3번 문항에서 길동이는 책상을 /채차/라고 발음하였다. 이에 목표음소인 '책'의 어두초성(⑱)과 종성([7])을 명확히 발음했는지를 기록해야 하는데, 어두초성은 명확하게 발음했기 때문에 어두초성란은 '+'로, 종성은 생략했기 때문에 오류분석 7번의 종성란에는 'Ø'로 표기하였다.

③ 문장 개별음소의 기록 역시 낱말 개별음소의 기록 방법과 동일하게 실시한다.

- 아동이 발화한 문장을 목표문장 밑에 그대로 전사하여 고딕체로 되어 있는 목표단어와 아동이 발화한 단어를 비교하도록 되어 있다.

예

그림 번호	문장 번호	목표문장
1	1	1 2 나는 **바지**를 입고 **단추**를 채웁니다. 나는 바지를 입고 다추를 채워요.
5	7	13 14 나는 **코끼리**에게 **땅콩**을 줍니다. 나는 코끼너에게 땅켱을 줍니다.
6	10	17 18 아빠가 **토끼 풍선**을 사왔습니다. 아빠가 토끼 풍셔를 사왔습니다.

문장 발음전사		
번호	목표단어	발음전사
1	① ⓰ 바 지	+
2	⑩ ⓲ 단 추	다추
13	⑨ ❽ 코 끼 리	+
14	⑪ ❾ 땅 콩	땅켱
17	⑫ 토 끼	+
18	③ ⑭ 풍 선	풍셔(D)

4. 결과 및 해석

U-TAP은 자음정확도와 모음정확도를 산출하여 개별음소의 정확도를 평가할 수 있으며, 음운변동분석을 통해 오류 패턴을 분석할 수도 있다.

(1) 결과

낱말 개별음소 분석표

이 름	홍길동 (남)
검 사 일	2011. 03. 17.
생년월일	2002. 08. 03.
연 령	8세 7개월
검 사 자	이순신

※ 오류분석 기록법
- 대치: 대치음소기록
- 왜곡: D
- 생략: ∅

음소정확도

구분	자음정확도	모음정확도
낱말 수준	38/43	6/10
	88.37%	60%
문장 수준	24/43	4/10
	55.81%	40%

생활연령 자음정확도(%) 비교 (낱말수준)

대상 아동	자음정확도		
	평균	-1SD	-2SD
88.37	97.90	95.72	93.54

추천사항

홍길동은 낱말수준일 때 음소정확도가 더 높게 나타남. 현재 생활연령에 비해 자음정확도가 떨어지므로 조음치료가 필요한 것으로 사료됨

낱말 발음전사			오류분석				
번호	목표단어	발음전사	번호	자음	어두초성 ⓪	어중초성 ❶	종성 [0]
1	① ⓰ 바 지	바지	1	ㅂ	+	+	+
2	⑩ ⑱ 단 추	당추	2	ㅃ	+	+	
3	⑱[7] 책 상	책상	3	ㅍ	+	+	
4	❶[13] 가 방	가방	4	ㅁ	+	+	+
5	⑭⓬ 사 탕	아땅	5	ㄴ	+	+	∅
6	❸[19] 연 필	어펄	6	ㅎ	+	+	
7	⑯ ❿ 자 동 차	자도차	7	ㄱ	+	+	+
8	3 4 동 물 원	동웅원	8	ㄲ	+	+	
9	1 2 엄 마	언마	9	ㅋ	+	+	
10	② ❷ 뽀 뽀	뽀뽀	10	ㄷ	+	+	+
11	⑥ 호 랑 이	호랑이	11	ㄸ	ㄲ	+	
12	⑧ ⓳ 꼬 리	꼬리	12	ㅌ	+	+	
13	⑨ ❽ 코 끼 리	코끼리	13	ㅇ			+
14	⑪ ❾ 땅 콩	깡컹	14	ㅅ	∅	+	
15	9 귀	기	15	ㅆ	ㅅ	+	
16	⑦ ❺ 그 네	그네	16	ㅈ	+	+	
17	⑫ 토 끼	토끼	17	ㅉ	ㄲ	ㄲ	
18	③ ⓮ 풍 선	푸선	18	ㅊ	+	+	
19	⑲ 로 봇	도봇	19	ㄹ	+	+	+
20	5 6 그 림	그런	번호	모음	발음전사		
21	④[10] 못	못	1	ㅓ	+		
22	⓯[1] 눈 썹	누썹	2	ㅏ	+		
23	10 괴 물	개무	3	ㅗ	+		
24	⑮ [4] 싸 움	차운	4	ㅜ	+		
25	7 참 새	참시	5	ㅡ	+		
27	8 세 마 리	시마리	6	ㅣ	+		
27	⑰ ⓱ 짹 짹	끽끽	7	ㅐ	D		
28	⑤ ❶ 나 무	나무	8	ㅔ	D		
29	⓫ ❼ 메 뚜 기	메뚜기	9	ㅟ	D		
30	[5] ❻ 전 화	저화	10	ㅚ	D		
정확도		자음: 38/43			모음: 6/10		

주) 검사 결과를 그대로 인용한 것으로 오류분석 내용에 일부 오류가 있을 수 있음

> 자음정확도
> (43 − 오류음소 수) / 43 × 100

> 모음정확도
> (10 − 오류음소 수) / 10 × 100

(2) 해석

① 홍길동은 8세 7개월 아동으로 낱말수준에서 종성 /ㄴ/, 어두초성 /ㅅ/을 생략하였으며, 어두초성 /ㄸ/은 /ㄲ/으로 대치, /ㅐ/, /ㅔ/, /ㅟ/, /ㅚ/는 왜곡하여 조음하였다.

② 또한 자음정확도가 88.37%로 8세 아동의 평균 97.90%에 비하여 −2SD 이하 지체되기 때문에 조음치료가 요망됨을 알 수 있다.

피검사자의 자음정확도가 −1표준편차 이하인 경우 조음치료를 고려할 필요가 있으며, −2표준편차 이하인 경우는 조음치료가 반드시 요구된다.

③ 문장수준에서 자음정확도 역시 55.81%로 8세 아동 평균에 비하여 −2SD 이하 지체되기 때문에 조음치료가 요망됨을 알 수 있다. 모음정확도는 낱말수준에서 60%, 문장수준에서 40% 정확도를 나타내었다.

KORSET 합격 굳히기 U-TAP 음운변동기록표

음운변동 / 낱말목록	생략 및 첨가음운변동												
	음절구조에 따른 음운변동				조음방법에 따른 생략				조음위치에 따른 생략				
	음절감소	초성생략	종성생략	첨가	파열음생략	마찰·폐찰음생략	비음생략	유음생략	양순음생략	치조음생략	경구개음생략	연구개음생략	성문음생략
1. 바지													
2. 단추													
3. 책상													
4. 가방													
5. 사탕													
6. 연필													
7. 자동차													
8. 동물원													
9. 엄마													
10. 뽀뽀													
11. 호랑이													
12. 꼬리													
13. 코끼리													
14. 땅콩													
15. 귀													
16. 그네													
17. 토끼													
18. 풍선													
19. 로봇													
20. 그림													
21. 못													
22. 눈썹													
23. 괴물													
24. 싸움													
25. 참새													
26. 세마리													
27. 짹짹													
28. 나무													
29. 메뚜기													
30. 전화													
발생빈도 (오류수/기회수)	28	30	19	30	23	13	22	9	17	24	7	17	2
출현율(%)													

음운변동 / 낱말목록	대치음운변동														
	조음위치변동										조음방법변동				
	전설음화			후설음화		양순음화	치조음화	경구개음화	연구개음화	성문음화	파열음화	마찰음화	폐찰음화	유음화	비음화
	연구개음의 전설음화	경구개음의 전설음화	성문음의 전설음화	치조음의 후설음화	경구개음의 후설음화										
1. 바지															
2. 단추															
3. 책상															
4. 가방															
5. 사탕															
6. 연필															
7. 자동차															
8. 동물원															
9. 엄마															
10. 뽀뽀															
11. 호랑이															
12. 꼬리															
13. 코끼리															
14. 땅콩															
15. 귀															
16. 그네															
17. 토끼															
18. 풍선															
19. 로봇															
20. 그림															
21. 못															
22. 눈썹															
23. 괴물															
24. 싸움															
25. 참새															
26. 세마리															
27. 짹짹															
28. 나무															
29. 메뚜기															
30. 전화															
발생빈도 (오류수/기회수)	17	7	2	24	7	28	30	30	29	30	27	30	30	30	28
출현율(%)															

음운변동 / 낱말목록	대치음운변동															
	동화										긴장도 변동		기식도 변동		그 외	
	양순음동화	치조음동화	경구개음동화	연구개음동화	파열음동화	마찰음동화	폐찰음동화	비음동화	기식음동화	긴장음동화	긴장음화	이완음화	기식음화	탈기식음화	전환	반복
1. 바지																
2. 단추																
3. 책상																
4. 가방																
5. 사탕																
6. 연필																
7. 자동차																
8. 동물원																
9. 엄마																
10. 뽀뽀																
11. 호랑이																
12. 꼬리																
13. 코끼리																
14. 땅콩																
15. 귀																
16. 그네																
17. 토끼																
18. 풍선																
19. 로봇																
20. 그림																
21. 못																
22. 눈썹																
23. 괴물																
24. 싸움																
25. 참새																
26. 세마리																
27. 짹짹																
28. 나무																
29. 메뚜기																
30. 전화																
발생빈도 (오류수/기회수)	15	24	7	16	20	9	7	20	11	9	27	11	30	11	30	30
출현율(%)																

02 취학전 아동의 수용언어 및 표현언어 발달척도(PRES)

1. 목적 및 대상

목적	• 아동들의 수용언어 및 표현언어 능력 측정 • 언어발달이 정상적으로 이루어지고 있는지 혹은 언어발달에 지체가 있는지 여부를 판단하기 위한 검사
대상	• 2세에서 6세의 정상 아동뿐 아니라, 언어발달 지체나 장애를 나타낼 가능성이 있는 아동 • 단순언어장애, 정신지체장애, 뇌성마비, 청각장애, 구개파열 등으로 인하여 언어발달에 결함을 나타낼 가능성이 있는 아동

PART 03

2. 검사도구의 구성

PRES는 수용언어 영역과 표현언어 영역의 두 부분으로 구성되어 있으며, 각 영역은 45문항씩을 포함하고 있어 총 90문항으로 이루어져 있다.

수용언어 영역	인지/의미론, 음운/구문론, 화용론
표현언어 영역	인지/의미론, 음운/구문론, 화용론

3. 검사의 실시 15초특

① 검사 실시 전 아동과 친밀감을 형성한다.

② 검사는 수용언어검사부터 시작한다.

㉠ 아동의 생활연령에 해당하는 연령단계에서 한 단계 낮은(어린) 연령단계의 첫 번째 문항부터 시작한다.

예 생활연령이 32개월인 아동은 32개월이 포함되어 있는 31개월~33개월 연령단계보다 한 단계 낮은 28개월~30개월의 첫 번째 문항인 10번 문항부터 시작한다.

㉡ 표현언어검사는 수용언어검사가 끝난 후 실시한다. 수용언어검사를 시작한 문항번호에서 시작하거나 수용언어의 기초선이 확립된 단계에서부터 시작하면 된다.

③ 검사를 실시할 때는 각 문항을 실시하여 '+', '±' 또는 '−'로 기재한다.

+	아동이 정확하게 반응(말 또는 수행)하였을 경우
±	반응이 일관성이 없거나 애매한 경우
−	반응이 틀렸거나 전혀 시도하려 들지 않는 경우

㉠ '±' 또는 '−'로 평가된 각 문항에 대해서는 부모를 개입시켜 다시 실시하도록 한다.

㉡ 짧고 구조적인 검사 상황에서는 관찰하기 어려운 문항에 대하여는 부모와의 면담을 기초로 검사를 실시한다.

자료

기초선

아동이 그 이전의 낮은 단계 문항들은 모두 맞출 수 있다고 확신할 수 있는 수준을 말하는 것이다. 즉 기초선 연령단계가 확립되면 그보다 낮은 단계의 문항들은 굳이 검사하지 않더라도 다 맞은 것으로 간주한다. PRES에서의 기초선은 아동이 세 문항 모두 '+'를 받는 연령단계로 한다(김영태 외, 2003).

4. 결과 및 해석

① PRES는 언어발달연령과 백분위점수를 제공한다.

② 언어발달연령은 수용언어, 표현언어, 통합언어별로 산출된다.

수용언어 발달연령	수용언어검사 실시결과 처음으로 '−'가 두 개 이상 나타난 수용언어단계의 평균 연령으로 산출한다.
표현언어 발달연령	수용언어 발달연령과 같이 처음으로 '−'가 두 개 이상 나타난 표현언어단계의 평균 연령으로 산출한다.
통합언어 발달연령	수용언어 발달연령과 표현언어 발달연령의 평균 연령 $(\frac{\text{수용언어 발달연령} + \text{표현언어 발달연령}}{2})$을 의미한다.

통합언어 발달연령과 생활연령의 차이	언어발달 정도
2세 이상 낮은 경우	언어장애
1세 이상 2세 미만	약간의 언어발달지체
1세 미만	정상범위

- 수용언어 발달연령과 표현언어 발달연령이 2세 이상 차이가 나는 경우에는 특정 언어영역 장애(예 수용언어장애, 표현언어장애)로 간주한다.

③ 백분위점수는 수용언어와 표현언어별로 산출된다.

④ 검사의 문항들이 언어의 의미론, 구문론, 화용론 측면을 모두 포함하고 있어서 구체적인 언어 영역에 대한 대략적인 평가가 가능하다.

03 구문의미 이해력검사(KOSECT) 09중특

1. 목적 및 대상

목적	아동의 구문의미 이해력 측정 및 언어발달 장애아동의 판별과 평가 그리고 치료의 방향설정 시 도움이 되는 자료의 제공
대상	만 4세에서 9세(혹은 초등 3학년) 정도의 구문이해력 범주에 있는 아동 장애아동의 경우는 생활연령이 9세를 넘더라도 구문이해력이 초등학교 3학년 아동보다 지체되었을 경우에는 사용할 수 있다. 단, 연습과제에서 연습문항들을 실시한 후에도 검사방법을 익히지 못할 경우에는 검사를 실시할 수 없다.

자료

KOSECT의 검사

피검사자인 아동은 검사자가 제시하는 그림책의 그림을 보면서 검사자가 읽어주는 문장을 듣고 세 개의 그림 중 가장 적합한 그림을 고르는 것이다.

검사자가 읽어 주는 문항용	그림책의 그림
"엄마는 텔레비전을 보면서 뜨개질을 하고 있다."	

출처 ▶ 김남진 외(2017)

2. 검사도구의 구성

① 구문의미 이해력검사는 총 57개 문항으로 구성되어 있으며 쉬운 항목에서 어려운 항목순으로 배치되어 있다.

② 57개의 검사문항은 아동 언어학적 관점에서 문법적 요소와 의미적 요소에 초점을 두어 두 부분으로 나눌 수 있다.

3. 검사의 실시

① 아동이 연습문항을 통해 검사과정에 대한 이해가 끝나면, 검사를 실시하게 된다.

② 모든 아동은 1번 문항에서부터 시작해야 하는데, 맞으면 '+' 표시를 하고, 틀리면 틀리게 응답한 기호(A, B, C)를 쓰거나 '-' 표시한다.

정반응의 경우		
정답	반응	기록
A	A	+

오반응의 경우		
정답	반응	기록
B	A	A
B	A	-

| 반응기록 방법 예시 |

③ 연속해서 3개의 항목을 틀리면 천정점에 도달한 것으로 간주하고 검사를 중단하고, 천정점 이후의 항목은 틀린 것으로 간주한다.

4. 검사점수의 처리

① 각 문항당 1점이므로 '+'로 표시된 항목 수를 모두 더하면 원점수가 된다. 원점수 계산이 끝나면 검사결과 기록지의 '원점수'란에 기록한다.

② 원점수를 토대로 연령에 따른 백분위점수와 학년에 따른 백분위점수를 구하고, 각각의 해당 점수를 검사결과 기록지의 '백분위수'에 기록한다.

③ 평균과 표준편차는 연령규준과 학년규준을 통해 또래집단의 표준점수(평균과 표준편차)를 파악할 수 있도록 하였으며, 이를 통해 해당 아동의 상대적 위치를 추정할 수 있게 해준다.

④ 연령규준은 6개월 집단과 1년 집단으로 구분되는데, 1년 집단이란 4~9세를 1년 단위로 나누어 비교하는 것을 그리고 6개월 집단이란 보다 명확한 비교를 위해 1년을 전반(1~5개월)과 후반(6~11개월)으로 나눠 집단 내에서의 상대적 위치를 파악할 수 있도록 한 것이다.

> **Tip**
> 연령규준과 학년규준은 매뉴얼의 규준표를 참고하면 된다.

⑤ 연령규준과 달리 학년단위 비교란 학령기 아동의 경우에 해당하는 규준으로 집단을 1학년, 2학년, 3학년과 같이 학년을 기준으로 구분한 것을 의미한다. 연령규준과 학년규준의 평균과 표준편차를 참고로 대상아동의 위치를 '원점수로 나타낸 대상아동의 위치'란에 있는 직선 위에 '*'로 표시한다.

예 만 6세 9개월인 초등학교 1학년 홍길동의 원점수를 검사결과 기록지에 제시되어 있는 직선상에 나타내면, 홍길동의 원점수 28점은 연령규준(평균 34, 표준편차 10)의 경우 연령 전체 평균 34점과 −1표준편차에 해당하는 원점수 24점 사이에 위치해 있으므로 이 사이에 *를 해주면 된다. 학년규준(평균 40, 표준편차 9)의 경우 홍길동의 원점수 28점은 −1과 −1.25 표준편차 사이에 위치하기 때문에 −1과 −1.25 사이에 *를 표시하면 된다. 이와 같은 방법에 따라 원점수로 나타낸 홍길동의 원점수 위치는 아래의 그림과 같다.

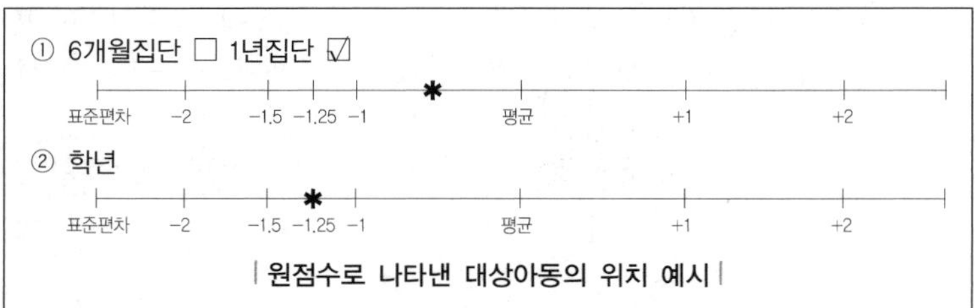

| 원점수로 나타낸 대상아동의 위치 예시 |

5. 결과 및 해석

구문의미 이해력 검사는 연령에 따른 백분위점수를 제공하며 학령기 아동의 경우 학년에 따른 백분위점수도 제공한다.

① 결과

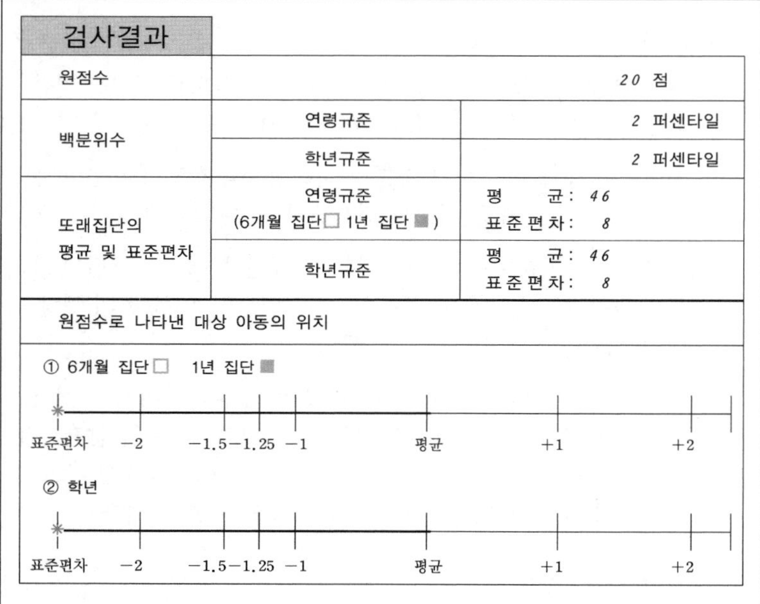

검사결과

원점수		20 점
백분위수	연령규준	2 퍼센타일
	학년규준	2 퍼센타일
또래집단의 평균 및 표준편차	연령규준 (6개월 집단□ 1년 집단 ■)	평 균: 46 표 준 편 차: 8
	학년규준	평 균: 46 표 준 편 차: 8
원점수로 나타낸 대상 아동의 위치		

① 6개월 집단□ 1년 집단 ■

표준편차 −2 −1.5−1.25 −1 평균 +1 +2

② 학년

표준편차 −2 −1.5−1.25 −1 평균 +1 +2

② 해석

㉠ 홍길동의 언어에 대한 이해력을 알아보기 위하여 구문의미 이해력검사를 실시한 결과 원점수 20, 연령규준 백분위수 2%tile, 학년규준 백분위수 2%tile로 평균에서 −2표준편차 이하 지체되어 있었다.

㉡ 또래집단의 평균 및 표준편차와 비교해 보면, 또래학생의 경우 평균적으로 연령규준 및 학년규준 모두 원점수 46점, 표준편차 8을 나타내기 때문에 홍길동의 언어이해력은 지체되어 있음을 알 수 있다.

KORSET 합격 굳히기 **기타 언어 및 의사소통 영역 진단 · 평가도구**

1. 그림어휘력검사

① 목적 및 대상

㉠ 그림어휘력검사는 2세 0개월부터 8세 11개월까지의 아동들을 대상으로 한다.

㉡ 수용어휘력을 측정하기 위한 검사이다.

② 검사도구의 구성

㉠ 그림어휘력검사는 품사별, 범주별로 구성된 11개 문항을 포함하고 있다.

㉡ 품사별로는 4개의 품사로, 범주별로는 13개 범주로 이루어져 있다.

③ 검사의 실시

㉠ 그림어휘력검사에는 5개의 연습문항(문항 A~문항 E)이 포함되어 있다.

㉡ 6세 미만의 아동에게는 문항 A, B, C를 실시하고 6세 이상의 아동에게는 문항 D와 E를 실시한 후 아동의 생활연령에 따라 검사설명서에 제시된 시작문항 번호에서 검사를 시작한다.

④ 결과 및 해석

그림어휘력검사는 등가연령과 백분위점수를 제공한다.

2. 언어문제 해결력 검사

① 목적 및 대상

㉠ 언어문제 해결력 검사는 5세부터 12세까지의 아동들을 대상으로 한다.

㉡ 특정상황에서 대답하는 능력을 평가함으로써 언어를 통한 문제해결능력을 측정하기 위한 검사이다.

② 검사도구의 구성

㉠ 17개의 그림판과 50개의 문항으로 구성되어 있으며, 각 그림판에는 2~5개의 문항이 배정되어 있다.

㉡ 17개의 그림판은 학령기 아동이 직간접적으로 경험 가능한 상황을 표현하고 있으며, 50개의 문항은 그림판에 대한 질문이다.

③ 검사의 실시

검사자는 아동에게 문제상황이 표현된 그림판을 보여 주고, 그 그림과 관련된 검사지의 질문을 한 뒤 아동의 대답을 기록하고 검사설명서에 제시된 채점기준에 따라 아동의 반응을 0, 1, 또는 2점으로 채점한다.

④ 결과 및 해석

언어문제 해결력 검사는 세 범주(원인이유, 해결추론, 단서추측)와 총점에 대한 백분위점수를 제공한다.

출처 ▶ 이승희(2019)

Chapter

10 운동 및 지각 영역 진단 · 평가도구

01 한국판 오세레츠키 운동능력검사 09중특, 11초특, 12초특

1. 목적 및 대상

목적	소근육 및 대근육 운동기술의 수준 측정
대상	만 4~16세

2. 검사도구의 구성 및 실시

① 검사의 구성: 일반적 정적 협응검사, 손동작 협응검사, 일반동작 협응검사, 운동속도검사, 동시적 자발동작검사, 단일동작 수행능력검사의 6개 영역, 총 60문항으로 구성되어 있다.

② 검사의 실시: 피검자에게 직접 실시한다.

3. 결과 및 해석

① 오세레츠키 운동능력검사는 운동연령만 제공한다.

② 운동발달지수를 제공하지 않기 때문에 검사 결과의 활용도가 낮다.

③ 생활연령과 운동연령 간 차이에 따른 운동수준 해석 방법은 다음과 같다.

차이	운동수준 해석
1년~1년 반	가벼운 운동지체
1년 반~3년	보통의 운동지체
3년~5년	심각한 운동지체
5년 이상	장애

출처 ▶ 김혜리 외(2021). 내용 요약정리

02 한국판 아동 시지각발달검사(K-DTVP-3) 23초특

1. 목적 및 대상

목적	• 아동의 시지각 또는 시각−운동 통합에 특별한 문제가 있는지, 그리고 만약 문제가 있다면 어느 정도 있는지를 확인하고자 할 때 • 보다 심각한 문제가 있을 수 있는 아동들을 찾아내 타 전문기관에 의뢰하고자 할 때 • 시지각 중재 프로그램의 효과를 검증하고자 할 때 • 시지각과 관련된 연구에서 연구도구로 사용하고자 할 때
대상	만 4~12세

2. 검사도구의 구성

① 3개 척도, 5개 하위검사(눈−손 협응, 따라 그리기, 도형−배경, 시각 통합, 형태 항상성), 총 96문항으로 구성되어 있다.

종합척도	운동개입 정도	하위검사
시각−운동 통합(VMI)	운동개입 강화	눈−손 협응
		따라 그리기
운동축소−시지각(MRVP)	운동개입 최소화	도형−배경
		시각통합
		형태 항상성
일반시지각(GVP)	운동개입 강화 운동개입 최소화	눈−손 협응
		따라 그리기
		도형−배경
		시각 통합
		형태 항상성

② 하위검사결과를 해석할 경우 아래에 제시된 내용의 범위를 넘어서서 해석하지 않아야 한다.

㉠ 눈−손 협응: 시각적 경계에 따라 정밀한 직선이나 곡선을 그리는 능력을 측정한다.

㉡ 따라 그리기: 그림의 특성을 재인하는 능력과 모델을 따라 그리는 능력을 측정한다.

㉢ 도형−배경: 혼란스럽고 복잡한 배경 속에 숨겨진 특정 그림을 찾는 능력을 측정한다.

㉣ 시각 통합: 불완전하게 그려진 자극그림을 완전하게 재인하는 능력을 측정한다.

㉤ 형태 항상성: 하나 이상의 변별적 특징(예 크기, 위치, 음영 등)에 따라 변이된 두 개의 그림을 짝짓는 능력을 측정한다.

3. 종합척도지수

K-DTVP-3에는 시각-운동 통합(VMI), 운동축소-시지각(MRVP), 일반시지각(GVP) 등 세 개의 종합척도가 있다. 이들 종합척도지수는 가장 신뢰도가 높기 때문에 가장 믿을 수 있는 K-DTVP-3 점수이다(평균 100, 표준편차 15인 표준점수).

종합척도의 표준점수를 해석하기 위해 다음과 같은 서술적 지침을 사용한다.

표준점수의 서술적 지침

표준점수	기술 평정	백분율
>130	매우 우수	2.34
121~130	우수	6.87
111~120	평균 이상	16.12
90~110	평균	49.51
80~89	평균 이하	16.12
70~79	낮음	6.87
<70	매우 낮음	2.34

(1) 시각-운동 통합(VMI) 지수

① 아동의 시각-운동 통합 지수가 90 이상일 경우, 이는 아동이 복잡한 눈-손 협응과제를 충분히 해결할 수 있을 정도의 정상적인 시지각 기능을 가지고 있음을 의미한다.

② 시각-운동 통합 지수가 89 이하로 낮을 경우에는 시지각 능력이 낮은 것으로 볼 수 있지만 반드시 시지각 능력이 낮은 것으로 해석할 수 없다. 왜냐하면 눈-손 협응능력이 낮거나 또는 단순히 손 움직임이 서툴 경우에도 시각-운동 통합 지수가 낮게 나올 수 있기 때문이다.

(2) 운동축소-시지각(MRVP) 지수

① 운동축소-시지각 지수는 운동개입이 최소화된 하위검사들에 의해서만 측정된 것이기 때문에 K-DTVP-3의 모든 하위지표들 중에서 아동의 순수한 시지각 능력을 가장 직접적으로 나타내 주는 지수이다. 따라서 시각-운동 통합 지수와 운동축소-시지각 지수 간의 차이에 대한 정보는 아동의 시지각 능력을 평가하는 데 있어서 매우 중요한 의미를 가질 수 있다.

② 운동축소-시지각이 시각-운동 통합보다 더 우수하면 검사자는 상대적으로 낮은 시각-운동 통합이 시지각 자체에 기인한 것이 아니라는 증거를 가지게 된다. 두 지수 간의 차이의 원인이 아동의 운동계에 있을 수도 있고 시각-운동계에 있을 수도 있음을 의미한다. 이러한 경우에 검사자는 아동의 시지각 능력을 가늠해 볼 수 있는 가장 좋은 증거로서 시각-운동 통합보다 운동축소-시지각을 선택해야 한다. 그리고 아동의 운동기능을 보다 면밀히 조사하여 아동이 지니고 있는 문제의 원인을 찾아보는 것이 좋다.

(3) 일반시지각(GVP) 지수

① 일반시지각 지수는 K-DTVP-3의 5개 하위검사들의 검사결과를 모두 통합한 것이다.

② 대부분의 아동의 경우에 소위 '시지각'이라 부르는 능력을 가장 잘 측정해 준다.

③ 일반시지각 지수에서 90점 이상의 높은 수행능력을 보이는 아동은 통상적으로 높은 시지각 능력을 가진 아동으로 평가할 수 있다.

④ 일반적으로 일반시지각 지수가 90 이하일 경우 시지각의 문제, 소근육 운동장애, 손과 시각의 협응문제를 가진 아동일 가능성이 높다. 일반시지각 지수가 90 이하일 경우에 검사자는 피검사자의 운동축소-시지각과 시각-운동 통합과 같은 임상적으로 중요한 지수에 보다 많은 관심을 가질 필요가 있다.

Tip

K-DTVP-3의 결과 및 해석에 제시된 모든 내용은 한국판 아동 시지각발달검사-3 전문가 지침서(문수백, 2016)를 인용하였다.

4. 결과 및 해석

K-DTVP-3는 5개 하위검사별로 척도점수(평균 10, 표준편차 3), 연령점수 그리고 백분위점수를 제공하며 하위검사의 척도점수들을 근거로 하여 3개의 종합척도별로 종합척도점수(평균 100, 표준편차 15)와 백분위점수를 제공한다.

(1) 일반시지각 지수 : GVP

K-DTVP-3 Interpretive Report

2020/12/22 Page 2 홍길동 남자 만 04세 09개월

종합척도지수(일반시지각 지수 : GVP)

종합척도	척도점수의 합	지수 M=100, SD=15	백분위	신뢰구간 95%	수준
일반시지각 지수 GVP	67	122	93	116~128	우수

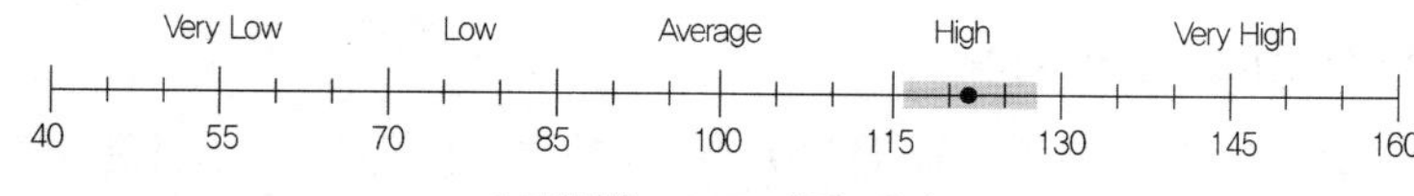

| 종합척도 프로파일 예시 |

홍길동의 일반시지각 지수(GVP)가 122인 것으로 나타났다.

일반시지각 종합척도에서 측정된 홍길동의 시지각 능력은 같은 또래 연령집단 아동들의 시지각 능력과 비교해 볼 때, 백분위가 93으로써 전체 아동의 93%가 홍길동보다 낮은 시지각 능력을 지니고 있음을 보여 주고 있다.

일반시지각 종합척도에서 홍길동의 시지각지수가 122인 것으로 나타났지만 이 종합척도가 시지각 능력을 측정하는 과정에서 범할 수 있는 측정의 오차를 고려할 경우, 일반시지각 종합척도에 의해 측정하고자 하는 홍길동의 실제 시지각 능력은 116~128 구간에 있을 것으로 추론되며, 이 116~128 구간이 홍길동의 실제 시지각 능력을 포함하고 있을 확률은 95% 정도 되는 것으로 확신할 수 있다.

(2) 시각-운동 통합 지수: VMI

K-DTVP-3 Interpretive Report

2020/12/22 Page 3 홍길동 남자 만 04세 09개월

종합척도지수(시각-운동 통합 지수: VMI)

종합척도	척도점수의 합	지수 M=100, SD=15	백분위	신뢰구간 95%	수준
시각-운동 통합 지수 VMI	29	127	97	119~135	우수

시각-운동 통합 지수(VMI)

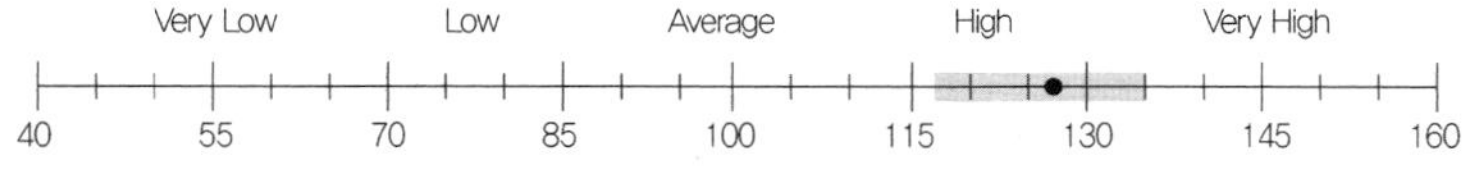

| 종합척도 프로파일 예시 |

홍길동의 시각-운동 통합 지수(VMI)가 127인 것으로 나타났다.

시각-운동 통합 종합척도에서 홍길동의 시지각 능력은 같은 또래 연령집단 아동들의 시지각 능력과 비교해 볼 때, 백분위가 97(으)로써 전체 아동의 97%가 홍길동보다 낮은 시지각 능력을 지니고 있음을 보여 주고 있다.

시각-운동 통합 종합척도에서 홍길동의 시지각 지수가 127인 것으로 나타났지만 이 종합척도가 시지각 능력을 측정하는 과정에서 범할 수 있는 측정의 오차를 고려할 경우, 시각-운동 통합 종합척도에 의해 측정하고자 하는 홍길동의 실제 시지각 능력은 119~135 구간에 있을 것으로 추론되며, 이 119~135 구간이 홍길동의 실제 시지각 능력을 포함하고 있을 확률은 95% 정도 되는 것으로 확신할 수 있다.

PART 03

(3) 운동축소-시지각 지수: MRVP

K-DTVP-3 Interpretive Report

2020/12/22 Page 4 홍길동 남자 만 04세 09개월

종합척도지수(운동축소-시지각 지수: MRVP)

종합척도	척도점수의 합	지수 M=100, SD=15	백분위	신뢰구간 95%	수준
운동축소-시지각 지수 MRVP	38	116	86	106~124	평균 이상

운동축소-시지각 지수(MRVP)

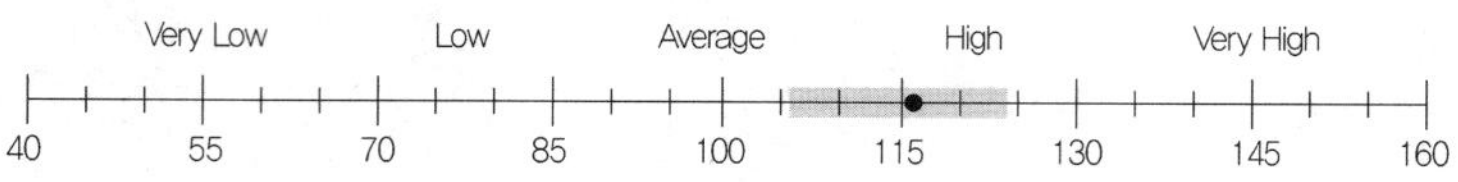

| 종합척도 프로파일 예시 |

홍길동의 운동축소-시지각 지수(MRVP)가 116인 것으로 나타났다.

운동축소-시지각 종합척도에서 측정된 홍길동의 시지각 능력은 같은 또래 연령집단 아동들의 시지각 능력과 비교해 볼 때, 백분위 86(으)로써 전체 아동의 86%가 홍길동보다 낮은 시지각 능력을 지니고 있음을 보여 주고 있다.

운동축소-시지각 종합척도에서 홍길동의 시지각 지수가 116인 것으로 나타났지만 이 종합척도가 시지각 능력을 측정하는 과정에서 범할 수 있는 측정의 오차를 고려할 경우, 운동축소-시지각 종합척도에 의해 측정하고자 하는 홍길동의 실제 시지각 능력은 106~124 구간에 있을 것으로 추론되며, 이 106~124 구간이 홍길동의 실제 시지각 능력을 포함하고 있을 확률은 95% 정도 되는 것으로 확신할 수 있다.

(4) 시각-운동 통합 지수(VMI)와 운동축소-시지각 지수(MRVP) 차이분석

K-DTVP-3 Interpretive Report

2020/12/22 Page 5 홍길동 남자 만 04세 09개월

시각-운동 통합 지수(VMI)와 운동축소-시지각 지수(MRVP) 차이분석

종합척도	지수 M=100, SD=15	차이점수	통계적 유의성 ≧12	임상적 유의성 ≧28
VMI	127	11	예( )	예( )
MRVP	116		아니오(V)	아니오(V)

VMI (127) | MRVP (116)

0

홍길동의 VMI지수와 MRVP지수 간의 차이 값을 계산한 결과, 11점의 차이가 있는 것으로 나타났다. 차이점수에 대한 통계적 유의성 검정과 임상적 유의미성을 판단한 결과, 홍길동의 MRVP지수와 VMI지수 간에 통계적으로 유의한 차이가 없는 것으로 나타났다.

통계적 유의성(≧12), 임상적 유의성(≧28) : Reynolds의 공식을 사용하여 차이점수를 계산한 결과, 비교되는 두 지표점수 간의 차이가 최소한 12점 이상 되어야 하고, 임상적으로 유용한 차이가 있는 것으로 해석하기 위해서 최소한 28점 이상 되어야 함

하위검사별 척도점수

하위검사별 척도점수는 각 하위검사의 원점수를 평균=100, 표준편차=3인 분포하의 점수로 변환시킨 점수이다.

표준점수	기술평점	백분율
17~20	매우 우수	2.34
15~16	우수	6.87
13~14	평균 이상	16.12
8~12	평균	49.51
6~7	평균 이하	16.12
4~5	낮음	6.87
1~3	매우 낮음	2.34

(5) 하위검사 척도점수와 프로파일

종합척도	원점수	척도점수 M=10, SD=3	연령 점수	백분위	신뢰구간 95%	수준
1. 눈-손 협응(EH)	164	14	6~8	91	12~16	평균 이상
2. 따라 그리기(CO)	21	15	6~3	95	13~17	우수
3. 도형-배경(FG)	45	13	6~8	84	11~15	평균 이상
4. 시각 통합(VC)	13	13	6~6	84	11~15	평균 이상
5. 형태 항상성(FC)	31	12	5~11	75	10~14	평균

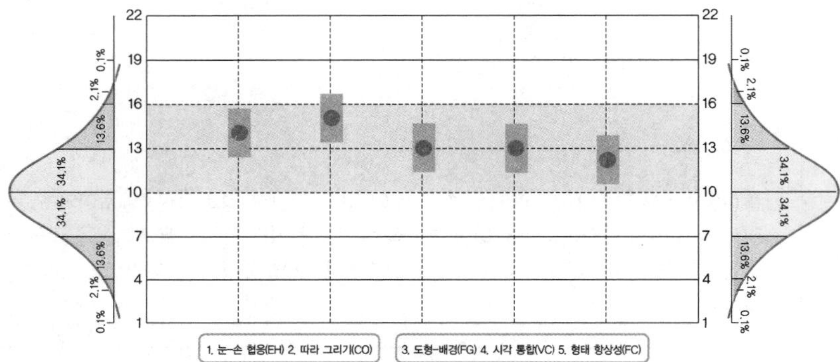

Chapter

11 아동발달 영역 진단 · 평가도구

01 한국판 DIAL-3(K-DIAL-3) 10유특, 12유특

1. 목적 및 대상

K-DIAL-3는 발달지체 및 장애의 가능성이 있는 유아들을 선별하기 위한 검사로서 검사대상의 연령범위는 3세 0개월부터 6세 11개월까지다.

2. 검사도구의 구성

① K-D1AL-3는 5개 발달 영역(운동, 인지, 언어, 자조, 사회성)으로 구성되어 있으며, 사회성 영역의 보완 영역으로 심리사회적 행동 영역이 포함되어 있다.

② 운동 영역, 인지 영역, 언어 영역은 각각 7문항, 7문항, 6문항으로 이루어져 있으나 문항 중에는 여러 개의 세부 과제로 나누어진 것이 있어 유아가 수행해야 하는 과제는 운동 영역에서 22과제, 인지 영역에서 30과제, 언어 영역에서 19과제로 구성되어 있다.

③ 나머지 3개 영역인 자조 영역, 사회성 영역, 심리사회적 행동 영역은 각각 15문항, 20문항, 9문항으로 이루어져 있다.

3. 검사의 실시

① K-DIAL-3는 검사자가 직접 검사를 실시하거나, 검사자가 검사 실시 중에 피검자를 관찰하거나 또는 부모가 제공된 질문지에 응답하도록 되어 있다.

② 5개 발달 영역 중 운동 영역, 인지 영역, 언어 영역에서는 검사자가 피검자를 대상으로 직접 검사를 실시하고 검사 실시 중에 각 영역별로 피검자의 행동을 관찰하여 심리사회적 행동 영역(사회성 영역의 보완 영역)의 문항들을 평정한다.

③ 자조 영역과 사회성 영역은 부모용으로 제작된 질문지를 사용하여 부모가 응답하게 되어 있다.

4. 결과 및 해석

① K-DIAL-3는 3개 발달 영역(운동, 인지, 언어)별로 그리고 이 3개 전체 영역의 백분위점수와 발달연령을 제공한다.

② 자조 영역과 사회성 영역에서는 백분위점수를 제공한다.

③ 백분위점수와 제시된 절선기준을 근거로 '잠재적 지체' 또는 '통과'라는 결정을 하게 된다.

④ 3개 발달 영역(운동, 인지, 언어)별로 실시된 심리사회적 행동 영역의 총점은 0점부터 54점까지의 분포를 보이게 되는데, 피검자의 연령과 총점을 근거로 심리사회적 영역에서의 '정상' 또는 '잠재적 지체'라는 결정을 하도록 되어 있다.

KORSET 합격 굳히기 **영유아를 위한 사정, 평가 및 프로그램 체계(AEPS)**

1. 목적 및 대상

① 출생부터 3세까지(출생~36개월) 또는 3세부터 6세까지(36~72개월)의 장애유아나 장애위험유아를 대상으로 한다.

② 발달정도를 사정하기 위한 도구이다.

2. 검사도구의 구성

① AEPS는 두 연령수준(출생~3세, 3~6세)별로 6개 발달영역으로 구성되어 있다.

② 6개 발달영역은 소근육운동, 대근육운동, 적응, 인지, 사회-의사소통, 사회성이다.

3. 검사의 실시

검사자의 관찰이나 직접검사 또는 보고의 세 가지 방법을 통해 실시된다.

4. 결과 및 해석

AEPS는 각 영역별로 원점수와 퍼센트점수를 산출하도록 되어 있다.

출처 ▶ 이승희(2019)

개념확인문제

01

2009 초등1-2

특수교육에서의 진단 · 평가 단계에 관한 진술로 바른 것은?

① 교육프로그램 계획은 학생의 장애 여부와 특성 및 정도에 관한 정보를 파악하는 것이다.
② 선별(screening)은 개별화교육계획 작성에 필요한 학생의 현행 수준을 파악하는 것이다.
③ 진도 점검 및 프로그램 평가는 학기 초에 학생의 잠재능력에 관한 정보를 파악하는 것이다.
④ 적격성 판정은 학생의 장애 유형과 정도가 특수교육대상자 선정기준에 부합한지를 결정하는 것이다.
⑤ 진단은 프로그램 실시 중 프로그램의 효과를 파악하기 위하여 필요할 때마다 학생의 진전에 관한 정보를 수집하는 것이다.

02

2011 중등1-31

김 교사는 학습장애가 의심되는 학생 A를 대상으로 계산 유창성 훈련을 실시하고 그 결과를 교육과정 중심측정(curriculum-based measurement, CBM) 방식으로 평가하고 있다. 학생 A에게 실시하는 CBM 방식에 대한 설명으로 적절한 것만을 〈보기〉에서 모두 고른 것은?

보기

ㄱ. CBM 방식은 계산 유창성 문제의 원인을 밝히는 데 유용하다.
ㄴ. CBM 방식은 준거참조검사의 대안적인 방법으로 비형식적인 사정에 속한다.
ㄷ. CBM 결과는 교수법을 변경하거나 수정하기 위한 자료로 활용될 수 있다.
ㄹ. CBM 결과로 계산 유창성의 수준뿐만 아니라 효율적인 계산 전략의 적용 여부를 파악할 수 있다.
ㅁ. CBM 결과로 계산 유창성의 진전 여부를 확인할 수 있지만, 또래의 성취 수준과 비교는 할 수 없다.
ㅂ. CBM 방식에서 계산 유창성 수는 일정 시간 동안 계산 문제의 답을 쓰게 한 후 정확하게 쓴 숫자를 세어 산출할 수 있다.

① ㄱ, ㄴ　② ㄷ, ㅂ
③ ㄱ, ㄴ, ㅁ　④ ㄴ, ㄷ, ㅂ
⑤ ㄷ, ㄹ, ㅁ, ㅂ

03

2014 중등A

다음의 (가)는 중학교 2학년에 재학 중인 특수교육대상학생 A의 기초학력검사-쓰기 검사 결과의 일부이고, (나)는 이 검사 결과에 대해 특수교육지원센터의 진단·평가 팀장과 신임 특수교사가 나눈 대화 내용의 일부이다. 괄호 안의 ㉠과 ㉡에 해당하는 평가 용어를 각각 쓰시오.

(가) 학생 A의 기초학력검사-쓰기 검사 결과

원점수	백분위 점수	학력 지수	95% 신뢰 수준 (㉠)
47	6	72	68~76

(나) 대화 내용

특수교사 : 이 학생의 학력 지수는 72점으로 나왔어요. 그러면 68~76은 어떻게 해석해야 할까요?

팀　　장 : 이번 결과에서 이 학생이 획득한 점수는 72점이지만, 이는 이 학생의 (㉡)이/가 68점과 76점 사이에 있을 확률이 95%라는 뜻입니다. (㉠)을/를 구하기 위해서는 학생 A의 획득 점수, 95% 신뢰 수준에 해당하는 z 점수, 이 검사의 측정의 표준 오차가 필요합니다.

04

2011 중등1-12

다음은 특수교사 연구회 모임에서 포트폴리오 사정에 대해 나눈 대화이다. ㉠~㉤에서 옳은 것만을 모두 고른 것은?

김 교사 : 저는 학생들이 작성한 쓰기 표본, 녹음 자료, 조사 보고서 등을 수집해서 실시하는 포트폴리오 사정을 하려고 해요.

박 교사 : 저도 ㉠ 우리 반 학생들은 장애 정도가 다양하고, 오랫동안 외국에서 생활하고 온 학생도 있어서 포트폴리오 사정이 효과적이라고 생각해서 사용하고 있어요.

이 교사 : 그런데 ㉡ 포트폴리오에는 학생의 과제 수행 표본뿐만 아니라 교사가 요약한 자료도 포함된다고 하는데 시간이 많이 걸리지 않나요?

정 교사 : 그럴 수도 있어요. 그래서 저는 ㉢ 체크리스트와 평정척도를 포트폴리오 사정에 활용해서 시간을 효율적으로 쓰고 있어요.

양 교사 : 맞아요. ㉣ 수행사정에는 필수적으로 포함되어 있는 자기평가가 포트폴리오 사정에는 제외되어 있어서 시간이 절약되더라고요.

최 교사 : 그런데 이 평가 방법은 타당도에 문제가 있을 수 있잖아요. ㉤ 타당도를 높이기 위해서는 두 명 이상이 채점한 결과를 비교하는 것이 필요하다고 생각해요.

① ㉠, ㉡　　② ㉠, ㉤
③ ㉠, ㉡, ㉢　　④ ㉡, ㉢, ㉣
⑤ ㉢, ㉣, ㉤

05

2013 중등1-12

장애학생의 진단 · 평가를 위해 활용하는 방법 및 특징에 대한 설명으로 옳은 것만을 〈보기〉에서 있는 대로 고른 것은?

보기

ㄱ. '표준화 검사'의 장점 중 하나는 측정 영역에 대한 학생의 수준을 객관적으로 볼 수 있다는 점이다.
ㄴ. '준거참조평가(criterion-referenced evaluation)'는 학생의 점수를 또래 집단과 비교함으로써 집단 내 학생의 상대적 위치에 대한 정보를 제공한다.
ㄷ. '관찰'은 일상적인 상황에서 나타나는 학생의 행동을 기록함으로써 특정현상에 대한 자료를 수집하는 방법이다.
ㄹ. '관찰'에서 사용하는 '시간표집법'은 일정 관찰 기간 동안 지속적으로 관찰하여 관찰 대상 행동이 발생할 때마다 기록하는 방법이다.
ㅁ. '구조화 면접'은 질문의 내용과 순서를 미리 준비하여 정해진 방식대로 질문해 나가는 면접이다.

① ㄱ, ㄴ, ㄹ　② ㄱ, ㄷ, ㅁ
③ ㄴ, ㄷ, ㅁ　④ ㄴ, ㄹ, ㅁ
⑤ ㄱ, ㄷ, ㄹ, ㅁ

06

2010 중등1-39

다음은 두 교사가 학생 A의 진단 · 평가 결과보고서에 관해 나눈 대화이다. M검사는 표준화검사이며 점수가 정규분포를 이루고, 평균이 50점이며 표준편차가 10점이다. ㉠~㉣ 중 옳은 것을 모두 고른 것은?

김 교사: 학생 A의 진단 · 평가 결과보고서인데, 한 번 보실래요?
이 교사: M검사에서 받은 점수가 39점이니, ㉠ 이 학생의 점수는 규준의 하위 16퍼센타일 이하에 위치한다고 볼 수 있군요.
김 교사: 그러면 이 학생이 받은 점수는 진점수인가요?
이 교사: 이 학생의 점수는 획득점수로, 진점수라고는 말할 수 없지요. ㉡ 진점수는 획득점수를 측정의 표준오차로 나누어 산출합니다.
김 교사: 그런데 만약 이 학생이 M검사에서 평균점을 받았다면 백분위점수(순위)는 얼마나 됩니까?
이 교사: 만약 그렇다면, ㉢ 이 학생의 백분위점수는 50이 되지요.
김 교사: 그럼, 이 학생에게 실시한 M검사는 타당한 도구인가요?
이 교사: ㉣ 이 검사와 동일한 능력을 측정하고 타당성이 인정된 다른 검사와의 상관계수가 .90이므로 공인타당도가 매우 높다고 말할 수 있지요.

① ㉠, ㉢　② ㉢, ㉣
③ ㉠, ㉡, ㉣　④ ㉠, ㉢, ㉣
⑤ ㉠, ㉡, ㉢, ㉣

PART 03

07

2012 초등1-4

다음은 한국 웩슬러 아동지능검사(K-WISC-III)의 검사결과를 통해 알 수 있는 점수 유형들이다. 〈보기〉에서 이에 대한 설명으로 적절한 것을 모두 고르면?

> 원점수, 백분위점수, 환산점수, 지표점수, 지능지수점수

보기

ㄱ. 소검사 원점수가 0점이라면, 그 소검사에서 측정하는 수행 능력이 완전히 결핍되었다고 볼 수 있다.
ㄴ. 백분위점수를 통해 동일 연령대에서 학생의 지적 능력의 상대적인 위치를 파악할 수 있다.
ㄷ. 소검사의 환산점수는 표준점수이므로 이를 통해 학생의 환산점수가 각 소검사에서 동일 연령대의 환산점수 평균과 얼마나 차이가 나는지 알 수 있다.
ㄹ. 지표점수 간 비교를 통해 개인 내 강점과 약점을 파악할 수 있다.
ㅁ. 전체 지능지수점수는 비율점수이므로 이를 통해 학생의 발달비율을 알 수 있다.

① ㄱ, ㄴ　　② ㄴ, ㄷ
③ ㄱ, ㄹ, ㅁ　　④ ㄴ, ㄷ, ㄹ
⑤ ㄱ, ㄷ, ㄹ, ㅁ

08

2013추시 유아A-3

다음은 일반 유아와 정신지체 유아 집단을 규준집단으로 하여 동희의 적응행동 수준을 작성한 적응행동검사(KISE-SAB) 프로파일이다. 물음에 답하시오.

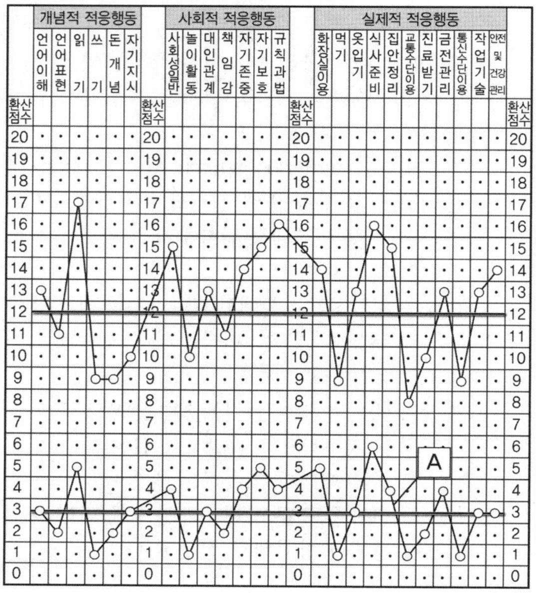

개념적 적응행동: 언어이해, 언어표현, 읽기, 쓰기, 돈개념, 자기지시
사회적 적응행동: 사회성일반, 놀이활동, 대인관계, 책임감, 자기존중, 자기보호, 규칙과법
실제적 적응행동: 화장실이용, 먹기, 옷입기, 식사준비, 집안정리, 교통수단이용, 진료받기, 금전관리, 통신수단이용, 작업기술, 안전및건강관리
환산점수 0–20
A

1) A는 동희의 소검사 환산점수선이다. 어떤 집단을 규준집단으로 한 프로파일인지 쓰시오.

2) 동희의 적응행동지수를 해석한 다음의 문장을 완성하시오.

> 동희의 전체 적응행동지수는 115이다. 이는 (①)유아 규준집단의 약 (②)%가 동희보다 낮은 적응행동 점수를 받았음을 의미한다.

09

2013추시 유아A-5

김 교사는 진수 어머니와 면담을 실시하려고 여러 면담 유형을 살펴보았다. 다음에서 설명한 면담의 유형을 쓰시오.

- 면담 시 질문할 항목과 질문의 순서를 미리 정해 둔다.
- 필요한 정보를 제한된 시간에 수집할 수 있어 효율적이다.
- 면대면 면담 외에도 질문지나 평정척도를 사용하여 정보를 획득할 수도 있다.
- 가족이 표현하고자 하는 문제나 가족의 필요, 우선순위 등을 간과할 우려가 있다.

10

2019 중등A-3

다음은 학생 A를 위한 평가 계획에 대하여 김 교사와 박 교사가 나눈 대화의 일부이다. 괄호 안의 ㉠, ㉡에 해당하는 내용을 순서대로 쓰시오.

… (상략) …

김 교사: K-WISC-Ⅳ와 같은 규준참조검사 이외의 다른 평가 방법도 있나요?

박 교사: 예. (㉠)이/가 있어요. (㉠)은/는 정적 평가(static assessment)와는 달리 학생에게 자극이나 촉진이 주어졌을 때 학생의 반응을 통해 향상 정도를 알아보는 대안 평가 방법입니다.

김 교사: 이 평가 방법은 어떤 특징이 있나요?

박 교사: (㉠)은/는 학생의 근접발달영역(zone of proximal development)을 알아보는 평가 방법으로 학생의 가능성과 강점을 확인해 볼 수 있어요. 또한 학습 과제를 하는 동안 학생에게 적절한 피드백을 주면서 문제를 어떻게 해결하는지 확인하기 때문에 학습의 결과보다는 (㉡)을/를 강조하는 특징이 있습니다.

김 교사: 학생 A의 개별화교육에 활용할 수도 있겠군요.

11

2020 중등B-8

(나)는 김 교사와 이 교사가 나눈 대화의 일부이다. 〈작성 방법〉에 따라 서술하시오.

(나) 대화

김 교사: 이 검사는 학생의 지적 능력을 또래와 비교하여 학생의 상대적 위치를 알 수 있게 해 주는 (㉠) 참조 검사이지요. 특수교육에서는 주로 장애 진단을 목적으로 많이 사용합니다.

이 교사: 네, 그렇군요. 이 검사에서 사용된 점수에 대해서도 설명해 주세요.

김 교사: 이 점수는 대표성을 띠는 피검자 집단으로부터 구한 평균과 표준편차를 가지고 정규분포를 이루도록 변환한 점수입니다. 정규분포에서 특정 원점수가 평균으로부터 얼마나 떨어져 있는지를 표준편차 단위로 환산한 점수로 Z점수, T점수, 지표점수 등이 이에 해당됩니다. ㉡

작성 방법

- (나)의 괄호 안의 ㉠과 ㉡에 해당하는 용어를 순서대로 쓸 것

모범답안

1	④
2	②
3	㉠ 신뢰구간, ㉡ 진점수
4	③
5	②
6	④
7	④
8	1) 일반유아집단
	2) ① 정신지체, ② 84
9	구조화 면담
10	㉠ 역동적 평가, ㉡ 과정
11	㉠ 규준, ㉡ 표준점수

김남진(Kim, Namjin)

약 력

대구대학교 대학원 특수교육학과 석사
대구대학교 대학원 특수교육학과 박사
전) D대학교 연구소 전임연구교수
G대학교 특수보육과 전임강사
K대학교 중등특수교육과 조교수
현) 박문각 임용학원 특수교육 전임강사

주요 저서

- 김남진 KORSET 특수교육(박문각)
- 김남진 KORSET 특수교육 기출분석(박문각)

김남진 KORSET 특수교육 DAUM 카페
http://cafe.daum.net/korset

김남진 KORSET 특수교육 ❶

초판인쇄 | 2025. 1. 10. **초판발행** | 2025. 1. 15. **편저자** | 김남진
디자인 | 박문각 디자인팀 **발행인** | 박 용 **발행처** | (주)박문각출판
등록 | 2015년 4월 29일 제2019-000137호
주소 | 06654 서울특별시 서초구 효령로 283 서경 B/D **팩스** | (02)584-2927
전화 | 교재 문의 (02)6466-7202, 동영상 문의 (02)6466-7201

저자와의 협의하에 인지생략

정가 35,000원
ISBN 979-11-7262-411-8 / ISBN 979-11-7262-410-1(세트)